Schriftenreihe
der Stiftung Sächsische
Gedenkstätten
zur Erinnerung an die Opfer
politischer Gewaltherrschaft

Bd. 16

STIFTUNG
SÄCHSISCHE
GEDENKSTÄTTEN

Bert Pampel · Mike Schmeitzner (Hg.)

KONZENTRATIONS-LAGER SACHSENBURG (1933–1937)

SANDSTEIN VERLAG

INHALT

7 **Zur Einführung**
Bert Pampel · Mike Schmeitzner

DAS LAGER SACHSENBURG

16 **Die frühen Konzentrationslager in Sachsen**
Carina Baganz · Bert Pampel

34 **Auftakt zum Lager-Terror**
Die Chemnitzer Abwaschaktion vom März 1933
Mike Schmeitzner

49 **Die Entstehung und Entwicklung des KZ Sachsenburg von 1933 bis 1937**
Phasen und Strukturen
Anna Schüller

TÄTER

76 **Die SA- und die SS-Wachmannschaften des KZ Sachsenburg**
Eine kollektivbiografische Studie
Anna Schüller

96 **»Großer Praktiker in der Behandlung von Schutzhäftlingen«**
Max Hähnel, der erste Lagerleiter des KZ Sachsenburg
Volker Strähle

114 **Zentren der NS-Bewegung**
SS-Netzwerke in Sachsen und in der preußischen Provinz Sachsen
Stefan Hördler

140 **Ideologisierung, Brutalisierung, Kriminalisierung, Militarisierung**
Max Simon und die Ausbildung der SS-Wachtruppe
Franz Josef Merkl

156 **Das SS-Führungspersonal des Konzentrationslagers Sachsenburg**
Karrierewege der Kommandanten und Schutzhaftlagerführer
Volker Strähle

178 **Der fotografische Blick auf das KZ Sachsenburg**
Das Album des Kommandanten Karl Otto Koch
Anna Schüller · Volker Strähle

GEFANGENE

206 **Die Häftlingsgesellschaft des KZ Sachsenburg 1933 bis 1937**
Dietmar Wendler

223 **Kommunisten im KZ Sachsenburg**
Bert Pampel · Mike Schmeitzner

241 **»... als wäre bei unserem Eintritt ins Lager ein großes Tor zugeschlagen«**
Bruno Apitz (1900–1979)
Lars Förster

262 **Opportunismus und Überläufertum im Konzentrationslager Sachsenburg im Jahr 1933**
Udo Grashoff

277 **Als Reichsbannerführer im KZ Sachsenburg**
Mein Urgroßvater Max Pampel (1882–1950)
Bert Pampel

288 **Gewerkschafter im Konzentrationslager Sachsenburg**
Willy Buschak

300 **Jüdische Häftlinge im Konzentrationslager Sachsenburg**
Eine erweiterte Bestandsaufnahme
Jürgen Nitsche

324 **Mediziner, »Rassenschänder«, Interbrigadist**
Hans Serelman (1898–1944)
Konstantin Seifert

331 **Als Zeuge Jehovas im KZ Sachsenburg**
Hermann Dietze (1901–1938)
Gerald Hacke

349 **Der Pirnaer Pfarrer und Studienrat Walter Plotz (1877–1944)**
Boris Böhm

365 **Der katholische Geistliche Ludwig Kirsch (1891–1950)**
Birgit Mitzscherlich

373 **Ein Homosexueller im KZ Sachsenburg**
Alfred Kastner (1889–1938)
Jan-Henrik Peters

REZEPTION UND AUFARBEITUNG

382 **Dokumentation und Zeugenschaft**
Das Konzentrationslager Sachsenburg in der ausländischen Presse und Publizistik
Swen Steinberg · Mike Schmeitzner

405 **Mord im Lager Sachsenburg**
Strafverfolgung und Erinnerungskultur im Fall Max Sachs
Swen Steinberg

431 **Entstehung und Funktion der KZ-Gedenkstätte Sachsenburg in der DDR**
Eva Werner

445 **Vom »vergessenen KZ« zu einer neuen Gedenkstätte**
Die öffentliche Erinnerung an das KZ Sachsenburg seit 1990
Bert Pampel

ANHANG

458 **Abkürzungen**
460 **Autoren**
463 **Impressum**

Ensemble der Spinnerei an der Zschopau (links) mit Schloss Sachsenburg (rechts), Postkarte, 1933

Stiftung Sächsische Gedenkstätten/Dokumentationsstelle Dresden

Bert Pampel · Mike Schmeitzner

ZUR EINFÜHRUNG

Als im Frühjahr 1933 Einheiten der SA das Areal der Sachsenburg an der Zschopau »stürmten«,[1] fand hier ein Experiment sein Ende, das für die politische Kultur der Weimarer Republik durchaus charakteristisch gewesen war. 1926 hatte sich unter Leitung des Reformpädagogen Franz Angermann in der Burg eine bald »reichsweit bekannte« Heimvolkshochschule etabliert, die damals im Ruf stand, eine »Demokratie im Kleinen« zu verkörpern. Angermann versuchte auf der Sachsenburg, die Ideale der Jugendbewegung und der Erwachsenenbildung miteinander in Einklang zu bringen: Junge Erwachsene, die hier für mehrere Monate unterrichtet wurden, sollten zu »großer äußerer Freiheit«, gepaart mit »Selbstständigkeit und Selbsttätigkeit«, erzogen werden. Geschlossene Weltanschauungen lehnte Angermann dabei ebenso ab wie »zeitgenössischen Populismus«. Er und seine Gastlehrer, darunter Koryphäen wie Elsa Brandström, Theodor Geiger, Hermann Heller oder Max Hodann, versuchten, »Kritik, Analyse und diskursives Denken« zu fördern.

Doch statt der Erziehung zu »Offenheit und Diskursivität« herrschte seit Frühjahr 1933 in Sachsenburg das gewalttätige Regiment einer neuen Staatspartei, die daran ging, jeden Anflug von Pluralität und selbstständigem Denken in der Gesellschaft auszutreiben. Das Eintreffen der ersten politischen Häftlinge Anfang Mai 1933 auf der Burg markierte eine folgenschwere Zäsur für diesen Ort: Es entstand ein Konzentrationslager, das nach wenigen Wochen an den Fuß der Burg, in eine große, leer stehende Spinnerei verlagert wurde. In der Burg selbst etablierte die Gauleitung der sächsischen NSDAP ihre NS-Führerinnenschule.[2] Die Kombination von »Ideologie und Terror«, die Hannah Arendt als charakteristisch für totalitäre Systeme erachtete,[3] galt von nun ab für den Gesamtkomplex der Sachsenburg. Schulungszentrum für NS-Kader und Konzentrationslager für vornehmlich

1 Paul Ciupke, Eine Demokratie im Kleinen. Das Volkshochschulheim Sachsenburg und sein Leiter Franz Angermann. In: Katja Margarethe Mieth/Justus H. Ulbricht/Elvira Werner (Hg.), »Vom fröhlichen Wandern«. Sächsische Jugendbewegung im Zeitalter der Extreme 1900–1945, Dresden 2015, S. 227–237, hier S. 227. Die nachfolgenden Ausführungen im Absatz ebd., S. 229 f., S. 232 und S. 234. 2 Vgl. Eine Führerinnenschule für die NS-Frauenschaft. In: Der Freiheitskampf vom 26. 5. 1933, www.hait.tu-dresden.de/ext/bibliothek-der-freiheitskampf-artikel.asp?id=7019; 13. 3. 2018. 3 Hannah Arendt, Ursprünge und Elemente totaler Herrschaft, München 1986, S. 703–730 (Kapitel »Ideologie und Terror: eine neue Staatsform«).

Rasseschänder am Pranger

Artvergessene Weiber und ihre jüdischen „Kavaliere" wurden in Schutzhaft genommen

Wir dulden keine Verseuchung des Blutes!

Dresden, 17. Juli.

Wie amtlich bekanntgegeben wird, sind in Sachsen seit Ende 1934 folgende Personen auf Anordnung des Staatsministers des Innern wegen rasseschänderischer Beziehungen mit Juden in Schutzhaft genommen worden:

1. die Schneiderin Ilse Magda Lippmann, wohnhaft in Chemnitz, mit dem Juden Dr. Erich Blumberg,
2. die Verkäuferin Elise Weichelt aus Crimmitschau mit dem jüdischen Arzt Dr. med. Kurt Boas, Crimmitschau,
3. die Haustochter Irma Lanzendorf in Leipzig mit dem Juden Bernhard Heuberger in Leipzig,
4. die Verkäuferin Melanie Hertha Uhlig in Leipzig mit dem jüdischen Verkäufer Werner Kurt Franz Valentin, Leipzig. Die Uhlig ist schamlos genug gewesen, sogar zur israelitischen Religion überzutreten,
5. die Verkäuferin Elsa Straube in Dresden mit dem jüdischen Geschäftsführer der Firma Messow & Waldschmidt in Dresden, Walter Meyer,
6. die Hausgehilfin Johanna Böhm in Dresden mit dem Juden Sanscha Blitzblau in Dresden,
7. die Krankenschwester Meta Seltmann, Leipzig, mit dem Juden Oskar Leibstein, Leipzig,
8. die Kinokassiererin Johanna Marianne Arnold in Chemnitz mit dem jüdischen Kaufmann Moritz Hermann in Chemnitz,
9. die Kontoristin Charlotte Mehlig in Dresden mit dem Juden Hersch Sechestower in Dresden,
10. die Maria Gertrud Meister in Leipzig mit dem Juden Robert Herscovici in Leipzig,
11. der Bruno Walter Fahrbach, wohnhaft in Leipzig, Gustav-Adolf-Straße, mit der Jüdin Lilly Herscovici, Leipzig,
12. die Charlotte Wiechand in Leipzig, mit dem Juden Robert Silberstrom in Leipzig,
13. die Haustochter Johanna Senewald, wohnhaft in Leipzig, mit dem Juden Osipp Riwosch in Leipzig,
14. die Berta Küchler, Leipzig, mit dem Juden Simon Eichenstamm, Leipzig,
15. die Friseuse Charlotte Wagner, Leipzig, mit dem jüdischen Einkäufer Martin Kurt Fischel in Leipzig.

Den jüdischen Partnern dieser „Verbindungen" ist ebenfalls im Konzentrationslager Sachsenburg Gelegenheit gegeben worden, zu lernen, wie sie sich als Gäste in Deutschland aufzuführen haben. Soweit es Ausländer waren, erfolgte ihre Reichsverweisung.

*

Immer wieder hat die NSDAP. und vor allem die nationalsozialistische Presse in jeder nur möglichen Form intensivster Aufklärungsarbeit allen Volksgenossen vor Augen zu führen versucht, welch verwerflichen Frevel derjenige begeht, der sich mit Juden einläßt und seine eigene Rasse durch Verkehr mit Artfremden schändet. Wenn trotzdem auch heute noch deutsche Frauen und Mädchen sich soweit vergessen, daß sie „Liebesverhältnisse" mit Juden eingehen und den sexuellen Gelüsten verbrecherischer Rasseschänder ein williges Werkzeug sind, so gibt es dafür keine Entschuldigung und kein Mitleid. Rassezucht und Arterhaltung sind vornehmste Aufgaben des nationalsozialistischen Staates. Wer die Behörden an der Durchführung dieser wichtigen Maßnahmen hindert und bewußt Rassenschande treibt, dem wird, wie die begrüßenswerten Maßnahmen der sächsischen Regierung eindeutig beweisen, sehr handgreiflich gezeigt werden müssen, daß der neue Staat nicht gewillt ist, seine vornehmsten Grundsätze mit Füßen treten zu lassen.

Die Lauheit bürgerlicher Judenschützlinge trägt ein Großteil Schuld daran, wenn heute noch — im dritten Jahre nach der Machtergreifung des Nationalsozialismus — zahlreiche Fälle möglich gewesen sind, in denen Mädchen deutschen Blutes ihre Körper volksfremden Verderbern preisgaben. Auch der letzte Volksgenosse muß heute wissen, daß es der Jude systematisch auf eine rassische Verseuchung des deutschen Volkes abgesehen hat, wie er denn alles versucht, um ihm geistig und sittlich überlegene Rassen durch Vermischung mit seinem Blute dem Untergang preiszugeben.

Wer sich mit jüdischen Rasseschändern einläßt, schließt sich von selbst aus der Art- und Blutgemeinschaft seines Volkes aus und darf sich nicht wundern, wenn ihn staatliche Zwangsmaßnahmen mit all der Schärfe treffen, die im Interesse unserer rassischen Selbsterhaltung notwendig ist.

Mögen sich dies auch jene Kreise zur Warnung und Lehre dienen lassen, die in der letzten Zeit offensichtlich geglaubt haben, die Judenfrage leichthin abtun und die Erziehungsarbeit des Nationalsozialismus auf dem Gebiete des Rassenschutzes durch ihre laxe Haltung geradezu sabotieren zu können.

Allen denen, die es angeht, sei heute schon ausdrücklich gesagt, daß die Namen derer künftig rücksichtslos mit voller Anschrift in der nationalsozialistischen Presse bekanntgegeben werden, die auch nur den geringsten Versuch wagen sollten, unsere Rasse zu schänden und sich in pflicht- und ehrvergessener Weise mit Artfremden einzulassen.

Der Nationalsozialismus hat lange genug Geduld und Langmut bewiesen. Wenn er jetzt zum allerletzten Mal vor dem rassenschänderischen Umgang mit Juden warnt, so mögen jene Unbelehrbaren und Ewiggestrigen bedenken, daß der Staat von heute nationalsozialistisch ist und jeder, der in diesem Staate wohnt, sich seinen auf dem nationalsozialistischen Programm beruhenden Anschauungen und Gesetzen restlos unterzuordnen hat.

Die sächsische Gau-Zeitung der NSDAP »Der Freiheitskampf« droht auf ihrer Titelseite »Rassenschändern« mit einer Inhaftierung im KZ Sachsenburg, 18. 7. 1935. Der Beitrag illustriert, dass das KZ Sachsenburg nicht nur der Inhaftierung politischer Gegner diente, sondern zunehmend auch der Ausgrenzung und Verfolgung anderer gesellschaftlicher Gruppen, zum Beispiel von Juden.

politische Gegner – das war von jetzt ab die »Diktatur im Kleinen«. Äußerlich mochte das KZ zunächst noch an die Zeit der Gefangenenanstalt Sachsenburg (bis 1925) und an die kurze Ära eines allerdings freiwilligen Arbeitsdienstlagers erinnern, doch im Kern wurde hier schrittweise eine neuartige Ordnung durch Terror etabliert, die spezifisch nationalsozialistisch war und sich letztlich zu einem zentralen Herrschaftsinstrument des »Dritten Reiches« entwickelte.

Das Konzentrationslager Sachsenburg in der Nähe von Chemnitz wurde zum bedeutendsten und am längsten betriebenen frühen KZ in Sachsen. Es diente den Nationalsozialisten seit dem Frühjahr 1933 insbesondere zur Ausschaltung ihrer wichtigsten politischen Gegner, vor allem Kommunisten, Sozialdemokraten und Gewerkschafter. Seine Bedeutung beschränkte sich jedoch nicht auf die Region Chemnitz bzw. Sachsen. Nachdem das Lager ab Juli 1934 von der SS übernommen worden war, gehörte das einzige verbliebene sächsische KZ 1935/36 in die Reihe jener Lager, die – wie Dachau, Esterwegen, Lichtenburg und das Columbia-Haus in Berlin – von der direkt dem neuen Reichsführer SS Heinrich Himmler unterstehenden »Inspektion der Konzentrationslager« zentral gesteuert wurden. Von daher überrascht es auch nicht, dass bis zur Schließung dieses Lagers 1937 prominente Häftlinge aus Berlin, etwa der Gewerkschaftsführer Alwin Brandes, und Hunderte »Vorbeugehäftlinge« aus dem Gebiet des heutigen Nordrhein-Westfalen nach Sachsenburg kamen. Zugleich entwickelte sich Sachsenburg neben den oben genannten Lagern zur Ausbildungsstätte für die SS-Wachtruppe der KZ, aus denen später die SS-Totenkopfverbände hervorgingen, die ihrerseits eine der Keimzellen der späteren Waffen-SS waren. So sammelte die SS auch im Lager Sachsenburg Erfahrungen in äußerer Bewachung und innerer Organisation, die für den Aufbau und Betrieb des späteren KZ-Systems und eines militärischen Einsatzes der SS notwendig waren. Wer all dies berücksichtigt, kommt zu dem Schluss, dass das KZ Sachsenburg nicht nur als ein »frühes« Lager bezeichnet werden kann, sondern in der Tat als »Brücke« zu den nach 1936 errichteten Großlagern wie Buchenwald und Sachsenhausen.[4]

Dieses spätere System hat die Erinnerung an die frühen Lager und damit auch an das Lager Sachsenburg lange in den Hintergrund gedrängt. Trotz aller publizistischen[5] und musealen Bestrebungen vor Ort stand die Gedenkstätte Sachsenburg bereits in der DDR im Schatten der Nationalen Mahn- und Gedenkstätten Buchenwald, Ravensbrück und Sachsenhausen und wurde nicht selten gar mit Letzterem verwechselt. Nach der Wiedervereinigung wurden die SED-Geschichtsschreibung zum Lager Sachsenburg und die öffentliche Erinnerung daran in der DDR nicht nur zu Recht kritisiert, sondern es wurde teilweise sogar der verbrecherische Charakter des Lagers in Abrede gestellt. Diejenigen, die die Erinnerung wachhielten, sahen sich trotz ihres Bekenntnisses zu einem Neuanfang dem Verdacht ausgesetzt, die frühere DDR-Geschichtspropaganda fortzuführen. So geriet das Lager zwar nicht gänzlich in Vergessenheit, doch das gesellschaftliche und auch politische Desinteresse überwog das Engagement einiger weniger bei weitem.

Demgegenüber erwachte Anfang des neuen Jahrtausends – nach den wegweisenden Studien von Johannes Tuchel sowie Klaus Drobisch und Günther Wieland Anfang der 1990er-Jahre[6] – verstärktes Interesse an den ersten Konzentrationslagern. In der von Wolfgang Benz und Barbara Distel herausgegebenen Reihe »Geschichte der Konzentrationslager 1933–1945«, deren erste Bände den frühen Konzentrationslagern gewidmet waren, erschien 2005 als Band 6 eine Überblicksdarstellung von Carina Baganz über diese Lager in Sachsen.[7] Darauf aufbauend erarbeitete die Stiftung Sächsische Gedenk-

4 So die zutreffende Beschreibung Enrico Hilberts von der LAG Sachsenburg, zitiert nach: Hendrik Lasch, Ein Gedenkort, der im Ehrenamt errichtet wird. In: Neues Deutschland vom 9.3.2018. **5** Vgl. die seit 1962 mehrfach aufgelegte Broschüre der Kreisleitung der SED Hainichen (Hg.), Tausend Kameraden Mann an Mann. Beiträge zur Geschichte des antifaschistischen Widerstandskampfes im Konzentrationslager Sachsenburg, 3., überarb. Aufl., Hainichen 1987. **6** Johannes Tuchel, Konzentrationslager. Organisationsgeschichte und Funktion der »Inspektion der Konzentrationslager« 1934–1938, Boppard am Rhein 1991; Klaus Drobisch/Günther Wieland, System der NS-Konzentrationslager 1933–1939, Berlin 1993. **7** Carina Baganz, Erziehung zur »Volksgemeinschaft«? Die frühen Konzentrationslager in Sachsen 1933–1934/37, Berlin 2005.

Ehemalige Arrestzellen, 2017

Foto: Luc Saalfeld

stätten unter Leitung von Norbert Haase und Bert Pampel die Wanderausstellung »›Was dann losging, war ungeheuerlich …‹ Frühe Konzentrationslager in Sachsen 1933–1937«,[8] wobei Carina Baganz und Mike Schmeitzner als wissenschaftliche Berater fungierten. Bei der Gestaltung der Ausstellung flossen auch Ergebnisse früherer Bemühungen ein, die Öffentlichkeit durch Publikationen stärker für das Thema zu sensibilisieren.[9] Eine neue Gedenkstätte am historischen Ort und eine umfassende und seiner Bedeutung angemessene historiografische Darstellung des Lagers Sachsenburg wurden immer mehr als Desiderate in der sächsischen Erinnerungslandschaft erkennbar.

Nach der Erstpräsentation der Ausstellung am 9. November 2006 in Frankenberg/Sachsen wiedererstarkte das bürgerschaftliche Engagement für eine neue Gedenkstätte vor Ort. Über die Aufnahme einer künftigen Gedenkstätte Sachsenburg in das Sächsische Gedenkstättenstiftungsgesetz im Dezember 2012 mündete es bis Ende 2017 in die Erarbeitung einer fundierten Konzeption für diese Gedenkstätte durch die Chemnitzer Lehrerin Anna Schüller, die bereits 2014 den aktuellen Forschungsstand zum Lager sowie gedenkstättenpädagogische Vermittlungsangebote in einer Broschüre veröffentlicht hatte.[10] Die Zeit war mithin reif, Stand und Perspektiven der Forschung zum Lager Sachsenburg umfassend zu umreißen, um damit die Arbeiten und das Interesse an der im Entstehen begriffenen Gedenkstätte zu begleiten und zugleich voranzutreiben. Denn Gedenkstättenarbeit braucht ein solides wissenschaftliches Fundament, sie bedarf der Klarheit darüber, welche konkreten Entwicklungen, Zusammenhänge, Perspektiven, Täter sowie Häftlingspersönlichkeiten und -gruppen vermittelt und damit erinnert werden können und sollten.

2015 konnten die beiden Herausgeber die Stiftung Sächsische Gedenkstätten und das Hannah-Arendt-Institut davon überzeugen, mittels einer Kooperation das wissenschaftliche Vorhaben zu realisieren. Im Oktober 2016 fand auf dem Gelände des früheren KZ Sachsenburg ein Workshop statt, der diese Kooperation erstmals widerspiegelte und mehrere der in diesem Band präsentierten Autoren vereinte. Mit dem nun vorliegenden Werk, das 25 Beiträge von 19 Autoren umfasst, wird erstmals eine möglichst viele Aspekte umfassende Geschichte dieses Konzentrationslagers vorgelegt.

Im Einzelnen gliedert sich der Band in vier Blöcke: Zuerst werden die Errichtung der ersten Konzentrationslager in Sachsen und die Entwicklung des Lagers Sachsenburg unter dem Kommando der SA und der SS bis 1937 untersucht. Ein Beitrag über die Abwaschaktion in Chemnitz im März 1933 zeigt, auf welche Weise prominente Gegner der Nationalsozialisten vor ihrer Einweisung ins KZ Sachsenburg öffentlich gedemütigt wurden. In einem zweiten Kapitel werden Tätergruppen und einzelne prominente Täter untersucht: Der Fokus richtet sich hier auf die Lagerleiter bzw. -kommandanten von SA und SS, aber auch die Wachmannschaften werden einer Analyse unterzogen. Darüber hinaus zeigt eine Studie über die SS-Netzwerke in Sachsen und der preußischen Provinz Sachsen, dass es unzureichend wäre, die Aktivitäten der Sachsenburger SS-Einheiten nur vor dem regionalen sächsischen Horizont zu betrachten. Beiträge über die Militarisierung, Brutalisierung und Ideologisierung der SS-Bewacher und die fotografischen Hinterlassenschaften des SS-Kommandanten Koch runden dieses Kapitel ab. Das dritte Kapitel fokussiert die Häftlingsgesellschaft in ihrer ganzen Breite: Kommunisten, Sozialdemokraten, Gewerkschafter, Juden, Zeugen Jehovas, Pfarrer beider Konfessionen, Homosexuelle und andere »Vorbeugehäftlinge« werden entweder als Gruppe oder mittels individueller Porträts vorgestellt. Dabei dominieren die Kommunisten, die mit fast 2 000 Verhafteten die mit Abstand größte Häftlingsgruppe stellten. Ein umfangreicher Beitrag widmet sich dieser Gruppe als solcher, während weitere Beiträge das Thema der kommunistischen Überläufer 1933 und ausgewählte Personen beleuchten. In einem vierten und abschließenden Kapitel werden Rezeption und Aufarbeitung untersucht: Die internationale Wahrnehmung des Lagers ab 1933 erweist sich dabei als wesentlich umfangreicher als bislang angenommen, während im Fall Max Sachs, des bekanntesten Opfers des SS-Lagerterrors, (kollektive) Erinnerung und juristische Aufarbeitung Hand in Hand gingen und über mehrere

8 Vgl. www.stsg.de/cms/stsg/ausstellungen/fruehe_kz_in_sachsen; 19.3.2018. **9** Vgl. die folgenden Hefte in der Reihe »Lebenszeugnisse – Leidenswege«, die von der Stiftung Sächsische Gedenkstätten und dem Hannah-Arendt-Institut für Totalitarismusforschung an der TU Dresden gemeinsam herausgegeben wird: Kurt Kohlsche, »So war es! Das haben Sie nicht gewußt.« Konzentrationslager Sachsenburg 1935/36 und Wehrmachtgefängnis Torgau-Fort Zinna 1944/45 – ein Häftlingsschicksal, Dresden 2001 (Bearbeiter Yvonne Hahn und Wolfgang Oleschinski); Peter Blachstein, »In uns lebt die Fahne der Freiheit«. Zeugnisse zum frühen Konzentrationslager Burg Hohnstein, Dresden 2005 (Bearbeiter Norbert Haase und Mike Schmeitzner) sowie Gezeichnet. Kunst und Widerstand. Das Dresdner Künstlerpaar Eva Schulze-Knabe (1907–1976) und Fritz Schulze (1903–1942), Dresden 2005 (Bearbeiter Birgit Sack und Gerald Hacke). Die Hefte sind auf der Website www.stsg.de unter Publikationen/Schriftenreihen/Lebenszeugnisse-Leidenswege auch als kostenfreier Download verfügbar. **10** Initiative Klick/Volkshochschule Chemnitz/Stadtbibliothek Chemnitz (Hg.), Medienbox zur Geschichte des Konzentrationslagers Sachsenburg. Ein Angebot zur selbstständigen Auseinandersetzung mit der Geschichte des KZ Sachsenburg, Chemnitz 2014.

Jahrzehnte andauerten. Auf die staatssozialistische Legitimationsabsicht mittels Gedenkstättenarbeit vor 1989 und den oftmals mühsamen Umgang mit diesem Erbe und der Erinnerung an das Lager verweisen die beiden letzten Beiträge.

Zusammenfassend betrachtet wurde Neuland insbesondere dort beschritten, wo es um Fragen der Häftlingsgesellschaft – vor allem deren Umfang und Binnendifferenzierung – und um die Täterseite geht. Gerade mit Blick auf die Täterforschung ist festzuhalten, dass erstmals in dieser Breite und Tiefe die Strukturen, Personen und Aktivitäten von SA und SS untersucht worden sind. Ähnliches – wenn auch nicht in dieser Dimension – gilt für die Rezeptionsgeschichte.

Eine inhaltliche Vollständigkeit wurde indes bedauerlicherweise nicht erreicht: So fehlt etwa ein Überblicksbeitrag über die Häftlingsgruppe der Sozialdemokraten. Allerdings geben die Beiträge über die Sozialdemokraten Max Sachs und Max Pampel sowie die Fokussierung auf Sozialdemokraten im Beitrag über die Chemnitzer Abwaschaktion im März 1933 einen guten Einblick in den Umgang mit dieser Gruppe; weitere Hinweise sind dem Beitrag über die in Sachsenburg inhaftierten Gewerkschafter zu entnehmen, unter denen sich viele Sozialdemokraten befanden. Statistische Angaben zu dieser Gruppe sind dem Beitrag über die Häftlingsgesellschaft zu entnehmen.

Der Band markiert ohnehin keinen »Endpunkt« der Forschung, sondern lediglich den aktuellen Stand. Weiteren Forschungsbedarf sehen wir vor allem in folgender Hinsicht: Eine systematische Auswertung der beim ITS in Bad Arolsen sowie im Bundesarchiv Berlin lagernden Unterlagen zum Lager Sachsenburg, vor allem zu Personen, steht noch aus. Auch gibt es trotz der Fortschritte durch die Recherchen der bürgerschaftlichen Initiative um Hans Brenner (Zschopau) und des Beitrags von Dietmar Wendler in diesem Band weiterhin Forschungsbedarf zur Zahl der in Sachsenburg inhaftierten Häftlinge, und auch die dort zu Tode Gekommenen sind nur in wenigen Fällen namentlich bekannt.[11] Die Berichterstattung über das Lager Sachsenburg in der lokalen und regionalen Presse ist noch nicht systematisch gesichtet worden, und auch die Einbindung des Lagers in die lokalen und regionalen Strukturen sowie wirtschaftliche Beziehungen von Firmen zum Lager bedürfen noch der Untersuchung. Schließlich besteht weiterhin Forschungsbedarf hinsichtlich der Rezeption der frühen Konzentrationslager, nicht nur Sachsenburgs, durch die Angehörigen und die Nachbarn der Inhaftierten sowie durch die Anwohner und durch die übrige Bevölkerung.

Diese Lücken schmälern jedoch nicht die Leistung der Autoren dieses Bandes, denen unser größter Dank gilt, ohne sie hätte dieses Buch nicht entstehen können. Noch einmal hervorzuheben sind hier Anna Schüller sowie Volker Strähle, die die Erarbeitung des Bandes besonders engagiert begleitet haben. Wir danken des Weiteren den zahlreichen Mitarbeitern von Archiven, insbesondere des Sächsischen Staatsarchivs und der Regionalarchive, wie auch der Archivverwaltung des ITS Bad Arolsen, die unsere Recherchen unterstützt und uns Reproduktionen überlassen haben. Der Geschäftsführer der Stiftung Sächsische Gedenkstätten, Siegfried Reiprich, wie auch die Direktoren des Hannah-Arendt-Instituts Günter Heydemann, Clemens Vollnhals und Thomas Lindenberger haben das Projekt mehr als nur wohlwollend begleitet. Die Erarbeitung und Drucklegung wurde durch finanzielle Zuwendungen des Freistaates Sachsen möglich. Nicht zuletzt danken wir der Geschäftsführung und den Mitarbeitern des Sandstein Verlags Dresden, insbesondere Simone Antonia Deutsch und Annett Stoy, für die professionelle und ansprechende Gestaltung und Drucklegung.

Mit einer künftigen neuen Gedenkstätte Sachsenburg kann an einem Punkt angeknüpft werden, an dem in Sachsenburg schon einmal – bis Anfang 1933 – eine »Demokratie im Kleinen« gewagt und gestaltet worden ist. War Sachsenburg damals ein Ort, der junge Erwachsene zu Toleranz, Selbstbildung, Eigenständigkeit und einer offenen, auch kontroversen, argumentativen Auseinandersetzung ermutigte, sollte hier in absehbarer Zukunft ein Lernort entstehen, der diese Ideale aufnimmt. Hier können Besucher erfahren, welche Konsequenzen es hatte, als extremistische politische Akteure zielgerichtet die parlamentarische Demokratie aushöhlten und zerstörten, als Grundrechte wie persönliche Freiheit, Meinungsfreiheit oder Versammlungsfreiheit von der NSDAP suspendiert, Andersdenkende verfolgt und inhaftiert, der Rechtsstaat abgeschafft und Antisemitismus bzw. Rassismus zur Staatsdoktrin gemacht wurden.

Beide Herausgeber sind sich mit den vor Ort aktiven Initiativen darin einig, dass das Lager Sachsenburg ein zentraler Ort in der Erinnerungslandschaft an die NS-Diktatur in Sachsen ist, der nunmehr zügig weiterentwickelt und zu einer Gedenkstätte ausgebaut werden sollte. Der vorliegende Band will hierzu einen Beitrag leisten.

EDITORISCHE NOTIZ

Der Begriff »Schutzhaft« wird in diesem Band, wie in den meisten Veröffentlichungen zum Thema, als Fachterminus und im Interesse der Lesbarkeit ohne Anführungszeichen verwendet, ebenso davon abgeleitete Wortbildungen, etwa »Schutzhäftlinge« oder »Schutzhaftlager«. Unbestreitbar handelte es sich jedoch bei der Anwendung durch die Nationalsozialisten nicht um das ausnahmsweise In-Gewahrsam-Nehmen zum Schutz der eigenen Person, wie gleichnamige historische Rechtsinstitute, sondern um ein Instrument der Unterdrückung und Ausschaltung der politischen Gegner während der »Machtergreifung«, und später darüber hinaus um ein Mittel der »Aussonderung« von »Volksschädlingen« und »Gemeinschaftsfremden« aus der sogenannten Volksgemeinschaft. Schutzhaft bedeutete für die Betroffenen vor allem Rechtlosigkeit, da die Inhaftierung keiner richterlichen Überprüfung unterlag.

11 Vgl. Hans Brenner u. a. (Hg.), NS-Terror und Verfolgung in Sachsen. Von den Frühen Konzentrationslagern bis zu den Todesmärschen, Dresden 2018, S. 311.

DAS LAGER SACHSENBURG

Carina Baganz · Bert Pampel

DIE FRÜHEN KONZENTRATIONSLAGER IN SACHSEN

»In Hohnstein habe ich aus Schriften vom Schreibtisch des Kommandanten ersehen, daß das System der Konzentrationslager verewigt und endgültig in den Strafvollzug des Dritten Reiches eingegliedert werden soll. Man plante danach große Landeslager zu errichten und sie in politische Strafanstalten umzuwandeln.«[1] Ob Otto Urban aus Zschopau, ab August 1933 zunächst im Konzentrationslager Sachsenburg inhaftiert und vom 29. November 1933 bis 2. Juni 1934 Insasse des Konzentrationslagers Hohnstein in der Sächsischen Schweiz, tatsächlich Einblick in derartige Dokumente erhielt, ist zwar nicht gewiss. Sein bereits 1934 veröffentlichter Ausblick aber wurde Realität. Zwar kam es nicht zur Integration der Konzentrationslager in den politischen Strafvollzug der Justiz, doch bauten die Nationalsozialisten das unmittelbar mit ihrer Machtübernahme 1933 gebildete Netz von Haftstätten, die sogenannten frühen Lager, in ein dauerhaftes KZ-System um, als dessen Zentrum große Lager für zehntausende Gefangene entstanden.

Die katastrophalen Bedingungen in den späteren Konzentrations- und Vernichtungslagern, die kurze Zeit des Bestehens der 1933 errichteten Haftstätten und Lager sowie deren oft provisorische Natur und uneinheitliche Organisation haben die frühen Lager lange in den Hintergrund der öffentlichen Wahrnehmung treten lassen. Mehr als 70 Jahre nach dem Ende des Zweiten Weltkrieges sind sie noch immer nur wenigen Menschen ein Begriff. Dabei verbreiteten vor allem ehemalige Häftlinge schon frühzeitig im Exil das Wissen über Lager wie Dachau, Sachsenburg, Hohnstein, Sonnenburg und die Lager im Emsland. Sie berichteten über die Exzesse der Wachmannschaften, über die Haftbedingungen und über die Namen der Ermordeten in Presseartikeln und Publikationen.[2] Nach dem Ende des Zweiten Weltkrieges erschienen weitere Häftlingsberichte.[3]

In der Geschichtswissenschaft stand die Forschung zu den frühen Haftstätten und Konzentrationslagern, die im Jahre 1933 wie Pilze aus dem Boden schossen, lange im Schatten der Beschäftigung mit dem KZ-System ab 1936/37. Erst seit Beginn der 1990er-Jahre ist auch das wissenschaftliche Interesse an den frühen Lagern stetig angewachsen. Als Standardwerke können nach wie vor die Veröffentlichungen von Johannes Tuchel sowie Klaus Drobisch und Günther Wieland gelten.[4] Maßgeblich für die sächsischen Lager ist

Carina Baganz' systematische Darstellung »Erziehung zur ›Volksgemeinschaft‹?« aus dem Jahre 2005 geblieben.[5] Seitdem sind sowohl für die frühen Konzentrationslager insgesamt als auch für die Lager in Sachsen neue Forschungsergebnisse publiziert worden. Eine vom United States Holocaust Memorial Museum (USHMM) herausgegebene Enzyklopädie[6] widmet sich in ihrem ersten Band den frühen Konzentrationslagern. Dabei handelt es sich überwiegend um eine Darstellung des Forschungsstandes, wie er in den von Wolfgang Benz und Barbara Distel herausgegebenen Reihen »Der Ort des Terrors« und »Geschichte der Konzentrationslager 1933–1945« dokumentiert ist.[7] Darüber hinausgehende Forschungsergebnisse enthält ein Sammelband von Sybille Steinbacher und Nikolaus Wachsmann, bei dem das Lager Dachau im Mittelpunkt steht.[8] Kim Wünschmann legte 2015 eine Studie über jüdische Gefangene in den frühen Konzentrationslagern vor, in der die Lager in Sachsen jedoch keine besondere Berücksichtigung erfahren.[9] Als Ausstellungsbegleitband erschien 2014 ein Band über frühe Konzentrationslager in der Provinz Brandenburg, im darauffolgenden Jahr wurde ein Sammelband zum Konzentrationslager Sonnenburg veröffentlicht.[10] Bereits 2009 hatten Stefan Hördler und Sigrid Jacobeit einen Überblicksband zum Lager Lichtenburg publiziert.[11] Mitte 2017 gaben Jörg Osterloh und Kim Wünschmann eine Sammlung von Beiträgen heraus, die einzelne Häftlingsgruppen, aber auch andere Aspekte der frühen Konzentrationslager, genauer in den Blick nimmt.[12] Als wichtige Neuerscheinungen zu frühen Konzentrationslagern in Sachsen sind

1 Otto Urban, Burg Hohnstein. In: Konzentrationslager. Ein Appell an das Gewissen der Welt. Ein Buch der Greuel. Die Opfer klagen an, Karlsbad 1934, S. 217–238, hier S. 233. **2** Vgl. z. B. das Braunbuch über Reichstagsbrand und Hitler-Terror, Basel 1933; Konzentrationslager. Ein Appell an das Gewissen der Welt. Ein Buch der Greuel. Die Opfer klagen an, Karlsbad 1934 und Das deutsche Volk klagt an. Hitlers Krieg gegen die Friedenskämpfer in Deutschland. Ein Tatsachenbuch, Paris 1936. Siehe auch den Beitrag von Swen Steinberg und Mike Schmeitzner über das KZ Sachsenburg in der ausländischen Presse und Publizistik in diesem Band. **3** Zum Beispiel Kurt Kohlsche, Mein Leben im Konzentrationslager Sachsenburg, Hamburg 1948. Reprint in ders., »So war es! Das haben Sie nicht gewußt.« Konzentrationslager Sachsenburg 1935/36 und Wehrmachtgefängnis Torgau-Fort Zinna 1944/45 – ein Häftlingsschicksal, Dresden 2001. **4** Johannes Tuchel, Konzentrationslager. Organisationsgeschichte und Funktion der »Inspektion der Konzentrationslager« 1934–1938, Boppard am Rhein 1991 sowie darauf aufbauend ders., Organisationsgeschichte der »frühen« Konzentrationslager. In: Wolfgang Benz/Barbara Distel (Hg.), Instrumentarium der Macht. Frühe Konzentrationslager 1933–1937, Berlin 2003, S. 9–26; Klaus Drobisch/Günther Wieland, System der NS-Konzentrationslager 1933–1939, Berlin 1993. **5** Carina Baganz, Erziehung zur »Volksgemeinschaft«? Die frühen Konzentrationslager in Sachsen 1933–34/37, Berlin 2005. **6** Geoffrey P. Megargee (Hg.), Encyclopedia of Camps and Ghettos 1933–1945, Vol. 1: Early Camps, Youth Camps, and Concentration Camps and Subcamps under the SS-Business Administration Main Office (WVHA), Bloomington and Indianapolis 2009. **7** Wolfgang Benz/Barbara Distel (Hg.), Der Ort des Terrors. Geschichte der nationalsozialistischen Konzentrationslager, 9 Bde., München 2005–2009; dies., Geschichte der Konzentrationslager 1933–1945, bislang 15 Bde., Berlin 2001–2014. **8** Sybille Steinbacher/Nikolaus Wachsmann (Hg.), Die Linke im Visier. Zur Errichtung der Konzentrationslager 1933, Göttingen 2015. **9** Kim Wünschmann, Before Auschwitz. Jewish Prisoners in the Prewar Concentration Camps, Cambridge/London 2015. **10** Günter Morsch/Agnes Ohm (Hg.), Terror in der Provinz Brandenburg. Frühe Konzentrationslager 1933/34, Berlin 2014; Hans Coppi/Kamil Majchrzak (Hg.), Das Konzentrationslager und Zuchthaus Sonnenburg, Berlin 2015. **11** Stefan Hördler/Sigrid Jacobeit (Hg.), Lichtenburg. Ein deutsches Konzentrationslager, Berlin 2009. **12** Jörg Osterloh/Kim Wünschmann (Hg.), »... der schrankenlosesten Willkür ausgeliefert«. Häftlinge der frühen Konzentrationslager 1933–1936/37, Frankfurt am Main 2017. Darin mit Bezug zu Sachsen: Carina Baganz, »... eine dem Ansehen der nationalsozialistischen Bewegung abträgliche Wirkung«. Der Prozess gegen das Wachpersonal des Konzentrationslagers Hohnstein 1935, S. 375–388.

zwei 2013 bzw. 2014 erschienene Broschüren zum KZ Sachsenburg sowie eine Veröffentlichung der Sächsischen Landeszentrale für politische Bildung 2018 zu erwähnen.[13]

Auf diesem Forschungsstand aufbauend soll im Folgenden anhand wichtiger Ereignisse, Beschlüsse, Orte und Zahlen die Entwicklung der frühen Konzentrationslager in Sachsen skizziert werden. Es geht dabei im Wesentlichen um eine Organisationsgeschichte, nicht aber um eine umfängliche Darstellung sämtlicher Aspekte der frühen Lager. Der Beitrag will vor allem eine Kontextualisierung der Geschichte des Lagers Sachsenburg ermöglichen. Die Gliederung des Beitrages folgt drei zeitlichen Phasen, in die sich die Entwicklung der frühen Lager einteilen lässt:

- Die Einrichtung von Haftstätten für Schutzhäftlinge im März und April 1933
- Die Konzentration der Schutzhäftlinge in größeren Lagern zwischen Anfang Mai 1933 und Mitte 1934
- Das Konzentrationslager Sachsenburg unter dem Kommando der SS zwischen Mitte 1934 und Juli 1937.

Da mehrere Beiträge dieses Sammelbandes die letzte Phase ausführlich behandeln, liegt der Schwerpunkt dieses einführenden Artikels auf den beiden erstgenannten Phasen. Doch bevor die Gründung der Lager beschrieben wird, sind einige Vorbemerkungen zu den politischen Umständen und den rechtlichen Grundlagen erforderlich.

DIE POLITISCHE LAGE UND DIE RECHTLICHEN GRUNDLAGEN DER VERFOLGUNG

Unmittelbar nach der Ernennung Adolf Hitlers zum Reichskanzler am 30. Januar 1933, die von den Nationalsozialisten als »Machtergreifung« verklärt wurde, begannen die Nationalsozialisten, mit ihren politischen Gegnern abzurechnen. Bereits durch die »Verordnung des Reichspräsidenten zum Schutze des deutschen Volkes« vom 4. Februar 1933[14] wurden die Befugnisse zur polizeilichen Haft erheblich erweitert, um so den von den Nationalsozialisten schon in der Weimarer Republik angekündigten Massenverhaftungen politischer Gegner und deren Einweisung in Konzentrationslager einen legalen Anschein zu geben. Doch zu diesem Zeitpunkt waren der Willkür noch rechtsstaatliche Schranken gesetzt, Polizeihaft konnte gemäß § 22 der Verordnung nur bei »dringendem Verdacht« eines Verstoßes gegen die Strafgesetze bezüglich Hochverrat verhängt werden. Die Verordnung war auf drei Monate beschränkt und an gewisse Formvorschriften gebunden. Doch die Nationalsozialisten fanden andere Wege: Sie verschleppten Kommunisten in Sturmlokale der SA und hielten sie dort fest, um sie zu verprügeln oder zu ermorden. Diese »Abrechnung mit dem politischen Gegner in der Endphase einer erfolgreich verlaufenden Revolution«[15] konnte die Kommunisten jedoch nicht endgültig einschüchtern. Sie versuchten mit politischen Veranstaltungen, Flugblättern und Druckschriften einer Festigung des Regimes entgegenzuwirken. Joseph Goebbels, Reichspropagandaleiter der NSDAP, äußerte sich später zu diesen Versuchen: »Vorläufig wollen wir von direkten Gegenmaßnahmen absehen. Der bolschewistische Revolutionsversuch muß zuerst einmal aufflammen. Im geeigneten Moment werden wir dann zuschlagen.«[16]

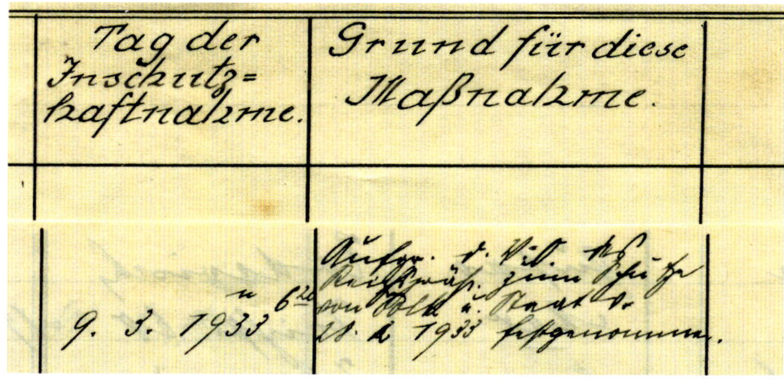

Tag der Inschutzhaftnahme.	Grund für diese Maßnahme.
9. 3. 1933 u 6[illegible]	Aufgr. d. V.O. d. Reichspräs. zum Schutz von Volk u. Staat v. 28. 2. 1933 festgenommen.

Erster Eintrag im Registrierbuch des Konzentrationslagers Reichenbach, 9. 3. 1933. Als Haftgrund ist angegeben: »Aufgr. d. VO des Reichspräs. zum Schutz von Volk u. Staat v. 28. 2. 1933 festgenommen«.

Stadtarchiv Reichenbach

Der Moment zum »Zuschlagen« kam mit dem Reichstagsbrand am 27. Februar 1933. Die Nationalsozialisten bezeichneten ihn als »bolschewistischen Terrorakt« und nutzten ihn sofort zur Stabilisierung ihrer Herrschaft. Noch am Brandort meinte Hitler zu Vizekanzler Franz von Papen: »Das ist ein von Gott gegebenes Zeichen. Niemand wird uns daran hindern, die Kommunisten mit eiserner Faust zu vernichten.«[17] Bereits am nächsten Morgen legte Reichsinnenminister Wilhelm Frick dem Kabinett den Entwurf der sogenannten Reichstagsbrandverordnung vor, die noch am selben Tag vom Reichspräsidenten unterzeichnet und als »Verordnung zum Schutz von Volk und Staat« verkündet wurde.[18] Zur Abwehr »kommunistischer staatsgefährdender Gewaltakte« wurden all jene Artikel der Weimarer Reichsverfassung »bis auf Weiteres« außer Kraft gesetzt, die die demokratischen Grund- und Freiheitsrechte betrafen: Recht auf persönliche Freiheit, auf freie Meinungsäußerung, Pressefreiheit, Vereins- und Versammlungsrecht, Brief- und Postgeheimnis sowie Freiheit des Eigentums. Das bedeutete nicht weniger als die Verkündung des zivilen Ausnahmezustandes. Mit der Reichstagsbrandverordnung wurde die »Rechtsgrundlage« für die Verfolgung der politischen Gegner geschaffen.

13 Dietmar Wendler, Das frühe Konzentrationslager Sachsenburg – ein Ort des faschistischen Terrors in Sachsen, Sachsenburger Mahn Ruf, Sonderheft 2013. Hg. von Enrico Hilbert in Zusammenarbeit mit der Lagerarbeitsgemeinschaft (LAG) Sachsenburg, Chemnitz 2013; Volkshochschule Chemnitz/Initiative Klick/Stadtbibliothek Chemnitz (Hg.), Medienbox zur Geschichte des Konzentrationslagers Sachsenburg. Ein Angebot zur selbstständigen Auseinandersetzung mit der Geschichte des KZ Sachsenburg, Chemnitz 2014; Hans Brenner u. a. (Hg.), NS-Terror und Verfolgung in Sachsen. Von den Frühen Konzentrationslagern bis zu den Todesmärschen, Dresden 2018. **14** Reichsgesetzblatt I, 1933, S. 35. **15** Alfred Streim, Funktion und Wandel der Verfolgung und Unterdrückung nach der Machtübernahme durch die Nationalsozialisten. In: Karl Giebeler/Thomas Lutz/Silvester Lechner (Hg.), Die frühen Konzentrationslager in Deutschland. Austausch zum Forschungsstand und zur pädagogischen Praxis in Gedenkstätten, Bad Boll 1996, S. 13. **16** Joseph Goebbels, Vom Kaiserhof zur Reichskanzlei, München 1934, S. 254. **17** Zitiert nach Braunbuch, S. 108. Als Quelle wird der Berliner Korrespondent des »Daily Express«, Sefton Delmar, angeführt. **18** Reichsgesetzblatt I, 1933, Nr. 17, S. 25.

Der Terminus »Schutzhaft«, der im Gesetzestext selbst nicht vorkommt, wurde bald zum Inbegriff der politischen Gegnerbekämpfung. Die Schutzhaft, erstmals im »Preußischen Gesetz zum Schutz der persönlichen Freiheit« vom 24. September 1848 erwähnt, nahm den »Schutz der eigenen Person« zum Vorwand zeitlich befristeter Inhaftierungen ohne richterlichen Beschluss. Sie besaß bereits eine lange Tradition als sicherheitspolizeiliche Repressivmaßnahme und wurde zuletzt in den Anfangsjahren der Weimarer Republik vor allem gegen die gewaltsamen Aufstandsversuche der radikalen Linken angewandt.[19] Die KPD und ihre Wehrorganisationen hatten zum Bürgerkrieg gerüstet und sich offen zum Sturz der Weimarer Republik nach sowjetischem Vorbild (»Sowjetdeutschland«) bekannt.[20] Insofern waren die Erwartungen einer gewaltsamen kommunistischen Reaktion auf Hitlers Ernennung zum Reichskanzler nicht unbegründet.

Allerdings sollten die Maßnahmen der Nationalsozialisten über die bis dahin angewendeten polizeilichen Machtmittel deutlich hinausgehen. Auf einer Wahlkundgebung am 3. März 1933 kündigte Hermann Göring an: »Volksgenossen, meine Maßnahmen werden nicht angekränkelt sein durch irgendwelche juristischen Bedenken. Meine Maßnahmen werden nicht angekränkelt sein durch irgendeine Bürokratie. Hier habe ich keine Gerechtigkeit zu üben, hier habe ich nur zu vernichten und auszurotten, weiter nichts. Dieser Kampf, Volksgenossen, wird ein Kampf gegen das Chaos sein, und solch einen Kampf führe ich nicht mit polizeilichen Machtmitteln. Das mag ein bürgerlicher Staat getan haben. Gewiß, ich werde die staatlichen und die polizeilichen Machtmittel bis zum äußersten dazu benutzen, meine Herren Kommunisten, damit Sie hier nicht falsche Schlüsse ziehen, aber den Todeskampf, in dem ich euch die Faust in den Nacken setze, führe ich mit denen da unten, das sind die Braunhemden.«[21]

DIE EINRICHTUNG VON HAFTSTÄTTEN FÜR SCHUTZHÄFTLINGE IM MÄRZ UND APRIL 1933

Nach der Reichstagswahl am 5. März 1933 wurden die Drohungen, die »rote Mordpest rücksichtslos auszurotten«,[22] auch in Sachsen Realität. Die nun einsetzende Terrorwelle wurde am 8. März von der Ernennung des SA-Führers Manfred von Killinger zum Polizeikommissar für Sachsen durch Hitler noch befeuert. Zwei Tage nach der Ernennung übernahm er als Reichskommissar die Landesregierung, die unter dem bisherigen Amtsinhaber Walter Schieck zum Rücktritt gezwungen worden war. Beauftragte der NSDAP-Kreisleitungen wurden als Kommissare bei den Amtshauptmannschaften installiert und übten dort eine Aufsichtsfunktion aus.[23]

Uniformierte SA-Trupps verbreiteten ab dem 7. März 1933 Angst und Schrecken.[24] Sie überfielen und besetzten Vereinshäuser, Gewerkschaftshäuser, Arbeitersportheime und andere Versammlungsorte der Arbeiterbewegung. Sie holten ihnen bekannte Gegner ohne Haftbefehl oder Richterspruch aus ihren Wohnungen oder von der Straße. Sie verschleppten sie in SA-Sturmlokale, in Kasernen, Turnhallen, Gasthäuser, stillgelegte Fabrikgebäude, leer stehende Schlösser oder besetzte Jugendherbergen. Was den Verhafteten dort »blühte«, kann man einem »Standortbefehl« des Führers der SA-Standarte 181 in Limbach vom 9. März 1933 entnehmen, in dem es heißt: »Die Bevölkerung von Limbach und Umgebung hat keinerlei Anlaß zu irgendwelcher Beunruhigung, da alle von mir getroffenen Maßnahmen lediglich dazu dienen, die marxistischen und kommunistischen Bonzen und Parteibuchbeamten zu beseitigen und das kommunistische Untermenschentum auszurotten.«[25] Die Häftlinge waren ihren Bewachern in den neuen Haftstätten, die vor allen Dingen im erzgebirgischen und vogtländischen Raum konzentriert zu finden waren, hilflos ausgeliefert. Folterorte waren beispielsweise die Polizeikaserne in Aue, das »Hotel Hirsch« in Limbach-Oberfrohna oder das Sportheim in Bermsgrün, einem Ortsteil von Schwarzenberg. Lokales Zentrum des NS-Terrors in Chemnitz war das Hansa-Haus, in dem die SA-Stabswache untergebracht war. Die genaue Zahl dieser Prügelkeller und Folterhöllen ist nicht bekannt, doch in fast jedem sächsischen Ort gab es sie.[26]

Für diese Haftstätten hat der durch den ersten Gestapo-Chef von Preußen, Rudolf Diels, geprägte Begriff der »wilden Lager«[27] eine gewisse Berechtigung, wobei es sich nicht um großräumige umzäunte Gelände, sondern um kleinere und größere Gebäude handelte. Diese neuen Hafträume entstanden ohne Anweisung, Koordination oder Aufsicht staatlicher Stellen auf Eigeninitiative örtlicher nationalsozialistischer Führer. Falsch wäre es allerdings, den Begriff der »wilden Lager« auf sämtliche Haftstätten für Schutzhäftlinge und insbesondere auf die entstehenden Konzentrationslager anzuwenden. So wurden viele Verhaftete in Schutzhaftabteilungen in den Polizeigefängnissen, Amtsgerichtsgefängnissen, Untersuchungshaftanstalten und Gefangenenanstalten eingewiesen. In ihnen blieben die Häftlinge wenige Tage bis hin zu einem halben Jahr inhaftiert. Sie unterlagen dort im Wesentlichen einer Behandlung nach den allgemeinen Bestimmungen des Strafvollzugs. In nahezu jedem Gefängnis in Sachsen wurde Schutzhaft vollzogen, so in Waldheim, Dresden (Mathildenstraße), Bautzen I (»Gelbes Elend«) und Bautzen II sowie Stollberg/Hoheneck.[28] In den vorhandenen Haftanstalten konnten die zahlreichen Verhafteten jedoch schon bald nicht mehr allesamt untergebracht werden.

Für die im Weiteren daher zur Entlastung auf Initiative oder unter maßgeblicher Beteiligung und Aufsicht von Polizeibehörden, Innenministerien, Verwaltungsbehörden oder Parteiformationen entstehenden Konzentrationslager ist der Begriff »wilde Lager« auch deshalb irreführend, weil er das absichtsvolle Vorgehen verschleiert. Reichsinnenminister Wilhelm

19 Vgl. Drobisch/Wieland, System, S. 16–21. **20** Vgl. Hermann Weber, Hauptfeind Sozialdemokratie. Strategie und Taktik der KPD 1929–1933, Düsseldorf 1982, S. 8 und 12. **21** Zitiert nach Tuchel, Konzentrationslager, S. 51 f. Als »Braunhemden« wurden wegen der Farbe ihrer Uniform die Angehörigen der SA bezeichnet. **22** Der Freiheitskampf vom 2. 3. 1933. **23** Vgl. Andreas Wagner, »Machtergreifung« in Sachsen. NSDAP und staatliche Verwaltung 1930–1935, Köln 2004. **24** Aus Angehörigen der SA, der SS und rechter Wehrverbände wurde am 3. März eine Hilfspolizei aufgestellt. Carsten Schreiber, Täter und Opfer: Der Verfolgungsapparat im NS-Staat. In: Clemens Vollnhals (Hg.), Sachsen in der NS-Zeit, Leipzig 2002, S. 170–182, hier S. 172. **25** Zitiert nach Wendler, Das frühe Konzentrationslager Sachsenburg, S. 11. **26** Siehe hierzu ausführlicher Baganz, Erziehung, S. 78–81 sowie den Überblick bei Brenner u. a., NS-Terror und Verfolgung, S. 456–461. **27** Diels, Lucifer ante portas, S. 257. **28** Vgl. Drobisch/Wieland, System, S. 43–46; Baganz, Erziehung, S. 81–84 sowie die Übersicht in Brenner u. a., NS-Terror und Verfolgung in Sachsen, S. 456–461.

Angehörige von SA und SS vor dem besetzten Volkshaus Reichenbach, das später auch als Folterstätte genutzt wurde, 8.3.1933
Archiv Museum Burg Mylau

Frick hatte die Öffentlichkeit bereits am 8. März 1933 erstmals mit dem Machtinstrument Konzentrationslager konfrontiert und dessen Zweck unmissverständlich klargestellt: »Wenn am 21. März der neue Reichstag zusammentritt, werden die Kommunisten durch dringende und nützlichere Arbeit verhindert sein, an der Sitzung teilzunehmen. Diese Herrschaften müssen wieder an fruchtbringende Arbeit gewöhnt werden. Dazu werden wir ihnen in Konzentrationslagern Gelegenheit geben. Wenn sie sich dann wieder zu nützlichen Mitgliedern der Nation erziehen lassen, wollen wir sie als vollwertige Volksgenossen willkommen heißen, sonst werden wir sie auf die Dauer unschädlich zu machen wissen.«[29]

Zudem waren die staatlichen Stellen bemüht, das teilweise wilde Durcheinander der Inschutzhaftnahmen zügig in geordnete Bahnen zu lenken und die »wilden Lager« unter ihre Kontrolle zu bringen. So setzte sich in Chemnitz der Kriminalamtschef Albrecht Böhme, ein überzeugter Nationalsozialist, unnachgiebig, doch lange erfolglos für ein Ende des SA-Terrors in der Stadt und sogar für eine Bestrafung der SA-Gewalttäter ein.[30] In Sachsen fielen die im Vergleich zu anderen deutschen Ländern besonders zahlreichen Regelungen zur Schutzhaft, die bis April 1934 nicht zentral, sondern auf Länderebene

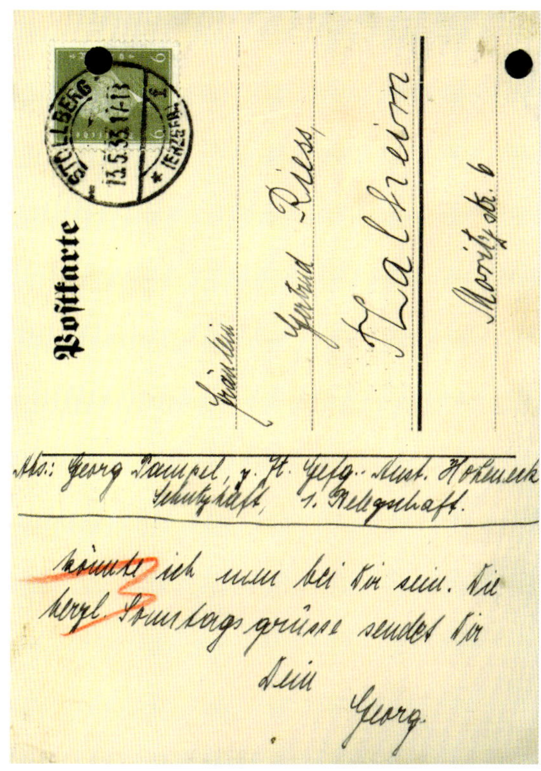

Postkarte

Fräulein Gertrud Riess

Moritzstr. 6

Abs.: Georg Pampel, z. Zt. Gefg.-Anst. Hoheneck Schutzhaft, 1. Belegschaft.

könnte ich nun bei Dir sein. Die herzl. Sonntagsgrüsse sendet Dir Dein Georg.

Postkarte von Georg Pampel – »Schutzhaft, 1. Belegschaft« – aus der Gefangenenanstalt Hoheneck bei Stollberg, 13.5.1933

Privatbesitz Bert Pampel, Dresden

reglementiert wurde, auffallend detailliert aus.[31] Am 28. März 1933 wurde auf Anordnung Manfred Killingers beim Sächsischen Landeskriminalamt in Dresden eine Schutzhaftzentrale eingerichtet.[32] Doch trotz des Bemühens, die Schutzhaft in regelmäßigere Bahnen zu lenken, erfolgten weiterhin willkürliche Verhaftungen. Auch wurden Personen, die nach dem Erlass aus »unwesentlichen Gründen« oder wegen ihrer bloßen Mitgliedschaft in marxistischen Parteien und Organisationen verhaftet worden waren, zunächst nicht wie angekündigt entlassen.

Die im letzten Satz des Erlasses zur Gründung der Schutzhaftzentrale angekündigten Bestimmungen »Über die Errichtung von Konzentrationslagern« ergingen am 19. April 1933.[33] Sie führten neben den Gefangenenanstalten II, Dresden (Mathildenstraße), I, Zwickau (Osterstein) und Leipzig (Beethovenstraße) sowie dem Gerichtsgefängnis Altenberg folgende Lager als Konzentrations- bzw. »Arbeitsdienstlager« auf: Landesanstalt

29 Zitiert nach Tuchel, Organisationsgeschichte, S. 11. **30** Daniel Siemens, SA-Gewalt, nationalsozialistische »Revolution« und Staatsräson: Der Fall des Chemnitzer Kriminalamtschefs Albrecht Böhme 1933/34. In: Wachsmann/Steinbacher, Die Linke im Visier, S. 191–213. **31** Drobisch/Wieland, System, S. 31; Tuchel, Organisationsgeschichte, S. 12. **32** Abgedruckt bei Baganz, Erziehung, S. 371–376. **33** SächsStA-D, AH Flöha, Nr. 2392, Bl. 1 ff.; Seite 1 abgedruckt bei Drobisch/Wieland, System, S. 48.

Colditz, Burg Hohnstein, Königstein-Halbestadt, Schloss Hainewalde bei Zittau, Heim Stenz bei Königsbrück, Plaue-Bernsdorf bei Flöha, Hainichen und Sachsenburg, das sich allerdings erst in Gründung befand.[34] Diese Aufzählung »amtlich anerkannter« Lager war jedoch nicht vollständig. Hinzuzufügen wären mindestens die Lager Pappenheim in Oschatz,[35] Zschorlau bei Aue und »Kupferhammer« in Bautzen. Letzteres war zunächst von der SA-Standarte 103 auf einem Fabrikgrundstück eingerichtet worden und sollte später nach den Vorstellungen des Landeskriminalamtes zu einem großen »Schutzhaft-Arbeitsdienstlager« ausgebaut werden. Die Kosten des Lagers trug die Stadt Bautzen.[36]

Die Zusammenarbeit zwischen SA/SS, NSDAP und staatlichen Stellen, unter anderem der Polizei, bei der Errichtung und beim Betrieb der Lager zeigte sich auf vielfältige Weise. So war das Lager Hohnstein zunächst von Beamten der Strafanstalt Bautzen geführt worden, bis das SA-Bewachungskommando am 5. April 1933 die Lagerleitung übernahm.[37] Der Gendarmerieposten Aue führte Vernehmungen der Schutzhäftlinge im Konzentrationslager Zschorlau durch.[38] Die Nutzung von Schloss Colditz als Lager ging auf Bestrebungen der Kreishauptmannschaft Leipzig und des Leipziger Polizeipräsidiums zurück, die die Amtsgerichtsgefängnisse im Bezirk entlasten wollten. Die Bewachung übernahmen Hilfspolizisten unter Leitung eines Polizeiwachtmeisters aus Leipzig.[39] Die Initiative zur Gründung des Lagers Sachsenburg ging vom Landeskriminalamt im Sächsischen Innenministerium aus.

Die vorstehende Kategorisierung in Folterstätten, Schutzhaft in Polizei- und Justizgefängnissen sowie Konzentrationslager hat wie die Einteilung der zeitlichen Phasen ihre Mängel, denn es gibt Mischformen, Überschneidungen und Übergänge. Die Gefangenenanstalten der Justiz in Dresden und Leipzig wurden amtlich als Konzentrationslager bezeichnet, andere dagegen, in denen ebenfalls Schutzhäftlinge gefangen gehalten wurden, wie in Bautzen, nicht. Die Unterscheidung des Landeskriminalamtes in Arbeitsdienst- und Konzentrationslager stand anscheinend nur auf dem Papier, denn die Häftlinge wurden den Lagern beliebig zugeteilt. So waren in den Lagern Sachsenburg und Burg Hohnstein, die als »Arbeitsdienstlager« galten, nicht nur »Verführte« inhaftiert, sondern auch Personen, die als »geistige Führer« galten, und laut Bestimmung eigentlich in ein Konzentrationslager gehörten.[40] Nach einem Schreiben der Kreishauptmannschaft Zwickau vom 31. Mai 1933 sei »das Lager in Zschorlau [...] ein Arbeitsdienst- und kein Konzentrationslager«.[41] Auf einem Gruppenfoto von Zschorlauer Häftlingen, aufgenommen vor einem Lagergebäude, ist auf einem dort angebrachten Schild jedoch eindeutig der Schriftzug »SS-Wache Konzentrationslager Zschorlau« zu erkennen.[42] Die Arbeiterturnhalle in Plaue-Bernsdorf bei Flöha galt als »Arbeitsdienstlager«, andere besetzte Turnhallen oder Sportlerheime wie in Chemnitz oder Mylau aber nicht. Die Folterhölle der SS im besetzten »Volkshaus« von Reichenbach firmiert in zeitgenössischen Berichten als »Durchgangslager«.[43] Andere Haftstätten, wie die Gaststätte »Schützenhaus« in Annaberg, galten amtlich nicht als Konzentrationslager, wurden aber in der Presse so bezeichnet.[44]

Klaus Drobisch und Günther Wieland zählten 1993 deutschlandweit fast 70 Konzentrationslager und über 30 Schutzhaftabteilungen in Justiz- und Polizeigefängnissen sowie ca. 60 größere berüchtigte SA-Folterstätten. Ihre Auflistung enthält insgesamt 157 Haftorte.[45] 36 davon, also fast ein Viertel, befanden sich in Sachsen. Inzwischen kann man allerdings von mehr als 100 Haftorten für Schutzhäftlinge in Sachsen ausgehen.[46] Zwischen März und April 1933 waren etwa 45 000 Personen in ganz Deutschland von Schutzhaft betroffen.[47] Das Landeskriminalamt Sachsen meldete am 3. Mai 1933 auf Anforderung des Reichsministeriums des Innern 7776 Personen, die in Schutzhaft genommen worden seien.[48] Das sind 17 Prozent aller reichsweiten Verhaftungen, obwohl der Anteil von Sachsen an der deutschen Gesamtbevölkerung nur drei Prozent betrug.

Kommunisten und Sozialdemokraten stellten zunächst die Mehrheit der Schutzhäftlinge. In den »Vorläufigen Bestimmungen über die Errichtung und Verwaltung von Konzentrationslagern und Arbeitsdienstlagern« des Landeskriminalamtes Sachsen vom 19. April 1933, die am 5. August 1933 überarbeitet vorgelegt wurden, hieß es: »Zur Aufnahme in die Arbeitsdienstlager sind in erster Linie die Jugendlichen unter 25 Jahren und dann solche Schutzhäftlinge auszuwählen, von denen angenommen wird, daß sie besserungsfähig sind, insbesondere wenn feststeht, daß sie lediglich durch Verhetzung und Verführung Marxisten geworden sind. [...] In die Konzentrationslager sind alle diejenigen Schutzhäftlinge zu überführen, die sich als Schädlinge am deutschen Volkskörper erwiesen haben und deren Sinnesänderung insoweit aussichtslos erscheint, das sind insbesondere die Funktionäre und sonstigen geistigen Führer der marxistischen Verbände und kriminell schwer vorbestrafte Personen.«[49]

Doch neben den politischen Gegnern von der Linken gelangten zunehmend weitere Häftlingsgruppen, wenngleich noch in viel geringerer Zahl, in Schutzhaft. Juden, die zu diesem Zeitpunkt laut eines Verbotes des Sächsischen Ministeriums des Innern vom 18. April 1933 allein aufgrund ihrer »Zugehörigkeit zur jüdischen Rasse« nicht inhaftiert werden durften, fanden sich ebenfalls bereits in den Lagern.[50] Waren sie zudem auch politisch tätig, hatten sie besonders häufig und nachhaltig unter Misshandlungen zu leiden.[51] Darüber hinaus waren Frauen, selten auch Kinder, Zeugen Jehovas, Kriminelle sowie Opfer privater Rachegelüste in den Lagern inhaftiert.

34 Vgl. die Kurzbeschreibungen der einzelnen Lager bei Baganz, Erziehung, S. 84–107. **35** Vgl. Wolfgang Michael, Das Schutzhaftlager Pappenheim in Oschatz. In: Sächsische Heimatblätter (2008) H. 4, S. 362–367. **36** Vgl. Baganz, Erziehung, S. 106 f., zu Zschorlau ebd., S. 104 f. **37** Vgl. Lothar Gruchmann, Justiz im Dritten Reich 1933–1940. Anpassung und Unterwerfung in der Ära Gürtner, 3., verbesserte Aufl. München 2001, S. 368. **38** Vgl. Baganz, Erziehung, S. 105. **39** Vgl. Linkspartei, PDS Muldentalkreis (Hg.), Schloss Colditz 1933/34 im System der NS-Diktatur, Wurzen 2006, S. 22. Vgl. auch Colditzer Tageblatt vom 27. 3. 1933. **40** Ein Beispiel dafür ist der ehemalige sächsische Innenminister, der Sozialdemokrat Hermann Liebmann, der im Konzentrationslager Hohnstein brutal misshandelt wurde und nach seiner Entlassung an den Folgen der Haft verstarb. Vgl. Baganz, Erziehung, S. 121 f. **41** SächsStA-D, KH Zwickau, 3045/1, Bl. 384. **42** Sammlung Stiftung Sächsische Gedenkstätten, KZ Zschorlau 1933, Sachsenburg, Akte 17. **43** Otto Meinel, Durchgangslager Reichenbach. In: Konzentrationslager. Ein Appell an das Gewissen der Welt. Ein Buch der Greuel. Die Opfer klagen an, Karlsbad 1934, S. 164–169. **44** Annaberger Wochenblatt vom 13. 4. 1933 (Stadtarchiv Annaberg). **45** Drobisch/Wieland, System, S. 12 sowie Tabelle 12, S. 73. **46** Vgl. Brenner u. a., NS-Terror und Verfolgung, S. 251. **47** Tuchel, Organisationsgeschichte, S. 11. **48** Baganz, Erziehung, S. 96, mit abgedrucktem Dokument. **49** SächsStA-D, AH Flöha, Nr. 2392, Bl. 1 ff. **50** Schreiben des sächsischen Ministeriums des Innern vom 18. 4. 1933 an die Kreis- und Amtshauptmannschaften (SächsStA-D, AH Marienberg, Nr. 2196, unpag.). **51** Vgl. Mike Schmeitzner, Tödlicher Hass: Antisemitismus und Judenverfolgung in Dresden 1933–1945. In: Medaon – Magazin für jüdisches Leben in Forschung und Bildung, 10 (2016) 19, S. 1–28, online unter www.medaon.de/de/artikel/toedlicher-hass-antisemitismus-und-judenverfolgung-in-dresden-1933-1945; 19. 4. 2018 sowie Peter Blachstein, »In uns lebt die Fahne der Freiheit.« Zeugnisse zum frühen Konzentrationslager Burg Hohnstein, Dresden 2005.

Der Präsident
des Geheimen Staatspolizeiamtes Sachsen

12+540/35

Dresden, den 28. September 1935

Schutzhaftbefehl.

Der - ~~die~~ - am 26.2.1898 in Oberwiesenthal
geborene

L a n g e r , Max

in Oberwiesenthal 102

ist auf Grund von § 1 der Verordnung des Reichspräsidenten zum Schutze von Volk und Staat vom 28.2.1933 in Schutzhaft zu nehmen.

Dringender Verdacht staatsfeindlicher Betätigung

Er ist dem Schutzhaftlager in Sachsenburg zuzuführen.
~~Er / Sie ist dem Polizeigefängnis in zuzuführen.~~

Geheimes Staatspolizeiamt * Sachsen *

Im Auftrage:
gez. Dr. Ziegler

Herrn
Max L a n g e r
O b e r w i e s e n t h a l

Ausgefertigt:
Dresden, am 3. OKT. 1935
Mühler, H.-P.

Schutzhaftbefehl des Geheimen Staatspolizeiamtes Sachsen für Max Langer, 28.9.1935

Stiftung Sächsische Gedenkstätten/Dokumentationsstelle Dresden

Die Nationalsozialisten verkündeten als Hauptziel der Schutzhaft, »den durch marxistische Verhetzung in der Vergangenheit sittlich verwilderten Schutzhäftlingen wieder Sinn für Ordnung, Unterordnung und Eingliederung und für geregelte Arbeit beizubringen und ganz allgemein sie zu brauchbaren Gliedern des neuen Staates zu erziehen«.[52] Die sogenannte Erziehung bestand darin, die Gefangenen zu demütigen und zu erniedrigen, ihre Moral zu zermürben, ihren Zusammenhalt zu zerreißen, ihre Gesundheit zu ruinieren und ihr Leben zu verkürzen, kurz: sie psychisch und physisch zu brechen. Wie die Wachmannschaften dieses Vorhaben in die Tat umsetzen wollten, machten sie bereits in den ersten Minuten nach der Ankunft der Häftlinge in den einzelnen Lagern deutlich: mit Strafandrohungen, Gewalt und Misshandlungen. Die »Empfangsfeierlichkeiten«, wie sie genannt wurden, fanden ähnlich in jedem Lager statt, wobei das Lager Sachsenburg eine Ausnahme bildete. Hier nahm der vom Finanzamt Zschopau freigestellte Obersteuersekretär Max Hähnel als Lagerführer den Umerziehungsanspruch durchaus ernst.[53] Doch hinter seinem Rücken bzw. in seiner Abwesenheit wurden die Häftlinge wie in den anderen Folterstätten auch in Sachsenburg mit Sturmriemen, Koppelschlössern, Gummi- oder Holzknüppeln, Gewehrkolben, Stahlruten, nägelgespickten Latten oder »Ehrendolchen« misshandelt. Zudem lernten sie den »Sachsengruß« kennen: Mit dem Gesicht zur Mauer, die Arme im Nacken verschränkt, standen sie stundenlang. Bewegten sie sich dabei, wurden ihre Köpfe gegen die Wand geschlagen. Den Häftlingsalltag prägten Appelle, karges Essen, unzumutbare Unterkünfte, schlechte sanitäre Bedingungen, harte Arbeit und unzureichende ärztliche Behandlung bei Erkrankungen, Unfällen oder Verletzungen durch Misshandlungen, die an der Tagesordnung waren. Unter solchen Bedingungen setzten etliche Häftlinge ihrem Leben selbst ein Ende. Eine genaue Zahl der Opfer in den frühen sächsischen Lagern kann derzeit jedoch nicht genannt werden. Fehlende oder gefälschte Unterlagen machen genaue Angaben unmöglich.[54]

DIE KONZENTRATION DER SCHUTZHÄFTLINGE IN GRÖSSEREN LAGERN VON MAI 1933 BIS MITTE 1934

Durch die Einrichtung der Konzentrationslager ab März 1933 und die damit einhergehenden gewalttätigen Maßnahmen gegen die politischen Gegner war die nationalsozialistische Herrschaft im Sommer 1933 bereits so weit gefestigt, dass Adolf Hitler den »Abschluss der Revolution« verkünden konnte: »Die Revolution ist kein permanenter Zustand, sie darf sich nicht zu einem Dauerzustand ausbilden. Man muß den freigewordenen Strom der Revolution in das sichere Bett der Evolution hinüberleiten.«[55] Es kam zu ersten Entlassungen, zu Überstellungen von Schutzhäftlingen aus den SA-Folterhöllen und aus den Schutzhaftabteilungen von Justiz und Polizei in die Lager sowie zur Auflösung der kleineren Lager. Als erstes sächsisches Lager wurde das KZ Leubsdorf bereits Mitte April 1933 auf-

52 Schreiben der AH Flöha vom 6. 11. 1933 an das LKA, Schutzhaftzentrale (SächsStA-D, AH Flöha, Nr. 2399, Bl. 5).
53 Vgl. den Beitrag von Volker Strähle über Max Hähnel in diesem Band. **54** Zu den Lebens- bzw. Überlebensbedingungen der Häftlinge in den frühen sächsischen Konzentrationslagern siehe Baganz, Erziehung, S. 155–197.
55 Völkischer Beobachter vom 8. 7. 1933.

Aufgelöste Schutzhaftlager

Wie das Landeskriminalamt meldet, sind im Laufe des Sommers die zur Verwahrung von Schutzhäftlingen bestimmt gewesenen Lager Leipzig, Altenburg, Königstein-Halbestadt, Zschorlau, Mylau-Reichenbach Schloß Hainewalde bei Zittau, Stenz bei Königsbrück, Plaue-Bernsdorf und Hainichen aufgelöst worden. Die Unterbringung von Schutzhäftlingen erfolgt jetzt nur noch in den Verwahrungsanstalten Dresden, Zwickau und Colditz, sowie in den Schutzhaftlagern Burg Hohnstein und Sachsenburg. Die Verwahrungsanstalten dienen zur Unterbringung von politisch und kriminell besonders schwer belasteten Schutzhäftlingen, die Schutzhaftlager zur Unterbringung von minderbelasteten, insbesondere jüngeren Schutzhäftlingen. Hier wird besonderer Wert auf Besserung und Erziehung der Schutzhäftlinge gelegt. Zahlreiche entlassene Schutzhäftlinge stehen noch nach ihrer Entlassung in freundschaftlichem Briefwechsel mit ihrem ehemaligen Bewachungspersonal — auch ein Beweis für die Unwahrhaftigkeit der Greuelmeldungen, die von gewissen Kreisen des Auslandes über die Behandlung der Schutzhäftlinge in Deutschland verbreitet werden.

Artikel im Frankenberger Tageblatt vom 18. 9. 1933 über die Auflösung von Lagern und über die Konzentration der Schutzhäftlinge in Gefängnissen sowie in den Lagern Hohnstein und Sachsenburg. Der Darstellung der Zustände in den Lagern widersprechen die Berichte entlassener Insassen.

Stiftung Sächsische Gedenkstätten/ Dokumentationsstelle Dresden

gelöst,[56] am 10. August 1933 folgte als vorerst letztes im Jahre 1933 das KZ Hainewalde.[57] Die in Haft bleibenden Gefangenen wurden bis Ende Dezember in den Schutzhaftlagern Hohnstein und Sachsenburg, in der Verwahrungsanstalt Colditz und in der Anstalt Zwickau-Osterstein konzentriert.[58] Ende Juli 1933 befanden sich reichsweit nur noch 26 861 Personen in Schutzhaft, davon 4 500 in Sachsen.[59] Die Zahl der davon in Lager verbrachten Schutzhäftlinge betrug nach einer Mitteilung vom 9. August 1933 3 325 Personen.[60] Das bedeutet, dass 40 Prozent der Schutzhäftlinge nach drei bis vier Monaten bereits wieder entlassen worden waren und dass sich inzwischen drei Viertel der Schutzhaftgefangenen in Lagern befanden. Auch wenn die Zuverlässigkeit dieser Zahlen hinterfragt werden kann, so wären doch – wie schon im Mai 1933 – ca. 17 Prozent aller reichsweiten Inschutzhaftnahmen in Sachsen zu verzeichnen.

Für diese Häufung gab es vor allem zwei Gründe: Zum einen war Sachsen ein Zentrum der Arbeiterbewegung, zum anderen hatten auch die Nationalsozialisten hier eine sehr große Anhängerschaft, vor allem in Südwestsachsen (Plauen – Zwickau – Chemnitz). Bei den Reichstagswahlen im Juli 1932 konnte die NSDAP in Sachsen 41,2 Prozent der Stimmen gegenüber 37,3 Prozent deutschlandweit verzeichnen. Die politischen Kräfte waren in Sachsen also besonders polarisiert. Ein nicht zu unterschätzender Grund ist auch in der politischen Führung des Landes zu suchen, insbesondere in der Person des Reichsstatthalters und Gauleiters Martin Mutschmann, im Volksmund auch »König Mu« genannt. Mutschmann hatte bereits 1925 den Parteigau Sachsen übernommen. Er galt frühzeitig als Hitler besonders ergeben und war fanatischer Antisemit. Später besuchte er selbst hin und wieder frühe Konzentrationslager und beteiligte sich persönlich an Misshandlungen von Häftlingen.[61]

Ende Oktober 1933 waren reichsweit noch rund 22 000 Gefangene in Konzentrationslagern inhaftiert, weitere wurden bis Weihnachten 1933 entlassen.[62] Gründe für die Entlassungen waren die weitere Festigung der NS-Herrschaft, negative Berichte in der internationalen Öffentlichkeit, aber auch Beschwerden und Proteste von Kirchen sowie aus der Bevölkerung. So wurde beispielsweise das Lager Reichenbach, das am 11. Mai 1933 von dem inmitten des Ortes gelegenen »Volkshaus« in eine leerstehende Gießerei verlegt worden war – die Einwohner hatten sich seinerzeit über den Lärm beschwert, der bei Misshandlungen der Häftlinge aus dem Gebäude drang –, aufgrund von weiteren Klagen geschlossen. Im Mai 1933 waren nach einem »Grenzlandtreffen« zwei Angehörige des »Stahlhelms«, der Wehrorganisation der Deutschnationalen Volkspartei (DNVP), verhaftet und in das Lager gebracht worden. Sie hatten, anders als andere misshandelte Inhaftierte, die Möglichkeit, einflussreiche Bekannte zu benachrichtigen.[63]

Dass es nicht nur Befürworter von Schließungen der Konzentrationslager gab, zeigt der Fall Zschorlau. Dieses, im Gebäude der Firma August Wellner & Söhne befindliche Konzentrationslager, sollte aus Kostengründen zum 30. Juni 1933 aufgelöst werden.[64] Die Häftlinge – am 17. Juni 1933 befanden sich 133 im Lager[65] – sollten entweder entlassen oder auf andere Lager aufgeteilt werden. Der Gemeinderat in Zschorlau versuchte jedoch aus wirtschaftlichen Gründen, die Schließung des Lagers zu verhindern, und wandte sich an die Amtshauptmannschaft: »Uns ist bekannt geworden, dass das im hiesigen Orte eingerichtete Konzentrationslager Ende dieses Monats aufgelöst werden soll. Dies würde unsere Gemeinde wieder hart treffen. [...] Die Arbeitslosigkeit ist [...] in unserem Orte besonders hoch. [...] Unter diesen Umständen haben wir es mit Freuden begrüßt, daß in unserem Orte das Konzentrationslager eingerichtet wurde. Dadurch wurden den hiesigen Geschäftsleuten wieder Verdienstmöglichkeiten gegeben. Die Bedürfnisse des Lagers werden alle im Ort gedeckt, so daß mancher Geschäftsmann wieder erleichtert aufatmen konnte. [...] All diese Vergünstigungen sollen nun wieder aufhören. Die Amtshauptmannschaft bitten wir deshalb dringend, alles daran zu setzen, daß das Lager in Zschorlau erhalten bleibt. [...] Es wäre zu schade, wenn ein solches gut eingerichtetes Lager nicht weiter verwendet würde.«[66] Das Lager wurde jedoch trotzdem zum 12. Juli 1933 geschlossen und die Häftlinge, soweit nicht entlassen, in die Lager Zwickau Schloss Osterstein und Sachsenburg überstellt.

56 Chemnitzer Tageblatt vom 12. 6. 1933. In: Nachrichtenstelle der Staatskanzlei, Zeitungsausschnittsammlung (SächsStA-D, Nr. 602, T. 2). **57** Willi Nitzsche, KZ Hainewalde, Zittau 1983. **58** Schreiben des Präsidenten des Geheimen Staatspolizeiamtes Sachsen vom 3. 12. 1933. In: Adolf Diamant, Gestapo Chemnitz und die Gestapoaußenstellen Plauen i. V. und Zwickau. Zur Geschichte einer verbrecherischen Organisation in den Jahren 1933 bis 1945. Dokumente – Berichte – Reportagen, Chemnitz 1999, S. 56. **59** Drobisch/Wieland, System, S. 134. **60** Mike Schmeitzner, Ausschaltung – Verfolgung – Widerstand. Die politischen Gegner des NS-Systems in Sachsen 1933–1945. In: Clemens Vollnhals (Hg.), Sachsen in der NS-Zeit, Leipzig 2002, S. 183–199, hier S. 187. **61** Siehe dazu Baganz, Erziehung, S. 121 ff. sowie Mike Schmeitzner, Der Fall Mutschmann: Sachsens Gauleiter vor Stalins Tribunal, Beucha 2011. **62** Völkischer Beobachter vom 27. 10. 1933, zitiert nach Drobisch/Wieland, System, S. 136. **63** Meinel, Durchgangslager Reichenbach, S. 169. **64** Schreiben des LKA an das Arbeitsministerium Dresden vom 15. 6. 1933 (SächsStA-D, KH Zwickau, 3044, Bl. 39). **65** Verzeichnis der im Schutzhaftlager Zschorlau untergebrachten Häftlinge (SächsStA-D, KH Zwickau, 3044, Bl. 39). **66** Schreiben des Gemeinderates in Zschorlau vom 18. 6. 1933 an die AH Schwarzenberg (SächsStA-D, KH Zwickau, 3044, Bl. 50).

Konzentrationslager Sachsenburg
Kommandantur

P.A. 6814 Tgb. Nr.

Sachsenburg, den 6. 4. 37.

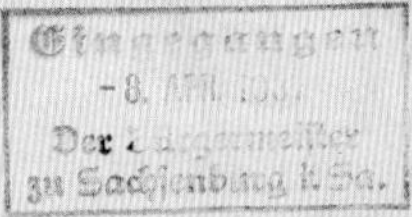

An

den Bürgermeister zu

S a c h s e n b u r g.

Am 6. 4. 37 gegen 11,45 U. wurde der Schutzhäftling
G o l d b a c h , Vornamen: Karl Walter, geb.
am 30.10.1911 zu Rauno/Priestewitz,
zuletzt in Kmehlen Nr. 29 wohnhaft gewesen,
bei einem Fluchtversuche erschossen.

Die Aufhebung ist von mir am Tatorte, in halber Höhe des Buttermilchweges zwischen Einmündung in die Staatsstraße und der Sachsenburg am 6. 4. 37 gegen 12,00 erfolgt, wo auch der Lagerarzt SS- Untersturmf. Dr. Bader den Tod einwandfrei festgestellt hat.

Der Erörterungsbericht ist an die St.A. Chemnitz gegebenen worden, von wo aus auch die Freigabe der Leiche erfolgen wird.

Krim.- Ass.

Der Lagerkommandant KLSg.

SS-Standartenführer.

Am 8. 4. 1937
ist mir vom Amtsgericht Frankenberg
telefonisch mitgeteilt worden, daß die Leiche
des Goldbach von der Staatsanwaltschaft Chemnitz
– Staatsanwalt Dr. [illegible] – für Beerdigung freigegeben worden ist.

Mitteilung des Lagerkommandanten des KZ Sachsenburg an den Bürgermeister von Sachsenburg, 6.4.1937. Zwei Zeugen bestätigten später, ein SS-Mann habe dem Häftling die Mütze vom Kopf gerissen, diese weggeworfen und befohlen, die Mütze zurückzuholen. Als der Häftling zur Mütze gelaufen sei, habe ihn der SS-Mann erschossen (vgl. S. 151 in diesem Band).

Kreisarchiv Mittelsachsen, Bestand Gedenkstätte KZ – Sachsenburg.

Nach den Entlassungen zum Jahreswechsel 1933/34 kam es in Sachsen zu einer weiteren Konzentration der Schutzhäftlinge. Am 1. Februar 1934 endete die Geschichte von Schloss Osterstein in Zwickau als frühes Konzentrationslager – es wurde bis Kriegsende als Zuchthaus weitergenutzt. Am 8. März 1934 wurde die sächsische Schutzhaftzentrale aufgelöst. Ihre Funktionen und Aufgaben übernahm zentralisiert das Geheime Staatspolizeiamt (Gestapo), das nun allein zur Anordnung von Schutzhaft befugt war.[67] Der dazu am 12. April 1934 herausgegebene Schutzhafterlass besaß erstmals Geltung für das gesamte Reichsgebiet.[68] Am 28. April 1934 befanden sich in den drei sächsischen Konzentrationslagern Sachsenburg, Colditz und Hohnstein insgesamt noch 1 286 Häftlinge.[69] Ab 31. Mai 1934 galt das Lager Colditz nach einem längeren Prozess, der bereits Anfang des Jahres begonnen hatte, als als eigenständige Einrichtung aufgelöst und wurde als Außenlager dem Lager Sachsenburg unterstellt. Doch schon am 15. August 1934 wurden die letzten 18 Gefangenen aus Colditz nach Sachsenburg überführt.[70] Von 1935 bis 1937 war im Schloss Colditz ein Arbeitsdienstlager untergebracht, ab November 1939 bis Kriegsende diente es als Kriegsgefangenenlager Oflag IV C für alliierte Offiziere aus England, Frankreich, Holland und Polen.

DAS KONZENTRATIONSLAGER SACHSENBURG UNTER DEM KOMMANDO DER SS (MITTE 1934 BIS AUGUST 1937)

Der Sommer 1934 markierte den beginnenden Aufbau des neuen SS-Konzentrationslagersystems. Bereits im Mai 1934 übernahm die SS in Person des ehemaligen Dachauer Lagerkommandanten Theodor Eicke von Heinrich Himmler den Auftrag, die noch bestehenden SA-Lager aufzulösen oder nach dem Modell des SS-Lagers Dachau zu reorganisieren. Am 30. Juni 1934, im Zuge der Ermordung von SA-Chef Ernst Röhm, besetzte die SS das Lager auf der Burg Hohnstein und löste die SA in Sachsenburg ab.[71] Die Häftlinge aus Hohnstein wurden bis zum 1. September 1934 nach Sachsenburg verlegt. Burg Hohnstein wurde ab April 1935 durch die Hitlerjugend genutzt, ab September 1939 bis Kriegsende als Kriegsgefangenenlager Oflag IV A. Am 1. August 1934 befanden sich nach Zahlen des Reichsinnenministeriums nur noch 5 085 Personen in Schutzhaft, davon 544 (ca. 11 Prozent) in Sachsen.[72]

Theodor Eicke war mit Wirkung vom 4. Juli 1934 zum »Inspekteur der Konzentrationslager« und »Führer der SS-Verbände« ernannt worden. Am 13. August 1934 übernahm die SS offiziell das Lager Sachsenburg und nutzte es fortan als Ausbildungsstätte für die SS-Wachtruppe.[73] Dies ging mit einer drastischen Verschärfung des Haftregimes einher. Das bayerische Organisationsmodell wurde reichsweit umgesetzt, Terror und Gewalt wurden in der »Lagerordnung« systematisiert. Nur fünf Lager blieben außerhalb des SS-Systems unter

67 Drobisch/Wieland, System, S. 34. **68** Die Bestimmung wurde am 12. 4. 1934 erlassen und am 26. 4. 1934 um einige Bestimmungen ergänzt. Siehe dazu vor allem Gruchmann, Justiz im Dritten Reich. **69** Brenner u. a., NS-Terror und Verfolgung in Sachsen, S. 275. **70** Linkspartei, Schloß Colditz, S. 36; Baganz, Erziehung zur »Volksgemeinschaft«? S. 117. **71** Baganz, Erziehung, S. 228. **72** Tuchel, Organisationsgeschichte, S. 26. **73** Siehe den Beitrag von Franz Josef Merkl über Max Simon in diesem Band.

regionaler Verwaltung. Im Februar 1935 bekräftigte Hitler die Weiterexistenz der Lager.[74] Sie wurden von einem Instrument der Ausschaltung der politischen Gegner zu einem dauerhaften Instrument des gesellschaftlichen Umbaus. Nicht mehr nur Staatsfeinde, sondern auch »Zeugen Jehovas«,[75] »Asoziale«, »Trunksüchtige«, »Arbeitsscheue« und »Sittlichkeits- und Gewohnheitsverbrecher« sollten aus der »Volksgemeinschaft« ausgeschlossen werden. Mehr als 300 »Kriminelle« kamen nach Himmlers Weisung vom 23. Februar 1937 als »Vorbeugehäftlinge« in das KZ Sachsenburg.[76] Ihre repressive Funktion gegen politische Gegner behielten die Konzentrationslager freilich bei, wie zum Beispiel Heinrich Himmlers Anweisung an Reinhard Heydrich vom 12. Juli 1935 zeigt, »die Zahl der Schutzhäftlinge aus den Reihen der ehem. K.P.D-Funktionäre in dem folgenden Monat um tausend« zu vermehren.[77]

Neben der Lichtenburg bei Prettin existierte lediglich das Lager Sachsenburg bis Mitte 1937, Dachau als einziges und zugleich »Musterlager« durchgehend bis zum Kriegsende. In den drei Lagern wurden die Grundlagen für die spätere Praxis in Buchenwald, Sachsenhausen und Auschwitz geschaffen, die Eicke als »moderne und neuzeitliche Konzentrationslager« bezeichnete.[78] Die drei Lager waren das Bindeglied zwischen dem System der frühen Konzentrationslager und dem späteren KZ-System, Experimentierfeld und zugleich Ausbildungsstätte für die Lager-SS. SS-Kommandanten und Wachmannschaften erlernten hier ihr Handwerk. Beispielhaft dafür steht die Biografie von Karl Otto Koch. Erst Lagerkommandant in Hohnstein in der Sächsischen Schweiz, übernahm er bald das KZ Sachsenburg, danach war er als Schutzhaftlagerführer in der Lichtenburg tätig. Später leitete er das erste neugegründete KZ Sachsenhausen und danach Buchenwald und Majdanek.[79]

Bedenkt man die große Anzahl der frühen Konzentrationslager in Sachsen 1933/34, ist es erstaunlich, dass ab 1936 im Zuge der Reorganisation des Konzentrationslagersystems keines der großen Lager in Sachsen errichtet wurde. Was waren die Gründe dafür? Kriterien für die Standortwahl, wie beispielsweise Abgeschiedenheit und gute Transportmöglichkeiten, später dann die Nähe zu Steinbrüchen, um die Arbeitskraft der Häftlinge ausbeuten zu können, hätten auch auf Gegenden in Sachsen zugetroffen. Dennoch fiel letztendlich die Entscheidung, das für Mitteldeutschland geplante große Lager auf dem Ettersberg bei Weimar zu errichten.

FAZIT UND OFFENE FRAGEN

Nach einer aktuellen Schätzung waren von März 1933 bis Mitte 1937 mehr als 30 000 Menschen in Konzentrationslagern in Sachsen inhaftiert.[80] Die frühen Konzentrationslager waren neben der Propaganda und anderen »weichen Faktoren«[81] nicht nur das wichtigste Instrument der Nationalsozialisten bei der Errichtung ihrer Gewaltherrschaft, sie waren auch Orte »der indirekten Repression gegenüber der gesamten Bevölkerung«. Der Begriff »Konzentrationslager« schwebte fortan »drohend über jeder Form politisch oder sozial abweichenden Verhaltens«.[82] Nicht nur die Inhaftierungen, sondern auch das Wissen um die Existenz der Lager aufgrund von zahlreichen Veröffentlichungen in der Presse halfen bei der Festigung des Regimes.

Ohne die frühen Konzentrationslager ist die spätere Zeit des Nationalsozialismus nicht zu verstehen. Oppositionsbildung war auf längere Sicht erheblich erschwert. Auch das Schweigen vieler Deutscher zu den späteren Entwicklungen ist zum Teil damit zu erklären. Nur eine Minderheit war nach diesen Erfahrungen mit dem frühen nationalsozialistischen Terror noch bereit, Gesundheit und Leben aufs Spiel zu setzen. Kurt Kohlsche, Häftling im Konzentrationslager Sachsenburg, bringt dies auf den Punkt: »Die ganzen Grausamkeiten wurden an den Häftlingen begangen bzw. uns vorgeführt, damit wir niemals in unserem Leben wieder, wenn wir entlassen wurden, gegen das bestehende Regime Hitlers kämpfen würden. So wie wir hier eingeschüchtert wurden, genau so hat man es verstanden, das ganze deutsche Volk zu einem willenlosen Werkzeug zu machen, so daß es alles widerstandslos auf sich nahm.«[83]

Zu den frühen Konzentrationslagern in Sachsen gibt es nach wie vor einige Desiderate. So fehlt eine Gesamtdarstellung zum besonders berüchtigten KZ Hohnstein. Es fehlen weiterhin verlässliche Übersichten über Namen und Zahlen der Gefangenen sowie über Todesopfer in den einzelnen Lagern. Ein Grund ist die mangelhafte Quellenlage. In den ersten Wochen und Monaten nach der Machtübernahme wurden viele Haftstätten ohne zentrale Leitung errichtet und blieben von staatlicher Aufsicht weitgehend abgeschirmt. Da sie in den meisten Fällen auch nur einige Wochen bestanden, wurden Vorgänge und Entscheidungen innerhalb der Lager häufig nicht dokumentiert. Zudem sind relevante Dokumente und Unterlagen während des Krieges durch Bombenangriffe vernichtet worden. Auch zur Rezeption der frühen Konzentrationslager in der Bevölkerung ist wenig bekannt. Was sahen und wussten die Menschen? Wie reagierten sie auf Verhaftung und Entlassung? Wir wissen von einzelnen Protesten gegen die Lager, von der herzlichen Begrüßung Entlassener, auch von Solidarität mit Inhaftierten, doch ein Gesamtbild existiert bislang nicht. Die Erforschung der frühen Konzentrationslager in Sachsen ist also noch nicht abgeschlossen.

74 Klaus Drobisch, Hinter der Torinschrift »Arbeit macht frei«. Häftlingsarbeit, wirtschaftliche Nutzung und Finanzierung der Konzentrationslager 1933–1939. In: Hermann Kaienburg (Hg.), Konzentrationslager und deutsche Wirtschaft 1939–1945, S. 17–27, hier S. 23. **75** Nach dem Beitrag von Gerald Hacke in diesem Band lassen sich momentan 368 namentlich bekannte Zeugen Jehovas im KZ Sachsenburg belegen. **76** ITS Archives, Bad Arolsen, 5442890. **77** Zitiert nach Tuchel, Konzentrationslager, S. 311. **78** Tuchel, Organisationsgeschichte, S. 26. **79** Vgl. Insa Eschebach, Der KZ-Kommandant Karl Otto Koch (1897–1945). In: Günter Morsch (Hg.), Von der Sachsenburg nach Sachsenhausen. Bilder aus dem Fotoalbum eines KZ-Kommandanten, Berlin 2007, S. 49–54. **80** Brenner u. a., NS-Terror und Verfolgung in Sachsen, S. 252. **81** Vgl. Hans-Ulrich Wehler, Der Nationalsozialismus: Bewegung, Führerherrschaft, Verbrechen. 1919–1945, München 2009, S. 112–129. **82** Tuchel, Organisationsgeschichte, S. 9 und 11. **83** Kohlsche, »So war es!«, S. 47.

Mike Schmeitzner

AUFTAKT ZUM LAGER-TERROR

Die Chemnitzer Abwaschaktion vom März 1933

Noch bevor im Mai 1933 im KZ Sachsenburg meist linke Gegner der Nationalsozialisten eingepfercht wurden, hatte der »Großangriff auf die Linke«[1] bereits viele Opfer gefordert: Tausende waren verhaftet, misshandelt und mehrere auch ermordet worden. Als Zwischenstationen im Raum Chemnitz, in dem das Lager Sachsenburg entstand, existierten seit Anfang März 1933 kleinere improvisierte KZ, umfunktionierte Gebäude der Arbeiterbewegung und bereits vorhandene Gefängnisbauten, um Schutzhäftlinge aufzunehmen und von der SA bewachen zu lassen. In Chemnitz wurden seit dem 8./9. März 1933 – dem Tag des von NSDAP und SA betriebenen Umsturzes in Sachsen – folgende Gebäude zu diesem Zweck missbraucht: Die Gefangenenanstalt auf dem Kaßberg, die Polizeigefängnisse Hartmannstraße und Lange Straße, das von der städtischen SA-Führung belegte Hansa-Haus in der Innenstadt und die ehemaligen Arbeitersportheime auf der York- und Zeisigwaldstraße.[2] Aber auch in Chemnitz wurden Gefangene nicht nur einfach weggesperrt und drangsaliert, sondern unmittelbar nach der Verhaftung öffentlich gedemütigt. Meist geschah dies unter dem Beifall von Schaulustigen und unter Aufsicht der SA. Und meist handelte es sich bei den Vorgeführten und Gedemütigten um prominente Gegner des NS-Regimes, die kurz nach ihrer Verhaftung durch die Straßen getrieben und zum Abwaschen von linken Wahlkampflosungen vor der letzten Reichstagswahl am 5. März 1933 gezwungen wurden.

Auch wenn diese Art der öffentlichen Demütigung und Zurschaustellung reichsweit geschah, so darf das Chemnitzer Beispiel doch in mehrfacher Hinsicht als bemerkenswert gelten: In der drittgrößten sächsischen Stadt wurde diese Aktion wohl so gut und umfassend fotografisch dokumentiert wie nirgends sonst – und zwar von der SA selbst. Darüber hinaus fertigte die für diese Aktion verantwortliche SA-Einheit – der SA-Marinesturm Chemnitz – selbstbeschriftete Postkarten an, die sie in Umlauf brachte und auch in den Printmedien »vermarktete«. Dadurch gelangten einige der Postkarten sogar ins Ausland und wurden dort wiederum zur antifaschistischen Gegenpropaganda eingesetzt. Bis auf den heutigen Tag werden einzelne Bildikonen – und hier zumeist Bilder mit dem früheren Chemnitzer SPD-Vorsitzenden und Reichstagsabgeordneten Bernhard Kuhnt im Karren

– zur Illustration des frühen NS-Terrors verwendet;[3] die Fotoüberlieferung ist entsprechend breit gestreut.[4] Weniger bekannt ist, dass die meisten der zur Schau gestellten Opfer einige Wochen später ins KZ Sachsenburg verbracht wurden.

Diese Vorgeschichte des Sachsenburger Lager-Terrors und der Demütigung von Linken wirft Fragen auf: Warum kam es ausgerechnet in Chemnitz gleich zu mehreren solcher Aktionen an drei nachweisbaren Tagen im März 1933? Weshalb tat sich hierbei der SA-Marinesturm besonders hervor? Warum posierte auf einzelnen Fotos bzw. Postkarten der Gründer der Chemnitzer NSDAP, Willy Blume, in geradezu obszöner Haltung mit »seinen« Opfern? Warum standen mehrheitlich prominente SPD-Politiker im Fokus der Aktion und nicht so sehr die Führer der KPD? Warum wurde der bekannte SPD-Politiker Kuhnt im Karren durch die Innenstadt gefahren und nicht – wie alle anderen – zu Fuß zu den Abwaschstellen getrieben?

Die Mehrzahl der Aktionen im März 1933 dürfte wohl im direkten Zusammenhang mit der besonderen Härte der Auseinandersetzungen zwischen Linken und Nationalsozialisten vor der NS-Machtübernahme gestanden haben. SPD, KPD und NSDAP hatten in Chemnitz jeweils über größeren Einfluss verfügt. Für SPD und KPD einerseits war Chemnitz ein traditionsreiches Terrain, andererseits hatte sich für die NSDAP mit der Weltwirtschaftskrise und deren katastrophalen sozialökonomischen Auswirkungen auf Chemnitz ein fruchtbarer Boden für ein schnelles Wachstum aufgetan. Dabei vermochte die NSDAP von frühen Organisationsanfängen (1922) zu profitieren. Ab 1930 war es in der Stadt immer wieder zu bürgerkriegsähnlichen Situationen gekommen: Die zumeist von NSDAP und SA provozierten Ausschreitungen kosteten mehrere Menschenleben. Trotz dieses braunen »Terrors« (so der SPD-Abgeordnete Karl Gerlach 1932 im Sächsischen Landtag)[5] erzielten SPD und KPD bei den Kommunalwahlen Ende 1932 mit 31 von 60 Mandaten die Mehrheit, die NSDAP aber avancierte mit 20 Sitzen zur stärksten Partei. Im Februar 1933, nach der Machtübertragung an Hitler, starben nach SA-Überfällen in Chemnitz zwei junge Mitglieder von SPD und KPD.[6]

1 Nikolaus Wachsmann, Terror gegen links: Das NS-Regime und die frühen Lager. In: Ders./Sybille Steinbacher (Hg.), Die Linke im Visier. Zur Errichtung der Konzentrationslager 1933, Göttingen 2014, S. 7–30, hier S. 8. **2** Vgl. Birgit Schubert, Die Machtübernahme der Nationalsozialisten und die Auflösung der Stadtverordnetenversammlung 1933 in Chemnitz. In: Beiträge zur Stadtgeschichte, Heft 3. Hg. vom Stadtarchiv Chemnitz, Radebeul 1999, S. 99–118, hier S. 108; Carina Baganz, Erziehung zur »Volksgemeinschaft«? Die frühen Konzentrationslager in Sachsen 1933–34/37, Berlin 2005, S. 79. **3** Vgl. etwa Martin Schumacher (Hg.), M. d. R. Die Reichstagsabgeordneten der Weimarer Republik in der Zeit des Nationalsozialismus. Politische Verfolgung, Emigration und Ausbürgerung 1933–1945. Eine biographische Dokumentation, Düsseldorf 1992, S. 349 (Abb. 45). Der Vorgang selbst wird neuerdings auch in Klaus Schönhoven, Freiheit und Leben kann man uns nehmen, die Ehre nicht. Das Schicksal der 1933 gewählten SPD-Reichstagsabgeordneten, Bonn 2017, S. 66 thematisiert. **4** Fotos von der Demütigung Bernhard Kuhnts finden sich im Bundesarchiv, im Archiv der sozialen Demokratie (AdsD) in Bonn, im Stadtarchiv Chemnitz und im SächsStA-C. Darüber hinausgehende Überlieferungen zur Abwaschaktion in dieser Stadt existieren hingegen nur in beiden Chemnitzer Archiven. **5** Zit. nach Daniel Siemens, SA-Gewalt, nationalsozialistische »Revolution« und Staatsräson: der Fall des Chemnitzer Kriminalamtschefs Albrecht Böhme 1933/34. In: Wachsmann/Steinbacher (Hg.), Die Linke im Visier, S. 191–213, hier S. 195. **6** Vgl. Schubert, Machtübernahme, S. 105.

Mit der nationalsozialistischen Machtübernahme in Sachsen Anfang März 1933 explodierte der braune Terror in der Hochburg der Arbeiterbewegung: Am 9. März 1933 besetzten SA-Formationen öffentliche Gebäude (z.B. das Rathaus) und diejenigen der politischen Gegner. SA und NSDAP nahmen selbst »Beurlaubungen« von linksliberalen Spitzenbeamten vor und inhaftierten mehr als 400 Personen bis Ende März 1933.[7] Bei dem Sturm auf das Gebäude der sozialdemokratischen Tageszeitung »Volksstimme« wurde der Geschäftsführer Georg Landgraf, ein bekannter SPD-Politiker, erschossen. Ebenfalls am 9. März verübten SA-Einheiten im Dresdner Landtag einen Mordanschlag auf den Chemnitzer Abgeordneten Karl Böchel (SPD). Dabei wurde dem SPD-Fraktionsvorsitzenden, der gleichzeitig Chefredakteur der Chemnitzer »Volksstimme« gewesen war, der Schädel zertrümmert; der zu Hilfe eilende Abgeordnete Gerlach (SPD) wurde ebenfalls schwer verletzt.[8] Im Chemnitzer Hansa-Haus der SA drangsalierten unterdessen braune Milizionäre ihre linken Gefangenen mit immer neuen sadistischen Methoden. Einige von ihnen wurden »bis zur Bewusstlosigkeit geprügelt«, andere mit »glühenden Eisen« traktiert. Die Polizei erwies sich in diesem Fall wie bei der Aufklärung von Morden an Chemnitzer Juden als machtlos, da die zum Teil zu Hilfspolizisten ernannten SA-Männer mit Rückendeckung durch die Dresdner NS-Regierung agierten.[9]

Die Antwort auf die Frage, weshalb besonders SPD-Funktionäre ins Visier der prügelnden und demütigenden braunen Bataillone gerieten, verdeutlicht ein Schreiben des Chemnitzer NSDAP-Kreisleiters Ernst Mutz an den neuen Reichskommissar für Sachsen und späteren Ministerpräsidenten Manfred von Killinger, der selbst Obergruppenführer der SA war. In dem Schreiben erklärte Mutz, dass die Chemnitzer Sozialdemokraten »verkappte Kommunisten« seien. Die Chemnitzer SPD sei radikaler als die Gesamtpartei gewesen und habe »von jeher [...] ein Zusammengehen mit der KPD« gefordert. Da diese »besondere Sorte von Marxisten [...] in ihrer Gefährlichkeit und Gemeinheit [...] bei weitem die Kommunisten« übertreffe, plädierte Mutz für die Akzeptanz der bereits von ihm gefällten Entscheidungen – nämlich der dauernden Absetzung der Stadtverordneten der SPD und KPD. Überdies unterrichtete er von Killinger von der Verhaftung der SPD-Stadträte und Stadtverordneten.[10] Von Mutz' Behauptungen stimmte nur der Hinweis auf die besondere linke Ausrichtung der Chemnitzer SPD, die sich nach dem Abgang Gustav Noskes 1918 herausgebildet hatte.[11] Bis 1933 war aber auch die Chemnitzer SPD unter Führung von Böchel und Kuhnt und dem stellvertretenden Chefredakteur der »Volksstimme«, Curt Frenzel, eine Bastion der Weimarer Republik gewesen.[12]

Diese besondere Konstellation veranlasste einzelne Gliederungen der Chemnitzer NSDAP und SA dazu, jene »besondere Sorte von Marxisten« nicht nur einfach zu verhaften und zu drangsalieren, sondern auch noch öffentlich an den Pranger zu stellen. Der SA-Marinesturm Chemnitz fühlte sich vermutlich durch die berufliche und politische Vergangenheit des Sozialdemokraten Kuhnt in besonderer Weise ermächtigt, Kuhnt in den Mittelpunkt der Demütigung zu rücken. Kuhnt war zwar schon vor 1914 SPD-Funktionär in Chemnitz gewesen, im Gedächtnis auch der Chemnitzer Zeitgenossen blieb der gelernte Schlosser allerdings durch sein Engagement an der Nordseeküste während der Revolution 1918/19: Als kriegsdienstverpflichteter Marineheizer hatte er in den frühen Novembertagen 1918 zu den Aktivposten der Revolte in Wilhelmshaven gehört, wo er zum Vorsitzenden des

Arbeiter- und Soldatenrates und nach der Abdankung des Oldenburger Großherzogs zwischenzeitlich zum Präsidenten der sozialistischen Republik Oldenburg avanciert war. Ab 1919/20 hatte Kuhnt, der vorübergehend der USPD beigetreten war, als SPD-Politiker und Spitzenbeamter in Chemnitz Karriere gemacht.[13] Kuhnts Häscher, der wenige Jahre vor 1933 gegründete SA-Marinesturm Chemnitz, bestand aus ehemaligen Marineangehörigen, wobei ihr Führer, der frühere Marineoffizier Eduard Altenburg, selbst Ende 1918 in Kiel auf der Gegenseite gestanden und wenig später als Mitglied der Marinebrigade Loewenfeld in einem rechtsgerichteten Freikorps gekämpft hatte.[14]

Der abgrundtiefe Hass der Männer um den SA-Führer Altenburg auf den »Flottenmeuterer« Kuhnt[15] und dessen Genossen wurde durch das Verhalten des Chemnitzer NSDAP-Gründers Willy Blume komplettiert. Blumes Beteiligung an der Aktion im März 1933 speiste sich nachweisbar aus seiner eigenen politischen Vergangenheit: Er hatte 1922, aus der völkisch-antisemitischen Bewegung kommend, die NSDAP in Chemnitz mitbegründet und war ein Jahr später im Kontext des Hitler-Putsches von der republikanischen Polizei für kurze Zeit verhaftet worden. Nach internen Auseinandersetzungen 1932 aus der NSDAP ausgeschlossen, gehörte er dennoch im März 1933 zu den Aktivisten vor Ort. Auch später betätigte sich der militante Antisemit öffentlich im Sinne der NSDAP.[16] Dass er auf einem der Fotos mit dem verhafteten Sozialdemokraten Wilhelm Westphälinger posierte, hatte einen einfachen Grund: Westphälinger hatte ihn als Regierungskommissar 1923 verhaften lassen.[17] Das jetzige Motiv war also schlichtweg Rache. Dass Blume auf einem weiteren Foto mit dem verhafteten Textilkaufmann und Kleinunternehmer Bension Moschi, einem persischen Staatsangehörigen jüdischen Glaubens,[18] posierte, darf mit Blick auf das frag-

7 Vgl. »In der Gefangenenanstalt Kaßberg. Wesche spricht zu den Schutzhäftlingen.« In: Chemnitzer Neueste Nachrichten vom 5.4.1933. Nach den dort gegebenen Informationen befanden sich 150 »Schutzhäftlinge« in der Gefangenenanstalt auf dem Kaßberg und 265 »Schutzhäftlinge« in den anderen Polizeigefängnissen der Stadt. **8** Vgl. »Die letzten zwölf Tage.« In: Arbeiter-Zeitung (Wien) vom 25.6.1933. Der Verfasser war vermutlich der DVZ-Redakteur Edgar Hahnewald, der den Vorgang beobachtet hatte und sich zu diesem Zeitpunkt im Prager Exil befand. Teile der Auslandspresse hatten Böchel sogar schon für tot erklärt. Vgl. »Die Bestien des Herrn Göring. Der politische Redakteur der Chemnitzer ›Volksstimme‹ erschlagen.« In: Nordböhmischer Volksbote vom 15.3.1933. **9** Vgl. Siemens, SA-Gewalt, S. 195–198; vgl. auch Adolf Diamant, Gestapo Chemnitz. Dokumente – Berichte – Reportagen, Chemnitz 1999, S. 26. **10** Mutz an Killinger vom 27.3.1933 (Stadtarchiv Chemnitz, MAT 140, Bl. 21f.). **11** Zur Linksentwicklung der Chemnitzer SPD unter ihrem wichtigsten Führer und späteren Ministerpräsidenten Alfred Fellisch vgl. Mike Schmeitzner, Alfred Fellisch 1884–1973. Eine politische Biographie, Köln 2000, S. 113–244 und 334–399. **12** Zu Frenzels Leitartikeln in der »Volksstimme« 1928 bis 1933 vgl. Ernst Deuerlein/Günter Holland (Hg.), Curt Frenzel. Artikel. Leitartikel und Berichte 1928–1933 und 1949–1969, Augsburg 1970, S. 19–105. Frenzel hatte nach 1945 und mit amerikanischer Lizenz die »Schwäbische Landeszeitung« (später »Augsburger Allgemeine«) zu einer bekannten überparteilichen Tageszeitung entwickelt. **13** Vgl. Wolfgang Günther, Bernhard Kuhnt. In: Hans Friedl/Wolfgang Günther/Hilke Günther-Arndt/Heinrich Schmidt (Hg.), Biographisches Handbuch zur Geschichte des Landes Oldenburg, Oldenburg 1992, S. 399f. **14** Vgl. Joachim Lilla, Statisten in Uniform. Die Mitglieder des Reichstags 1933–1945. Ein biographisches Handbuch, Düsseldorf 2004, S. 7; »Besuch von der Wasserkante. Ein Kommando der Reichsmarine in Chemnitz zu Gast«. In: Chemnitzer Tageszeitung vom 1.6.1933. **15** Foto/Postkarte Bernhard Kuhnt und SA (AdsD, Bildarchiv, FA020585). **16** Vgl. Willy Blume, Aus ersten Kampftagen in Chemnitz. In: Der Freiheitskampf, Sondernummer »10 Jahre Kampf um Chemnitz« von 1932 (Stadtarchiv Chemnitz, MAT 168). **17** Vgl. Zusatz-Protokoll zur Person Willy Blume vom 15.10.1947 (SächsStA-C, Bestand 39074, NS-Archiv des MfS, BV Karl-Marx-Stadt, Obj. 14 ZA 54/0104/1).

Willy Blume posiert mit seinem Opfer Wilhelm Westphälinger, daneben Mitglieder des SA-Marinesturms

SächsStA-C, SED-BL Karl-Marx-Stadt, 33229, V3-3F

Der Chemnitzer NSDAP-Gründer Willy Blume in triumphierender Haltung mit seinem Opfer Bension Moschi, einem jüdischen Textilkaufmann. Bei diesem Foto handelt es sich um eine Reproduktion eines vermutlich verschollen gegangenen größeren Fotos, auf dem die komplette Beschriftung erkennbar gewesen sein muss.

Stadtarchiv Chemnitz, Bildarchiv, I 8497

liche Motiv wohl dem Konkurrenz- und Sozialneid zugerechnet werden, denn Blume war selbst Chemnitzer Kaufmann. Moschis Herkunft wurde mit der hämischen Bemerkung »Strumpfjude« übel glossiert.[19]

Über den Zeitpunkt der einzelnen Abwaschaktionen gibt es zumindest drei dokumentierte Daten: So lassen sich anhand von Zeitzeugenaussagen und SA-Postkartenbeschriftungen der 15., der 23. und der 28. März 1933 als Abwaschtage nachweisen.[20] Dagegen kann der 9. März 1933 als Abwaschtag nicht nachgewiesen werden; bei dem in der Literatur häufig genannten Datum handelt es sich um den Verhaftungstag, der auf den Postkarten als solcher auch zumeist vermerkt ist.[21] Ob über die drei Tage hinaus der Gefangene Kuhnt täglich durch die Stadt gekarrt wurde, um Parolen abzuwaschen, muss offenbleiben.[22] Die Örtlichkeiten der Abwaschaktionen sind anhand der Postkarten und der Zeitzeugenaussagen verifizierbar – es handelt sich einerseits um den Falkeplatz im Stadtzentrum und in Kaßbergnähe sowie andererseits um die heute nicht mehr existierende Teichstraße, eine Parallelstraße der Brückenstraße in unmittelbarer Nähe des Theaterplatzes.[23] Auf der Rückseite einer überlieferten SA-Postkarte, auf der Bernhard Kuhnt und Hans Riesner, ein KPD-Funktionär, zu sehen sind, hatte Riesner im Nachgang die Situation am Falkeplatz genau beschrieben.[24] Zu beiden Orten wurden die »Delinquenten« aus den Gefängnissen geholt – Kuhnt aus dem Kaßberg-Gefängnis.

Die Frage, wer gedemütigt wurde, ist – soweit es die (fotografischen) Überlieferungen zulassen – schnell beantwortet. Im Mittelpunkt stand zweifellos Bernhard Kuhnt, von dem ganze Bildstrecken existieren, wodurch auch der Weg zur Abwaschstelle auf dem Falkeplatz nachvollzogen werden kann. Weiterhin existieren mindestens drei Postkarten von Heinrich Wesche, dem bekanntesten KPD-Führer in Chemnitz – Wesche war noch im Januar 1933 zum Stadtverordnetenvorsteher gewählt worden. Einzelbilder existieren von Hans Riesner (KPD), Kurt Glaser (SPD), Robert Müller (SPD) und Bension Moschi. Zudem ist ein Bild von Kuhnt mit Müller und Wilhelm Westphälinger einerseits und ein weiteres mit Blume und Westphälinger andererseits überliefert. Es dominieren also Sozialdemokraten

18 Zur Person Bension Moschi vgl. Spurensuche. Jüdische Mitbürger in Chemnitz. Stätten ihres Lebens und Wirkens. Orte der Erinnerung. Hg. vom Stadtarchiv Chemnitz, Chemnitz 2002, S. 63. Die seit 1931 eingetragene Firma warb mit der Aufmachung: »B. Moschi. Maison de Commerce. Strümpfe und Handschuhe. London – Chemnitz – Paris.« Ich danke meinen Kollegen Dr. Stephan Pfalzer und Dr. Jürgen Nitsche für den Hinweis. **19** Ich danke meinem Kollegen Dr. Stephan Pfalzer vom Stadtarchiv Chemnitz für den Hinweis. **20** Vgl. Fotos/Postkarten Hans Riesner, handschriftliche Notiz Rückseite, und Heinz Wesche (Stadtarchiv Chemnitz, Bildarchiv, I 8492 und I 5566), Foto/Postkarte Bernhard Kuhnt mit Robert Müller und Wilhelm Westphälinger (SächsStA-C, SED-BL Karl-Marx-Stadt, 33229, V3-3F). **21** Vgl. Hans Brenner u. a. (Hg.), NS-Terror und Verfolgung in Sachsen. Von den Frühen Konzentrationslagern bis zu den Todesmärschen, Dresden 2018, S. 44; Schumacher (Hg.), M. d. R., S. 350. **22** So berichtet es zumindest die nordböhmische sozialdemokratische Tageszeitung »Freiheit« (Teplitz) in ihrem Artikel »Greuelberichte, Herr Gesandter! Die Sache Kuhnt. Bilder aus Deutschlands Schande« vom 12. 4. 1933. **23** Die Teichstraße wurde – nach der Zerstörung der Innenstadt durch alliierte Luftangriffe im Zweiten Weltkrieg – überbaut. Ich danke meinem Kollegen Dr. Stephan Pfalzer vom Stadtarchiv Chemnitz für entsprechende Hinweise. **24** Vgl. Foto/Postkarte Hans Riesner, handschriftliche Notiz Rückseite (Stadtarchiv Chemnitz, Bildarchiv, I 8492).

Gegner des NS-Regimes müssen an der Teichstraße in Chemnitz Wände abwaschen

SächsStA-C, SED-BL Karl-Marx-Stadt, 33229, V3-3F

und Kommunisten, wobei mit Glaser ein jüdischer Sozialdemokrat, Arzt und Stadtverordneter, und mit Moschi ein jüdischer Kaufmann besonders stark ins Visier der Antisemiten geriet. Dass Glaser im Bild als »jüdischer Hetzer« verunglimpft wurde,[25] spricht für sich. Schon vor 1933 hatte die NSDAP-Fraktion im Rathaus demonstrativ den Sitzungssaal verlassen, als Glaser das Wort ergriff. Der NSDAP-Stadtverordnete Mutz »begründete« damals das Vorgehen seiner Fraktion mit den Worten, sie sähe sich außerstande, »einen Rassejuden über deutsche Kultur reden zu lassen«.[26]

Nach den fotografischen Überlieferungen zu urteilen, darf Kuhnts Demütigung, vor allem am 23. März 1933, als Kernstück der Aktion betrachtet werden: Dem vorausgegangen war eine Schmutzkampagne der nationalsozialistischen bzw. gleichgeschalteten bürgerlichen Zeitungen von Chemnitz. Kurz nach Kuhnts Verhaftung hatte etwa das »Chemnitzer Tageblatt« erklärt: »Die am Donnerstag von der Chemnitzer SS und SA begonnene Fahndungsaktion wurde auch am Freitag fortgesetzt. Dabei ist der SA ein besonders guter Fang geglückt. Es gelang ihr nämlich, den berüchtigten Kommunisten Kuhnt, der als ehemaliger Matrose an der Ausrufung der Schmachrevolution von 1918 in Kiel hervorragend beteiligt war, in Chemnitz zu verhaften. Kuhnt war in den Tagen schwerster deutscher Erniedrigung Ministerpräsident (!) in Oldenburg und wegen der von ihm verursachten Bluttaten unter dem Namen ›Schlächter von Oldenburg‹ bekannt.«[27] An dieser medialen Zurichtung

Diffamierende Darstellung des jüdischen Arztes und SPD-Stadtverordneten Dr. Kurt Glaser

Stadtarchiv Chemnitz, Bildarchiv, I 8498

stimmten nicht einmal die geografischen Fakten, wie die Erwähnung Kiels verdeutlicht. Die bekannte nationalsozialistische Propaganda, Kommunisten, Sozialisten und Sozialdemokraten als »Marxisten« gleichzusetzen, erhielt mit der Kennzeichnung des damaligen USPD-Politikers Kuhnt als »berüchtigten Kommunisten« eine besonders bizarre Note. Dass Kuhnt einen tatsächlich stattgefundenen kommunistischen Putsch in Wilhelmshaven Anfang 1919 »nicht verhindern« konnte, machte ihn nicht zwangsläufig zum kommunistischen Putschisten.[28]

Derart propagandistisch eingestimmt, konnte der auf »Flottenmeuterer« besonders »sensibel« reagierende SA-Marinesturm mit der Demütigungsarbeit beginnen: Laut nordböhmischer sozialdemokratischer Tageszeitung »Freiheit« wurde Kuhnt in einen »Hundewagen« gesetzt. Ob dies deswegen passierte, weil er sich bei einem Autounfall während des letzten Reichstagswahlkampfs »beide Beine gebrochen« hatte und sich nur mit Krücken aufrecht halten konnte, ließ das Blatt zwar offen, legte es aber zumindest nahe. Das »braune entmenschte Mordgesindel« habe Kuhnt nicht nur in »Schutzhaft« genommen

25 Foto/Postkarte Kurt Glaser (Stadtarchiv Chemnitz, Bildarchiv, I 8498). **26** Zit. nach Christoph Gericke u. a., Die SPD im Chemnitzer Rathaus 1897–1997, Hannover 1997, S. 103. **27** »Es wird weiter gesäubert«. In: Chemnitzer Tageblatt vom 11. 3. 1933. **28** Günther, Bernhard Kuhnt, S. 400.

Bernhard Kuhnt mit Stock umringt von Mitgliedern
des SA-Marinesturms, 3. v. l. mit hellem Mantel Eduard Altenburg

AdsD, Bildarchiv, FA022126

Bernhard Kuhnt im Wagen auf dem Weg zur Abwaschstelle am Falkeplatz

SächsStA-C, SED-BL Karl-Marx-Stadt, 33229, V3-3F

und drangsaliert, sondern auch noch in einem solchen Karren von den SPD-Politikern Robert Müller, einem früheren Stadtrat und Lehrer, und dem schon erwähnten früheren Regierungskommissar Wilhelm Westphälinger ziehen lassen.[29] Beide dienten der SA damit als »Zugtiere«. »Unter [...] dem johlenden Geheule des entfesselten Mobs« – so die »Freiheit« weiter – sei der Karren täglich zur »Arbeitsstätte« gerollt: »Mit einem Sackfetzen, einem stumpfen Schabblech und etwas Wasser muss Genosse Kuhnt jahrealten Oelanstrich entfernen. Genosse Kuhnt, der trotz seiner noch nicht verheilten Beinverletzung stundenlang im Tage stehend diese Arbeit zu verrichten hat, muß dabei immer stramm stehen. Wehe ihm, wenn er einknicken würde!«[30]

Der nur wenige Tage nach den Abwaschaktionen veröffentlichte Bericht in der »Freiheit« legt nahe, dass der Berichterstatter oder zumindest ein Augenzeuge vor Ort gewesen sein muss. Denn die auf den Fotos und Postkarten abgebildeten Personen und Handlungen stimmten mit dem Bericht in der Tageszeitung überein. Auf einem wahrscheinlich den Anfang der Karrenfahrt markierenden Gruppenfoto ist Kuhnt mit Krücke inmitten einer ihn umringenden SA-Marinesturm-Einheit zu sehen; links neben ihm – mit hellem Mantel und massiger Gestalt – ist der SA-Führer Eduard Altenburg zu erkennen. Auf weiteren Fotos und Postkarten, die die Karrenfahrt zum Falkeplatz dokumentieren, wird auch die Symbolik der Aktion ersichtlich: Die vom SA-Marinesturm beschrifteten Postkarten diffamierten Kuhnt abwechselnd als »Flottenmeuterer« und »Novemberverbrecher«; die Gegenüberstellung der Bezeichnungen »Heizer« und »Ministerpräsident« bzw. »Strassenreiniger« sollten den Gefangenen der Lächerlichkeit preisgeben. Eine Postkarte, auf der Kuhnt Wände abwäscht, wurde mit der Überschrift »Bernhard Kuhnt entfernt den Novemberschmutz« versehen.[31] Es war dies nichts weniger als der Versuch, die Novemberrevolution und die »November-Republik« an den Pranger zu stellen, sie gleichsam mit ihren Trägern symbolisch zu Grabe zu tragen. Daher rührte auch der Drang nach Öffentlichkeit, die im Falle Kuhnt besonders deutlich wird. Darum auch das Bemühen der Täter, ihre eigenen Taten fotografisch präzise und mit eigenen, handschriftlich unterlegten Bewertungen in Umlauf zu bringen. Daher auch das Bemühen der nationalsozialistischen »Chemnitzer Tageszeitung«, mit der Veröffentlichung einer ganzen Bildstrecke zu Kuhnt den »Novemberverbrecher« auch vor großem Publikum zu diffamieren.[32]

29 »Greuelberichte, Herr Gesandter! Die Sache Kuhnt. Bilder aus Deutschlands Schande«. In: Freiheit vom 12.4.1933. Für den Hinweis auf diesen Artikel danke ich meinem Kollegen Dr. Thomas Oellermann vom Prager Büro der Friedrich-Ebert-Stiftung. **30** Ebd. **31** Fotos/Postkarten Bernhard Kuhnt und SA (AdsD, Bildarchiv, FA020585; SächsStA-C, SED-BL Karl-Marx-Stadt, 33229, V3-3F). **32** »Chemnitzer Straßenreinigungsaktion«. In: Chemnitzer Tageszeitung vom 30.3.1933. Ob das NS-Blatt zuvor noch weitere Fotos dieser Aktion veröffentlichte, kann nicht mehr festgestellt werden, da die Ausgaben des ersten Vierteljahrs der am 1.12.1932 gegründeten Zeitung zumindest in öffentlich zugänglichen Archiven und Bibliotheken nicht überliefert sind. Das im Stadtarchiv Chemnitz lagernde Exemplar ist ab 29.3.1933 erhalten, bei anderen in Archiven und Bibliotheken lagernden Exemplaren dürfte es sich wahrscheinlich um Kopien handeln, da auch diese Überlieferungen mit dem 29.3.1933 einsetzen. Im Gegensatz zu diesem Befund hatte Schubert, Machtübernahme, S. 117 noch angenommen, dass die Bilder nicht in der Presse veröffentlich worden seien.

Wilhelm Westphälinger und Robert Müller ziehen den Karren, in dem Bernhard Kuhnt sitzt, links und im Hintergrund sympathisierende Passanten mit SA

SächsStA-C, SED-BL Karl-Marx-Stadt, 33229, V3-3F

Blick in den Karren und auf Bernhard Kuhnt, 2. v. l. Eduard Altenburg

Stadtarchiv Chemnitz, Bildarchiv, Nr. I 5571

Blick auf den Karren mit Bernhard Kuhnt unter SA-Bewachung

BArch, Bild 183-18450-0002

**Politische Gegner waschen Wände am Falkeplatz ab,
3. v. l. Bernhard Kuhnt, rechts SA-Bewacher**

SächsStA-C, SED-BL Karl-Marx-Stadt, 33229, V3-3F

Nach der Aktion wurden die Verhafteten nach und nach in das KZ Sachsenburg überstellt – manche von ihnen auch über Umwege: Bernhard Kuhnt, Heinz Wesche, Hans Riesner, Kurt Glaser und wohl auch Robert Müller kamen entweder über bereits genannte Haftstationen in Chemnitz nach Sachsenburg oder aber über das KZ Colditz. Kuhnt blieb bis Juli 1934 im Lager, und übersiedelte dann als gebrochener und desillusionierter Mann nach Berlin und später nach Westensee bei Kiel, wo er bereits Anfang 1946 starb.[33] Auch Hans Riesner wurde über das KZ Colditz (Juli bis Oktober 1933) ins KZ Sachsenburg verlegt, in dem er bis Mitte Juli 1934 inhaftiert blieb.[34] Nach 1945 stieg er zu einem bedeutenden Kulturfunktionär der SED auf.[35] Kurt Glaser, der sofort ins KZ Sachsenburg überstellt worden war, kam Anfang September 1933 frei, musste aber innerhalb von 48 Stunden Sachsen verlassen. So jedenfalls forderte es ein Angestellter des sächsischen Innenministeriums von ihm.[36] Nach 1945 aus dem amerikanischen Exil zurückgekehrt, avancierte der bekannte Arzt und Sozialdemokrat in Hamburg zum Präsidenten der Gesundheitsbehörde. Auch Robert Müller erlebte vermutlich noch 1933 seine Entlassung aus dem KZ Sachsenburg.[37] Wilhelm Westphälinger hingegen wurde vermutlich nicht ins KZ überstellt, er starb aber vor 1937 in Chemnitz – unter welchen Umständen, muss offenbleiben.[38] Bension Moschi wiederum sah sich gezwungen, sein Geschäft sofort nach der Abwaschaktion zu schließen; er siedelte bereits im Mai 1933 nach Berlin über.[39] Heinz Wesche trat noch während der letzten Phase der Abwaschaktion demonstrativ aus der KPD aus: In der Gefangenenanstalt Kaßberg, wo er einsaß, ließen ihn SA und NSDAP Anfang April 1933 über die Gründe seines KPD-Austritts vor 150 Gefangenen referieren. Neben der eigenen Desillusionierung über die Unfähigkeit der KPD, nach 1929 relevante Teile der Arbeiterschaft und des Volkes für eine Revolution zu gewinnen, sei es vor allem das »Sozialprogramm der neuen Regierung« gewesen, das ihn nachhaltig beeinflusst habe. Am Schluss seiner Rede forderte er seine früheren Genossen auf, sich der »Aufbauarbeit der neuen Regierung zur Verfügung zu stellen«.[40] Ganz in diesem Sinne agierte er auch nach seiner Überstellung ins KZ Sachsenburg, aus dem er Ende 1933 freikam. Nach 1939 noch einmal inhaftiert, übersiedelte er in der Zeit ab 1945 in den Westteil Berlins, wo er 1953 starb.[41]

Die Chemnitzer Abwaschaktion hatte unterdessen nicht nur in Chemnitz und Sachsen für Aufmerksamkeit gesorgt, sondern auch im Nachbarland Tschechoslowakei, einer der letzten verbliebenen Demokratien in Mitteleuropa. Die nordböhmische deutschsprachige Presse der Sozialdemokratie nahm sich der Aktion mit besonderem Nachdruck an und protestierte mit der Veröffentlichung von Fotografien Bernhard Kuhnts unter dem Titel »Bilder aus Deutschlands Schande« gegen die Demütigung von politischen Gegnern im Nachbarland. Der mit dem Titel »Die Sache Kuhnt« überschriebene Beitrag der Teplitzer »Freiheit« etwa präsentierte drei von der SA beschriftete Postkarten von Kuhnts Chemnitzer Martyrium. Damit vermochte sie die von den Nazis attackierte angebliche »Greuel-Hetze«-Kampagne des Auslands zu konterkarieren. Der Bericht der »Freiheit« beinhaltete auch die Umstände des Bilderverkaufs auf Chemnitzer Straßen: Junge SA-Leute, zumeist zwischen 17 und 19 Jahre alt, hätten »unter furchtbaren Gebrüll« (z. B. »Abrechnung mit den Novemberverbrechern! Jude verrecke!«) die Fotos verkauft. Man wolle – so die »Freiheit« – es »einfach nicht glauben, aber die Wirklichkeit überzeugt, daß dieses Gesindel nicht nur ihre Schandtaten an wehrlosen ›Schutzhäftlingen‹ verübt, nein, daß es auch diese Schande photographiert und auf den Straßen öffentlich verkauft.«[42] Es war dem gesamten Bericht anzumerken, wie ungläubig, ja wie entsetzt (soziale) Demokraten im Nachbarland auf diese Art der Demütigung reagierten.

Noch Jahre später, in dem 1936 in Bratislava veröffentlichten Exil-Roman »Wir suchen ein Land«, hatte der Autor Robert Grötzsch, der frühere Chefredakteur der »Dresdner Volkszeitung«, dem Entsetzen über diese »Schande« deutlich Ausdruck gegeben. In einer längeren Passage ließ er einem der Akteure seines Romans eine SA-Postkarte von Bernhard Kuhnt zufällig in die Hände fallen: »Justus hat ein Buch aufgeschlagen. Eine Karte liegt darin, harmlos wie eine Postkarte, aber das Bild darauf ist bös: auf ratterndem Hundekarren sitzt ein ergrauter Mann mit lächerlich geschorenem Kopf. Die Augen blicken ins Leere. Das kräftige Gesicht ist von Leid und Marter gezeichnet. Der Wagen wird von zwei Männern gezogen. Auch aus ihren Gesichtern spricht die Qual; es sind Leidensgefährten des anderen. Der Wagen wird eskortiert von grinsenden Buben in Uniform, mit Hakenkreuzbinden an den Ärmeln. Um den Wagen herum eine johlende Menge. Triumphierend grienen einige Bürger am Strassenrande.« Umso leuchtender erschien im Roman das Opfer – der Freiheitskämpfer Kuhnt, ein einfacher Mann mit »menschlicher Gesittung«, den »das Volk« in den Reichstag schickte. »Dafür« – so Grötzschs Kommentar – »sitzt er auf dem Schandkarren, dafür wurde er […] in diesem Aufzuge täglich durch die Strassen seiner Heimatstadt gefahren. Frauen weinten, Männer ballten die Fäuste, aber der heulende Mob beherrschte das Feld.« Es ist Hilflosigkeit, die aus diesen Sätzen sprach, aber Grötzschs Vergleich »mit dem anderen Bild« – dem »Märtyrer mit dem Strohkranz« – zeigt, dass dieses Opfer nicht vergeblich gewesen sein wird.[43]

Tatsächlich wurde wenigstens einer der braunen Rädelsführer nach 1945 juristisch zur Verantwortung gezogen: Gemeint ist dabei nicht Eduard Altenburg, der Chef des SA-Marinesturms. Dieser starb vor 1945, nicht ohne noch im Dritten Reich hohe Positionen erreicht zu haben: Nach 1933 war er zum »Marinebereichsführer« der SA-Gruppe Sachsen, zum Chemnitzer Stadtrat, zum Abgeordneten im gleichgeschalteten Reichstag (ab 1936) und zum SA-Oberführer (ab 1942) avanciert; im November 1943 starb Altenburg im Zuge

33 Vgl. Schumacher (Hg.), M. d. R., S. 350; Wilhelm Heinz Schröder, Sozialdemokratische Parlamentarier in den deutschen Reichs- und Landtagen 1867–1933, Bonn 1995, S. 350 und S. 571. **34** Vgl. Häftlingsübersicht KZ Sachsenburg, Dietmar Wendler. **35** Vgl. den Eintrag unter https://kommunismusgeschichte.de/article/detail/riesner-hans-40johann41-8; 23. 2. 2018. **36** Interview mit Kurt Glaser vom Oktober 1970 (IfZ-Archiv München, ZS-2113, Bl. 2 f.). **37** Vgl. Häftlingsübersicht KZ Sachsenburg, Dietmar Wendler. Weitere Recherchen sind nötig. **38** Bis 1936 wurde er im »Adreßbuch« Chemnitz erwähnt, ab 1937 ist nur noch seine Witwe Helene Westphälinger eingetragen, die als solche auch bezeichnet wurde. Vgl. Adreßbuch der Stadt Chemnitz von 1937, S. 535. **39** Vgl. Spurensuche, S. 63. **40** »Der ehemalige ›Genosse‹ Wesche: Gefangenenversammlung. Wesches Abkehr vom Kommunismus – Interview mit Pg. Land«. In: Chemnitzer Tageszeitung vom 5. 4. 1933. **41** Zur Beurteilung Wesches und anderer führender Überläufer aus der KPD vgl. den Beitrag von Udo Grashoff in diesem Band. **42** »Greuelberichte, Herr Gesandter! Die Sache Kuhnt. Bilder aus Deutschlands Schande«. In: Freiheit vom 12. 4. 1933. **43** Robert Grötzsch, Wir suchen ein Land. Roman einer Emigration, Eugen Prager Verlag, Bratislava 1936, S. 95 f. Ich danke meinem Kollegen Dr. Swen Steinberg für den Hinweis auf diese Textstelle.

eines Kriegseinsatzes in einem sächsischen Lazarett.[44] Willy Blume dagegen wurde unter anderem für seine Rolle bei der Chemnitzer Abwaschaktion Ende 1947 zu einer Freiheitsstrafe von acht Jahren Zuchthaus verurteilt. Das Chemnitzer Landgericht sah es als erwiesen an, dass Blume vor und nach 1933 in Wort, Schrift und Tat die NS-Gewaltherrschaft »wesentlich gefördert«, eine »gehässige Haltung gegenüber Gegnern der NSDAP« eingenommen und sich als »überzeugter Anhänger« der NS-Gewaltherrschaft, »insbesondere ihrer Rassenlehre, offen bekannt zu haben«.[45] Das Gericht verurteilte ihn auf der Grundlage des Befehls Nr. 201 der SMAD in Verbindung mit der Direktive Nr. 38 des Alliierten Kontrollrates als »Hauptschuldigen«.[46] Pikant war indes seine eigene Einlassung während der Vernehmung, es sei ihm eine »Genugtuung« gewesen, die »politischen Gegner bei praktischer Arbeit anzutreffen« (gemeint waren die »Scheueraktionen« vom März 1933). Er selbst habe zwar angeblich »keine derartigen Aktionen mit eingeleitet«, aber ein »besonderes Vergnügen« verspürt, seinen Gegner von 1923, den Regierungskommissar Wilhelm Westphälinger, »als Scheuerer anzutreffen«.[47] Für Blume weniger erfreulich war allerdings der Umstand, dass die Kriminalpolizei ein Exemplar jener Postkarte auftreiben konnte, auf dem sich Blume in aufreizender Pose neben dem verhafteten Westphälinger präsentiert hatte. Die Postkarte trug den sinnigen Titel »Ein Wiedersehen! Willi Blume Gründer d. N.S.D.A.P.-Ortsgruppe Chemnitz u.d. S.P.D. Bonze a. D. Westphälinger«. Blumes Stirn hatten die Kriminalisten mit einem kleinen Kreuz markiert[48] und damit auch belegt, dass Blume nicht nur als Zuschauer vor Ort gewesen war, sondern als Akteur.[49] Gewiss hatten die Täter von 1933 nicht damit gerechnet, die selbst gefertigten Postkarten ihrer eigenen Taten jemals als Beweismittel gegen die eigene Person präsentiert zu bekommen.

44 Vgl. Joachim Lilla, Statisten in Uniform, S. 7. **45** Anklageschrift Landesregierung Sachsen, Ministerium des Innern, Kriminalamt Chemnitz, Untersuchungsorgan, gegen Willy Blume vom 4.12.1947 (SächsStA-C, Bestand 39074, NS-Archiv des MfS, BV Karl-Marx-Stadt, Obj. 14 ZA 54/0104/1). **46** Abschrift von Abschrift des Urteils gegen Willy Blume vom 22.12.1947 (ebd.). **47** Zusatz-Protokoll zur Person Willy Blume vom 15.10.1947 (ebd.). **48** Foto/ Postkarte Willy Blume mit Wilhelm Westphälinger (März 1933) als Beweismittel (ebd.). **49** Blume starb vermutlich in der Haft 1948. Vgl. Spurensuche, S. 63.

Anna Schüller

DIE ENTSTEHUNG UND ENTWICKLUNG DES KZ SACHSENBURG VON 1933 BIS 1937

Phasen und Strukturen

Das KZ Sachsenburg war das in Sachsen am längsten bestehende Konzentrationslager, anhand dessen sich zentrale Entwicklungen und Merkmale nachweisen lassen, die im späteren System der Konzentrationslager mündeten und sich dort wiederfanden. Daher ist ein Ziel des vorliegenden Beitrages, durch die umfassende Darstellung der Entwicklung des Konzentrationslagers Sachsenburg diese zentralen Aspekte herauszuarbeiten. Zum Zweiten haben sich in den bisherigen Darstellungen vielfältige Erzählungen ohne Quellengrundlage entwickelt, die der Beitrag unter Berücksichtigung der Akten und Erinnerungsberichte hinterfragen und diskutieren möchte.

Die Geschichte des Konzentrationslagers Sachsenburg wurde erstmals von Gottfried Weber in drei Phasen gegliedert, die sich an den Wandel der strukturellen Rahmenbedingungen anlehnen.[1] Die Phaseneinteilung stützt sich zunächst vor allem auf die Veränderung in der Bewachung des Lagers. Diese hatte jedoch ihrerseits unmittelbare Folgen zum einen für die Strukturen und zum anderen für die Häftlinge und deren Inhaftierungsbedingungen. Die Einteilung in Phasen ermöglicht die Gegenüberstellung einzelner Zeitabschnitte und deren vergleichende Analyse. Zur Darstellung von Gemeinsamkeiten und Unterschieden bedarf es jedoch weiterer Kategorien, die zugleich Rückschlüsse auf die

1 Dieser Einteilung folgt auch Carina Baganz, Erziehung zur »Volksgemeinschaft«? Die frühen Konzentrationslager in Sachsen 1933–1934/37, Berlin 2005, S. 108 und S. 251. Gottfried Weber war Lehrer an der Oberschule Sachsenburg und Mitglied der Kreisgeschichtskommission der SED-Kreisleitung Hainichen. Er engagierte sich maßgeblich bei der Einrichtung und Betreuung der Gedenkstätte während der DDR. Siehe hierzu auch den Beitrag zu Entstehung und Funktion der KZ-Gedenkstätte Sachsenburg in der DDR von Eva Werner in diesem Band. Vgl. des Weiteren: Beschlussprotokoll Nr. 9/78 der Sekretariatssitzung der SED-Kreisleitung Hainichen vom 31. 3. 1978 (SächsStA-C, IV D-4/08/021 o. P.); Gottfried Weber, Zeittafel zur Geschichte des Konzentrationslagers Sachsenburg 1933–1937. In: Enrico Hilbert-Thiemo Kirmse (Hg.), Neuauflage Sachsenburg Dokumente + Erinnerungen, 2. Auflage Chemnitz 2009, S. 36–40.

eingangs aufgeworfenen Fragen ermöglichen. Daher werden die Aspekte der veränderten Struktur, der Kommandanten und Wachmannschaften, der Häftlinge und Häftlingsgruppen, der Gewalt und Bedingungen der Haft sowie der Widerstand der Häftlinge beleuchtet und mit der Phaseneinteilung verschränkt.

DIE ERSTE PHASE: AUFBAU UND EINRICHTUNG DES KONZENTRATIONSLAGERS

Am Mittwoch, dem 12. April 1933, traf sich eine Gruppe von sieben Männern vor der Spinnerei in Sachsenburg. Ihr Auftrag war, zu überprüfen, ob sich das Gelände für die Einrichtung eines »Schutzhaftlagers grossen Umfanges eignet«.[2] Eingeladen hatte dazu das sächsische Landeskriminalamt, welches bereits am 8. April 1933 die Amtshauptmannschaft Flöha über die Pläne zur Einrichtung eines größeren Konzentrationslagers im Raum Chemnitz informiert hatte. Neben der sich zu diesem Zeitpunkt in Konkurs befindlichen Spinnerei wurden auch das Jugendheim in Sachsenburg und das Heim in Neusorge bei Mittweida als mögliche Standorte des neuen Lagers in Erwägung gezogen.[3] Außer dem Regierungsrat Dr. Schulze als Vertreter des Landeskriminalamtes und dem Regierungsrat Dr. Naumann für die Amtshauptmannschaft Flöha erschienen an diesem Tag auch Oberregierungsrat Dr. Geyer für die Kreishauptmannschaft Chemnitz, der SA-Oberführer Lasch in seiner Funktion als Kommissar der NSDAP bei der Kreishauptmannschaft Chemnitz, der Fabrikdirektor Herr Wunderlich für die Eigentümerin des Geländes, die Textilia Herold GmbH sowie der Amtshauptmann Dr. Oesterhelt und der Standartenführer Max Hähnel, zu diesem Zeitpunkt Vertrauensmann der NSDAP bei der Amtshauptmannschaft Flöha.[4]

Während der Ortsbegehung wurden alle Gebäude eingehend in Augenschein genommen und im Bericht detailliert beschrieben. So fand die Gruppe im Fabrikgebäude insgesamt fünf leer stehende und jeweils 2 500 Quadratmeter große Etagen vor. Außerdem wurden auf dem Grundstück die Wirtschaftsgebäude und das villenartige Wohngebäude besichtigt. Schließlich wurde übereinstimmend festgestellt, »dass sich das Spinnereigrundstück ganz hervorragend für die Errichtung eines grossen Schutzhaftlagers eignet und dass es mit seinen insgesamt rd. 20 000 qm Nutzfläche in den vorhandenen Gebäuden mindestens 2 000 Schutzhäftlinge und mehrere 100 Mann Bewachungspersonal aufnehmen kann, wahrscheinlich aber noch viel mehr«.[5] Der Fabrikdirektor Wunderlich erklärte während der Begehung, dass die Textilia Herold GmbH bereit sei, das Gelände unentgeltlich zur Verfügung zu stellen. Bereits einen Tag nach der Besichtigung wurden Sachverständige in das zukünftige Konzentrationslager geschickt, um Wasserleitungen und Stromanschlüsse zu prüfen und notwendige Einbauten zu planen.[6]

Am 28. April 1933 schlossen die Textilia Herold GmbH und der sächsische Staat einen Vertrag über die Nutzung des Grundstücks. Darin wurde neben den angemieteten Gebäuden außerdem festgehalten, dass diese mit einem Stacheldraht zu umzäunen sind. Weiterhin musste der sächsische Staat für die Nutzung der Villa je Etage 25 Reichsmark pro Monat zahlen und versichern, dass diese ausschließlich von Beamten und Führern des

Lagers genutzt werden. Seitens der Textilia Herold war der Vertrag zudem erst nach dem 30. April 1934 kündbar.[7] Letzteres macht vor allem deutlich, für welchen Zeitraum das KZ Sachsenburg zunächst vorgesehen war.

In der ersten Phase vom 2. Mai 1933 bis zum Juni 1933 erfolgten der Aufbau und die Einrichtung des Konzentrationslagers. Ein Arbeitskommando von 40 Schutzhäftlingen, untergebracht auf dem Schloss Sachsenburg, war beauftragt, die Räume in der ehemaligen Spinnerei auszubauen. Bis zum 11. Mai, so der Plan der Amtshauptmannschaft Flöha, sollten rund 50 Häftlinge bereits über 100 Bettgestelle und Einrichtungsgegenstände hergestellt haben, sodass eine Verlegung eines Teils der Häftlinge in die Fabrik möglich war.[8] Insgesamt wurden nach einer Kostenaufstellung der Amtshauptmannschaft rund 1800 Bettstellen hergestellt.[9] Die Häftlinge wurden laut Häftlingsberichten mithilfe von Feldküchen[10] und einer Gulaschkanone des SA-Sturmes 182[11] verpflegt, da die Küche anfangs noch nicht geliefert worden war.[12] Aus der Kostteilnehmerliste geht ebenfalls hervor, dass die genannten vorhandenen Kapazitäten im Schloss schnell überschritten wurden. Bereits am 12. Mai 1933 waren 146 Inhaftierte und 53 Wachmänner zu verzeichnen.[13] Ein Umzug aller Häftlinge in die Fabrik war für die letzte Maiwoche, vor Pfingsten, anberaumt. Das genaue Datum des Umzuges ist jedoch unklar. Laut Weber erfolgte die Verlegung der Häftlinge bereits am 15. Mai 1933, jedoch führt er hierfür keine Quelle an. Baganz nennt dasselbe Datum und verweist auf die Broschüre »Tausend Kameraden Mann an Mann«. Sie begründet den vorgezogenen Termin mit der bevorstehenden Einweihung der Gauführerinnenschule auf dem Schloss am 27. Mai 1933.[14] Der ehemalige Häftling Hans Detzel erinnert sich hingegen an die offizielle Einweihung des Lagers am 2. Juni 1933.[15]

2 Durchschlag des Besichtigungsprotokolls vom 12. 4. 1933, gezeichnet durch Amtshauptmann Oesterhelt, AH Flöha (SächsStA-C, AH 30044, Nr. 2393, Bl. 25). **3** Vgl. Auszug aus den Richtlinien der Schutzhaftzentrale beim LKA für die Schutzhäftlinge in Sachsenburg o. D. (SächsStA-C, AH Flöha 30044, Nr. 2393, Bl. 21). **4** Vgl. Besichtigungsprotokoll vom 12. 4. 1933 (SächsStA-C, AH Flöha 30044, Nr. 2393, Bl. 25). **5** Ebd., Bl. 26. **6** Vgl. Handschriftliches Protokoll der Begehung mit Sachverständigen bezüglich Wasser- und Stromversorgung vom 13. 4. 1933 (SächsStA-C, AH Flöha 30044, Nr. 2393, Bl. 33–34 RS). **7** Vgl. Abschrift des Vertrages zwischen der Textilia Herold GmbH und dem sächsischen Staat vom 28. 4. 1933 (SächsStA-C, AH Flöha 30044, Nr. 2395, Bl. 2 und 3). **8** Vgl. Schreiben des Amtshauptmannes Dr. Oesterhelt der AH Flöha an das LKA Dresden vom 2. 5. 1933 (SächsStA-C, AH Flöha 30044, Nr. 2393, Bl. 46). **9** Vgl. Auflistung des Amtshauptmannes Dr. Oesterhelt der AH Flöha über die Erwägung der Verlegung des Schutzhaftlagers Sachsenburg vom 20. 11. 1933 (SächsStA-C, AH Flöha 30044, Nr. 2394, o. P.). **10** Vgl. Schreiben der AH Flöha an Sturmführer Drechsler in Brand-Erbisdorf über die Bereitstellung einer Feldküche vom 17. 5. 1933 (SächsStA-C, AH 30044, Nr. 2393, Bl. 78); Schreiben der AH Flöha an Standartenführer Seifert, Hammerleubsdorf und Ortsgruppenleiter Schmidt, Eppendorf, über die Bereitstellung einer Feldküche bis zum 29. Mai 1933, Schreiben vom 11. 5. 1933 (SächsStA-C, AH 30044, Nr. 2393, Bl. 89). **11** Vgl. Dietmar Wendler, Auswahl und Aufbau des frühen KZ Sachsenburg. In: Enrico Hilbert/Lagerarbeitsgemeinschaft (LAG) Sachsenburg (Hg.), Sachsenburger Mahn Ruf, Das frühe Konzentrationslager Sachsenburg. Ein Ort des faschistischen Terrors, Sonderheft 2013, S. 13. **12** Vgl. Schreiben des Amtshauptmannes Dr. Oesterhelt der AH Flöha an die Schutzhaftzentrale beim LKA vom 2. 5. 1933 (SächsStA-C, AH Flöha 30044, Nr. 2393, Bl. 45 f.). **13** Vgl. Schutzhaftlager Sachsenburg. Kostteilnehmerliste Mai 1933 (SächsStA-C, AH Flöha 30044 Nr. 2402, Bl. 2). **14** Vgl. Schreiben des Amtshauptmannes Dr. Oesterhelt der AH Flöha an das LKA vom 2. 5. 1933 (SächsStA-C, AH Flöha 30044, Nr. 2393, Bl. 45 ff.); Weber, Zeittafel, S. 36; Baganz, Erziehung zur »Volksgemeinschaft«?, S. 110. **15** Vgl. Kreisleitung der SED Hainichen (Hg.), Tausend Kameraden Mann an Mann. Beiträge zur Geschichte des antifaschistischen Widerstandskampfes im Konzentrationslager Sachsenburg, 3., überarbeitete Auflage, Hainichen 1987, S. 29.

Diese erste Phase des KZ Sachsenburg war vor allem durch einen schnellen Anstieg der Zahl der Häftlinge und Wachmannschaften gekennzeichnet. Die ersten Häftlinge kamen aus dem Konzentrationslager Plaue sowie aus den Chemnitzer Polizeigefängnissen, dem Gefängnis des Landgerichtes Chemnitz und dem des Amtsgerichtes.[16] Die Wachmannschaft setzte sich bis zum 25. Mai 1933 aus einer weiter zunehmenden Zahl von SA- und einer konstanten Gruppe von 16 SS-Männern zusammen, danach übernahm die SA die alleinige Bewachung des Konzentrationslagers.[17] Die Kreishauptmannschaft Chemnitz hatte dem Landeskriminalamt Dresden vorgeschlagen, Max Hähnel, SA-Standartenführer und Obersteuersekretär aus Zschopau, mit der Leitung des Lagers zu beauftragen. Hähnels Berufung Ende Mai 1933 leitete die zweite Phase der Geschichte des Konzentrationslagers Sachsenburg ein. Weber gibt den ersten Lagerappell, als weiteres kennzeichnendes Merkmal des Beginns der zweiten Phase, für den 2. Juni 1933 an.[18] Neben dem Bericht von Detzel ließ sich jedoch bislang kein weiteres Dokument über diesen ersten Lagerappell finden.

DIE ZWEITE PHASE: BEWACHUNG DURCH DIE SA

Am 16. Juni 1933 stimmte das sächsische Ministerium des Inneren in einem Brief an das Landeskriminalamt der Einrichtung des Schutzhaftlagers in Sachsenburg offiziell zu. Dabei sollten jedoch die anfallenden Kosten so gering wie möglich gehalten werden, da eine Beteiligung des Reiches an den Kosten noch nicht geklärt sei.[19] Der Kategorisierung von Johannes Tuchel für die frühen Konzentrationslager folgend, kann das im Mai 1933 eingerichtete Konzentrationslager Sachsenburg als frühes staatliches Konzentrationslager bezeichnet werden.[20]

In der zweiten Phase stieg die Häftlingszahl stetig an und erreichte Ende Oktober 1933 mit 1337 Häftlingen ihren vorläufigen Höhepunkt.[21] Demgegenüber standen im September 1933 244 Wachmänner im Dienst.[22] Dieser Anstieg der Häftlingszahl hängt mit der Auflösung der kleineren frühen Konzentrationslager und der Zentralisierung auf das KZ Sachsenburg zusammen. So kamen die Häftlinge des Ende Mai aufgelösten Lagers Pappenheim, des Mitte Juli aufgelösten Lagers Zschorlau und des Anfang August aufgelösten Lagers Hainewalde nach Sachsenburg.[23] Auch die Häftlinge aus Osterstein wurden nach Sachsenburg verbracht.

Ab Mai 1934 wurde Colditz an Sachsenburg angegliedert.[24] In der Literatur wird auch Augustusburg als Außenlager von Sachsenburg angeführt. Baganz datiert die Unterstellung auf den 1. Mai 1933, ein Zeitpunkt, zu dem sich das KZ Sachsenburg jedoch selbst noch im Aufbau befunden hat.[25] Im Juni 1934 hatte die Kasse des Lagers Sachsenburg die Kosten für die SS-Wache für die Zeit von März 1933 bis März 1934 in Augustusburg nachträglich an die Amtshauptmannschaft Flöha bezahlt.[26] Dies verdeutlicht, dass Augustusburg nicht eigenständig bestand, sondern organisatorisch Sachsenburg zugeordnet war. Eine Zeugin, Marianne H. aus Augustusburg, sagte 1947 aus, dass sich dort zunächst ein »Sicherheitslager« befunden habe, in das insbesondere SPD- und KPD-Angehörige eingewiesen wurden.[27] Dies lässt auf eine Einrichtung des Lagers bereits im März 1933

KZ Sachsenburg, aufgenommen von Rudi Seidel aus Chemnitz mit Teleobjektiv aus einem Versteck heraus, wahrscheinlich 22.7.1933

Rudi Seidel/Deutsches Historisches Museum, Berlin

16 Vgl. Schreiben des Amtshauptmannes Dr. Oesterhelt der AH Flöha an die Schutzhaftzentrale beim LKA vom 2.5.1933 (SächsStA-C, AH 30044, Nr. 2393, Bl. 45 ff.); Baganz, Erziehung zur »Volksgemeinschaft«?, S. 110; Eine Führerinnenschule für die NS-Frauenschaft. In: Der Freiheitskampf vom 26.5.1933, S. 3. **17** Vgl. Schutzhaftlager Sachsenburg. Kostteilnehmerliste Mai 1933 (SächsStA-C, AH Flöha 30044 Nr. 2402, Bl. 2). **18** Vgl. Weber, Zeittafel, S. 36–40; Schreiben des LKA Sachsen an die AH Flöha, Schutzhaft-Arbeitsdienstlager Sachsenburg bezüglich Leitung des »Arbeitsdienstlagers« vom 24.5.1933 (SächsStA-C, AH Flöha 30044, 2393, Bl. 90). **19** Vgl. Abschrift eines Schreibens des SMdI an das LKA Sachsen bezüglich der Einrichtung eines »Schutzhaftlagers« in Sachsenburg vom 16.6.1933 (SächsStA-C, AH Flöha, 30044, Nr. 2393, Bl. 113). **20** Vgl. Johannes Tuchel, Konzentrationslager. Organisationsgeschichte und Funktion der »Inspektion der Konzentrationslager« 1934–1938, Boppard 1991, S. 46. **21** Vgl. Klaus Drobisch/Günther Wieland, System der NS-Konzentrationslager 1933–1939, Berlin 1993, S. 63. **22** Vgl. Durchschlag des Schreibens Max Hähnels, Schutzhaftlager Sachsenburg an das Gestapa Sachsen bezüglich Bericht zum Schutzhaftlager vom 6.9.1933 (SächsStA-C, AH Flöha 30044, Nr. 2393, Bl. 130). **23** Vgl. Drobisch/Wieland, System der NS-Konzentrationslager, S. 135, Tabelle 17. Siehe auch den Beitrag von Carina Baganz und Bert Pampel in diesem Band. **24** Vgl. Baganz, Erziehung zur »Volksgemeinschaft?«, S. 225. **25** Vgl. ebd., S. 114. **26** Vgl. Schreiben des SMdI an die AH Flöha am 7.6.1934 bezüglich der Kosten für die SS-Wache Augustusburg (SächsStA-C, AH Flöha 30044, Nr. 2401, o.P.).

schließen. Danach wurden 37 Häftlinge und ein Teil der Wachmannschaften aus dem am 10. Juni 1933 aufgelösten Lager Plaue für die Errichtung der Führerschule der NSDAP herangezogen.[28] »Ein Teil der Wachmannschaft vom Lager Plaue ist mit nach Augustusburg übergesiedelt. In Augustusburg ging die Prügelei, genau wie in Plaue, weiter«,[29] erinnert sich ein ehemaliger Häftling, der später auch im KZ Sachsenburg inhaftiert war. Nachweisbar ist diese Verknüpfung auch für einen Wachmann, der nach seinem Einsatz in Augustusburg in Sachsenburg eingesetzt wurde.[30] Baganz schließt zudem aus einem Schreiben des Gestapa an die Kommandantur des KZ Sachsenburg im April 1935 bezüglich der Anordnungen zur Bewachung für Arbeiten außerhalb des Lagers, dass Häftlinge 1935 von Sachsenburg in Augustusburg zur Zwangsarbeit verpflichtet wurden.[31] Damit ist nicht nur eine organisatorische, sondern auch personelle Verbindung gegeben.

In Augustusburg wurden die Häftlinge für »bauliche Veränderungen« eingesetzt und durch die SS bewacht.[32] Dies bezieht sich auf die Einrichtung der Führerschule der sächsischen NSDAP im Juni 1933. Doch auch nach der feierlichen Eröffnung wurden die Häftlinge für Arbeiten in und um Augustusburg herangezogen. Dabei bleibt nach den Quellen offen, ob die Häftlinge während der gesamten Zeit in Augustusburg untergebracht und zu Zwangsarbeitsmaßnahmen verpflichtet oder je nach anstehenden Arbeiten von Sachsenburg zeitweise nach Augustusburg überstellt wurden. Dafür fielen nicht nur die Kosten ihrer Bewachung, sondern auch Kosten für ihre Verpflegung an.[33] Außerdem ist ein Fall von drei Häftlingen mit Magen-Darm-Krankheiten in den Akten überliefert, die in Augustusburg von einem Arzt behandelt und als »gesund nach Sachsenburg überführt« wurden.[34] Dies beweist keine Unterbringung der Häftlinge, legt diese aber nahe. Im Dezember 1935 wurde das Lager Augustusburg aufgelöst. Baganz vermutet, dass die Häftlinge und Wachmannschaften nach Sachsenburg verbracht wurden.[35] Aufgrund der angeführten strukturellen und personellen Verknüpfung ist dies durchaus denkbar, da Sachsenburg zu diesem Zeitpunkt das einzige bestehende KZ in Sachsen war.

Als Außenlager werden in der Literatur mit Verweis auf Unterlagen des Internationalen Suchdienstes (ITS) Dresden-Trachenberge (4. September bis 31. Oktober 1934) und Chemnitz (22. Mai 1933 bis 4. September 1934) angeführt.[36] Jedoch gehen aus den Quellen keine weiteren Informationen über strukturelle Verbindungen und über den Einsatz von Häftlingen und Wachmannschaften hervor.

Im Zusammenhang mit der voranschreitenden Zentralisierung der Konzentrationslager wurde darüber diskutiert, ob das KZ Sachsenburg oder das KZ Hohnstein aufgelöst werden soll. Otto Urban, ein Häftling, der von Juli bis November 1933 in der Schreibstube in Sachsenburg arbeitete, erinnert sich an die Rivalitäten zwischen den Kommandanten von Sachsenburg und Hohnstein.[37] Er wurde zusammen mit 250 Häftlingen, begleitet von 59 SA-Männern, vermutlich am 27. November 1933 nach Hohnstein verlegt.[38] Baganz führt diesen Häftlingstransport, der aufgrund des in Hohnstein erfolgten Baus einer Autostraße erfolgt sei, als Beleg dafür an, dass Hohnstein als Lager erhalten werden sollte.[39] Dem widerspricht jedoch das Schreiben des Landeskriminalamtes vom 24. November 1933, in dem die Verlegung als »vorübergehende Zuweisung« beschrieben und mit den noch vor dem Auflösung fertigzustellenden Straßenbauarbeiten begründet wurde.[40] Ein weiteres

Indiz dafür, dass die Entscheidung über das Fortbestehen des KZ Sachsenburg schon früher fiel, ist ein Schreiben des Ministerialdirektors Dr. v. Burgsdorff vom 25. November 1933. Er fordert darin den Amtshauptmann Dr. Oesterhelt auf, mit der Textilia Herold GmbH Verhandlungen zum Kauf der Gebäude aufzunehmen, weil bereits in die Gebäude investiert worden sei und der Ausbau des Lagers für die Inhaftierung von 3 000 Häftlingen geplant sei.[41] Ein weiterer Grund für die Auflösung des Lagers Hohnstein war vermutlich finanzieller Art. Die Verlegung des Lagers Sachsenburg mit 1 800 Insassen verglich die Amtshauptmannschaft mit der Umsiedlung eines Dorfes und berechnete einen angenommenen Verlust von über 100 000 Reichsmark.[42] Der Minister des Inneren Karl Fritsch verfügte im März 1934, dass das Lager Hohnstein bis 1. Juli 1934 aufzulösen sei. Die eigentliche Überführung der Häftlinge dauerte jedoch an, sodass die Auflösung des Konzentrationslagers Hohnstein erst zum 30. November 1934 vollständig durchgeführt war und Sachsenburg ab diesem Zeitpunkt als einziges Konzentrationslager in Sachsen bestand.[43]

Der erste Lagerleiter während der gesamten zweiten Phase war Max Hähnel, der auch schon bei der Besichtigung anwesend gewesen war. Eigens für die Lagerführung wurde er von seiner Tätigkeit als Obersteuersekretär im Finanzamt Zschopau bis 1. Dezember 1933 freigestellt. Mit Hähnel ist vor allem sein besonderes »Konzept der Umerziehung« verbunden.[44] Ihm wurden als Stellvertreter Herbert Kleditzsch und im Juni 1933 der Scharführer Hans Tonndorf als zweiter Stellvertreter an die Seite gestellt.[45] Max Hähnel bezog die ehemalige Fabrikantenvilla und ließ sich dafür von den Häftlingen einen Schreibtisch und

27 Vgl. Aussage Marianne H. zum Wachmann Hans I. am 6. 10. 1947 vor der Kriminaldienststelle Flöha (SächsStA-C, Obj. 14 ZD 54/3230, Bl. o. Nr.). **28** Vgl. Baganz, Erziehung zur »Volksgemeinschaft«?, S. 115. **29** Aussage des ehemaligen Häftlings Oskar Z. am 19. 11. 1948 vor der Kriminaldienststelle Flöha (SächsStA-C, Obj. 14 ZD 54/3230, o. P.). Z. war im März 1933 verhaftet und für 14 Tage nach Plaue gebracht worden. Nach Entlassung und 14-tägiger Freiheit ist er wieder verhaftet und bis zur Auflösung in Leubsdorf, anschließend bis zur Auflösung in Plaue und danach in Augustusburg und Sachsenburg inhaftiert worden. **30** Vgl. Kreispolizeiamt Flöha, Schlussbericht der Ermittlung vom 16. 6. 1949 (SächsStA-C, Obj. 14 ZD 54/3230, Bl. 131). **31** Vgl. Baganz, Erziehung zur »Volksgemeinschaft«?, S. 116 f. **32** Schreiben der AH Flöha an das SMdI am 21. 6. 1934 bezüglich der Kosten für die SS-Wache Augustusburg (SächsStA-C, AH Flöha 30044, Nr. 2401, o. P.). **33** Vgl. ebd. **34** Schreiben des Bezirksrates Flöha an die AH Flöha am 11. 9. 1933 bezüglich angeblicher Nahrungsmittelvergiftung im Schutzhaftlager Sachsenburg mit handschriftlicher Notiz (SächsStA-C, 30044, 2405, o. P.). **35** Vgl. Baganz, Erziehung zur »Volksgemeinschaft«?, S. 116 f. **36** Vgl. ebd., S. 117. **37** Vgl. Otto Urban, Burg Hohnstein. In der Schreibstube der Sachsenburg. In: Konzentrationslager. Ein Appell an das Gewissen der Welt. Ein Buch der Greuel. Die Opfer klagen an, Karlsbad 1934, S. 232. **38** Vgl. Schreiben des LKA an die Leitung des Schutzhaftlagers Sachsenburg bezüglich Verlegung von 250 Häftlingen nach Hohnstein vom 24. 11. 1933 (SächsStA-C, AH 30044, Nr. 2393, Bl. 159); Schreiben der AH an das SMdI, I. Abteilung über Arbeitskräfteeinsatz vom 27. 11. 1933 (SächsStA-C, AH 30044, Nr. 2393, Bl. 134). **39** Vgl. Baganz, Erziehung zur »Volksgemeinschaft«?, S. 225. **40** Schreiben des LKA an die Leitung des Schutzhaftlagers Sachsenburg bezüglich Verlegung von 250 Häftlingen nach Hohnstein vom 24. 11. 1933 (SächsStA-C, AH 30044, Nr. 2393, Bl. 159). **41** Vgl. Ministerialdirektor v. Burgsdorff an Oesterhelt, AH Flöha vom 25. 11. 1933 (SächsStA-C, AH Flöha 30044, Nr. 2394, o. P.). **42** Vgl. Auflistung des Amtshauptmannes Oesterhelt der AH Flöha über die Erwägung der Verlegung des Schutzhaftlagers Sachsenburg vom 20. 11. 1933 (SächsStA-C, AH Flöha 30044, Nr. 2394, o. P.). Vgl. auch Baganz, Erziehung zur »Volksgemeinschaft«?, S. 226. **43** Vgl. Mitteilungen des Ministerialdirektors vom 2. 3. 1934. In: Archiv Burg Hohnstein. Zit. nach Baganz, Erziehung zur »Volksgemeinschaft«?, S. 226–228. **44** Siehe dazu den Beitrag von Volker Strähle zu Max Hähnel in diesem Band. **45** Vgl. LKA an die AH Flöha vom 10. 6. 1933 (SächsStA-C, AH Flöha 30044, Nr. 2401, Bl. 13). Tonndorf wurde laut Quelle für den Zeitraum, in dem die Zahl der Häftlinge über 500 Personen betrug, als Hilfspolizeibeamter verpflichtet.

KZ Sachsenburg, heimlich am 22.7.1933 fotografiert
Rudi Seidel/Deutsches Historisches Museum, Berlin

einen Bücherschrank herstellen sowie eine Badewanne anliefern.[46] Die SA-Wachmannschaft wurde in den Erdgeschossräumen der Fabrik untergebracht.[47] Im Seitengebäude des Hofes wurden zudem sechs Büroräume für die Verwaltung des Lagers ausgebaut.[48]

Häftlinge und Bedingungen der Haft

In den ersten beiden Phasen bildeten neben Sozialdemokraten und Gewerkschaftern vor allem Kommunisten die Mehrheit innerhalb der Häftlingsgesellschaft. Dies hängt mit der Ausschaltung der inneren Opposition als wesentliche Funktion der frühen Lager zusammen. Aus den bisherigen Untersuchungen geht zudem hervor, dass auch Juden, Theologen, Zeugen Jehovas, »Kriminelle« und »Asoziale« in Sachsenburg inhaftiert wurden. Die Zahl der Häftlinge in diesen Gruppen stieg jedoch erst ab 1935 drastisch an.[49] Die Häftlinge wurden in der ersten bis vierten Etage der Fabrik untergebracht. Darin befanden sich dreistöckige Betten mit Strohsäcken und Decken. Für die über 1000 Gefangenen gab es lediglich vier Aborte und 48 Hähne als Waschgelegenheit.[50] Die Häftlinge wurden nach einem Bericht des Lagerführers Hähnel in sieben Trupps nach der Verwendung und nicht nach dem Alter eingeteilt. Jedem Trupp stand ein Häftling vor. Die Einteilung in einen Strafarbeitstrupp galt als Disziplinarstrafe.[51] Otto Meinel erinnert sich an die Truppeinteilung und ergänzt, dass »Trupp 1 und 2 im ersten Stockwerk [untergebracht sind, Anm. Verf.], im zweiten Stock liegen Trupp 3 und 4, im dritten Stock Trupp 7 (das sind nur Kranke und Invalide, zu meiner Zeit 120 Mann), und im vierten Stock Trupp 5 und 6«.[52]

Die angedeutete »Verwendung« der Häftlinge erfolgte in Arbeitskommandos, wie der Schusterei, Schneiderei, Schlosserei, Tischlerei, Schmiede, Klempnerei, Malerwerkstatt, Buchbinderei oder Küche. Dafür wurden eigene Werkstätten eingerichtet. Dabei mussten die Häftlinge nicht nur das Lagergelände ausbauen und den Lagerbedarf absichern, sondern auch in Arbeitskommandos zur Regulierung der Zschopau oder beim Bau der Siedlung Lützelhöhe im nahe gelegenen Frankenberg Zwangsarbeit leisten.[53] Insgesamt 300 Inhaftierte wurden mit »Zschopauregulierungsarbeiten, mit Straßenbauarbeiten am Steinbruch, Siedlungsarbeiten in Ibersdorf und der Stadt Zschopau« zwangsweise beschäftigt.[54] Die Arbeit in den Kommandos erfolgte von 8 bis 12 Uhr und zwischen 13.15 Uhr und 17.30 Uhr. Zuvor und danach waren Morgen- und Abendappelle angesetzt.[55] Auch die umliegenden Firmen sahen im Konzentrationslager Sachsenburg eine gute Einnahmequelle. So boten sie dem Lager Decken, Stoffe und Kochkessel an.[56]

Unmittelbar an die Buchbinderei war eine Bibliothek angegliedert, die 400 Bücher, vor allem Standardwerke der Nazi-Literatur, zu Erziehungszwecken sowie nur wenige Romane umfasste.[57] Die Gefangenen nutzten die zur Verfügung stehenden Bücher und lasen beispielsweise die Einträge über Kommunismus und Sozialismus im philosophischen Wörterbuch.[58] Die Einrichtung, welche sich im Seitengebäude der Fabrik befand, durfte jedoch nichts kosten, und so bestand sie vor allem aus Bücherspenden. Die Bücherausleihe von einem Buch pro Woche für jeden Häftling erfolgte nach dem Appell durch einen zum Hof hin offenen Schalter.[59]

46 Vgl. Schreiben des Verwaltungsinspektors Beuter, Schutzhaftlager Sachsenburg an die AH Flöha bezüglich Ankauf von Möbelstücken durch Max Hähnel vom 11. 5. 1934 (SächsStA-C, AH Flöha 30044, Nr. 2393, Bl. 147); Schreiben der Gebrüder Weissbach, Chemnitz an die AH Flöha bezüglich Ausstattung des Lagers Sachsenburg vom 22. 5. 1933 (SächsStA-C, AH Flöha 30044, Nr. 2393, Bl. 273). **47** Siehe den Beitrag von Anna Schüller zu den SA- und SS-Wachmannschaften in diesem Band. **48** Vgl. Auflistung des Amtshauptmannes Oesterhelt der AH Flöha über die Erwägung der Verlegung des Schutzhaftlagers Sachsenburg vom 20. 11. 1933 (SächsStA-C, AH Flöha 30044, Nr. 2394, o. P.); Amtshauptmann Dr. Oesterhelt der AH Flöha an das LKA bezüglich Bericht zum Schutzhaftlager Sachsenburg vom 7. 9. 1933 (SächsStA-C, AH Flöha 30044, Nr. 2393, Bl. 123 RS). **49** Vgl. Meinel, Sachsenburg, S. 157 sowie den Beitrag von Dietmar Wendler zur Häftlingsgesellschaft in diesem Band. **50** Vgl. Drobisch/Wieland, System der NS-Konzentrationslager, S. 108. **51** Durchschlag des Schreibens Max Hähnels, Schutzhaftlager Sachsenburg an das Gestapa Sachsen bezüglich Bericht zum Schutzhaftlager vom 6. 9. 1933 (SächsStA-C, AH Flöha 30044, Nr. 2393, Bl. 131 RS, 132 RS). **52** Otto Meinel war von Juli 1933 bis November 1933 im KZ Sachsenburg inhaftiert. Meinel, Sachsenburg, S. 157 f. **53** Vgl. Auflistung des Amtshauptmannes Oesterhelt der AH Flöha über die Erwägung der Verlegung des Schutzhaftlagers Sachsenburg vom 20. 11. 1933 (SächsStA-C, AH Flöha 30044, Nr. 2394, o. P.); Meinel, Sachsenburg, S. 157–159. **54** Bericht des Lagers an die AH Flöha vom 6. 10. 1933 (SächsStA-C, AH Flöha, 30044, Nr. 2412, Bl. 33). **55** Vgl. Durchschlag des Schreibens Max Hähnels, Schutzhaftlager Sachsenburg an das Gestapa Sachsen bezüglich Bericht zum Schutzhaftlager vom 6. 9. 1933 (SächsStA-C, AH Flöha 30044, Nr. 2393, Bl. 130 RS) sowie Drobisch/Wieland, System der NS-Konzentrationslager, S. 115. **56** Vgl. ebd., S. 92. Vgl. »Mehllieferung« (SächsStA-C, AH Flöha 30044, Nr. 2418); »Milchlieferung« (SächsStA-C, AH Flöha 30044, Nr. 2417); »Bäcker« (SächsStA-C, AH Flöha 30044, Nr. 2419); »Fleischlieferung« (SächsStA-C, AH Flöha 30044, Nr. 2420), »Textilwaren« (SächsStA-C, AH Flöha 30044, Nr. 2412); »Schuhwaren« (SächsStA-C, AH Flöha 30044, Nr. 2413); »Haus- und Küchengeräte« (SächsStA-C, AH Flöha 30044, Nr. 2415). **57** Vgl. Deutschland-Berichte der Sopade, 4 (1937) Mai, Frankfurt am Main 1980, S. 706 f.; Torsten Seela, Bücher und Bibliotheken in nationalsozialistischen Konzentrationslagern, München u. a. 1992 (Beiträge zur Bibliothekstheorie und Bibliotheksgeschichte, Bd. 7), S. 35. **58** Vgl. Walter Rothenschuh, Aussage zum Thema Lesen und Literaturbenutzung im ehemaligen Konzentrationslager Sachsenburg, 29. 2. 1988, Ms., Leipzig 1988, Bl. 2. Zit. nach Seela, Bücher und Bibliotheken, S. 76. **59** Vgl. ebd., S. 27 f.

Inschrift »Erbaut von den Inhaftierten Sachsenburg 1933«
am Parkplatz vom Dammweg aus fotografiert, Januar 1934

Foto: Johannes Reiß, bearbeitet von Jörg Wenzel, Privatarchiv Roswitha Hofmann

Die drei Häftlinge Georg Laudel, Walter Rothe und Anton Schmutzler, vermutlich an einem Besuchstag. Im Hintergrund ist die von der Lagerleitung und den Kommandanten genutzte Villa zu sehen, Mai 1933

Privatarchiv Enrico Hilbert

Am Sonntagvormittag wurde ein »Spaziergang« angesetzt. Danach war am Nachmittag von 14 bis 17 Uhr Besuchszeit für Angehörige, die meist schon ab 11 Uhr vor den Toren des Lagers standen und warteten.[60] Die Besuchszeiten waren zunächst als wöchentlich beschrieben und wurden schließlich unter der SS aufgehoben.[61] Hähnel schreibt in seinem Bericht vom September 1933, dass an den Sonntagen »abwechselnd ein Ausmarsch, ein Gottesdienst und ein Besuchstag; weiter jeweils am Donnerstag Unterricht über Nationalsozialismus und gelegentliches Anhören der deutschen Stunde im Rundfunk«[62] angesetzt wurde.

Über die Kleidung der Häftlinge gibt es sehr unterschiedliche Aussagen, da diese vermutlich während der gesamten Zeit immer wieder verändert und je nach Bedingungen eingeführt wurde. So wird von den Häftlingen von Leinendrell, grauen Hosen und grünen Jacken, die zu überhöhten Preisen gekauft und bei der Entlassung zurückgelassen werden mussten, sowie alten Polizeiuniformen, verbrauchten Drillichanzügen der Reichswehr oder von eigener Kleidung berichtet.[63] In den Erläuterungen zum Haushaltsplan für das Schutzhaftlager Sachsenburg im Rechnungsjahr 1934/35 wurde der vorgesehene Kauf der Kleidung durch die Häftlinge bestätigt, jedoch seien die »meisten Schutzhäftlinge [...] erfahrungsgemäß nicht in der Lage, sich selbst die erforderliche Kleidung zu beschaffen«.[64] Daher sah sich die Lagerleitung gezwungen, Schuhe, Socken, Unterhosen, Hemden, Hosen und Joppen für die Häftlinge anzuschaffen.[65] Im Oktober 1933 wurden von der Firma Heinrich und Ohmann aus Seifhennersdorf i. Sa. 500 Joppen an das Lager verkauft.[66] Aus den Unterlagen geht jedoch hervor, dass zu den bereits bestehenden Kleidungsstücken weitere 500 Unterhosen und Hemden angekauft werden sollten, die vor allem für die Häftlinge der Außenkommandos vorgesehen waren.[67] Dies stützt die Aussage, dass einige Häftlinge im Lager die eigene Kleidung trugen.

Ähnlich sparsam zeigte sich die Lagerverwaltung in der Versorgung der Häftlinge. Gab man für die Verpflegung im Allgemeinen im Mai 1933 noch 78 Pfennige pro Person und Tag aus, so wurde dies im Oktober 1933 auf 67 Pfennige gesenkt. Die Häftlinge mussten nach Anordnungen im April 1933 für die Haft zwei Reichsmark pro Tag Schutzhaftkosten entrichten. War dies nicht möglich, so wurden die Kosten den Familien in Rechnung gestellt, die oft von einer Wohlfahrtsunterstützung lebten und denen dadurch Lohnpfändung oder Zwangsvollstreckung drohte.[68]

60 Vgl. Meinel, Sachsenburg, S. 159. **61** Vgl. Stenzel 12. 6. 2009, Transkript, S. 41; Hugo Gräf, Sachsenburg. Bericht aus einer Hölle. In: AIZ, 17. 6. 1936. **62** Durchschlag des Schreibens Max Hähnels vom 6. 9. 1933 (SächsStA-C, AH Flöha 30044, Nr. 2393, Bl. 130 RS – 131). **63** Vgl. Meinel, Sachsenburg, S. 158. Das Tragen der eigenen Kleidung belegt auch die Abschrift eines Schreibens des LKA an die AH Flöha bezüglich Stoffbeschaffung für das Lager vom 5. 8. 1933 (SächsStA-C, AH Flöha 30044, Nr. 2393, Bl. 121). Vgl. auch Hugo Gräf, Prügelstrafe. In: Neue Weltbühne, 5 (1936), S. 353–358, hier S. 357. **64** Haushaltsplan für das Schutzhaftlager Sachsenburg Rechnungsjahr 1934/35 (SächsStA-C, AH Flöha 30044, Nr. 2396, Bl. 13). **65** Vgl. ebd. **66** Vgl. Heinrich & Ohmann Mechanische Kleiderfabrik Seifhennersdorf i. Sa. an AH Flöha Betreff Schutzhaftlager Sachsenburg vom 3. 10. 1933 (SächsStA-C, AH Flöha 30044, Nr. 2412, Bl. 23). **67** Vgl. Schutzhaftlager Sachsenburg an den Amtshauptmann Oesterhelt, AH Flöha vom 6. 10. 1933 (SächsStA-C, AH Flöha 30044, Nr. 2412, Bl. 33, 33 RS). **68** Vgl. Drobisch/Wieland, System der NS-Konzentrationslager, S. 82 sowie Tabelle 15 auf S. 114.

Den Kontakt zu ihren Familien und Angehörigen konnten die Häftlinge neben den Besuchen ausschließlich per Post halten. So war es ihnen laut Dieter Landrock unter der SA gestattet, täglich Ansichtskarten zu schreiben und zu empfangen.[69] Lagerführer Hähnel nutzte die Postsperre als eigene Bestrafungsform.[70] Unter der SS kam es zum Verbot der Karten, und der Briefverkehr wurde auf einmal wöchentlich, ab Januar 1936 auf einmal aller 14 Tage beschränkt. Landrock beschreibt, dass von 1935 bis 1937 vorgedruckte Briefkarten mit je neun Zeilen Text an die Häftlinge ausgeteilt wurden. Ausgehend von der Auflagennummer vermutet er, dass rund 25 000 Karten verwendet wurden. Im Nachlass von Georg Sacke ist der Briefwechsel zwischen ihm und seiner Frau während seiner Inhaftierung im KZ Sachsenburg von Mai bis November 1935 erhalten. Auffällig ist hier entgegen Landrocks Darstellung, dass Sacke nahezu wöchentlich auf beidseitig bedruckten Vorlagen mit je 21 Zeilen schrieb.[71] Wie eng der Raum war, macht ein Auszug aus einem Brief Sackes an seine Frau deutlich: »Meine liebe Kleine, es steht mir viel zu wenig Platz zur Verfügung, als daß ich in der Lage wäre, den Charakter einiger meiner Briefe zu erklären.«[72] Um den zur Verfügung stehenden Platz bestmöglich zu nutzen, schrieb Sacke auf Restpapieren und alten Umschlägen seine Texte vor. Zugleich war der »Charakter« der Briefe durch die Zensur bestimmt, die durch den Stempel »Postzensurstelle KLS« verdeutlicht wurde.[73]

Die medizinische Versorgung erfolgte laut dem Bericht Hähnels durch einen Lagerarzt aus Frankenberg, der täglich in das Lager gekommen sei.[74] Dazu wurde gemeinsam mit dem Frankenberger Arzt Dr. Bellmann am 31. Juli 1933 ein Vertrag über die Behandlung der Häftlinge, SA-Männer, Beamten und Angestellten des Lagers im Rahmen eines täglichen Revierdienstes mit einer Pauschalvergütung von täglich 7,50 Reichsmark geschlossen.[75] Ebenso wurde mit dem Frankenberger Dentisten Gerth vereinbart, dass er die Häftlinge behandeln, jedoch lediglich kranke Zähne ziehen solle und nur nach Rücksprache plombieren.[76] Der Zahnarzt Dr. Böhme, der zunächst für die Versorgung vorgesehen war, lehnte diese ab, da die Bedingungen den »reichsgesetzlichen Bestimmungen«[77] widersprächen. Johannes Bretschneider, der seit Frühjahr 1934 in Sachsenburg inhaftiert war, berichtet hingegen, dass der Lagerarzt aus Frankenberg lediglich alle 14 Tage nach Sachsenburg kam und die Häftlinge von dem jüdischen Häftling Dr. Simon ärztlich versorgt wurden.[78] Auch Otto Meinel gibt an, dass der Arzt Dr. Bellmann die Gefangenen weder untersucht noch behandelt habe.[79]

Die wenigen Häftlingsberichte machen deutlich, dass es in der zweiten Phase immer wieder zu Schikanen und Misshandlungen kam. So berichtete Theodor Herbert Friedrich, im Juli 1933 verhaftet und nach Sachsenburg verbracht, dass er mehrmals verhört und misshandelt wurde. Nachdem ein großer Teil der Häftlinge bei der Volksabstimmung über den Austritt Deutschlands aus dem Völkerbund am 12. November 1933 mit »Nein« stimmte, kam es zu einem Ausbruch von Gewalt: »In der darauf folgenden Nacht wurden wir Häftlinge von der SA aus den Betten geschmissen, wobei der SA-Truppführer Hinkelmann wahllos mit dem Gummiknüppel zwischen die Häftlinge geschlagen hat.«[80]

In der zweiten Phase kam es auch zu Todesfällen. Aus den Dokumenten des Konzentrationslagers geht hervor, dass der Landwirt Kurt Hermann Schubart am 11. November 1933 nach einer Auseinandersetzung mit der SA an einer Stichverletzung im Herz verstarb. Sein Tod wird in den Unterlagen als Selbstmord dargestellt.[81] In den Häftlingsberichten wird

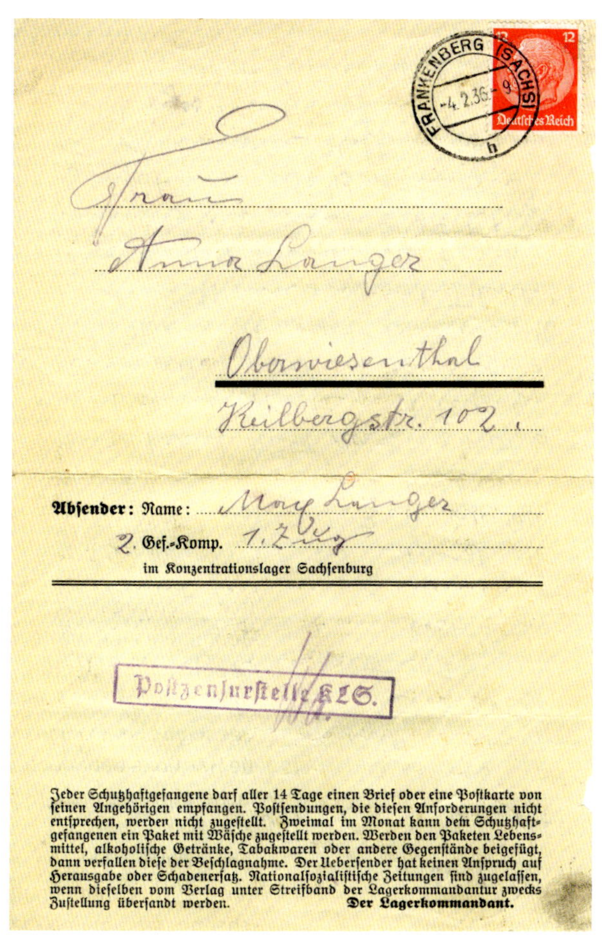

FRANKENBERG (SACHS) -4.2.36.-9 h

12 Deutsches Reich

Frau

Anna Langer

Oberwiesenthal

Keilbergstr. 102.

Absender: Name: Max Langer

2. Gef.-Komp. 1. Zug

im Konzentrationslager Sachsenburg

Postzensurstelle KLS.

Jeder Schutzhaftgefangene darf aller 14 Tage einen Brief oder eine Postkarte von seinen Angehörigen empfangen. Postsendungen, die diesen Anforderungen nicht entsprechen, werden nicht zugestellt. Zweimal im Monat kann dem Schutzhaftgefangenen ein Paket mit Wäsche zugestellt werden. Werden den Paketen Lebensmittel, alkoholische Getränke, Tabakwaren oder andere Gegenstände beigefügt, dann verfallen diese der Beschlagnahme. Der Uebersender hat keinen Anspruch auf Herausgabe oder Schadenersatz. Nationalsozialistische Zeitungen sind zugelassen, wenn dieselben vom Verlag unter Streifband der Lagerkommandantur zwecks Zustellung übersandt werden. **Der Lagerkommandant.**

Vorderseite eines Briefes des Häftlings Max Langer auf dem zu dieser Zeit verwendeten Vordruck, Februar 1936

Stiftung Sächsische Gedenkstätten/Dokumentationsstelle Dresden

69 Vgl. Dieter Landrock, Niemals vergessen – Post aus den faschistischen Konzentrationslagern. In: Philatelistenverband im Kulturbund der DDR, Zentraler Arbeitskreis Postgeschichte, Arbeitsmaterial 1978/1 und 2, S. 2–20, hier insbesondere S. 2–4. **70** Vgl. Durchschlag des Schreibens Max Hähnels, Schutzhaftlager Sachsenburg an das Gestapa Sachsen bezüglich Bericht zum Schutzhaftlager vom 6. 9. 1933 (SächsStA-C, AH Flöha 30044, Nr. 2393, Bl. 132 RS). **71** Vgl. Faksimile des Briefes von Georg Sacke an Rosemarie Sacke vom 15. 5. 1935. Abgedruckt in: Volker Hölzer, »Georg ist unschuldig ...« Der Haftbriefwechsel von Rosemarie und Dr. Georg Sacke 1934/35, Leipzig 2007, S. 110 f. **72** Brief von Georg Sacke an Rosemarie Sacke vom 16. 8. 1935, ebd., S. 138. **73** Vgl. ebd., S. 110, 138. **74** Vgl. Durchschlag des Schreibens Max Hähnels vom 6. 9. 1933 (SächsStA-C, AH Flöha 30044, Nr. 2393, Bl. 130–130 RS). **75** Vgl. Vertrag zwischen der AH Flöha und dem Arzt Dr. Bellmann am 31. 7. 1933 (SächsStA-C, AH Flöha 30044, Nr. 2403, Bl. 3). **76** Vgl. AH Flöha an das Schutzhaftlager Sachsenburg am 17. 8. 1933 bezüglich der Zahnbehandlung der Häftlinge (SächsStA-C, AH Flöha 30044, Nr. 2404, Bl. 7). **77** Dr. Böhme an die AH Flöha am 20. 8. 1933 bezüglich der zahnärztlichen Behandlung der Häftlinge (SächsStA-C, AH Flöha 30044, Nr. 2404, Bl. 9). **78** Vgl. Kreisleitung der SED Hainichen (Hg.), Tausend Kameraden, S. 37. **79** Vgl. Meinel, Sachsenburg, S. 161. **80** Aussage des ehemaligen Häftlings Herbert Theodor Friedrich vor dem Kreispolizeiamt Flöha am 8. 3. 1949 (SächsStA-C, 39074/Obj. 14 ZD 54/2948/02, o. P.). **81** Vgl. Abschrift Aussage des Truppführers Aurich vor Hähnel vom 11. 11. 1933 (SächsStA-C, AH Flöha 30044, Nr. 2423, Bl. 27).

Ein von Häftlingen geschnitzter Vogel
Foto: Initiative Klick, Stadtarchiv Frankenberg

auch eine Ermordung diskutiert.[82] Schubart wurde auf einem Pferdewagen aus dem Lager gezogen und auf dem örtlichen Friedhof beerdigt.[83] Wenige Wochen zuvor, am 21. Oktober 1933, war Bruno Kießling verstorben. Die Lagerleitung teilte den Häftlingen als Todesursache eine Lungenembolie mit, die von zwei Ärzten festgestellt worden sei. Die Häftlinge zeigten sich jedoch misstrauisch über die tatsächliche Todesursache. Ebenso wie beim späteren Tod von Schubart wurde der Leichnam auf einem Ackerwagen aus dem Lager gezogen, was die Häftlinge als große Demütigung empfanden.[84]

Widerstand

Bereits in dieser zweiten Phase regte sich unter den Häftlingen Widerstand. In diesem Zusammenhang wird sehr häufig von der »Volksabstimmung« über den Austritt Deutschlands aus dem Völkerbund am 12. November 1933 berichtet. In ganz Deutschland stimmten zu diesem Zeitpunkt 95 Prozent der Wähler mit »Ja«.[85] Die Abstimmung wurde auch als Druckmittel verwendet, indem »Überläufer« andere Gefangene zu beeinflussen versuchten.[86] Dies belegt die überlieferte Broschüre »Vom Kommunismus über die Schutzhaft zum Nationalsozialismus« von Fritz Dasecke und Walter Otto, welche diese den Führern der SA-Standarte 182, unter anderem Max Hähnel, widmeten. Darin legen sie dar, wie sie die Häftlinge im Vorfeld der Wahl vom Nationalsozialismus durch öffentliche Reden mit Unterstützung der Lagerleitung überzeugen wollten und infolgedessen auch Häftlinge in die SA übergetreten seien.[87] Im Gegensatz zu diesem Propagandaaufwand stand das Ergebnis der Wahl: Demnach stimmten im Lager bei Reichstagswahl und Volksabstimmung 1021 Personen ab, wovon 1019 Personen einen Stimmzettel abgaben. 516 Ja-Stimmen, 467 Nein-Stimmen und eine ungültige Stimme waren zu verzeichnen. 482 Personen stimmten für die Liste der NSDAP.[88] Dieses Ergebnis von – im reichsweiten Vergleich – nur 47,3 Prozent für die NSDAP und 50,63 Prozent für »Ja« ist insoweit überraschend, als dass den Häftlingen klar gewesen sein muss, dass sie mit Folgen zu rechnen hatten, die es in Form einer dreiwöchigen Besuchersperre, Misshandlungen und Verboten auch gab.[89]

Die nach der Reichstagswahl verbotenen Besuche spielten zu Beginn eine wichtige Rolle, weil sie auch zum politischen Austausch intensiv genutzt wurden. So war es möglich, »Nachrichten und illegale Schriften in das Lager zu schmuggeln«[90] und so den Protest und den Mut zu unterstützen. Über organisierte Aktionen erhält man vor allem Auskunft aus der Broschüre der SED-Kreisleitung Hainichen »Das Lied von Sachsenburg«. Die dortigen Angaben decken sich zum Teil mit den Erzählungen des Zeitzeugen Karl Stenzel. Er berichtete beispielsweise vom Singen eines von den Häftlingen gedichteten Liedes während eines Ausmarsches, trotz mehrmaligen Verbotes, welches zum Abbruch des Ausmarsches führte.[91]

Ebenso wird in der Broschüre von der Existenz einer illegalen Parteileitung in Form eines Lagerkomitees berichtet.[92] Diese Gruppe von Häftlingen soll sich unter anderem in der Schusterei und an anderen Orten im Lager getroffen haben.[93] Über die Tätigkeit des Komitees wird berichtet, dass die Mitglieder beispielsweise geschwächte Häftlinge in weniger gefährlichen Arbeitskommandos zuteilten und dass sie die Positionen der Truppältesten mit politischen Häftlingen besetzten und so für andere Häftlinge Unterstützung leisten konnten. Ebenso ist überliefert, dass sie Verbindung nach außen unter anderem über die Besuchsmöglichkeiten unterhielten und so illegal an Nachrichten und Schriften gelangten.[94] Als Mitglieder des Komitees werden in der Literatur Richard Uhlmann und ab 1934

82 Vgl. Olaf Badstübner, Bauer Schubart. Vom Erntedank zum Todesstich. In: Interessenverband der Teilnehmer am antifaschistischen Widerstand, Verfolgter des Naziregimes und Hinterbliebener e.V., Stadtvorstand Chemnitz (Hg.), Sachsenburg Dokumente + Erinnerungen, Chemnitz 1994, S. 80; Kreisleitung der SED Hainichen (Hg.), Tausend Kameraden, S. 35. **83** Vgl. Badstübner, Bauer Schubart, S. 79. **84** Vgl. Meinel, Sachsenburg, S. 160 f. **85** Vgl. Nils Klawitter, Wahlen und Volksabstimmungen. In: Wolfgang Benz/Hermann Graml/Hermann Weiß (Hg.), Enzyklopädie des Nationalsozialismus, 5. Auflage, München 2007, S. 863. **86** Vgl. Drobisch/Wieland, System der NS-Konzentrationslager, S. 118. **87** Vgl. Fritz Dasecke/Walter Otto, Vom Kommunismus über die Schutzhaft zum Nationalsozialismus, Leipzig 1934, S. 19. Abgedruckt in: Hilbert/LAG (Hg.), Sachsenburger Mahn Ruf, Jahresschrift 2012, S. 11–20, hier S. 20. Siehe auch den Beitrag von Udo Grashoff über Opportunismus und Überläufertum im Konzentrationslager Sachsenburg in diesem Band. **88** Vgl. Meldung des Abstimmungsergebnisses am Abend des 12.11.1933 (Stadtarchiv Frankenberg, Ordner »Sachsenburg«, o.P.). **89** Vgl. Meinel, Sachsenburg, S. 162 f. **90** Kreisleitung der SED Hainichen (Hg.), Tausend Kameraden, S. 12; Helmut Thiermann, Schriftliche Mitteilungen über die Arbeit mit Literatur im KZ Sachsenburg, 8.2.1988, Ms. Leipzig 1988, S. 2, zit. nach Seela, Bücher und Bibliotheken, S. 42. **91** Vgl. Über das KZ Colditz ins KZ Sachsenburg. Mit dem Zeitzeugen Karl Stenzel, Groß Köris im Gespräch. In: Hilbert/Kirmse (Hg.), Neuauflage Sachsenburg Dokumente + Erinnerungen, S. 36; vgl. Karl Stenzel am 12.6.2009, Transkript. In: Volkshochschule Chemnitz, Medienbox, S. 41–43, hier: S. 41–42. Karl Stenzel war von Juni 1933 bis November 1933 im KZ Sachsenburg inhaftiert. **92** Vgl. Kreisleitung der SED Hainichen (Hg.), Tausend Kameraden, S. 12. **93** Vgl. Zum Widerstand hinter dem Stacheldraht des Konzentrationslagers Sachsenburg: Vortrag von Enrico Hilbert zum Sachsenburger Dialog am 5. Juni 2010. In: Enrico Hilbert/Paul Jattke, Sachsenburger Mahn Ruf 2011, Chemnitz 2011, S. 30. **94** Vgl. Kreisleitung der SED Hainichen (Hg.), Tausend Kameraden, S. 12 f.

auch Hugo Gräf angeführt.[95] Karl Stenzel berichtet zwar nicht von einem Lagerkomitee, jedoch von Solidarität der Häftlingsgruppen aus SPD und KPD bei der Arbeit im Steinbruch.[96] Auch Meinel und Urban treffen keine Aussagen zu diesem Aspekt des Widerstandes. Ebenso wenig findet das Lagerkomitee bei Hugo Gräf in seinen zeitgenössischen Berichten »Sachsenburg. Bericht aus einer Hölle« und »Prügelstrafe« Erwähnung.[97] Wahrscheinlicher ist, dass die »Parteileitung« eher ein loser Zusammenschluss von Häftlingen war, die sich gegenseitig und andere unterstützten, Nachrichten austauschten und dies in der DDR-Nachkriegsüberlieferung als Lagerkomitee und Zentrum des »Widerstandes« gedeutet wurde.

DRITTE PHASE – BEWACHUNG DURCH DIE SS

Im September 1934 wurde den sächsischen Behörden die Aufsicht über das Lager entzogen und unter das »SS-Kommando Sachsen« gestellt.[98] Die damit neu eingeleitete dritte Phase dauerte bis zur Auflösung des Lagers 1937.

Die offizielle Übernahme erfolgte im Sommer 1934 durch den kommissarisch eingesetzten Kommandanten Max Simon und das »SS-Sonderkommando Sachsen«.[99] Dabei nennt Baganz als Datum der Übernahme den 13. August 1934, welches jedoch durch die Akten nicht belegt werden kann.[100] Ab dem 21. August 1934 hielt sich Simon im Lager Sachsenburg auf.[101] Im Zuge der Reorganisation der Konzentrationslager durch Theodor Eicke wurde auch das KZ Sachsenburg der »Inspektion der Konzentrationslager« unterstellt.[102] Eicke war bis dahin KZ-Kommandant in Dachau gewesen und wurde im Mai 1934 durch Himmler beauftragt, die kleineren Lager aufzulösen und die restlichen Lager neu zu organisieren. Daraufhin reiste Eicke Ende Mai 1934 nach Lichtenburg, um mit der Reorganisation zu beginnen.[103] Neben Lichtenburg reorganisierte Eicke auch Sachsenburg, Esterwegen und das Columbia-Haus in Berlin. Durch die schnelle Umsetzung befanden sich im Frühsommer 1935 neben den genannten Lagern auch Dachau und Moringen unter seiner Aufsicht. Im Zuge dessen wurde das Personal der Kommandanturen ausgetauscht und die Lagerverwaltung durch die Einführung der Bereiche Kommandantur und Wachtruppe umstrukturiert. Eine weitere Folge war die Anwendung der Dachauer Lagerordnung in den Lagern.[104] Sachsenburg wurde damit als letztes der Konzentrationslager im Herbst 1934 reorganisiert und stand künftig unter der Inspektion der Konzentrationslager. Die von Eicke geleitete Reorganisation wurde in Sachsenburg vermutlich, so Tuchel, durch Simon als Beauftragten ausgeführt. Der genaue Zeitpunkt der Durchführung im Herbst 1934 bleibt jedoch offen. Koch als Kommandant und Simon reorganisierten Sachsenburg nach Eickes Vorstellungen. Durch das Auswechseln des Personals entzog man den Behörden ihre bisherigen Kompetenzen.[105]

Bereits im Januar 1934 hatte es konkrete Pläne zum Kauf des Geländes durch den sächsischen Staat gegeben. In einem Schreiben des Ministeriums des Inneren wurde der Ankauf als Grundlage für den Fortbestand des Lagers dargestellt.[106] Im Laufe des Jahres 1934 wurde die Kaufabsicht immer wieder bekräftigt[107] und über eine Summe von 105.000 Reichsmark verhandelt.[108] Am 22. Januar 1935 ging das Grundstück in den Besitz des sächsischen

Staates über.[109] Am dem 1. April 1937 wurde das Grundstück im Zuge des Gesetzes über Finanzmaßnahmen auf dem Gebiete der Polizei vom 19. März 1937 an das Reich übertragen.[110] Kennzeichnend für diese Phase ist zudem, dass Eingriffe in die Topografie des Lagers vorgenommen und auf eine weitere Abschottung des Geländes abgezielt wurde. Bereits im Juni 1934 beabsichtigte man, dem Wirt der »Fischerschänke«, Otto Berthold, den Zugang zu seinen gepachteten Angelstücken zu verweigern. Neben dem kritischen Standpunkt des Wirtes wurde als weiteres Argument angeführt, dass »der Charakter des Lagers als Inhaftierungslager selbst« dies verbiete.[111]

Weitere Beispiele für die Abschottung sind einerseits die Räumung der Wohnung der Familie Kurt Andräs, der bisher als angestellter Kantinenverwalter auf dem Gelände gewohnt hatte, und andererseits die geplante Sperrung bzw. Verlegung der Hängebrücke für den öffentlichen Verkehr.[112] Dem Situationsplan vom Dezember 1935 aus dem Bericht von Hugo Gräf ist zudem zu entnehmen, dass das Lager durch die Aufstellung eines Palisadenturmes mit Maschinengewehrwache sowie Stacheldraht umgeben wurde.[113] Zentrale Umbaumaßnahmen waren zudem der Bau eines Schießstandes auf dem hinteren Teil des Geländes im September und Oktober 1934 und der Treppenhausanbau im September 1935.[114]

Es folgte auf den kommissarisch eingesetzten Simon ein ständiger Wechsel der Kommandanten, da sie entweder am Beginn einer »Karriere« standen und diese in anderen Lagern fortsetzten oder die Kommandanten nicht als geeignet erschienen. Simon wurde von Karl Otto Koch im Oktober 1934 abgelöst. Simon verblieb zunächst als Stellvertreter und befasste sich mit der militärischen Ausbildung der Wachverbände und des »Sonderkommandos Sachsen«.[115] Nach Kochs Einsatz als Kommandant in Sachsenburg bis Dezember

95 Vgl. ebd.; Zum Widerstand hinter dem Stacheldraht, S. 30.; Baganz, Erziehung zur »Volksgemeinschaft«?, S. 202. **96** Vgl. Stenzel, Transkript, S. 41. **97** Hugo Gräf war von Ende Mai 1934 bis Juni 1935 im KZ Sachsenburg inhaftiert. Vgl. Gräf, Sachsenburg; ders., Prügelstrafe. In: Neue Weltbühne, 5 (1936), S. 353–358; Arno Gräf, Wer war Hugo Gräf? In: Hilbert/Jattke, Sachsenburger Mahn Ruf 2011, S. 46. **98** Vgl. Baganz, Erziehung zur »Volksgemeinschaft«?, S. 251 f. **99** Vgl. ebd., S. 252. **100** Vgl. Franz Josef Merkl, General Simon. Lebensgeschichte eines SS-Führers, Augsburg 2010, S. 69. **101** Vgl. ebd., S. 68 f. **102** Vgl. Baganz, Erziehung zur »Volksgemeinschaft«?, S. 251 f. sowie Johannes Tuchel, Die Inspektion der Konzentrationslager 1938–1945. Das System des Terrors, Berlin 1994, S. 192. **103** Vgl. ebd., S. 26. **104** Vgl. Baganz, Erziehung zur »Volksgemeinschaft«?, S. 249 f. **105** Vgl. Tuchel, Konzentrationslager, S. 192. **106** Vgl. Müller, Ministerium des Inneren an Hochbaudirektion vom 8. 1. 1934 (SächsStA-C, AH Flöha 30044, Nr. 2394, Bl. 8). **107** Vgl. SMdI an die AH Flöha vom 17. 8. 1934 (SächsStA-C, AH Flöha 30044, Nr. 2394, Bl. 26); Notiz Regierungsrat Dr. Kalkhoff, AH Flöha am 11. 1. 1938 (SächsStA-C, AH Flöha 30044, Nr. 2424, Bl. 17). **108** Vgl. Oesterhelt, AH Flöha an SMdI vom 10. 9. 1934 (SächsStA-C, AH Flöha 30044, Nr. 2394, Bl. 35 f.). **109** Vgl. Schreiben des Wirtschaftsinspektors Beuter an die AH Flöha bezüglich seiner Versetzung in das Polizeipräsidium Chemnitz vom 23. 1. 1935 (SächsStA-C, AH Flöha 30044, Nr. 2393, Bl. 173). **110** Vgl. Schreiben der Reichstatthalter in Sachsen – Landesregierung – SMdI an den Kreishauptmann zu Chemnitz am 10. 12. 1937 bezüglich der Eigentumsfrage des Grundstückes (SächsStA-C, AH Flöha 30044, Nr. 2424, Bl. 11). **111** Beuter, Schutzhaftlager Sachsenburg an AH Flöha vom 9. 6. 1934 (SächsStA-C, AH Flöha 30044, Nr. 2394, Bl. 16). **112** Vgl. Baganz, Erziehung zur »Volksgemeinschaft«?, S. 276 f.; Kreisarchiv Hainichen, Unterlagen Sachsenburg, Nr. 19, Bl. 336. **113** Vgl. Gräf, Sachsenburg, S. 389. **114** Vgl. Schreiben Beuters, Schutzhaftlager Sachsenburg an die AH Flöha vom 17. 10. 1934 (SächsStA-C, AH Flöha 30044, Nr. 2421, Bl. 1); Plan zum Treppenhausanbau im Schutzhaftlager Sachsenburg bei Frankenberg vom 21. 9. 1935 (Kreisarchiv Hainichen, Karton Schriftgut Sachsenburg, o. P.). **115** Vgl. Tuchel, Konzentrationslager, S. 192, 196.

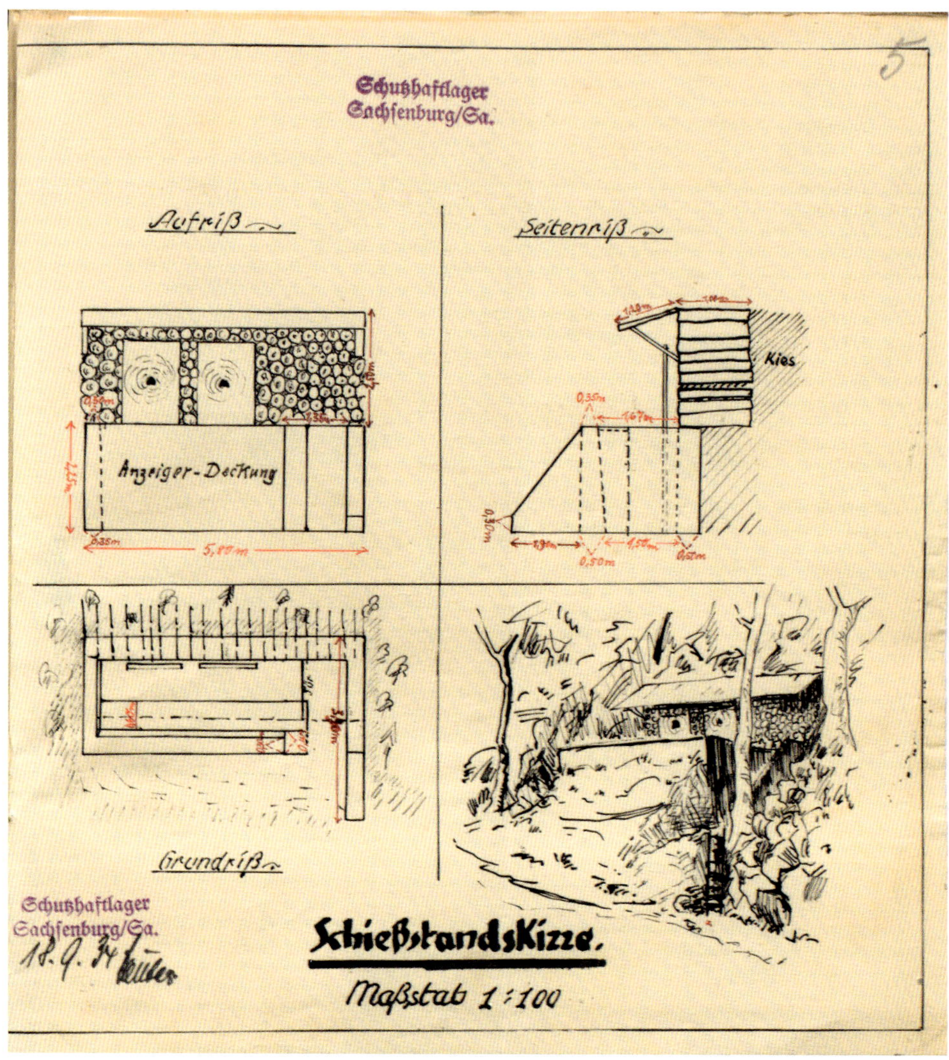

Auszug aus der Schießstandskizze. Dargestellt sind der Auf- und der Seitenriß des Kugelfangs. Gegengezeichnet durch Verwaltungsführer Fritz Beuter am 18. 9. 1934

SächsStA-C, AH Flöha 30044, Nr. 2421, Bl. 5

1934 setzte dieser seine Karriere im System der Konzentrationslager fort.[116] Auf Koch folgte Walter Gerlach als Kommandant in Sachsenburg. Folgt man Tuchel, diente diese Besetzung der finanziellen Absicherung eines »alten SS-Führers«. Nach einer Auseinandersetzung mit Martin Mutschmann, dem sächsischen Gauleiter, wurde Gerlach als Adjutant nach Dachau versetzt, welches einer Degradierung gleichkam. Der letzte Kommandant des KZ Sachsenburg war ab April 1935 Bernhard Schmidt.[117]

Im Januar 1935 verzeichnete das Konzentrationslager Sachsenburg 380 Wachleute, deren Zahl sich ein Jahr später nahezu verdoppelte. Ab dem 1. April 1936 stabilisierte sich die Zahl bei rund 500 Wachmännern. Diese mussten für die Aufnahme feste Kriterien, wie zum Beispiel Alter und Größe erfüllen.[118] In den Berichten der Häftlinge wird oft auch von deren Bereicherungsabsichten in Form von hohen Gehältern, Autobesitz und Tierzuchten geschrieben. Die Häftlinge selbst standen unter ständiger Bewachung. Maschinengewehrtürme, zweieinhalb Meter hoher Stacheldraht und aller 40 Meter ein Posten begrenzten das Lager.[119] In Frankenberg wurde zudem in einer GEG-Tabakfabrik eine SS-Totenkopfsturm-Kaserne eingerichtet,[120] denn »Eicke legte auch in Sachsenburg besonderen Wert auf die verstärkte militärische Ausbildung«.[121] Neben dem Gehalt erhielten die Wachmannschaften Verpflegung, Wohnung und Bekleidung.[122] Die SS-Wachmannschaften ließen kaum eine Gelegenheit aus, das Leben der Häftlinge deutlich zu erschweren und ihnen Gewalt zuzufügen, so schon bei der Bitte, austreten zu dürfen, oder bei einem Selbstmordversuch eines Häftlings am ersten Weihnachtsfeiertag 1936, bei dem die SS noch beim Sturz aus dem Fenster auf ihn schoss.[123]

Häftlinge und Bedingungen der Haft

Die Häftlingszahlen schwankten in dieser dritten Phase stark. Im Oktober 1934 zählte das Lager noch 179 Inhaftierte. Es folgte bis Oktober 1935 ein Anstieg auf 1386, aufgrund der von Himmler angeordneten »Präventivmaßnahmen«.[124] Schließlich sank die Zahl im August 1936 auf 547. Die vergleichsweise geringe Zahl von 700 Häftlingen bei der Auflösung des Lagers begründet Baganz damit, dass zu dieser Zeit die innere Opposition weitgehend ausgeschaltet war.[125] Jedoch wird deutlich, dass in dieser Zeit verstärkt Häftlinge mit anderen Inhaftierungsgründen hinzukamen. Darunter befanden sich Juden, Geistliche der evangelischen oder katholischen Kirche, Zeugen Jehovas, »Kriminelle« und »Asoziale«

116 Vgl. Tuchel, Konzentrationslager, S. 380; vgl. Günter Morsch (Hg.), Von der Sachsenburg nach Sachsenhausen. Bilder aus dem Fotoalbum des KZ-Kommandanten, Berlin 2007. Siehe auch den Beitrag von Volker Strähle über das SS-Führungspersonal des Konzentrationslagers Sachsenburg in diesem Band. **117** Vgl. ebd., S. 195 ff., 199 ff. **118** Vgl. Baganz, Erziehung zur »Volksgemeinschaft«?, S. 258. **119** Vgl. Gräf, Sachsenburg; Deutschland-Berichte der Sopade, 3 (1936) Dezember, Frankfurt a. M. 1980, S. 1620 f. **120** Vgl. Deutschland-Berichte der Sopade, 4 (1937) Mai, S. 708. **121** Baganz, Erziehung zur »Volksgemeinschaft«?, S. 259. **122** Vgl. Deutschland-Berichte der Sopade, 4 (1937) Mai, S. 708. **123** Vgl. Kurt Kohlsche, Mein Leben im Konzentrationslager Sachsenburg, Hamburg 1948. Wieder abgedruckt in: Ders., »So war es! Das haben Sie nicht gewußt.« Konzentrationslager Sachsenburg 1935/36 und Wehrmachtsgefängnis Torgau-Fort Zinna 1944/45 – ein Häftlingsschicksal, Dresden 2001, S. 36–53, hier S. 42 und 46; Gräf, Sachsenburg. **124** Baganz, Erziehung zur »Volksgemeinschaft«?, S. 254. **125** Ebd. Siehe auch den Beitrag von Dietmar Wendler über die Häftlingsgesellschaft in diesem Band.

und gegen Ende 1934 31 Menschen wegen »rassenschänderischen Beziehungen«.[126] Auch muss es in Sachsenburg ausländische Häftlinge gegeben haben. So wird von zwei Tschechoslowaken berichtet, denen die Flucht aus Sachsenburg gelang.[127] Kurt Kohlsche erinnert sich auch, dass gelegentlich »alte Kämpfer« und Träger des Blutordens in Sachsenburg inhaftiert waren.[128]

Zur Einteilung der Häftlinge in dieser Zeit gibt es unterschiedliche Angaben. So beschreibt Hugo Gräf die Einteilung in drei Gruppen von A bis C.[129] In der Sopade wird von der Einteilung in sechs Kompanien mit einer Stärke von je 250 Häftlingen gesprochen.[130] Dies kommt der Beschreibung von Trupps nahe. Jede Kompanie hatte demnach einen Gefangenenfeldwebel. Er trug eine gelbe Binde und drei Winkel am Arm, was ihm mehr Bewegungsfreiheit ermöglichte und zu weiteren Aufgaben führte.[131] Die Heterogenität der Häftlinge sowie die Beschreibung der Markierungen und der Einteilung in unterschiedliche Gruppen wiesen bereits sehr stark auf das spätere Lagersystem und seine Organisation hin.

Aus den Berichten der Sopade gehen einige Beispiele für die Gewalt unter der SS hervor. So wird von einem ehemaligen Häftling eine »neue« Empfangsmethode geschildert, bei der die Häftlinge sich »mit dem Gesicht zur Wand aufstellen mussten. Von hinten wurden sie von SS-Leuten mit den schweren Stiefeln in die Fußgegend oberhalb der Fersen getreten und mit den Köpfen gegen die Wand gestoßen.«[132] Zu diesen schweren körperlichen Misshandlungen kamen psychische, so die ständige Konfrontation mit der militärischen Ausbildung der Wachmannschaften.[133] Ein ehemaliger Häftling beschreibt, wie von Beginn der Inhaftierung an versucht wurde, die Gefangenen in Todesangst zu versetzen: »In den ersten Wochen wurden die Gefangenen hauptsächlich mitten in der Nacht schikaniert. Die Posten wurden mit dem Kommando ›Antreten zum Erschießen‹ aus ihren Unterkunftsräumen alarmiert. Die Gefangenen hörten das Kommando. Zitternd vor Angst saßen sie auf ihren Pritschen. Bis gegen Morgen wurde einer nach dem anderen geholt und vernommen. Am Morgen kam das Kommando: ›Die Erschießung ist verschoben.‹ Das grauenhafte Spiel wurde einige Nächte lang wiederholt.«[134]

Der Wechsel der Wachmannschaften von der SA zur SS hatte drastische Auswirkungen auf die Situation der Häftlinge. So meldeten die Deutschlandberichte der SPD: »Die Schutzhaft ist strenger geworden und das besonders im Konzentrationslager Sachsenburg.«[135] Auch Gräf beschreibt in der Arbeiter Illustrierten Zeitung die drastischen Veränderungen: Die Besuchszeiten und die Lebensmittelsendungen wurden verboten, die Arbeitszeit verlängert, fünf Mal täglich Appell angesetzt, und die Häftlinge mussten Toilettenartikel, Rauch- und Esswaren in der Kantine kaufen, an deren Gewinn sich die SS bereicherte. Er beschreibt, dass es kaum noch Bewegung gab und elf Arrestzellen gebaut wurden, in denen sogenannte Hausstrafen, wie ein bis 42 Tage Bunker, Dunkelzelle, Krummschließen in der Zelle oder Stockhiebe, zur Anwendung kamen.[136] Am 1. April wurde die Prügelstrafe eingeführt und am 8. Mai 1935 erstmals ausgeführt. Sie wurde nach dem Zählappell vollzogen und später auch mithilfe eines eigens dafür gefertigten Prügelbocks.[137] Laut Gräf kamen von August 1934 bis Ende 1935 20 Häftlinge durch Folter zu Tode. Außerdem seien in dieser Zeit 35 Selbstmordversuche und 350 Gefangene mit schweren Schäden zu verzeichnen.[138] So wird in diesem Zusammenhang immer wieder von Max Sachs berichtet, der vor seiner Inhaftierung Redakteur der »Dresdner Volkszeitung« war. Nachdem er 14 Tage schikaniert und gefoltert worden war, starb er an den Misshandlungen.[139]

Die Verschlechterung der Haftbedingungen und die Foltermethoden standen in unmittelbarem Zusammenhang mit der Reorganisation der Konzentrationslager durch Eicke. Bisher konnten durch Dietmar Wendler 19 Namen von ermordeten oder verstorbenen Häftlingen ermittelt werden, wobei hier zwischen den in der Haft ermordeten und an den Folgen der Haft verstorbenen Häftlingen nicht unterschieden wurde.[140] Eine Recherche, die die von Gräf angeführten Zahlen prüft und durch Namen unterlegt, steht noch aus.

Wie bereits erwähnt, mussten die Häftlinge den Großteil des Tages mit Arbeit in den unterschiedlichen Kommandos verbringen. Nach der Übernahme der SS berichten die ehemaligen Häftlinge jedoch von anderen Kommandos als noch unter der SA. So wurden für die Bauprojekte der SS, wie den Schießstandbau, Häftlinge herangezogen. Wer unter 30 Jahre alt war, wurde dem Sportkommando zugeteilt, welches einen unermüdlichen Drill bis zur Erschöpfung bedeutete. In der übrigen Zeit mussten die Häftlinge dieses Kommandos singen und ihre Kleidung reinigen und flicken. »Politischer Unterricht« wurde ihnen ebenso erteilt.[141] Weiterhin wird das Kommando Steinbruch beschrieben, dem ausschließlich jüdische Häftlinge zugeteilt waren. Strafweise, so bei geringstem Auffallen, wurden auch andere Häftlinge dorthin versetzt. Unter der SS kam es zudem zur Bildung einer Strafkompanie. Zudem existierte ein Jauchekommando, wohin es ebenfalls zu Strafversetzungen kam.[142]

Ebenso wird von einer Veränderung in der Kleidung und Markierung berichtet. So ist in den Berichten der Sopade nachzulesen, dass in Sachsenburg von den Häftlingen blau-weiß gestreifte Anzüge getragen wurden. Zur Markierung wird zudem beschrieben, dass politische Häftlinge an der Jacke ein rotes Dreieck, Juden einen gelben Davidstern, Homosexuelle violette und Vorbeugungshäftlinge grüne Streifen getragen haben sollen.[143]

Auch für die Zeit der SS-Bewachung wird von Widerstandshandlungen der Gefangenen berichtet. Beachtenswert ist in dieser Phase jedoch auch der Widerstand von außen: So zog nach der Verhaftung einiger Pfarrer ein Posaunenchor zu Pfingsten zum KZ Sachsen-

126 Vgl. Deutschland-Berichte der Sopade, 3 (1936) August, S. 988. **127** Vgl. ebd., S. 1021. **128** Kurt Kohlsche war von September 1935 bis Frühjahr 1936 in Sachsenburg inhaftiert. Vgl. Kohlsche, Mein Leben im Konzentrationslager Sachsenburg, S. 49 f. **129** Vgl. Gräf, Prügelstrafe, S. 356. **130** Vgl. Deutschland-Berichte der Sopade, 3 (1936) Dezember, S. 1620. **131** Vgl. Deutschland-Berichte der Sopade, 4 (1937) Mai, S. 705. **132** Ebd., S. 707 f. **133** Vgl. Merkl, General Simon, S. 78 ff. **134** Deutschland-Berichte der Sopade, 4 (1937) Mai, S. 708. **135** Deutschland-Berichte der Sopade, 2 (1935) März, Frankfurt am Main 1980, S. 371. **136** Vgl. Gräf, Sachsenburg; ders., Prügelstrafe, S. 357; Deutschland-Berichte der Sopade, 3 (1936) Dezember, S. 1621. **137** Vgl. Gräf, Prügelstrafe, S. 356. **138** Vgl. Gräf, Sachsenburg. **139** Vgl. Kohlsche, Mein Leben im Konzentrationslager Sachsenburg, S. 44 f.; Gräf, Sachsenburg; Deutschland-Berichte der Sopade, 3 (1936) Dezember, S. 1620. Siehe auch den Beitrag von Swen Steinberg zu Max Sachs in diesem Band. **140** Vgl. Wendler, Das frühe Konzentrationslager Sachsenburg, S. 35. **141** Vgl. Gräf, Sachsenburg. **142** Vgl. Gräf, Prügelstrafe, S. 357; Kohlsche, Mein Leben im Konzentrationslager Sachsenburg, S. 43; Gräf, Sachsenburg; Deutschland-Berichte der Sopade, 4 (1937) Mai, S. 706. **143** Vgl. Deutschland-Berichte der Sopade, 3 (1936) Dezember, S. 1622; Kreisleitung der SED Hainichen (Hg.), Tausend Kameraden Mann an Mann, 1. Aufl. o. J., S. 20.

burg und machte dort Musik. Er wurde daraufhin nach Angaben der Sopade einen Tag im Lager festgehalten.[144] Tschechische Arbeiter sammelten 5 000 Mark ausgehend von einem Artikel in einer ausländischen Zeitung und schickten 200 Pakete über Verwandte zu Weihnachten an die Gefangenen. Das Gestapa erfuhr davon und ordnete die Untersuchung der Pakete an.[145]

AUFLÖSUNG

Im Juli 1937 erfolgte die Auflösung des Konzentrationslagers Sachsenburg. Ursächlich war die Entstehung der neueren, größeren Konzentrationslager wie Buchenwald und Sachsenhausen.[146] Daran schließt sich die Frage an, warum in Sachsen unmittelbar kein größeres Konzentrationslager geplant und eingerichtet wurde. Möglicherweise sind praktische Erwägungen die Ursache. Himmler plante einerseits ein Konzentrationslager in unmittelbarer Nähe zur Reichshauptstadt Berlin, und bereits 1936 gab es gemeinsam mit Eicke Planungen zur Errichtung eines Lagers in Thüringen – zu einem Zeitpunkt, zu dem sich in Sachsen noch ein Konzentrationslager befand. Dies hing mit ihrer neuen Ausrichtung als »jederzeit« erweiterbare »Städte des Terrors« zusammen.[147] Für diese veränderte Lagertopografie, die durch »maßgeschneiderte, auf Dauer angelegte Bauten«[148] charakterisiert war, bedurfte es großer freiliegender Flächen, die man roden konnte und die eine Wasserversorgung und abbaufähige Erde wie Lehm in der unmittelbaren Nähe hatten.[149] Diese Merkmale wiesen die meisten verbliebenen frühen Lager nicht auf und wurden daher geschlossen, Dachau und Lichtenburg waren Ende 1937 die einzigen seit 1933 bestehenden Lager. Außerdem verfügte Sachsenburg vermutlich über zu geringe Kapazitäten.[150]

Aus einem Brief der Staatspolizeileitstelle Dresden vom 13. Juli 1937 an die übrigen sächsischen Staatspolizeileitstellen geht hervor, dass die Auflösung des KZ Sachsenburg am 12. Juli 1937 erfolgt sei und alle Häftlinge in das Konzentrationslager Sachsenhausen überführt werden sollten.[151] Die Ankunft der Sachsenburger Häftlinge in Sachsenhausen ist durch Zeitzeugenberichte dokumentiert. So erinnert sich der Häftling Fritz Lessig aus Sachsenhausen an die Ankunft eines Transportes von 700 bis 800 Häftlingen aus Sachsenburg am 12. Juli 1937. Oskar Poltermann, der einer der transportierten Häftlinge war, berichtet, dass die Überführung per Bahn, unter starker Bewachung und ohne miteinander sprechen zu dürfen erfolgte. Beide schildern, dass die Sachsenburger Häftlinge von der Lagerkapelle am Tor empfangen wurden. Interessant ist auch die Aussage Hermann Stanges, der sich erinnert, dass die Häftlinge ausgehungert und blass in Sachsenhausen ankamen: »Wir übergaben ihnen den Rest unserer Speisekübel. Wie sie darüber herfielen! Das veranlasste uns, ihnen auf andere Weise zu helfen. Wir übergaben die Kübel den Blockältesten, die dann die Verteilung übernahmen.«[152] Günter Morsch rekonstruiert aus den Stärkemeldungen, dass es sich um 758 Häftlinge aus Sachsenburg gehandelt haben muss, von denen 484 der Kategorie »Vorbeugungshäftlinge« und 274 der Kategorie »Schutzhäftlinge« zugeordnet waren. Zwei Tage später wurden 149 Häftlinge nach Weimar-Ettersberg verbracht. Morsch argumentiert daher, dass die bisherige Annahme, die Sachsenburger Häftlinge seien schon nach wenigen Tagen von Sachsenhausen in das zukünftige Lager Buchenwald verbracht worden, nur teilweise zutrifft. Aus den Unterlagen geht demnach eine Verlegung von 400 Häftlingen nach Buchenwald erst am 20. und 22. August 1937 hervor, wovon nur ein Teil ehemalig Sachsenburger Häftling gewesen sein soll. Diese Annahme belegt eine Transportliste, auf der 217 ehemalige Sachsenburger Häftlinge am 19., 21. und 23. August 1937 verzeichnet sind, die von Sachsenhausen nach Buchenwald verbracht wurden. Der Transport von Sachsenburg über Sachsenhausen nach Buchenwald erfolgte vermutlich aufgrund nicht vorhandener Kapazitäten in Buchenwald.[153]

In der Broschüre »Tausend Kameraden Mann an Mann« wird zur Auflösung geschildert, dass 149 Häftlinge am 19. Juli 1937 das KZ Sachsenburg nach Buchenwald verlassen haben. Möglicherweise könnte es sich hier auch um eine Verwechslung handeln und der Transport von Sachsenhausen gemeint sein, da sich Datum und Zahl gleichen. Am Tag darauf seien ihnen 70 »Kriminelle« gefolgt.[154] Am 27. Juli 1937 wurden 87 »Schutzhäftlinge« und 77 »Vorbeugungshäftlinge« nach Buchenwald verbracht.[155] Ein belegendes Bilddokument mit demselben Datum ist aus dem Fotoarchiv Buchenwald von Häftlingen aus Sachsenburg, die die Kennzeichnung BV tragen, überliefert. Ebenso sind in einem zweiten Bilddokument Kochkessel aus Sachsenburg und Bad Sulza zu sehen.[156] Das letzte Kommando von Häftlingen verließ das KZ Sachsenburg am 9. September 1937. Den Häftlingen folgten nicht nur die Lagermöbel und Einrichtungsgegenstände, sondern auch die Wachmannschaften und Kommandanten.[157] Damit endete die Geschichte des frühen Konzentrationslagers Sachsenburg.

144 Vgl. Deutschland-Berichte der Sopade, 2 (1935) November, S. 1293. **145** Vgl. Telegramm des Gestapa Sachsen vom 24. 12. 1935, 12.30 Uhr, an das Konzentrationslager Sachsenburg (BArch, ZH, KL/Hafta/Sammlung, Nr. 4a, Schutzhaft, Bl. 61), zit. nach Baganz, Erziehung zur »Volksgemeinschaft«?, S. 244. **146** Vgl. Tuchel, Konzentrationslager, S. 200. **147** Vgl. Nikolaus Wachsmann, KL. Die Geschichte der nationalsozialistischen Konzentrationslager, Bonn 2016, S. 121. **148** Ebd. **149** Vgl. Drobisch/Wieland, System der NS-Konzentrationslager, S. 269. **150** Vgl. Wachsmann, KL, S. 119 und 121; Tuchel, Konzentrationslager, S. 200. **151** Vgl. das Schreiben des Regierungsrats Kaufmann der Geheimen Staatspolizei Staatspolizeileitstelle Dresden an die Staatspolizeileitstellen Leipzig, Chemnitz, Zwickau, Plauen, Kreishauptleute, Amtshauptleute, Bürgermeister bezüglich der Auflösung des Konzentrationslagers Sachsenburg vom 13. 7. 1937 (SächsStA-C, AH Flöha 30044, Nr. 2393, Bl. 177). **152** Fragebogen vom April 1978 AS, P3 Stange, Hermann. Zit. nach Günter Morsch, Gründung und Aufbau des Konzentrationslagers Sachsenhausen. In: Ders., Von der Sachsenburg nach Sachsenhausen, S. 132. **153** Liste der am 19. – 21. – 23. – August 1937 von Sachsenhausen nach Buchenwald-Weimar überführten, ehemaligen Sachsenburger Schutzhäftlinge (ITS Archives, Bad Arolsen, 7510000 Block- und Transportlisten und individuelle Unterlagen, 1.1.37.1/4073297–4073300); Morsch, Von der Sachsenburg nach Sachsenhausen, S. 132 f., 137. **154** Vgl. Kreisleitung der SED Hainichen (Hg.), Tausend Kameraden, S. 24; Baganz, Erziehung zur »Volksgemeinschaft«?, S. 283. **155** Verzeichnis der am 27. 7. 37 von Sachsenburg nach Buchenwald überführten Schutzhäftlinge (ITS Archives, Bad Arolsen, 7510000 Block- und Transportlisten und individuelle Unterlagen, 1.1.37.1/4073293–4073295); Verzeichnis der am 27. 7. 37 von Sachsenburg nach Buchenwald überführten Vorbeugungshäftlinge (ITS Archives, Bad Arolsen, 7510000 Block- und Transportlisten und individuelle Unterlagen 1.1.37.1/4073296). **156** Vgl. Fotoarchiv Buchenwald, Häftlinge eines Transportes aus dem aufgelösten Konzentrationslager Sachsenburg nach ihrer Ankunft im Konzentrationslager Buchenwald, 27. 7. 1937 (http://fotoarchiv.buchenwald.de/index.php?id=1160#/fotos/1004; 10. 12. 2017); Fotoarchiv Buchenwald, Aufbau des Konzentrationslagers. Die erste fertiggestellte Baracke. Die im Vordergrund stehenden Kochkessel kamen aus den KZ Bad Sulza und Sachsenburg. 15. 7. 1937 (http://fotoarchiv.buchenwald.de/index.php?id=1160#/fotos/463; 10. 12. 2017). **157** Vgl. Kreisleitung der SED Hainichen (Hg.), Tausend Kameraden, S. 24; Baganz, Erziehung zur »Volksgemeinschaft«?, S. 283. Siehe auch den Beitrag von Anna Schüller zu den SA- und SS-Wachmannschaften in diesem Band.

Häftlinge eines Transportes aus dem aufgelösten Konzentrationslager Sachsenburg nach ihrer Ankunft im Konzentrationslager Buchenwald, 27.7.1937

Sammlung Gedenkstätte Buchenwald, Fotoarchiv, 000-01.003

Das nach der Auflösung des KZ auf dem Gelände des Schießstandes errichtete Freibad, nach 1938 Im Hintergrund links ist das Fabrikgebäude zu sehen.

Marcel Hett

Noch während der Auflösung des Konzentrationslagers fragte der Bürgermeister der Stadt Frankenberg am 30. Juni 1937 über den Amtshauptmann zu Flöha beim Reichsstatthalter in Sachsen an, wie das Gelände in Sachsenburg weiterverwendet werden sollte, da »die Truppe und das Lager [...] im Laufe der Zeit zu einem wirtschaftlichen Faktor für die Stadt Frankenberg und die Gemeinde Sachsenburg geworden [sind, Anm. Verf.], sodaß deren Weggang einen wesentlich unmittelbaren und mittelbaren Verlust, besonders für die Gemeinde Sachsenburg bedeutet«.[158]

Am 28. Februar 1938 wurde dem Wunsch des Bürgermeisters entsprochen und das Gelände an den Inhaber der Firma Bruno Tautenhahn aus Chemnitz, Fritz Zorn, verkauft, der dort einen Spinnerei- und Veredelungsbetrieb einrichtete.[159] Im Zuge des Besitzerwechsels wurde das Gelände umgestaltet, so wurden unter anderem ein Garten, Bäder und ein Sportplatz gebaut.[160] Der Betrieb wurde 1945 durch Bombardierung beschädigt, bestand jedoch bis 1951.[161]

158 Schreiben des Bürgermeisters der Stadt Frankenberg an den Herrn Reichsstatthalter in Sachsen über den Amtshauptmann zu Flöha bezüglich der Weiterverwendung der Gebäude des ehemaligen KZ Sachsenburg am 30.6.1933 (SächsStA-C, AH Flöha 30044, Nr. 2424, Bl. 1). **159** Vgl. Abschrift des Schreibens Weichelt, Bürgermeister der Stadt Frankenberg, an den Herrn Sächsischen Minister für Wirtschaft und Arbeit am 25.5.1938 bezüglich der Wiederinbetriebnahme der ehemaligen Spinnerei in Sachsenburg (SächsStA-C, AH Flöha 30044, Nr. 2424, Bl. 49). **160** Vgl. Schreiben des Amtshauptmannes zu Flöha an den Sächsischen Minister für Wirtschaft und Arbeit bezüglich der Spinnerei in Sachsenburg vom 29.8.1938 (SächsStA-C, AH Flöha 30044, Nr. 2424, Bl. 54). **161** Vgl. Aus der Chronologie der Sachsenburg-Werke, Mahn Ruf 2011, S. 90.

TÄTER

Anna Schüller

DIE SA- UND DIE SS-WACHMANN-SCHAFTEN DES KZ SACHSENBURG

Eine kollektivbiografische Studie

Der Blick auf die Täter des Holocaust hat sich in den vergangenen Jahren im Zuge der Forschung erweitert und differenziert.[1] Doch nur wenig ist über die Täter der frühen Konzentrationslager bekannt. Wer waren die Menschen, die bereits 1933 die Wachtruppe in den zunächst provisorischen, sehr schnell eingerichteten und später in den geplanten Konzentrationslagern bildeten? Einige Einblicke geben veröffentlichte Biografien von Kommandanten der SS und Darstellungen zum SS-Sonderkommando Sachsen, welches ab August 1934 das KZ Sachsenburg übernahm.[2] Doch war bisher ungeklärt, wer der Wachtruppe und dem Kommandanturstab unter der SS und zuvor unter der SA angehörte. Worin unterschieden sich die SA- und SS-Wachtruppe des Lagers Sachsenburg und worin bestanden Gemeinsamkeiten?

Ausgehend von diesen Fragestellungen wurden im Rahmen einer Masterthesis die Namen der Wachmänner und Kommandanten des frühen Konzentrationslagers Sachsenburg ermittelt und die erhobenen Daten unter Verwendung der Methode der Kollektivbiografie ausgewertet, um ein möglichst differenziertes Bild dieser Personengruppen zu erhalten.[3] Die Ergebnisse werden im vorliegenden Beitrag zusammenfassend dargestellt. Im Zuge der Recherchen ergab sich eine Gesamtgruppe von 516 Personen. Aufgrund der bereits vorhandenen biografischen Darstellungen zu den Kommandanten liegt das Hauptaugenmerk dieses Beitrags auf der Lager-SS und der SA-Wachtruppe.

QUELLENLAGE

Für das frühe Konzentrationslager Sachsenburg sind bislang keine Bestände bekannt, die die Namen oder persönlichen Daten der SA-Wachmänner und der Lager-SS vollständig auflisten. Daher mussten die biografischen Angaben unter Heranziehung sehr unterschiedlicher Bestände zusammengetragen werden. Zunächst wurde der Bestand im Sächsischen Staatsarchiv, Staatsarchiv Chemniz zum »Schutzhaftlager Sachsenburg«, eingebettet in den Akten der Amtshauptmannschaft Flöha, für die Gewinnung von Namen und wenigen personenbezogenen Daten herangezogen.[4] Ergänzend wurden dazu die Überlieferungen zum Schutzhaftlager Sachsenburg, die sich im Bestand NS 4 Buchenwald befinden, eingesehen.[5] Weitere relevante Informationen enthält das NS-Archiv des Ministeriums für Staatssicherheit der Bezirksverwaltung Karl-Marx-Stadt im Staatsarchiv Chemnitz. Es umfasst unter anderem Daten für 14 SA-Männer, die im Kontext von Verfahren gegen die Wachmannschaft des frühen Lagers Anke in Oederan und von Einzelentnazifizierungsverfahren erhoben wurden.[6]

Grundlage für die Datenerhebung der zur Lager-SS gehörigen Personen war eine Wahlliste, die im Kreisarchiv Hainichen im Bestand zum Konzentrationslager Sachsenburg aufbewahrt wird.[7] Ausgehend davon wurden im Bundesarchiv Berlin – Lichterfelde befindliche Bestände des Berlin Document Center (BDC) hinsichtlich der Namen durchsucht. Ergänzend dazu wurden die Dienstalterslisten der Schutzstaffel der NSDAP aus den Jahren 1934 bis 1938 herangezogen.[8] Weiterhin wurde die Dokumentation von Adrian Marcus über das SS-Sonderkommando Sachsen auf Grundlage der BDC-Bestände ausgewertet.[9]

1 Vgl. Gerhard Paul, Von Psychopaten, Technokraten des Terrors und »ganz gewöhnlichen« Deutschen. Die Täter der Shoah im Spiegel der Forschung. In: Gerhard Paul (Hg.), Die Täter der Shoah. Fanatische Nationalsozialisten oder ganz normale Deutsche?, Göttingen 2002, S. 13–90. **2** Vgl. Franz Josef Merkl, General Simon. Lebensgeschichten eines SS-Führers. Erkundungen zu Gewalt und Karriere, Kriminalität und Justiz, Legenden und öffentlichen Auseinandersetzungen, Augsburg 2010; Günter Morsch (Hg.), Von der Sachsenburg nach Sachsenhausen. Bilder aus dem Fotoalbum eines KZ-Kommandanten, Berlin 2010; Stefan Hördler, KZ-System und Waffen-SS. Genese, Interdependenzen und Verbrechen. In: Jan-Erik Schulte/Peter Lieb/Bernd Wegner (Hg.), Die Waffen-SS. Neue Forschungen, Paderborn 2014, S. 80–98. Siehe auch die Beiträge von Volker Strähle über das SS-Führungspersonal des Konzentrationslagers Sachsenburg und über Max Hähnel, den Beitrag von Franz Josef Merkl über Max Simon und den Beitrag von Stefan Hördler über die SS-Netzwerke in Sachsen und in der Provinz Sachsen in diesem Band. **3** Vorrangiges Erkenntnisinteresse dieser Methode ist es, Hinweise auf das Typische und zugleich das Untypische einer Gruppe zu finden. Sie fragt nach den Gestaltungsräumen des Individuums im gesellschaftlichen Kontext. Vgl. Wilhelm Heinz Schröder, Kollektivbiographie: Spurensuche, Gegenstand, Forschungsstrategie. In: Historical Social Research, Supplement 23 (2011), S. 82 f. (http://nbn-resolving.de/urn:nbn:de:0168-ssoar-337699; 15. 4. 2018). **4** Vgl. Akten der AH Flöha den Lagerleiter und Standartenführer Hähnel im Schutzhaftlager Sachsenburg betreffend (SächsStA-C, AH Flöha 30044, Nr. 2399); Vorläufige Bestimmungen über die Errichtung und Verwaltung von Konzentrationslagern und Arbeitslagern 1933 (SächsStA-C, AH Flöha 30044, Nr. 2392); Angelegenheiten des Wach- und sonstigen Lagerpersonals, 1933–1934 (SächsStA-C, AH Flöha 30044, Nr. 2398); Lager Sachsenburg 1933–1938 (SächsStA-C, AH Flöha 30044, Nr. 2393). **5** Angestellte in Sachsenburg (BArch, Berlin Lichterfelde, NS 4 BU 282). **6** Vgl. SächsStA-C, 39074 NS Obj. 14, Ermittlungsverfahren gegen Ernst Otto A., Max Paul H. u. a. (ZD 54/2948/02); Kurt B. (ZA 56/1822); Anton Walter W. (ZA 55/1269); Gotthold Johannes E. (ZB 54/049/01); Konrad J. (ZD 54/3120/04); Johannes G. (ZD 54/3179/03); Gerhard K. (ZB 56/304 3600); Kurt S. (ZB 54/041); Willy K. (ZA 54/0089); Max L. (ZD 54/3112/62); Karl L. (ZB 55/239); Rudolf L. (ZD 54/3225/01); Kurt M. (ZD 54/3112/37); Max H. (ZD 54/3208); Fritz O. (ZD 54/3238/10); Max P. (ZB 54/26/07); Paul R. (ZA 55/0967); Herbert S. (ZA 55/1486); Heinz S. (ZD 54/38u/02); Heinz So. (ZB 55/124 3420); Theodor H. (ZA 54/0082); Vinzenz P. (ZA 54/0083); Friedrich S. (ZA 54/0083); Wachmannschaft in Sachsenburg, KZ Plaue (ZD 54/3230). Beim Lager Anke handelte es sich um eine für ein bis zwei Tage freigezogene Werkhalle. Hier wurden die zumeist aus Oederan und Umgebung stammenden Häftlinge verhört und misshandelt. Ich danke Dietmar Wendler für die Unterstützung bei den Recherchen. **7** Hierbei bildete das Schutzhaftlager Sachsenburg zur Wahl am 28. 3. 1936 einen eigenen Stimmbezirk. Auf der Liste sind 448 Angehörige der Lager-SS verzeichnet. **8** Dienstalterslisten der Schutzstaffel der NSDAP, Stand vom 1. 10. 1934; 1. 7. 1935; 1. 12. 1936; 1. 12. 1937, 1. 12. 1938 (BArch). **9** Vgl. Hördler, KZ-System und Waffen-SS, S. 82; Adrian Marcus, Dokumentation zum SS-Sonderkommando Sachsen, unveröff. Ms.

Zudem wurden die Bestände des NS-Archivs des Ministeriums für Staatssicherheit ausgewertet. Davon wurden vor allem die Vorschlagslisten der SS-Totenkopfverbände, der Verfügungstruppen und die Vorschlagslisten zur Verleihung von SS-Dienstauszeichnungen einbezogen.[10] Bezüglich der zuerst Genannten fällt auf, dass bei einigen SS-Männern der Zusatz »übernommen von der SA-Mannschaft KL Sachsenburg«[11] aufgenommen wurde. Außerdem fanden sich Informationen und vor allem Aussagen von Häftlingen zu den Bewachern im Bestand des Generalstaatsanwaltes der DDR der deutsch-deutschen Rechtshilfeersuchen. Von besonderer Relevanz war hierbei das Verfahren gegen Hans Haubold von Einsiedel und weitere Wachmänner.[12] Für die Lebensläufe waren die Bestände der Hauptabteilung IX/11 – »Aufklärung von Nazi- und Kriegsverbrechen« beim Bundesbeauftragten für die Stasiunterlagen (BStU) von besonderem Interesse.

Auf die tiefergehende Recherche im Bundesarchiv, Außenstelle Ludwigsburg wurde verzichtet. Für künftige Forschungsarbeiten sollte dies jedoch unbedingt berücksichtigt werden, da sich hier vorbereitende Unterlagen zum Verfahren gegen Hans Haubold von Einsiedel finden. Das daraus hervorgegangene Verfahren befindet sich in neun Bänden dokumentiert im Landesarchiv NRW Duisburg.[13]

Die Vielfalt der Aktenbestände ermöglichte die kritische Einordnung der während der Strafverfahren erfolgten Aussagen. Aussagen von Häftlingen ermöglichten eine stärkere Multiperspektivität. Unter anderem konnte auf die Aufzeichnungen von Interviews mit dem ehemaligen Häftling Erich Schade, der Aussagen bezüglich der Wachmannschaften im KZ Sachsenburg treffen konnte, zurückgegriffen werden.[14] Selbstzeugnisse der Wachmannschaften in Form von Tagebüchern, Briefwechseln oder ähnlichem sind gerade in Bezug auf die frühen Konzentrationslager selten und konnten bislang nicht gefunden werden.[15]

THESEN UND VORGEHEN

In der Untersuchung wurden zunächst anhand der Geschichte des KZ Sachsenburg die strukturellen Veränderungen unter SA- und SS-Bewachung in den drei Phasen des Aufbaus, der Bewachung durch die SA bis 1934 und durch die SS ab 1934 bis zu Auflösung 1937 sowie die damit einhergehenden veränderten Dimensionen von Gewalt beleuchtet.[16] Die Beschreibung eines sich entwickelnden Systems des Terrors ermöglicht Rückschlüsse auf die möglichen Veränderungen der Motivation der Wachmänner und Kommandanten sowie auf ihre Vorbereitung für das spätere System der Konzentrationslager.

Vor allem der Wandel durch die Unterstellung der Lager in die Verantwortung der Inspektion der Konzentrationslager unter Theodor Eicke veränderte die Bedeutung und die Struktur des Wachdienstes im KZ Sachsenburg. Karin Orth prägte dabei die These von der »Dachauer Schule«, die unter Eickes Führung durch militärische Ausbildung und Initiationsriten in den frühen KZ aus den SS-Männern geeignete Wachmänner und Kommandanten für den Einsatz in den Konzentrationslagern machen sollte. Wer sich dafür nicht eignete, so Orth, wurde entlassen.[17] Daraus ergibt sich die Frage, ob sich die Merkmale der »Dachauer Schule« in Sachsenburg wiederfanden und welche Unterschiede und Gemeinsamkeiten es zu anderen Lagern gab. Im Mittelpunkt steht die Frage, wie sich die Wachmannschaften unter Führung der SA und SS hinsichtlich Alter, sozialer und regionaler Herkunft sowie der politischen Prägung zusammensetzten und welchen Wandel sie durchliefen.

Insbesondere in den frühen provisorischen Haftstätten wurden politische Gegner aus der näheren Umgebung eingesperrt. Hierbei stellt sich die Frage, inwiefern sich die als »Bewacher« eingesetzten und als »Häftlinge« eingesperrten Menschen aus ihren Herkunftsorten kannten und deshalb eine besondere Dynamik im Vergleich zu späteren Konzentrationslagern entstand. Ein Beispiel findet sich in einer Aussage eines Häftlings in einem Entnazifizierungsverfahren von 1948. Er berichtet, wie er einen Wachmann wiedererkannte und ihn mit den folgenden Worten ansprach: »Nu, Max bist du auch da, in diesem Verein?«[18]

Bisher unbekannt ist auch die Dauer des Einsatzes in den Wachmannschaften im KZ Sachsenburg. Ob ein ständiger Wechsel innerhalb der Wachmannschaft vollzogen wurde oder eine konstante Gruppe den Wachdienst übernahm, wirkte sich vermutlich unmittelbar auf den Lageralltag und auf das Verhältnis zwischen Wachmannschaft und Häftlingen aus.

Ebenso wird im vorliegenden Beitrag der weitere Lebensweg der Angehörigen der Wachmannschaften untersucht. Bildete sich im frühen KZ Sachsenburg bereits die von Orth beschriebene Konzentrationslager-SS heraus, sodass die Kommandanten und Wachmänner im System der Konzentrationslager verblieben?[19] Damit einhergehend wird analysiert, inwiefern der Dienst in Sachsenburg auf der Ebene unterhalb der Kommandanten eine Karriere ermöglichte. Andrea Riedle folgend wird die Karriere dabei als das Erreichen eines Führergrades definiert.[20] Im vorliegenden Beitrag wird zudem ein Blick auf die strafrechtliche Verfolgung während des Nationalsozialismus und auf jene nach 1945 geworfen. Kam es zu einer Aufarbeitung, wie etwa in Bezug auf das Konzentrationslager Hohnstein?[21]

10 Vorschlagslisten bzgl. der Verleihung von SS-Dienstauszeichnungen (BArch, R 601 2390); Vorschlagslisten SS-Totenkopfverbände (BArch, R601, 2386). **11** Ebd., Bl. 3. **12** Sammelermittlungsverfahren gegen Hans Haubold von Einsiedel u. a. (BStU, MfS HA IX/11, RHE West 164/1, Bl. 3). **13** Auswertung des Tagebuchs des Reichsjustizministers Dr. Gürtner. Tötung von Häftlingen im Konzentrationslager Sachsenburg bei Frankenberg in den Jahren 1933 bis 1937 (BArch, Außenstelle Ludwigsburg, B 162/2469); Frühe Konzentrationslager (1933/1934) – Sonderbände Pirna Quednau, Reichenbach, Rosslau, Sachsenburg (BArch, Außenstelle Ludwigsburg, B162/1099); Auskunft der Ludwigsburger Außenstelle des Bundesarchivs über die Bestände zum Ermittlungsverfahren Köln 24 Js 2/66 (Z) im Landesarchiv NRW, Abt. Rheinland in Duisburg vom 23.2.2015. **14** Mitschnitt des Gespräches zwischen Anna Schüller und Erich Schade am 16.9.2015 (Privatarchiv Anna Schüller). **15** Der Autorin sind lediglich zwei Postkarten von Wachmännern bekannt, die jedoch wenig über den Alltag im Konzentrationslager, sondern mehr über die »Freizeitgestaltung« etwas aussagen. (Privatarchiv Anna Schüller, Privatarchiv Thiemo Kirmse). **16** Siehe hierzu den Beitrag von Anna Schüller über Entstehung und Entwicklung des KZ Sachsenburg von 1933 bis 1937 in diesem Band. **17** Vgl. Karin Orth, Konzentrationslager-SS. Sozialstrukturelle Analysen und biographische Studien, Göttingen 2000, S. 127 ff. **18** Kreispolizeiamt Annaberg an die Kriminaldienststelle K5 Annaberg vom 8.2.1948 (SächsStA-C, Obj. 14 ZB 54/26/07, Bl. 21). **19** Vgl. Orth, Konzentrationslager-SS, S. 12. **20** Vgl. Andrea Riedle, Die Angehörigen des Kommandanturstabes im KZ Sachsenhausen. Sozialstruktur, Dienstwege und biografische Studien, Berlin 2011, S. 34. **21** Vgl. Carina Baganz, Vom Wachmann zum Inoffiziellen Mitarbeiter. Täter der frühen sächsischen Konzentrationslager und ihr Wirken für die Staatssicherheit. In: Günther Heydemann/Jan Erik Schulte/Francesca Weil (Hg.), Sachsen und der Nationalsozialismus, Göttingen 2014, S. 351–364.

Da die Zahlen nur wenig über die Motivation, deren Veränderung und den weiteren Lebensweg aussagen, werden im kombinierten Zugriff neben der statistischen Auswertung exemplarische Biografien vorgestellt. Dabei wird neben der Verortung im untersuchten »Kollektiv« auch die Frage aufgeworfen, ob die von Franz Josef Merkl in Bezug auf Max Simon getroffene Interpretation des verdrängten Lebensabschnittes auch für andere Biografien angewendet werden kann.[22] Ebenso werden ausgehend von der Feststellung Gerhard Pauls, dass kaum Erkenntnisse zur Motivation der Täter in der Zeit zwischen 1933 und 1941 vorliegen, die Beweggründe für den Eintritt und das Verbleiben in der Wachmannschaft in den Fokus gerückt.[23] Abschließend werden die Ergebnisse zusammengefasst und vor dem Hintergrund der bisherigen Erkenntnisse zu den Tätern der frühen und »späten« Konzentrationslager diskutiert und eingeordnet.

WACHMANNSCHAFTEN UNTER DER SA

Zunächst erfolgte in den beiden ersten Phasen der Geschichte des Konzentrationslagers die Bewachung vornehmlich durch die SA. Das Konzentrationslager Sachsenburg wurde dem sächsischen Ministerium des Inneren unterstellt, wobei das Landeskriminalamt die Oberaufsicht führte. Dabei wurde das KZ Sachsenburg, wie die übrigen Konzentrationslager, wirtschaftlich der jeweiligen Amtshauptmannschaft, hier Flöha, untergeordnet. Es wurde ein Lagerleiter sowie, falls notwendig, Stellvertreter eingesetzt, die für die »ordnungsgemäße Durchführung der Schutzhaft«[24] verantwortlich waren. Diese sollten gemeinsam mit der Bewachungsmannschaft als Hilfspolizeibeamte verpflichtet werden.[25]

Die Entlohnung der Wachmannschaften wurde zwischen Amtshauptmannschaft, Lagerleiter und dem Ministerium des Inneren immer wieder neu verhandelt. Es kam sogar zu Beschwerden der Wachmannschaften bezüglich der Zahlungen.[26] Außerdem wird aus den Unterlagen deutlich, dass die Amtshauptmannschaft die Position vertrat, dass die Personen längst Arbeit hätten, wenn sie nicht in Sachsenburg als Bewacher eingesetzt wären. Daher fordere man die gleichen Rechte wie für Angestellte, so etwa auf Urlaub oder Krankengeld.[27] Schließlich hielt das Ministerium des Inneren im Dezember 1933 fest, dass die Vergütung pro Tag von 0,80 auf 1,10 Reichsmark erhöht wird, wovon 0,40 Reichsmark auf ein eingerichtetes Kleiderkonto überwiesen wurden. Direkt wurden 0,70 Reichsmark ausgezahlt und die Bewacher erhielten freie Verpflegung.[28]

Die Wachmannschaften waren zudem bereits mit Pistolen ausgestattet, die der Lagerleiter Max Hähnel jedoch »wegen der mehrfach erwiesenen Unzuverlässigkeit«[29] nicht ausgab, und stattdessen 150 Polizeiknüppel verteilte.[30] Die SA-Männer, die zuvor in anderen Lagern eingesetzt waren, hatten bereits Freiräume für entgrenzte Gewalt erfahren. Dies führte zu einer Brutalisierung und Abstumpfung. Ein Brief des Lagerleiters Hähnel verweist auf Bedenken, dass diese Misshandlungen öffentlich wurden.[31]

»Mannschaftsaufenthaltsraum« (Originalunterschrift),
aus dem Fotoalbum des KZ-Kommandanten Karl Otto Koch, vermutlich Ende 1934

ZA FSB der Russischen Föderation

DIE LAGER-SS

Wie bereits beschrieben, stieg die Zahl der Wachmannschaften nach der Übernahme durch die SS an und erreichte ihren kurzzeitigen Höhepunkt im Januar 1936 mit 623 Personen. Dies steht im Zusammenhang mit der reichsweiten Erhöhung der Mannschaftsstärke in den Wachtruppen.[32] Danach stagnierte sie zunächst bei 531 bis 548 und sank schließlich auf 36 bis 40 ab Juni 1936. In Sachsenburg waren die ab Herbst 1934 bestehenden SS-Wachverbände stationiert, welche ab 29. März 1936 als SS-Totenkopfverbände bezeichnet wurden. Für das KZ Sachsenburg ist der »III. SS-Totenkopfsturmbann Sachsen« eingesetzt worden.[33]

22 Vgl. Merkl, General Simon, S. 67 ff. **23** Vgl. Paul, Von Psychopaten. **24** AH Flöha an das Schutzhaftlager Sachsenburg am 3. 6. 1933 (SächsStA-C, 30044 AH Flöha, Nr. 2392, Bl. 1). **25** Vgl. ebd.; AH Flöha an das LKA Sachsen vom 27. 5. 1933 (SächsStA-C, 30044 AH Flöha, Nr. 2401, Bl. 2). **26** Vgl. Beschwerde des SA-Mannes Hans Voigt an die AH Flöha vom 23. 8. 1933 (SächsStA-C, 30044 AH Flöha, Nr. 2401, Bl. 16). **27** Vgl. AH Flöha an das LKA Sachsen vom 30. 11. 1933 (SächsStA-C, 30044 AH Flöha, Nr. 2401, Bl. 19). **28** Vgl. SMdI an das Schutzhaftlager Sachsenburg vom 1. 12. 33 (SächsStA-C, 30044 AH Flöha, Nr. 2401, Bl. 22). **29** Schutzhaftlager Sachsenburg an das Gestapa Sachsen vom 6. 9. 1933 (SächsStA-C, 30044, AH Flöha, Nr. 2393, Bl. 130). **30** Vgl. ebd. **31** Vgl. Hähnel an NSDAP-Ortsgruppe Hainichen vom 14. 7. 1933 (SächsStA-C, 30044, AH Flöha, Nr. 2399, Bl. 13). **32** Vgl. Hördler, KZ-System und Waffen-SS, S. 85. **33** Johannes Tuchel, Konzentrationslager. Organisationsgeschichte und Funktion der »Inspektion der Konzentrationslager«, Boppard 1991, S. 196.

Gruppe von SS-Wachmännern auf dem Schießstand in Sachsenburg, Ende 1934 bis Herbst 1937

Nachlass eines Wachmannes, Privatarchiv Anna Schüller

Posten vor der Fabrik mit Schild, Ende 1934 bis Herbst 1937

Nachlass eines Wachmannes, Privatarchiv Anna Schüller

Die Entlohnung wurde ab Oktober 1935 neu geregelt und umfasste monatlich von 65 Reichsmark für einen SS-Anwärter oder Personen, die sich im ersten Jahr bei der Wachtruppe befanden, bis zu 125 Reichsmark für einen SS-Unterscharführer. Da die Finanzierung ab April 1936 durch die Länder erfolgte, wurden die Häftlingskosten gesenkt und dabei der Reichszuschuss von 0,75 Reichsmark abgeschafft.[34]

Im Mai 1937 schrieb die Exil-SPD in den Deutschland-Berichten, dass die Wachmannschaft seit einiger Zeit nicht mehr im Lager stationiert sei, sondern in einer Kaserne in Frankenberg. Nur die diensthabende Wachmannschaft sei für den achttägigen Dienst weiter im Lager untergebracht.[35] Dies lässt sich mit dem seit 1935 verstärkten Fokus Eickes auf die militärische Ausbildung begründen, sodass nur ein Viertel der Dienstzeit in den Wachtruppen die Bewachung der Häftlinge umfasste.[36]

In umfangreichen Skizzen und im Album des ersten Kommandanten Karl Otto Koch ist der Bau des Schießstandes dokumentiert, infolgedessen auch eine Abschottung des Lagers erfolgte.[37] Der Schießstandbau verweist jedoch ebenso auf die militärische Ausbildung der Wachverbände unter Max Simon. Laut Merkl war mit den vorhandenen Abteilungen schon nahezu die Größe einer Wehrmachts- oder Reichswehrformation erreicht.[38] Diese Größe des Wachverbandes könnte sich mit dieser Militarisierung erklären – trotz des Schwerpunktes für die Ausbildung der Totenkopfverbände in Dachau.[39] Weiterhin fanden in Sachsenburg militärische und sportliche Wettbewerbe, ebenso wie Leistungsvergleiche mit anderen Totenkopfverbänden, statt.[40]

Die Wachtruppe in Sachsenburg entsprach jedoch nicht zu jeder Zeit Eickes Vorstellungen. So rief er sie in einem Kommandanturbefehl vom 30. April 1936 trotz der Belastung, dass die Verbände noch nicht auf voller Stärke seien, zur »Treue« und »Zuverlässigkeit« auf.[41] Dem leisteten die Wachverbände nur eingeschränkt Folge: »So haben Angehörige der 17. Hundertschaft eine Birke umgeschnitten, um aus dem Holz Blumentöpfe zu machen.«[42] Dass dies schon häufiger vorgekommen sein muss, ließ Eicke im selben Kommandanturbefehl vom 6. Dezember 1935 verlauten: »Ich habe es satt mich fortwährend mit anderen Behörden rumstreiten zu müssen wegen leichtsinniger und frecher Handlungsweisen unüberlegter nicht denkender SS-Angehöriger.«[43] Ebenso sah er sich gezwungen, darauf hinzuweisen, dass sich keiner vom Posten des Straßenkommandos entfernen solle.[44] Am 14. April 1937 führte Eicke den scheinbar noch nicht für alle Wach-

34 Vgl. ebd., S. 259. **35** Vgl. Deutschland-Berichte der Sopade, 4 (1937) Mai, Frankfurt am Main 1980, S. 706. **36** Vgl. Hördler, KZ-System und Waffen-SS, S. 85. **37** Vgl. Bauakten der AH Flöha und des Schutzhaftlagers Sachsenburg (SächsStA-C, AH Flöha 30044, Nr. 2421) sowie den Beitrag von Volker Strähle und Anna Schüller über das Album des Kommandanten Karl Otto Koch in diesem Band. **38** Vgl. Merkl, General Simon, S. 78–80. **39** Vgl. Tuchel, Konzentrationslager, S. 196. **40** Vgl. Merkl, General Simon, S. 78–80; Baganz, Erziehung zur »Volksgemeinschaft«?, S. 259. **41** Kommandantur des Konzentrationslagers Sachsenburg, Kommandanturbefehl Nr. 95 vom 30. 4. 1936 (BArch, DO 1/32570, Bd. 5, Bl. o. Nr.). **42** Vgl. Kommandantur des Konzentrationslagers Sachsenburg, Kommandanturbefehl Nr. 270 vom 6. 12. 1935 (BArch, DO 1/32570, Bd. 5, Bl. o. Nr.). **43** Ebd. **44** Vgl. Ebd.

männer vorhandenen grünen Lagerausweis ein, einige Exemplare befinden sich heute im Bundesarchiv Berlin, in den Beständen des früheren Berlin Document Center.[45]

Trotz des Bildes, welches die Kommandanturbefehle hier vermitteln, mussten die Wachmänner mit Folgen für ihre Nachlässigkeiten rechnen. So kam es 1936 laut dem Sopade-Bericht zu sechs Selbstmorden unter den Wachmannschaften.[46] Im Dezember hatten sich zwei SS-Männer erschossen, weil sie einen Stadtbummel gemacht hatten, während zwei Häftlinge aus dem Krankenhaus flohen.[47] Stefan Hördler vermutet, dass für einige SS-Männer zunächst die militärische Laufbahn im Vordergrund ihrer Bewerbung um Aufnahme in die Totenkopfverbände stand und sie sich dann mit einer martialischen und harten Ausbildung, der Bewachung von Häftlingen und der damit verbundenen Gewalt konfrontiert sahen.[48]

Dieselbe 17. Hundertschaft, von der die Quellen ein nachlässiges Bild vermitteln, wurde unter den Häftlingen wegen ihrer Brutalität gefürchtet.[49] Unter der SS kam es zu weiteren Gewaltausbrüchen. Die Beispiele, wie die Einführung der Prügelstrafe bis zum Mord an Dr. Max Sachs, zeigen, dass sich die Wachmannschaften von der SA bis zur SS zunehmend brutalisierten und kriminalisierten.[50] Es ist Merkl zu folgen, wenn er davon ausgeht, dass dies ab 1934 Teil der Ausbildung der SS-Männer war.[51] Mit dieser »Erfahrung« und »Praxis« verließen sie das Konzentrationslager Sachsenburg.

SACHSENBURG IM SPIEGEL DER JUSTIZ

In Verfahren vor dem Landgericht Dresden 1946 und dem Oberlandesgericht Dresden 1947 sowie im Sammelermittlungsverfahren gegen Hans Haubold von Einsiedel finden sich vereinzelt Hinweise auf ein Verfahren, das 1936 wegen des Mordes an Max Sachs im Jahre 1935 durchgeführt wurde.[52] Sowohl vor als auch nach der Gründung der beiden deutschen Staaten fanden in beiden Teilen Deutschlands Strafverfahren gegen Angehörige der Wachmannschaften des KZ Sachsenburg statt. Vielfach erfolgten diese im Zusammenhang mit Verfahren wegen Verbrechen in anderen Konzentrationslagern. Im Folgenden sollen die Verfahren näher untersucht werden, die zum großen Teil Taten im Konzentrationslager Sachsenburg zum Gegenstand hatten. Dabei unterscheiden sich die Verfahren in Ost und West. Daher sollen Ermittlungen im Zuge der Entnazifizierung in der SBZ und DDR sowie ein Verfahren in der Bundesrepublik, das ausschließlich Sachsenburger Wachmänner betraf, dargestellt werden. Ein weiteres Verfahren ging von den USA aus.

Eines der ersten Verfahren in der SBZ bezüglich des Konzentrationslagers Sachsenburg, wenn auch nicht gegen Wachmänner, richtete sich gegen den ehemaligen Häftling Paul Erich R. Er wurde des Mordes an Max Sachs vor dem Landgericht Dresden für schuldig befunden und am 20. Dezember 1945 zu 15 Jahren Zuchthaus mit Zwangsarbeit verurteilt. Er soll Sachs auf Befehl der SS hin geschlagen haben. Das noch im Nationalsozialismus gegen ihn stattgefundene Verfahren wurde dabei für nicht ausreichend befunden. Die Revision gegen das Urteil wurde im Oktober 1946 abgelehnt.[53]

Im Zuge der Durchsetzung des SMAD-Befehls 201 wurde beim Chemnitzer Landgericht ein Verfahren wegen Verbrechen im Jahr 1933 und Herbst 1935 in Oederan durchgeführt. In der Anklageschrift wurde das KZ Sachsenburg selbst nicht als Anklagepunkt benannt. Jedoch stellte sich in der Vernehmung von vier Personen heraus, dass diese auch im KZ Sachsenburg eingesetzt waren. In der Urteilsbegründung wurde dies als Belastungsmoment angeführt. Schließlich wurden neben den anderen Angeklagten auch die ehemaligen Wachmänner in der Hauptverhandlung am 10. Oktober 1949 als Belastete eingestuft und zu mehrjährigen Haftstrafen von einem bis zu fünf Jahren verurteilt. Einer der Verurteilten erhielt eine Amnestie.[54] Im Zuge eines Verfahrens gegen die Wachmannschaft des Lagers Plaue wurde im Juni 1949 auch gegen drei Wachmänner des Lagers Sachsenburg ermittelt. Einer von ihnen wurde verurteilt, die Strafe fiel jedoch unter Amnestie.[55] Weiterhin kam es zu sieben Ermittlungen gegen Einzelpersonen, wovon bei vier Personen eine Verurteilung beziehungsweise eine Verhängung von Zwangsmaßnahmen nach dem SMAD-Befehl aus den Akten hervorging.[56]

Die übrigen Ermittlungen ergaben keine Verurteilungen. Interessanterweise wurden die Taten im KZ Sachsenburg als zu geringfügig eingeschätzt oder es kam zur Entlastung durch einen ehemaligen Häftling.[57] In einem Fall wurde sogar auf dem Aktenbearbeitungsbogen nach der Feststellung, dass der Betreffende in Sachsenburg als Wachmann eingesetzt gewesen war, gefragt, welches Delikt vorläge – die knappe Antwort: »Gewalttätigkeiten«.[58]

45 Vgl. Kommandantur des Konzentrationslagers Sachsenburg, Kommandanturbefehl Nr. 81 vom 14. 4. 1937 (BArch, DO 1/32570, Bd. 5, Bl. o. Nr.). **46** Vgl. Deutschland-Berichte der Sopade, 4 (1937) Mai, Frankfurt am Main 1980, S. 708. **47** Vgl. Kurt Kohlsche, »So war es! Das haben sie nicht gewusst«. Konzentrationslager Sachsenburg 1935/36 und Wehrmachtgefängnis Torgau-Fort Zinna 1944/45 – ein Häftlingsschicksal, Dresden 2001, S. 48; Baganz, Erziehung zur »Volksgemeinschaft«?, S. 261; Merkl, General Simon, S. 73. **48** Vgl. Stefan Hördler, Die »Gefallenen«. Nationalsozialisten als KZ-Häftlinge. In: Jörg Osterloh/Kim Wünschmann (Hg.), »... der schrankenlosesten Willkür ausgeliefert«. Häftlinge der frühen Konzentrationslager 1933–1936/37, Frankfurt am Main 2017, S. 306–307. **49** Vgl. Zeugenvernehmung Erich Schades im Zuge des Sammelermittlungsverfahrens gegen Hans Haubold von Einsiedel vom 6. 6. 1969 (BArch, DP 3 1817, Bl. 284 RS); Mitschnitt des Gespräches Erich Schades mit Enrico Hilbert vom 16. 12. 2014. **50** Siehe den Beitrag von Anna Schüller über die Entstehung und Entwicklung des KZ Sachsenburg von 1933 bis 1937 in diesem Band. **51** Vgl. Merkl, General Simon, S. 74–78. **52** Siehe dazu den Beitrag von Swen Steinberg über den Mord an Max Sachs in diesem Band. **53** Vgl. Laurenz Demps u. a., DDR-Justiz und NS-Verbrechen. Sammlung ostdeutscher Strafurteile wegen nationalsozialistischer Tötungsverbrechen, Band 13, Amsterdam/München 2009, S. 281–285. **54** Vgl. Übersicht über die Verfahren beim Landgericht Chemnitz im Zuge des Sammelermittlungsverfahrens gegen Hans Haubold von Einsiedel (BArch, DP 3 1817, Bl. 172); Strafsache Landgericht Chemnitz gegen S[...] und 13 Andere bei der Staatsanwaltschaft Chemnitz (BStU, MfS, BV Karl-Marx-Stadt C ASt 137/49 1 Strafakte; BStU, MfS BV Karl-Marx-Stadt CASt 137/49 (1, 2, 3, 4); BStU MfS BV Karl-Marx-Stadt CASt 137/49 3 Handakte 1); Ermittlungen gegen Ernst Otto A. und Max Paul H. (SächsStA-C, 39074 NS Obj. 14, ZD 54/2948/02). **55** Vgl. Schlussbericht des Kreispolizeiamtes Flöha zu Ermittlungen gegen Wachmänner aus Plaue und Sachsenburg vom 16. 6. 1949 (SächsStA-C, 39074 NS Obj. 14, ZD 54/3230, Bl. 130 f.). **56** Vgl. Protokoll der Verhandlung der Entnazifizierungskommission des Landkreises Flöha vom 23. 2. 1948 (SächsStA-C, 39074 NS Obj. 14, ZA 56/1822, Bl. 4 f.); Ermittlungen 1947/1948 gegen Willy K. (SächsStA-C, 39074 NS Obj. 14, ZA 54/0089); Ermittlungen gegen Karl L. 1948 (SächsStA-C, 39074 NS Obj. 14, ZB 55/239); Ermittlungen gegen Heinz Erich S. 1945–1949 (SächsStA-C, 39074 NS Obj. 14, ZB 55/124 3420). **57** Vgl. Schlussbericht des Kriminalamtes Chemnitz vom 5. 2. 1946 (SächsStA-C, 39074 NS Obj. 14, ZB 56/304 3600 o. P.); Vernehmung des ehemaligen Häftlings Willi E. vom 3. 7. 1945 (SächsStA-C, 39074 NS Obj. 14, ZA 55/1269, o. P.). **58** Aktenbearbeitungsbogen zu den Ermittlungen gegen Konrad J. vom 19. 3. 1948 (SächsStA-C, 39074 NS Obj. 14, ZD 54 /3120/04, Bl. 3).

Für die Zeit nach 1949 konnten bislang, ausgenommen die Rechtshilfeersuchen an die Bundesrepublik, keine weiteren Verfahren gegen ehemalige Wachmänner des KZ Sachsenburg ausfindig gemacht werden. Dies entspricht der Gesamtentwicklung der Verfolgung von Kriegsverbrechern in der DDR, nachdem die meisten Urteile vor 1949 in der SBZ erfolgt waren. Außer den genannten Rechtshilfeersuchen wurden die Geschehnisse in Sachsenburg durch die DDR-Justiz kaum aufgearbeitet. Oft wurde das Vergehen als zu gering eingeschätzt. Die höchste Strafe aller Verurteilten erhielt der ehemalige Häftling Paul Erich R.

Im Jahr 1964 nahm die Staatsanwaltschaft beim Landgericht Hannover Ermittlungen gegen Hans Haubold von Einsiedel auf. Im Zuge dessen wurde der Generalstaatsanwalt der DDR am 17. Dezember 1964 um Rechtshilfe ersucht. Im Brief werden neben den Namen von ehemaligen Häftlingen, die als Zeugen befragt werden sollten, auch die Gründe für die Aufnahme des Verfahrens geschildert. Im Mittelpunkt stand dabei die Aufklärung des Mordes an dem Häftling Max Sachs. Im Verdacht standen dabei von Einsiedel und 16 weitere Wachmänner des KZ Sachsenburg.[59] Zusammenfassend kann hier festgehalten werden, dass zwar eine akribische Recherche erfolgte, jedoch vor allem hinsichtlich des einen Tatkomplexes, des Mordes an Sachs. Die Umstände im Lager wurden zur Erläuterung aufgearbeitet. Eine davon ausgehende strafrechtliche Verfolgung der Wachmannschaft über den gesamten Zeitraum erfolgte nicht.

Am 17. Februar 1981 wandte sich das Office of Special Investigations (OSI) der USA an den Generalstaatsanwalt der DDR und bat um Rechtshilfe im Verfahren gegen Conrad Schellong, der nach seiner Einreise in die USA in Chicago wohnte.[60] Im September des folgenden Jahres wurde dessen Staatsbürgerschaft widerrufen.[61] Schellong war 1910 in Dresden geboren worden und hatte sowohl der Wachmannschaft in Sachsenburg als auch der Totenkopfstandarte Oberbayern, welche in Dachau stationiert war, angehört. 1944 war er Kommandeur der SS-Freiwilligen-Sturmbrigade »Langemarck« gewesen. Am 9. November 1944 wurde er zum Obersturmbannführer befördert und kam in der 27. SS-Panzer-Grenadier-Division zum Einsatz.[62] Im Juni und Juli 1981 wurden sechs Zeugen durch die Kreisgerichte der DDR befragt. Von ihnen konnte sich nur einer an Schellong im Konzentrationslager Sachsenburg erinnern. Schließlich wurde Schellong in die Bundesrepublik abgeschoben.[63] Am 22. Juni 1988 teilten die USA dem Generalstaatsanwalt der DDR schließlich mit, dass die Beweisführung gegen Schellong abgeschlossen sei.[64] Was aus Schellong in der Bundesrepublik wurde, ist nicht bekannt.

ERGEBNISSE UND DISKUSSION

Im Zuge der Recherchen wurden 516 Personen ermittelt, die im Konzentrationslager Sachsenburg als Kommandanten oder Wachmänner im Einsatz waren. Die Gesamtgruppe wurde in vier Untersuchungsgruppen geteilt, die getrennt untersucht wurden, um die Ergebnisse der einzelnen Gruppen nicht zu verfälschen: Die ersten beiden Untersuchungsgruppen bilden die SS-Kommandanten des KZ Sachsenburg (vier Personen) und der Standartenführer Hähnel. Zur dritten Gruppe zählen die recherchierten Wachmänner, die ihren

Dienst in Sachsenburg von Mai 1933 bis Juli 1934 aufnahmen (19 Personen) und so den ersten beiden Phasen unter der SA zuzurechnen sind.[65] Die vierte Gruppe bilden die nach Juli 1934 in Sachsenburg als Lager-SS eingesetzten Männer (492 Personen). Eine Unterscheidung zwischen Kommandanturstab und Wachtruppe war aufgrund der Quellenlage nicht möglich und sinnvoll, da zwischen diesen Bereichen häufige Wechsel stattfanden. Sie wird als Lager-SS als Ganzes untersucht und beschrieben.

Aufgrund der bereits eingangs skizzierten Quellenlage konnten nicht alle Fragen für das gesamte Sample der zuletzt beschrieben Gruppe beantwortet werden. So ließ sich das Geburtsdatum zwar für alle SS-Männer erheben, hingegen Karriereverläufe nur für einen gewissen Teil. Daher variiert das Sample innerhalb der einzelnen Fragen. Grundsätzlich wurde bei allen Erhebungen, wenn nicht anders angegeben, eine Gruppe von 265 zufällig ausgewählten Personen der in der dritten Phase eingesetzten Lager-SS zu Grunde gelegt. Dies entspricht 50 Prozent der im März 1936 in Sachsenburg befindlichen Wachmänner.

Im Zuge der statistischen Auswertung konnte festgestellt werden, dass die unter der SA eingesetzten Wachmänner zumeist 31 Jahre alt waren und aus der unmittelbaren Region (Kreishauptmannschaft Chemnitz und Dresden) stammten. Der überwiegende Teil gehörte der Front- und Kriegsjugendgeneration (elf) an, hatte demnach im ersten Weltkrieg gekämpft und ein Teil von ihnen war bereits vor der Machtübernahme in die NSDAP (zwölf) und SA (dreizehn) eingetreten. Die SA-Männer gehörten zumeist mit einem Volksschulabschluss (dreizehn) und ihren handwerklichen Berufen der Unterschicht (zwölf) an.[66] Nur bei wenigen konnte eine Erwerbslosigkeit (drei) vor dem Dienst in Sachsenburg festgestellt werden. Soweit erhoben werden konnte, waren sechs der neunzehn SA-Männer vor ihrem Einsatz beruflich tätig. Lediglich einer war davon hauptamtlich bei der SA beschäftigt gewesen. Sieben SA-Wachmänner waren vorher in anderen Konzentrationslagern

59 Vgl. Sammelermittlungsverfahren gegen Hans Haubold von Einsiedel und Andere (BArch, DP 3 1817). **60** Ministerium für Auswärtige Angelegenheiten Abt. USA an Staatsanwalt beim Generalstaatsanwalt der DDR vom 27. 2. 1981 (BArch, DP 3 2187, Bl. 1 f.). **61** Note des Office of Special Investigations (OSI) vom 17. 2. 1981 (BArch, DP 3 2187, Bl. 2); Widerruf der USA für die Staatsbürgerschaft Conrad Schellongs vom 13. 9. 1983 (BArch, DP 3 2187, Bl. 83 f.). **62** Vgl. Ergebnis der Überprüfung zum Rechtshilfeersuchen im Fall Conrad Schellong (BArch, DP 3 2187, Bl. 5). **63** Vgl. Aufbau 23 (1988), S. 6. Ausschnitt in der Ermittlungsakte gegen Conrad Schellong (BArch, DP 3 2187, Bl. 88). Der »Aufbau« war eine 1934 in New York gegründete deutsch-jüdische Zeitung. **64** Vgl. Notiz vom 22. 6. 1988 (BArch, DP 3 2187, Bl. 60). **65** Aus den Unterlagen des Stadtarchivs Frankenberg konnten zusätzlich 76 SA-Männer recherchiert werden, die jedoch noch nicht hinsichtlich Alter und Herkunft im Detail ausgewertet werden konnten. Sie bleiben deswegen noch unberücksichtigt. Vgl. Bürgermeister Sachsenburgs an die AH Flöha bezüglich Volksabstimmung vom 20. 8. 1934 (Stadtarchiv Frankenberg, Ordner Sachsenburg, o. P.). **66** Bezüglich der Schichtzuordnung wurde sich an Andrea Riedle und Mathilde Jamin orientiert. Die Einordnung wurde im Wesentlichen auch zugunsten einer Vergleichbarkeit übernommen und angepasst. So hatte Jamin ein Modell entwickelt, welches zugleich die Schichtung der Weimarer Republik berücksichtigte, aber mit der Stellung des Berufes hinsichtlich Rechten, Einkommen, Anerkennung und Besitz verband. Zudem weisen Riedle und Jamin auf die Schwierigkeit der Einordnung der Berufe in ein Kategoriensystem hin, wie der »Unterscheidung zwischen Beamten und öffentlichen Angestellten« oder der Einordnung des Berufes Bäcker als Handwerker oder selbstständiger Handwerker. Vgl. Riedle, Die Angehörigen des Kommandanturstabes im KZ Sachsenhausen, S. 70 f.; Mathilde Jamin, Zwischen den Klassen. Zur Sozialstruktur der SA-Führerschaft, Wuppertal 1984, S. 107 ff.

Gruppe von Wachmänner in der Stube mit Schild »Spanienkämpfer«, vermutlich Jahreswechsel 1936/37

Nachlass eines Wachmannes, Privatarchiv Anna Schüller

eingesetzt, fünf im Lager Anke in Oederan und zwei im KZ Plaue. Zumeist blieben sie von der Einrichtung bis zur Übernahme durch die SS im Lagerdienst und gingen entweder im Anschluss einer beruflichen Tätigkeit nach (sieben) oder verblieben im Lager (vier) und wurden später in der Wehrmacht (drei) oder Waffen-SS (fünf) eingesetzt. Nach ihrem Einsatz in Sachsenburg versahen ein Wachmann im KZ Lichtenburg, vier im KZ Buchenwald sowie je zwei im KZ Sachsenhausen und Flossenbürg ihren Dienst in den Wachmannschaften der jeweiligen Lager. Dies war jedoch nicht die Regel. Aus der SA-Wachmannschaft heraus kam es zu acht Einsätzen im Kommandanturstab, davon drei in der Schutzhaftlagerführung und zwei in der Adjutantur.[67] In Bezug auf die SA-Wachmannschaft erreichte einer den Grad des Sturmbannführers und zwei den Grad des Hauptsturmführers. Somit kann geschlussfolgert werden, dass sich für die früheren SA-Männer zumeist keine Karriere an ihren Dienst in Sachsenburg anschloss.

Die Wachmannschaft unter der SA unterschied sich teilweise von der folgenden Lager-SS. Deren Angehörige stammten zwar auch in der Mehrheit aus Sachsen und der unmittelbaren Region (171), waren jedoch mit durchschnittlich 23 Jahren jünger. Damit gehörten sie mehrheitlich der Nachkriegsgeneration (440) an. Sie waren zudem meist mit der Machtübernahme in die NSDAP eingetreten und stammten, wie die SA-Männer, mehrheitlich aus der Unterschicht (124), knapp die Hälfte besaß einen Volksschulabschluss (129). Ein großer Teil war vor dem Einsatz in Sachsenburg in einem SS-Sonderkommando (91) und in der politischen Bereitschaft (83). Das KZ Sachsenburg war jedoch meist das erste der Konzentrationslager, in dem sie als Wachmänner ihren Dienst verrichteten.

Die Dauer ihres Einsatzes in Sachsenburg hing vom Eintrittszeitpunkt in die Wachmannschaft des Lagers ab. Die zu Beginn, also im Juli 1934, Eingetretenen verblieben bis zu 20 Monate in Sachsenburg. Ab 1936 schwankte dies stärker zwischen fünf Monaten und knapp über einem Jahr. Dieses Bild bestätigt sich in den Auszügen aus den Lebensläufen der SS-Männer. Demnach verpflichteten sie sich für zwei Jahre im Dienst des III. SS-Totenkopfverbandes.[68]

Auf Grundlage der untersuchten Gruppen kann geschlussfolgert werden, dass die Bewachung für die Jahre 1933 bis Mitte 1934 personell gleichbleibend war. Nach 1934 änderte sich das Bild: In der unmittelbaren Zeit nach der Übernahme des Lagers durch die SS wechselten ständig die Kommandanten, während die Angehörigen der Lager-SS im Dienst verblieben. Als es zur durchgängigen Besetzung des Kommandanten durch Bernhard Schmidt ab April 1935 kam, verkürzte sich die Dienstzeit der Wachmänner in Sachsenburg. Nach ihrem Austritt aus der Sachsenburger Lager-SS verblieben sie in den Totenkopfverbänden (77), übernahmen später Funktionen in der Waffen-SS (82) oder wurden in der Wehrmacht (45) eingesetzt.

Das bisherige Bild des KZ Sachsenburg als Karrieresprungbrett für das System der Konzentrationslager hat sich durch die genaue Analyse differenziert. So ist für die Kommandanten zwar festzustellen, dass hier Karrieregrundlagen geschaffen wurden, für die übrige Lager-SS gilt dies jedoch nur eingeschränkt. Keine überwiegende Mehrheit, sondern ein Drittel der Lager-SS setzte eine Karriere im Sinne eines Aufstieges in Führerdienstgrade oder in einem der Kommandanturstäbe fort. Hier waren sie vor allem in den Konzentrationslagern Buchenwald (143) und Sachsenhausen (22) eingesetzt. Die Wachmannschaften folgten den Häftlingen also in diese Konzentrationslager. Nur wenige Einsätze in den Vernichtungslagern sind zu verzeichnen. Dies deckt sich mit den Erkenntnissen Hördlers, der feststellt, dass ab 1943 nur noch ein geringer Teil der »altgedienten« SS-Männer das Lagerpersonal bildete, sondern sie stattdessen in der Waffen-SS eingesetzt wurden. Wehrmachtsangehörige, »volksdeutsche SS-Freiwillige« und »fremdvölkische Hilfswillige« nahmen ihre Positionen in den Konzentrationslagern ein.[69]

Vergleicht man die vorliegenden Ergebnisse mit anderen kollektivbiografischen Untersuchungen, so kann festgestellt werden, dass es zu den von Baganz untersuchten 98 SA-Männern der Hohnsteiner Wachtruppe hinsichtlich der sozialen Schichtung Ähnlichkeiten gab. Unterschiede waren vor allem im Alter und beim Eintritt in die NSDAP festzustellen. So waren die Sachsenburger Wachmänner mit 31 Jahren wesentlich älter und vor 1933 in die NSDAP eingetreten, als die 21-Jährigen Hohnsteiner Wachmänner, die zu zwei Dritteln nach 1933 in die NSDAP eingetreten waren. Im Zuge der Entnazifizierung wurden deutlich mehr Hohnsteiner Wachmänner verurteilt als Sachsenburger. Für die ehemaligen Hohn-

67 Gezählt wurden hier nicht die Personen, sondern die Einsätze, sodass es zu personellen Dopplungen kommt. **68** Vgl. Lebenslauf Otto Schulzes 1937 (BArch, RS F5141.2647: Schulze, Otto. Zit. nach Adrian Marcus, Dokumentation SS-Sonderkommando Sachsen). **69** Vgl. Hördler, KZ-System und Waffen-SS, S. 96–97.

steiner Wachmänner fielen die Strafen zwischen einem Jahr und lebenslänglich aus. Interessant ist hierbei, dass die Richter den Beschuldigten ihre Erwerbslosigkeit als strafmildernd anrechneten. Im Zuge der »Waldheimer Prozesse« wurde einer der Wachmänner, der stellvertretende Lagerleiter Ernst Heinicker, 1950 zum Tode verurteilt und hingerichtet.[70] Von der Sachsenburger SA-Wachmannschaft wurde zwar gegen eine Mehrheit der untersuchten Gruppe ermittelt, jedoch kam es nur bei acht Personen zu einer Verurteilung. Hierbei fielen die Strafen ähnlich wie gegen die Hohnsteiner Wachmänner aus, es kam jedoch zu keinem Todesurteil.

Auch im Vergleich zu den von Andrea Riedle untersuchen 230 Angehörigen des Kommandanturstabes des KZ Sachsenhausen, und zu den von Katrin Orth untersuchten 288 SS-Führern ergeben sich Unterschiede zur Lager-SS des KZ Sachsenburg.[71] Die größten Differenzen zwischen den Untersuchungsgruppen sind hinsichtlich des Alters, der familiären Situation und der regionalen Herkunft sowie der Fortsetzung des Einsatzes im System der Konzentrationslager festzustellen.

Die Sachsenburger Lager-SS war demnach im Vergleich zur späteren Lager-SS jünger und aus der unmittelbaren Region stammend. Mit ihren Karriereverläufen bildete sich von Sachsenburg aus nur eingeschränkt die spätere »Konzentrationslager-SS«, einem festen Personal in den Konzentrationslagern. Riedle verweist hinsichtlich der geografischen Herkunft zudem auf die damit verbundene geringe familiäre Verwurzelung, die bei der Sachsenburger Lager-SS vermutlich stärker bestand.[72] Bezüglich der sozialen Herkunft dominieren bei Riedle in allen untersuchten Gruppen Volksschulabsolventen, weniger jedoch in der Gruppe der SS-Führer. Sie kann auch einen »sozialen Abstieg« in Bezug auf die Schichtzugehörigkeit der Eltern beobachten.[73] Es dominieren bei Orth vor allem kaufmännische und handwerkliche Berufe, was sich mit der Sachsenburger Lager-SS deckt.[74] In Bezug auf die weiteren Karriereverläufe zeigt Orth auf, dass es sich bei der von ihr untersuchten Gruppe um einen konstant in den Konzentrationslagern verbleibenden Personenkreis handelte – sie bildeten die »Konzentrationslager-SS«.[75] Riedle kann ebenso Einsätze im System der Konzentrationslager nachweisen. Dabei dominierten das Konzentrations- und Vernichtungslager Auschwitz mit 18 Einsätzen, ebenso wie Lublin mit zehn Einsätzen. Darüber hinaus wurden die Kommandanturstabsangehörigen nach Buchenwald (23 Einsätze) oder Mauthausen (19) versetzt.

Im Folgenden sollen exemplarisch zwei Biografien vorgestellt werden, die die dargestellten Ergebnisse verdeutlichen. Jede Biografie weicht jedoch in gewisser Weise von der ermittelten Norm ab. Das vorderste Erkenntnisinteresse der Kollektivbiografie ist es daher, Hinweise auf das Typische und zugleich das Untypische einer Gruppe zu finden. Daraus folgend werden auch Ausnahmen in den Fokus gerückt. Neben dem Lebenslauf wird ein besonderer Blick auf die Motivation und die Umstände des Eintritts in die Wachtruppe geworfen. Ein Umstand, den die Zahlen nur schwer abbilden können.

SIEGFRIED U. – VON DER LAGER-SA ZUR LAGER-SS

U. wurde 1913 im sächsischen Leubsdorf, welches zur Kreishauptmannschaft Chemnitz gehörte, geboren. Er war damit ein Vertreter der Kriegsjugendgeneration. Als Sohn eines Buchhalters erlernte er nach dem Volksschulabschluss den Beruf eines Kaufmannes. Trotz eines guten Abschlusses musste er den Ausbildungsbetrieb nach seiner dreijährigen Lehrzeit 1930 verlassen. Er siedelte nach Chemnitz über und trat dort eine neue Stelle als Kontorist an. Schon einen Monat später wurde er auch hier entlassen. Er half zeitweise in einer Bäckerei in Flöha aus. Von Mai bis Juni 1931 fand er eine neue Anstellung in Chemnitz. Nach kurzer Arbeitslosigkeit fand er erneut eine Stellung, die er bis April 1932 innehatte. In dieser Zeit trat Siegfried U. in die SA ein. Auch aus seiner letzten Stelle wurde er aufgrund der schlechteren Wirtschaftslage wieder entlassen.[76]

Im Mai 1933 kam er zum Wachsturm in Sachsenburg. Die genauen Umstände gehen aus seinem Lebenslauf nicht hervor, jedoch wird er bereits am 15. Mai wieder »abkommandiert«.[77] Ein knappes halbes Jahr später wird er in der Kassenverwaltung des Konzentrationslagers als Angestellter eingestellt. Dies geschah vermutlich auf Drängen Hähnels, welcher Anfang September 1933 Siegfried U.s Stellung als Hilfskraft anmahnte und ihn als einen der beiden fest Anzustellenden vorschlug.[78] Vielleicht setzte sich aber auch sein drei Jahre älterer Bruder, der seit Mai 1933 Verwaltungsangestellter im KZ war, für ihn ein.[79] Zunächst für die Dauer von lediglich drei Monaten wurde die Stellung U.s schließlich vom Ministerium des Inneren und der Amtshauptmannschaft genehmigt.[80] Aus einer Mitteilung des Sächsischen Ministeriums des Inneren an die Amtshauptmannschaft Flöha vom März 1934 geht hervor, dass U. noch bis 30. Juni 1934 weiterbeschäftigt wurde.[81] Sein Bruder schied bereits im April 1934, wie die meisten anderen SA-Männer spätestens mit der Übernahme durch die SS, aus dem Lagerdienst aus und wurde Stabsschreiber bei der Brigade 34 in Chemnitz.[82] Am 16. August 1934 schrieb Siegfried U. an seinen Bruder aus dem KZ eine Postkarte. Diese weist nach, dass er sich zu diesem Zeitpunkt noch in Sachsenburg befunden hat. In der Postkarte gibt er einen Einblick in den Alltag jenseits des KZ-Dienstes: »Am Dienstagabend war ich mit Philipp G[.] fort, sind erst ¾ 2 Uhr heim, das Bier schmeckte.«[83] Im Juni 1935 wurde ihm als SA-Scharführer ein Lagerausweis mit der Nr. 4 ausgestellt. Kurze Zeit darauf, am 5. Juli 1935, trat er in die SS ein. Aus seinem SS-Ausweis, ausgestellt am 15. Juli 1935,

70 Vgl. Baganz, Vom Wachmann zum Inoffiziellen Mitarbeiter, S. 354 ff. **71** Vgl. Orth, Konzentrationslager-SS, S. 60; Riedle, Kommandanturstab des KZ Sachsenhausen, S. 68. **72** Vgl. ebd., S. 90. **73** Ebd., S. 105. **74** Vgl. Orth, Konzentrationslager-SS, S. 87–90. **75** Ebd., S. 87. **76** Vgl. Handschriftlicher Lebenslauf Siegfried U. vom 5. 6. 1937 (BArch, BDC, VBS 286/6400046782). **77** Ebd. **78** Vgl. Max Hähnel an die AH Flöha vom 5. 10. 1933 (SächsStA-C, AH Flöha 30044, Nr. 2397, Bl. 8 RS); SMdI an die AH Flöha vom 29. 9. 1933 (SächsStA-C, AH Flöha 30044, Nr. 2397, Bl. 8). **79** Vgl. Kopie der Personalkartei Heinz Hugo U. im Zuge des Sammelermittlungsverfahrens gegen Hans Haubold von Einsiedel (BArch, DP 3 1817, Bl. 67). **80** Vgl. SMdI an die AH Flöha vom 29. 9. 1933 (SächsStA-C, AH Flöha 30044, Nr. 2397, Bl. 8 f.). **81** Vgl. SMdI an die AH Flöha vom 19. 3. 1934 (SächsStA-C, AH Flöha 30044, Nr. 2397, Bl. 49). **82** Vgl. Kopie der Personalkartei Heinz Hugo U. im Zuge des Sammelermittlungsverfahrens gegen Hans Haubold von Einsiedel (BArch, DP 3 1817, Bl. 67). **83** Vgl. Postkarte Siegfried U. an Heinz U. vom 16. 8. 1934 (Privatarchiv Anna Schüller).

Vorderseite und Rückseite der Postkarte
von Siegfried U. an seinen Bruder, 16. August 1934

Privatarchiv Anna Schüller

geht hervor, dass U. zu diesem Zeitpunkt Rottenführer im Kommandanturstab Sachsenburg war.[84] Er durchlief hier die Ränge eines Scharführers und Unterscharführers. Laut dem Lagerausweis vom 9. Februar 1937 war er immer noch Angehöriger der Kommandantur.[85]

Wohin Siegfried U. nach der Auflösung des KZ Sachsenburg versetzt wurde, bleibt unklar. Am 26. September 1939 heiratete er. Aus dem Antrag auf ein Ehestandsdarlehen vom 26. Juli 1939 geht hervor, dass seine Einheit das Gruppenkommando SS-Totenkopfverbände der Konzentrationslager war. Weiterhin geht daraus hervor, dass seine Frau »Wärterin« in der Landesanstalt Chemnitz Altendorf war und dort gewohnt hat.[86]

Ohne Datum ist ein Beleg, der zeigt, dass er beim Totenkopfverband Brandenburg eingesetzt wurde. Hieraus geht hervor, dass er den Rang eines SS-Obersturmführers innehatte, zu welchem er am 9. November 1941 befördert worden war. Zwei Jahre später erfolgt die Beförderung zum Hauptsturmführer. Im selben Jahr wurde sein erstes Kind geboren.[87] Ab 1942 kommt es zum Einsatz in der Waffen-SS in einem SS-Panzerkorps. Am 1. August 1944 erfolgte die Versetzung zu einer SS-Division.[88] Danach bleibt das Leben U.s weitgehend im Dunklen. Erst im Prozess gegen Hans Haubold von Einsiedel wird gegen ihn ermittelt. Die Zeugen konnten sich jedoch trotz vorgelegter Bilder nicht an ihn erinnern.[89] Auch die Überprüfung durch das MfS und die Hauptabteilung IX lieferten keine Ergebnisse.[90] Daher wurde die Anklage fallen gelassen. Siegfried U. verstarb 2009.[91]

RICHARD B. – AUFSTIEG TROTZ »FEHLTRITTEN«

Richard B. wurde 1913, demnach zur Kriegsjugendgeneration gehörend, in Regensburg geboren. Er hatte drei Geschwister, der Vater war von Beruf Kaufmann. Wie er später in seinem Lebenslauf schrieb, waren die Eltern NSDAP-Mitglieder und auch die Geschwister traten in nationalsozialistische Organisationen wie die SA ein. Richard B. schloss die Schule 1932 mit der mittleren Reife ab und lebte danach arbeitslos bei seinen Eltern. Nach der Machtübernahme trat er im Mai 1933 in die NSDAP ein, nachdem er sich im März bereits der SS angeschlossen hatte. Vermutlich aufgrund der Arbeitslosigkeit, und den Begründungen für seinen Eintritt in SS und NSDAP zufolge auch aus Überzeugung, meldete er sich im Mai 1933 bei der Hilfspolizei der SS in Regensburg. Von dort kam er in das

84 Vgl. vorläufiger SS-Ausweis vom 15. 7. 1935 (BArch, BDC, VBS 283/6060010747, o. P.). **85** Vgl. SS-Lagerausweis Nr. 32 vom 9. 2. 1937 (BArch, BDC, VBS 283/6060010747, o. P.). **86** Von dieser Landesanstalt wurden Menschen mit Behinderung 1940 nach Pirna–Sonnenstein und in Zwischenanstalten wie Arnsdorf verbracht und im Zuge der NS-»Euthanasie« ermordet. Vgl. Antrag auf Ehestandsdarlehen vom 26. 7. 1939 (BArch, BDC, VBS 283/6060010747, o. P.); Boris Böhm/Thomas Schilter, Pirna Sonnenstein. Von der Reformpsychiatrie zur Tötung psychisch Kranker und Behinderter. In: Stiftung Sächsische Gedenkstätten (Hg.), Nationalsozialistische Euthanasieverbrechen. Beiträge zur Aufarbeitung ihrer Geschichte in Sachsen, Dresden 2004, S. 45. **87** Gebührniskarte Siegfried U. o. D. (BArch, BDC, VBS 283/6060010747, o. P.). **88** Vgl. Karteikarte zu Siegfried U. (BArch, BDC, VBS 286/6400046782.; BArch, BDC, VBS 283/6060010747, o. P.). **89** Vgl. Lichtbildmappe im Sammelermittlungsverfahren gegen Hans Haubold von Einsiedel (BArch, DP 3, Nr. 1816, o. P.). **90** Vgl. Überprüfung Siegfried U.s durch das Ministerium für Staatssicherheit vom 2. 3. 1967 (BStU, MfS HA IX/11, RHE West 164/3, Bl. 286, 288, 290). **91** Vgl. Traueranzeige Siegfried U. in der Saarbrücker Zeitung vom 14. 2. 2009.

neu eingerichtete Konzentrationslager Dachau, wo er bis November blieb. Um Karriereaufstieg bemüht, nahm er an einem Zugführerkurs in München teil und kam anschließend zum SS-Pioniersturm Leisnig. Im April 1935 wurde er zum III. SS-Totenkopfverband Sachsen, der die Wachtruppe in Sachsenburg bildete, zunächst abkommandiert und ab Januar 1936 schließlich versetzt. Nach absolviertem Zugführerkurs in Dachau wurde er in Sachsenburg zugleich als Zugführer der 17. Hundertschaft eingesetzt.[92] Diese war berüchtigt für ihre Brutalität unter den Häftlingen.

TÄTER

Bereits im August 1935 kam es zu ersten Konflikten. So meldete der Hauptscharführer Fritz Schwedtke im August 1935 einen Vorfall mit Richard B. Demnach soll es zwischen ihm und anderen SS-Männerm auf einer Autofahrt zu einem hitzigen Wortwechsel gekommen sein. Auf die Aussage B.s, dass auf die SS-Männer kein Verlass sei, erhielt er die Antwort: »Wenn wir ›Scheisser‹ damals nicht gewesen wären, dann stündest Du heute nicht in der schwarzen Uniform hier«.[93] Worauf B. »Ach so!! auch schon ›Alte Kämpfer‹ – Bei mir so'n Bart!«[94] erwidert habe. Kurz darauf muss er geäußert haben, dass im Lager »bloß Soldaten« und keine »alten Kämpfer« seien.[95]

Am 20. Januar 1936 meldete Simon persönlich die weiteren vermeintlichen Fehltritte. Er beschreibt, dass »die zwei großen Fehler, die B. unterlaufen sind, [...] vom Lagerkommandanten Schmidt bemerkt worden« seien.[96] So hätte er ihm einmal »eine Abteilung nicht gemeldet, mit der er Unterricht abhielt«.[97] Und sich nicht »als KTD [...] gemeldet als der Lagerkommandant die Garage betrat«.[98] Dadurch hätte B. »gezeigt, dass er hin und wieder nicht ganz Herr der Situation ist«.[99] Trotzdem kam es zur Beförderung zum Untersturmführer am 20. April 1936.[100] Ob jemand dabei einlenkte und ihn unterstützte, bleibt offen. Aus den Kommandanturbefehlen geht hervor, dass er trotzdem in der Wachtruppe verblieb und im April 1937 als Sicherheitsoffizier eingesetzt wurde.[101]

Nach seinem Einsatz in Sachsenburg wechselte Richard B. am 1. März 1938 zur Allgemeinen SS. Von dort wurde er im September 1938 zum III. SS-Totenkopfverband Thüringen nach Buchenwald kommandiert. Nach drei Monaten kehrte er zu einer nicht näher beschriebenen hauptamtlichen Stelle bei der Allgemeinen SS zurück, wo er im April 1939 ausschied, um am 1. April 1940 zur Waffen-SS eingezogen zu werden. Im Juni heiratete er und zwei Monate später wurde er zum Obersturmführer befördert. Am 18. November 1941 erfolgte die Versetzung zur SS-Totenkopf-Division. Kurz darauf, im Februar 1942, fiel er im Krieg gegen die Sowjetunion.[102]

ZUSAMMENFASSUNG

Die Untersuchung zeigt, dass besonders unter Max Simon, der die militärische Ausbildung forcierte, von einer Prägung der Sachsenburger SS durch die »Dachauer Schule« ausgegangen werden kann. Dass nur ein Drittel der Sachsenburger SS-Männer im System der Konzentrationslager verblieb und in ihm Karriere machte, lässt auf die stattgefundene Auswahl Einzelner für den späteren Dienst in den Konzentrationslagern schließen. Hinsichtlich der Strafverfolgung zeigt sich ein differenziertes Bild. Im Gegensatz zur Strafverfolgung der Hohnsteiner Wachtruppe sah sich nur ein Teil der Sachsenburger Wachmänner der SA und SS mit Ermittlungen konfrontiert, und nur wenige wurden verurteilt. In Prozessen wegen Verbrechen in anderen Konzentrations- und Vernichtungslagern fand der Lebensabschnitt in Sachsenburg kaum oder nur kurz Erwähnung.

Für den Eintritt in die Wachtruppe gab es mehrere Beweggründe. So bot der Dienst im Konzentrationslager Aufstiegsmöglichkeiten oder einen Ausweg aus einer Arbeitslosigkeit. Die SS-Männer erhielten Anerkennung, indem sie schnell aufsteigen konnten. An den Kommandanten zeigt sich, dass auch trotz scheinbarer »Unfähigkeit« aus der Sicht Eickes diese durch Dritte gefördert und im System belassen wurden. Waren sie einmal in Sachsenburg, wurden ihnen insbesondere unter der SS Gewalträume eröffnet, die zu einer Brutalisierung führten. Durch die inhärente Militarisierung im Konzentrationslager Sachsenburg wurden sie, wenn man sie für geeignet erachtete, auf das System der Konzentrationslager vorbereitet. Somit kann geschlussfolgert werden, dass das Konzentrationslager Sachsenburg für die SS-Männer eine Karrierestufe bilden konnte. Mehr noch aber war es ein Ort, an dem sich entschied, ob die SS-Männer in der Konzentrationslager-SS verblieben oder ausschieden. Damit ist davon auszugehen, dass die Männer der Sachsenburger Wachmannschaft nicht eins zu eins die spätere Konzentrationslager-SS bildeten. Die Mechanismen von Auswahl und Beförderung in Sachsenburg trugen jedoch zu ihrem Entstehen bei.

Schließlich wurde die Frage ausgehend von der Interpretation Merkls über Simons verdrängten Lebensabschnitt und deren Anwendbarkeit für andere Biografien aufgeworfen.[103] Um beantworten zu können, ob die untersuchten Wachmänner den Einsatz im KZ Sachsenburg in ihren Lebensläufen verdrängten, müssen zukünftig weitere Detailstudien zu Biografien einzelner Wachmänner vorgenommen werden. Die im Rahmen der Forschungsarbeit angelegte Datengrundlage und deren Auswertung zeigten erste Entwicklungstendenzen auf, die ein Ausgangspunkt für die nähere Beleuchtung einzelner Aspekte innerhalb der Einzelbiografien sein können.

92 Vgl. Handschriftlicher Lebenslauf vom 13.11.1936 (BArch, BDC, VBS 286/6400001930, Bl. 48779); Dienstzeitbescheinigung vom 14.7.1942 (BArch, BDC, VBS 286/6400001930, Bl. 48566). **93** SS-Hauptscharführer Fritz Schwedtkes Meldung an den Führer der SS-Wachtruppe vom 15.8.1935 (BArch, BDC, VBS 286/6400001930, Bl. 48680). **94** Ebd. **95** Ebd. **96** Ebd.; Max Simon als Führer der SS-Wachtruppe an die Kommandantur des KL Sachsenburg vom 20.1.1936 (BArch, BDC, VBS 286/6400001930, Bl. 48773). **97** Ebd. **98** Ebd. Als KTD wurde der Kontrolldienst der Wachposten bezeichnet. Ich danke Stefan Hördler für die Unterstützung bei den Recherchen. **99** Ebd. **100** Vgl. Abschrift der Karteikarte Richard B. (BArch, BDC, VBS 286/6400001930, Bl. 48691). **101** Vgl. Kommandanturbefehl Nr. 81 vom 14.4.1937 (BArch, DO/1/32570 Bd. 5, o. P.). **102** Vgl. Dienstzeitbescheinigung vom 14.7.1942 (BArch, BDC, VBS 286/6400001930, Bl. 48566). **103** Vgl. Merkl, General Simon, S. 67 ff.

Volker Strähle

»GROSSER PRAKTIKER IN DER BEHANDLUNG VON SCHUTZHÄFTLINGEN«

Max Hähnel, der erste Lagerleiter des KZ Sachsenburg

LEGENDEN UND FORSCHUNGSLÜCKEN: »... DER IST MIT ERSCHOSSEN WORDEN«

Der ehemalige Sachsenburg-Häftling erinnerte sich noch gut an seine Ankunft im Lager: Karl Stenzel war im Juni 1933 als 18-jähriger Jungkommunist ins KZ eingeliefert worden. 76 Jahre später erzählte er von seiner ersten Begegnung mit Lagerleiter Max Hähnel: »Auf dem Hof standen Tische und Bänke, da war Essen auf dem Tisch, Brot und ein Handtuch und Seife. Und nachdem wir Platz genommen hatten, kam der Lagerführer Max Hähnel, der Standartenführer, und er sprach so: ›Nun, jetzt sind Sie hier im Konzentrationslager und ich möchte nur, dass Sie sich mir uns gegenüber loyal verhalten. Schafft es der Führer, dann ist Ihnen ja auch geholfen und schafft er es nicht, äh ja, schafft er es nicht, na, dann ist Ihnen auch geholfen.‹«[1]

Ein KZ-Führer, der frisch angekommene Häftlinge nicht verprügeln, sondern erst einmal bewirten lässt? Der, anstatt markige Reden zu halten, um die Loyalität der Gefangenen bittet und saloppe Sprüche über Adolf Hitler äußert? »Dieser Kasper hatte versucht, auf sanfte Art Konzentrationslager zu machen«,[2] sagte Stenzel über Hähnel. In den Erzählungen ehemaliger Häftlinge erscheint der SA-Lagerleiter als eigenwillige Figur, die Häftlingen fürsorglich begegnete und nationalsozialistische Normen nicht sehr ernst nahm. Hähnel wird als SA-Führer beschrieben, der an die sanfte »Umerziehung« der politischen Gegner glaubte.

Wer also war dieser Max Hähnel? Wie kam es zu seiner späteren Absetzung? Und was ist aus ihm geworden? Während es eine Fülle von Erinnerungsberichten ehemaliger Häftlinge über den ersten Sachsenburger Lagerleiter gibt, hat sich ihm die historische Forschung bislang kaum gewidmet. Insbesondere Hähnels Lebensweg nach der Abberufung aus Sachsenburg lag im Dunkeln, was allerhand Gerüchte befeuerte. Bereits 1959 berichtete

Max Hähnel in der Uniform eines SA-Truppführers, um 1932
Das Foto stammt aus der NSDAP-Mitgliederkartei.

BArch, R 9361-VIII, Kartei 9081700

der ehemalige Sachsenburg-Gefangene Reinhold Andreas, Hähnel sei angeblich im Zusammenhang mit dem »Röhm-Putsch« erschossen worden.[3] Der ehemalige »Sachsenburger« Bodo Ritscher fasste sein Wissen 2008 prägnant zusammen: »Über den damaligen Lagerführer von Sachsenburg, den SA-Führer Hähnel, seine Kapriolen, seine Reden und Eskapaden ist viel geschrieben worden. Bekanntlich wurde er nach dem Sturz des Stabschefs der SA Röhm verhaftet, und seine Spur verschwand.«[4] Und auch Karl Stenzel beendete seine Erzählung zu Hähnel mit den Worten: »Also, es hat ja nach der Röhm-Affäre keinen Hähnel mehr gegeben, der ist mit erschossen worden, ganz offensichtlich, wie fast alle Standartenführer der SA bei der Röhm-Affäre im Juni 1934 umgekommen sind, ermordet und danach sind alle Lager unter SS-Regie gekommen.«[5] Die Forschung zum »Röhm-Putsch« geht davon aus, dass die NS-Führung zwischen dem 30. Juni und 2. Juli 1934 rund 100 Menschen ermorden ließ.[6] Auf der »Todesliste« vom Sommer 1934 ist Hähnel allerdings nicht aufgeführt[7] – seine SA-Akte reicht bis ins Jahr 1940.

1 Zit. nach Anna Schüller, Karl Stenzel bei der Gründung der Lagerarbeitsgemeinschaft Sachsenburg, 12. 6. 2009, Transkript. In: Medienbox zur Geschichte des Konzentrationslagers Sachsenburg. Hg. von Volkshochschule Chemnitz/Stadtbibliothek Chemnitz/Initiative Klick, Chemnitz 2014, S. 41. **2** Zit. nach Zweiter Sachsenburger Dialog in Frankenberg. Abschrift des Mitschnitts. In: Enrico Hilbert/LAG Sachsenburg (Hg.), Sachsenburger Mahn Ruf, Jahresschrift 2012, S. 27. **3** Vgl. Reinhold Andreas, Schutzhaftlager Sachsenburg (BArch, ZPA IML, SgY 30/EA 0010, Bl. 34). **4** Mit der Geschichte leben. Gespräch mit Bodo Ritscher, ehemaliger Häftling im KZ Sachsenburg. In: Enrico Hilbert/Thiemo Kirmse (Hg.), Sachsenburg. Dokumente + Erinnerungen. Neuauflage Chemnitz 2008, S. 60. **5** Schüller, Stenzel, S. 42. **6** Vgl. Daniel Siemens, Stormtroopers. A New History of Hitler's Brownshirts, New Haven 2017, S. 169 f. **7** Vgl. Heinrich Benecke, Die Reichswehr und der »Röhm-Putsch«, München 1964, S. 87 ff.

Die Legende der Ermordung Hähnels fand ungeprüft Eingang in wissenschaftliche Veröffentlichungen.[8] Hähnels Absetzung und Verhaftung im Zusammenhang mit dem »Röhm-Putsch« galt in der Literatur zum KZ Sachsenburg bislang als unstrittig, obwohl es dafür keinen Beleg gibt.[9] Carina Baganz schreibt in dem Standardwerk zu den frühen KZ in Sachsen, Hähnels »Karriere« als Lagerkommandant habe am 30. Juni 1933 mit dem Röhm-Putsch ein Ende gefunden, er sei daraufhin verhaftet worden.[10] Allerdings geht bereits aus dem 1934 von Otto Urban im tschechischen Exil veröffentlichten Bericht hervor, dass Hähnel »als Brigadeführer der SA nach Meiningen in Thüringen über[ge]siedelt« und von seinem Stellvertreter Herbert Kleditzsch abgelöst worden ist.[11]

Für diesen biografischen Beitrag zu Hähnel wurde die umfangreiche Aktenüberlieferung aus verschiedenen Archiven ausgewertet. Erstmals werden sein beruflicher Werdegang und seine NS-Karriere nachvollzogen. Im Mittelpunkt stehen Hähnels Tätigkeit als Lagerleiter im KZ Sachsenburg und die Hintergründe seiner Absetzung: Wie kam es zu seiner Berufung als Lagerleiter? Wie sah sein Verhalten gegenüber Häftlingen aus? Glaubte er tatsächlich an eine »Umerziehung« der Gefangenen? Unter welchen Umständen wurde er als Lagerleiter abgesetzt? Außerdem werden Hähnels Ausschluss aus SA und NSDAP und die Gründe seiner späteren Inhaftierung beleuchtet. Denn auch wenn Hähnel im Sommer 1934 nicht ermordet wurde: In den Monaten nach dem inszenierten »Röhm-Putsch« wurde er – fürs Erste – aus der NS-Bewegung ausgestoßen. Schließlich wird Hähnels Spur bis zu seinem Tod in sowjetischer Kriegsgefangenschaft im Jahr 1946 nachgezeichnet.

Neben den Akten zu Hähnel und zum KZ Sachsenburg aus sächsischen Archiven, insbesondere aus dem Staatsarchiv Chemnitz,[12] wurden erstmals die umfangreichen SA-Akten Hähnels im Bestand des Bundesarchivs Berlin ausgewertet. Ergänzend wurden Berichte ehemaliger Häftlinge hinzugezogen. Für die Klärung des weiteren Lebensweges Hähnels im Zweiten Weltkrieg und seiner Todesumstände waren diverse Standesamtsunterlagen sowie die Auskünfte der Deutschen Dienststelle (WASt) und der Dokumentationsstelle der Stiftung Sächsische Gedenkstätten bedeutend.

Die Forschung zu nationalsozialistischen KZ-Tätern hat sich bislang fast ausschließlich auf SS-Angehörige konzentriert, das Führungspersonal der von der SA geführten Lager ist dagegen bislang kaum untersucht worden. Der folgende Beitrag stellt in diesem Zusammenhang eine Fallstudie zu einem SA-Führer dar, der in staatlichem Auftrag eines der damals größten Konzentrationslager im Deutschen Reich aufbaute. Inwiefern sich Hähnels Verständnis von Organisation und Funktion eines Schutzhaftlagers von dem anderer SA-Lagerleiter unterschied, kann erst die weitere Forschung klären. Sehr deutlich wird jedenfalls, wie bestimmend die Person des Lagerleiters für den Alltag der Gefangenen in der Frühphase des KZ-Systems war.

STEUERBEAMTER UND SA-STANDARTENFÜHRER

Max Hähnel wurde am 14. Juli 1897 im sächsischen Freiberg geboren. Er war das dritte Kind von Karl Emil Hähnel, einem Hilfsfeuerwehrmann bei der Staatsbahn.[13] Nach Abschluss der Volksschule besuchte Hähnel bis zum 17. Lebensjahr das Realgymnasium in Freiberg.[14] Über seine Jugend ist wenig bekannt, Angaben in seinen Lebensläufen dazu fallen spärlich aus. Demnach gehörte Hähnel vor dem Ersten Weltkrieg dem rechten Flügel der Wandervogel-Bewegung an. »Als Schüler Wandervogel und Antisemit«, fasste er im Rückblick seine frühe Prägung zusammen.[15]

Für Hähnels späteres Selbstverständnis waren seine Erfahrungen als Frontsoldat im Ersten Weltkrieg von besonderer Bedeutung.[16] Kurz nach Kriegsausbruch meldete sich der 17-Jährige im September 1914 freiwillig zum Militär. Hähnel kam in Flandern zum Einsatz, wo er im November 1914 verwundet wurde. Nach einem Lazarettaufenthalt wurde er wieder an die Westfront geschickt, ehe er 1917 mit seinem Bataillon nach Galizien und schließlich 1918 nach Mazedonien kam. Zum Vizefeldwebel befördert, gehörte er zuletzt der 2. Kompanie des Jäger-Bataillons 12 an.

Wenige Wochen vor der deutschen Kriegsniederlage wurde Hähnel am 19. September 1918 nach eigenen Angaben bei Kämpfen schwer verwundet. Eine Kugel drang durch Kinn und Hals, angeblich war er dem Tode nahe.[17] Nach Aussage eines Kriegskameraden erhielt er während des anschließenden Lazarettaufenthalts das Eiserne Kreuz verliehen, allerdings keinen entsprechenden schriftlichen Nachweis, weil sich seine Einheit in Auflösung befand.[18] Dieses Ereignis spielte später eine wichtige Rolle: Hähnels SA-interne Gegner bestritten, dass er die Auszeichnung zu Recht trug; der Sachverhalt bildete den Anlass, Hähnel aus der SA und NSDAP auszuschließen. Nachdem Hähnel genesen war, wurde er ins Deutsche Reich transportiert und am 30. September 1919 nach Freiberg entlassen.

In seiner Heimatstadt setzte Hähnel seine Schulausbildung fort. Er absolvierte die Obersekunda und mit 22 Jahren das Abitur. Anschließend schlug er eine Verwaltungslaufbahn ein. Bereits ein Jahr später wurde er 1920 zum Beamten bei der Reichsfinanzverwaltung ernannt.[19] Seine Ausbildung zum Steuerbeamten durchlief Hähnel im Finanzamt Zschopau. Dort blieb er auch im Anschluss im Dienst – bis 1933, als er Lagerleiter des KZ Sachsenburg wurde.

8 Vgl. Carina Baganz, Erziehung zur »Volksgemeinschaft«? Die frühen Konzentrationslager in Sachsen 1933–34/37, Berlin 2005, S. 251. **9** Vgl. Günter Morsch/Agnes Ohm (Hg.), Die Zentrale des KZ-Terrors. Die Inspektion der Konzentrationslager 1934–1945, Berlin 2015, S. 91. **10** Baganz, Erziehung, S. 111. **11** Otto Urban, Burg Hohnstein. In: Konzentrationslager. Ein Appell an das Gewissen der Welt, Karlsbad 1934, S. 233. **12** Ich danke Anna Schüller für die Unterstützung bei der Dokumentenbeschaffung und für ihre fachliche Beratung, ohne die dieser Beitrag so nicht möglich gewesen wäre. **13** Geburtseintrag Max Hähnel, o. D. (Stadtarchiv Freiberg/Sachsen, Nr. 483/1897). **14** Personalfragebogen Hähnel, o. D. (BArch, SA 201 Hähnel, R 9361/III 567194, o. P.). **15** Hähnel an Lutze vom 2. 8. 1939 (BArch, SA Hähnel, D 0096, R 9361/III/572323, o. P.). **16** Die folgende Schilderung des Militärdienstes Hähnels beruht auf dessen eigenen Angaben. Vgl. Untersuchungsausschuss der SA-Gruppe Thüringen: Verhandlungs-Niederschrift vom 2. 10. 1934 (BArch, SA Hähnel, Bl. 97 f.). **17** Vgl. Personalfragebogen Hähnel o. D. (BArch, SA 201 Hähnel, o. P.). **18** Simon an Vogt vom 2. 12. 1933 (BArch, OPG Hähnel D 0094, R 9361 I/14795, Bl. 104). **19** Vgl. Personalfragebogen Hähnel, o. D. (BArch, SA 201 Hähnel, o. P.).

Gerne erinnerte sich Hähnel an die vielbeschworene »Schützengraben-Gemeinschaft« der Kriegszeit. Zusammen mit ehemaligen Kameraden gründete er eigenen Angaben zufolge die »Freie Vereinigung ehemaliger Freiberger Jäger«.[20] Bereits 1921 trat Hähnel dem Deutschvölkischen Schutz- und Trutzbund bei, einem antisemitischen und völkischen Verband.[21] Gleichzeitig knüpfte er an seine Erfahrungen beim »Wandervogel« an: 1923 trat er der Zschopauer Wandergruppe des antisemitischen »Jungdeutschen Ordens« bei.[22]

Hähnel bewegte sich also bereits seit Jahren im völkischen Milieu, ehe er sich 1930 als 33-Jähriger zum Beitritt in die NSDAP und die SA entschloss. In der Gegend um Chemnitz war die nationalsozialistische Bewegung zum damaligen Zeitpunkt längst fest verankert, 1929 war der NSDAP – angesichts der sich rapide verschlechternden Wirtschaftslage – der Durchbruch zur Massenpartei gelungen. Als Beamter war Hähnel nicht von Arbeitslosigkeit und sozialem Abstieg bedroht. Wie er fünf Jahre später im Gnadengesuch an den »Führer« glaubhaft betonte, hatte er sich 1930 der NS-Bewegung aus innerer Überzeugung, nicht aus wirtschaftlicher Unzufriedenheit angeschlossen: »Denn ich hatte meine gesicherte Stellung, hatte mein Eigenheim und hatte mein sog. bürgerliches Leben, gehörte der ›Gesellschaft‹ an.«[23]

Wahrscheinlich hing Hähnels Eintritt in NSDAP und SA mit dessen Bekanntschaft mit Kurt Lasch zusammen.[24] Wie Hähnel in Zschopau, war Lasch Obersteuersekretär in Chemnitz gewesen. Im Juni 1930 ließ Lasch sich beurlauben, um sich ganz seinem Dienst als hauptamtlicher SA-Oberführer und bald auch als NSDAP-Landtagsabgeordneter zu widmen. In den folgenden Jahren erwies er sich jedenfalls innerhalb der SA als zuverlässiger Förderer seines ehemaligen Kollegen Hähnel, den er als »besten Standartenführer der Brigade Chemnitz« bezeichnete.[25] Tatsächlich legte Hähnel eine steile ehrenamtliche Karriere in der »Sturmabteilung« hin: Im Januar 1932 wurde er Truppführer im Sturmbann III/182, im Juli 1932 Sturmführer. Nachdem er im Oktober 1932 zum Sturmbannführer ernannt worden war, übernahm er Ende 1932 schließlich als Führer die Flöhaer Standarte 182.[26]

Die nationalsozialistische Machtübernahme 1933 brachte für Hähnel weitere Aufstiegsmöglichkeiten mit sich. Die NSDAP setzte ihn als Vertrauensmann (»Kommissar«) in der Kreishauptmannschaft Flöha ein, in dieser Funktion trieb er die Gleichschaltung der Verwaltung voran. Amtshauptmann Karl Richard Oesterhelt schrieb im Rückblick an Hähnel: »Daß im Flöhaer Bezirk der staatliche und gemeindliche Verwaltungsapparat ohne wesentliche Reibungen in den nationalsozialistischen Staat hat eingegliedert werden können, ist zu einem großen Teil Ihr persönliches Verdienst.«[27] Hähnel war nun in der NS-Bewegung und im Staatsapparat gleichermaßen verankert.

Anfang März 1933 eskalierte in Sachsen der nationalsozialistische Terror. SA-Einheiten gingen mit aller Gewalt gegen ihre politischen Gegner vor, zeitweise verlor die Polizei die Kontrolle. Um die »Ordnung wiederherzustellen«, wurde im März 1933 in Sachsen eine Hilfspolizei von 1500 Mann aufgestellt, die ausgerechnet aus Angehörigen der SA, SS und rechter Wehrverbände bestand.[28] Einer dieser Männer war Hähnel, der als Hilfspolizeibeamter der Amtshauptmannschaft Flöha verpflichtet wurde.[29]

Bereits am 9. März 1933 entstand in einer Turnhalle in Plaue bei Flöha ein improvisiertes Lager für politische Gefangene.[30] In dem frühen Konzentrationslager Sachsens misshandelten die Wachmannschaften ihre Gefangenen auf die brutalste Weise. Wahrscheinlich kamen im KZ Plaue SA-Männer der Standarte 182 zum Einsatz. Laut den Akten der Amtshauptmannschaft Flöha hatte allerdings Fritz Sobolewski von März bis Mai 1933 die »gesamte Leitung des Lagers und der Wirtschaftsverwaltung« inne.[31] Für die Berichte ehemaliger Sachsenburg-Häftlinge, wonach zunächst Hähnel das Lager Plaue leitete,[32] gibt es keinen Beleg in den Akten. Es ist jedoch anzunehmen, dass Hähnel als Führer der Flöhaer SA-Standarte Zugang zu dem Lager hatte und über die Misshandlungen Bescheid wusste.

LAGERLEITER IM »SCHUTZHAFTLAGER SACHSENBURG«

Hähnel war von Anfang an involviert, als die Planungen für das künftige Lager Sachsenburg begannen. Nachdem die »Schutzhaftzentrale« des Sächsischen Landeskriminalamts den Plan gefasst hatte, in der ehemaligen Spinnerei ein Konzentrationslager einzurichten, fand am 12. April 1933 eine Besichtigung des Geländes statt. Hähnel nahm daran in seiner Funktion als Vertrauensmann der NSDAP bei der Amtshauptmannschaft Flöha teil, ebenso sein Vorgesetzter bei der SA, Oberführer Lasch.[33] Noch im selben Monat wurde Hähnel als Leiter des »Schutzhaftlagers Sachsenburg« berufen. Schließlich erschien er als die ideale Besetzung: Der frisch ernannte Standartenführer genoss das Vertrauen der regionalen SA und NSDAP, als langjähriger Finanzbeamter galt er außerdem als Verwaltungsexperte. Tatsächlich sollte sich Hähnel als Organisationstalent entpuppen.

Nachdem Anfang Mai die ersten Häftlinge eingetroffen waren, wurde das Lager unter Hähnels Kommando innerhalb von wenigen Wochen für eine Aufnahmekapazität von bis zu 2 000 Häftlingen ausgebaut.[34] Im August 1933 galt das SA-geführte und der »Schutz-

20 Vgl. Hähnel an Hitler vom 17. 1. 1935 (BArch, SA Hähnel, Bl. 131). **21** Vgl. Personalfragebogen Hähnel, o. D. (BArch, SA 201 Hähnel, o. P.). **22** Vgl. ebd. **23** Hähnel an Hitler vom 17. 1. 1935 (BArch, SA Hähnel, Bl. 131). **24** Zur Person des Chemnitzer SA-Führers Kurt Lasch und zu seiner Mitwirkung an Verbrechen vgl. Daniel Siemens, SA-Gewalt, nationalsozialistische »Revolution« und Staatsraison. Der Fall des Chemnitzer Kriminalamtschefs Albrecht Böhme 1933/34. In: Sybille Steinbacher/Nicolaus Wachsmann (Hg.), Die Linke im Visier. Zur Errichtung der Konzentrationslager 1933, Göttingen 2014, S. 196. **25** Vgl. Lasch an Hayn vom 3. 1. 1934 (BArch, SA Hähnel, Bl. 50). **26** Vgl. Personalfragebogen Hähnel, o. D. (BArch, SA 201 Hähnel, o. P.). **27** Oesterhelt an Hähnel vom 30. 10. 1933 (BArch, SA Hähnel, o. P.). **28** Vgl. Carsten Schreiber, Täter und Opfer. Der Verfolgungsapparat im NS-Staat. In: Clemens Vollnhals (Hg.), Sachsen in der NS-Zeit, Leipzig 2002, S. 172. **29** Vgl. LKA an AH Flöha vom 20. 5. 1933 (Akten der AH Flöha, den Lagerleiter und Standartenführer Hähnel im Schutzhaftlager Sachsenburg betr. 1933–34, SächsStA-C, AH Flöha 30044, Nr. 2393, Bl. 90). **30** Vgl. Baganz, Erziehung, S. 84. **31** Vgl. Bescheinigung der AH Flöha vom 16. 12. 1933 (SächsStA-C, AH Flöha 30044, Nr. 2393, Bl. 140). **32** Vgl. Tausend Kameraden Mann an Mann. Beiträge zur Geschichte des antifaschistischen Widerstandskampfes im Konzentrationslager Sachsenburg. Hg. von der Kreisleitung der SED Hainichen, 3., überarb. Aufl. Hainichen 1987, S. 30 sowie Schüller, Stenzel, S. 41. **33** Vgl. Baganz, Erziehung, S. 108. **34** Vgl. ebd.

haftzentrale« des sächsischen Landeskriminalamts unterstellte KZ Sachsenburg als »das einzige Großlager für besserungsfähige Schutzhäftlinge in ganz Sachsen«.[35] Hähnel war dabei als Lagerführer für die Festlegung der Haftbedingungen einzelner Gefangener verantwortlich. Anfang September waren laut einem Bericht Hähnels 1 271 Menschen inhaftiert, ihnen stand eine »Wachmannschaft« von 244 Personen gegenüber.[36] Für die Bewachung der Gefangenen sorgte die Hähnel unterstellte Flöhaer SA-Standarte 182. Den reibungslosen Betrieb des Lagers sollten neben Hähnel zwei Beamte als Wirtschafts- und Kasseninspektoren sowie zwei Angestellte für den Betrieb der Dampfmaschine und der Küche gewährleisten. Der rigide Tagesablauf der Gefangenen war gekennzeichnet durch Appelle, Arbeitsdienst und Essenszeiten.

Um seine Tätigkeit als KZ-Leiter ausfüllen zu können, war der Steuerbeamte Hähnel aus dem Reichsdienst beurlaubt worden.[37] Hähnels Freistellung vom Dienst im Finanzamt wurde stets nur für einige Monate ausgesprochen. Anfang November 1933 beschwerte er sich, dass er deshalb in ständiger Unsicherheit leben müsse, und bat um eine »Beurlaubung bis auf weiteres«.[38] Dieser Bitte wurde jedoch nicht entsprochen. Zuletzt wurde Hähnel im April 1934 vom Sächsischen Innenministerium nochmals bis zum 30. Juni 1934 beurlaubt.[39]

Hähnel erhielt für seine KZ-Tätigkeit ein Gehalt, das den vollen Dienstbezügen entsprach, die er als Steuerbeamter erhalten hatte. Hinzu kamen weitere 150 Reichsmark für die »besonderen Leistungen und die höhere Verantwortung, die mit der Leitung des Schutzhaftlagers Sachsenburg verbunden sind«.[40] Damit verfügte Hähnel über ein vergleichsweise hohes Gehalt von 450 Reichsmark monatlich, hinzu kamen weitere 50 Reichsmark für den Dienst als Standartenführer.[41] Als Lagerleiter verfügte er über eine eigene Dienstwohnung in Sachsenburg. Wie aus Häftlingsberichten hervorgeht, befand sich diese in der ehemaligen Fabrikantenvilla, die später als »Kommandantenhaus« bezeichnet wurde.[42] Das Gebäude lag – abgegrenzt durch einen Zaun – direkt am Rande des KZ-Geländes mit dem Appellplatz. Allerdings besaß Hähnel auch weiterhin sein Haus in Zschopau. Dabei nutzte er seinen Zugriff auf die Schutzhäftlinge des Lagers Sachsenburg, um diese für private Zwecke einzuspannen. So ließ er sich von Häftlingen sein Zschopauer Grundstück herrichten[43] sowie ein großes Holztor für sein Haus anfertigen.[44] Ein weiteres Privileg, das Hähnel als Lagerleiter zustand, war die Nutzung des lagereigenen Kraftwagens samt Fahrer.[45]

»ERZIEHUNGSARBEIT« UND »VERSÖHNUNGSPOLITIK« GEGENÜBER POLITISCHEN GEGNERN

Die frühen Konzentrationslager wurden von den Nationalsozialisten als Einrichtungen zur »Umerziehung« von gefährlichen politischen Gegnern des neuen Staates präsentiert. Diesem »Erziehungsauftrag« sollte auch das KZ Sachsenburg dienen, wie die Amtshauptmannschaft Flöha im November 1933 formulierte: »Eins der Hauptziele der Durchführung der Schutzhaft ist, den durch marxistische Verhetzung in der Vergangenheit sittlich verwilderten Schutzhäftlingen wieder Sinn für Ordnung, Unterordnung und Eingliederung und für geregelte Arbeit beizubringen und ganz allgemein sie zu brauchbaren Gliedern des neuen Staates zu erziehen.«[46] Für diese Aufgabe brauche es einen »großen Praktiker in der Behandlung von Schutzhäftlingen«, wie es Hähnel mit seinen »vorbildlichen Erziehungsmethoden« und »großen erzieherischen Erfolgen« sei.

Die frühen Konzentrationslager dienten im Wesentlichen dazu, politische Gegner durch physische und psychische Gewalt einzuschüchtern. Daher erscheint es fraglich, dass die NS-Führung tatsächlich daran glaubte, Häftlinge »umerziehen« und in die Volksgemeinschaft integrieren zu könnten. War das Erziehungspostulat also bloße Rhetorik? Ging es allein darum, die Massenverhaftungen gegenüber der Bevölkerung zu legitimieren? Im Folgenden soll dargestellt werden, welchen Stellenwert der SA-Lagerleiter Hähnel der »Erziehung« der Gefangenen beimaß, welche Methoden er anwendete und wann er Gewaltanwendung für angebracht hielt. Bereits in einem 1936 veröffentlichten Bericht des ehemaligen Häftlings Hugo Gräf hieß es, dass die Gefangenen unter Hähnel »im Vergleich zu anderen Lagern damals verhältnismäßig anständig behandelt« wurden: »Hähnel stand auf dem Standpunkt, daß die Gefangenen – als politische Gegner – nur zu gewinnen seien, wenn sie als Menschen behandelt würden.«[47] Hähnel selber hatte seinen Ansatz in ähnlichen Worten zusammengefasst: »Mein Ziel ging dahin, den Häftlingen die Gedanken der Bewegung nicht einzubläuen, sondern sie allmählich durch eine gerechte und menschliche Behandlungsweise hinzuführen.«[48] Diese Aussage demonstriert jedoch auch, dass es Hähnels Verständnis von »Gerechtigkeit« und »Menschlichkeit« erlaubte, Menschen wegen ihrer politischen Überzeugung einzusperren, um sie nach eigenen Vorstellungen zu formen.

Noch während er Lagerleiter in Sachsenburg war, wurde Hähnel innerhalb der SA vorgeworfen, zu wenig Härte gegenüber Gefangenen zu zeigen. In einer Befragung sagte der Standartengeldverwalter Neuhahn aus: »Es trifft zu, dass Hähnel die Häftlinge menschlich behandelt. Er schlägt ihnen gegenüber jedenfalls selten einen rauhen Ton an, soweit ich das beobachten konnte. Im Gegensatz dazu behandelte er häufig SA-Mitglieder in sehr übler Form.«[49] Wie aus Häftlingsberichten hervorgeht, waren allerdings auch die Gefangenen den Launen des Lagerleiters ausgeliefert. Hähnel sei »krankhaft wechselnden Stimmungen unterworfen«, schrieb Otto Meinel: »Er konnte zu einem

35 Oesterhelt an das LKA vom 6.11.1933 (SächsStA-C, AH Flöha, Nr. 2399, Bl. 5). **36** Hähnel an das LKA vom 6.9.1933 (SächsStA-C, Akten der AH Flöha, Lager Sachsenburg 1933–1938, AH Flöha 30044, Nr. 2393, Bl. 130). **37** Vgl. Oberfinanzkasse Dresden an AH Flöha vom 21.9.1933 (SächsStA-C, AH Flöha, Nr. 2399, Bl. 2). **38** Hähnel an AH Flöha vom 1.11.1933 (SächsStA-C, AH Flöha, Nr. 2399, Bl. 4). **39** SMdI an Leitung des Schutzhaftlagers Sachsenburg vom 1.11.1933 (SächsStA-C, AH Flöha, Nr. 2399, o. P.). **40** SMdI an AH Flöha vom 2.12.1933 (SächsStA-C, AH Flöha, Nr. 2399, Bl. 13). **41** Vgl. Vernehmung Neuhahn vom 30.11.1933 (BArch, SA Hähnel, Bl. 35). **42** Vgl. Andreas, Sachsenburg (BArch, ZPA IML, SgY 30/EA 0010, Bl. 34) sowie Tausend Kameraden, S. 12 und 14. **43** Vgl. Untersuchungsausschuss der SA-Gruppe Thüringen: Verhandlungs-Niederschrift vom 2.10.1934 (BArch, SA Hähnel, Bl. 96) und Befragung Hähnel durch Brigade 34 vom 1.12.1933 (BArch, SA Hähnel, Bl. 42). **44** Vgl. Vernehmung Neuhahn vom 30.11.1933 (BArch, SA Hähnel, Bl. 35). **45** Vgl. AH Flöha an SMdI vom 27.11.1933 (SächsStA-C, AH Flöha, Nr. 2399, o. P.). **46** Oesterhelt an LKA vom 6.11.1933 (SächsStA-C, AH Flöha, Nr. 2399, Bl. 5). **47** Hugo Gräf, Sachsenburg. Bericht aus einer Hölle. In: AIZ vom 17.6.1936. **48** Untersuchungsausschuss bei der SA-Gruppe Thüringen: Verhandlungs-Niederschrift vom 2.10.1934 (BArch, SA Hähnel, Bl. 93). **49** Vernehmung Neuhahn vom 30.11.1933 (BArch, SA Hähnel, Bl. 35).

Gefangenen recht freundlich sein – im nächsten Augenblick aber brüllte er, stieß fürchterliche Drohungen aus, warf seinem Opfer die gemeinsten Beleidigungen ins Gesicht.«[50] So habe er Gefangene gewarnt, nach ihrer Entlassung über die Haftbedingungen in Sachsenburg zu sprechen: Er werde sie sonst »über einen Haufen knallen wie einen tollen Hund!«

Es ist kein Häftlingsbericht bekannt, in welchem davon die Rede ist, dass Hähnel in Sachsenburg persönlich tätliche Gewalt anwendete oder diese anordnete. »Es ist richtig, dass ich die Schutzhäftlinge menschlich und nicht brutal behandelt habe«, gab Hähnel später vor einem SA-Untersuchungsausschuss an.[51] Nach der NS-Machtübernahme seien im Chemnitzer Bezirk Gefangene möglichst brutal behandelt worden, um Vergeltung zu üben. Er selber präsentierte sich dagegen als SA-Mann, der Gewalttätigkeiten eindämmte: »Soweit ich bei der Übernahme des Schutzhaftlagers Sachsenburg in der Lage war, habe ich diese brutale Behandlungsweise abgestellt und sie auf eine menschliche Basis gestellt.«[52] Aus Häftlingsberichten geht hervor, dass gewaltbereite SA-Männer auf die Abwesenheit Hähnels warteten, um Häftlinge zu misshandeln. Während Hähnel im August/September 1933 am Reichsparteitag in Nürnberg teilnahm, seien Gefangene halb tot geprügelt und in die Bunker gesperrt worden.[53] Hähnel deckte allerdings die Folterungen durch andere SA-Führer. Als in Sachsenburg Häftlinge aus dem Lager Hainichen eingeliefert wurden, die massive Spuren von Misshandlungen zeigten, meldete er dies nicht weiter.[54]

In der Frage der Legitimität von Gewalt unterschied Hähnel zwischen der »Kampfphase« der Bewegung und dem gefestigten nationalsozialistischen Staat. So betonte Hähnel im Juli 1933, bis zur Niederschlagung gegnerischer Angriffe sei »selbstverständlich jedes Mittel zur Erreichung des Ziels« erlaubt gewesen.[55] Nach »Beendigung des Ansturmes« lehne er es jedoch ab, »wehrlos Gefangene ohne tieferen Grund in teilweise viehischer Weise schlagen und misshandeln zu lassen«. In bestimmten Fällen billigte er allerdings den Einsatz des Knüppels, die Entscheidung sollte seiner Intuition überlassen sein: »Endlich betone ich, daß ich als SA-Führer und alter Kämpfer sehr wohl den Moment zu erfassen in der Lage bin, in denen gegen Einzelne nachdrücklich und letzten Endes unter Anwendung des Gummiknüppels vorgegangen werden muss.«

Hähnels Erziehungspraxis war von patriarchalisch-autoritären Mustern bestimmt, wie er sie aus dem Militär kannte. Insbesondere wenn Hähnel mit ehemaligen Kriegsteilnehmern konfrontiert war, betrachtete er diese gleichsam als ihm untergeordnete Soldaten, denen er als Offizier vorgesetzt war. In diesem Zusammenhang sprach er Gefangene als »Kameraden« an, was ihm von SA-Angehörigen wiederholt vorgeworfen wurde. In der Verhandlung vor dem SA-Gericht erklärte Hähnel später seine Herangehensweise: »Es wurden vielfach verheiratete Leute von 40 und mehr Jahren eingeliefert. Es ist oft vorgekommen, daß gerade diese zusammenbrachen. Da habe ich zu den Leuten, soweit sie gediente Soldaten gewesen sind, etwa gesagt: ›Kamerad. Beruhigen Sie sich doch, fassen Sie die Sache auf, als ob Sie hier Rekruten wären, die für das Dritte Reich eine kasernierte Ausbildungszeit durchzumachen haben.‹«[56]

Wie aber versuchte Hähnel, die politischen Gegner vom nationalsozialistischen Staat zu überzeugen? Die erzwungene Arbeit im Lager und gutes Zureden allein konnte aus Kommunisten und Sozialdemokraten noch keine Unterstützer der NS-Ideologie machen. Ein Mittel der Beeinflussung waren regelmäßig veranstaltete Schulungen. Dabei setzte Hähnel nicht auf eine Indoktrination der Gefangenen, diese sollten sich stattdessen möglichst selbstständig mit den Inhalten auseinandersetzen. Wie Hähnel schrieb, hielt er »aus grundsätzlichen Erwägungen« nichts von »lehrmäßigem Vortrag und schulmäßigem Abfragen«.[57] Im Lager referierten einmal in der Woche »Bildungswarte« über verschiedene Themen, die Vorträge sollten sich aber »niemals über eine halbe Stunde ausdehnen«.[58] Bei weltanschaulichen Themen ließ Hähnel »durch Rede und Gegenrede einzelne Probleme noch erörtern«. Auch versuchte er, ausgewählte Häftlinge einzubinden, indem er sie etwa beauftragte, die »Gesangs- und Musikstunde« zu leiten. Die Teilnahme war allerdings nicht freiwillig. Auch gab es unter Hähnel einen »Zwang, nationalsozialistische Zeitungen zu lesen«. Wie aus einer Vielzahl unterschiedlicher Quellen hervorgeht, glaubte Hähnel also fest daran, politische Gegner der Nationalsozialisten im Konzentrationslager umerziehen zu können.

Wie erfolgreich die »Umerziehung« war, lässt sich allerdings schwer bestimmen. Ein »Gradmesser der geleisteten Erziehungsarbeit« sollte die Volksabstimmung über den Austritt Deutschlands aus dem Völkerbund vom 12. November 1933 sein, wie der kommunistische Überläufer Walter Otto es in seinem NS-Bekenntnis schrieb.[59] Hähnel ließ die geheime Abstimmung auch im Lager durchführen, es war sogar ein Wahlausschuss berufen worden, der sich paritätisch aus Wachmannschaften und Häftlingen zusammensetzte.[60] »Man muss sich das vorstellen: Der Lagerführer fordert die Gefangenen zu einem ›Treuebekenntnis zum Führer‹ auf«, kommentierte das später der damals inhaftierte Bodo Ritscher.[61]

Im Vorfeld hatten einige als Kommunisten inhaftierte Häftlinge mit Unterstützung der SA eine »Ja«-Kampagne im Lager entfaltet.[62] Zwar stimmte im Wahllokal des Lagers eine Mehrheit für die NSDAP-Liste und den Austritt aus dem Völkerbund, dieser Sieg kam allerdings nur aufgrund der Stimmen der SA-Wachmannschaften zustande, unter den

50 Otto Meinel, Sachsenburg. In: Konzentrationslager. Ein Appell an das Gewissen der Welt, Karlsbad 1934, S. 161. **51** Untersuchungsausschuss der SA-Gruppe Thüringen: Verhandlungs-Niederschrift vom 2.10.1934 (BArch, SA Hähnel, Bl. 93). **52** Hähnel an NSDAP-Ortsgruppe Hainichen vom 14.7.1933 (SächsStA-C, AH Flöha, Nr. 2399, Bl. 13). **53** Vgl. Andreas, Sachsenburg (BArch, ZPA IML, SgY 30/EA 0010, Bl. 33). **54** Hähnel an NSDAP-Ortsgruppe Hainichen vom 14.7.1933 (SächsStA-C, AH Flöha, Nr. 2399, Bl. 13). **55** Ebd., Bl. 14. **56** Untersuchungsausschuss der SA-Gruppe Thüringen: Verhandlungs-Niederschrift vom 2.10.1934 (BArch, SA Hähnel, Bl. 94). **57** Hähnel an Gestapa Sachsen vom 6.9.1933 (SächsStA-C, AH Flöha, Nr. 2393, Bl. 132). **58** Hähnel an NSDAP-Ortsgruppe Hainichen vom 14.7.1933 (SächsStA-C, AH Flöha, Nr. 2399, Bl. 13). **59** Fritz Dasecke/Walter Otto, Vom Kommunismus über die Schutzhaft zum Nationalsozialismus, Leipzig 1934, S. 19. Abgedruckt in: Hilbert/LAG (Hg.), Sachsenburger Mahn Ruf, Jahresschrift 2012, S. 11–20. **60** Vgl. Tausend Kameraden, S. 18. **61** Mit der Geschichte leben. Gespräch mit Bodo Ritscher. In: Hilbert/Kirmse (Hg.), Sachsenburg, S. 65. **62** Vgl. ebd., S. 66. **63** Bürgermeister Stark: Meldung des Abstimmungsergebnisses vom 12.11.1933 (Stadtarchiv Frankenberg, Ordner zum KZ Sachsenburg, o. P.).

Kreis Flöha

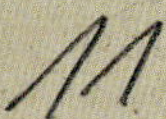

Flöha

Abschied von Standartenführer Hähnel

Er übernimmt die SA-Brigade Meiningen

Werden und Entwicklung der SA im Flöhaer und Freiberger Bezirk sind mit dem Namen des Standartenführers Hähnel unlöslich verbunden. Seine angeborenen Führereigenschaften führten schon frühzeitig zu seiner Entdeckung in den Reihen der Standarte 104, in der er schnell von Stufe zu Stufe emporstieg.

Im Dezember 1932 wurde er zum Führer der Standarte 182 ernannt. Mit unübertrefflichem seelischen Schwung schuf Standartenführer Hähnel in dem kurzen Zeitraum von wenigen Monaten im wildbewegten Winter 1932/33 seiner Standarte 182 das Rüstzeug für die Erfüllung der schweren Aufgaben, die ihrer bei der Vorbereitung, Durchführung und Sicherung der nationalsozialistischen Revolution harrten, und organisierte mit Meisterhand die planmäßige Mitwirkung seiner Standarte bei der Machtübernahme durch die NSDAP in den denkwürdigen Märztagen des Jahres 1933.

Im Frühjahr 1933 wurde ihm auch noch das verantwortungsvolle Amt des Vertrauensmannes der NSDAP bei der Amtshauptmannschaft Flöha und im Mai die Leitung des zeitweise über 1000 Schutzhäftlinge und mehrere hundert Köpfe Bewachungsmannschaft aus der SA beherbergenden Schutzhaftlagers Sachsenburg übertragen. In allen drei bedeutsamen Stellungen als Standartenführer, Vertrauensmann bei der politischen Staatsbehörde und Schutzhaftlagerleiter hat er sich bleibende hohe Verdienste um Aufbau und Festigung des neuen Staates erworben.

Das war auch der Grund, weshalb gerade er bei der Neuaufstellung der Standarte Jäger 12 in Freiberg Anfang Januar 1934 zum Führer dieser neuen Standarte ausersehen wurde.

Wir sehen unseren allgemein verehrten, geliebten ehemaligen Standartenführer ungern von uns scheiden, bewahren ihm unauslöschlichen Dank in unserem Herzen und wünschen ihm vollen Erfolg in seinem neuen bedeutsamen Wirkungskreis.

Standartenführer Hähnel

Pressebericht zur Verabschiedung Hähnels als Standartenführer in Flöha
Die Orden, welche Hähnel auf dem Foto trägt, sind durch rote Kreuze markiert worden.
Chemnitzer Tageszeitung, 24.4.1934

BArch, SA Hähnel, D 0096, R 9361/III/572323, Bl. 70

Häftlingen überwog die Ablehnung.[63] In der kommunistischen Nachkriegserzählung wurde daraus ein deutlicher Sieg der NS-Gegner.[64] Die zahlreichen Überläufer konnte aber auch Hähnel als persönlichen Erfolg verbuchen. Die ehemaligen kommunistischen Funktionäre Walter Otto und Fritz Dasecke bekannten sich in einer Propagandaschrift zum Nationalsozialismus, welche sie fünf Sachsenburger SA-Führern widmeten, allen voran Max Hähnel.[65]

Laut Häftlingsberichten ließ Hähnel nach der Volksabstimmung die Lagerordnung verschärfen, so soll eine dreiwöchige Besuchssperre verhängt worden sein.[66] Hähnel selber sprach davon, seine »Versöhnungspolitik«[67] gegenüber den politischen Gegnern fortzusetzen. Als kurz darauf ein kommunistischer Häftling aus Leipzig starb, ließ Hähnel 20 Häftlinge an der Beerdigung teilnehmen, sechs SA-Männer waren als Bewachung abgeordnet.[68] Dabei wurde ein Kranz niedergelegt, versehen mit einer Schleife mit der Aufschrift »Schutzhaftlager Sachsenburg«.

In seinen Reden vor Häftlingen gab sich Hähnel häufig freundlich und nachsichtig. Ehemalige Häftlinge erinnerten sich an seine launigen Ansprachen und seinen bisweilen lockeren Umgang mit offiziellen Vorgaben. So erzählte Otto Schubring, wie Hähnel eines Tages zum Zählappell eine neue Anordnung verkündete: »Es gibt eine neue Verfügung, nach der die Häftlinge mit ›Heil Hitler‹ zu grüßen haben. Das kann ich aber unmöglich von Ihnen verlangen, denn unter Ihnen sind gebildete Leute, sonst wären Sie ja keine Kommunisten oder sonst was geworden. Aber eines verlange ich, sagen sie ›Heil‹ und denken Sie an Moskau oder sonst was, das ist mir scheißegal!«[69]

Allerdings wurde Hähnels Agieren von ehemaligen Gefangenen unterschiedlich bewertet. So heißt es in dem von Karl Otto verfassten Bericht »Tausend Kameraden«, der maßgeblichen DDR-Veröffentlichung zum KZ Sachsenburg, Hähnel habe durch seine »demagogischen Reden und Versprechungen« versucht, »Zersetzung in die Reihen der politischen Häftlinge zu tragen«.[70] Bereits zeitgenössische Berichte legen nahe, dass die Gefangenen Hähnel nicht vertrauen konnten. Meinel berichtet, dass Hähnel den Häftlingen eines Tages beim Appell versprochen habe, dass jeder Gefangene 10 Reichspfennige pro Tag für die Arbeit im Außenkommando erhielte.[71] Keinem sei die Entlohnung ausgezahlt worden.

ABBERUFUNG NACH THÜRINGEN UND ZWANGSURLAUB

Im April 1934 wurde Standartenführer Hähnel als Leiter des KZ Sachsenburg abgesetzt. Seine Abberufung erfolgte also mehr als zwei Monate vor dem »Röhm-Putsch« und mehr als drei Monate vor der Übernahme des Lagers durch die SS. Dass Hähnel seinen Posten unfreiwillig räumte, sollte die Öffentlichkeit allerdings nicht erfahren. Zu seiner offiziellen Verabschiedung vermeldete die »Chemnitzer Tageszeitung« am 24. April 1934, Hähnel habe sich »bleibende hohe Verdienste um Aufbau und Festigung des neuen Staates erworben«.[72] Lapidar wurde vermeldet, dass Hähnel die SA-Brigade 43 in Meiningen übernehmen sollte.

64 Vgl. Tausend Kameraden, S. 18. **65** Dasecke/Otto, Vom Kommunismus, S. 1. **66** Meinel, Sachsenburg, S. 163. **67** Untersuchungsausschuss der SA-Gruppe Thüringen: Verhandlungs-Niederschrift vom 2. 10. 1934 (BArch, SA Hähnel, Bl. 95). **68** Vgl. ebd. und Befragung Hähnels durch Brigade 34 vom 1. 12. 1933 (BArch, SA Hähnel, Bl. 38). **69** Biografisches über Otto Schubring. In: Paul Jattke/LAG Sachsenburg (Hg.), Sachsenburger Mahn Ruf, Jahresschrift 2010, S. 13. **70** Tausend Kameraden, S. 12. **71** Meinel, Sachsenburg, S. 158. **72** Abschied von Standartenführer Hähnel. Er übernimmt die SA-Brigade Meiningen. In: Chemnitzer Tageszeitung, Kreis Flöha, Nr. 113, 24. 4. 1934 (BArch, SA Hähnel, Bl. 70).

…A der N.S.D.A.P.

Brigade 34 (Chemnitz)

10 69.

Chemnitz, am 2. 5. 34
Geschäftsstelle: Poststraße 12 II
Postanschrift: Schließfach 653 - Fernruf: 24071
Bankkonto: Chtz. Giro Bank 1158
Postscheckkonto der Chtz. Giro Bank: Leipzig 1091.
V/Fri.

Briefb. Nr. ……

Betrifft: Standartenführer Hähnel

…zug: ./.

Beilagen: 1

An Gruppe Sachsen

In der Anlage überreiche ich einen Zeitungsausschnitt betreffend Abschied von Standartenführer Hähnel und verweise insbesondere auf die Fotografie, auf welcher der Standartenführer wieder das E.K.I und den türkischen Halbmond trägt.

Eingang 4. Mai 1934 6034
zur Bearbeitung

Der Führer der Brigade 34 (Chemn…
Vogt
Brigadeführer

z/A Hähnel

Die Abbildung Hähnels in der Chemnitzer Tageszeitung vom 24.4.1934 diente als Beleg dafür, dass dieser zu Unrecht Kriegsauszeichnungen getragen hatte. Vogt an Gruppe Sachsen, 2.5.1934

BArch, SA Hähnel, D 0096, R 9361/III/572323, Bl. 69

Zu dem Zeitpunkt hatte Hähnel das Vertrauen seiner Vorgesetzten verloren. Wegen zahlreicher Konflikte mit Untergebenen und seiner infrage gestellten Autorität erschien er in Sachsen als SA-Führer nicht mehr tragbar. Unmittelbar vor seiner Abberufung im April 1934 wurde ihm eine äußerst negative Beurteilung ausgestellt: Hähnel, hieß es, neige »zum Jähzorn und zur Selbstsucht«.[73] Außerdem wurde ihm vorgeworfen, »in seinem Handeln nicht immer Nationalsozialist« zu sein. Hähnel, so der Beschluss, solle deshalb außerhalb von Sachsen eingesetzt werden.[74]

Die Auseinandersetzung, die schließlich zu Hähnels Abberufung führen sollte, hatte Ende 1933 begonnen. Hähnel meldete den Führer eines Sachsenburger Wachsturms, Orliczek, wegen Trunkenheit im Dienst.[75] In seiner Vernehmung erhob Orliczek daraufhin eine Reihe von Vorwürfen gegen Hähnel. Unter anderem gab er an, Hähnel behandle seine Untergebenen schlecht, während er sich gegenüber Schutzhäftlingen als Kamerad aufspiele.[76]

In Befragungen beschwerten sich weitere Sachsenburger SA-Männer über die schlechte Behandlung durch Hähnel. Der Standartengeldverwalter Neuhahn sagte aus, Hähnel sei unberechenbar: Seine Untergebenen gingen »mit Zittern und Zagen zu ihm ins Zimmer«.[77] Mit den Vorwürfen konfrontiert, gab Hähnel zu, gelegentlich Häftlinge als »Kameraden« anzusprechen, um »aufgeregte Gemüter zu beruhigen«.[78] Auch räumte er ein, regelmäßig seine SA-Männer als »Rindvieh [...]anzupfeifen«.

Zunächst stellte sich Brigadeführer Vogt hinter Hähnel: Die erhobenen Vorwürfe seien »Klatsch« und »übertrieben«.[79] Allerdings verlor Hähnel offenbar rasch an Rückhalt. Anfang Januar 1934 bot Hähnels Förderer Lasch, mittlerweile SA-Führer der Gruppe Thüringen, an, ihn in Thüringen zu verwenden, sollte er in Sachsen nicht mehr tragbar sein.[80]

Schließlich wurde Hähnel ein Vorwurf zum Verhängnis, den ebenfalls sein einstiger Untergebener Orliczek erhoben hatte: Hähnel, hieß es, trage ohne Berechtigung das Eiserne Kreuz. Anfang April 1934 kam die Chemnitzer SA-Brigade 34 zu dem Schluss, dass Hähnel nicht befugt war, die Kriegsauszeichnung zu tragen.[81] Ihm wurde eine letzte Frist bis 11. April 1934 gesetzt, die Verleihungsurkunden vorzulegen. Hähnels Vorgesetzte wussten genau, dass dieser keinen entsprechenden Nachweis erbringen konnte, da die Verleihung nur mündlich erfolgt war, wie ein Zeuge angegeben hatte.[82] Hähnel sah keine andere Chance mehr, als sich unter die Obhut Laschs zu begeben: Am 7. April 1934 bat er um seine Versetzung zum Stab der SA-Gruppe Thüringen.[83] Im selben Monat beendete er seine Tätigkeit als Führer der Standarte 182 und der Standarte »Jäger 12«, die er im Januar übernommen hatte. Damit verlor er auch seine Stellung als KZ-Leiter.

Seinen SA-Posten in Meiningen trat Hähnel offenbar nicht an. Laut dem SA-Personalfragebogen war Hähnel zwar vom 19. April bis 31. Dezember 1934 Führer der SA-Brigade 43 in Meiningen.[84] Allerdings sprach Hähnel selber davon, im Juli 1934 »zwangsweise beurlaubt« worden zu sein.[85] Bereits während des »Röhm-Putsches« Ende Juni 1934 hatte sich Hähnel zum Urlaub am Bodensee aufgehalten.[86] Später wehrte er sich gegen das Gerücht, er sei in diesen Tagen in die Schweiz geflüchtet. Nachdem er von der »Röhmrevolte« gehört hatte, sei er sofort zu seiner Dienststelle abgereist.[87]

Hähnels Zwangsurlaub hing mit Machtkämpfen innerhalb der SA zusammen. In Thüringen arbeitete der dortige Reichsstatthalter und Gauleiter Fritz Sauckel daran, den SA-Oberführer Lasch kaltzustellen. Unter anderem beschwerte er sich bei der Obersten SA-Füh-

73 SA-Führerbeurteilung Hähnel vom 16.4.1934 (BArch, SA Hähnel, Bl. 1). **74** Ebd. **75** Hähnel an Brigade 34: Betr. Orliczek vom 30.10.1933 (BArch, SA Hähnel, Bl. 21 f.). **76** Vernehmung Orliczek, o.D. (BArch, SA Hähnel, Bl. 29). **77** Vgl. Vernehmung Neuhahn vom 30.11.1933 (BArch, SA Hähnel, Bl. 35). **78** Befragung Hähnel durch Brigade 34 vom 1.12.1933 (BArch, SA Hähnel, Bl. 42). **79** Vogt an SA-Gruppe Sachsen vom 1.12.1933 (BArch, SA Hähnel, Bl. 39). **80** Vgl. Lasch an Gruppenführer Haydn vom 3.1.1934 (BArch, SA Hähnel, Bl. 50). **81** Geheim! Stabsführer an Obergruppe Dresden vom 7.4.1934 (BArch, SA Hähnel, Bl. 64). **82** Vgl. Simon an Oberstes Parteigericht München vom 5.3.1937 (BArch, OPG Hähnel, Bl. 103). **83** Vgl. Hähnel an SA-Gruppe Sachsen vom 7.4.1934 (BArch, SA Hähnel, Bl. 66). **84** Vgl. Personalfragebogen Hähnel, o.D. (BArch, SA 201 Hähnel, o.P.). **85** Vgl. Hähnel an Hitler vom 17.1.1935 (BArch, SA Hähnel, Bl. 131). **86** Vgl. Hähnel an Oberste SA-Führung vom 24.11.1934 (BArch, SA Hähnel, Bl. 112). **87** Vgl. ebd.

rung darüber, dass Lasch sächsische SA-Führer einstelle, anstatt alte Thüringer SA-Führer zu verwenden.[88] In diesem Zusammenhang hatte er auch Nachforschungen über Hähnel anstellen lassen und erfahren, dass dieser unbefugt Kriegsorden getragen habe und die sächsische SA-Gruppe froh über seine Versetzung gewesen sei. Daraufhin ließ die SA Hähnel ab dem 20. Juli 1934 vom Dienst beurlauben, das Sondergericht der Obersten SA-Führung nahm sich des Falles an.[89]

Der seiner Posten enthobene Hähnel kehrte deprimiert nach Zschopau zurück, er fühlte sich zu Unrecht stigmatisiert. Besonders setzten ihm die Gerüchte zu, die über ihn im Umlauf waren: »Daß ich des § 175 verdächtig oder zum mindesten Unterschlagungen begangen haben muß, daß ich Hoch- und Landesverräter bin usw. ist den braven Bürgern sonnenklar.«[90] Auch seine wirtschaftliche Lage bereitete ihm Sorgen, da er sein letztes Gehalt im Juni erhalten hatte. In dem Monat waren ihm zum letzten Mal seine Bezüge als Lagerleiter des KZ Sachsenburg ausgezahlt worden.[91]

DER TIEFE FALL: ERZWUNGENER SA-AUSTRITT UND SCHUTZHAFT

Hähnel war nicht nur über seine persönliche Degradierung gekränkt, er empörte sich offenbar auch über das Vorgehen der NS-Spitze gegenüber der alten SA-Führung. Nachdem er im »Ratsherrenstübchen« in Zschopau seinem Ärger Luft verschafft hatte, wurde er am 22. November 1934 auf das Dresdener Polizeipräsidium bestellt. Die Gestapo hielt ihm vor, im Zusammenhang mit den Vorgängen vom 30. Juni 1933 die SS als »Räuberbande« bezeichnet, die »Verdienste« Röhms betont, von dessen Erschießung in seiner Zelle gesprochen und weitere »falsche Behauptungen« verbreitet zu haben.[92] Hähnel wandte sich daraufhin an die Oberste SA-Führung und bat um Unterstützung.[93] Dieses Mal sollte er noch einmal ungestraft davonkommen: Das Verfahren wurde Anfang Dezember 1934 eingestellt.[94]

Ende 1934 verlor Hähnel seinen Kampf um den Verbleib in der SA. Das nach dem »Röhm-Putsch« neu eingerichtete Sondergericht der Obersten SA-Führung hatte auf Betreiben der Thüringer SA-Gruppe ein Verfahren gegen Hähnel eröffnet.[95] Zwar wurde er wegen unberechtigten Tragens des Eisernen Kreuzes nicht aus der SA ausgeschlossen, das Sondergericht legte ihm allerdings Ende 1934 nahe, »auf eigenen Wunsch« um die Entlassung zu bitten – »um Ihnen für Ihr privates und wirtschaftliches Weiterkommen keine Schwierigkeiten zu machen«.[96] Schließlich gab Hähnel dem Druck nach: Am 17. Januar 1935 bat er um seine Entlassung aus der SA.[97] Zugleich richtete er zwei Gnadengesuche an SA-Stabschef Viktor Lutze[98] und an den »Führer« Adolf Hitler[99] – sie blieben erfolglos.

Hähnel sollte noch tiefer fallen: Aus dem einstigen Lagerleiter wurde ein Häftling. Erneut war es ein Gasthausbesuch, dieses Mal im Dresdener Lokal »Weihenstephan«, der Hähnel in Schwierigkeiten brachte. Ein SS-Sturmführer hatte ihn im März 1935 angezeigt, weil er angeblich den Übertritt von SA-Angehörigen zur SS als »Feigheit« bezeichnet und bedauert hatte, dass die Strasser-Anhänger wegen ihres »Idealismus« inhaftiert würden.[100]

Hähnel hatte in der Vernehmung am 30. März 1935 eingeräumt, gegenüber einer an seinem Tisch sitzenden Frau geklagt zu haben, dass »alte Kämpfer« die Straße kehren müssten, während »Gesinnungslumpen« hohe Stellen bekleideten.[101] Nach seiner Verhaftung saß Hähnel drei Monate lang – bis zum 26. Juni 1935 – in Schutzhaft.[102] Bislang ist allerdings unklar, wo Hähnel inhaftiert war. Er selber erwähnte seine Inhaftierung in späteren Schreiben mit keinem Wort.

Nach seinem Ausschluss aus der SA kehrte Hähnel in seine alte Tätigkeit als Steuerbeamter zurück, arbeitete im Dresdener Finanzamt in der Annenstraße.[103] Auch gründete der mittlerweile 39-Jährige eine Familie: Am 27. Dezember 1936 heiratete er die 24-jährige Elfriede Sattler.[104] Das Ehepaar hatte zwei Töchter, die 1938 und 1939 zur Welt kamen.[105]

Nach dem Ausschluss aus der SA sollte Hähnel auch die Parteimitgliedschaft verlieren. Anfang 1936 erfolgte eine entsprechende Verfügung des Thüringer Gauleiters.[106] Für die Streichung aus der NSDAP-Mitgliederkartei hatte sich der sächsische Reichsstatthalter Martin Mutschmann persönlich eingesetzt.[107] Neben dem widerrechtlichen Tragen von Kriegsorden wurden Hähnel die »parteischädigenden Äußerungen« im Gasthaus »Weihenstephan« und die daraus folgende Schutzhaft angelastet.

Hähnel wollte den Parteiausschluss nicht hinnehmen, da er sich weiterhin als treuen Nationalsozialisten sah. Seine Beschwerde beim Obersten Parteigericht war erfolgreich, der Beschluss des Gaugerichts wurde im Oktober 1937 aufgehoben.[108] Das Oberste Parteigericht war zu dem Schluss gekommen, Hähnel habe das Eiserne Kreuz in gutem Glauben getragen. Die Äußerungen im Lokal »Weihenstephan« wurden nun »als Ausflucht seiner durch die nach seiner Ansicht zu Unrecht erfolgten Entlassung aus der SA hervorgerufenen Verärgerung« betrachtet.[109] Schließlich kam Hähnel eine Amnestie des »Führers« vom 27. April 1938 zu Hilfe, woraufhin das Thüringer Gaugericht das Ausschlussverfahren gegen Hähnel einstellte.[110] Die Streichung der Parteimitgliedschaft Hähnels wurde im August 1938 offiziell aufgehoben.[111] Zu diesem Zeitpunkt lebte Hähnel bereits in Frankfurt am Main, wo er erneut im Finanzamt arbeitete. Da er wieder NSDAP-Mitglied war,

88 Vgl. Sauckel an Oberste SA-Führung vom 19.7.1934 (BArch, SA Hähnel, Bl. 75). **89** Vgl. Hähnel an Oberste SA-Führung vom 15.9.1934 (BArch, SA Hähnel, Bl. 106). **90** Ebd. **91** Vgl. Fritsch an Hähnel vom 6.6.1934 (BArch, SA Hähnel, Bl. 101). **92** Vgl. Hähnel an Oberste SA-Führung vom 24.11.1934 (BArch, SA Hähnel, Bl. 109). **93** Ebd. **94** Vgl. Hähnel an Oberste SA-Führung vom 8.12.1934 (BArch, SA Hähnel, Bl. 117). **95** Zur Einrichtung des SA-Sondergerichts vgl. Peter Longerich, Die braunen Bataillone. Geschichte der SA, München 1989, S. 222 f. **96** Untersuchungsausschuss bei der SA-Gruppe Thüringen an Hähnel vom 19.12.1934 (BArch, SA Hähnel, Bl. 121). **97** Vgl. Hähnel an Lutze vom 17.1.1935 (BArch, SA Hähnel, Bl. 126). **98** Vgl. ebd., Bl. 130. **99** Vgl. Hähnel an Hitler vom 17.1.1935 (BArch, SA Hähnel, Bl. 131 f.). **100** Vgl. NSDAP-Parteigericht gegen Hähnel vom 26.10.1936 (BArch, OPG Hähnel, Bl. 114). **101** Ebd. **102** Vgl. NSDAP-Gaugericht Thüringen an Oberstes Parteigericht vom 10.9.1935 (BArch, OPG Hähnel, Bl. 90). **103** Vgl. Personalfragebogen Hähnel, o. D. (BArch, SA 201 Hähnel, o. P.). **104** Vgl. Geburtseintrag Max Hähnel, Stadtarchiv Freiberg/Sachsen, Nr. 483/1897. **105** Vgl. Personalfragebogen Hähnel, o. D. (BArch, SA 201 Hähnel, o. P.). **106** Gaugericht der NSDAP: Beschluß gegen Hähnel vom 24.5.1938 (BArch, PK, Hähnel, D 0289, R 9361 II/345143, o. P.). **107** Vgl. NSDAP-Gauleitung Thüringen an Oberstes Parteigericht vom 10.9.1935 (BArch, OPG Hähnel, Bl. 90). **108** Aufhebung Beschluß des Gaugerichts vom 20.7.1936 (BArch, OPG Hähnel, Bl. 110). **109** Vgl. ebd., Bl. 116. **110** Vgl. Gaugericht der NSDAP gegen Hähnel vom 24.5.1938 (BArch, PK Hähnel, o. P.). **111** An den Gauschatzmeister Thüringen vom 15.8.1938, (BArch, PK Hähnel, o. P.).

bemühte er sich, ein Parteiamt zu übernehmen. Im November 1939 wurde er »Politischer Leiter« im Finanzamt Frankfurt-Ost, was dem Dienstrang eines Hauptstellenleiters einer Ortsgruppe entsprach.[112]

Den Ausschluss aus der SA hatte Hähnel auch Jahre später noch nicht verwunden. Obwohl die »Sturmabteilung« längst ihre bedeutende Stellung im NS-Herrschaftssystem eingebüßt hatte und zu einer wenig einflussreichen Massenorganisation geworden war, kämpfte er um seine Rückkehr zu den Braunhemden. Ihm ging es dabei vor allem um die Anerkennung seiner früheren »Leistungen« im SA-Dienst. Im August 1939 bat Hähnel in einem eindringlichen Schreiben an SA-Stabschef Lutze um seine Wiederaufnahme.[113] Er sei »durch die fast 5-jährige seelische Qual der Parteigerichtsverfahren und meiner entgangenen parteiamtlichen Tätigkeit sehr bestraft worden«. Hähnels Bemühungen hatten Erfolg: Der Chef des Obersten SA-Gerichts schlug Anfang 1940 vor, ihn wieder in die SA aufzunehmen. Hähnel wurde der Gruppe Hessen »zur weiteren Verwendung« zugeteilt.[114] Allerdings trat er in der SA nicht mehr in Erscheinung.

OFFIZIER IM ZWEITEN WELTKRIEG, TOD IN KRIEGSGEFANGENSCHAFT

Nach Kriegsbeginn wechselte die Mehrheit der SA-Angehörigen zur Wehrmacht.[115] Auch Hähnel wurde 1940 einberufen, zu seinem Kriegseinsatz gibt es allerdings nur spärliche Angaben.[116] Er gehörte zunächst den im Reichsgebiet stationierten Kraftfahr-Ersatz-Abteilungen in Hersfeld und Gera an. Ab Frühjahr 1941 war Hähnel im Osten eingesetzt, wo er im Mai 1941 zum Oberleutnant befördert wurde. Ab Ende 1943 befand er sich offenbar in Norwegen im Kriegsdienst, ehe seine Einheit über das heutige Estland und die Ukraine schließlich an die Weichsel verlegt wurde.

Zu Kriegsende am 8. Mai 1945 geriet Hähnel bei Pízek in der Tschechoslowakei in sowjetische Kriegsgefangenschaft.[117] Über verschiedene Lager wurde er im August 1945 in das Kriegsgefangenenlager 148/5 in Noworossisk am Schwarzen Meer eingeliefert. Dort erkrankte er offenbar schwer, weshalb er im Dezember 1945 in das Spezialhospital Nr. 5459 in Chutorok überstellt wurde. Hähnel starb dort am 25. Januar 1946, woraufhin er auf dem Friedhof des Lazaretts bestattet wurde.[118]

112 Vgl. Personalfragebogen Hähnel, o.D. (BArch, SA 201 Hähnel, o.P.). **113** Vgl. Hähnel an Lutze vom 2.8.1939 (BArch, SA Hähnel, o.P.). **114** Oberste SA-Führer: Gnadenerweis Hähnel vom 16.1.1940 (BArch, SA Hähnel, o.P.). **115** Vgl. Siemens, Stormtroopers, S. 336. **116** Die folgenden Angaben beruhen auf einer Auskunft der Deutschen Dienststelle. Vgl. WASt-Auskunft Max Hähnel vom 11.9.2017. **117** Vgl. Auskunft der Dokumentationsstelle Dresden der Stiftung Sächsische Gedenkstätten auf Basis der Registraturakte der Hauptverwaltung für Kriegsgefangene und Internierte des Volkskommissariats für Innere Angelegenheiten der UdSSR für Max Hähnel sowie auf Grundlage der Publikation »Orte des Gewahrsams von deutschen Kriegsgefangenen in der Sowjetunion (1941–1956). Findbuch«, Dresden u.a. 2010. **118** Von seinem Tod erfuhr die in Bad Schwalbach lebende Ehefrau erst durch die Aussage eines ehemaligen Mitgefangenen Hähnels im Folgejahr. Vgl. Todesmeldung Max Hähnel vom 22.6.1947, Sterberegister des Standesamts Bad Schwalbach, 1947/Nr. 96.

АКТ

„25" января 1946 г. Мы, нижеподписавшиеся,

составили настоящий акт в том, что сего числа в лагере № ______

госпиталь № 5459 умер военнопленный Генель
Фамилия,

Макс Эмиль 1897 года рождения, по
имя, отчество

национальности немец военное звание капитан

от (диагноз) Дистрофия III отечная форма

Гемоколит.

Подписали
(должность, звание)

1. [illegible]
2. [illegible]
3. [illegible]

Der Tod Hähnels als Kriegsgefangener in der Sowjetunion geht aus einem Aktenvermerk in seiner Registraturakte hervor, 25. 1. 1946

Staatliches Russisches Militärarchiv (RGVA), Fond 465, Akte 357062

Übersetzung des oben abgebildeten Dokuments

Aktenvermerk

»25« Januar 1946. Wir, die Unterzeichneten,
halten aktenkundig fest, dass an diesem Datum im Lager № ______
Hospital № 5459 verstarb Kriegsgefangener Hähnel
Max Emil, geb. 1897, deutscher Nationalität, Dienstgrad Hauptmann
an (Diagnose) Dystrophie III ödematöse Form, Hämokolitis.

Unterschrieben (Position, Dienstgrad)	1. Leiter des Hospitals	*Unterschrift unleserlich*
	2. Behandelnder Arzt	*Unterschrift unleserlich*
	3. Diensthabender Arzt	*Unterschrift unleserlich*

Stefan Hördler

ZENTREN DER NS-BEWEGUNG

SS-Netzwerke in Sachsen und in der preußischen Provinz Sachsen

Zweifellos gehörte Bayern mit München zu einem Zentrum der frühen nationalsozialistischen »Bewegung« vor und nach 1933. München war der Gründungsort der NSDAP, der Sitz der Parteizentrale bis 1945 und wurde aus eben diesen Gründen im August 1935 von Adolf Hitler zur »Hauptstadt der Bewegung« ernannt. Und andernorts? Zu den weiteren Hochburgen der Nationalsozialisten zählten Sachsen, die preußische Provinz Sachsen und Thüringen. In Sachsen saßen die ersten Nationalsozialisten als Abgeordnete im Landtag; in Thüringen, von Fritz Sauckel zum »Mustergau« stilisiert, stellte die NSDAP erstmals einen Ministerposten in einer Landesregierung. Ab 1921 waren in Mitteldeutschland zahlreiche NSDAP-Ortsgruppen entstanden. SA und SS verzeichneten eine hohe Zahl »Alter Kämpfer« sowie einen enormen Zulauf »Neuer«. Die SS in Mitteldeutschland und insbesondere Sachsen zählte mehr Mitglieder als in anderen Regionen, Mitgliedsnummern unter 1000 waren keine Seltenheit. Vor allem in den Räumen Chemnitz-Zwickau-Plauen und Leipzig-Halle-Merseburg gründeten sich frühe und einflussreiche Zellen der NS-Bewegung und der SS. Ihre Netzwerke wie Einflüsse auf das KZ-System stehen im Zentrum dieses Beitrags.

Zur Beantwortung der Fragen, wer die Akteure und Netzwerker der SS im mitteldeutschen Raum waren und in welchen Funktionen sie wie agierten, ist nicht nur die Untersuchung der Einzelpersonen von Interesse. Die Fragestellung muss sich auch auf die Dechiffrierung der interpersonellen Verbindungen und Interdependenzen richten, um das eigentliche Kausalgerüst analysieren zu können. Hierbei sind sowohl räumliche wie auch zeitliche Kategorien zu berücksichtigen, da der Fokus auf die damaligen föderalen Strukturen, i. e. das Land Sachsen, wie auch die Phase der SS-Bewachung des KZ Sachsenburg von 1934 bis 1937 zu kurz greifen würde. Zum einen waren die damaligen SS-Verwaltungseinheiten nicht deckungsgleich mit bestehenden Landesgrenzen, sodass gleichfalls das SS-Personal im KZ Sachsenburg nicht isoliert, sondern in einem überregionalen Kontext betrachtet werden muss. Zum anderen trafen zahlreiche SS-Männer bereits vor ihrem Einsatz im KZ Sachsenburg aufeinander und setzten teilweise ihre Karriere nach Auflösung des Lagers an verschiedenen Schnittstellen im späteren KZ-System gemeinsam fort, was Fragen nach der Formierung der Netzwerke vor 1934 und ihrer Transformation bis 1945 evoziert.

Im ersten Schritt werden Netzwerke betrachtet, die in einem anderen Situationszusammenhang als dem KZ-System entstanden sind und zum Beispiel auf einem vorangegangenen gemeinsamen Einsatz in regionalen SS-Einheiten oder der Hilfspolizei fußten. Für beide Bereiche liegt das Hauptaugenmerk auf gemeinsamen Einsatzgebieten der Akteure, über die sich Netzwerke und Gruppen abgrenzen lassen. Zweitens stehen die enge Verbindung der KZ Lichtenburg und Sachsenburg und die verknüpfte Herkunft des SS-Personals beider Lager im Fokus. Aus den Ergebnissen lässt sich eine Differenzierung des KZ-Systems, seiner Genese und des Modellcharakters von Dachau herleiten. Zugleich öffnet die verschränkte Analyse die Perspektive auf kausale Zusammenhänge über die damaligen wie heutigen föderalen Grenzen hinaus. Im dritten und letzten Abschnitt werden die Karriere-, Gruppen- und Funktionskontinuitäten im KZ-System bis 1945 betrachtet. Aufstieg und Fall, Beförderung in und Ausgrenzung aus SS-Zirkeln und Personalrotationen folgten entweder einer machtkumulativen Logik von Protektion und Patronage, sind im Umfeld der Korruptionsaffären in den 1940er-Jahren zu verorten oder waren in den Funktionswandeln und Veränderungen des KZ-Systems begründet.

REGIONALER AUFBAU UND NETZWERKE DER BEWAFFNETEN SS VOR UND NACH 1933

Die Ursprünge der bewaffneten SS – nach Beginn des Zweiten Weltkriegs unter der Waffen-SS zusammengefasst – gehen noch in die Frühphase nationalsozialistischer Herrschaft zurück. Eine Schlüsselrolle übernahmen dabei die Stabswachen der SS-Abschnitte bzw. Oberabschnitte. Sie erhielten eine paramilitärische Ausbildung und übten anfangs Sicherungsaufgaben für hohe NS-Funktionäre und Wachaufgaben in Konzentrationslagern aus. Eine Ausnahme bildete die Stabswache Berlin (später Leibstandarte SS »Adolf Hitler«), die nicht als Privattruppe der SS-Oberabschnittsführer operierte, sondern Adolf Hitler persönlich verpflichtet war. Bedeutsam waren die Stabswachen im bayerischen, sächsischen und thüringischen Raum, aus denen sich zahlreiche Vertreter des SS-Personals im KZ-System rekrutierten. Eine Schlüsselrolle im mitteldeutschen Raum spielte der Hallenser Friedrich Karl Freiherr von Eberstein (SS-Nr. 1386), der zwischen 1933 und 1936 als Abschnitts- und Oberabschnittsführer eine der mächtigsten SS-Formationen im NS-Staat befehligte und ausbaute. Die folgende Abbildung zeigt von Eberstein gemeinsam mit Wolf-Heinrich Graf von Helldorff anlässlich der Zehnjahresgedenkfeier der Ortsgruppe Kölleda am 27. August 1933. Die Kleinstadt Kölleda liegt knapp 30 km nördlich vom damaligen Sitz des SS-Abschnitts XVIII in Weimar entfernt. Der Abschnitt wurde seit Februar 1933 durch von Eberstein geführt. Nach der Reorganisation der SS-Verwaltungsstrukturen übernahm dieser ab November 1933 die Leitung des SS-Oberabschnitts »Mitte« ebenfalls mit Sitz in Weimar. Wolf-Heinrich Graf von Helldorff und von Eberstein waren beide Mitte der 1890er-Jahre geboren, stammten aus derselben Region Halle-Merseburg und kannten einander aus dem Freikorps Roßbach.

Im Kern bildeten sich die Netzwerke der späteren SS-Totenkopfverbände bereits in den Traditionsstandarten der SS vor 1933 sowie den Politischen Bereitschaften bis 1934/35 heraus. Sowohl im bayerischen als auch im sächsischen Raum entstanden Ende der

Eberstein (rechts) mit Graf von Helldorff (links), Foto eines unbekannten Fotografen, 27. 8. 1933

BayHStA, NL von Eberstein 30, Foto-Nr. 30-25

Heinrich Himmler, der Weimarer Polizeipräsident Paul Hennicke, Himmlers Adjutant Ludolf-Hermann von Alvensleben, der IKL Theodor Eicke und der Kommandant Karl Otto Koch (Mitte, v. l. n. r.) anlässlich eines Besuchs im KZ Buchenwald. Links im Bild ist der damalige Schutzhaftlagerführer im KZ Buchenwald Arthur Rödl zu erkennen, der zuvor in gleicher Funktion im KZ Sachsenburg agiert hatte. Foto eines unbekannten Fotografen, 17. 12. 1938

International Court of Justice, Dienstalbum von Karl Otto Koch 1937–1941

1920er- und Anfang der 1930er-Jahre die ersten SS-Standarten. Dazu gehörten in Bayern die 1. SS-Standarte »Julius Schreck« mit Sitz in München und in Sachsen die 7. SS-Standarte »Sachsen« (später »Friedrich Schlegel«) mit Sitz in Zwickau (dann Plauen).[1] 1928 bzw. 1930 aufgestellt, unterstanden sie zu Beginn Josef Dietrich, dem späteren Kommandeur der Leibstandarte, bzw. Heinrich Schmauser, dem späteren HSSPF »Südost« im Wehrkreis VIII (Breslau, Schlesien).[2] In dieser Funktion war Schmauser 1944/45 auch für die Räumung der Konzentrationslager Auschwitz und Groß-Rosen zuständig. Hinzu kamen einflussreiche SS-Standarten in Preußen und den preußischen Provinzen wie die 26. SS-Standarte »Paul Berck« mit Sitz in Halle/Saale (Provinz Sachsen, heute Sachsen-Anhalt). Sie war dem SS-Abschnitt XVI (Zwickau) zugeordnet, den 1932/33 wiederum der in Zwickau tätige Bankkassierer Schmauser führte. Die Standarte, 1931 formiert, wurde u.a. von Ludolf-Hermann von Alvensleben (1935/36) geleitet. Von Alvensleben war ab 1938 Chefadjutant von Heinrich Himmler, nach Kriegsbeginn Führer des »Volksdeutschen Selbstschutzes« im Reichsgau Danzig-Westpreußen, 1941 SSPF »Taurien« auf der Krim, 1943 formell HSSPF »Schwarzes Meer« und 1944/45 HSSPF »Elbe« (Dresden, Sachsen). Dietrich, Schmauser und von Alvensleben gehörten zum engsten Kreis um Himmler, pflegten teilweise ein nahezu freundschaftliches Verhältnis mit ihm und stiegen als SS-Gruppen-, -Ober- oder -Oberstgruppenführer in die höchsten SS-Ämter auf.

Diese erste Führungsriege der Traditionsstandarten beeinflusste tiefgreifend das Personalsystem der SS und förderte die Karrierewege der SS-Männer aus ihren Regionen. Zudem besetzten Angehörige dieser SS-Standarten Schlüsselpositionen im KZ-System und steuerten die Stellenpolitik. So rekrutierten sich aus der 26. SS-Standarte, welche 1933 die Stammbesatzung des KZ Lichtenburg stellte, der erste Lagerführer von Neuengamme, Walter Eisfeld, der Kommandant des KZ Lublin, Hermann Florstedt, sowie der Amtschef D II (Häftlingseinsatz) und seit November 1943 Stellvertreter von Glücks in der Amtsgruppe D, Gerhard Maurer.[3] Florstedt und von Alvensleben arbeiteten seit 1933 auf regionaler Ebene zusammen; Florstedt fungierte als Stadtverordnetenvorsteher in Eisleben, von Alvensleben als zuständiger NSDAP-Kreisleiter. Gemeinsam waren sie unmittelbar in die Vorgänge um den sogenannten Eislebener Blutsonntag am 12. Februar 1933 involviert, an dem während eines gewalttätigen Aufmarsches von SA und SS drei Kommunisten getötet und der SS-Mann Paul Berck in Notwehr erschossen worden waren. In einer jährlichen Gedenkprozedur heroisierten Partei und SS Berck zum »Blutzeugen« der natio-

1 Vgl. Roßbach, Plauens SS marschiert, in: FM-Zeitschrift 6/1935, S. 6 f. Für den Hinweis danke ich Adrian Marcus.
2 Vgl. BArch, BDC, SSO, Dietrich, Josef, 28.5.1892; ebd., SSO, Schmauser, Heinrich, 18.1.1890. Dietrich war 1944/45 Oberbefehlshaber der 6. Panzerarmee. 1946 wurde er von einem US-amerikanischen Militärgericht in Dachau wegen der Ermordung von US-Kriegsgefangenen während der Ardennenoffensive zuerst zu lebenslänglicher Haft, nach Kritik zu 25 Jahren Haft verurteilt, aber bereits 1955 begnadigt. 1957 verurteilte ihn das Schwurgericht München wegen Beihilfe bei den Röhm-Morden zu 18 Monaten Haft. Er starb am 21.4.1966 in Ludwigsburg. Schmauser hielt sich bei Kriegsende im Raum Breslau auf und gilt seit dem 20.2.1945 als vermisst. **3** Vgl. BArch, BDC, SSO, Eisfeld, Walter, 11.7.1905; ebd., SSO, Florstedt, Hermann, 18.2.1895; ebd., SSO, Maurer, Gerhard, 9.12.1907. Eisfeld und Maurer stammten aus Halle, Florstedt baute gemeinsam mit von Alvensleben in Eisleben bei Halle die regionale SS auf.

Friedrich Karl Freiherr von Eberstein, sein Stabsführer Walter Burghardt und der mit der Führung der 46. SS-Standarte beauftragte Ludolf-Hermann von Alvensleben (v. l. n. r.) anlässlich der ersten Führertagung des SS-Oberabschnitts »Mitte« in Dresden, Foto eines unbekannten Fotografen, 10.11.1934

BayHStA, NL von Eberstein 31, Foto-Nr. 31-08

nalsozialistischen Revolution. Die 26. SS-Standarte erhielt seinen Namen.[4] Nachdem von Alvensleben Ende 1938 zum Chefadjutanten von Himmler ernannt worden war, machte auch Florstedt schnell Karriere, obwohl er erst im September 1939 seinen KZ-Dienst in Buchenwald angetreten hatte. Bereits von 1940 bis 1942 als erster Schutzhaftlagerführer in Buchenwald und Sachsenhausen eingesetzt, avancierte er 1942/43 zum Kommandanten des KZ Lublin. Im Rahmen der Korruptionsermittlungen gegen Karl Otto Koch wurde auch Florstedt im Oktober 1943 verhaftet und soll angeblich mit Koch im April 1945 in Buchenwald erschossen worden sein.[5]

Eisfeld, seit 1923 Mitglied der NSDAP (Nr. 4802), seit 1925 der SA und seit 1929 der SS (Nr. 1996) in Halle, übernahm 1934 die Führung des I. Sturmbannes/26. SS-Standarte und 1936 die der 7. SS-Standarte. Er ist ein gutes Beispiel für die Verflechtung von Netzwerken. Mit seinem Vorgesetzten Friedrich Karl Freiherr von Eberstein verband ihn u. a. seine frühe Mitgliedschaft in der Organisation Roßbach. Eberstein führte seinerzeit den SS-Oberabschnitt »Mitte« mit Sitz in Weimar (seit 1934 in Dresden), dem sowohl die 7. als auch die 26. SS-Standarte unterstanden. Von 1936 bis 1945 stieg Eberstein zum Polizeipräsidenten von München, Führer des dortigen SS-Oberabschnitts »Süd« und HSSPF im Wehrkreis VII auf und fungierte zugleich als oberster Gerichtsherr der Dachauer SS.[6]

Gleichfalls von Eberstein unterstellt waren bis 1935/36 in Dresden der Führer des SS-Abschnitts II Hans Döring und der Verwaltungsleiter des SS-Oberabschnitts »Mitte« Heinz Fanslau. Döring wiederum, der bis 1942 diverse SS-Abschnitte führte und von 1941 bis 1943 als SSPF im Stalino-Donezgebiet fungierte, war bereits 1933 als Führer der 35. SS-Standarte in Kassel der Vorgesetzte von Karl Otto Koch gewesen. 1944/45 diente er als Kompaniechef und Bataillonskommandeur in der 16. SS-Panzergrenadier-Division »Reichsführer SS« unter dem Befehl von Max Simon. Beide kannten einander ebenso aus der Frühphase der NS-Herrschaftssicherung und hatten bis 1935 gemeinsam mit Koch die Stabswache in Dresden aus- und die spätere SS-Wachtruppe »Sachsen« in den KZ Hohnstein und Sachsenburg aufgebaut. Die Division verübte zahlreiche Massaker in Italien.[7] Fanslau leitete ab 1938 die Verwaltung der Inspektion der SS-Verfügungstruppe bzw. Verfügungsdivision und kommandierte 1940/41 das Versehrten-Bataillon der SS-Division »Wiking«. Von 1943 bis 1945 war er Chef der Amtsgruppe A (Truppenverwaltung) im SS-WVHA. In dieser Funktion zeichnete er zentrale Personalbefehle wie die Neubesetzung des KZ Auschwitz zu Beginn der »Sonderaktion ›Ungarn-Programm‹« 1944.[8] Im Rahmen dieser »Sonderaktion« ermordete die SS allein zwischen Mai und Juli 1944 mindestens 325 000 Jüdinnen und Juden aus Ungarn in Auschwitz-Birkenau.[9] Der damalige Leiter der SS-Standortverwaltung Auschwitz war Karl Möckel aus Klingenthal/Sachsen, der – seit 1926 Mitglied der SS (SS-Nr. 908) – bis 1933 als Verwaltungsführer beim SS-Abschnitt II erheblich am Aufbau der SS in Sachsen beteiligt gewesen war. Infolge des Verwaltungsaufbaus der SS und der Rekrutierungspraxis der SS-Wachmannschaften in der Frühphase der Herrschaftssicherung existierten dienstliche und persönliche Netzwerke inner- wie außerhalb der Konzentrationslager und waren für die Karrierewege der einzelnen SS-Männer von hoher Bedeutung.

Regionale SS-Netzwerke und Einsätze als Hilfspolizisten gingen oftmals dem ersten Einsatz im Lager voraus, die KZ-Kommandanten Richard Baer und Martin Weiß sind zwei prominente Beispiele dafür. Beide gehörten zum kleinen Trupp von SS-Männern in Weiden (Bayern), die sich im März 1933 freiwillig beim Ortsgruppenleiter als Hilfspolizisten meldeten. Fortan begleiteten sie die regulären Polizeibeamten in Weiden. Im April 1933 wech-

4 Vgl. Urteil vom LG Halle gegen Eduard Fuc. et al. vom 3. 8. 1949, abgedruckt in: Christiaan Frederik Rüter/Dick de Mildt et al. (Hg.), DDR-Justiz und NS-Verbrechen. Sammlung ostdeutscher Strafurteile wegen nationalsozialistischer Tötungsverbrechen 1945–1990, 14 Bde., Amsterdam/München 1966–2009, Bd. 8, S. 93 ff. **5** Nach anderen Berichten war Florstedt 1945 untergetaucht. Vgl. Karin Orth, Die Konzentrationslager-SS. Sozialstrukturelle Analysen und biographische Studien, Göttingen 2000, S. 208, Anm. 13. Eisfeld starb überraschend am 3. 4. 1940 in Dachau. Maurer wurde nach Kriegsende an Polen ausgeliefert, im Dezember 1951 zum Tode verurteilt und am 2. 4. 1953 in Krakau hingerichtet. **6** Vgl. BArch, BDC, SSO, von Eberstein, Friedrich Karl Freiherr, 14. 1. 1894. Eberstein stammte wie Eisfeld aus Halle. Er war 1946 Zeuge im Nürnberger Prozess, wurde 1948 als Minderbelasteter und 1953 als Mitläufer eingestuft und starb am 10. 2. 1979 in Tegernsee. **7** Vgl. BArch, BDC, SSO, Döring, Hans, 31. 8. 1901. Vgl. auch Franz Josef Merkl, General Simon. Lebensgeschichten eines SS-Führers, Augsburg 2010. Zu Simons Biografie und dessen Aktivitäten in Sachsenburg vgl. den Beitrag von Franz Josef Merkl in diesem Band. **8** S-Telegramm von Heinz Fanslau an das KZ Natzweiler vom 6. 5. 1944 (The National Archives/Public Record Office, Kew, UK (TNA/PRO), WO 235/20, British Military Court War Crimes Trial, Bergen-Belsen & Auschwitz Concentration Camps Case, JAG No. 12, Vol. IX, Exhibit No. 119); BArch, BDC, SSO, Fanslau, Heinz, 6. 6. 1909. **9** Vgl. ausführlich Stefan Hördler, Ordnung und Inferno. Das KZ-System im letzten Kriegsjahr, Göttingen 2015, S. 298–317.

»Der Großmufti von Jerusalem bei den bosnischen Freiwilligen der Waffen-SS. Der Großmufti überzeugt sich von der Schießausbildung der jungen Rekruten.« (Originalunterschrift), Propagandafoto, November 1943. Anlässlich einer Visite der späteren 13. Waffen-Gebirgs-Division der SS »Handschar« (kroatische Nr. 1) auf dem Truppenübungsplatz Neuhammer/Niederschlesien durch Mohammed Amin al-Husseini (2. v. l.) präsentiert SS-Sturmbannführer Egon Zill (2. v. r., mit Feldstecher) das unter seinem Befehl stehende II. Bataillon des 28. Waffen-Gebirgsjäger-Regiments der SS. Zill trägt fortgesetzt die Uniform der SS-Totenkopfverbände.

BArch, Bild 146-1974-059-40

selten sie in das KZ Dachau.[10] Desgleichen gruppierten sich in Sachsen die späteren KZ-Kommandanten Hans Hüttig und Egon Zill 1933/34 im SS-Sonderkommando »Sachsen« unter Leitung von Karl Otto Koch. Ende 1934 wurden Hüttig und Zill in das KZ Lichtenburg und Koch in das KZ Sachsenburg versetzt. Die Personalstruktur in den regionalen Gliederungen der SS war von entscheidender Bedeutung für die Zusammensetzung der SS-Wachtruppen in den frühen Lagern. So hatte Egon Zill (SS-Nr. 535) mit Werner Heinke (SS-Nr. 75) seit 1926 die SS in Plauen aufgebaut und verfügte über beste Beziehungen in der sächsischen SS. Heinke fungierte 1932/33 als Mitglied des sächsischen Landtags und Stadtverordneter in Plauen und von 1933 bis 1935 als Adjutant beim sächsischen Innenminister Karl Fritsch. Mit der Ernennung von Koch zum Kommandanten des KZ Esterwegen wechselte Heinke als neuer Führer des IV. SS-Totenkopfsturmbannes »Ostfriesland« ebenfalls nach Esterwegen.[11]

In der zweiten Kriegshälfte dienten Heinke als Kompanieführer in der SS-Division »Hohenstaufen«, Hüttig als Kommandeur des Versorgungsregiments in der SS-Brigade und späteren Division »Landstorm Nederland« sowie Zill als Nachschub-, Bataillons- und Kompanieführer in den SS-Divisionen »Prinz Eugen«, »Handschar« und »Kama«. Zill, der sich

»infolge seiner bisherigen Verwendung im Konzentrationslager« und »mangels soldat. Ausbildung« in der Feldtruppe nicht bewährte,[12] machte allerdings durch Lösungsvorschläge für den Rekrutenmangel von sich reden. Oskar Dirlewanger nahm Zills Anregung auf, als er Himmler die Ergänzung seiner SS-Sonderformation mit »ehemalige[n] politische[n] Gegner[n] der Bewegung« empfahl.[13] Ab November 1944 wurden verstärkt KZ-Häftlinge, aber auch Strafgefangene der SS und Wehrmacht in die Bewährungseinheit Dirlewangers überstellt.[14]

Das frühe Sonderkommando »Sachsen« bzw. die 3. Standarte der Politischen Bereitschaften übten folglich einen großen Einfluss auf die Netzwerkbildung der Lager-SS aus. Die Politischen Bereitschaften waren ab Mai 1934 – parallel mit der Etablierung der Inspektion der Konzentrationslager – aus den frühen Sonderkommandos und Sonderstürmen der regionalen Stabswachen und KZ-Wachmannschaften hervorgegangen und verkörperten einen ersten Schritt hin zur Differenzierung der bewaffneten SS (SS-Totenkopfverbände und SS-Verfügungstruppe) und der Allgemeinen SS ab Dezember 1934. Zwei SS-Standarten der Politischen Bereitschaften erreichten bis März 1935 eine zentrale Bedeutung für den Aufbau des KZ-Systems: die 3. Standarte (SS 3) in Mitteldeutschland mit dem vormaligen SS-Sonderkommando »Sachsen« und dem SS-Sondersturm Lichtenburg sowie die 1. Standarte (SS 1) in Süddeutschland mit dem SS-Sturmbann »D« (Dachau). Die SS-Wachmannschaften des KZ Dachau waren künftig zusammengefasst im II. SS-Sturmbann der SS 1, die der KZ Lichtenburg und Sachsenburg im I. SS-Sturmbann der SS 3. Die Verantwortung lag bei den jeweiligen SS-Oberabschnitten »Mitte«, unter Leitung von Friedrich Karl Freiherr von Eberstein, und »Süd«, unter Leitung von Heinrich Schmauser.

Die KZ-Wachtruppen der Politischen Bereitschaften besaßen relative Autonomie und wurden personell separat besetzt. Der II. SS-Sturmbann der SS 1 unterstand ab September 1934 Ernst Schulze.[15] Gleichzeitig wurden ab August 1934 die SS-Stürme der SS 3, die im Rahmen des »Röhm-Putsches« im KZ Hohnstein zusammengezogen worden waren,[16] auf die KZ Sachsenburg und Lichtenburg verteilt. Arthur Rödl übernahm im Oktober 1934 die SS-Wachtruppe Lichtenburg, Max Simon im November die SS-Wachtruppe Sachsenburg.[17] Damit legten die

10 Vgl. Orth, Konzentrationslager-SS, S. 95–100. **11** Vgl. BArch, BDC, SSO, Heinke, Werner, 23. 11. 1904. Heinke stammte wie Zill aus Plauen. Er fiel am 9. 4. 1944 an der Front. **12** Beurteilung von Karl-Gustav Sauberzweig (13. Waffen-Gebirgs-Division der SS »Handschar«) vom 6. 6. 1944 und Hellmuth Raithel (23. Waffen-Gebirgs-Division der SS »Kama«) vom 30. 9. 1944 (BArch, BDC, SSO, Zill, Egon, 28. 3. 1906). **13** Schreiben von Oskar Dirlewanger an Heinrich Himmler vom 7. 10. 1944 (BArch, ZH, ZM 1493, Akte 20). **14** Bis Mitte November 1944 wurden 1 910 Mann aus den Lagern zusammengestellt. Vgl. Schreiben der Amtsgruppe D an die Amtsgruppe B im SS-WVHA vom 3. 11. 1944, Nürnberger Dokument, NO-398; vgl. Christian Ingrao, Les chasseurs noirs. La brigade Dirlewanger, Paris 2006. **15** Vgl. BArch, BDC, SSO, Schulze, Ernst, 18. 7. 1899. **16** Vgl. Dienstalbum von Karl Otto Koch, 1933–1937, ZA FSB, N-19092/110. Vgl. Günter Morsch (Hg.), Von der Sachsenburg nach Sachsenhausen. Bilder aus dem Fotoalbum eines KZ-Kommandanten, Berlin 2007, S. 205–211; vgl. Carina Baganz, Das Konzentrationslager Hohnstein. In: ebd., S. 55–61. **17** Vgl. BArch, BDC, SSO, Rödl, Arthur, 13. 5. 1898; BArch, BDC, SSO, Simon, Max, 6. 1. 1899. Gleichzeitig wurde Simon zum SS-Sturmführer befördert.

Politischen Bereitschaften SS 3 und SS 1 den Grundstein für die späteren SS-Wachtruppen »Elbe« (Lichtenburg) und »Sachsen« (Sachsenburg), beide ab 1937 im KZ Buchenwald zur 3. SS-Totenkopfstandarte »Thüringen« zusammengeführt, bzw. für die SS-Wachtruppe »Oberbayern« (Dachau), ab 1937 zur 1. SS-Totenkopfstandarte »Oberbayern« erweitert.[18]

Auf derartige regionale Netzwerkstrukturen in den Politischen Bereitschaften konnten die SS-Wachtruppen in den frühen KZ Esterwegen und Columbia nicht aufbauen. Wegen ihrer relativ späten Ausgründung und Rekrutierung 1934/35 kamen große Teile der SS-Wachmannschaften aus der SS 1 oder der sich im Aufbau befindlichen SS-Verfügungstruppe in Ellwangen, ab Juli 1934 ebenfalls dem SS-Oberabschnitt »Süd« zugeordnet.[19] Darüber hinaus zog Koch als Kommandant der KZ Columbia und Esterwegen 1935/36 zahlreiche Vertraute aus dem SS-Sonderkommando »Sachsen« nach.[20] Die wichtigsten Netzwerke der Lager-SS hatten sich zuvor in den KZ Dachau, Lichtenburg und Sachsenburg arrangiert.

KZ IN MITTELDEUTSCHLAND BIS 1937: LICHTENBURG UND SACHSENBURG

Die Postenvergabe in der zweiten Kriegshälfte beruhte somit wesentlich auf dienstlichen und sozialen Netzwerken der SS, die in die frühen 1930er-Jahre zurückreichten und die spätere Personalpolitik prägten. Der Aufbau der SS-Wach- und späteren Totenkopfverbände wurde 1934/35 systematisch eingeleitet und war in den ersten Jahren vor allem durch Testläufe, aber auch Improvisation geprägt. Im Nachhinein erwecken die Personalwechsel dieser Zeit den Anschein von Willkürlichkeit, sodass in der Forschung eine konzeptionslose Personalpolitik im Bereich der Konzentrationslager konstatiert wurde.[21] Hierbei ist jedoch zu betonen, dass Theodor Eicke in dieser Phase nicht auf gedrillte, loyale SS-Kader zurückgreifen konnte, sondern sich diese erst heranziehen musste. Anhand der zentralen Lager Dachau in Bayern und Lichtenburg in Preußen (Provinz Sachsen) – und eng damit verbunden auch Sachsenburg in Sachsen – lässt sich anschaulich nachzeichnen, wie der Personaleinsatz und die Ausbildung organisiert und vorangetrieben wurden. Bis 1937 stellten diese Lager ein Experimentierfeld in der SS-Personalpolitik dar. Dieser Prozess war erst mit der Errichtung moderner Barackenlager ab 1936 soweit abgeschlossen, dass von einem einheitlichen System der Konzentrationslager und einer Lager-SS gesprochen werden kann.

Bislang wurde die Personalpolitik einer »Konzentrationslager-SS« vorrangig von der »Dachauer Schule« hergeleitet.[22] Weitere KZ der Vorkriegszeit wie Lichtenburg und Sachsenburg erhielten unter dieser Fragestellung geringere Beachtung. Das bestehende Bild muss daher differenziert werden, da die personellen Netzwerke der mitteldeutschen KZ Lichtenburg und Sachsenburg genauso Versetzungsketten im KZ-System prägten.[23] Vier von sechs zwischen 1934 und 1939 in Lichtenburg tätigen Schutzhaftlagerführern avancierten zu Lagerkommandanten. Von den fünf SS-Kommandanten in Lichtenburg – das kommissarische Kommando von Theodor Eicke[24] während der Reorganisation 1934 und von Alex Piorkowski während der Auflösung des Männerlagers 1937 ausgenommen – übten vier diese Funktion anschließend noch in einem anderen Konzentrationslager aus.

Darüber hinaus stiegen fünf Männer der SS-Wachtruppe in den 1940er-Jahren zu Kommandanten auf. Vier von ihnen arbeiteten zuvor noch in anderen Lagern als Schutzhaftlagerführer. Bei den Aufseherinnen des Frauenlagers erlangten drei Frauen die Stellung einer Oberaufseherin. Eine ähnliche Statistik erreichte bei den frühen Lagern lediglich Dachau mit 17 Kommandanten.

Die »Dachauer Schule« – zusätzlich zum vermeintlichen Modellcharakter von Dachau innerhalb des KZ-Systems – wird zum einen aus der Person Theodor Eickes hergeleitet, der die Nachfolge von Hilmar Wäckerle[25] als Kommandant des KZ Dachau am 26. Juni 1933 antrat. Seine Ansichten zur Führung und Organisation eines Konzentrationslagers haben das KZ-System tiefgreifend beeinflusst. Hohen Stellenwert besaß bei Eicke die paramilitärische Ausbildung der SS-Wachtruppen sowie des einzelnen SS-Mannes zum »politischen Soldaten«.[26] Wenngleich die von ihm erlassenen drakonischen Anordnungen vielerorts auf Wäckerles »Sonderbestimmungen«[27] im »Sammellager Dachau« aufbauten, verstand es Eicke im Gegensatz zu seinem Vorgänger ausgezeichnet, seine Leistungen beim Aufbau eines angeblichen »Muster-Gefangenenlager[s]«[28] zu überhöhen. Damit sicherte sich Eicke die Gunst seines Förderers Himmler, der ihn 1934 an die Spitze eines zu vereinheitlichenden KZ-Systems holte.[29] Es waren weniger »kreative« Reformen von Lagerleitung und Haftalltag, sondern mehr der erfolgreiche Aufbau eines autarken SS-Betriebs, der entscheidend zur Beförderung Eickes beitrug.

18 Vgl. Stefan Hördler, SS-Kaderschmiede Lichtenburg. Zur Bedeutung des KZ Lichtenburg in der Vorkriegszeit. In: Stefan Hördler/Sigrid Jacobeit (Hg.), Lichtenburg. Ein deutsches Konzentrationslager, Berlin 2009, S. 75–129. **19** Hierbei handelte es sich um die SS-Standarte 2 (später 1) »Deutschland«, die mehrheitlich aus der Politischen Bereitschaft Württemberg hervorgegangen war. **20** Dazu gehörte Gotthold Michael, der sich in Buchenwald maßgeblich an den Unterschlagungen beteiligte und mit Koch durch den SS-Richter Konrad Morgen 1943 verhaftet und 1944 verurteilt wurde. Michael hatte in der SS 3 die Ordonanz von Koch gestellt (BArch, BDC, RS, Michael, Gotthold, 4.11.1910). **21** Vgl. Johannes Tuchel, Konzentrationslager. Organisationsgeschichte und Funktion der »Inspektion der Konzentrationslager« 1934–1938, Boppard am Rhein 1991, S. 166. **22** Orth, Konzentrationslager-SS, S. 127–152. **23** Zur frühen Forschung vgl. Tuchel, Konzentrationslager, S. 160–175. **24** Eicke, zuletzt SS-Obergruppenführer, fungierte 1933/34 als Kommandant von Dachau und kommissarischer Kommandant diverser KZ, 1934–1939 als Inspekteur der Konzentrationslager und Führer der SS-Wachverbände sowie 1939–1943 als Kommandeur der SS-Division »Totenkopf«. Eicke fiel am 26. 2. 1943 an der Ostfront (BArch, BDC, SSO, Eicke, Theodor, 17. 10. 1892). **25** Wäckerle führte in Dachau ein Schreckensregime und machte sich zahlreicher Morde mitschuldig. Nach seiner Auswechslung setzte er seine Karriere ungehindert bei der SS-Verfügungstruppe fort und fiel als Kommandeur der SS-Standarte »Westland« am 2. 7. 1941 bei Lemberg (BArch, BDC, SSO, Wäckerle, Hilmar, 24. 11. 1899). **26** Kommandanturbefehl Nr. I/1934 des KZ Dachau vom 2. 6. 1934 (BArch, BDC, SSO, Eicke, Theodor, 17. 10. 1892). **27** »Für die im Sammellager Dachau untergebrachten Personen werden folgende Sonderbestimmungen erlassen.« Nürnberger Dokument, PS-1216. Die Sonderbestimmungen sahen auch die Verhängung der Todesstrafe vor, die vom Lagergericht unter Vorsitz des Lagerkommandanten angeordnet werden konnte. **28** Brief des bayerischen Ministerpräsidenten Ludwig Siebert an Heinrich Himmler nach seinem Besuch in Dachau im März 1934, abgedruckt in: Glonntal-Bote, Nr. 77, vom 1.–3. 4. 1934. Der propagandistische Einsatz des Briefes in der Presse erzeugte auch in der Öffentlichkeit das Bild vom »Musterlager« Dachau. **29** Die erste Station war das KZ Lichtenburg. Schreiben von Theodor Eicke an die Prettiner Ortspolizeibehörde vom 31. 5. 1934 (Archiv der KZ-Gedenkstätte Lichtenburg, Inv.-Nr. 678G); Schreiben von Heinrich Himmler an den Regierungspräsidenten in Merseburg vom 15. 6. 1934 (LASA, MER, Rep. C 48 Ie, Nr. 1189 b, Bl. 6).

Der Begriff »Dachauer Schule« zielt des Weiteren auf das Ausbildungsritual, das neben der weltanschaulichen Schulung, dem militärischen Drill, absoluter Führertreue und unbedingtem Befehlsgehorsam auch Rücksichtslosigkeit und Folter gegenüber den Häftlingen beinhaltete. Der kollektiven Gewalteinübung ist daher viel Bedeutung für einen Aufstieg innerhalb der Lager-SS beigemessen worden. Mittels physischen und psychischen Drills und der Beteiligung an Prügelstrafen durchliefen die SS-Männer Initiationsriten. Wer nicht willens oder fähig dazu war, wurde wegen »Unfähigkeit« entlassen. »Die meisten SS-Männer beugten sich der ›Dachauer Schule‹.«[30] Dieses archaische Verständnis von »Bewährung« ist zwar als Inszenierung und Identitätsspiegel des Schwarzen Korps nicht zu negieren, bestimmte aber nur partiell die Personalentwicklung. Es als ausschlaggebendes Kriterium anzusehen, hieße, der Eigenwahrnehmung, Exkulpation und Selbststilisierung der SS-Männer zu folgen. Gewalt war zudem seit Beginn ein fester Bestandteil in allen Konzentrationslagern.

Der größte Einfluss, der von Dachau auf das KZ-System ausging, lag demgegenüber in den Patronageverhältnissen und personellen Netzwerken, die vor allem Eicke oder sein Günstling und späterer Lagerkommandant Hans Loritz prägten, nicht aber in einer Sonderrolle des KZ Dachau an sich.[31] Ein Andienen im Sinne von Begünstigung und Bewährung – dies schließt sowohl absolute Loyalität und Kadavergehorsam als auch die »Befähigung« zum Lager- oder Truppendienst ein – entschied über das weitere Vorankommen. Gegen Männer, die nicht zu den Dachauer – sondern beispielsweise zu den mitteldeutschen – Netzwerken gehörten und Führungspositionen in anderen Lagern bekleideten, opponierte Eicke. Dazu zählten die späteren Lagerkommandanten Arthur Rödl und Adam Grünewald, die Eicke im Sommer 1935 mit dem Ausbau der SS-Wachtruppen als militärische Versager hinstellte.[32] Auch die von Eicke propagierten Sekundärtugenden und Kriterien wie Disziplin, Treue, Gehorsam, Ordnung und Härte müssen kritisch betrachtet werden. Sie dienten bis 1945 der formalisierten Rechtfertigung für die Inklusion oder Exklusion von SS-Männern, die Beförderung in den inneren Kreis eines Netzwerkes oder die Ausgrenzung. Von personalpolitischer Relevanz ist daher weniger die Sozialisation der Gewalt im Lager oder die Radikalität der völkischen Idee (überzeugte Nationalsozialisten waren sie alle), sondern mehr die Netzwerkbildung im Rahmen des Kommandanturstabes.

In der Retrospektive evoziert das Netz dienstlicher und kameradschaftlicher Beziehungen zahlreicher Lagerkommandanten das Bild einer »Dachauer Schule«. Die Auswahl auf gewisse Fallbeispiele verstärkt den Eindruck zusätzlich.[33] Schlüsselfiguren wie Karl Otto Koch oder der langjährige Kommandant Franz Ziereis werden in der Forschung nur am Rande erwähnt, zeigen aber gerade die vielfältigen Netzwerke und Machtstrukturen im KZ-Imperium auf. Am Anfang der frühen Netzwerke stand jedoch nicht der gemeinsame Dienstantritt in einem KZ, sondern die Verankerung in den regionalen Gliederungen der NSDAP und SS.

Mit Sicherheit ist der Kreis um Karl Otto Koch, um ein prominentes Beispiel zu nennen, hierzu zu zählen. Angesichts eines fehlenden Kriterienkataloges für den Lagerdienst, also eines Richtmaßes für Einschluss und Ausschluss der Kandidaten, gestaltete sich jede Karriere zu einem irrationalen, damit subjektiven und von persönlichen Interessen bestimmten Moment. Der Begriff der Befähigung barg nur wenige berechenbare Deutungsinhalte und Handlungsanleitungen für Erfolg oder Misserfolg und diente vielerorts als Mittel zum Zweck. Auch Verfehlungen wurden sehr unterschiedlich und unvorhersehbar durch den SS-WVHA-Chef Oswald Pohl und den Inspekteur der Konzentrationslager (ab 1942 Amtsgruppe D im SS-WVHA) Richard Glücks geahndet. Kam Koch durch einen Korruptionsskandal im KZ Buchenwald zu Fall – seine Aburteilung und Hinrichtung kann zweifellos als Exempel harter Sanktionierung betrachtet werden –, wurde Hans Aumeier hingegen für das Führen schwarzer Kassen in Auschwitz nicht belangt, sondern kurz darauf sogar noch befördert und als Kommandant in Vaivara bestätigt.

Bis zu seinem Karriereende protegierte Koch seine frühen Mitstreiter, die meisten kannte er seit 1933/34 aus dem SS-Sonderkommando »Sachsen«. Egon Zill beispielsweise fungierte sowohl im Männer- als auch im Frauenlager Lichtenburg als Schutzhaftlagerführer bzw. Führer für die Sicherheit. Koch selbst versah in dieser Funktion 1935 nur für wenige Wochen Dienst im KZ Lichtenburg.[34] Im April 1935 übergab er das Kommando an seinen Nachfolger Heinrich Remmert und avancierte nacheinander zum Kommandanten der KZ Columbia, Esterwegen, Sachsenhausen, Buchenwald und Lublin. Koch war einer der effektivsten Netzwerker in der Lager-SS und behielt auch nach seiner Versetzung nach Columbia Kontakt zur SS-Führung in Lichtenburg. Mit seinen Vertrauten durchlief er fast alle Lager gemeinsam. Diese personellen Zirkel lassen sich eindrucksvoll an seinen Fotoalben und seiner fotografischen Perspektive ablesen.[35]

Als Gefangenenkompanie- bzw. Blockführer dienten in Lichtenburg unter anderem Edmund Bräuning und Otto Reinicke. Deren »Erfahrungsberichte« von 1936 spiegelten die katastrophalen Zustände im Lager wie Hunger und Krankheit wider.[36] Besonders Bräuning zeichnete sich durch Misshandlungen aus; bei der Prügelstrafe und als »Sportlehrer« war er »mit Leib und Seele dabei«.[37] Beide stiegen in der Lager-SS rasch auf: Bräuning fungierte seit 1940 als Adjutant und Schutzhaftlagerführer in Neuengamme, Auschwitz, Ravensbrück und Buchenwald, Reinicke als Rapport-, Arbeitsdienst- und Schutzhaftlagerführer in Auschwitz und Herzogenbusch. Sowohl Bräuning, der 1944/45 das temporär

30 Orth, Konzentrationslager-SS, S. 136. **31** Zur Netzwerkpolitik von Loritz vgl. Dirk Riedel, Ordnungshüter und Massenmörder im Dienst der »Volksgemeinschaft«: Der KZ-Kommandant Hans Loritz, Berlin 2010, S. 126–134 und 231–243. **32** Beide dienten seit 1934 im KZ Lichtenburg, Rödl als Chef der SS-Wachtruppe »Elbe« und Grünewald als Führer der 8. Hundertschaft. Versetzungsantrag von Eicke zu Rödl vom 24. 8. 1935 (BArch, BDC, SSO, Rödl, Arthur, 13. 05. 1898); Versetzungsantrag von Eicke zu Grünewald vom 13. 7. 1935 (BArch, BDC, SSO, Grünewald, Adam, 20. 10. 1902). **33** Dies sind vor allem Richard Baer, Rudolf Höß, Paul Werner Hoppe, Josef Kramer, Heinrich Schwarz und Martin Weiß. Orth, Konzentrationslager-SS, S. 127 (passim). **34** Koch war nicht Kommandant des KZ Lichtenburg gewesen. So Insa Eschebach, Der KZ-Kommandant Karl Otto Koch (1897–1945). Biografische Anmerkungen. In: Morsch (Hg.), Von der Sachsenburg, S. 51. **35** Vgl. den Beitrag von Anna Schüller und Volker Strähle über die fotografische Perspektive von Koch auf das Lager Sachsenburg in diesem Band. **36** Erfahrungsberichte von Edmund Bräuning und Otto Reinicke vom 21. 7. 1936 (BArch, NS 4/Li-1, Bl. 9–11). **37** Bericht des ehemaligen Häftlings Alfred Scherlinsky vom 3. 7. 1948 (ThHStAW, KZ und Haftanstalten Buchenwald Nr. 27, Bl. 100a).

»Lichtenburger Besuch im K[onzentrations]L[ager]C[olumbia]« (Originalunterschrift), Dienstalbum von Karl Otto Koch, 1933–1937. Heinrich Remmert (links) und Markus Habben (rechts), Zugführer in der SS-Wachtruppe »Elbe«, besuchten Karl Otto Koch (Mitte) 1935 im KZ Columbia. Der gebürtige Nordhäuser Habben diente seit 1935 in den KZ Lichtenburg, Esterwegen, Sachsenhausen und Mauthausen und gehörte zum engsten Kreis um Koch in Esterwegen und Sachsenhausen.

ZA FSB der Russischen Föderation

eigenständige Lager Ohrdruf leitete, als auch Reinicke hatten sich 1933 freiwillig zum Dienst im KZ Lichtenburg gemeldet und waren fest in den regionalen Gliederungen der 26. SS-Standarte verankert gewesen. Sie profitierten von ihren Netzwerken und mächtigen Fürsprechern, die wie Eisfeld, Florstedt oder Maurer Schlüsselpositionen im KZ-System besetzten. Ludolf-Hermann von Alvensleben, Führer mehrerer SS-Standarten im sächsischen und mitteldeutschen Raum und später Chefadjutant Himmlers, fungierte 1937 sogar als Bürge für Reinickes Braut.[38]

Protektion und Patronage prägten auch die subalterne Ebene. Der Stabsscharführer in Lichtenburg, Alfred Wehner, verblieb von 1934 bis 1937 ohne Auswechslung auf seinem Posten. Wehner war als SS-Hilfspolizist der 26. SS-Standarte in Torgau Mitte Juni 1933 mit weiteren neun Männern – darunter der spätere Chef des Krematoriums im KZ Buchenwald Hermann Helbig – nach Lichtenburg kommandiert worden.[39] Von August 1937 bis April 1945 arbeitete er im Stab der IKL bzw. Amtsgruppe D, zuletzt unter Rudolf Höß.[40] Fast alle 1936/37 im Kommandanturstab des KZ Lichtenburg tätigen SS-Unterführer hatten sich 1933 im SS-Sondersturm Lichtenburg oder SS-Sonderkommando »Sachsen« formiert.

Für das KZ Sachsenburg zeichnete sich ein ähnliches Bild. Die Kerngruppe rekrutierte sich aus dem Sonderkommando »Sachsen« und verblieb zumeist bis 1945 im KZ-Dienst. Einige stiegen bis in den SS-Führerrang auf und bekleideten in späteren Lagern entsprechende Führungspositionen. Zu dieser Gruppe gehörten beispielsweise Heinz Büngeler, Wolfgang Plaul, Fritz Seidler, Arnold Strippel und Gerhard Weigel. Büngeler, der sich bereits auf den frühen Aufnahmen des Koch-Albums in Sachsenburg findet, fungierte anfangs als dessen Ordonanzfahrer, ab 1935 als Schreiber in der Lagerkommandantur, dort 1937 bereits als Stabsscharführer (Spieß), übernahm diese Funktion nach der Auflösung des KZ Sachsenburg 1937 fortgesetzt in den KZ Buchenwald und Flossenbürg und wechselte Ende 1938 – analog zum zuvor genannten Wehner – in den Stab der IKL und verstärkte Totenkopfstandarten als Personalsachbearbeiter. Zwischen Mai und September 1940 begleitete er, formal bei der IKL in Oranienburg verbleibend, Koch als Adjutant in Norwegen. Koch, seit 1937 Kommandant des KZ Buchenwald, wurde in dieser Zeit nicht mehr vom SS-Personal des Frauen-KZ Lichtenburg vertreten (1938 hatte dies Alex Piorkowski übernommen und 1939 Günther Tamaschke), sondern von Arthur Rödl. Ab 1941 versah Büngeler auch nominell seinen Dienst als Kochs Adjutant in Buchenwald, in Personalunion war er SS-Gerichtsführer des Standorts. Büngeler zählte zum engsten Kreis um Koch. 1943 starb er an der Ostfront. Zuvor hatte er im Sommer 1942 – Koch befand sich zu diesem Zeitpunkt bereits in Lublin – »den Wunsch geäußert, nicht wieder im KL Verwendung zu finden, sondern seinem Gesundheitszustand entsprechend im Stab eines Feldtruppenteiles, nach Möglichkeit SS.-T.-Div., eingesetzt zu werden«.[41] Unter Umständen gab seine Rolle ab 1941 für die Exekutionen der sowjetischen Kriegsgefangenen verantwortlicher SS-Gerichtsführer einen Ausschlag für dieses Gesuch. Möglicherweise lösten aber auch die beginnenden Korruptionsermittlungen gegen Koch die Frontversetzung aus.

Neben Büngeler setzten ebenso Wolfgang Plaul, Arnold Strippel und Gerhard Weigel ihre KZ-Laufbahn in Buchenwald fort. Plaul – nach Auflösung des KZ Sachsenburg zuerst in Sachsenhausen und Niederhagen eingesetzt – war ab 1941 u. a. als zweiter bzw. stellvertretender Schutzhaftlagerführer und ab 1944 als Stützpunktleiter für alle HASAG-Außenlager des KZ Buchenwald tätig.[42] In Sachsenburg hatte er sich mit Büngeler als Stabsscharführer abgewechselt. Strippel, in Sachsenburg bei der Wachtruppe und Feuerwehr verwendet, ging direkt nach Buchenwald und kam dort bis 1941 als erster Rapportführer zum Einsatz. Anschließend durchlief er die Lager Niederhagen, Natzweiler, Lublin, Ravensbrück, Herzogenbusch und Neuengamme. In Neuengamme fungierte er analog zu Plaul als Stützpunktleiter der Außenlager Salzgitter und Hamburg.[43] Sowohl

38 Vgl. Heiratsgesuch von Otto Reinicke vom 31. 5. 1937 (BArch, BDC, RS, Reinicke, Otto, 1. 1. 1908). **39** Vgl. BArch, BDC, RS, Wehner, Alfred, 7. 10. 1911; ebd., RS, Helbig, Hermann, 7. 6. 1902. **40** Vgl. Vorschlagsliste für die Verleihung des Kriegsverdienstkreuzes II. Klasse mit Schwertern der Amtsgruppe D, gezeichnet von Richard Glücks, vom 9. 1. 1945 (NARA, RG 549, US Army Europe, Cases not tried, Case 000-50-033 [Oranienburg], Box 529, Folder No. 2). **41** Diesem Wunsch wurde entsprochen und Büngeler zur 3. SS-Division »Totenkopf« versetzt. Am 3. 3. 1943 starb er durch eine Tretmine (BArch, BDC, SSO, Büngeler, Heinz, 29. 3. 1913). **42** Vgl. BArch, BDC, SSO, Plaul, Wolfgang, 5. 4. 1909. **43** Vgl. BArch, BDC, RS und SSO, Strippel, Arnold, 2. 6. 1911. Vgl. Marc Buggeln, Arbeit & Gewalt. Das Außenlagersystem des KZ Neuengamme, Göttingen 2009, S. 403–406.

Büngeler als auch Plaul und Strippel erreichten den Dienstrang eines SS-Obersturmführers. Gerhard Weigel, 1937/38 als Lageringenieur in der Abteilung I (Adjutantur) des KZ Buchenwald tätig, wurde bereits in Sachsenburg zum Obersturmführer befördert und stieg bis 1944 zum Sturmbannführer auf. In Sachsenburg fand er anfangs als Schutzhaftlagerführer und ab 1935 als Adjutant des Kommandanten Verwendung und war in dieser Stellung direkt Büngeler und Plaul vorgesetzt. Das engmaschige Personalnetz, das stets auch der Machtkumulation diente, wird an diesen Konstellationen besonders deutlich. Bis Kriegsende avancierte Weigel zum Inspekteur der SS-Frontarbeiter und SS-Baubrigaden und war damit für den mörderischen Arbeitseinsatz von KZ-Häftlingen in den Baubrigaden der SS verantwortlich.[44]

Fritz Seidler, zu Beginn seiner Laufbahn als SS-Sanitätsdienstgrad im KZ Sachsenburg verwendet, wurde nach Auflösung des Lagers nach Sachsenhausen versetzt und dort (wie auch Gerhard Weigel) u. a. als Lageringenieur eingesetzt. Von 1940 bis 1942 fungierte er als zweiter Schutzhaftlagerführer in Auschwitz I und war unmittelbar am Massenmord beteiligt. In Gusen übernahm er von 1943 bis 1945 den Posten des ersten Schutzhaftlagerführers.[45] Bereits im Zeichen der bevorstehenden Lagerauflösung fand in der Nacht vom 21. auf den 22. April 1945 eine letzte große Mordaktion in Gusen statt.[46] Zu diesem Zweck ließ der mittlerweile zum SS-Hauptsturmführer beförderte Seidler die Baracke 31 in Gusen I luftdicht isolieren und mindestens 659 vorwiegend kranke und geschwächte Häftlinge mittels Zyklon B töten.

Die SS-Führer Konrad Schellong aus Dresden, Martin Sparmann aus Hoyerswerda und Kurt Weiße aus Ehrenfriedersdorf bei Chemnitz stiegen indes rasch innerhalb der SS-Wachtruppen auf und setzten nach Kriegsbeginn ihre Karriere in den Feldeinheiten der Waffen-SS fort.[47] Alle drei erreichten höhere Ränge im SS-Führerkorps, Schellong stieg bis zum SS-Obersturmbannführer, Regiments- und temporär sogar Divisionskommandeur auf und überflügelte damit das Gros seiner früheren »Kameraden« des Sonderkommandos »Sachsen«, die im KZ-System »Karriere« machten. Sparmann, der bereits im Mai 1940 in Frankreich als Mitglied der Totenkopfdivision gefallen ist, hatte im Sommer 1939 als Stabschef der SS-Heimwehr Danzig fungiert. Weißes Laufbahn geriet nach Kriegsbeginn wegen mangelnder Befähigung zum Bataillonskommandeur und Misshandlung von Untergebenen mit Todesfolge mehrfach ins Stocken. Nach Verurteilung durch ein SS-Gericht wurde die Strafe zur Bewährung ausgesetzt und Weiße in die SS-Sonderformation Dirlewanger – benannt nach ihrem Kommandeur, dem wegen Kindesvergewaltigung und Veruntreuung verurteilten SS-Oberführer Oskar Dirlewanger[48] – versetzt. Nicht nur die Entgrenzung der Gewalt, sondern auch die Ablehnung sozialer, gesellschaftlicher und letztlich sogar dienstlicher Werte und Normen, Korruption, sexuelle Übergriffe, Alkoholismus und Befehlsverweigerung gefährdeten aus Sicht der SS die Truppenmoral und Befehlsstruktur. Verurteilte SS-Männer wurden zur Strafverbüßung meist nach Danzig-Matzkau verbracht, ab 1943/44 zunehmend der Sonderformation Dirlewanger zugeteilt und – so auch Weiße – bei der blutigen Niederschlagung des Warschauer Aufstands und weiteren Verbrechen eingesetzt. Weiße ist wie Dirlewanger als Sadist aufgetreten, auch war gegen Weiße ebenfalls wegen Kindesmissbrauchs ermittelt worden. Unter Dirlewanger stieg Weiße nunmehr zum Bataillonskommandeur auf, wurde 1944 nach seiner letzten Rangerhöhung von 1936 noch zum Sturmbannführer (und 1945 sogar zum Obersturmbannführer) befördert, wechselte in den Regimentsstab und avancierte letztlich zum Stellvertreter Dirlewangers.

Aufgrund der militärischen Ausrichtung der SS-Wachverbände seit 1935 stand der Begriff »Karriere« nicht nur für den bislang eruierten Aufstieg im Kommandanturstab der Konzentrationslager,[49] sondern auch in der Wachtruppe. Mit der strikten Trennung von Kommandanturstab und Wachtruppe ab April 1936 wurden zahlreiche Zug- und Hundertschaftsführer »ausgemustert« und in das Schutzhaftlager versetzt. Beispiele dafür sind die späteren Kommandanten Adam Grünewald, Arthur Rödl und Egon Zill. Teils jüngere Rekruten in der Wachtruppe wie Kurt Launer oder Rudolf Saalbach »überholten« sie auf der Karriereleiter in der SS. Beide stammten aus den benachbarten Ortschaften Zeithain und Großenhain bei Dresden, waren frühe Mitglieder des Sonderkommandos »Sachsen« gewesen, stiegen wie Schellong und Weiße zum Obersturmbannführer bzw. Sturmbannführer auf und erhielten das Ritterkreuz.[50] Die Lager-SS konkurrierte somit sowohl um die Verdienste im KZ- als auch im Fronteinsatz, was dem heroischen Selbstbild und männlichen Ideal der SS entsprach. Ihr Status basierte also nicht nur auf hierarchischen Größen wie Dienstrang und -stellung, sondern auch auf der Wertigkeit des Erreichten.

Das SS-Sonderkommando »Sachsen« war für die Vorgenannten allerdings häufig nicht der erste Einsatz als Hilfspolizist und Wachmann. Kurt Launer und Hellmut Petermann beispielsweise versahen schon ab April 1933 Dienst im SS-Wachkommando des KZ Osterstein in Zwickau. Launer, der im Schloss Osterstein als Führer des SS-Wachkommandos der 7. SS-Standarte fungierte, stieg 1933/34 im SS-Sonderkommando »Sachsen« unter Karl Otto Koch zum SS-Führer auf, führte 1934 den 2. Sturm der SS 3 in das KZ Hohnstein und von dort in das KZ Lichtenburg, wechselte 1935/36 als Adjutant und Zugführer zum SS-Pioniersturmbann der SS-Verfügungstruppe in Leisnig (später in Dresden), kam 1936 erneut als Kompanieführer nach Lichtenburg und kurz darauf nach Dachau, wo er bis 1939 zum Führer des III. Sturmbanns avancierte.[51] Von 1939 bis 1945 diente er in den SS-Divisionen »Totenkopf« und »Götz von Berlichingen«, zuletzt als Regimentskommandeur.[52]

44 Vgl. BArch, BDC, SSO, Weigel, Gerhard, 23. 2. 1908. **45** Vgl. BArch, BDC, SSO, Seidler, Fritz, 18. 7. 1907. Seidler wurde von ehemaligen Gefangenen des KZ Auschwitz als überaus brutal und skrupellos beschrieben. »Einzelbeurteilung von ehemaligen SS-Angehörigen des Konzentrationslagers Auschwitz I, II und III« durch Adolf Rögner vom 3. 6. 1946 (NARA, RG 549, US Army Europe, Cases not tried, Case 000-50-3 [Auschwitz], Box 519, Folder C-2). **46** Vgl. Pierre Serge Choumoff, Nationalsozialistische Massentötungen durch Giftgas auf österreichischem Gebiet 1940–45, Wien 2000 (Paris 1988), S. 126–129. **47** Vgl. BArch, BDC, SSO, Schellong, Konrad, 7. 2. 1910; ebd., SSO, Sparmann, Martin, 8. 11. 1911; ebd., SSO, Weiße, Kurt, 11. 10. 1909. **48** Vgl. BArch, BDC, SSO, Dirlewanger, Oskar, 26. 9. 1895. 1945 wurde die Einheit als 36. Waffen-Grenadier-Division der SS bei Cottbus aufgerieben. **49** Vgl. Orth, Konzentrationslager-SS. **50** Vgl. BArch, BDC, SSO, Launer, Kurt, 16. 9. 1906; ebd., SSO, Saalbach, Rudolf, 18. 3. 1911. **51** Vgl. Launer in Hohnstein 1934: Dienstalbum von Karl Otto Koch, 1933–1937 (ZA FSB, N-19092/110); vgl. Morsch (Hg.), Von der Sachsenburg, S. 205–211, Abb. 19 und 21. In Lichtenburg 1934: Siehe Abbildung auf der folgenden Seite des Beitrages. **52** Vgl. BArch, BDC, SSO, Launer, Kurt, 16. 9. 1906.

Von links: Der Führer des SS-Sturms 1 (zuvor SS-Sondersturm Lichtenburg bzw. SS-Sturm 4 der 3. Standarte der Politischen Bereitschaften) Adam Grünewald, Verwaltungsführer Karl Weichselsdorfer und sein Nachfolger Franz Xaver Kraus, Kommandant Bernhard Schmidt (ab 1935 Kommandant des KZ Sachsenburg), Führer des SS-Sturms 2 Kurt Launer, Führer der SS-Wachtruppe bzw. »Politischen Bereitschaft K. L. Lichtenburg« (ab 1935 SS-Wachtruppe »Elbe«) Arthur Rödl und Zugführer Egon Zill, Foto eines unbekannten Fotografen, vermutlich um den 9.11.1934. Am linken Uniformärmel von Zill ist noch die Nummer des SS-Sturms 3 der 3. Standarte der Politischen Bereitschaften angebracht, dem er bis dahin angehört hatte. Dieser Sturm war im KZ Sachsenburg verblieben und stellte mit dem SS-Sturm 1 der 3. Standarte den Stamm der späteren SS-Wachtruppe »Sachsen«. Der von Launer geführte SS-Sturm 2 der 3. Standarte war im Sommer 1934 vom KZ Hohnstein zum KZ Lichtenburg verlegt worden, behielt die Nummerierung bei und bildete mit dem ehemaligen SS-Sondersturm Lichtenburg den Stamm für die spätere SS-Wachtruppe »Elbe«. Das Kürzel der 3. Standarte (SS 3) ist noch deutlich am rechten Kragenspiegel zu erkennen. Die Verwaltungsführer indes tragen einen leeren Kragenspiegel. Die Netzwerke wirkten sich entscheidend auf ihre Laufbahnen aus, neben Schmidt avancierten Grünewald, Hüttig, Rödl, Zill und de facto auch Kraus in den 1940er-Jahren zu Lagerkommandanten: Grünewald: Herzogenbusch, Hüttig: Natzweiler und Herzogenbusch, Rödl: Groß-Rosen, Zill: Hinzert, Natzweiler und Flossenbürg, Kraus: Auschwitz-Birkenau, stellv. Kommandant Groß-Rosen.

Privatalbum von Kurt Schreiber, Sammlung Stefan Hördler

Launer, der sich 1933 einen Ruf als gewalttätiger Lagerführer erwarb und bis 1939 mehrere KZ durchlief, errang als Ritterkreuzträger indes militärische Ehren. Auch Petermann durchlief dann das Sonderkommando »Sachsen«, den 2. Sturm der SS 3 in Hohnstein und folgte Launer von dort nach Lichtenburg. Nach Auflösung des Lagers wechselte er mit dem Gros der Sturmbanne »Elbe« und »Sachsen« nach Buchenwald, kehrte 1938 in das nunmehrige Frauen-KZ Lichtenburg zurück und ging nach der erneuten Auflösung des Lagers 1939 in das neu errichtete Frauen-KZ Ravensbrück, wo er u. a. als Leiter der Poststelle tätig war. In der zweiten Kriegshälfte wurde er zu den Feldeinheiten der Waffen-SS versetzt und diente Mitte 1944 in der SS-Division »Prinz Eugen«.[53]

Adolf Kurtz und Walter Schaper dienten bereits unter Koch im SS-Sondersturm »Renthof« der 35. SS-Standarte, der zugleich das SS-Wachkommando des KZ Breitenau bei Kassel stellte. Der Führer der 35. SS-Standarte in Kassel und Vorgesetzte von Karl Otto Koch war der eingangs genannte Hans Döring. Noch 1933 wechselte Döring nach Dresden und stieg zum Führer des SS-Abschnitts II auf. Koch und andere folgten ihm und bauten unter Döring das SS-Sonderkommando »Sachsen« auf.[54] Kurtz, ab Mai 1933 Mitglied des Sondersturms »Renthof« und ab September 1933 der Stabswache in Dresden, zählte mit Koch zum Nukleus des Sonderkommandos »Sachsen«. Noch in Sachsenburg als Kompanieführer des dortigen Totenkopfsturmbanns eingesetzt und zum SS-Obersturmführer befördert, diente er während des Krieges in verschiedenen Feldeinheiten der Waffen-SS, ab 1942 in der Kriegsgeschichtlichen Forschungsabteilung der Waffen-SS im SS-Führungshauptamt und ab 1944 – nunmehr im Rang eines SS-Obersturmbannführers – im SS-Personalhauptamt. Schaper gelang dagegen nicht der Aufstieg in das SS-Führerkorps. Er war bis 1937 Mitglied des Kommandanturstabes des KZ Sachsenburg und verblieb anschließend als Sachbearbeiter für Verpflegung im Kommandanturstab des KZ Sachsenhausen. 1939 heiratete er die Schwester von Bernhard Rakers, mit dem er in Sachsenhausen – Rakers als Leiter der Häftlingsküche – eng zusammenarbeitete.[55] Beide bekleideten zuletzt den Rang eines SS-Hauptscharführers.

Für das KZ Lichtenburg ließe sich ein identisches Bild zeichnen. Allein 17 Männer aus Weißenfels/Saale (heute in Sachsen-Anhalt an den Grenzen zu Sachsen und Thüringen) dienten nachweislich im KZ-System, zehn von ihnen bereits im KZ Lichtenburg.[56] Zwei wiederum, die SS-Männer Ernst Schmidt und Rudolf Schumann, waren zuvor als Hilfspolizisten in Weißenfels eingesetzt worden.[57] Von März bis August 1933 diente das Schloss Neu-Augustusburg als sogenanntes Gefangenensammellager, die meisten Insassen wurden von dort in das KZ Lichtenburg überführt. Gefangene und SS-Bewacher kannten sich somit – wie auch in den Fällen der KZ Osterstein und Sachsenburg – schon aus den frühen Haftstätten in ihren Heimatregionen, nicht selten sogar vor 1933, und durchliefen im Anschluss teilweise mehrere Konzentrationslager. Zahlreiche SS-Wachmänner setzten nach Auflösung des KZ Lichtenburg ihre Laufbahn als SS-Unterführer in den Lagern Buchenwald, Sachsenhausen, Ravensbrück und Dachau fort.

Die Perspektive der Netzwerkbildung und -bindung sollte daher auch auf die Gruppe der Sachbearbeiter erweitert werden, die zumeist über fünf bis zehn Jahre kontinuierlich gleiche Funktionen ausübten bzw. Stellungen in einem Lager bekleideten. Dabei handelte es

53 Vgl. BArch, BDC, RS und SSO, Petermann, Hellmut, 24.4.1912. **54** Vgl. Dietfrid Krause-Vilmar, Das Konzentrationslager Breitenau. Ein staatliches Schutzhaftlager 1933/34, Marburg 1997, S. 156–162. **55** Vgl. BArch, BDC, RS und SSO, Kurtz, Adolf, 13.5.1910; ebd., RS, Schaper, Walter, 20.7.1901. **56** Werner Busch war sowohl SS-Wachmann als auch später selbst KZ-Häftling in Lichtenburg. Vgl. dazu Stefan Hördler, Die »Gefallenen«. Nationalsozialisten als KZ-Häftlinge. In: Jörg Osterloh/Kim Wünschmann (Hg.), »... der schrankenlosesten Willkür ausgeliefert«. Häftlinge der frühen Konzentrationslager 1933–1936/37, Frankfurt am Main/New York 2017, S. 291–316. **57** Vgl. Hördler, SS-Kaderschmiede Lichtenburg, S. 75–129.

SS-Hauptsturmführer Hans Hüttig (rechts), Adjutant von Karl Otto Koch in Buchenwald, in der Anlage von dessen Villa, links im Bild Ilse Koch und der gemeinsame Sohn Artwin, anlässlich des Besuchs der Dresdner Kammersängerin Elsie Wieber und ihres Ehemanns (Bildmitte), Foto eines unbekannten Fotografen, vermutlich Oktober 1938, Privatalbum von Karl Otto Koch, 1938–1941

NARA, RG 153-IK, The Judge Advocate General (Army), Albums of Ilse Koch, 1912–1941, Box 1, Album No. 2, Bl. 18

sich mehrheitlich um langgediente SS-Männer im KZ-System, die damit zur Kerngruppe der Lager-SS zählten. Im KZ Buchenwald waren dies u. a. SS-Oberscharführer Erich Boden, SS-Hauptscharführer Paul Fetke und SS-Scharführer Gotthold Michael. Fetke hatte seinen Dienst bereits Mitte Juni 1933 im KZ Lichtenburg angetreten,[58] Michael gehörte ab 1933 dem SS-Sonderkommando »Sachsen« und ab Oktober 1934 dem Kommandanturstab des KZ Sachsenburg an,[59] Boden diente ab November 1934 ebenfalls im KZ Sachsenburg.[60] Michael war in den folgenden Jahren maßgeblich an den Unterschlagungen in Buchenwald beteiligt. Im Frühjahr 1943 zur 10. SS-Division »Frundsberg« versetzt, wurde er deshalb – wie auch der frühere Lagerkommandant Karl Otto Koch und weitere SS-Wachmänner – im August 1943 auf Veranlassung des SS-Richters Konrad Morgen verhaftet, in Buchenwald inhaftiert und im Dezember 1944 verurteilt.[61]

Mit Untersuchungen von Korruptionsfällen im KZ-System war Konrad Morgen im Juni 1943 vom Reichsführer SS Heinrich Himmler persönlich beauftragt worden.[62] Morgen unterstand jedoch nicht dem SS-WVHA, sondern dem Hauptamt SS-Gericht in München und arbeitete direkt dem Reichskriminalpolizeiamt (RKPA) in Berlin zu. Nur ein Jahr zuvor im Mai 1942 war der gerade zum SS-Obersturmführer beförderte Morgen als Richter am SS- und Polizeigericht VI in Krakau abberufen und zum Sturmmann degradiert worden, da er ein Todesurteil gegen einen SS-Mann in einen Freispruch umgewandelt hatte. Möglicherweise war er aber auch mit seinen Ermittlungen in Korruptionsfällen eine Bedrohung geworden. Ende 1943 zum SS-Hauptsturmführer und Ende 1944 zum SS-Sturmbannführer befördert, sollen unter seiner Leitung etwa 800 Korruptions- und Mordfälle bearbeitet worden seien.[63] Zu den prominenten Beispielen zählen zweifellos die KZ-Kommandanten Karl Otto Koch, Hermann Florstedt oder Alex Piorkowski.

Im Ermittlungsbericht Morgens vom Dezember 1943 wird auch die Rolle des SS-Sonderkommandos »Sachsen« beleuchtet. Michael und Koch verband seit Herbst 1933 ein sehr enges Vertrauensverhältnis. »Bereits im Sonderkommando Sachsen kam er [Michael] mit dem jetzigen SS-Standartenführer Koch in Berührung. Er war zunächst als Ordonanz bei ihm tätig und wurde dann in Buchenwald bis zum Hauptscharführer von ihm befördert.« SS-Richter Morgen bezeichnete Michael als einen von Kochs engsten Vertrauten. »Während sonst Koch von einer unnahbaren Kälte und Strenge war, hatte Michael zu bestimmten Stunden freien Zutritt zu ihm und konnte sich ihm gegenüber eine Menge unmilitärischer Freiheiten herausnehmen.«[64] Michael habe als »Zuträger und Spitzel« und letztlich als Durchsetzungsinstrument essentiell zur Sicherung der Machtstellung Kochs beigetragen. Darüber hinaus führte er dessen Geschäfte und war damit ein wesentlicher Teil des Korruptionssystems.

FUNKTIONSNETZWERKE UND KONTINUITÄTEN BIS 1945

Sowohl auf SS-Führer- als auch -Unterführerebene zeichnete sich das Personalsystem der SS durch bestimmte Versetzungslinien und Muster in der Stellenbesetzung aus. Zum einen dienten sie von innen heraus der Machtsicherung einzelner Personen und Führungszirkel, aber auch der Festigung eingerichteter Positionen, Abläufe und Sozialstrukturen. Zum anderen sicherten Funktionsnetzwerke und »Experten« als weitgehend konstante Kerngruppe den Fortbestand, das friktionsarme Funktionieren und damit die Kontrollfähigkeit eines sich ständig verändernden Lagersystems.

Hans Hüttig, seit 1933 Hilfspolizist im SS-Sonderkommando »Sachsen« und 1934 im KZ Lichtenburg, setzte ab 1937 seine Karriere in Buchenwald, Flossenbürg und Sachsenhausen fort; 1938/39 war er Adjutant seines Förderers Karl Otto Koch. Im April 1941 übernahm er das KZ Natzweiler. 1942 wurde er kurzzeitig durch Josef Kramer und Egon Zill ersetzt und mit der Errichtung von Konzentrationslagern in Norwegen beauftragt, kehrte aber im

58 Vgl. Paul Fetke, bis 1937 Rapportführer im KZ Lichtenburg, wurde am 2.5.1938 von Buchenwald als Rapportführer nach Flossenbürg versetzt. Im Oktober war er in gleicher Funktion in Mauthausen tätig, bevor er zum 31.10.1938 auf eigenen Wunsch aus den SS-Totenkopfverbänden und dem KZ-Dienst entlassen wurde. BArch, BDC, RS, Fetke, Paul, 25.3.1911. **59** Vgl. Personenkartei zu Angehörigen der SS-Wachverbände bzw. SS-Totenkopfverbände 1933–1939/41 (BArch, NS 3/1566–1569, Karteikarte Michael, Gotthold, 4.11.1910). **60** Vgl. ebd., Karteikarte Boden, Erich, 21.12.1911. **61** Vgl. BArch, BDC, SSO, Koch, Karl Otto, 2.8.1897; ebd., RS, Michael, Gotthold, 4.11.1910. **62** Vgl. Herlinde Pauer-Studer/J. David Velleman, »Weil ich nun mal Gerechtigkeitsfanatiker bin«. Der Fall des SS-Richters Konrad Morgen, Berlin 2017. **63** Zur SS-Laufbahn vgl. BArch, BDC, SSO, Morgen, Konrad, 8.6.1909. **64** »Ermittlungsergebnis« und Bericht von Konrad Morgen vom 5.12.1943, ebd.

Reinicke (3. v. l.) und Schreiber (2. v. l.) bei einem Trinkgelage in der SS-Unterkunft im Schloss Lichtenburg, Foto eines unbekannten Fotografen, vermutlich 24.12.1934

Privatalbum von Kurt Schreiber, Sammlung Stefan Hördler

September 1942 zurück. 1943 erneut als Kommandant des KZ Natzweiler und 1944 für das niemals realisierte KZ Litzmannstadt vorgesehen, erfolgte im Februar 1944 seine Ernennung zum Kommandanten des KZ Herzogenbusch.[65] Sein dortiger Vorgänger Adam Grünewald war wegen fahrlässiger Häftlingstötung abgesetzt und verurteilt worden. Grünewald hatte ebenfalls 1934 seine KZ-Laufbahn in Lichtenburg begonnen, 1943 war er wie auch Hüttig Schutzhaftlagerführer in Sachsenhausen gewesen.[66] Egon Zill kannte er ebenfalls schon aus dem SS-Sonderkommando »Sachsen« und dem KZ Lichtenburg.

Auffällig ist bei vielen Kommandanten, dass sich die späteren Einsatzorte überschnitten. Neben den Nachfolgelagern des KZ Lichtenburg, auf die nachstehend noch hingewiesen wird, waren dies Lager in den besetzten Gebieten. Hans Hüttig und Adam Grünewald wechselten sich beispielsweise 1944 im KZ Herzogenbusch ab, Hüttig und Egon Zill 1942 im KZ Natzweiler. Von weiterer Bedeutung war das projektierte, aber nicht verwirklichte KZ Litzmannstadt. Hermann Michl sollte dort die Verwaltung leiten, Hüttig Lagerkommandant werden. Beide hatten von 1934 bis 1941 gemeinsam in den KZ Lichtenburg, Buchenwald und Sachsenhausen gedient. Im Februar 1944 jedoch wurden ihre Verfügungen von den Planungen zum Ghetto Litzmannstadt überholt; Hüttig wechselte am 22. Februar nach Herzogenbusch, Michl am 24. Februar nach Riga.[67] Kurz vor Auflösung des KZ Riga ging Michl Anfang Juni 1944 als Verwaltungsführer in das von Arthur Liebehenschel übernommene KZ Lublin.[68] Liebehenschel hatte von 1934 bis 1937 als Adjutant im KZ Lichtenburg fungiert.

Die Versetzungsschnittstellen der bis 1937/39 in Lichtenburg und Sachsenburg formierten Netzwerke konzentrierten sich zuerst auf die unmittelbaren Nachfolgelager Sachsenhausen, Buchenwald und Ravensbrück. Späterhin durchliefen diese Netzwerke die KZ Flossenbürg und Natzweiler, Lublin und Auschwitz oder die ab 1943 eröffneten Lager in den besetzten Gebieten wie Herzogenbusch, Riga und Vaivara. Neben der räumlichen Überlagerung wechselten sich die Funktionskader auch zeitlich als Abteilungsleiter oder Kommandanten ab, in einigen Fällen setzte sich ihre Zusammenarbeit sogar über diverse Einsatzorte fort.[69]

Exemplarisch für dieses Personalsystem steht das KZ Flossenbürg. Im Gegensatz zum ebenfalls 1938 gegründeten Steinbruchlager Mauthausen-Gusen, welches sich vornehmlich aus SS-Personal der KZ Dachau und Sachsenhausen rekrutierte, kam die Stammbesatzung des KZ Flossenbürg aus Buchenwald: Kommandant Jacob Weiseborn, Adjutant Kurt Hansen, Schutzhaftlagerführer Hans Aumeier, Poststellenleiter Otto Söldner und Verwaltungsführer Heinz Ritzheimer. Einzig Hansen nahm zwischen seinem Einsatz in Buchenwald und Flossenbürg für wenige Monate die Stellung des Adjutanten in Sachsenhausen ein. Vor ihrer Verwendung in Buchenwald hatten Aumeier, Hansen, Ritzheimer und Söldner 1936/37 in Lichtenburg gedient. Auch Söldners Nachfolger Hans Hüttig hatte seine Ausbildung im KZ Lichtenburg erhalten. Die beiden letzten Kommandanten des KZ Flossenbürg Egon Zill und Max Koegel hatten 1938/39 gemeinsam ihren Dienst im Frauenlager Lichtenburg versehen. Der Stabsscharführer in Lichtenburg und Adjutant in Ravensbrück, Hermann Wicklein, folgte Koegel 1943 in gleicher Stellung nach Flossenbürg. Mit der Lagerleitung kamen ab Mai 1938 außerdem zahlreiche SS-Unterführer nach Flossenbürg, die wie ihre Vorgesetzten die Stationen Lichtenburg, Buchenwald, Flossenbürg durchlaufen hatten und sich häufig schon aus dem SS-Sonderkommando »Sachsen« kannten. In der Adjutantur arbeiteten als Poststellenleiter Arthur Andrä, als Sachbearbeiter Alfred Kulisch, als Funker Werner Rabold sowie als Fahrdienstleiter und Geräteverwalter Arno Schmidt. Andrä hatte im Frauenlager, Kulisch, Rabold und Schmidt hatten im Männerlager Lichtenburg gedient.[70] Als Block- und Kommandoführer im Schutzhaftlager fungierten Herbert Gruber, Kurt Schmidt und Anton Stinglwagner, als Schutzhaftlagerführer

65 Nach Räumung des Lagers im September 1944 kämpfte Hüttig in der Waffen-SS. Vgl. BArch, BDC, SSO, Hüttig, Hans, 5.4.1894. Nach Kriegsende interniert, wurde er im Juli 1954 durch ein französisches Militärgericht zum Tode verurteilt, aber nicht hingerichtet, 1956 entlassen. Er verstarb am 23. Februar 1980 in Wachenheim an der Weinstraße. **66** Vgl. Feldurteil des SS- und Polizeigerichts X Den Haag vom 6.3.1944 (BArch, BDC, SSO, Grünewald, Adam, 20.10.1902). Von 1939 bis 1942 hatte er in der 3. SS-Division »Totenkopf« gedient. Er wurde 1944 zum SS-Mann degradiert und ist 1945 in Ungarn gefallen. **67** Vgl. Schreiben von Richard Glücks an das SS-Personalhauptamt vom 3.1.1944, Personalverfügung des SS-WVHA vom 22.2.1944 (BArch, BDC, SSO, Hüttig, Hans, 5.4.1894); Veränderungsmeldung des KZ Riga vom März 1944 (BArch, NS 3/403, Bl. 5). **68** Vgl. BArch, BDC, SSO, Michl, Hermann, 23.4.1912. Michl fiel am 21. Juli 1944 in Klementowicze bei einem Angriff der Roten Armee. **69** Piorkowski und Zill sowie Schmidt und Baranowski als Schutzhaftlagerführer in Dachau und Sachsenhausen, Hüttig und Zill, Helwig und Baranowski, Koch und Koegel, Zill und Koegel sowie Grünewald und Hüttig als Kommandanten in Natzweiler, Sachsenhausen, Lublin, Flossenbürg und Herzogenbusch. **70** Vgl. BArch, BDC, RS, Andrä, Arthur, 21.1.1900; ebd., RS, Kulisch, Alfred, 31.12.1914; ebd., RS, Rabold, Werner, 1.5.1919; ebd., RS, Schmidt, Arno, 31.12.1909. Von 1943 bis 1945 leitete Andrä die Poststelle des KZ Mittelbau-Dora.

»E« und Arbeitsdienstführer Rudi Schirner und Kurt Schreiber. Schirner und Schreiber waren schon 1932 der 26. SS-Standarte beigetreten und hatten sich im Sommer 1933 für den Wachdienst im SS-Sondersturm Lichtenburg gemeldet.[71] Am stärksten fand sich das Lichtenburger Personal in der Verwaltung wieder. Dort versahen Rudolf Bauchspiess als Leiter der Kleiderkammer, Willi Hanke bei der Verpflegung, Karl Hänsel in der Küche, Otto Reinicke als Unterkunftsverwalter und Richard Zahradnik als Leiter der Amtskasse ihren Dienst. Alle hatten der SS-Wachtruppe Lichtenburg angehört, Hanke bereits seit Sommer 1933.[72]

Eine besondere Funktionsgruppe, die aus dem Lichtenburger und Sachsenburger Netzwerk hervorging, bildeten die Vernichtungsspezialisten im »Kommando 99« des KZ Buchenwald. Im Rahmen der »Aktion 14 f 14«, der Ermordung von sowjetischen Kriegsgefangenen in den Konzentrationslagern ab Ende August 1941, waren allein nach Buchenwald bis Ende Juli 1942 mehr als 7 000 Kriegsgefangene zur Exekution überstellt worden.[73] Zu diesem Zweck errichtete die SS in Buchenwald eine Genickschussanlage, in der das »Kommando 99« die Tötungen als ärztliche Routineuntersuchung inszenierte, damit die Opfer keinen Verdacht schöpften.[74] Anfangs waren die sowjetischen Kriegsgefangenen auf dem Schießstand östlich der Deutschen Ausrüstungswerke erschossen worden. Spätestens seit »Anfang Dezember [1941] gingen die Erschiessungen im Pferdestall vor sich«. Dort sind »allein kaum weniger als 6 000 russische Kriegsgefangene erschossen worden«.[75] Die Mitglieder des »Kommandos 99« kannten sich teilweise schon aus dem SS-Sonderkommando »Sachsen« unter Leitung von Karl Otto Koch. Dies gilt sowohl für Kochs Protegé Gotthold Michael als auch für Horst Dittrich, Hermann Helbig und den Arrestvorsteher Martin Sommer. In hohem Maße konstituierte sich der »harte Kern« des »Kommandos 99« im KZ Lichtenburg und in der dortigen SS-Wachtruppe »Elbe«.[76] Dittrich hatte bis Ende 1942 die Funktion des Waffenmeisters im KZ Buchenwald inne und an den Erschießungen von sowjetischen Kriegsgefangenen teilgenommen. Zum Waffenmeister war er bereits 1934 in der 3. SS-Standarte der Politischen Bereitschaften unter Koch ausgebildet worden. Er ist auf mehreren Fotos im Dienstalbum von Koch abgebildet.[77] Von 1934 bis 1937 hatte Dittrich als Waffenmeister der SS-Wachtruppe »Elbe« im KZ Lichtenburg fungiert. Hermann Helbig, der sich im »Kommando 99« als Tötungsspezialist bewies, hatte seit Mitte Juni 1933 dem SS-Sondersturm Lichtenburg angehört. Sowohl bei den Hinrichtungen durch Genickschuss im Pferdestall als auch bei den späteren Erhängungen im Keller des Krematoriums gehörte Helbig zu den routiniertesten Exekutoren, der keinen Hehl aus seiner hohen Mordziffer machte: »F[rage]: Insgesamt wieviel Menschen haben Sie aufgehängt? A[ntwort]: Vielleicht 250.«[78] Von Mai 1944 bis April 1945 leitete Helbig das Außenlager Wansleben, in dem er für die grausamen Verbrechen in der Endphase des Krieges verantwortlich war.

Selbst in der Schlussphase des KZ-Systems verblieb das Gros der Kerngruppe in den Konzentrationslagern. Im Zuge der ersten Welle der Lagerauflösungen in den besetzten Gebieten wurde beispielsweise der SS-Verwaltungsunterführer Martin Blaufuß im August 1944 vom Kommandanturstab des KZ Kauen zum Stab des KZ Stutthof versetzt.[79] Blaufuß, der bereits im Oktober 1934 in die SS-Wachverbände eingetreten war und in den KZ Sachsenburg, Sulza, Buchenwald, Flossenbürg, Auschwitz und Lublin gedient hatte, verfügte ebenfalls über Einsichten in den Massenmord. Ende Oktober 1944 wechselte er als Koch zum Kommandanturstab Ravensbrück.[80] Allerdings musste sich nur ein kleiner Teil dieser Gruppe nach 1945 in Verfahren wegen NS-Verbrechen verantworten. Zu den wenigen Verurteilten zählte Kurt Schreiber. Der vormalige Arbeitsdienstführer und Führer diverser Außenlager des KZ Flossenbürg wurde im Rahmen der Dachauer Prozesse im Januar 1947 zu einer Freiheitsstrafe von 20 Jahren verurteilt. Ein knappes Jahr später wurde dort Horst Dittrich im Dezember 1947 zu einer lebenslangen Haftstrafe verurteilt, Anfang der 1950er-Jahre aber vorzeitig entlassen. Er starb am 17. Februar 1999 in Mengkofen. Hermann Helbig indes war noch im August 1947 zum Tode verurteilt und im November 1948 in Landsberg am Lech hingerichtet worden. Die Mehrzahl der SS-Wachmannschaften blieb ungestraft.

RESÜMEE

Die beiden zentralen Konzentrationslager im mitteldeutschen Raum bis 1936/37, die KZ Lichtenburg und Sachsenburg, lagen etwa 100 Kilometer Luftlinie voneinander entfernt. Das Personal der Lager kam zum Teil aus denselben Regionen und Städten, hatte gemeinsam den Dienst in der bewaffneten SS im Sonderkommando »Sachsen« oder im Sondersturm Lichtenburg angetreten und versah doch ab 1934 seinen Dienst in unterschiedlichen Lagern. Hintergrund bildete 1934 die Fusion der zwei Sonderformationen zur 3. SS-Standarte der Politischen Bereitschaften und die anschließende hälftige Aufteilung der insgesamt vier SS-Stürme auf die KZ Lichtenburg und Sachsenburg. Heinz Büngeler und Hans Hüttig, beide aus Dresden, beide Mitglieder des Sonderkommandos »Sachsen« unter Karl Otto Koch, setzten damit ihre Laufbahn getrennt voneinander in Lichtenburg

71 Vgl. BArch, BDC, RS, Gruber, Herbert, 3.3.1913; ebd., RS, Stinglwagner, Anton, 12.4.1914; ebd., RS, Schirner, Rudi, 10.5.1912; ebd., RS, Schmidt, Kurt, 13.1.1915; ebd., SS, Schreiber, Kurt, 20.1.1911. **72** Vgl. BArch, BDC, RS, Bauchspiess, Rudolf, 31.3.1912; ebd., RS, Hanke, Willi, 31.10.1904; ebd., RS, Hänsel, Karl, 13.12.1913; ebd., RS, Reinicke, Otto, 1.1.1908; ebd., RS, Zahradnik, Richard, 2.8.1908. **73** Der Häftling Armin Walther, der die Fernschreib- und Telefonzentrale in Buchenwald technisch betreute, registrierte dort die Zahlen auf einem Fernschreibstreifen. Die Gesamtziffer habe 8475 Tote betragen. Vgl. Bericht von Armin Walther von 1958 (Archiv der Gedenkstätte Buchenwald, Sign. 502–22). **74** Dazu ausführlich Hördler, Ordnung und Inferno, S. 108–177. **75** Bericht »Das Krematorium« vom ehemaligen Häftlingskapo im Krematorium, Zbigniew Fuchs, o. D. (NARA, RG 549, US Army Europe, Cases tried, Case 000-50-9 [Buchenwald], Box 438, Folder No. 2). **76** Dies waren Alfred Cott, Horst Dittrich, Hermann Helbig, Richard Henschel, Rudolf Kenn, Rudolf Köhler, Walter Merkel, Herbert Möckel, Helmut Roscher, Wilhelm Schäfer, Fritz Schichtholz sowie der Blockführer Paul Fischer und der Krematoriumschef bis 1945 (Nachfolger von Helbig) Walter Warnstädt. Vgl. »Auszugsweise Aufstellung Buchenwalder SS-Angehöriger« durch das MfS von 1976 (BStU, ZA, RHE 42/76, DDR, Bd. 1); Personenkartei zu Angehörigen der SS-Wachverbände bzw. SS-Totenkopfverbände 1933–1939/41 (BArch, NS 3/1566–1569). **77** Ein Gruppenfoto mit Horst Dittrich bezieht sich explizit auf seine Ausbildung zum Waffenmeister 1934: »b.d. 3. Stand. d. Pol. Bereitsch. werden Waffenmeisterkurse für die Warte in den Heimatformationen abgehalten.« Vgl. Dienstalbum von Karl Otto Koch, 1933–1937 (ZA FSB, N-19092/110). **78** Vernehmung von Hermann Helbig vom 24.2.1947 (NARA, RG 549, US Army Europe, Cases tried, Case 000-50-9 [Buchenwald], Box 451, Folder No. 4, Prosecution Exhibits P-38). **79** Vgl. Kommandanturbefehl Nr. 56 des KZ Stutthof vom 24.8.1944 (AMSt, I-IB-3). **80** Vgl. BArch, BDC, RS, Blaufuß, Martin, 12.5.1914; Kommandanturbefehl Nr. 73 des KZ Stutthof vom 30.10.1944 (AMSt, I-IB-3).

bzw. Sachsenburg fort. Später wechselten sie sich als Adjutanten des Lagerkommandanten Koch im KZ Buchenwald ab. Obgleich sich die Lager in unterschiedlichen Teilen Mitteldeutschlands – in Sachsen und in der preußischen Provinz Sachsen – befanden, muss der Personalpool als ein gemeinsamer betrachtet werden. Grund dafür war letztlich auch die organisatorische Verschränkung der SS-Gliederungen und hierin insbesondere die enge Verbindung zwischen den SS-Standarten 7 (Zwickau/Plauen) und 26 (Halle), aus denen sich der Kern des SS-Personals rekrutierte.

Beide Standarten gehörten zu den frühen Einheiten der SS vor 1933. Die Netzwerke der bewaffneten SS und Totenkopfverbände gingen häufig auf diese Einheiten und regionalen Zirkel zurück. Das erste Führungskorps beeinflusste tiefgreifend das Personalsystem der SS und förderte die Karrierewege der SS-Männer aus ihren Gegenden. Angehörige dieser SS-Standarten besetzten Schlüsselpositionen im KZ-System und steuerten ihrerseits wiederum die Stellenpolitik. Zahlreiche spätere KZ-Kommandanten wie Hans Hüttig, Hermann Florstedt oder Egon Zill waren im mitteldeutschen Raum zwischen Dresden und Eisleben beheimatet. Darüber hinaus zählte eine hohe Zahl zur Gruppe der »Alten Kämpfer« für die nationalsozialistische »Bewegung«, nicht wenige waren sozusagen SS-Mitglieder der »ersten Stunde«. Stellvertretend dafür stehen Männer wie Werner Heinke (SS-Nr. 75) und Egon Zill (SS-Nr. 535), die seit 1926 die SS in Plauen aufgebaut hatten und über beste Beziehungen in der sächsischen SS verfügten. Neben Heinke und Zill kam auch der sächsische Gauleiter, Reichsstatthalter und Ministerpräsident Martin Mutschmann aus Plauen. Die sächsische SS zählte zu den einflussreichsten und mitgliederstärksten SS-Abschnitten Anfang der 1930er-Jahre.

Aus diesen Netzwerkstrukturen wurden ab 1934 die SS-Wachverbände in den KZ Lichtenburg und Sachsenburg aufgebaut. Bis 1945 basierten Postenvergaben im KZ-System zu einem erheblichen Maße auf diesen Verbindungen, die sich bis zur Auflösung der beiden Lager 1937 festigten und in weiteren Lagern wie Buchenwald und Flossenbürg Bestand hatten. In diesem Kontext gilt es auch, das Bild des KZ Dachau als Modell- und Schulungslager der SS zu differenzieren. Die SS in den mitteldeutschen Konzentrationslagern übte einen ähnlich großen Einfluss auf das Personalgefüge aus. Am Anfang der frühen Netzwerke stand zudem häufig nicht der gemeinsame Dienstantritt in einem KZ, sondern die Verankerung in den regionalen Gliederungen der NSDAP und SS. Protektion und Patronage prägten sowohl die Führungs- als auch die subalterne Ebene und dienten stets auch der Machtkumulation und damit als Durchsetzungsinstrumente. Zu den aktivsten Netzwerkern ist sicherlich der Kreis um Karl Otto Koch, bis 1934 Führer des SS-Sonderkommandos »Sachsen« und der 3. SS-Standarte der Politischen Bereitschaften, zu zählen. Bis zu seinem Karriereende protegierte Koch seine frühen Mitstreiter, die personellen Zirkel lassen sich eindrucksvoll an seinen Fotoalben und seiner fotografischen Perspektive ablesen.

Dem Einsatz im SS-Sonderkommando »Sachsen« oder in den Wachverbänden der KZ Lichtenburg und Sachsenburg gingen vielfach Wachaufgaben als Hilfspolizisten in früheren Lagern wie in den Schlössern Osterstein (Zwickau) und Neu-Augustusburg (Weißenfels), der Burg Hohnstein oder im ehemaligen Kloster Breitenau voraus. Anschließend durchliefen sie gemeinsam weitere Lager. Die Versetzungsschnittstellen konzentrierten sich dabei auf die KZ Sachsenhausen, Buchenwald, Flossenbürg und Ravensbrück. Entgegen der Netzwerkbildung in den frühen Politischen Bereitschaften der SS lassen sich kaum Kontinuitäten aus SA-Wachmannschaften nachweisen. Die Übernahme von Johannes Otto von der SA-Bewachung des KZ Sachsenburg in die SS bildete eher die Ausnahme als die Regel.[81] Eine wichtige und für weitere Forschungen sicherlich wertvolle Quelle stellen in diesem Zusammenhang die überlieferten Wachtruppenbefehle des KZ Sachsenburg dar.[82]

Aufgrund der militärischen Ausrichtung der SS-Wachverbände seit 1935 stand der Begriff »Karriere« nicht nur für den bislang eruierten Aufstieg im Kommandanturstab der Konzentrationslager, sondern auch in der Wachtruppe. Teils jüngere Rekruten in der SS-Wachtruppe »überholten« altgediente SS-Männer im Kommandanturstab auf der Karriereleiter in der SS. Die Lager-SS konkurrierte somit sowohl um die Verdienste im KZ- als auch im Fronteinsatz, was dem heroischen Selbstbild und männlichen Ideal der SS entsprach. Ihr Status basierte also nicht nur auf hierarchischen Größen wie Dienstrang und -stellung, sondern auch auf der Wertigkeit des Erreichten.

Innerhalb der Lager sicherten langjährige Funktionsnetzwerke und »Experten« als wichtige Konstante den täglichen Betrieb und Fortbestand des KZ-Systems. Die Perspektive muss an dieser Stelle dezidiert auf die Gruppe der SS-Unterführer und Sachbearbeiter erweitert werden, die zumeist über fünf bis zehn Jahre kontinuierlich gleiche Funktionen ausübten bzw. Stellungen in einem Lager bekleideten. Dabei handelte es sich mehrheitlich um langgediente SS-Männer im KZ-System, die damit zur Kerngruppe der Lager-SS zählten. Eine besondere Funktionsgruppe stellten die Vernichtungsspezialisten der Mordkommandos dar. Das Buchenwalder »Kommando 99« beispielsweise, das 1941/42 an der Erschießung von mindestens 7000 sowjetischen Kriegsgefangenen beteiligt war, setzte sich im Kern aus Männern der KZ Lichtenburg und Sachsenburg zusammen. Selbst in der Schlussphase des KZ-Systems verblieb das Gros dieser Kerngruppe im Lagerdienst. Vor Gericht musste sich in den Verfahren nach 1945 allerdings nur ein kleiner Teil verantworten. Die Mehrzahl der SS-Wachmänner, die in den mitteldeutschen KZ Lichtenburg und Sachsenburg ihre Laufbahn begonnen hatte, ging straffrei aus.

81 Vgl. BArch, BDC, RS und SSO, Otto, Johannes, 24.12.1906. Otto stieg bis zum SS-Obersturmführer auf und fungierte 1945 als Adjutant des Kommandanten im KZ Dachau. **82** Vgl. Befehle der SS-Wachtruppe »Sachsen« (ITS Archives, Bad Arolsen, Sachsenburg, Ordner 1).

Franz Josef Merkl

IDEOLOGISIERUNG, BRUTALISIERUNG, KRIMINALISIERUNG, MILITARISIERUNG

Max Simon und die Ausbildung der SS-Wachtruppe

Max Simon traf am 21. August 1934 im Konzentrationslager Sachsenburg ein. Am Tag darauf machte er in einem Lagerbefehl den bisher hier tätigen SA-Angehörigen klar, dass sie jetzt unter SS-Kommando standen.[1] Sein Auftritt vor den Häftlingen vier Tage später blieb diesen in überdeutlicher Erinnerung: »Das Martyrium für die Sachsenburger Gefangenen begann mit der Übernahme des Lagers durch das ›SS-Sonderkommando Sachsen‹. Nach dem Einzug der Wachtruppe hielt der Sturmbannführer Simon am 25. August 1934 vor den versammelten Häftlingen eine Rede, in der er erklärte, daß die gute Zeit vorbei sei, er werde schon mit uns, Schweinehunden, fertig werden usw.«[2]

Die von dem Häftling und ehemaligen KPD-Reichstagsabgeordneten Hugo Gräf angesprochene Wachtruppe war der knapp kompaniestarke 3. Sturm der 3. Standarte der Politischen Bereitschaften aus Dresden. Simon war SS-Obertruppführer, vergleichbar einem Oberfeldwebel der Reichswehr. Den angegebenen SS-Dienstgrad, vergleichbar einem Major der Reichswehr, sollte er erst später erreichen. Simon, ein erfahrener militärischer Unterführer und gut ausgebildeter Verwaltungsbeamter, setzte bei der Neuausrichtung des Lagers alles daran, seine Vorgesetzten zu beeindrucken und er hatte damit Erfolg. Wie seine atemberaubende Karriere in der SS zeigt, gelang ihm dies auch später.

BIOGRAFISCHE SKIZZE[3]

Simon wurde 1899 in Breslau als Sohn eines Eisenbahnarbeiters geboren. Nach der Volksschule machte er – in einem jüdischen Textilbetrieb – eine Ausbildung zum Herrenschneider. Seine insgesamt zwölfjährige Militärdienstzeit als wehrpflichtiger Sanitäter im Ersten Weltkrieg, als Freiwilliger im schlesischen »Grenzschutz«, dafür wurde er 1919 mit dem Eisernen Kreuz II. Klasse ausgezeichnet, und als Wachtmeister (Feldwebel) in einem Reiterregiment der Reichswehr endete 1929. Anschließend trat er in den zivilen öffentli-

Max Simon als SS-Standartenführer, 1940

BArch, Bild 101III-Cantzler-042-16/ Cantzler/CC-BY-SA 3.0

chen Dienst ein. Im Sommer 1933 schloss er sich – nach seiner beamtenrechtlichen Laufbahnprüfung – der Allgemeinen SS an. Zunächst von der Landesversicherungsanstalt Thüringen beurlaubt, wechselte er am 26. Oktober 1934 hauptberuflich zur SS. Simon gewann das Vertrauen von Theodor Eicke, dem Inspekteur der Konzentrationslager und Führer der SS-Wachtruppe,[4] und von Heinrich Himmler. Er spielte sehr wahrscheinlich auch eine Rolle bei der Entmachtung der SA am 30. Juni 1934 in Dresden. Im Konzentrationslager Sachsenburg war er kommissarischer bzw. stellvertretender Lagerkommandant sowie Führer der bataillonsstarken Wachtruppe. Am 1. Mai 1937 übernahm er in Dachau die Führung der regimentsstarken 1. SS-Totenkopfstandarte »Oberbayern«. Im September 1938 kämpften seine Leute und er während der Sudetenkrise erstmals gegen einen äußeren Feind. Sie überschritten auf Befehl Hitlers die Grenze bei Eger und griffen die tschechoslowakische Armee an.

Im Herbst 1939 wurde die Einheit Teil der neu aufgestellten SS-Totenkopfdivision. Divisionskommandeur Eicke, ein Zahlmeister des Ersten Weltkrieges, war ohne militärische Ausbildung und Erfahrung. Simon erreichte, dass die Wehrmacht den Aufbau der Division unterstützte. Sein Regiment zeichnete sich 1940 in Frankreich durch verlustreiche Angriffe, aber auch durch einen besonders brutalen Umgang mit der Zivilbevölkerung aus. Seine SS-Leute töteten zahlreiche afrikanische Soldaten der französischen Armee, auch nachdem diese sich ergeben hatten. Im Sommer 1941 kämpfte Simon in Nordrussland

1 Lagerbefehl vom 22. 8. 1934 (ITS Archives, Bad Arolsen, 1.1.37.0). **2** Hugo Gräf, Sachsenburg. Bericht aus einer Hölle. In: AIZ vom 17. 6. 1936. **3** Vgl. hierzu und im Folgenden Franz Josef Merkl, General Simon. Lebensgeschichten eines SS-Führers. Erkundungen zu Gewalt und Karriere, Kriminalität und Justiz, Legenden und öffentlichen Auseinandersetzungen, Augsburg 2010. **4** Vgl. auch Niels Weise, Eicke. Eine SS-Karriere zwischen Nervenklinik, KZ-System und Waffen-SS, Paderborn 2013.

Bekanntmachung

Standgerichtlich wurden zum Tode verurteilt

Volkssturmmann Rößler aus Rothenburg o. Tbr.
Volkssturmmann Hanselmann aus Brettheim
Volkssturmmann Uhl aus Brettheim
Bürgermeister Gackstatter aus Brettheim
Ortsgruppenleiter Wolfmeyer aus Brettheim.

Rößler hat, als er vor dem Feinde eingesetzt werden sollte, schon nach wenigen Stunden heimlich die Stellung verlassen und sich unerlaubt nach Rothenburg o. d. Tbr. zurückbegeben. Die Fortführung des Kampfes an der Front überließ er den anständigen Kameraden seiner Volkssturmkompanie.

Hanselmann und Uhl haben vier Hitlerjungen, die als Panzerknacker auf dem Marsch gegen den Feind waren, entwaffnet, geschlagen, fortgejagt und sämtliche Waffen vernichtet.

Gackstatter und Wolfmeyer haben sich schützend vor den Verräter Hanselmann gestellt.

Das Urteil gegen Rößler ist durch Erschießung, gegen Hanselmann, Gackstatter und Wolfmeyer durch Erhängen bereits vollstreckt worden. — Uhl ist flüchtig und wird verfolgt. Wer ihm Unterschlupf und Hilfe gewährt, wird ebenfalls mit dem Tode bestraft.

Das Deutsche Volk ist entschlossen, mit zunehmender Schärfe solche feigen, selbstsüchtigen und pflichtvergessenen Verräter auszumerzen und wird nicht davor zurückschrecken, auch deren Familien aus der Gemeinschaft des in Ehren kämpfenden Deutschen Volkes zu streichen.

Der Kommandierende General

gez. Simon

SS-Gruppenführer und Generalleutnant der Waffen-SS

Von Max Simon unterzeichnete öffentliche Bekanntgabe der Hinrichtung eines desertierten Volkssturmmannes aus Rothenburg o. d. Tauber und von drei Männern aus Brettheim, 10. 4. 1945

Museum Brettheim

unter der Führung von Erich von Manstein. Dessen LVI. Korps griff zur Unterstützung seiner Geheimen Feldpolizei für das Vorgehen gegen die jüdische Bevölkerung im Raum Rositten auf Simons SS-Leute zurück. Erwachsene männliche Juden wurden von der Geheimen Feldpolizei »präventiv« verhaftet, da angeblich »auch hier mit Sabotageakten zu rechnen war«.[5] Simon profilierte sich von Januar bis Sommer 1942 in den Augen seiner Vorgesetzten von Wehrmacht und SS. Die NS-Propaganda machte ihn zu einem Teil des Mythos um den winterlichen Kessel von Demjansk. In der Ukraine führte Simon nach Eickes Tod im März 1943 die Totenkopfdivision und spielte in Mansteins Konzept, die sowjetische Winteroffensive zum Stehen zu bringen, eine zentrale Rolle.

Wegen einer schmerzhaften Gelenkserkrankung, Simon sollte später von einer Verwundung sprechen, war er anschließend ein halbes Jahr dienstunfähig. Im Herbst 1943 stellte er die 16. SS-Panzergrenadierdivision »Reichsführer-SS« auf; dies belegt seine Nähe zu Heinrich Himmler. Mit ihr kämpfte er ab Sommer 1944 in Italien unter hohen Verlusten gegen die Westalliierten. Daneben setzten seine Wehrmachtvorgesetzten, auch Feldmarschall Albert Kesselring, Simons SS-Männer gegen Partisanen ein. Da diese nicht greifbar waren, wandten die SS-Männer eine aus dem Ostkrieg übernommene »Methode« an. Sie richtete sich gegen die Zivilbevölkerung und sollte den Partisanen alle Grundlagen entziehen. Die Bevölkerung wurde dazu zur Zwangsarbeit verschleppt oder ermordet. Simons SS-Männer töteten etwa 2 000 Kinder, Frauen und alte Menschen, die bekanntesten Tatorte waren Sant'Anna di Stazzema und Marzabotto.[6]

Im Herbst 1944 übernahm Simon im Elsass die Führung des aus Einheiten von Wehrmacht, Polizei und Waffen-SS bestehenden XIII. SS-Armeekorps. Im Umgang mit kriegsmüden und erschöpften Soldaten unterschied er sich nicht von Offizieren wie Kesselring, der ihm im März 1945 als Oberbefehlshaber an die Westfront folgte. Simon genoss die Unterstützung zahlreicher Offiziere der Wehrmacht. Er und seine Leute waren im März und April 1945 für zahlreiche Endphaseverbrechen in Franken und Nordschwaben verantwortlich. Am bekanntesten wurden die Geschehnisse von Brettheim in Hohenlohe. Dort entwaffnete ein Landwirt vier der Hitlerjungen, die auf Simons Veranlassung gegen amerikanische Panzer vorgeschickt worden waren. Bürgermeister und Ortsgruppenleiter weigerten sich, ein standgerichtliches Todesurteil gegen den Landwirt zu unterschreiben. Simon ordnete Standgerichte an, forderte Todesurteile, bestätigte diese und befahl die Erhängung aller drei Männer. Den letzten angeblichen Deserteur ließ er am 6. Mai 1945 in Tirol hinrichten, obwohl die Kapitulation der vorgesetzten Heeresgruppe G bereits in Kraft war und ihm deshalb hoheitliche Befugnisse nicht mehr zustanden.

Kesselring und Simon wurden 1947 wegen in Italien begangener Kriegsverbrechen zum Tode verurteilt. Nach der Begnadigung verbüßten sie Freiheitsstrafen – wie Erich von Manstein – im britischen Kriegsverbrechergefängnis Werl. Simon wurde im November

5 Zit. nach Jürgen Förster, Zur Rolle der Wehrmacht im Krieg gegen die Sowjetunion. In: APuZ (1980) 45, S. 3–15, hier S. 11. **6** Vgl. auch Carlo Gentile, Wehrmacht und Waffen-SS im Partisanenkrieg: Italien 1943–1945, Paderborn 2012, S. 201–304.

1954 entlassen. Überschattet war seine Freiheit durch die Brettheim-Prozesse von 1955 bis 1960. In drei Verfahren sprachen die Landgerichte Ansbach und Nürnberg Simon vom Vorwurf der Rechtsbeugung in Verbindung mit einem Tötungsdelikt frei. Zweimal hob der Bundesgerichtshof diese Freisprüche auf. Vor der dritten Revisionsverhandlung starb Simon 1962 an einem Herzinfarkt.[7]

VON DER 3. STANDARTE DER POLITISCHEN BEREITSCHAFTEN ZUM III. SS-TOTENKOPFSTURMBANN »SACHSEN« – DIE SS-WACHTRUPPE

Im August 1934 war Simon mit dem 3. Sturm der 3. Standarte der Politischen Bereitschaften von Dresden nach Sachsenburg gekommen. Die rasch wachsende Truppe wechselte in der Zeit ihres Bestehens mehrmals die Bezeichnung, gleichwohl spreche ich sie durchgehend als »Wachtruppe« an. Der Dienst wurde im Wechsel und unter scheinbar kriegsmäßigen Bedingungen verrichtet; der Häftling Alfred Barthel berichtete später: »3 Stürme waren in dieser Zeit im Dienst zur Bewachung und ein Sturm auf Reserve. Es war häufig so, dass auf 2 bis 3 Mann ein Wächter kam. Die Bewachung an der Waldstraße wurde auch mittels MG durchgeführt.«[8] Barthels Angaben sind nicht ganz zutreffend, ein kompaniestarker Sturm stellte die Wache, einer stand in Bereitschaft und einer hatte wachfrei. Eine vierte kompaniestarke Hundertschaft sollte erst 1936 dazukommen. Der wachfreie Sturm und der in Bereitschaft durchliefen ein Ausbildungsprogramm. Es wurde jedoch häufig durch propagandistisch-zeremonielle Aktivitäten wie die Teilnahme an den Reichsparteitagen unterbrochen.[9]

Ab dem 26. Oktober 1934 war Simon mit der Führung der »Wachtruppe K. L. Sachsenburg« beauftragt.[10] Am 6. Dezember warnte er seine Männer in einem »Sonderwachtruppenbefehl« vor den »erst jetzt wegen kommunistischer Umtriebe festgenommen[en]« Häftlingen und der »Gefahr, dass Fluchtversuche, Zusammenrottungen usw. von Seiten der Häftlinge versucht werden«. Zusätzlich zu den als Wachhabenden, Wachtposten und Ordonanzen mit genau bezeichneten Aufgaben dauernd präsenten 35 SS-Männern teilte er einen Bereitschaftszug mit der gleichen Stärke ein. Sie hatten »ihren feldmarschmäßigen Anzug griffbereit in der Nähe ihrer Betten aufzuhängen«. Ein Unterführer und sechs Männer dieser Bereitschaft hatten täglich »in vollständigem Wachanzug mit geladenem Gewehr ab Zapfenstreich der Häftlinge bis zum Wecken in der Unterkunft der Häftlinge zu schlafen«. Auf dem in der Nähe des Tores stehenden MG-Turm herrschte »Gefechtsbereitschaft«, die Patronengurte waren tagsüber in die zwei Maschinengewehre eingeführt, die Waffen aber nicht fertig geladen. »Beim Häftlingsappell und von Eintritt der Dunkelheit an [...] bis zum Tagesanbruch« aber wurden sie »zum Dauerfeuer geladen«.[11] Vorgaben für die »Abwehr« gegen einen »Angriff auf einen Posten oder die Lagerumzäunung« ergingen am 26. Januar 1936 in einer »Dienstvorschrift für die M. G. Türme« von Lagerkommandant Bernhard Schmidt, die auch Simons Namenszeichen trägt. Sollten sich »größere Gefangenenmassen ohne Aufsicht gegen einen Drahtzaun« bewegen, »ist ohne jede Warnung mit Maschinengewehrfeuer die Ordnung wieder herzustellen«.[12]

Die Berichte der Sozialdemokratischen Partei aus dem Exil für März 1935 erwähnen neben einer strenger gewordenen Haft auch eine Verschärfung der Wachmaßnahmen. So wurden »die Schutzhäftlinge durch SS-Posten, die mit Gewehren bewaffnet sind, bewacht und zur Arbeit in den Steinbruch geführt. Bei Außendienst hat die SS das Bajonett aufgepflanzt.« Die Ausstattung mit Maschinengewehren und das aufgepflanzte Bajonett wirkten zwar martialisch, waren aber für Wachzwecke unsinnig. Als Wachen in den Unterkünften der Gefangenen wie auch bei anderen Gelegenheiten wie dem Vollzug der Prügelstrafe an Häftlingen trugen die SS-Männer den Stahlhelm. Im Wachdienst war er aufgrund der Einschränkungen von Hör- und Beobachtungsmöglichkeiten hinderlich. Ob die martialische Ausstattung den »Häftlingsfeind« nur von Widerstand oder Flucht abschrecken sollte, erscheint fraglich. Vielmehr sollte den SS-Männern das Gefühl einer von den Häftlingen ausgehenden Bedrohung gegeben werden; sie sollten sich im Krieg gegen einen besonders heimtückischen Feind wähnen,[13] der laut Simon in jedem SS-Mann seinen »Todfeind« sah.[14] Ab August 1935 führte die Formation die Bezeichnung Wachtruppe »Sachsen« und im Januar 1936 wurde sie in SS-Totenkopfsturmbann »Sachsen« umbenannt.[15]

Weit realer als die Bedrohung durch Häftlinge war für die SS-Männer der extreme Druck, den ihre Vorgesetzten ausübten und der bei »Versagen« zu Selbstmorden führte. So sollen sich allein im Jahr 1936 sechs SS-Leute das Leben genommen haben, darunter »Chargierte«, also nicht nur einfache SS-Männer, sondern auch SS-Dienstgrade.[16] In den Wachtruppenbefehlen für 1936 ist die Teilnahme der Wachtruppe an Trauerfeiern für zwei SS-Angehörige geregelt, ohne dass die Todesursache genannt wird.[17] Nicht nur im Wachdienst konnten »Fehler« vorkommen, auch die logistische, organisatorische und administrative Betreuung der stetig wachsenden Truppe und die intensivierte militärische Ausbildung forderte ihre Angehörigen.[18] Immerhin stieg die personelle Stärke von etwa 80 Mann des Sturms im Sommer 1934 auf über 500 des III. SS-Totenkopfsturmbanns »Sachsen« im Jahr 1936. Der Sturmbann ging 1937 wegen der Zusammenfassung der Wacheinheiten zu drei SS-Totenkopfstandarten in diesen auf.[19]

Die Lebensbedingungen der SS-Männer waren zumindest zeitweise bescheiden. Sie wurden auf engem Raum, zum Teil in Schlafsälen mit 112 Personen, in der gleichen ehemaligen Textilfabrik untergebracht wie die Häftlinge.[20] Und sie stahlen sich gegenseitig die

7 Franz Josef Merkl, Kameradschaftlicher Beistand. Wie Wehrmachtoffiziere und -juristen dem Waffen-SS-General Max Simon in den Brettheim-Prozessen von 1955 bis 1960 zu Hilfe kamen. In: Jan Erik Schulte/Peter Lieb/Bernd Wegner (Hg.), Die Waffen-SS. Neue Forschungen (Krieg in der Geschichte Band 74), Paderborn 2014, S. 406–420. **8** Zeugeneinvernahme vom 28.7.1962 (BArch, DP 3 1817). **9** Zum Reichsparteitag 1936 vgl. Sturmbannbefehl vom 29.8.1936 (ITS Archives, Bad Arolsen, 1.1.37.0). **10** Merkl, General Simon, S. 70. **11** Sonderwachtruppenbefehl vom 6.12.1934 (ITS Archives, Bad Arolsen, 1.1.37.0; BStU, MfS-HA IX/11, ZM 1680, A 9). **12** Ebd. **13** Zit. nach Merkl, General Simon, S. 73. **14** Wachtruppenbefehl vom 4.11.1935 (ITS Archives, Bad Arolsen, 1.1.37.0). **15** Zusatzbefehl vom 10.8.1935 und Sturmbannbefehl vom 2.1.1936 (ITS Archives, Bad Arolsen, 1.1.37.0). **16** Merkl, General Simon, S. 73 f. **17** Sturmbannbefehle vom 17.1. und 14.3.1936 (ITS Archives, Bad Arolsen, 1.1.37.0). **18** Stefan Hördler sieht ab Frühjahr 1935 Eickes höchste Priorität beim »militärischen Drill«; vgl. KZ-System und Waffen-SS. Genese, Interdependenzen und Verbrechen. In: Schulte/Lieb/Wegner (Hg.), Die Waffen-SS, S. 80–98, hier S. 85. **19** Ebd., S. 86; Merkl, General Simon, S. 149 f. **20** Vgl. Wachtruppenbefehl vom 14.11.1935 (ITS Archives, Bad Arolsen, 1.1.37.0).

»Ablösen der Wache im im KLS [Konzentrationslager Sachsenburg]« (Originalunterschrift), Herbst 1934, aus dem Fotoalbum des KZ-Kommandanten Karl Otto Koch

ZA FSB der Russischen Föderation

Butter- oder Fettration, so dass Simon die Essensausgabe durch den Scharführer vom Dienst überwachen ließ.[21] Daneben sahen sich die SS-Männer auch aufgrund einer anderen Entwicklung stark belastet. Die Häftlingszahlen in Sachsenburg wuchsen von ca. 500 im September 1935 auf ca. 1 400 Mitte 1936. Damit stiegen die Anforderungen des Wachdienstes und Theodor Eicke sah die Notwendigkeit, seine SS-Männer aufzumuntern: »Die gegenwärtige Wacheinteilung stellt die Charaktereigenschaften und die Zuverlässigkeit des Einzelnen auf eine harte Probe. Mir ist bekannt, dass die Kameraden in ihrer Pflichterfüllung tagelang [...] von der Außenwelt abgeschlossen sind. Es liegt [...] daran, dass die Verbände erst nach und nach auf volle Etatstärke gebracht werden können [...]. Trotz dieser Belastung verlange ich von Euch, dass Ihr mir gerade jetzt Eure Treue und Zuverlässigkeit unter Beweis stellt und nicht murrt [...]. Ich hoffe in kurzer Zeit Erleichterung schaffen zu können. Bis dahin zeigt Euch als Männer und erfüllt gewissenhaft Eure Pflicht für den Führer und unser Vaterland.«[22]

Die in der Regel jugendlichen Rekruten[23] hatten sich freiwillig gemeldet und auf eine »scharfe Ausbildung« eingestellt. Sie sollten in den Totenkopfverbänden im Auftrag des Führers »zur Lösung besonderer Aufgaben« herangezogen werden und »ein Weiterkommen« sollte »ausschließlich von Leistung und Führung« abhängen.[24]

DIE AUSBILDUNG DER SS-WACHTRUPPE

Max Simon war Führer der SS-Wachtruppe und Stellvertreter des Lagerkommandanten. Seine Hauptaufgabe war – eine Führung im Einsatz fiel nicht an – die Ausbildung.

Ideologisierung – rassistische Verhetzung

Max Simon wollte vor jeder militärischen Ausbildung, so seine – späteren – Dachauer Richtlinien für die Ausbildung, ein einheitliches weltanschauliches Denken erreichen: »Der weltanschauliche Unterricht ist die erste Grundlage, auf der die übrige Ausbildung aufgebaut werden muss. Nur, wenn die Männer von vorneherein als SS-Männer erzogen werden, ist die Gewähr dafür gegeben, dass das militärische Ziel schnell und von allen Männern erreicht wird.«[25]

Konkrete Gegenstände oder Inhalte des »weltanschaulichen Unterrichts« finden sich weder in Simons Befehlen für den Sachsenburger Totenkopfsturmbann noch später für die Dachauer Totenkopfstandarte. Ein Blick in seine Sachsenburger Befehle zeigt jedoch, dass ihm dieser ganz wichtig war. So befahl er am 21. August 1935 der 15. Hundertschaft, zu melden, weswegen für den Monat Juli der Bericht über den »Rasseunterricht« nicht beim Schulungsleiter abgegeben worden war.[26] Die Zeiten für den Politischen Unterricht, in der Regel zwei Stunden in der Woche, sind seinen Befehlen durchgehend zu entnehmen.[27] Auch besteht kein Zweifel, dass sich Schulungsleiter und unterrichtende SS-Führer an den grundlegenden Befehl Himmlers vom 30. November 1935 und die Leithefte des SS-Rasse- und Siedlungs-Hauptamtes hielten.[28] Simons Befehle, so der vom 13. Juni 1936, regelten die Verteilung der Leithefte in den Hundertschaften.[29] Ähnliche Vorgaben machte er für die SS-Zeitschrift »Das Schwarze Korps«.[30] Himmler verbat sich in seiner Anweisung zur weltanschaulichen Schulung vom 28. Juni 1937 »weltanschauliche Extratouren [...] auf das entschiedenste«.[31] Im Machtbereich des Dienstaufsichtsfanatikers Simon waren weder inhaltliche Extratouren noch der in Teilen der Literatur (Wolfgang Sofsky) angenommene »Gammeldienst«[32] bei der weltanschaulichen Ausbildung denkbar.

21 Sturmbann-Sonderbefehl vom 12. 3. 1936 (ITS Archives, Bad Arolsen, 1.1.37.0). **22** Kommandantur-Befehl des KZ Sachsenburg vom 30. 4. 1936 mit Schreiben des Führers der Totenkopf-Verbände vom 24. 4. 1936 (BArch, KL/ Hafta Sachsenburg 2). **23** Die Wachtruppe stellte vor allem junge Männer vor dem wehrpflichtigen Alter ein; das Mindestalter war 16 Jahre. Vgl. Carina Baganz, Erziehung zur »Volksgemeinschaft«? Die frühen Konzentrationslager in Sachsen 1933–34/37, Berlin 2005, S. 258, mit Nachweisen. **24** Merkl, General Simon, S. 74, mit Nachweisen. **25** Richtlinien für die Ausbildung vom 24. 10. 1937 (BArch, NS 4, Da 32); Unterstreichung im Original. **26** Sturmbannbefehl vom 21. 8. 1935 (ITS Archives, Bad Arolsen, 1.1.37.0). **27** So den Sturmbannbefehlen vom 16. 11. 1935, 30. 11. 1935, 1. 2. 1936 und 6. 2. 1936 (ITS Archives, Bad Arolsen, 1.1.37.0). **28** Merkl, General Simon, S. 101. **29** Sturmbannbefehl vom 13. 6. 1936 (ITS Archives, Bad Arolsen, 1.1.37.0). **30** Sturmbannbefehl vom 25. 11. 1935 (ITS Archives, Bad Arolsen, 1.1.37.0). **31** Abgedruckt bei Jürgen Matthäus/Konrad Kwiet/Jürgen Förster/Richard Breitmann, Ausbildungsziel Judenmord? »Weltanschauliche Erziehung« von SS, Polizei und Waffen-SS im Rahmen der »Endlösung«, Frankfurt am Main 2003, S. 147 f. **32** Wolfgang Sofsky, Die Ordnung des Terrors: Das Konzentrationslager, Frankfurt am Main 1997, S. 130.

Hauptthemen waren »Blut und Boden«, »das Judentum«, »die Freimaurerei«, »der Bolschewismus«, »die Geschichte des deutschen Volkes«, »der Jahreslauf«, »das Brauchtum« und die »Totenehrung«.[33] Den Kern des umfangreichen Schulungsmaterials bildete »die Judenfrage«. »Das Judentum« galt als der Feind schlechthin, wie das SS-Leitheft 8 vom 22. April 1936 zeigt: »Die Feinde des Deutschen werden vom Judentum geführt oder sind seine geistigen Kinder.« Zu diesen zählten »die Freimaurerei«, Marxismus und Bolschewismus, Liberalismus, Kapitalismus, Pazifismus und »die politische Kirche«.[34] Zusammenfassend lernten sie: »Judentum und Judengeist sind von jeher Todfeinde des nordischen Blutes gewesen. [...] Von Anfang der Geschichte bis in unsere Zeit können wir immer wieder verfolgen, wie Feigheit und Betrug, Verbrechen und Blutgier entsprechend dem jüdischen Gesetz überall dort in Erscheinung treten, wo Juden wirkten. Wenn wir die Juden aus unserem Volkskörper ausscheiden, so ist das ein Akt der Notwehr. [...] Nach außen hin aber setzen wir alles daran, uns so schnell wie möglich so zu wappnen, dass für alle Zeiten jeder jüdische Angriff gegen unsere Grenzen und Hoheitsrechte unser Volk und unseren Staat unerschüttert findet.«[35]

Diese Verhetzung verbreitete auch eine angeblich von den Juden drohende Vernichtungsperspektive. Es war von einem »Ausrottungsgebot Jahwes«, von »Ritualmord« und »Rassenschande«, vom »Blutopfer« zu Passah, vom »Vernichtungskampf des jüdischen Untermenschentums gegen die arischen Völker« die Rede. Sogar eine tödliche Bedrohung des angeblich als zu opferndem »Kapores-Hahn« dargestellten »Führers« wurde behauptet. Jürgen Matthäus sieht darin zutreffend vor allem die Projektion eigener Gewaltphantasien auf Juden.[36] Gleichzeitig wurde Gewalt als letztlich einziges wirksames Mittel gegen diese erfundene Bedrohung aufgezeigt: »Mit der Zertrümmerung der Persönlichkeit und der Rasse fällt das wesentliche Hindernis für die Herrschaft des Minderwertigen – dieser aber ist der Jude.«[37]

War die »Judenfrage« der Kern der Verhetzung, wurden weitere rassistische Vorstellungen gepflegt und miteinander verbunden. Das SS-Leitheft 4 vom 15. August 1937 antwortete auf die Behauptung des »Judenfreundes«, »der Jude spricht die deutsche Sprache, also ist er Deutscher [...]: Dann würde ja ein Neger durch die Sprache zum Deutschen oder ein Mongole! Die Sprache ist etwas, was man lernen kann; Deutscher zu sein aber, das kann man nicht erlernen, sondern nur erleben – vorausgesetzt, dass deutsches Blut den Menschen zu solchem Erlebnis fähig macht.«[38]

Es ging darum, einfache, jederzeit abrufbare vorurteilsartige Vorstellungen einzuüben. Harald Welzer sieht hier ein normatives Modell, das zunächst die Erniedrigung und Verfolgung anderer Menschen nicht verurteilte, sondern forderte. Und es sah vor, dass es zu einer bestimmten Zeit notwendig und gut sei, zu töten.[39] Die ideologische Verhetzung diente den leicht beeinflussbaren jungen SS-Männern bereits im Lageralltag als Motivation und Legitimation für Körperverletzungs- und Tötungsdelikte. Max Simon und die unmittelbar verantwortlichen SS-Unterführer und SS-Führer förderten den brutalen Umgang vor allem mit jüdischen Häftlingen.

Brutalisierung[40] – systematische Erziehung zur »Härte«

Die jungen SS-Männer wurden nicht nur beim Erlernen militärischer Kenntnisse und Fertigkeiten »hart« ausgebildet, sondern von Anfang an und systematisch an die Misshandlung von Häftlingen herangeführt. Die »militärische« Ausbildung auf dem Kasernenhof oder im Gelände in Kombination mit dem Fortkommensstreben der Angehörigen der Wachtruppe gaben Führern und Unterführern genügend Möglichkeiten, Druck auszuüben[41] und ein rücksichtloses Verhalten gegenüber Häftlingen zu erreichen. Simon ließ diese zielgerichtet einsetzen. Der Häftling Kurt Kohlsche stellte den Zusammenhang zwischen einer überharten Ausbildung der SS-Männer und ihrem Verhalten gegenüber den Häftlingen her: »Die neu hinzugekommenen Posten waren zu den scheußlichsten Gemeinheiten fähig. Sie selbst wurden, wenn sie Dienst hatten, sehr hart rangenommen und sie glaubten dann, ihr Erlerntes bei ihrem Dienst im Lager an uns Häftlingen in verstärktem Maße [...] auslassen zu müssen. Sie hatten sich natürlich das Ziel gesteckt, so schnell wie möglich bei der SS vorwärts zu kommen und schreckten daher auch nicht vor den größten Gemeinheiten zurück, die Häftlinge als Mittel zu ihrem Zweck zu benutzen. Sie waren der Annahme, je brutaler sie zu den Häftlingen seien, um so größer die Chance der Beförderung.«[42]

Manche Häftlinge bemerkten auffällige Unterschiede im Verhalten ganzer Einheiten, aber auch erhebliche Verhaltensänderungen, wie der Werkzeugmacher Alfred Barthel aus Dresden, der von Juni bis Dezember 1935 in Sachsenburg war: »Die einzelnen Stürme wurden für besondere Grausamkeiten gegenüber den Häftlingen ausgezeichnet. Der 2. Sturm hielt sich uns gegenüber mit Grausamkeiten zurück, wurde aber schließlich durch die anderen Beispiele auch verdorben.«[43]

33 Jürgen Förster, Die weltanschauliche Erziehung in der Waffen-SS. In: Matthäus/Kwiet/Förster/Breitmann, Ausbildungsziel Judenmord?, S. 87–113, hier S. 93. **34** Matthäus/Kwiet/Förster/Breitmann, Ausbildungsziel Judenmord?, S. 171–177, hier S. 174. **35** Textbeilage des Rasse- und Siedlungshauptamtes zum Lichtbildervortrag »Das Judentum« o. D. (ca. Anfang 1937), auszugsweise abgedruckt ebd., S. 152–161, hier S. 153. **36** Jürgen Matthäus, Die »Judenfrage« als Schulungsthema von SS und Polizei, ebd., S. 35–86, hier S. 51. Vgl. auch die ebd., S. 152 ff., abgedruckten Schulungsmaterialien. **37** Leitworte für die Sturmappelle in der Woche vom 10. bis 16. 5. 1936, ebd., S. 164. **38** Abgedruckt ebd., S. 182 f. **39** Harald Welzer, Die Täter. Wie aus ganz normalen Menschen Massenmörder werden, 2. Auflage, Frankfurt am Main 2005, S. 69. **40** Zum Begriff vgl. Omer Bartov, The Eastern Front 1941–1945. German Troops and the Barbarisation of Warfare, London 1985, und ders., Hitlers Wehrmacht. Soldaten, Fanatismus und die Brutalisierung des Krieges, Reinbek bei Hamburg 1995. **41** Markus Euskirchen, Militärrituale. Die Ästhetik der Staatsgewalt, Berlin 2004, S. 53 ff., S. 56, hat auf die Möglichkeiten zur Gehorsamsproduktion in totalen Institutionen durch Überlastung in der Ausbildung und die militärische Normenfalle bei Rekruten hingewiesen; www.diss.fu-berlin.de/diss/receive/FUDISS_thesis_000000001292; 28. 1. 2017. **42** Kurt Kohlsche, »So war es! Das haben Sie nicht gewußt.« Konzentrationslager Sachsenburg 1935/36 und Wehrmachtsgefängnis Torgau-Fort Zinna 1944/45 – Ein Häftlingsschicksal, Dresden 2001, S. 50. Ähnliches stellte der Häftling und Soziologe Paul Martin Neurath für Simons Dachauer Zeit fest: Die Gesellschaft des Terrors. Innenansichten der Konzentrationslager Dachau und Buchenwald, Frankfurt am Main 2004, S. 119. **43** Zeugeneinvernahme vom 28. 7. 1962 (BArch, DP 3, 1817).

Nicht nur einzelne Angehörige der Wachtruppe waren also der Überwachung und dem Druck ihrer Vorgesetzten und Kameraden zur »Härte« ausgesetzt.[44] Vielmehr wurden Einheiten oder Teileinheiten, die sich vergleichsweise korrekt verhielten, gegen »schärfere« ausgespielt bzw. die »schärferen« wurden für ihr Verhalten belohnt.[45]

Darüber hinaus waren die Angehörigen der Wachtruppe gegen die Häftlinge systematisch »scharf zu machen«, um jede Mitleidsregung zu unterdrücken.[46] Bei der Bestrafung von Häftlingen am Bock waren die Mithäftlinge gezwungen, diese zu verfolgen, und auch die SS-Männer hatten ihre Rollen. In der auf Eicke zurückgehenden Dachauer Praxis prügelten SS-Unterführer.[47] Der Häftling Kurt Kohlsche stellte in Sachsenburg eine Besonderheit beim »Strafvollzug« fest: »Zwei Posten brachten beide Häftlinge in die Nähe des Bockes. [...] Der Offizier vom Dienst ließ die Kompanie stramm stehen und die Augen der Häftlinge mussten nach der Schlagstelle ausgerichtet werden. Die Kompanien der SS wurden so verteilt, daß jeder von uns von hinten genauestens beobachtet werden konnte. Für den Juden Goldmann waren 15 Gesäß- und 10 Nierenschläge befohlen. Er mußte sich auf die Mulde legen. Die Hände wurden vorn an den Gelenken angeschnallt und die Beine hinten an den Knöcheln. Die ausführenden SS-Posten wurden zu dieser Handlung durch irgendein Auffallen strafweise kommandiert. Jeder der SS-Männer hatte einen frisch geschnittenen Haselnuss-Stock. Abwechselnd begannen die ersten Schläge.«[48]

Die Perfidie von Simons Ausbildungsmethoden, der »aufgefallene« SS-Männer zur Bestrafung und Disziplinierung beim Vollzug der brutalen Prügelstrafen einsetzen ließ, ging über die in anderen Lagern übliche Gewaltgewöhnung und Abstumpfung hinaus. Aufgaben und Befugnisse der »Posten« waren in einer Dienstanweisung eigentlich klar geregelt: »Den Begleitposten obliegt lediglich die Bewachung der Gefangenen. Sie richten ihr Augenmerk auf das Verhalten derselben zur Arbeit. Träge Gefangene sind zur Arbeit anzuhalten. Streng untersagt ist jede Misshandlung und Schikane. Ist ein Gefangener sichtlich nachlässig und faul, oder gibt er freche Antworten, dann stellt der Posten den Namen fest. Nach Dienstschluss erstattet er Meldung. Selbsthilfe bedeutet Mangel an Disziplin.«[49]

Ein dieser Befehlslage entsprechendes Verhalten wurde jedoch nicht angestrebt. Simon schärfte seinen SS-Männern nicht nur ein, »keinen der ihnen übergebenen Häftlinge oder ihren Postenbereich auch nur einen Augenblick außer Acht zu lassen«.[50] Er hatte im Wachtruppenbefehl vom 21. Oktober 1935 seinen Leuten zudem vorgegeben: »Es ist besser, wenn ein Wachhabender oder ein Posten zu scharf ist, als dass er leichtsinnigerweise die Sicherheit des Lagers auf's Spiel setzt.« Denn ein Häftling sei »nie glaubwürdig«.[51] In der Realität genossen die oft jugendlichen »Posten« damit beträchtliche Spielräume. Diese zeigt auch der Bericht von Kurt Kohlsche über die pervertierten Vorbilder in der »militärischen« Ausbildung und deren Anwendung in Alltagssituationen auf die Häftlinge: »Kurz vor dem Einrücken in die Unterkunft wurden wir durch den Kommandoführer nochmals so gedrillt, daß die Hälfte des Kommandos liegen blieb. An diesem Abend wurde ich beim Melden zum Austreten vom diensthabenden Posten beauftragt, 100mal den Geburtsort und das Geburtsdatum Hitlers aufzuschreiben. Dieser Posten [...] ließ nach Herzenslust seine sadistische Veranlagung an uns Häftlingen aus. So ließ er u. a. die Einzelnen so lange mit vorgestreckten Armen in die Hockstellung gehen, bis sie umfielen, oder ließ die Hände in's Genick legen, mit der Nase gegen die Wand stellen, wobei er mit seinem Seitengewehr immer an der Nase vorbeifuhr.«[52]

Diese gezielte Brutalisierung und Hinführung der SS-Männer zur »Härte«[53] war möglich, weil sie unmittelbar am ideologisch, insbesondere rassenideologisch, definierten »Feind« ausgebildet wurden. Dabei war es nicht erforderlich, dass von diesem eine Gefahr ausging. Das Ziel machte Heinrich Himmler dem Führerkorps der SS-Leibstandarte unter veränderten Umständen im September 1940 am Beispiel Polen deutlich, »wo wir die Härte haben mußten, [...] Tausende von führenden Polen zu erschießen. Es ist bedeutend leichter in vielen Fällen mit einer Kompanie ins Gefecht zu gehen, als mit einer Kompanie in irgendeinem Gebiet eine widersetzliche Bevölkerung [...] niederzuhalten, Exekutionen zu machen, Leute herauszutreiben, heulende und weinende Frauen wegzubringen.«[54]

Kriminalisierung – rechenschaftslose Handlungsfreiheit und Gewissensumbildung ins Kriminelle

Außergewöhnliche Spielräume wurden den SS-Männern nicht nur im Alltag eingeräumt. Diese »rechenschaftslose Handlungsfreiheit«[55] hatte nichts mit der Dienstanweisung für die Wachposten zu tun und lässt sich gut an Fällen von »Erschießen auf der Flucht«[56] ermessen. Auch in Sachsenburg wurde dieses Umgangsmuster angewandt. Zwei Zeugen bestätigten im Zusammenhang mit dem Tod von Walter Goldbach aus Kmehlen, ein namentlich nicht mehr feststellbarer SS-Mann habe beim Baukommando »Waldstraße« dem Häftling die Mütze vom Kopf gerissen, diese weggeworfen und befohlen, die Mütze zurückzuholen. Als der Häftling zur Mütze gelaufen sei, habe ihn der SS-Mann wegen eines Fluchtversuchs aus einer Entfernung von wenigen Metern erschossen.[57]

44 Neurath stellte für Simons Dachauer Zeit fest, dass die Präsenz von Vorgesetzten oder Kameraden Misshandlungen durch SS-Männer förderte; fehlten diese, waren Schikanen und Misshandlungen selten; vgl. Gesellschaft, S. 118 f. **45** Merkl, General Simon, S. 75. **46** Rudolf Höß führte dies auf Eickes Einfluss zurück; vgl. Kommandant in Auschwitz. Autobiographische Aufzeichnungen, eingeführt und kommentiert von Martin Broszat, Stuttgart 1961, S. 64 f. **47** Martin Broszat, Nationalsozialistische Konzentrationslager 1933–1945. In: Ders./Hans-Adolf Jacobsen/Helmut Krausnick, Anatomie des SS-Staates, Band 2, 2. Auflage Nördlingen 1979, S. 11–133, hier S. 55 f.; Hans-Günther Richardi, Schule der Gewalt. Das Konzentrationslager Dachau (1983), München 1995, S. 291, Anm. 83. **48** Kohlsche, So war es, S. 46 f. **49** Zitiert nach Broszat, Nationalsozialistische Konzentrationslager, S. 52. **50** Sonderwachtruppenbefehl vom 6. 12. 1934 (ITS Archives, Bad Arolsen, 1.1.37.0; BStU, MfS-HA IX/11, ZM 1680, A 9). **51** Wachtruppenbefehl vom 21. 10. 1935 (ITS Archives, Bad Arolsen, 1.1.37.0). **52** Kohlsche, So war es, S. 44. Zu dieser überdimensionalen Abart der Kasernenhofschinderei vgl. Herbert Jäger, Verbrechen unter totalitärer Herrschaft. Studien zur nationalsozialistischen Gewaltkriminalität, Frankfurt am Main 1982, S. 30 f. **53** Eicke rühmte Simon als »energisch bis zur Härte«; Beurteilung vom 7. 1. 1937 (BArch, BDC, SSO Simon). **54** Zitiert nach Jens Westemeier, Joachim Peiper (1915–1976). Zwischen Totenkopf und Ritterkreuz. Lebensweg eines Führers der Waffen-SS, 2. Auflage, Bissendorf 2004, S. 43. **55** Jäger, Verbrechen, S. 29; Welzer, Täter, S. 160. **56** Richardi, Schule, S. 146; Jäger, Verbrechen, S. 29; Hermann Schueler, Auf der Flucht erschossen. Felix Fechenbach 1894–1933, Frankfurt am Main 1984, S. 244 ff. **57** Einstellungsverfügung der Staatsanwaltschaft Köln vom 14. 9. 1971, Bl. 39 (BArch, B 162, ARZ 640429).

Simon kritisierte später seine Dachauer SS-Männer für solches befehlswidriges wie kriminelles Vorgehen, allerdings ohne Maßnahmen zur Durchsetzung der eigenen Befehls- oder gar der Rechtslage zu ergreifen: »Wenn die Männer nicht endlich Vernunft annehmen, sehe ich mich gezwungen, eines Tages einige sonst vielleicht brave SS-Männer wegen Nichtbefolgung meiner Befehle einzusperren.«[58]

Von den Wachmannschaften konnte aber auch ein ganz besonders rücksichtsloses oder gar brutales Verhalten eingefordert werden. Eine solche Handlung war mit einem »zivilen« Gewissen unvereinbar. Gewissenssuspendierung oder Gewissensumbildung ist nach sozialwissenschaftlichen Vorstellungen Bestandteil jeder militärischen Ausbildung.[59] Ist das Militär als Teil staatlicher Exekutive dabei an die Rechtsordnung gebunden, war das Ziel der Ausbildung und des »Dienstes« bei der SS demgegenüber eine Umbildung des Gewissens ins Kriminelle. Die sich daraus u. a. ergebenden Verbrechen kategorisiert Herbert Jäger als Willfährigkeitstaten insbesondere unterer Ränge.[60] Ein solcher Zusammenhang ergab sich, als ab Ende September 1935 Dr. Max Sachs, ein bekannter sozialdemokratischer Journalist jüdischer Abstammung, nach dem Willen der Lagerleitung systematisch »fertiggemacht« werden sollte.[61] Nach der Rekonstruktion durch die Staatsanwaltschaft Köln waren neben Schutzhaftlagerführer Gerhard Weigel mehrere von Simons Unterführern und SS-Leuten beteiligt: »›Zum Gaudi‹ [!] der anderen hätten die SS-Unterführer Dr. Sachs über den Steinschotter gejagt, bis dieser, an verschiedenen Körperstellen blutend, erschöpft liegengeblieben sei. Nach den Aussagen des Zeugen [...] hat der Beschuldigte Weigel bei Kontrolle des Arbeitskommandos die SS-Posten einige Male angewiesen, Dr. Sachs robben zu lassen. Dieser habe vorher seine Jacke ausziehen müssen, so dass seine Arme infolge der Mißhandlung blutig geworden seien. [...] Bei den im Abstand von zwei Stunden erfolgten Wachablösungen sei immer die Frage gestellt worden, ›Wo ist Dr. Sachs, das Schwein?‹ Hierauf wäre Dr. Sachs dann wieder schikaniert worden, wobei es eine beliebte Methode gewesen sei, Dr. Sachs auf einen Steinhaufen hinaufklettern zu lassen.«[62]

Die brutalen und grausamen Misshandlungen endeten erst mit dem Tod des Häftlings. Einen ähnlichen Umgang legten die SS-Leute mit dem jüdischen Arzt Dr. Kurt Boas aus Crimmitschau an den Tag, der nach einer inszenierten Diffamierungskampagne wegen »Rassenschande« 1935 in Sachsenburg inhaftiert wurde.[63] Allerdings dürfte er nach neueren Forschungen die Haft überlebt haben und nach Südamerika ausgewandert sein.[64] Ziel von Ausbildung und »dienstlicher« Praxis war es, Untergebene auch zur Beteiligung an einem arbeitsteiligen Tötungsverbrechen zu erziehen.

Militarisierung – der Weg an die äußere Front

Nach dem erstmaligen öffentlichen Auftreten der SS-Wachverbände auf dem Reichsparteitag 1935 ordnete Adolf Hitler die Übernahme des Etats der fünf Sturmbanne auf den Reichshaushalt an. Ihr Personalbestand wurde von 1800 auf 3500 Mann erhöht. Sie erhielten die Bezeichnung »SS-Totenkopfsturmbanne« und wurden durchgehend nummeriert.[65] Für die Sachsenburger SS, ihre Unterkünfte befanden sich im gleichen Fabrikgebäude wie die der Häftlinge, bedeutete dies den Umzug in die aufgelassene Zigarrenfabrik der Großeinkaufsgenossenschaft Deutscher Consumvereine in Frankenberg bis Herbst 1936. Die SS-Männer waren in der Stadt sehr willkommen,[66] wie viele Einladungen zu und Teilnahmen an Veranstaltungen zeigen.[67]

Für die Führer und Unterführer des III. SS-Totenkopfsturmbanns »Sachsen« führte die Verdoppelung zu einem enormen Aufwand bei Organisation und Ausbildung. Eine über Wachzwecke hinausgehende militärische Ausbildung ist schon weit früher zu erkennen, wie der Wachtruppenbefehl vom 14. Oktober 1935 zum Geländedienst für zwei der drei Hundertschaften zeigt.[68] Einen Monat später ist erstmals von einer vierten (der 23. MG-)Hundertschaft die Rede.[69] Ausdruck der Militarisierung war die weitere Annäherung der Gliederung an militärische Strukturen. So verfügte Simons Sturmbann im Oktober 1936 über 511 Mann, verteilt auf den Standartenstab, den Musikzug, einen Sanitäts-Rekrutenzug, drei Schützen- und eine MG-Hundertschaft.[70] Die Formation sprengte damit endgültig den Rahmen einer Wachmannschaft und entsprach, sieht man von der noch fehlenden Ausstattung mit Granatwerfern ab, einem Infanteriebataillon der Reichswehr bzw. Wehrmacht.[71]

Auch Häftlinge mussten Arbeiten leisten, die der militärischen Ausbildung und Übung der Wachtruppe dienten. So war Alfred Barthel beim »Arbeitskommando Schießplatzbau« eingesetzt. Der Schießplatz wurde aufwändig mit Kugelfang, Blenden und Oberblenden über der Schießbahn versehen und von den Häftlingen bereits 1934 unmittelbar nördlich des Lagerareals errichtet. Der regelmäßige Schießbetrieb, auch mit Maschinenwaffen, muss den Häftlingen bedrohlich erschienen sein. Die Anlage mit beweglichen Zielen war für die Zeit überraschend modern.[72] Wie wichtig Simon die militärische Ausbildung war,

58 Befehl vom 10. 6. 1938 (DaA, A 2894, Best. Nr. 34445). **59** Euskirchen, Militärrituale, S. 128 ff., insbes. S. 131, hat darauf hingewiesen, dass Militär nur auf der Grundlage eines akzeptierten Tötungs- und Sterbegebotes funktioniert. **60** Jäger, Verbrechen, S. 37 f. **61** Einstellungsverfügung der Staatsanwaltschaft Köln vom 14. 9. 1971, S. 30 f. (BArch, B 162, ARZ 640429). **62** Ebd., S. 8 f. Zum Mord an Dr. Max Sachs und zur Strafverfolgung vgl. auch den Beitrag von Swen Steinberg in diesem Band. **63** Merkl, General Simon, S. 83 f.; Andreas Mettenleiter, Wer war Kurt Boas (* 1890)? – Eine Spurensuche zwischen »Kriminalanthropologie«, Dermatologie und Konzentrationslager. In: Aktuelle Dermatologie 41 (2015), S. 509–516. **64** Leserbrief Harro Jenss. In: Aktuelle Dermatologie 42 (2016), S. 428, mit Nachweisen, die für ein Überleben und für die Auswanderung sprechen. **65** Hans Buchheim, Die SS – das Herrschaftsinstrument. In: Ders./Martin Broszat/Hans-Adolf Jacobsen, Anatomie des SS-Staates, Band 1, München 1967, S. 15–212, hier S. 164. **66** Klaus Behnken (Hg.), Deutschland-Berichte der Sozialdemokratischen Partei Deutschlands (Sopade) 1934–1940, Jahresband 1937, Frankfurt am Main 1980, S. 708, und Max Kästner, Aus dem Leben einer kleinen Stadt. Frankenberger Heimatbuch, Frankenberg 1938, S. 320 und 330. Woher die SS-Leute gekommen waren und welche Funktion sie dort weiter hatten, erwähnt das Heimatbuch nicht. **67** So beim »Herbst-Tanzfest« des Turnvereins oder beim »Herbstvergnügen (Alm-Kirchweih)« des »Vereins der Bayern« am 16. 11. 1935; Wachtruppenbefehl vom 13. 11. 1935 (ITS Archives, Bad Arolsen, 1.1.37.0). **68** Wachtruppenbefehl vom 14. 10. 1935 (ITS Archives, Bad Arolsen, 1.1.37.0). **69** Wachtruppenbefehl vom 14. 11. 1935 (ITS Archives, Bad Arolsen, 1.1.37.0). **70** Standortverzeichnis der SS-Totenkopfverbände, Stand Oktober 1936, Faksimile bei Hermann Kaienburg, Der Militär- und Wirtschaftskomplex der SS im KZ-Standort Sachsenhausen-Oranienburg. Schnittpunkt von KZ-System, Waffen-SS und Judenmord, Berlin 2006, S. 57. **71** Wörterbuch zur deutschen Militärgeschichte (Schriften des militärgeschichtlichen Instituts der Deutschen Demokratischen Republik), Berlin (Ost) 1985, S. 67. **72** Zeugeneinvernahme vom 28. 7. 1962 (BArch, DP 3, 1817); Bild und Beschreibung der Baumaßnahme bei Günter Morsch (Hg.), Von der Sachsenburg nach Sachsenhausen. Bilder aus dem Fotoalbum eines KZ-Kommandanten, Berlin 2007, S. 219; präzise Skizze des Schießstandes bei Gräf, Sachsenburg, S. 389.

zeigt ein im Oktober 1936 mit scharfer Munition durchgeführtes Gefechtsschießen am »Treppenhauer«, also im freien Gelände.[73]

Die intensive Militarisierung mit dem Ziel eines Einsatzes gegen einen militärischen, also äußeren, Feind ist an zahlreichen Inhalten der Wachtruppen- bzw. Sturmbannbefehle ablesbar. Drei Aspekte sollen abschließend angesprochen werden: Der Sachsenburger Sanitäts-Rekrutenzug kann als Kern einer eigenen Sanitätstruppe der Totenkopfverbände gelten. Weitere militärische Spezialisierungen, die gar den Kampf der verbundenen Waffen, das komplexe Zusammenwirken von Infanterie und Artillerie ermöglicht hätten, fehlten aber noch und wurden erst 1939/40 im Rahmen der »Totenkopfdivision« und mit intensiver Ausbildungshilfe der Wehrmacht verwirklicht.[74] Es war also noch ein sehr langer Weg, bis der angestrebte Ausbau der Wachtruppe(n) zum militärischen Großverband erfolgte[75] und er war vor allem nicht aus eigenen Kräften möglich.

Simon war eine intensive Sportausbildung besonders wichtig. So konnte er seine Leute als leistungsstarke »Militärathleten« in der Septemberausgabe 1936 der SS-Zeitschrift »Das Schwarze Korps« feiern lassen.[76] Sport spielte in der Verfügungstruppe und in den Totenkopfverbänden eine ganz wesentliche Rolle. Während im Heer – im Gegensatz zur Reichswehr in der Weimarer Zeit – Sport auf die Zeit nach Dienstschluss beschränkt wurde, machten die SS-Truppen ein systematisches körperliches Training zum Teil des täglichen Ausbildungsbetriebes.[77] Gerade die körperliche Leistungsfähigkeit von Simons Männern sollte 1939/40 kritische Heeresoffiziere beeindrucken und wesentlich zur Akzeptanz seiner »Totenköpfe« beitragen.[78]

Ein weiterer Aspekt war die gezielte Auswahl und Förderung des Führernachwuchses. So besuchten im November 1935 acht Sachsenburger Unterführer einen »Zugführer-Kursus« mit 42 Teilnehmern. Sieben von ihnen bestanden die Zwischenprüfung, darunter der Scharführer Georg Bochmann (Platzziffer 1) und der Oberscharführer Conrad Schellong (Platzziffer 17). Max Simon schrieb dazu: »Dies hat gezeigt, dass sie bereits eine gute Vorbildung in der SS-Wachtruppe ›Sachsen‹ erhalten hatten und sie haben der Wachtruppe ›Sachsen‹ durch ihren Fleiss und durch ihr Benehmen außerordentlich viel genützt.«[79] Einige von Simons Sachsenburger Entdeckungen hatten beträchtliche Karrieren in der Waffen-SS vor sich. Die Erfolgreichsten waren Bochmann und Schellong sowie der gelernte Jurist Eduard Deisenhofer, der als Hundertschaftsführer und Rechtsberater am 1. April 1936 nach Sachsenburg gekommen war. Alle drei wurden mit dem Ritterkreuz dekoriert und brachten es bis Kriegsende zu Kommandeuren von Waffen-SS-Divisionen. Schellong, der in den 1950er-Jahren in die USA ausgewandert und dort eingebürgert worden war, sollte in den 1980er-Jahren von seiner Sachsenburger Vergangenheit eingeholt werden. Bei der Einbürgerung hatte er sich als ehemaliger Soldat der Waffen-SS ausgegeben, seine KZ-Vergangenheit aber verschwiegen. Seine Rechtsmittel gegen die Aberkennung der US-amerikanischen Staatsbürgerschaft und die Ausweisung sollten sich lange hinziehen und letztlich erfolglos bleiben.[80]

RESÜMEE

Die nach Simon »gute Vorbildung in der SS-Wachtruppe ›Sachsen‹« war eine »Schule der Gewalt«. Diese Gewalt wurde nicht nur in Dachau, wofür der Journalist Hans-Günter Richardi das Wort prägte,[81] gelehrt und erlernt. Ihren ésprit concentrationnaire (Joseph Billig)[82] nahmen Simon und seine SS-Leute im Sommer 1937 mit in ihre neuen Standorte Dachau, Sachsenhausen und Buchenwald. Simon setzte die Ausbildung in Dachau fort. Dasselbe geschah an den anderen zwei – ab Sommer 1938 mit Mauthausen drei – Standorten der SS-Totenkopfstandarten und schuf die personelle Grundlage sowohl für das europaweite Lagerwesen wie auch für eine regelrechte SS-Armee in der Zeit des Zweiten Weltkrieges. Deren Einsatz war vielfach mit Verbrechen wie der Ermordung bestimmter Bevölkerungsgruppen in besetzten Gebieten, vor allem von Juden, von Kriegsgefangenen und von unbeteiligten Zivilisten im Zusammenhang mit einem oft angeblichen »Partisanenkrieg« verbunden. Vorangegangen waren eine ideologische Disposition mit einem scharf rassistischen Feindbild und die systematische und intensive Gewöhnung an den Einsatz brutaler und krimineller Gewalt. In diesen Kontext gehört und von ihm nicht zu trennen ist die Fähigkeit, Gewalt auch militärisch organisiert anzuwenden.

73 Sturmbannbefehl vom 3.10.1936 (ITS Archives, Bad Arolsen, 1.1.37.0). **74** Merkl, General Simon, S. 162 f. **75** Stefan Hördler spricht hinsichtlich des Wachsens der Wachtruppe ab April 1936 davon, dass endgültig die Basis für einen Ausbau zu paramilitärischen Großverbänden geschaffen wurde; vgl. KZ-System und Waffen-SS, S. 85. **76** Merkl, General Simon, S. 80. **77** Ebd., S. 106. **78** Ebd., S. 166. **79** Wachtruppenbefehl vom 12.11.1935 (ITS Archives, Bad Arolsen, 1.1.37.0). **80** Merkl, General Simon, S. 80 f. **81** Vgl. Richardi, Schule. **82** Joseph Billig, L'Hitlerisme et le système concentrationnaire, Paris 1967, S. 207 ff.

Volker Strähle

DAS SS-FÜHRUNGSPERSONAL DES KONZENTRATIONSLAGERS SACHSENBURG

Karrierewege der Kommandanten und Schutzhaftlagerführer

DIE VERWALTUNGSSTRUKTUR DER KONZENTRATIONSLAGER

Im August 1934 übernahm das SS-Sonderkommando Sachsen das bislang von der SA geführte Konzentrationslager Sachsenburg. Daraufhin wurde das Lager nach dem »Dachauer Modell« neu organisiert, das der Kommandant des KZ Dachau, Theodor Eicke, in dem Konzentrationslager bei München etabliert hatte.[1] Eicke war vom Reichsführer SS Heinrich Himmler zum Inspekteur der Konzentrationslager ernannt worden. In dieser Funktion hatte er zunächst die Lager Lichtenburg, Oranienburg und Esterwegen übernommen. Das KZ Sachsenburg wurde nun ebenfalls der SS-geführten Inspektion der Konzentrationslager (IKL) unterstellt. Diese entwickelte sich ab 1934 zu der zentralen Verwaltungs- und Leitungsbehörde des KZ-Systems.

Wesentlich für das »Dachauer Modell« war die Unterscheidung zwischen Kommandantur, der KZ-Verwaltung im engeren Sinne, und den zur Bewachung des Lagers eingesetzten SS-Wachtruppen. Die Auflösung und Reorganisation der Konzentrationslager zog sich bis Sommer 1936 hin: Die Lager waren nun Polizei und Justiz entzogen und verfügten über die gleichen Verwaltungs- und Organisationsstrukturen.[2] An der Spitze des Lagers stand der Kommandant, dem alle Abteilungen dienstlich und organisatorisch unterstellt waren. Für den Häftlingsbereich war im Wesentlichen der Schutzhaftlagerführer verantwortlich. Die Verwaltung des Lagers gliederte sich in verschiedene Abteilungen, die bestimmte Funktionen erfüllten. Die Struktur wurde jeweils den lokalen Gegebenheiten angepasst, je mehr SS-Personal und Häftlinge ein Lager hatte, desto differenzierter wurden die Aufgaben festgelegt. Neben SS-Personal arbeiteten auch ausgewählte Funktionshäftlinge in der KZ-Verwaltung.

Seit 1935/36 setzten sich in den SS-geführten Konzentrationslagern einheitliche Bezeichnungen für fünf Abteilungen durch, diese galten auch für das Konzentrationslager Sachsenburg: 1. Kommandantur/Adjutantur, 2. Politische Abteilung, 3. Schutzhaftlager, 4. Verwaltung, 5. Medizinische Abteilung/Lagerarzt. An der Spitze standen jeweils Abteilungsleiter, die meist SS-Offiziere waren. Die Abteilungen der Konzentrationslager korrespondierten mit den Abteilungen der Inspektion der Konzentrationslager. Im Folgenden sollen die Aufgaben der einzelnen Abteilungen der KZ- Kommandantur umrissen werden, um die herausgehobene Stellung des Kommandanten und des Schutzhaftlagerleiters zu verdeutlichen.[3]

Die Kommandantur/Adjutantur (Abteilung I) befasste sich in erster Linie mit den Angelegenheiten der SS-Angehörigen, sie führte die Personalakten der SS-Männer. Gleichzeitig fertigte sie statistische Berichte über die Häftlinge an. Faktischer Leiter der Abteilung I war der Adjutant, der als »rechte Hand« des Kommandanten fungierte. In Sachsenburg wurde der Posten des Adjutanten im November 1935 mit Arthur Rödl besetzt. Der Kommandant bildete die Spitze der Lager-Hierarchie, ihm unterstanden personal- und disziplinarrechtlich alle SS-Angehörigen. Er selber erhielt seine Befehle von der IKL. Mithilfe von Führerbesprechungen und den sogenannten Kommandanturbefehlen regelte er den Dienstalltag der SS-Männer im Lager. Auf diese Weise bestimmte der Kommandant die Verhältnisse im KZ wesentlich, auch wenn er die direkte Kommunikation mit den Häftlingen meist dem Schutzhaftlagerführer überließ.

Die Politische Abteilung (Abteilung II) fungierte als Vertretung der Geheimen Staatspolizei und der Kriminalpolizei im KZ.[4] Ihre Mitarbeiter überwachten und verhörten die Häftlinge polizeilich und verwahrten die Gefangenenakten. Die Politische Abteilung führte die Registratur, welche Veränderungen der Häftlingszusammensetzung festhielt. In seltenen Fällen beurlaubte die Abteilung auch Häftlinge.

Die Abteilung Schutzhaftlager (Abteilung III), welche dem Schutzhaftlagerführer unterstand, war für alle Häftlingsangelegenheiten verantwortlich. Sie hatte etwa für die Verteilung der Schlafplätze, Kleidung und Verpflegung der Gefangenen zu sorgen. Die SS-Männer der Abteilung bestimmten deren Tagesablauf, indem sie etwa den Lagerappell organisierten, zu dem alle Häftlinge morgens und abends anzutreten hatten. Die Abteilung III setzte die Lagerordnung gegenüber den Häftlingen durch, die den SS-Männern zahlreiche Anlässe bot, Gewalt anzuwenden. Auch der Arbeitseinsatz der Häftlinge gehörte zu ihrem Aufgabenbereich. Der Schutzhaftlagerführer stand an zweiter Stelle

1 Vgl. Johannes Tuchel, Konzentrationslager. Organisationsgeschichte und Funktion der »Inspektion der Konzentrationslager« 1934–1938, Boppard 1991, S. 192 f. **2** Vgl. Karin Orth, Die Konzentrationslager-SS. Sozialstrukturelle Analysen und biographische Studien, Göttingen 2000, S. 23. **3** Eine detaillierte Darstellung der KZ-Verwaltungsstrukturen findet sich bei Aleksander Lasik, Die Organisationsstruktur des KL Auschwitz. In: Auschwitz 1940–1945. Studien zur Geschichte des Konzentrations- und Vernichtungslagers Auschwitz, Band I. Aufbau und Struktur des Lagers, S. 165–320. Hg. von Aleksander Lasik, Franciszek Piper, Piotr Setkiewicz, Irena Strzelecka, Oświęcim 1999. Vgl. auch Andrea Riedle, Die Angehörigen des Kommandanturstabs im KZ Sachsenhausen. Sozialstruktur, Dienstwege und biografische Studien, Berlin 2011, S. 48 ff. **4** Vgl. Johannes Tuchel, Registrierung, Misshandlung und Exekution. Die »Politischen Abteilungen« in den Konzentrationslagern. In: Gerhard Paul/ Klaus-Michael Mallmann (Hg.), Die Gestapo im Zweiten Weltkrieg. Heimatfront im besetzten Europa, Darmstadt 2000, S. 127–140.

in der Lagerhierarchie, er vertrat den Kommandanten meist bei dessen Abwesenheit. Viele Häftlinge betrachteten den »Lagerführer« wegen seiner Präsenz und sichtbaren Entscheidungsgewalt als die mächtigste Person der KZ-Leitung.[5]

Die Verwaltung (Abteilung IV) mit dem Verwaltungsführer an der Spitze war die größte Abteilung im Konzentrationslager. Ihr unterstanden die meisten Bereiche, welche die Selbstversorgung des Lagers gewährleisten sollten, etwa Wäscherei, Küche, Kleiderkammer, Werkstätten und Lagerräume. Die Verwaltungsabteilung hatte die Aufgabe, für SS-Angehörige wie Häftlinge Nahrung und Kleidung zu organisieren. Damit hatte sie großen Einfluss auf die Lebensbedingungen der Gefangenen. Die Abteilung verwaltete außerdem die Besitztümer der Häftlinge sowie das Geld, das Privatfirmen für den Arbeitseinsatz der Häftlinge bezahlten. Auch für die Wartung und Instandhaltung der technischen Anlagen und Vorrichtungen des Lagers hatte die Verwaltung zu sorgen.

Die Medizinische Abteilung (Abteilung V) war sowohl für den Gesundheitszustand der Häftlinge wie auch der SS-Angehörigen verantwortlich. Leiter der Abteilung war ein SS-Lagerarzt, der Häftlinge bei Krankheit von der Arbeitspflicht befreien konnte, sich aber wenig um die ärztliche Versorgung der Gefangenen kümmerte. Deren Betreuung übernahmen in erster Linie sogenannte Häftlingspfleger, Gefangene, die über medizinische Kenntnisse verfügten.

In diesem Beitrag werden aus zwei Gründen neben den Kommandanten des KZ Sachsenburg auch die Schutzhaftlagerführer näher in den Blick genommen: Erstens waren Kommandant und Schutzhaftlagerführer die Hauptverantwortlichen für den Terror im Lager. Indem der Kommandant allen untergebenen SS-Männern Befehle erteilen konnte, bestimmte er maßgeblich die Lebensbedingungen der Häftlinge im Lager. Der Schutzhaftlagerführer als Verantwortlicher für das Häftlingslager griff dagegen unmittelbar in den Alltag der Gefangenen ein, er regulierte das Ausmaß der Willkür und Gewalt, dem die Häftlinge ausgesetzt waren. Zweitens zeigt eine Analyse des Führungspersonals im KZ-System, dass die Position des Schutzhaftlagerleiters ein »Sprungbrett an die Spitze des Kommandanturstabes« war: Orth stellt fest, dass mehr als ein Drittel aller Schutzhaftlagerführer zu Kommandanten eines KZ-Hauptlagers ernannt worden sind.[6] Auch die beiden Schutzhaftlagerführer des KZ Sachsenburg nahmen später wichtige Stellungen im KZ-System ein, einer wurde zum Lagerkommandanten ernannt.

KOMMANDANTEN UND SCHUTZHAFTLAGERFÜHRER DES KZ SACHSENBURG

In der KZ-Forschung war das Interesse am Führungspersonal der Konzentrationslager bis in die 1990er-Jahre gering. Johannes Tuchel widmete sich 1991 der Inspektion der Konzentrationslager bis 1937, seine biografischen Skizzen von KZ-Tätern sind der bislang wichtigste Beitrag zum Personal des KZ Sachsenburg.[7] Eine wegweisende kollektivbiografische Untersuchung der Lagerkommandanten legte Karin Orth mit »Die Konzentrationslager-SS« im Jahr 2000 vor. Mittlerweile sind auch zu einzelnen Konzentrationslagern breit angelegte Studien zum SS-Personal erschienen.[8] Dieser Beitrag soll erstmals eine biografische Gesamtdarstellung des Sachsenburger KZ-Führungspersonals bieten.

Während das erste Jahr des KZ Sachsenburg in der öffentlichen Erinnerung eng mit dem Namen des SA-Lagerleiters Max Hähnel verknüpft ist,[9] sind die Namen der SS-Kommandanten und Schutzhaftlagerleiter nahezu unbekannt. Lediglich Karl Otto Koch, der 1934 keine drei Monate lang als Sachsenburger Kommandant amtierte, ist einer breiteren Öffentlichkeit bekannt geworden: Wegen seiner weiteren Laufbahn in verschiedenen Konzentrationslagern gilt er als Inbegriff des rücksichtslosen und korrupten KZ-Kommandanten.[10]

Von fünf Personen werden im Folgenden die Biografien dargestellt. Dabei handelt es sich um die drei Lagerkommandanten Karl Otto Koch (Oktober bis Dezember 1934), Walter Gerlach (Januar bis April 1935) und Bernhard Schmidt (April 1935 bis Juli 1937) sowie die beiden Schutzhaftlagerführer Gerhard Weigel (September 1934 bis September 1935) und Arthur Rödl (September 1935 bis Juli 1937). Der in der Literatur teilweise als Kommandant gehandelte Max Simon führte das Lager ab Ende August 1934 für einige Wochen kommissarisch, ehe er es am 1. Oktober 1934 an den ersten Sachsenburger Kommandanten Koch übergab.[11] Bislang galt als unklar, ob Dr. Alexander Reiner, Führer des SS-Oberabschnitts XXVI (Danzig), wie geplant als Nachfolger Kochs das Amt des KZ-Kommandanten übernommen hat.[12] Dies kann jedoch nun ausgeschlossen werden: Wie seine SS-Akte zeigt, hatte Reiner zusammen mit seiner Ehefrau das KZ Sachsenburg und die Dienstvilla besichtigt, er wurde jedoch stattdessen im Juli 1934 als Kommandant im KZ Columbia eingesetzt.[13]

Für die Untersuchung und Darstellung der SS-Biografien wurden insbesondere die Personalakten der SS-Verwaltung aus den Beständen des ehemaligen Berlin Document Center, heute Bundesarchiv Berlin, ausgewertet. Diese enthalten auch Selbstzeugnisse der Täter in Form von Lebensläufen sowie deren Schriftverkehr mit Verwaltungsstellen. Da kein umfassender Bestand zum KZ Sachsenburg überliefert ist, gibt es über die konkrete Tätigkeit und das individuelle Verhalten der KZ-Verantwortlichen in Sachsenburg nur wenige Informationen. In Häftlingsberichten finden die Kommandanten und Schutzhaftlagerführer kaum Erwähnung, Schilderungen von ihnen sind meist sehr allgemein gehalten.

5 So ist im Erinnerungsbericht des ehemaligen Sachsenburg-Häftlings Johannes Bretschneider vom »Lagerkommandanten Rödel« und seinem »Stellvertreter Schmidt« die Rede, dabei verhielt es sich umgekehrt. Vgl. Tausend Kameraden Mann an Mann. Beiträge zur Geschichte des antifaschistischen Widerstandskampfes im Konzentrationslager Sachsenburg. Hg. von der Kreisleitung der SED Hainichen, 3., überarb. Aufl., Hainichen 1987, S. 38. **6** Vgl. Orth, Konzentrationslager-SS, S. 64. **7** Tuchel, Konzentrationslager, S. 371–396. **8** Vgl. Riedle, Kommandanturstab Sachsenhausen. **9** Vgl. Volker Strähles Beitrag zu Max Hähnel in diesem Band. **10** Tom Segev nennt ihn in seiner Pionierarbeit über die KZ-Kommandanten den »schlimmsten aller Lagerkommandanten«. Vgl. Tom Segev, Die Soldaten des Bösen. Zur Geschichte der KZ-Kommandanten, Reinbek 1992, S. 175. **11** Vgl. Franz Josef Merkl, General Simon. Lebensgeschichten eines SS-Führers, Augsburg 2010, S. 69 f. **12** Vgl. Carina Baganz, Erziehung zur »Volksgemeinschaft«? Die frühen Konzentrationslager in Sachsen 1933–34/37, Berlin 2005, S. 262; Merkl, General Simon, S. 71. **13** Dies geht aus einem zeitgenössischen Brief der Ehefrau Reiners hervor. Vgl. Elisabeth Reiner an das Personalamt der SS vom 15. 5. 1936 (BArch, SSO Reiner, R 9361 III/549740).

Die Biografien der Sachsenburger KZ-Kommandanten und Schutzhaftlagerführer können als typisch für die Jahre bis 1936/37 gelten, bevor das KZ-System auf Großlager umgestellt und massiv ausgebaut wurde. Die fünf Männer gehörten – mit Ausnahme Weigels – alle der Frontgeneration an: Sie hatten als Soldaten im Ersten Weltkrieg gekämpft, die »Schützengrabengemeinschaft« erfahren und den Versailler Vertrag als Demütigung erlebt. Als Gegner der Weimarer Republik hatten sich drei der fünf Personen Wehrverbänden angeschlossen. Allesamt galten sie als altgediente Kämpfer der NS-Bewegung, die bereits vor 1932 der NSDAP und SS beigetreten waren. Trotz ihrer kaufmännischen oder handwerklichen Ausbildung waren die meisten von ihnen 1933 in einer schwierigen beruflichen Situation oder ohne geregelte Arbeit. Nach der NS-Machtüberahme wurden sie mit herausgehobenen Posten im KZ-Dienst versorgt, die fachliche Eignung spielte keine wesentliche Rolle. Die Sachsenburger Kommandanten verdankten ihre Berufung der persönlichen Protektion durch hohe SS-Führer: Koch wurde vom IKL-Chef Eicke protegiert, Gerlach vom Führer der Leibstandarte Adolf Hitler, SS-Obergruppenführer Sepp Dietrich, und Schmidt vom Reichsführer SS Himmler persönlich.

Die SS-Führer stammten aus unterschiedlichen Gebieten des deutschen Reiches. Nur Weigel war in Sachsen aufgewachsen und dort zur NS-Bewegung gestoßen, die anderen SS-Führer kamen aus preußischen Provinzen bzw. Bayern. Allerdings hatte sowohl Koch als auch der ihm zunächst unterstellte Weigel über das in Dresden stationierte Sonderkommando Sachsen den Einstieg in die Konzentrationslager-SS gefunden. Für den Kommandanten Koch stand Sachsenburg am Beginn seiner steilen KZ-Karriere, die ihn unter anderem für viereinhalb Jahre an die Spitze des KZ Buchenwald bringen sollte. Schutzhaftlagerführer Rödl wurde später Kommandant des KZ Groß-Rosen. Für die genannten SS-Führer war Sachsenburg nur eine Durchgangsstation in ihrer KZ-Laufbahn. Meist folgte eine baldige Versetzung in ein neu errichtetes größeres Konzentrationslager. Lediglich Kommandant Schmidt und Schutzhaftlagerführer Rödl waren länger als ein Jahr im KZ Sachsenburg im Einsatz.

Keiner der fünf Sachsenburger KZ-Führer wurde wegen seiner Mitwirkung am KZ-Terror juristisch zur Verantwortung gezogen. Koch wurde noch vor Kriegsende von der SS erschossen, Rödl beging 1945 Selbstmord. Schmidt und Gerlach lebten bis zu ihrem Tod in den 1960er-Jahren unbehelligt in der Bundesrepublik Deutschland, Rödl bis 1998.

14 Lebenslauf Koch vom 30. 7. 1936 (BArch, RuS Karl Otto Koch, RuS 60 300 00868). Ich danke der Gedenkstätte Sachsenhausen für die Möglichkeit, die »Koch-Ordner« mit kopierten Akten nutzen zu können. **15** Koch, Tagebuch 1. Weltkrieg 1917–1919, Besitz Jardim Tomaz, Toronto, Kanada (Archiv Sachsenhausen, Kopie: P4 Koch, Karl/2). **16** Lebenslauf Koch vom 30. 7. 1936 (RuS Koch). **17** Strafsache gegen Koch u. a., Auszug aus der Anklageverfügung vom 11. 4. 1944 (BArch, NS 7/1020, Bl.3). **18** Verlobungs- und Heiratsgesuch Koch vom 20. 7. 1936 (RuS Koch). **19** Lebenslauf Koch vom 30. 7. 1936. **20** Ebd. **21** SS-Abschnitt II Dresden an SS-Oberabschnitt Dresden, 24. 11. 1933 (BArch, SSO Koch, SSO 64000 2513).

Karl Otto Koch

BArch, RuS 60 300 00868

KOMMANDANT KARL OTTO KOCH (OKTOBER BIS DEZEMBER 1934)

Karl Otto Koch wurde am 2. August 1897 als Sohn eines Standesbeamten in Darmstadt geboren. Nach der Volksschule absolvierte er eine kaufmännische Lehre, anschließend war er bis März 1916 in der Buchhaltung der Deutschen Waffen- und Munitionsfabrik tätig.[14] Zu Beginn des Ersten Weltkriegs hatte er sich bereits als 17-Jähriger freiwillig zum Militär gemeldet, war allerdings auf Antrag der Mutter zunächst zurückgestellt worden. Im März 1916 eingezogen, kam er als Schütze an die Westfront, wo er mehrfach verwundet wurde. In einem Kriegstagebuch notierte er seine Fronterlebnisse in dramatisierter Form.[15] Im Oktober 1918 geriet Koch in britische Kriegsgefangenschaft, aus der er ein Jahr später entlassen wurde.

Koch fand in den 20er-Jahren keinen langfristigen Arbeitsplatz. Zeitweise arbeitete er als kaufmännischer Betriebsleiter und als Prokurist in der Deutschen Landwirtschafts- und Handelsbank.[16] Nach dem Konkurs der Bank war er als Versicherungsvertreter auf Provisionsbasis tätig. 1924 heiratete er zum ersten Mal, aus der 1931 geschiedenen Ehe ging ein Sohn hervor.[17] Alleinstehend und arbeitslos trat er im März 1931 in die NSDAP ein, wo er gegen eine geringe Entschädigung in der Kassenverwaltung der Gauleitung tätig war.[18] Im September 1931 meldete er sich auch zur SS. In der nationalsozialistischen Bewegung fand er, was ihm seit seiner Entlassung aus dem Kriegsdienst fehlte: eine militärische Organisation, männerbündische Kameraderie und eine berufliche Perspektive.

Ab 1932 war Koch ausschließlich im SS-Dienst tätig.[19] Nach der NS-Machtübernahme Anfang 1933 wurde er nach Kassel versetzt, um dort eine Hilfspolizei aufzubauen.[20] Im Oktober 1933 wurde der Sturmführer zum SS-Abschnitt II nach Dresden entsandt, wo er mit der Aufstellung und Führung des SS-Sonderkommandos Sachsen beauftragt war.[21] In Dresden lernte er auch die neun Jahre jüngere Ilse Köhler kennen, die als Stenotypistin arbeitete, unter anderem beim Reemtsma-Konzern.[22] Im März 1934 wurde Koch zum Obersturmführer befördert. Im Zuge des »Röhm-Putschs« Ende Juni 1934 übernahm er mit seinem SS-Kommando das bislang von der SA geführte KZ Hohnstein. Es war der Beginn einer KZ-Karriere, die sprunghaft verlaufen sollte. Das gefürchtete Konzentrationslager auf der in der Sächsischen Schweiz gelegenen Burg sollte jedoch bald darauf aufgelöst werden.

Wahrscheinlich Ende Oktober 1934 wurde Koch erster Kommandant des KZ Sachsenburg.[23] Seit August 1934 hatte das Sonderkommando Sachsen unter dem Sturmführer Max Simon begonnen, das Lager nach den Vorstellungen des Inspekteurs der Konzentrationslager Eicke umzustrukturieren. Koch setzte eine rigorose Lagerordnung durch, Verfehlungen durch Häftlinge wurden hart bestraft. Als Hobbyfotograf lichtete Koch den SS-Alltag ab, nebenbei dokumentierte er auch die Zwangsarbeit der Häftlinge, die einen Schießstand errichten mussten.[24] Doch schon zum Jahreswechsel 1934/35 räumte er seine Dienstwohnung in der »Führervilla« und übergab das KZ-Kommando an seinen Nachfolger, Obersturmbannführer Walter Gerlach.[25]

Anfang November 1934 wurde Koch als Wachtruppenführer ins KZ Esterwegen entsandt, um Heinrich Remmert abzulösen, der wegen der Misshandlung eines prominenten Häftlings angeklagt war.[26] Im Februar 1935 wurde Koch im KZ Lichtenburg unter dem Kommandanten Bernhard Schmidt als Schutzhaftlagerführer eingesetzt. Dort versah er nur wenige Wochen seinen Dienst, er sollte als Adjutant nach Dachau wechseln. Mit Wirkung zum 21. April 1935 wurde er jedoch bereits Kommandant des KZ Columbia in Berlin.[27] Unter seiner Leitung verschärften sich die Bedingungen für die Häftlinge, Schikanen und Misshandlungen waren an der Tagesordnung. Nach fast einjährigem Dienst im KZ Columbia kehrte der inzwischen zum SS-Sturmbannführer beförderte Koch im April 1936 ins KZ Esterwegen zurück – nun in der Funktion des Kommandanten.[28]

Ab September 1936 war Koch mit dem Aufbau des KZ Sachsenhausen beauftragt, das für etwa 10 000 Häftlinge konzipiert war. Unter seiner Führung wurden als Vorauskommando 50 Häftlinge aus dem KZ Esterwegen nach Oranienburg verlegt, um den Wald zu roden und SS-Dienstwohnungen sowie Häftlingsbaracken zu errichten.[29] Gefangene waren einer strengen Lagerordnung unterworfen, Koch ermutigte die SS-Männer, brutal gegen »Verstöße« vorzugehen. Er selber stolzierte häufig mit seiner imposanten Dogge durch das Lager. Ende 1936 ließ er vor aller Augen sechs Häftlinge foltern und an Pfähle hängen, weil sie einen Fluchtversuch begangen hatten.[30] Im Mai 1937 heiratete er Ilse Köhler, die neogermanische »Eheweihe« fand in einem Eichenhain unweit des Konzentrationslagers statt.[31]

Koch hatte sich als durchsetzungsstarker SS-Führer bewährt, der mit seinem Organisationstalent und seiner Härte schwierige Aufgaben bewältigen konnte. Im Juli 1937 wurde er deshalb mit der Leitung des KZ Buchenwald beauftragt, das sich ebenfalls im Aufbau befand.[32] Eicke zeigte sich mit Kochs Arbeit zufrieden: »Sein tatkräftiges Zugreifen hat es möglich gemacht, das neue Lager nach knapp 4 Wochen Dienstzeit mit 1 000 Häftlingen zu belegen«, schrieb er im August 1937.[33] Nach den Masseneinlieferungen des Jahres

1938 waren mehr als 20 000 Häftlinge im KZ Buchenwald inhaftiert. Koch nutzte die Gelegenheit, sich am Besitz von Häftlingen zu bereichern, zusammen mit Gefolgsleuten sicherte er sich Gold, Schmuck und Teppiche. Dies ging seinen Vorgesetzten zu weit: Im Dezember 1941 saß Koch für kurze Zeit in Haft, von seinem Posten als Kommandant wurde er abberufen.

Anfang 1942 wurde Koch in die Kommandantur des Kriegsgefangenenlagers der Waffen-SS Lublin versetzt, das ab Oktober 1942 als KZ Majdanek weitergeführt wurde.[34] Seine Frau blieb mit den drei Kindern in Buchenwald wohnen. Nach dem Ausbruch von 80 sowjetischen Kriegsgefangenen im Juli 1942 in Majdanek fiel er in der Gunst der SS-Führung.[35] Zwar wurde das Ermittlungsverfahren wegen »fahrlässiger Gefangenenbefreiung« eingestellt, er erfuhr aber eine Degradierung, indem er als »Verbindungsführer« zum Reichspostministerium abgeschoben wurde.[36] In der Personalakte hieß es, Koch sei »müde und faul«.[37] 1943 wurde er unter anderem als Kommandeur eines Postschutz-Regiments in Eger eingesetzt.

In dieser Zeit ermittelte bereits der SS-Richter Josias Erbprinz zu Waldeck und Pyrmont wegen Korruptionsvorwürfen gegen das Netzwerk um Koch.[38] Im August 1943 ließ ihn Reichsführer SS Heinrich Himmler in seiner Buchenwalder Villa verhaften und im September 1944 schließlich vor Gericht stellen.[39] Am 19. Dezember 1944 wurde er von einem SS-Gericht für schuldig befunden, während des Krieges Staatsgelder veruntreut und Häftlinge zur Vertuschung der Verbrechen ermordet zu haben. Auf Befehl Himmlers wurde Koch am 5. April 1945 im KZ Buchenwald erschossen, dem er viereinhalb Jahre vorgestanden hatte. Seine Ehefrau Ilse Koch wurde 1951 wegen ihrer Beteiligung an KZ-Verbrechen zu lebenslanger Freiheitsstrafe verurteilt.[40] Sie erhängte sich 1967 in der bayerischen Frauenhaftanstalt Aichach.

22 Vgl. Lebenslauf Ilse Koch. In: Christiaan F. Rüter (Hg.), Justiz und NS-Verbrechen. Sammlung deutscher Strafurteile wegen nationalsozialistischer Tötungsverbrechen 1945–1966, Bd. 8, Amsterdam 1972, S. 40. **23** Am 1. November 1934 unterzeichnete Koch zum ersten Mal die Liste mit der Meldung zum Häftlingsbestand. Vgl. Koch an Gestapa Sachsen vom 1. 11. 1934 (ITS Archives, Bad Arolsen, HIST/SACH, Sachsenburg, Ordner 2, Bl. 78). **24** Vgl. den Beitrag von Anna Schüller und Volker Strähle zum Koch-Album in diesem Band. **25** Nachdem seit Weihnachten 1934 der Wachtruppenführer Max Simon als Vertreter des Kommandanten die Liste mit der Meldung zum Häftlingsbestand unterschrieben hatte, unterzeichnete am 10. Januar 1935 erstmals Walter Gerlach. Vgl. Gerlach an Gestapa Sachsen vom 10. 1. 1935 (ITS Archives, Bad Arolsen, HIST/SACH, Sachsenburg, Ordner 2, Bl. 88). **26** Kurt Buck/Habbo Knoch, Das Konzentrationslager Esterwegen. Die »Hölle am Waldesrand«. In: Günter Morsch (Hg.), Von der Sachsenburg nach Sachsenhausen. Bilder aus dem Fotoalbum eines KZ-Kommandanten, Berlin 2007, S. 83. **27** Eicke, Personalbericht Koch vom 31. 7. 1935 (SSO Koch). **28** Chef des Personalamtes, Bestätigung vom 1. April 1936 (SSO Koch). **29** Morsch, Von der Sachsenburg, S. 265. **30** Günter Morsch (Hg.), Die Konzentrationslager-SS 1936–1945. Exzess- und Direkttäter im KZ Sachsenhausen, Berlin 2016, S. 123. **31** Insa Eschebach, Der KZ-Kommandant Karl Otto Koch (1897–1945). In: Morsch, Von der Sachsenburg, S. 52. **32** SS-Personalamt vom 12. 6. 1937 (SSO Koch). **33** Eicke, Personal-Bericht Koch vom 2. 8. 1937 (SSO Koch). **34** Personal-Karteikarte Koch, o. D. (SSO Koch). **35** SS-Polizei-Gericht Berlin III, Einstellungsverfügung vom 17. 2. 1943 (SSO Koch). **36** SS-Personalhauptamt an den Chef des SS-Personalhauptamtes, Beurteilung Koch vom 30. 4. 1943 (SSO Koch). **37** Himmler an Berger vom 12. 3. 1943 (SSO Koch). **38** Vgl. Eschebach, KZ-Kommandant Koch, S. 52. **39** SS-Führungshauptamt an den Chef des SS-Führungshauptamtes vom 25. 8. 1943 (SSO Koch). **40** Vgl. auch für das Folgende Eschebach, KZ-Kommandant Koch, S. 52.

Walter Gerlach

BArch, SSO R 9361 III/526116

KOMMANDANT WALTER GERLACH (JANUAR BIS APRIL 1935)

Walter Gerlach wurde am 25. August 1896 als Sohn eines Tischlermeisters in Gusow im märkischen Oderland geboren. Nach dem frühen Tod seiner Mutter wuchs er bei seinem Vater auf, der in Frankfurt/Oder eine kleine Holzwarenfabrik betrieb.[41] Mit einem Mittelschulabschluss begann er eine Maurerlehre, die er im August 1914 jedoch unterbrach: Gerade 18 Jahre alt geworden, meldete er sich nach Kriegsbeginn zum Militär. An der Westfront eingesetzt, erhielt er im August 1915 das Eiserne Kreuz II. Klasse, im Frühjahr 1917 wurde er zum Gefreiten befördert. Rückblickend schwärmte er von dem Gemeinschaftserlebnis im Schützengraben.[42]

Anfang 1919 aus dem Heeresdienst entlassen, absolvierte Gerlach die Gesellenprüfung im Baugewerbe. Zusammen mit zwei Brüdern stieg er in den Holzwarenbetrieb seines Vaters ein, ab 1927 war er alleiniger Geschäftsführer. 1921 hatte er geheiratet, aus der Ehe gingen vier Kinder hervor. Wiederholt wurde Gerlach wegen Versicherungsbetrugs verurteilt. Aufgrund der schwierigen Wirtschaftslage musste er seinen Betrieb 1931 aufgeben und das Grundstück verkaufen, er war hoch verschuldet. Später gab er jüdischen Großunternehmen die Schuld, die ihn angeblich wegen seiner SS-Tätigkeit boykottiert und in den Ruin getrieben hätten.[43] Nachdem er im September 1930 der NSDAP beigetreten war, hatte er 1931 einen SS-Sturm in Frankfurt/Oder aufgestellt.[44]

Gerlach faszinierte die Atmosphäre der Gewalt in der Endphase der Weimarer Republik. Er organisierte Aufmärsche der Nationalsozialisten und nahm an Straßenkämpfen teil. 1932 wurde er im Wahlkampf zur Reichspräsidentenwahl selber durch einen Messerstich am Hals verletzt.[45] Als »politischen Hitzkopf« sahen ihn sogar seine Vorgesetzten.[46] Bereits vor der NS-Machtübernahme wurde er im August 1932 mit der Führung der

27. Standarte in Frankfurt/Oder beauftragt.[47] Immer wieder geriet er jedoch in Konflikt mit Vorgesetzten. Wegen gewalttätiger Übergriffe wurde im Juli 1933 seine Beförderung zum Sturmhauptführer zeitweilig gestoppt.[48]

Weil Gerlach in finanziellen Schwierigkeiten steckte, erhielt er Anfang 1934 eine hauptamtliche Stelle bei der SS. Durch Vermittlung von SS-Obergruppenführer Sepp Dietrich wurde er von der Geheimen Staatspolizei angestellt und im August 1934 als Kommandant des Gestapo-Gefängnisses »Columbia-Haus« in Berlin eingesetzt.[49] Das Gefängnis diente als Haftort für politische Gefangene, mehrere Insassen starben dort nachweislich an Misshandlungen.[50] Die Führung der berüchtigten Haftstätte qualifizierte Gerlach für den KZ-Dienst. Laut seiner SS-Akte wurde er mit Wirkung vom 1. Dezember 1934 als Kommandant des KZ Sachsenburg eingesetzt, tatsächlich dürfte sein Amtsantritt aber erst im Januar 1935 erfolgt sein.[51] Ende 1934 ging auch das Gefängnis »Columbia-Haus« an die Inspektion der Konzentrationslager über und wurde offiziell zum KZ erklärt.[52]

Nur rund drei Monate lang übte Gerlach das Amt des Sachsenburger Kommandanten aus. Über sein konkretes Verhalten im Lager ist wenig bekannt, bei ehemaligen Häftlingen scheint er wenig Eindruck gemacht zu haben. Seine baldige Abberufung aus dem KZ Sachsenburg war offenbar Folge einer Auseinandersetzung mit dem sächsischen Reichsstatthalter und Gauleiter Martin Mutschmann. Das Büro des Reichsstatthalters hatte von Gerlach Informationen über die Behandlung der Pfarrer im KZ Sachsenburg verlangt. Offenbar hatte sich Gerlach am Telefon gegenüber Mutschmann ungehalten geäußert – in der Annahme, er spreche mit dessen Büroleiter.[53] Nachdem sich Mutschmann beschwert hatte, folgte eine Untersuchung des SS-Gerichts. Der Inspekteur der Konzentrationslager Eicke bestrafte ihn schließlich – »auf Befehl des Reichsführers SS« – mit einem einfachen Verweis, weil er »im dienstlichen Verkehr« mit dem Reichsstatthalter »den nötigen Takt vermissen« lassen habe.[54]

Gerlach sollte im April 1935 eigentlich die Schutzhaftlagerführung im KZ Lichtenburg übernehmen.[55] Stattdessen wurde er im selben Monat als Adjutant des Dachauer KZ-Kommandanten Heinrich Deubel eingesetzt, was einer Degradierung entsprach. Im Kreis seiner

41 Lebenslauf Gerlach vom 12. 5. 1933 (BArch, SSO Gerlach, SSO R 9361 III/526116). **42** Ebd. **43** Personal-Bericht Gerlach vom 8. 3. 1933 (SSO Gerlach). **44** Lebenslauf Gerlach vom 12. 5. 1933 (SSO Gerlach). **45** Personal-Bericht Gerlach, 8. 3. 1933 (SSO Gerlach). **46** Ebd. **47** Gerlach an den Führer des SS-Abschnittes XII vom 6. 11. 1935 (SSO Gerlach). **48** Stellungnahme der Abt. III, RF SS zur Beförderung Gerlachs vom 10. 1. 1934 (SSO Gerlach). **49** Chef des SS-Amtes an den SS-Oberabschnitt Ost vom 8. 8. 1934; vgl. Tuchel, Konzentrationslager, S. 375. **50** Vgl. Kurt Schilde, Berlin-Tempelhof (»Columbia-Haus«). In: Wolfgang Benz/Barbara Distel (Hg.), Der Ort des Terrors. Geschichte der nationalsozialistischen Konzentrationslager, Bd. 2, München 2005, S. 57f. **51** Vgl. Chef des SS-Amtes, Bestätigung vom 4. 12. 1934 (SSO Gerlach). Vgl. erstmalige Unterschrift Gerlachs unter die Liste zum Häftlingsbestand: Gerlach an Gestapa Sachsen vom 10. 1. 1935 (ITS Archives, Bad Arolsen, HIST/SACH, Sachsenburg, Ordner 2, Bl. 88). **52** Vgl. Schilde, Columbia-Haus, S. 58. **53** Gerlach an Kommandanten des KZ Dachau, Bestrafung durch einfachen Verweis vom 16. 5. 1935 (SSO Gerlach). **54** Eicke an Gerlach, Einfacher Verweis vom 10. 5. 1935 (SSO Gerlach). **55** Chef des SS-Hauptamtes, Bestätigung vom 6. 4. 1935 (SSO Gerlach).

neuen Kameraden galt er als »leicht erregbar«. Gemeinsam mit anderen höheren SS-Führern des KZ Dachau nahm Gerlach an Sauftouren teil. Auf der Heimfahrt nach einer Brauereibesichtigung rammten die SS-Führer im Juli 1935 eine Straßenbahn. Die Situation eskalierte, als ein Straßenbahnschaffner die Personalien aufnehmen wollte. Der betrunkene Gerlach ging gewaltsam gegen Passanten vor und widersetzte sich seiner Festnahme durch Polizeibeamte.[56] Der Vorfall hatte zunächst keine negativen Folgen für ihn. Zum Jahresbeginn 1936 wurde seine Stelle sogar aufgewertet, indem er zum Stabsführer der Kommandantur des KZ Dachau ernannt wurde.[57] Kurz darauf wurde Gerlach zum Standartenführer befördert.

Offenbar schätzte IKL-Chef Eicke Gerlach durchaus: Er benutzte ihn eigenen Angaben zufolge als »Stütze« angesichts des »arbeitsschwachen« Kommandanten Deubel, dem eine zu »lasche« Behandlung der Gefangenen nachgesagt wurde.[58] Als der rücksichtslose und brutale Hans Loritz im April 1936 Kommandant in Dachau geworden war, wollte dieser Gerlach loswerden. Loritz schrieb an Eicke, dass »Gerlach an den Schweinereien, die hier herrschten, ebenso schuld war wie der Kommandant«.[59]

Nachdem Gerlach im Juli 1937 selbst um Versetzung gebeten hatte, wurde er aus dem KZ-Dienst abberufen. Im September 1936 übernahm er die Führung der 64. SS-Standarte mit Sitz Marienwerder in Westpreußen. Bald holte ihn jedoch der Vorfall nach der Brauereibesichtigung in Dachau ein. Im Mai 1937 verurteilte ihn das Amtsgericht München zu einer Geldstrafe von 120 Reichsmark wegen Körperverletzung und einer Gefängnisstrafe von zwei Monaten für Widerstand gegen die Staatsgewalt.[60] Die Berufungsinstanz bestätigte das Urteil. Wegen des Verfahrens vom SS-Dienst beurlaubt, drohte ihm der Ausschluss aus der SS. Schließlich entging Gerlach im April 1938 dem Vollzug der Haftstrafe, nachdem hohe SS-Stellen bei der Oberstaatsanwaltschaft und im Justizministerium interveniert hatten.[61] Reichsführer SS Heinrich Himmler stimmte der vom SS-Gericht vorgeschlagenen Aufhebung der Strafverfügung zu.[62]

Im November 1938 wurde Gerlach zum SS-Abschnitt VII »Nordost« in Königsberg versetzt,[63] im Januar 1939 erfolgte die Beförderung zum SS-Oberführer. Ab Ende 1939 war er als Stabsführer beim Beauftragten des Reichskommissars für die Festigung des deutschen Volkstums abgestellt, wo er für verschiedene Dienststellen tätig war.[64] In dieser Funktion verfasste er Anfang 1942 einen Bericht über das von den Briten besetzte Island, der an Reichsführer SS Heinrich Himmler übermittelt wurde.[65] Anfang 1945 übernahm Gerlach die Leitung des persönlichen Büros des Höheren SS- und Polizeiführers in Dänemark, wo er bis zum Kriegsende im Einsatz war.[66]

Am 30. Mai 1945 geriet Gerlach in alliierte Gefangenschaft. Bis 1948 war er wegen seiner SS-Tätigkeit interniert.[67] Von Ermittlungen gegen ihn ist nichts bekannt. Er starb am 19. April 1964 im hessischen Haiger.[68]

Bernhard Schmidt

BArch, SSO R 9361 III/553583

KOMMANDANT BERNHARD SCHMIDT (APRIL 1935 BIS JULI 1937)

Bernhard Schmidt wurde am 18. April 1890 als Sohn eines städtischen Beamten im fränkischen Pegnitz geboren. Nach Abschluss der Volks- und Realschule in Fürth absolvierte er eine Ausbildung im Maschinenbau und arbeitete in der Maschinen- und Eisenkonstruktionsfirma Engelhardt u. Co., die ihn für Montagen ins Ausland schickte.[69] Im Beruf zeigte er in diesen Jahren einen großen Ehrgeiz, er brachte es bis zum Bauingenieur.

Von Oktober 1912 an leistete Schmidt seinen Militärdienst in Speyer, wurde aus Krankheitsgründen jedoch im April 1914 vorzeitig entlassen. Nach Beginn des Ersten Weltkriegs kam er im August 1914 als Reserveunteroffizier an die Front. Im Kriegseinsatz erhielt er

56 Urteil des Schöffengerichts beim Landgericht München gegen Gerlach vom 22.5.1937 (SSO Gerlach). **57** Chef des SS-Hauptamtes, Bestätigung vom 16.12.1935 (SSO Gerlach). **58** Eicke an Personalchef Reichsführer SS, Versetzung Gerlach vom 31.7.1938 (SSO Gerlach); vgl. Tuchel, Konzentrationslager, S. 375. **59** Loritz an Eicke, Gesuch um Verwendung Gerlachs, 14.7.1938 (SSO Gerlach). **60** Urteil des Schöffengerichts beim Landgericht München gegen Gerlach vom 22.5.1937 (SSO Gerlach). **61** SS-Obersturmbannführer Tondock an den Chef des SS-Gerichts München vom 11.4.1938 (SSO Gerlach). **62** SS-Oberabschnitt Süd an das SS-Hauptamt, Personalkanzlei, Spruch Nr. 232 vom 24.2.1938 (SSO Gerlach). **63** Übergabe-Bescheinigung Gerlach vom 20.11.1938 (SSO Gerlach). **64** Reichskommissar für die Festigung des deutschen Volkstums, Stabshauptamt an das SS-Personalhauptamt, Stellenbesetzung Gerlach vom 6.7.1942 (SSO Gerlach). **65** Himmler an Gerlach vom 3.2.1942 (SSO Gerlach). Himmler dankte Gerlach überschwänglich für den »ausgezeichneten Bericht«: »Klar ist mir, daß wir Island einmal wieder haben müssen und klar ist mir ferner, daß wir dann das immerhin wertvolle isländische Volk retten müssen.« **66** Reichskommissar für die Festigung des deutschen Volkstums, Stabshauptamt an das SS-Personalhauptamt: Betr. Gerlach vom 13.2.1945 (SSO Gerlach). **67** Vgl. Tuchel, Konzentrationslager, S. 376. **68** Ebd. **69** Schmidt, Lebenslauf vom Juni 1934 (BArch, SSO Schmidt, SSO R 9361 III/553583).

zahlreiche Orden. Nach seiner Entlassung aus dem Militär Ende 1918 arbeitete er, wie bereits vor dem Krieg, im Bauamt der Stadt Fürth. In der sozialdemokratisch dominierten Industriestadt gehörte er zu den rechten Gegnern der Weimarer Republik. Später stilisierte er sich zum Opfer seiner »roten« Vorgesetzten, die ihm das Leben schwergemacht hätten und begründete so seinen Berufs- und Ortswechsel. Im August 1919 heiratete der 29-Jährige eine sieben Jahre ältere Witwe und übernahm den Gasthof seiner Schwiegereltern in Bayerisch-Eisenstein. Aus der Ehe gingen zwei Kinder hervor.

Anfang der 1920er-Jahre schloss sich Schmidt der völkischen Bewegung an und radikalisierte sich zunehmend. Mit Gleichgesinnten organisierte er einen »schwarzen Grenzschutz«. Sein Gasthof »Neuwaldhaus«, weniger als einen Kilometer von der tschechischen Grenze entfernt, diente späteren Angaben zufolge als Waffenlager.[70] Bereits Ende 1922 trat er nach eigener Darstellung erstmals der NSDAP mit ihrer »Sturmabteilung« bei, die zu diesem Zeitpunkt vor allem ein bayerisches Phänomen war. Nach dem gescheiterten Hitler-Putsch und dem Parteiverbot organisierte Schmidt sich im »Völkischen Block«, gehörte allerdings auch zeitweise dem »Stahlhelm« und dem Freikorps »Oberland« an. 1925 trat er wieder offiziell der NSDAP bei, wo er somit zu den »alten Kämpfern« zählte.

Seine Erfahrungen als »Einwohnerwehrführer« brachte Schmidt ab 1930 als Truppführer in die SS ein, wo er außerdem im »Abwehrdienst« tätig war. In dieser Zeit konnte er seine Macht jedoch noch nicht ungehemmt ausüben: Weil er vor seinem Gasthof gegen Tschechen rabiat vorgegangen war, wurde seinen eigenen Angaben zufolge Haftbefehl gegen ihn erlassen.[71] In der SS machte er schnell Karriere: Nachdem er einen Sturmbann geleitet hatte, wurde er ab Dezember 1932 im Nachrichtendienst der SS-Standarte 31 (Niederbayern) eingesetzt. Diesen Posten behielt Schmidt – nun zum SS-Obersturmbannführer befördert – auch nach der NS-Machtübernahme im Januar 1933.

Schmidt hatte sich als Gastwirt tief verschuldet. Wie viele »alte Kämpfer« der Bewegung sah er es als sein Recht an, von der SS mit einem lukrativen hauptamtlichen Posten belohnt zu werden. Schmidt bat in einem Schreiben, das dem Reichsführer SS Himmler vorgelegt wurde, um »Anstellung im SS-Dienst, gleichgültig ob Verwaltungsdienst, aktive Dienstleistung oder pol. Polizei«.[72] Himmler schrieb am 15. Juni 1934 an das SS-Personalamt, Schmidt sei »in geeigneter Form bei der nächsten Gelegenheit für eine Verwendung in einem Konzentrationslager in Vorschlag zu bringen«.[73] Wegen seiner fehlenden Erfahrung galt Schmidt jedoch für die Tätigkeit als Lagerkommandant als »nicht geeignet«.[74] Der Inspekteur der Konzentrationslager Eicke erklärte sich jedoch bereit, ihn zu einem Schutzhaftlagerführer mit späterem Einsatz in Esterwegen oder Sachsenburg auszubilden.[75]

Im Juni 1934 trat Schmidt seinen Dienst im KZ Lichtenburg bei Prettin an, das Eicke nach dem Muster des Dachauer Modells neu organisiert hatte. Die chaotische Personalpolitik der SS und die Praxis, verdiente Kämpfer der »Bewegung« mit Planstellen zu versorgen, eröffnete Schmidt die Chance auf einen herausragenden Posten: Als Auszubildender von Eicke empfangen, wurde Schmidt mit Wirkung zum 1. Juli 1934 als erster SS-Kommandant des Konzentrationslagers Lichtenburg eingesetzt.[76] Im KZ Lichtenburg war Schmidt Anfang 1935 für rund 800 Gefangene und 300 SS-Männer verantwortlich.[77]

Im April 1935 wurde SS-Obersturmbannführer Schmidt Kommandant des KZ Sachsenburg, eine zunächst erfolgte Berufung zum Kommandanten des KZ Fuhlsbüttel wurde rückgängig gemacht.[78] Schmidt übernahm das KZ Sachsenburg zu einem Zeitpunkt, als die Zahl der Gefangenen stark zunahm: Waren es bei seinem Dienstantritt im April 1935 noch 600 Häftlinge, stieg die Zahl bis November auf einen Höchststand von 1305 Gefangenen an.[79] Zunächst war Eicke mit den Leistungen Schmidts durchaus zufrieden, er bescheinigte ihm noch am 1. Oktober 1935, ein »beliebter Führer« zu sein, der über einen »gefestigten Charakter« verfüge und »zielbewusst« handele.[80] Schmidt war deshalb im September 1935 zum SS-Standartenführer befördert worden.[81] Als Kommandant unterstanden Schmidt im April 1936 insgesamt 40 Angehörige des Kommandanturstabes, den Wachverbänden des »III. SS-Totenkopfsturmbanns Sachsen« gehörten zu dem Zeitpunkt rund 500 Mann an. Im Häftlingslager waren rund 800 KZ-Gefangene inhaftiert.[82]

Als im Juli 1937 das KZ Sachsenburg offiziell aufgelöst wurde, kamen die Häftlinge überwiegend in die neu errichteten großen Konzentrationslager Buchenwald und Sachsenhausen. Schmidt wurde zum weiteren KZ-Dienst als Schutzhaftlagerführer nach Sachsenhausen berufen.[83] Im März 1938 wechselte er auf Veranlassung Eickes in der gleichen Funktion ins KZ Dachau.[84] Zu diesem Zeitpunkt war Schmidt jedoch bei seinen Vorgesetzten wegen seiner »immer schwächer werdenden Leistungen« längst in Ungnade gefallen.[85] Zum 1. Juli 1938 wurde sein Dienstverhältnis in den SS-Totenkopfverbänden gekündigt.[86]

Schmidt wurde nach einem dreimonatigen Lehrgang im November 1938 als Leiter des Luftschutzbundes in Bremen eingesetzt.[87] Erfolglos bemühte er sich um eine erneute Verwendung in der SS, da er in seiner neuen Funktion »todunglücklich« sei, wie er schrieb.[88] Seine Gesuche wurden jedoch immer wieder zurückgewiesen. Am 3. April 1943 lehnte IKL-Chef Richard Glücks eine Verwendung im Konzentrationslager-System ab.[89]

Nach Ende des Zweiten Weltkriegs lebte Schmidt wieder mit seiner Ehefrau in Eisenstein, wo mittlerweile sein Stiefsohn die Gaststätte betrieb. Dort starb er am 6. September 1960, ohne dass er jemals juristisch zur Verantwortung gezogen worden war.[90]

70 Schmidt, Mein politischer Lebenslauf vom Juni 1934 (SSO Schmidt). **71** Ebd. **72** Schmidt an Reichsführung SS vom 8.6.1934 (SSO Schmidt). **73** Himmler an Personalamt der SS, Personalabteilung, 15.6.1934 (SSO Schmidt). **74** Ebd. **75** Eicke an Reichsführer SS, Chef des SS-Amtes vom 21.6.1934 (SSO Schmidt). **76** Vgl. Sandra Mette, Schloss Lichtenburg. Konzentrationslager für Männer von 1933 bis 1937. In: Stefan Hördler/Sigrid Jacobeit (Hg.), Lichtenburg. Ein deutsches Konzentrationslager, Berlin 2009, S. 143. **77** Ebd., S. 154. **78** SS-Hauptamt, Bestätigung vom 6.4.1935 (SSO Schmidt). **79** Vgl. Klaus Drobisch/Günther Wieland, System der NS-Konzentrationslager 1933–1939, Berlin 1993, S. 204. **80** Eicke, Personal-Bericht Schmidt vom 1. Oktober 1935 (SSO Schmidt). **81** Dienstlaufbahn Schmidt, o. D. (SSO Schmidt). **82** Vgl. Tuchel, Konzentrationslager, S. 196. **83** Eicke an Chef des SS-Hauptamtes, 20.7.1937 (SSO Schmidt). **84** Eicke an Chef des SS-Hauptamtes, 22.2.1938 (SSO Schmidt). **85** Glücks an Chef des SS-Personalhauptamtes, Amt II, 3.4.1943 (SSO Schmidt). **86** Glücks an Himmler, SS-Personalkanzlei, 27.6.1938 (SSO Schmidt). **87** SS-Personalamt an SS-Oberabschnitt Nordwest, 29.10.1938 (SSO Schmidt). **88** Schmidt an Chef des Personalhauptamtes, 29.10.1941 (SSO Schmidt). **89** Glücks an Chef des SS-Personalhauptamtes, Amt II, 3.4.1943 (SSO Schmidt). **90** Vgl. Tuchel, Konzentrationslager, S. 390.

Gerhard Weigel

BArch, SSO R 9361 III/562597

SCHUTZHAFTLAGERFÜHRER GERHARD WEIGEL (SEPTEMBER 1934 BIS SEPTEMBER 1935)

Gerhard Weigel kam am 23. Februar 1908 als Sohn eines Steuerbeamten im sächsischen Flöha zur Welt. Nach dem Abschluss der Oberrealschule absolvierte er ab 1923 in Chemnitz eine dreijährige Lehre im Installateur- und Heizungshandwerk, unterbrochen durch eine kurze Infanterie-Ausbildung bei der Reichswehr.[91] Weigel, der erst zehn Jahre alt gewesen war, als der Erste Weltkrieg endete, faszinierten die rechten »Wehrverbände«, die sich gegen die Weimarer Republik richteten. Er organisierte sich im Chemnitzer »Frontbann«, einer vom späteren SA-Führer Ernst Röhm aufgebauten Auffangorganisation für verbotene Wehrorganisationen.[92] Auf diese Weise fand er den Weg zu den Nationalsozialisten: Als 19-Jähriger trat er im Juli 1927 der Hitlerjugend bei.[93] Zu diesem Zeitpunkt hatte er eine Fachschule für Heizung und Lüftung abgeschlossen und arbeitete als Heizungsmonteur. 1928 zog er als »Heizungs-Ingenieur« nach Bautzen, wo er sich im Oktober 1929 der NSDAP und der SA anschloss. Zunächst leitete er den SA-Sturm 11, ehe er im Dezember 1930 zur Bautzener SS wechselte.[94]

Anfang der 1930er-Jahre war Weigel jahrelang weitgehend ohne Arbeit. Die Zugehörigkeit zu den paramilitärischen Organisationen der Nationalsozialisten verschaffte ihm Anerkennung, die Kameraderie unter Männern sagte ihm zu. Nach der Machtübernahme der Nationalsozialisten 1933 verschaffte ihm »die Bewegung« kurzzeitig kleinere Tätigkeiten: So arbeitete er unter anderem als Verwalter eines Volkssportlagers, für den Reichsarbeitsdienst war er eigenen Angaben zufolge »Kreisbearbeiter für die Arbeitsschlacht Kreis Stollberg/Erzgebirge«.[95]

Als entscheidend für seine weitere Karriere sollte sich seine im Juni 1934 erfolgte Berufung zum SS-Sonderkommando Sachsen erweisen, wo er eine dreimonatige Ausbildung durchlief.[96] Damit gehörte er der 3. Standarte der »Politischen Bereitschaft« an, welche im August 1934 das vorher SA-geführte Konzentrationslager Sachsenburg übernahm. In dem von Karl Otto Koch geleiteten Sonderkommando war Weigel einem harten militärischen Drill ausgesetzt. Beim Sprung über die Hindernisbahn zog er sich einen doppelten Wadenbruch zu und musste operiert werden. Er gab dies später als »Verletzung während der Kampfzeit« an.[97]

Im Zuge der Neustrukturierung der Politischen Bereitschaften zu Wachtruppenverbänden wechselte er in die SS-Wachtruppe »Sachsen«. Aufgrund seiner Berufsausbildung setzte ihn die SS im KZ Sachsenburg als Lageringenieur ein.[98] Im September 1934 wurde er in den Kommandanturstab übernommen und zum Leiter der Abteilung III (Schutzhaftlager) ernannt. Als Schutzhaftlagerführer sorgte er im Auftrag des Kommandanten für »Zucht und Ordnung« im Häftlingsbereich. Seine Tätigkeit füllte er offenbar zur Zufriedenheit seiner Vorgesetzten aus: Im Juni 1935 wurde er zum SS-Hauptscharführer befördert.

Einem Häftlingsbericht zufolge galt Weigel als roh und »versoffen«.[99] Er billigte Misshandlungen von Gefangenen oder stiftete seine SS-Männer an, Gewalt auszuüben. Weigel soll auch daran beteiligt gewesen sein, wie der jüdische Sozialdemokrat Max Sachs im Oktober 1935 zu Tode gehetzt wurde. Laut dem Häftlingsbericht rief er angesichts des bereits schwer misshandelten und mit Jauche übergossenen Max Sachs: »Seht euch dieses Schwein an! Du gehst in Arrest, du Oberhalunke!«[100]

Nachdem im September 1935 Arthur Rödl als Schutzhaftlagerführer des KZ Sachsenburg eingesetzt worden war, wurde Weigel im November 1935 zum Adjutanten ernannt.[101] Er unterstützte in dieser Funktion die Arbeit des Kommandanten Bernhard Schmidt. Außerdem war er als Lageringenieur für Bauprojekte des Konzentrationslagers verantwortlich. Der Inspekteur der Konzentrationslager Eicke bescheinigte ihm, »treu und verlässig«[102] (sic!) zu sein, und ließ ihn im September 1936 zum SS-Obersturmführer befördern. Da sich Schutzhaftlagerführer Rödl in den Augen seiner Vorgesetzten als unfähig erwiesen hatte, das KZ nach außen zu repräsentieren, wurde ihm Weigel an die Seite gestellt, um den KZ-Kommandanten bei dessen Abwesenheit zu vertreten.[103]

Als das KZ Sachsenburg im August 1937 aufgelöst wurde, wurde Weigel in das im Aufbau befindliche KZ Buchenwald berufen.[104] Dessen erster Kommandant Karl Otto Koch kannte Weigel bereits von seiner Zeit als Führer des SS-Sonderkommandos Sachsen und als KZ-Kommandant in Sachsenburg. Erneut als Lageringenieur eingesetzt, übernahm Weigel

91 Lebenslauf Weigel, o. D. (BArch, SSO Weigel, SSO R 9361 III/562597). **92** Ebd. **93** Stammrollenauszug Weigel, o. D. (SSO Weigel). **94** Lebenslauf Weigel, o. D. (SSO Weigel). **95** Ebd. **96** Ebd. **97** Ebd. **98** Dienstlaufbahn Weigel, o. D. (SSO Weigel). **99** Bericht des ehemaligen Sachsenburg-Häftlings Johannes Bretschneider. In: Tausend Kameraden, S. 42. **100** Ebd. Vgl. auch den Beitrag von Swen Steinberg über Max Sachs in diesem Band. **101** SS-Stammrolle Weigel, o. D. (SSO Weigel). **102** Beurteilung Weigel durch Eicke vom 23. 8. 1936 (SSO Weigel). **103** Eicke an das SS-Personalamt, Versetzungsantrag für Rödl vom 8. 4. 1937 (BArch, SSO Rödl, SSO R 9361 III/550836). **104** Chef des SS-Hauptamtes, Bestätigung vom 21. 6. 1937 (SSO Weigel).

eine wesentliche Rolle beim Aufbau des KZ Buchenwald. Die neue Funktion brachte ihm eine Beförderung zum SS-Hauptsturmführer ein.[105]

Ein halbes Jahr nach der Berufung nach Buchenwald wurde Weigel zum März 1938 als Lageringenieur in den Kommandanturstab des KZ Sachsenhausen versetzt.[106] Schon im Juni zeichnete sich jedoch seine Verwendung außerhalb des KZ-Systems ab, als Weigel für vier Wochen zur Probedienstleistung zur Bauabteilung der SS kam.[107] Im Anschluss daran wurde er als Führer zur Inspektion der SS-Verfügungstruppe nach München versetzt.[108] Von Juli 1938 bis November 1941 arbeitete Weigel innerhalb der SS-Verfügungsgruppe, wo er SS-Baustellen in Linz und Klagenfurt beaufsichtigte.[109] In Klagenfurt heiratete er seine aus Chemnitz stammende Verlobte, mit der er schon in Buchenwald verbunden gewesen war.[110]

Weigel wurde Ende 1941 zunächst als Zentralbauleiter der Waffen-SS und Polizei nach München-Dachau kommandiert.[111] Im Januar 1942 kam er als Leiter der Baugruppe »Russland-Süd« nach Kiew zum »Osteinsatz«.[112] Im September 1942 kehrte er ins Reichsgebiet zurück: Ab September 1942 war er Führer der SS-Baubrigade II, die dem KZ Neuengamme unterstellt war.[113] Die 750 Häftlinge des Arbeitskommandos mussten in Bremen Trümmer beseitigen, Leichen bergen und Bomben entschärfen.[114]

Im März 1944 übernahm Weigel die SS-Baubrigade V, die im Nordwesten des besetzten Frankreich Waffen-Stellungen bauen sollte.[115] Dabei unterstanden ihm rund 1450 Häftlinge, die unter schwersten Bedingungen Zwangsarbeit leisten mussten. Um Kontakte zwischen den Häftlingen und der französischen Zivilbevölkerung zu unterbinden, griff er rigoros durch: Im Juli 1944 ließ er 350 Gefangene ins KZ Buchenwald transportieren, weil sie verdächtigt wurden, verbotene Verbindungen zu Zivilisten gehabt zu haben.[116]

Im Oktober 1944 wurde Weigel als Inspekteur sämtlicher SS-Baubrigaden der Amtsgruppe C eingesetzt,[117] mittlerweile war er zum SS-Sturmbannführer befördert worden. Bis Kriegsende war er nicht nur für die bisherigen Baubrigaden verantwortlich, sondern auch für acht SS-Eisenbahnbaubrigaden: In streng bewachten Zügen wurden die Häftlinge an die Einsatzorte transportiert, wo sie zerstörte Schienen beseitigen, Bombentrichter füllen und neue Gleise verlegen mussten. Viele Häftlinge dieser »Konzentrationslager auf Schienen« wurden »auf der Flucht erschossen« und kamen bei Unfällen oder Bombenangriffen ums Leben. Weigel wurde von seinen Vorgesetzten dafür gelobt, die Vorgaben zu erfüllen: Er sei ein »biederer, sehr handfester Charakter, geradlinig und treu«, hieß es im November 1944.[118]

Als der Zweite Weltkrieg endete, war Weigel zur Kampftruppe der »Festung Tirol« abgeordnet. Er lebte im Rheinland und Ruhrgebiet, wo er weiter als Ingenieur arbeitete, unter anderem bei der AEG.[119] Für seine Tätigkeit im KZ-System wurde er nicht zur Verantwortung gezogen, bei Ermittlungsverfahren zu Verbrechen der Baubrigade II war er lediglich als Zeuge befragt worden. Bei einer Vernehmung 1969 hatte er seine Tätigkeit verharmlost: Die Baubrigaden, behauptete er, seien nicht für die Bewachung der Häftlinge verantwortlich gewesen, sondern hätten nur den technischen Rahmen des Arbeitseinsatzes bestimmt.[120] 1978 zog Weigel von Mechernich bei Bonn ins oberbayerische Flintsbach am Inn. Dort starb er am 13. Juli 1998 im Alter von 90 Jahren.[121]

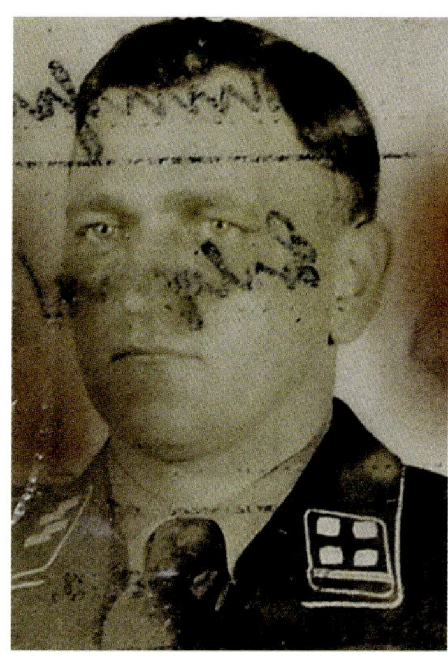

Arthur Rödl

BArch, SSO R 9361 III/550836

SCHUTZHAFTLAGERFÜHRER ARTHUR RÖDL (SEPTEMBER 1935 BIS JULI 1937)

Arthur Rödl wurde am 13. Mai 1898 in München geboren, sein Vater war Kassenbote, seine Mutter führte ein Zigarrengeschäft.[122] Nach der Volksschule begann er 1912 eine Schlosserlehre, die er jedoch nicht zu Ende brachte. Nach Beginn des Ersten Weltkriegs meldete er sich im August 1914 begeistert zum Militär. Um aufgenommen zu werden, gab er sich als zwei Jahre älter aus. Rödl kam in Frankreich zum Einsatz, wo er verwundet wurde.

Nach seiner Entlassung aus dem Militär 1919 heiratete der 21-Jährige eine 33-jährige Frau, kurz darauf kam eine Tochter zur Welt.[123] Rödl fand eine Anstellung in einem Postamt.[124] Frustriert über die Kriegsniederlage, schloss er sich dem Freikorps »Bund Oberland« an, 1921 wirkte er an der Niederschlagung polnischer Aufstände in Oberschlesien mit.[125]

105 Dienstlaufbahn Weigel, o. D. (SSO Weigel). **106** Chef des Personalamtes, Bestätigung, 16. 2. 1938 (SSO Weigel). **107** Chef des Personalamtes an den Führer der SS-Totenkopfverbände und Konzentrationslager, betr. Weigel vom 7. 6. 1938 (SSO Weigel). **108** Chef des Personalamtes, Bestätigung vom 25. 7. 1938 (SSO Weigel). **109** Karola Fings, Krieg, Gesellschaft und KZ. Himmlers SS-Baubrigaden, Paderborn 2005, S. 73. **110** Vgl. Geburtsurkunde Weigel, 23. 2. 1908, Standesamt Flöha. **111** Chef des Hauptamtes Haushalt und Bauten an das SS-Personalhauptamt, Kommandierungen vom 23. 10. 1941 (SSO Weigel). **112** Chef des Hauptamtes Haushalt und Bauten an das SS-Personalhauptamt, Kommandierung Weigel, 19. 1. 1942 (SSO Weigel). **113** SS-WVHA, Kommandierungsverfügung Weigel, 8. 3. 1944 (SSO Weigel). **114** Vgl. Fings, SS-Baubrigaden, S. 60. **115** Ebd. **116** Vgl. SS-WVHA, Personalverfügung Weigel, 17. 10. 1944; Fings, SS-Baubrigaden, S. 226. **117** Vgl. den ausführlichen Bericht Weigels vom 2. 3. 1945 (BArch, NS 19/771); Fings, SS-Baubrigaden, S. 247. **118** Der Amtsgruppenchef C, Beurteilung Weigel, 14. 11. 1944 (SSO Weigel). **119** Vgl. Fings, SS-Baubrigaden, S. 333. **120** Vgl. ebd., S. 68. **121** Standesamt Flintsbach Nr. 13/1998. **122** Lebenslauf Rödl vom 22. 6. 1936 (BArch, SSO Rödl, SSO R 9361 III/550836). **123** Personal-Nachweis Rödl, o. D. (SSO Rödl). **124** Vgl. Segev, Soldaten, S. 165. **125** SS-Stammrollenauszug Rödl, o. D. (SSO Rödl).

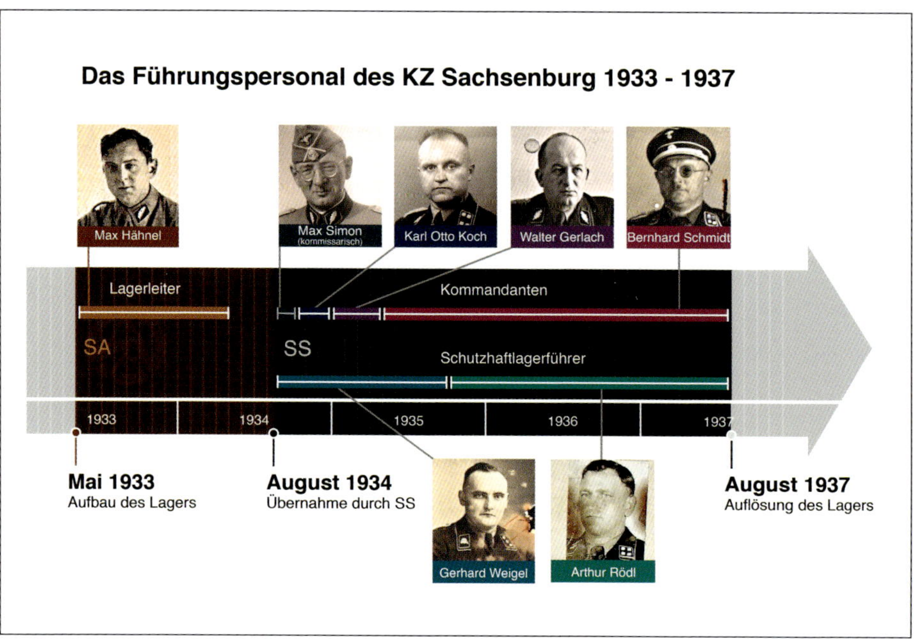

Dienstzeiten der führenden SA- und SS-Männer im KZ Sachsenburg. Wer das Lager nach Hähnels Abberufung leitete, ist bislang nicht geklärt. Nach Häftlingsberichten übernahm im April 1934 Herbert Kleditzsch das Kommando.

Grafik: Tobias Eiberle/Fotos: BArch

Bereits früh unterstützte Rödl die Nationalsozialisten, am 9. November 1923 war er beim »Hitler-Putsch« in München dabei. Nachdem er – angeblich wegen seiner politischen Tätigkeit – bei der Post entlassen wurde, fand er eine neue Anstellung als Schlosser im »Braunen Haus«.[126]

Rödl trat im März 1928 der SS bei, im August desselben Jahres auch der NSDAP. Seine SS-Karriere verdankte er von Anfang an seinem Förderer Himmler, der bis zuletzt zu ihm halten sollte. Im Oktober 1930 ernannte ihn Himmler zum Standartenführer der SS-Standarte I München.[127] Nach der NS-Machtübernahme wurde Rödl im April 1933 Führer der Politischen Bereitschaft München.[128] Von Februar 1934 an führte er ein SS-Ausbildungskommando.

Im November 1934 wechselte Rödl in den Konzentrationslager-Dienst: Er wurde Führer der Wachtruppe »Elbe«, die im KZ Lichtenburg ihren Dienst versah. Im September 1935 versetzte die SS den mittlerweile zum Obersturmbannführer ernannten Rödl von der Wachtruppe zum Lagerstab, wo er die Funktion des Schutzhaftlagerführers übernahm. Er verstieß wiederholt gegen Vorschriften, etwa als er mit einem Häftling Geschäftsbeziehungen einging, indem er ihm drei seidene Deckchen abkaufte.[129] Wegen eines anderen Vorfalls wurde er vor einem SS-Gericht angeklagt, auch wenn er einer Verurteilung entging. Eicke entzog ihm trotzdem das Vertrauen. Rödl habe »militärisch versagt«, schrieb er im August 1935.[130]

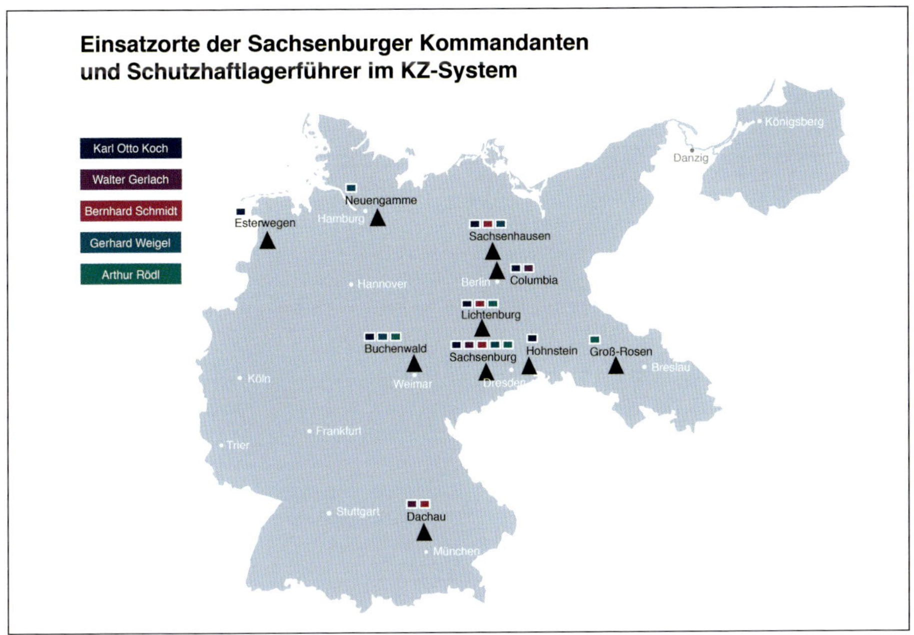

Das SS-Führungspersonal des Lagers Sachsenburg setzte seine Karrieren im KZ-System fort.
Die Karte mit den Einsatzorten zeigt die Bedeutung Sachsenburgs in der Dienstlaufbahn von KZ-Tätern.

Grafik: Tobias Eiberle

An seinem neuen Einsatzort Sachsenburg sollte sich Rödl bewähren. Im September 1935 trat er dort seinen Dienst als Schutzhaftlagerführer unter dem Kommandanten Schmidt an. Die beiden kannten sich aus der »Kampfzeit der Bewegung« und dem gemeinsamen Dienst im KZ Lichtenburg. Schmidt wusste von Rödls Schwächen, sah in ihm jedoch anfangs noch einen »brauchbaren SS-Führer«, »wenn er ständig scharf gehalten« würde und »ständig unter Kontrolle steht«.[131] Anders als der Kommandant lebte Rödl nicht in der Führervilla am Rande des KZ-Geländes, sondern in einer Privatwohnung in Frankenberg.[132]

Unter dem Schutzhaftlagerführer Rödl verschlechterten sich die Haftbedingungen im KZ Sachsenburg. Der dramatische Anstieg der Häftlingszahlen im Herbst 1935 ging mit zunehmender Gewaltausübung durch die SS-Bewacher einher. Rödl war wegen seiner Brutalität gefürchtet, nach Häftlingsberichten nahm er persönlich Kontrollen in den Schlaf-

126 Vgl. Segev, Soldaten, S. 166. **127** Himmler, Ernennung des SS-Sturmführers Rödl vom 3. 10. 1930 (SSO Rödl). **128** Dienstlaufbahn Rödl, o. D. (SSO Rödl). **129** Himmler an Rödl, Förmlicher Verweis vom 2. 7. 1936 (SSO Rödl). **130** Eicke an SS-Personalamt vom 24. 8. 1935 (SSO Rödl). **131** Kommandant Schmidt, Beurteilung des SS-Obersturmbannführers Rödl vom 21. 9. 1938 (SSO Rödl). **132** Fragebogen zur Berichtigung der Führerkartei der SS-Personalkanzlei, o. D. (SSO Rödl).

räumen der Häftlinge vor.[133] Wenige Wochen, nachdem Rödl seinen Posten in Sachsenburg angetreten hatte, wurde der jüdische SPD-Politiker Max Sachs tagelang so schwer misshandelt, dass er am 5. Oktober 1935 starb. Am Tag darauf teilte Rödl den versammelten Häftlingen mit, dass »der Jude Sachs einem Herzschlag erlegen ist«.[134]

Den Zorn seiner Vorgesetzten zog Rödl 1936 auf sich, als er einem ausländischen Besucher das KZ Sachsenburg zeigte. Dabei gab er offenbar Einblicke in die Lagerrealität, anstatt ein geschöntes Bild zu präsentieren. Der Schutzhaftlagerführer habe, so heißt es in einem Bericht, sich durch »unbedachte Beantwortung vieler Fragen in offensichtliche Widersprüche verheddert«.[135] Möglicherweise handelte es sich bei dem Besuch um den schwedischen Geografen und Entdeckungsreisenden Sven Hedin, der laut einem Häftlingsbericht im Dezember 1936 das Lager besuchte und von Rödl herumgeführt wurde.[136] Nachdem Rödl behauptet hatte, die Gefangenen seien seit »drei bis vier Monaten« im Lager, rief ein Häftling, er sei schon ein Jahr hier. Der Gefangene wurde mit sechs Tagen Arrest bestraft. Nach der Blamage vor dem ausländischen Besucher sollte der »dienstälteste Führer« Rödl den Kommandanten Schmidt bei dessen Abwesenheit nicht mehr allein vertreten, sondern nur noch gemeinsam mit dem Adjutanten Weigel.[137]

Eicke sah nach dem Vorfall die Chance, Rödl aus dem KZ-Dienst zu entfernen, obwohl er wusste, dass dieser die Protektion Himmlers genoss. Wenn Rödl weiter als Schutzhaftlagerführer amtiere, schrieb Eicke, laufe er Gefahr, »Komplikationen heraufzubeschwören, die zu unliebsamen, außenpolitischen Verwicklungen führen könnten«.[138] Himmler lehnte die Versetzung in die Allgemeine SS jedoch ab. Auch aus der Idee Eickes, Rödl als Aufsichtsführer des Zellengefängnisses ins KZ Sachsenhausen abzuschieben, wurde nichts.[139] Obwohl Rödl sich als unfähig erwiesen hatte, blieb er auf der herausgehobenen Position des Schutzhaftlagerführers.

Als das KZ Sachsenburg im Juli 1937 aufgelöst wurde, wurde Rödl als Schutzhaftlagerführer des neu errichteten KZ Buchenwald eingesetzt. Dorthin war auch ein Großteil der Sachsenburger KZ-Häftlinge verlegt worden. Rödl war »grausam, korrupt und sehr oft betrunken«, wie ein SS-Mann später berichtete.[140] Die Lagerappelle der Gefangenen nutzte er, um diese zu quälen und zu demütigen. Ein Häftling erinnerte sich später, dass Rödl »bayerisch mit stark alkoholisierter Stimme« herumgeschrien habe.[141]

Im Mai 1941 stieg Rödl zum Kommandanten des KZ Groß-Rosen in Niederschlesien auf, als das bisherige Außenlager des KZ Sachsenhausen selbstständig wurde. Die Gefangenen mussten dort im Steinbruch unter brutalen Bedingungen Zwangsarbeit leisten, der Tod durch totale Erschöpfung war an der Tagesordnung. Ab April 1942 waren dem Kommandanten Rödl auch die Werkleiter unterstellt, obwohl er in wirtschaftlichen Belangen inkompetent war.[142] Während seiner Zeit als KZ-Kommandant wurden im Winter 1941/42 in Groß-Rosen zwischen 4000 und 5000 sowjetische Kriegsgefangene von SS-Wachangehörigen erschossen.[143] Außerdem wirkte Rödl persönlich an der Vernichtung von arbeitsunfähigen Häftlingen mit: Er setzte sich erfolgreich dafür ein, ausgewählte Häftlinge an die Tötungsanstalt in Bernburg zu überführen, anstatt diese wie geplant nach Dachau zu schicken.[144]

Im Zuge der Neuausrichtung des Konzentrationslager-Systems auf Kriegswirtschaft und Zwangsarbeit wurden 1942 altgediente KZ-Führer durch Verwaltungsexperten ersetzt. Rödl wurde im September 1942 zum Höheren SS- und Polizeiführer Ukraine beordert.[145] Sein Förderer Himmler ernannte ihn in Charkow am 26. April 1943 persönlich zum SS-Standartenführer der Waffen-SS.[146] Im Oktober wechselte Rödl zum Höheren SS- und Polizeiführer Russland Süd,[147] ehe er zur 15. Waffen-Grenadier-Division der SS (lettische Nr. 1) kommandiert wurde.[148] Dort war er Kommandeur eines estnischen Bau-Regiments, das Verteidigungsanlagen in der Stadt Thorn errichten musste. Hier verliert sich seine Spur. Rödl soll Anfang 1945 Selbstmord begangen haben.[149]

133 Vgl. Bericht des ehemaligen Sachsenburg-Häftlings Max Türpe. In: Tausend Kameraden, S. 43. **134** Vgl. Bericht Erich Kreßner. Zit. nach Carina Baganz, Sachsenburg. In: Benz/Distel (Hg), Ort des Terrors, Bd. 2, S. 199. **135** Tamaschke an Eicke, betrifft SS-Obersturmbannführer Rödl vom 7. 4. 1937 (SSO Rödl). **136** Vgl. Bericht Philipp Günther. In: Tausend Kameraden, S. 44. **137** Eicke an SS-Personalamt, Versetzungsantrag Rödl vom 8. 4. 1937 (SSO Rödl). **138** Ebd. **139** Eicke an das SS-Personalamt, Führer-Versetzungen vom 21. 4. 1937 (SSO Rödl). **140** Vgl. Segev, Soldaten des Bösen, S. 167. **141** Konzentrationslager Buchenwald 1937–1945. Begleitband zur ständigen historischen Ausstellung. Hg. von der Gedenkstätte Buchenwald, Göttingen 1999, S. 44. **142** Walter Kumpmann/Isabell Sprenger, Groß-Rosen-Stammlager. In: Wolfgang Benz/Barbara Distel (Hg.), Der Ort des Terrors. Geschichte der nationalsozialistischen Konzentrationslager, Bd. 6, München 2007, S. 200. **143** Vgl. ebd., S. 215 f. **144** Vgl. ebd. S. 217. **145** Himmler: Personalverfügung Rödl vom 31. 8. 1942 (SSO Rödl). **146** Himmler an SS-Führungshauptamt, betr. SS-Obersturmbannführer Rödl vom 9. 9. 1943 (SSO Rödl). **147** SS-Personalhauptamt: Wehr- und Personalunterlagen des Standartenführers Rödl vom 28. 10. 1944 (SSO Rödl). **148** SS-Führungshauptamt: Personalverfügung Rödl vom 5. 11. 1944 (SSO Rödl). **149** Vgl. Tuchel, Konzentrationslager, S. 390.

Anna Schüller · Volker Strähle

DER FOTOGRAFISCHE BLICK AUF DAS KZ SACHSENBURG

Das Album des Kommandanten Karl Otto Koch

TÄTER-FOTOGRAFIEN ALS QUELLE DER KZ-FORSCHUNG

Die fotografische Überlieferung zum Konzentrationslager Sachsenburg ist überschaubar. Bis in die 1990er-Jahre standen allein einige wenige Aufnahmen aus der Zeit unter der Führung der SA bis August 1934 zur Verfügung.[1] In den ersten Monaten des Bestehens des Konzentrationslagers war es Besuchern sowie Außenstehenden noch möglich gewesen, sich gemeinsam mit Inhaftierten abzulichten. Die Fotografien überdauerten in privaten Nachlässen und wurden später dem Archiv der Lagerarbeitsgemeinschaft KZ Sachsenburg übergeben. In den 2000er-Jahren kam eine weitere Bildquelle hinzu: In Moskau wurde ein Dienstalbum des SS-Lagerkommandanten Karl Otto Koch entdeckt, das unter anderem Aufnahmen des KZ Sachsenburg enthält, die im Herbst 1934 angefertigt wurden.[2] Dabei handelt es sich freilich um eine ganz andere Perspektive: Die Fotografien zeigen den Blick eines KZ-Täters auf seinen Herrschaftsbereich.

NS-Täter-Fotografien sind für die KZ-Forschung im Zuge des »Visual Turn«[3] in den Geschichtswissenschaften wichtiger geworden. Trotzdem werden sie, wie Stefan Hördler kritisiert, nach wie vor häufig nur zur Illustration verwendet und nicht einer eigenständigen Analyse unterzogen. Dabei ist ihr Inszenierungscharakter unstrittig: Aufnahmen eines KZ-Kommandanten wie Koch müssen als »Inszenierung von Macht« gelesen werden: »Die Bildsprache folgt nicht selten einer klaren Vorstellung, einer bewussten Konstruktion und mitunter einem Drehbuch. Diese Layer gilt es behutsam und schichtweise zu entziffern«, schreibt Hördler.[4] Die Fotografien des KZ-Kommandanten Koch ließen sich als »Egodokumente an der Schnittstelle von Privatheit und Öffentlichkeit« begreifen, die Rückschlüsse über das Selbstbild der Täter zuließen.[5]

Der KZ-Kommandant Karl Otto Koch (1897–1945) war ein begeisterter Amateurfotograf. Bereits als Soldat im Ersten Weltkrieg nahm er eine Kamera mit ins Feld. »Seine visuelle Autobiographie beginnt mit Aufnahmen aus den Schützengräben sowie von zerstörten Städten, eroberten Waffen und Stellungen des Feindes«, wie Ute Wrocklage schreibt.[6] Für sein Hobby war Koch bereit, viel Geld auszugeben: 1940 posierte er im KZ Buchenwald mit dem teuren Apparat einer Contax III der Zeiss Ikon AG aus Dresden.[7] Koch inszenierte seine Aufnahmen sorgfältig, er war weit mehr als ein Knipser, in seinen Alben finden sich nur wenige Schnappschüsse. Seine Experimentierfreude zeigte sich etwa darin, dass er ungewöhnliche Kamerapositionen einnahm oder Fotografien im Stil einer Bildreportage arrangierte und entsprechend kommentierte.

In den während Kochs Dienstzeit als KZ-Kommandant angelegten Fotoalben trennte er zwischen seiner »dienstlichen« und seiner »privaten« Lebenserzählung. Teilweise überschneiden sich jedoch die Sphären: Fotos der 1937 von der SS vorgenommenen neogermanischen »Eheweihe« mit Ilse Koch, die in einem Eichenhain unweit des KZ Sachsenhausen stattfand, wurden sowohl in das Privat- als auch in das Dienstalbum Kochs eingeklebt.[8] Im privaten »Buchenwald-Album« finden sich etwa Fotos vom Oktober 1939, die Koch mit seinem Sohn im Zoo des Konzentrationslagers zeigen.[9]

Der Sommer 1934 brachte für Koch den Durchbruch in seiner KZ-Karriere: Im Juni übernahm er mit seinem SS-Sonderkommando Sachsen das bislang von der SA geführte KZ Hohnstein in der Sächsischen Schweiz. In seinem privaten Fotoalbum spiegelt sich zu diesem Zeitpunkt die beginnende KZ-Karriere nicht wider: Koch präsentierte sich beim Sommerurlaub mit seiner Freundin Ilse, die auf zahlreichen Aufnahmen für die Kamera posierte.[10] Wenige Monate später, im Oktober 1934, sollte Koch in das KZ Sachsenburg kommandiert werden.[11]

Der folgende Beitrag analysiert, wie jene sieben Seiten aus dem Dienstalbum Kochs, welche dessen Zeit im KZ Sachsenburg abbilden, gestaltet sind: Was ist auf den Fotografien abgebildet, was nimmt welchen Raum ein und wie sieht die Dramaturgie aus? Welche Gebäude, welche KZ-Einrichtungen werden gezeigt, wie werden bestimmte Personen und Personengruppen inszeniert: die SS-Wachtruppen, SS-Führer und die KZ-Häftlinge? Und wie lässt sich Koch selbst in Szene setzen? Darüber hinaus sollen Aspekte behandelt werden, die für die Entwicklung des Gedenkortes Sachsenburg eine besondere Bedeutung haben: Was sagen die Fotografien über die KZ-Anlage mit ihren Gebäuden aus? Wie ist ihr Quellenwert zu bemessen? Dabei gehen wir grundsätzlich davon aus, dass eine reine

1 Vgl. die historischen Aufnahmen in der maßgeblichen DDR-Publikation zum KZ Sachsenburg: Tausend Kameraden Mann an Mann. Beiträge zur Geschichte des antifaschistischen Widerstandskampfes im Konzentrationslager Sachsenburg. Hg. von der Kreisleitung der SED Hainichen, 3., überarb. Aufl., Hainichen 1987. **2** Günter Morsch (Hg.), Von der Sachsenburg nach Sachsenhausen. Bilder aus dem Fotoalbum eines KZ-Kommandanten, Berlin 2007. **3** Vgl. Gerhard Paul, Von der Historischen Bildkunde zur Visual History. Eine Einführung. In: Gerhard Paul (Hg.), Visual History. Ein Studienbuch, Göttingen 2006, S. 7–36. **4** Stefan Hördler, Sichtbarmachen. Möglichkeiten und Grenzen einer Analyse von NS-Täter-Fotografien. In: VfZ 65 (2017), S. 259–271, hier: S. 267. **5** Ebd. **6** Ute Wrocklage, Das Dienstalbum des KZ-Kommandanten Karl Otto Koch. In: Morsch (Hg.), Von der Sachsenburg, S. 19–42, hier: S. 20. **7** Vgl. Hördler, Sichtbarmachen, S. 261. Die Aufnahme Kochs mit der Kamera ist abgebildet in: Morsch (Hg.), Von der Sachsenburg, S. 23. **8** Vgl. Wrocklage, Dienstalbum, S. 34. **9** Koch-Privatalbum Buchenwald, NARA, College Park/MD, RG 153-IK, The Judge Advocate General (Army), Albums of Ilse Koch, 1912–1941, S. 42. **10** Vgl. Koch-Privatalbum von 1937, ebd., S. 19. **11** Vgl. die Biografie zu Karl Otto Koch im Beitrag von Volker Strähle zum SS-Führungspersonal in diesem Band.

Motivanalyse zu kurz greift. Wichtig ist es, gleichsam hinter und neben die Bilder zu blicken: Es ist nicht nur bedeutsam, was in einem gewählten Bildausschnitt gezeigt wird, es muss auch bedacht werden, was nicht gezeigt wird.

DIE FOTOGRAFISCHE ÜBERLIEFERUNG ZUM KZ SACHSENBURG

In der fotografischen Überlieferung zum KZ Sachsenburg dominieren im ersten Jahr unter dem Kommando der SA Fotografien, die vor allem die Häftlinge zum Bildgegenstand haben. Ab Sommer 1934 verschwinden die Häftlinge aus dem Blickfeld, an ihrer Stelle werden die SS-Bewacher zum zentralen Bildmotiv. Dieser Umstand hängt vor allem mit den Perspektiven und Absichten der Fotografierenden zusammen, aber auch mit der Entwicklung des Lagers. Für den Zeitraum von Mai 1933 bis August 1934 lassen sich zwei Blickwinkel unterscheiden: So finden wir zum einen Aufnahmen aus dem Inneren des Lagers und zum anderen von außen auf das Lager.

Die Innensicht des Lagers vermitteln Bilder, die aus der Perspektive der Häftlinge und ihrer Besucher aufgenommen wurden. Eines dieser Bilder zeigt Frauen, Männer und Kinder auf der Wiese sitzend, die meisten Abgebildeten blicken in die Kamera. Im Hintergrund sind die Hängebrücke über die Zschopau zu sehen sowie vier SA-Männer, die die Szene bewachen. Die Fotografie muss demnach vor der Fabrik, auf der Höhe des heutigen Denkmals, aufgenommen worden sein.[12] Eine Aufnahme aus dem Bestand der Lagerarbeitsgemeinschaft zeigt drei Häftlinge in Alltagskleidung, die sich unterhalten (S. 58 in diesem Band).[13] Im Hintergrund ist eine große Gruppe von Menschen zu sehen, die sich stehend oder auf Decken sitzend miteinander unterhalten. Hinter den Bäumen scheinen das Dach und eine Fassade der vom Lagerleiter genutzten Fabrikantenvilla hervor. Das Bild muss also auf der Wiese hinter der Villa entstanden sein, in der Nähe des Sportplatzes und damit innerhalb des Geländes des KZ Sachsenburg. Diese Aufnahme konnte nur entstehen, weil die Häftlinge von ihren Angehörigen anfangs besucht werden konnten.[14] Ein ähnlich angelegtes Bild zeigt sieben Häftlinge, die eng zusammenstehen und sich die Hände gegenseitig auf die Schultern legen.[15] Das Bild vermittelt den Eindruck einer fest zusammenstehenden Gruppe, die sich gegenseitig während ihrer Inhaftierung stützt.

Vom ehemaligen Häftling Willy Uhlig sind zwei Fotografien aus seiner Inhaftierungszeit in Sachsenburg überliefert. Die erste Aufnahme zeigt ihn mit einem anderen Häftling und einem Schäferhund vor der Terrassenseite der Villa. Im Hintergrund erkennt man das Schloss und den Turm der Fabrik. Beide Häftlinge tragen Alltagskleidung. Uhlig war für die Arbeit in der Villa zugeteilt und hatte unter anderem die Aufgabe, sich um den Hund der Lagerleiter zu kümmern.[16] Alice Uhlig, die Tochter Uhligs, übergab eine Kopie der Aufnahme erst 2017 an die Lagerarbeitsgemeinschaft KZ Sachsenburg. Im Gespräch äußerte sie ihre Sorge darüber, dass die Aufnahme falsch gedeutet werden könnte.[17] Die Kleidung Uhligs und seines Mithäftlings, im Hintergrund eine Villa und an der Leine ein Hund – all dies lässt nicht auf eine Situation im Konzentrationslager schließen. Die fotografische Überlieferung der frühen Lager entspricht jedoch nicht der KZ-»Ikonografie« einer Masse anonymer und schwacher Häftlinge in gestreifter Uniform.[18] Die zweite Aufnahme zeigt Uhlig mit drei Mithäftlingen, die auf und um eine Gulasch-Kanone, auf der sich die Aufschrift »Sturm 13/1« (Rest unleserlich) befindet, sitzen und stehen.[19] Die Gefangenen tragen Alltagskleidung, die hintere Person hält eine Schöpfkelle. Alle vier schauen den Betrachter unmittelbar an und scheinen sich extra für das Bild aufgestellt zu haben. Diese Fotografie ähnelt einer weiteren Bildreihe mit drei Aufnahmen. Diese zeigen Häftlinge verschiedener Arbeitskommandos, die sich in Gruppen aufgestellt und mit Werkzeugen und Geräten – Schaufeln, Hacken, Schubkarren und Kochkesseln – haben ablichten lassen.[20] Ein Bild des Außenkommandos bezieht sich in der Bildunterschrift auf den »Verfasser, Genosse Otto«.[21] Die Bilder stammen demnach aus dem privaten Besitz ehemaliger Häftlinge.

Eine Aufnahme lässt sich nicht in die Reihe der »Erinnerungsfotos« einordnen: Sie zeigt das »Steinbruchkommando«.[22] Abgebildet ist ein steiler und schroffer Berg, an dem mehrere Personengruppen und Einzelpersonen stehen. Bei näherer Betrachtung lassen sich sieben SA-Männer identifizieren, die zu einem großen Teil in die Kamera blicken. Die übrigen Personen, bei denen es sich mit hoher Wahrscheinlichkeit um Häftlinge handelt, sind in Richtung des Berges gewandt und während der Arbeit dargestellt. Eine Person in Uniform ist nicht klar zuzuordnen. Es ist die einzige bildliche Überlieferung, die Häftlinge während der Arbeit unter der Bewachung von SA-Männern zeigt. Die Aufnahme entstand offenbar im Steinbruch, der sich rund 300 Meter vor dem Lagereingang befand und seit 2012 durch zwei Gedenksteine markiert ist.[23] Die Fotografie wurde in der Broschüre »Tausend Kameraden« abgebildet, die beiden Auflagen zeigen jedoch unterschiedliche Bildausschnitte. In der dritten Auflage wurde ein vergrößerter Bildausschnitt abgedruckt, wodurch die SA-Männer deutlicher hervortreten.[24]

12 Vgl. Interessenverband der Teilnehmer am antifaschistischen Widerstand/Verfolgter des Naziregimes und Hinterbliebener e. V., Sachsenburg. Dokumente und Erinnerungen, Chemnitz 1994, S. 61. **13** Vgl. Fotografie mit der Beschriftung auf der Rückseite »KZ Sachsenburg Gen. Georg Landel – Walter Rothe – Anton Schmutzler«, datiert auf Mai 1933 (Archiv der LAG Sachsenburg). **14** Vgl. Anna Schüller, Karl Stenzel bei der Gründung der LAG Sachsenburg, 12. 6. 2009, Transkript. In: Medienbox zur Geschichte des Konzentrationslagers Sachsenburg. Hg. von Volkshochschule Chemnitz/Stadtbibliothek Chemnitz/Initiative Klick, Chemnitz 2014, S. 41; Hugo Gräf, Sachsenburg. Bericht aus einer Hölle. In: AIZ vom 17. 6. 1936; Durchschlag des Schreibens Max Hähnels, Schutzhaftlager Sachsenburg an das Gestapa Sachsen bezüglich Bericht zum Schutzhaftlager vom 6. 9. 1933 (SächsStA-C, AH Flöha 30044, Nr. 2393, Bl. 130 RS – 131). **15** Vgl. Fotografie mit der Beschriftung auf der Rückseite »KZ Sachsenburg 1933. Von rechts nach links: Gen. Fritz Pawlock Gen. Paul Kammer Gen. Alex Lieslok Gen. Ernst Walther« (Archiv der LAG Sachsenburg); abgedruckt in: Interessenverband der Teilnehmer am antifaschistischen Widerstand/Verfolgter des Naziregimes und Hinterbliebener e. V., Sachsenburg, S. 61. **16** Vgl. Gespräch mit Alice Uhlig am 10. 6. 2017 (Mitschriften des Gesprächs angefertigt durch Anna Schüller, im Besitz der Verfasserin). **17** Vgl. ebd. **18** Vgl. Jörg Osterloh/Kim Wünschmann, Gefangen im Terror des Nationalsozialismus. Einführung in die Geschichte der Häftlinge der frühen Konzentrationslager 1933 bis 1936/37. In: Dies. (Hg.), »... der schrankenlostesten Willkür ausgeliefert«. Häftlinge der frühen Konzentrationslager 1933–1936/37, Frankfurt am Main 2017, S. 9. **19** Vgl. Bild mit der Bildunterschrift »Gulasch-Kanone des SA-Sturms 182 mit Häftlingen aus dem SHL Plaue bei Flöha auf dem Schloss Sachsenburg«, 2. v. l. Willy Uhlig. In: Dietmar Wendler, Das frühe Konzentrationslager Sachsenburg. Ein Ort des faschistischen Terrors in Sachsen, Sachsenburger Mahn Ruf, Sonderheft 2013, S. 13. **20** Vgl. Tausend Kameraden, 3. Aufl., 1987, S. 15, 17. **21** Vgl. ebd., S. 15. **22** Ebd. **23** Die Gedenksteine wurden 2012 vor einem freigelegten Teil des ehemaligen Steinbruchs im Rahmen der Workshopwoche von der Initiative Klick aufgestellt. **24** Vgl. Tausend Kameraden, 1. Aufl., 1962, S. 18; 3. Aufl., 1987, S. 15.

Den zweiten Komplex umfassen die Bilder, die von außerhalb des Lagers aufgenommen wurden. So sind zwei Aufnahmen des späteren Chemnitzer Nachkriegsfotografen Rudi Seidel[25] überliefert, die im Deutschen Historischen Museum aufbewahrt werden. Eines der im Juli 1933 heimlich aufgenommenen Bilder zeigt die ehemalige Spinnerei mit der Zschopau.[26] Eine weitere Aufnahme, die ebenfalls von Seidel stammt, eröffnet dem Betrachter den Blick auf den Innenhof des Fabrikgeländes und einen dort gerade stattfindenden Häftlingsappell (S. 53 in diesem Band).[27] In zwei Blöcken mit je vier Reihen sind Männer in unterschiedlicher Kleidung vor dem noch heute erhaltenen Verwaltungs- und Werkstattgebäude des Lagers angetreten. Ein großer Teil schaut nach links. In der Tür des Hauses steht ein Mann in weißer Kleidung mit den Armen hinter dem Rücken verschränkt. Die Position Seidels muss sich, dem Bildausschnitt und den angeschnittenen Ästen nach zu urteilen, am gegenüberliegenden Berg im Wald befunden haben. Dies verweist auf die dokumentarische Absicht des Fotografen.

Ein weiteres überliefertes Bild stammt von Johannes Reiß, einem in den 30er-Jahren in Frankenberg ansässigen Kaufmann. Er dokumentierte im Januar 1934 die heute nur noch in Fragmenten erhaltene Inschrift am Parkplatz »Erbaut von den Inhaftierten Sachsenburg 1933« (S. 58 in diesem Band). Die Fotografie ist in einem Album von Reiß enthalten, in dem sich Aufnahmen von Ausflügen seiner Familie befinden. Bei einem solchem Ausflug muss er die Inschrift am Damm fotografiert haben.[28]

Zusammenfassend lässt sich sagen, dass die Aufnahmen aus der Innenperspektive des Lagers von Fotografien der Häftlinge und ihrer Angehörigen dominiert werden: Die Fotografien zeigen Einzelpersonen oder kleine Gruppen und sollten der Erinnerung an die Gemeinschaft der Häftlinge untereinander und für ihre Angehörigen außerhalb des Lagers dienen. Dabei rückte das Lager mit seinen Gebäuden und der Wachmannschaft in den Hintergrund. Die drei überlieferten Aufnahmen der Außenperspektive zeigen dagegen Anlagen und Gebäude des Lagers sowie die anonyme Masse der Gefangenen. Sie haben vielmehr einen dokumentarischen, beobachtenden Charakter.

Die Bilder aus dem Fotoalbum des Kommandanten Koch rücken dagegen die SS-Wachmannschaft und die Lagerinfrastruktur in den Vordergrund. Diese Fotoquellen sind besonders wertvoll, da bisher nur wenige weitere Aufnahmen des KZ Sachsenburg bekannt sind, die von SS-Angehörigen stammen. So existieren fünf Fotografien aus dem Nachlass eines ehemaligen Angehörigen der SS-Wachmannschaft, die den Spuren nach aus einem Album herausgelöst wurden.[29] Drei der Bilder sind auf der Rückseite mit Bleistift beschriftet.

Die Fotografien bilden die drei Bereiche des Alltags der Wachmannschaft ab: Bewachung des Lagers, Ausbildung am Schießstand und Freizeit. Auf einem Bild mit der Beschriftung »Posten 1« ist ein Wachmann mit präsentiertem Gewehr neben einem Wachhaus zu sehen (S. 82 in diesem Band). Das Bild wurde vor dem eigentlichen Tor aufgenommen. Auf einer Fotografie mit der Beschriftung »Auf dem Exerzierplatz« ist im Zentrum der Komposition ein Mann mit Kamera, umgeben von sieben jungen SS-Männern zu sehen (S. 82 in diesem Band).[30] Hierbei handelt es sich offensichtlich um eine Inszenierung während einer Schießübung. Im Hintergrund ist neben einer Gruppe von SS-Männern der 1934 errichtete Schießstand zu sehen. Ein weiteres Bild zeigt 14 SS-Männer während einer Feier (S. 88 in diesem Band). Die SS-Männer sitzen und stehen um einen Tisch herum, dabei tragen sie Freizeitkleidung, Uniformteile oder haben den Oberkörper frei – und lediglich eine Krawatte um den Hals. Sie halten ihre Bierflaschen an den Mund oder in die Kamera. Ein SS-Mann hält sich eine Pistole an den Kopf, in der anderen Hand hält er ein Schild mit der Aufschrift »Spanienkämpfer III. Korporal«. Aufgrund dieser Bezüge und des geschmückten Baums im Hintergrund lässt sich das Bild auf den Jahreswechsel 1936/37 datieren. Daher liegt eine Deutung im Sinne einer Verspottung der gegen Franco in Spanien kämpfenden internationalen Freiwilligen nahe. Dass die Wachmänner in Spanien gekämpft haben und sich hier selbst als »Spanienkämpfer« bezeichnen, erscheint unwahrscheinlich, da in dieser Zeit die deutsche Beteiligung in Spanien unter Geheimhaltung stand und sich die deutschen Truppen selbst vielmehr als Legionäre bezeichneten.[31] Darüber hinaus enthält die Fotoreihe zwei Motive, die sich auch im Album Kochs befinden: Es handelt sich um Aufnahmen des SS-Speisesaals und der Rekrutenvereidigung. Daraus lässt sich schließen, dass das Koch-Album auch Fotografien enthielt, die in größerer Stückzahl an Angehörige der Wachmannschaften abgegeben worden waren.

DIE FOTOGRAFIEN AUS DEM DIENSTALBUM KOCHS

Das Dienstalbum, welches die Aufnahmen aus dem KZ Sachsenburg enthält, ist eines von vier Fotoalben, die Karl Otto Koch zugeschrieben werden. Das Album dokumentiert Kochs SS-Dienst ab Mai 1933 und endet mit seinem Weggang nach Buchenwald im Juli 1937. Vermutlich mussten Häftlinge des KZ Sachsenhausen das Album als Geschenk zum 50. Geburtstag Kochs am 2. August 1937 anfertigen.[32] Eine Auswahl von etwa 200 der insgesamt 456 Aufnahmen aus dem Dienstalbum Kochs ist in dem Sammelband abgebildet, den die Stiftung Brandenburgische Gedenkstätten 2007 herausgegeben hat.[33] Von den 44 im KZ Sachsenburg entstandenen Fotografien sind 17 abgebildet und kommentiert worden.

25 Vgl. Addi Jacobi, Rudi Seidel. Stadtfotograf der »ersten Stunde« (www.chemnitzgeschichte.de/pers-kat-liste-top/175-rudi-seidel; 29.12.2017). **26** Rudi Seidel, KZ Sachsenburg, Originaltitel: »KZ Sachsenburg, Foto: Rudi Seidel, heimlich am 22.7.1933 fotografiert.« (Objektdatenbank des DHM, Inventarnr. F88/812, www.dhm.de/datenbank/dhm.php?seite=5&fld_0=BA116502; 29.12.2017) **27** Vgl. ebd.; Rudi Seidel, KZ Sachsenburg, Originaltitel: »KZ Sachsenburg, aufgenommen von Gen. Rudi Seidel aus Chemnitz mit Teleobjektiv aus einem Versteck heraus.« (Objektdatenbank des DHM, Inventarnr. F88/810, www.dhm.de/datenbank/dhm.php?seite=5&fld_0=BA008103; 29.12.2017) **28** Vgl. Johannes Reiß, Sachsenburg/Fischerschänke Parkplatz am Dammweg im Februar 1934 (Privatarchiv Roswitha Hofmann); Gespräch mit Andreas Wagner am 20.1.2018. **29** Vgl. Bildbestand eines unbekannten Angehörigen der Wachmannschaft des KZ Sachsenburg (Privatarchiv Anna Schüller). **30** Trotz der Ähnlichkeit handelt es sich bei der zentral platzierten Person offensichtlich nicht um den Inspekteur der Konzentrationslager, Theodor Eicke. Die jünger wirkenden Gesichtszüge und der Kragenspiegel an der Uniform lassen auf eine andere Person schließen. Wir danken Stefan Hördler, Franz-Josef Merkl und Niels Weise für ihre Hinweise. **31** Auskunft Prof. Dr. Schüler-Springorums vom 20.2.2018. Wir danken Stefanie Schüler-Springorum für die Unterstützung bei der Recherche. **32** Der ehemalige Sachsenhausen-Häftling Willi Rattai berichtete 1979, dass SS-Unterscharführer Gotthold Michael befohlen habe, für seinen Bekannten Koch zwei Fotoalben als Geburtstagsgeschenk anzufertigen. Vgl. Morsch (Hg.), Von der Sachsenburg, S. 8. **33** Ebd.

Die privaten und dienstlichen Alben aus dem Nachlass Kochs

Das Dienstalbum ist, was seine Gestaltung angeht, weitgehend identisch mit einem privaten Fotoalbum Kochs, das – abgesehen von zwei mittlerweile verschollenen Fotografien aus seiner Kindheit – die Zeit von Kochs Teilnahme am Ersten Weltkrieg 1917 bis zu seiner Hochzeit mit Ilse Köhler 1937 abbildet.[34] Jenes Album tauchte im Nachkriegsprozess gegen seine Ehefrau als eines von zwei »persönlichen Alben der Ilse Koch« auf und wurde mit dem Vermerk »Privat No. 1« versehen. Das zweite Ilse Koch zugeordnete Privatalbum war, wie die Widmung zeigt, für den am 17. Januar 1938 geborenen gemeinsamen Sohn Artwin angelegt worden. Es enthält Aufnahmen des als harmonisch inszenierten Familienlebens in der Buchenwalder Villa sowie von sonntäglichen Besuchen im Lager. Die beiden »Privatalben« Kochs wurden im Sommer 1945 im Ludwigsburger Haus von Ilse Koch sichergestellt. Sie werden heute in den National Archives at College Park, Maryland, verwahrt,[35] Scans davon sind in der Gedenkstätte Buchenwald zugänglich. Das Dienstalbum von 1937 gehörte 1947 zum Beweismaterial im Prozess gegen ehemalige Angehörige der KZ-Kommandantur Sachsenhausen. Inzwischen befindet sich das Album im Zentralarchiv des Förderalen Sicherheitsdienstes der Russischen Föderation (FSB), Scans davon sind seit 2002 in der Gedenkstätte Sachsenhausen sowie in der Dokumentationsstelle der Stiftung Sächsische Gedenkstätten einzusehen.

Vor wenigen Jahren ist außerdem ein dienstliches »Buchenwald-Album« zugänglich gemacht worden, das offenbar ebenfalls im Auftrag Kochs angelegt wurde. Die Fotografien zeigen den Aufbau des KZ Buchenwald ab 1937, fertiggestellte Gebäude sowie Besuche hoher SS-Angehöriger im Lager. Während das Dienstalbum aus der Sachsenhausener Zeit erkennbar auf Koch zugeschnitten ist und zahlreiche Aufnahmen enthält, die dieser selber angefertigt bzw. inszeniert hat, ist das Buchenwalder Dienstalbum anonymer angelegt. Die Bilder wurden vermutlich von Angehörigen der Fotoabteilung angefertigt, die Gestaltung des Albums von Häftlingen aus den Lagerwerkstätten vorgenommen.[36] Nach Ende des Zweiten Weltkriegs gelangte das Album in den Besitz französischer Ermittlungsorgane. Im Nürnberger Prozess wurde es als Beweismaterial gegen den Generalbevollmächtigten für den Arbeitseinsatz, Fritz Sauckel, vorgelegt. Heute befindet sich das Album beim Internationalen Gerichtshof in Den Haag, seit 2014 verfügt die Gedenkstätte Buchenwald über hochaufgelöste Scans.[37] Ein zweites, vermutlich nicht identisches Exemplar des »Buchenwald-Albums« befindet sich in den Beständen des Zekelman Family Holocaust Memorial Center in Farmington Hills, Michigan/USA. Dorthin wurde es Anfang der 1980er-Jahre von Lorenz Schmuhl, dem von den US-amerikanischen Militärbehörden im April 1945 eingesetzten Übergangskommandanten des KZ Buchenwald, übergeben. Derzeit steht das Album für die Forschung jedoch nicht zur Verfügung.[38]

Das Dienstalbum Kochs, das die Zeit von Mai 1933 bis August 1937 abbildet, setzt mit dem Beginn von Kochs hauptamtlicher SS-Tätigkeit ein. Die ersten Aufnahmen halten den SS-Sondersturm »Renthof« in Kassel fest, dessen Führer Koch zunächst war. Im Herbst 1933 wechselte Koch zum SS-Abschnitt II nach Dresden, wo er das SS-Sonderkommando Sachsen aufstellte.[39] Mehrere Aufnahmen zeigen die Dienststelle in der Marienstraße 17 sowie die Unterkunft des SS-Sonderkommandos in der »Villa Wollner« in Dresden-Wachwitz. Im Folgenden strukturieren die Konzentrationslager, in denen Koch eingesetzt war, das Album: Von den 456 Fotos, die in dem Album enthalten sind, zeigen laut Günter Morsch sechs das KZ Hohnstein, 40 das KZ Sachsenburg, 64 das KZ Berlin-Columbia, 96 das KZ Esterwegen und 151 das KZ Sachsenhausen.[40] Die übrigen knapp 100 Fotos dokumentieren Besichtigungen von SS-Einrichtungen oder Ausflüge der SS-Führer. Kochs Dienstzeiten als Führer des Schutzhaftlagers KZ Lichtenburg und als Adjutant im KZ Dachau bleiben in dem Album unberücksichtigt. Da Koch wiederholt an KZ-Standorte geschickt wurde, die sich im Aufbau befanden, inszenierte er sich besonders häufig als »Baumeister«. Zahlreiche Fotografien sollten den Baufortschritt in den Lagern zeigen.

In Kochs Dienstalbum finden sich drei Personengruppen abgebildet: hochrangige SS-Führer, darunter Koch selber, die in den Konzentrationslagern eingesetzten SS-Wachverbände (ab März 1936 SS-Totenkopfverbände) sowie die Häftlinge der Lager. Bemerkenswert ist, dass es bis Mitte 1935 keine Aufnahmen gibt, auf denen Häftlinge im Mittelpunkt stehen. Im Falle der Aufnahmen aus dem KZ Sachsenburg sind Gefangene nur unscharf im Hintergrund zu erkennen – beim Bau des Schießstandes oder beim Betreten des Fabrikgebäudes. Erst während der Dienstzeit Kochs im KZ Columbia lichtet Koch Häftlinge bewusst ab: Er interessiert sich dabei insbesondere für »prominente Gefangene«. Gleichzeitig werden KZ-Häftlinge Opfer seiner »Bildspäße«: So lässt er »Strichjungens« – wie die Bildunterschrift ausweist – auf einer unsichtbaren Linie entlangschreiten.[41] Auf den Fotos aus dem KZ Esterwegen – und später in Sachsenhausen – sind die Häftlinge nicht mehr als Individuen erkennbar, der Einzelne verschwindet in der anonymen Masse bei der Arbeit oder beim Exerzieren.[42] Anders als zu den Anfängen von Kochs Tätigkeit als KZ-Kommandant, sind es nun nicht mehr die Angehörigen der Wachmannschaften, die beim militärischen Drill abgebildet werden, sondern die Häftlinge. Die SS-Verbände über-

34 Beide Alben sind 26,5 mal 35 Zentimeter groß und in schwarzes Leder gebunden. Die Albumseiten sind schwarz, die zahlreichen Bildkommentare wurden mit Schreibmaschine auf weiße Textfelder geschrieben, die unter den Bildern mittig eingeklebt wurden. Davon heben sich die beiden Alben aus der Buchenwalder Zeit ab, hier wurden die sparsam eingesetzten Bildkommentare mit kunstvoller Handschrift geschrieben. Die beiden Alben aus Buchenwald unterscheiden sich jedoch ebenfalls erheblich in der Gestaltung. **35** Vgl. NARA, College Park/MD, RG 153-IK, The Judge Advocate General (Army), Albums of Ilse Koch, 1912–1941. **36** Auskunft der Gedenkstätte Buchenwald vom 18.7.2017. Wir danken Holm Kirsten für die Unterstützung bei den Recherchen. **37** Die Gedenkstätte Buchenwald verfügt zudem über Scans des Dienstalbums von Hermann Pister, Kochs Nachfolger als Kommandant in Buchenwald. Das Ende 1943 angelegte Album, das im Musée de la Résistance et de la Déportation in Besançon verwahrt wird, bildet die funktionale Gliederung des Konzentrationslagers anhand der Gebäude und sonstigen Lagerinfrastruktur ab. Häftlinge und SS-Männer sind nur auf wenigen Aufnahmen zu sehen. Einige der enthaltenen Aufnahmen finden sich auch im Buchenwalder Koch-Album. **38** Auskunft Gedenkstätte Buchenwald vom 4.12.2017. **39** Vgl. SS-Abschnitt II Dresden an den SS-Oberabschnitt Elbe Dresden, 24.11.1933 (BArch, SSO Koch, SSO 64000 2513). **40** Vgl. Morsch (Hg.), Von der Sachsenburg, S. 8. **41** Vgl. Wrocklage, Das Dienstalbum, S. 39. **42** Vgl. ebd., S. 40.

nehmen nur noch Repräsentationszwecke.[43] Koch stellt sich in seinem Dienstalbum nicht mehr als militärischer Befehlshaber dar, sondern als »Herrenmensch«. Die Abbildung von Gefangenen in herabwürdigenden Situationen radikalisierte sich im Laufe der Jahre. Im Dienstalbum aus Buchenwald werden einzelnen Häftlingsgruppen wie »Juden«, »Dachauer«, »Tschechen« und »Polen« jeweils ganze Albumseiten gewidmet.[44] Sie wurden etwa entkleidet beim Scheren Ihres Kopfes fotografiert. Frisch eingelieferte Häftlinge, die exemplarisch für die Unterlegenheit ihrer Gruppe stehen sollen, wurden einzeln abgelichtet.

TÄTER

Die Fotografien aus Kochs Dienstzeit im KZ Sachsenburg

Im 1937 angelegten Dienstalbum Kochs nehmen die Fotografien, die dem KZ Sachsenburg zugeordnet werden, insgesamt sieben Albumseiten ein, der dazugehörige Fotobestand beträgt 59 Aufnahmen.[45] Die Aufnahmen sind dabei offenbar nicht chronologisch, sondern dramaturgisch geordnet. Im Folgenden soll ein kurzer Überblick über diesen Bestand gegeben werden, wobei die Anordnung der Fotografien näher betrachtet wird. Am Beispiel der ersten Seite zum KZ Sachsenburg zeigt sich, welchen Wert Koch auf die Komposition legte und welche Botschaft sich damit verband.

Auf der ersten Albumseite sind auf vielfache Weise zwei Gebäude abgebildet, welche die Macht und Stellung des KZ-Kommandanten in Sachsenburg symbolisieren: Fabrikgebäude und »Führervilla«. Die ehemalige Spinnerei, in der die KZ-Häftlinge und die SS-Wachmannschaften untergebracht waren, wird dreimal aus unterschiedlichen Perspektiven gezeigt – unterschrieben sind die Aufnahmen mit »Konzentrationslager Sachsenburg«. Es folgen drei Aufnahmen, welche das »Führerwohnhaus« von außen zeigen, in diesem befand sich auch die Dienstwohnung des KZ-Kommandanten: Zunächst ist ein Foto eingeklebt, das offensichtlich aus dem oberen Stockwerk des Fabrikgebäudes aufgenommen wurde und den weitreichenden Blick über die »Führervilla«, den im Aufbau befindlichen Schießstand und das Zschopautal zeigt. Es folgt eine Aufnahme der Villa, die vom Lagerbereich aus gemacht wurde: Vor dem Zaun, der die Villa abschirmt, sind zwei nichtbesetzte Wachhäuser der SS-Mannschaften zu sehen. Als drittes ist eine Aufnahme eingefügt, welche vor dem Hintergrund von Villa und Fabrikgebäude eine Marschformation der SS-Wachmannschaft zeigt. »Rückkehr vom Exerzieren«, lautet die Bildunterschrift. Koch inszeniert sich mit dieser Bildreihe als Herr über das KZ-Gelände und als Führer der Wachmannschaft. Es schließen sich zwei Aufnahmen aus dem Inneren der »Führervilla« an, abgerundet wird die Seite durch zwei Aufnahmen, welche die geografische Einbettung des Lagers zeigen: »Die Zschopau und der alte Mühlgraben«. Die beiden Wasserläufe bildeten die natürliche Abgrenzung des Konzentrationslagers.

Die zweite Albumseite präsentiert verschiedene Einrichtungen des Konzentrationslagers sowie eine Wachablösung im KZ. Auffällig ist, dass sich Koch insbesondere für die Wachmannschaften interessiert. Lediglich eine Aufnahme, welche einen Schlafraum der Häftlinge zeigt, bildet nachweislich den Häftlingsbereich ab. Koch wollte sich offenbar in erster Linie als Führer seiner SS-Männer darstellen, nicht als Kommandant der Häftlinge. Diese tauchen auf den Fotografien aus dem Lager Sachsenburg nur zufällig im Hinter-

Erste Albumseite zum Konzentrationslager Sachsenburg, vermutlich Ende 1934
ZA FSB der Russischen Föderation

grund auf – ein zentraler Unterschied zu Aufnahmen Kochs aus späterer Zeit. Auf der dritten Albumseite sind Bauarbeiten am Schießstand sowie erneut exerzierende SS-Männer abgebildet. Es folgen gleich zwei Albumseiten, welche die Rekrutenvereidigung durch Koch am 9. November 1934 dokumentieren. Dieses Zeremoniell war offensichtlich für Koch ein herausragendes Ereignis, weshalb diese Aufnahmen im Folgenden genauer untersucht werden sollen. Auf der folgenden Albumseite sind Fotografien des SS-Ehrensturms zur Amtseinführung des SS-Gruppenführers Freiherr von Eberstein als Kreishauptmann von Dresden zu sehen. Abgeschlossen wird die Bildserie zum KZ Sachsenburg mit Kochs Verabschiedung als Kommandant, welche im Dezember 1934 oder Januar 1935 stattgefunden hat.[46]

43 Vgl. ebd., S. 41. **44** Vgl. Koch-Dienstalbum aus Buchenwald, International Court of Justice, The Hague, No. H-5006, S. 19, 22 ff. **45** Nicht sämtliche 59 Fotografien, welche im Album der Dienstzeit Kochs im KZ Sachsenburg zuordnet sind, wurden im KZ Sachsenburg aufgenommen. So zeigen 15 Aufnahmen einen Auftritt des SS-Ehrensturms in Dresden. **46** Walter Gerlach war am 1. 12. 1934 als Kommandant des KZ Sachsenburg eingesetzt worden. Allerdings scheint er sein Amt erst im Januar 1935 tatsächlich angetreten zu haben. Vgl. die Biografie zu Walter Gerlach im Beitrag von Volker Strähle zum SS-Führungspersonal in diesem Band.

Inszenierung der SS-Angehörigen

Auf allen Albumseiten zum KZ Sachsenburg sind Angehörige der Wachmannschaft in Ausübung ihres Dienstes zu sehen. Sie bewegen sich in Marschformation über das KZ-Gelände, treten zur Wachablösung an, präsentieren ihre Waffen, der Spielmanns- und der Musikzug der 3. SS-Standarte spielen Marschmusik. Die Fotografien, welche den Bau des neuen Schießstandes dokumentieren, sind in die Aufnahmen von Exerzierübungen eingebettet: Hier sollten die Rekruten künftig an der Waffe ausgebildet werden.

Die Angehörigen der Wachtruppe bildet Koch nicht als Individuen ab, sondern als Formation. Die Männer sollten zu einem homogenen Truppenkörper verschmelzen. Die kräftezehrende Ausbildung zielte auf Disziplinierung ab und war von Gleichschritt sowie Unterordnung gekennzeichnet.[47] Der Einzelne sollte im Glied verschwinden, dies unterstreichen auch die Fotografien Kochs. Einen auffälligen Kontrast dazu bildet eine Aufnahme aus dem Mannschaftsaufenthaltsraum: Hier sind die erschöpften und gelangweilten Gesichter der jungen SS-Männer zu sehen, die in kleinen Gruppen an den Tischen sitzen oder danebenstehen. Einige tragen Sportkleidung, manche lesen oder spielen Karten (S. 81 in diesem Band).

Nur eine untergeordnete Person weist Koch auf den Albumseiten namentlich aus: »Ordonnanzfahrer Büngler«, der mit seinem Motorrad auf dem Platz vor dem Fabrikgebäude abgebildet ist. Heinz Büngeler, geboren 1913 in Halle (Saale), war ebenfalls über das Sonderkommando Sachsen zur Wachmannschaft des KZ Sachsenburg gekommen.[48] Er wurde in den dortigen Kommandanturstab übernommen, wo er offenbar als Fahrer diente. 1941/42 war Büngeler im KZ Buchenwald Adjutant des Kommandanten Koch und anschließend von Hermann Pister.[49]

Auf den Albumseiten zum KZ Sachsenburg sind drei – in den Augen Kochs – herausragende Ereignisse besonders hervorgehoben: die Rekrutenvereidigung am 9. November 1934, die Einweisung von SS-Gruppenführer Freiherr Friedrich Karl von Eberstein in Dresden am 17. Dezember 1934 und die Verabschiedung Kochs als Kommandant, die wahrscheinlich im Dezember 1934 stattgefunden hat.

Die Vereidigung der SS-Rekruten am 9. November 1934 in Sachsenburg nimmt in Kochs Album besonders großen Raum ein. Zwei komplette Albumseiten mit zehn Aufnahmen sind dem Ereignis gewidmet. Wrocklage spricht davon, dass die zeremonielle Handlung Koch in die Rolle des »Führers« beförderte.[50] Koch hielt die Abfolge der Zeremonie in den Bildunterschriften genau fest. Von sich selbst spricht er in der dritten Person. Dies zeigt, dass Koch das Album für die Nachwelt angelegt und externe Betrachter mitgedacht hat. Nachdem die Wachtruppe zur Vereidigung angetreten ist, meldet der Wachtruppenführer des Konzentrationslagers, Untersturmführer Max Simon, »dem Kommandanten des Konzentrationslagers Sachsenburg, Hauptsturmführer Koch, die Truppe«. Gemeinsam mit Simon und einem weiteren SS-Führer schreitet Koch die Front ab, die angetretenen SS-Männer haben ihre Gewehre erhoben. Durch die Kombination zweier Fotos wird die eigentliche Vereidigung szenisch vermittelt, Koch bedient sich dabei eines Stilmittels der Bildreportage: Auf dem ersten Foto blicken die angetretenen SS-Männer nach rechts, auf

Fotografie aus der Bildfolge »Rückkehr vom Exerzieren« (Originalunterschrift), vermutlich Ende 1934

ZA FSB der Russischen Föderation

dem zweiten Foto blicken die SS-Führer – vorneweg Koch – nach links. Der Untertitel rückt die Rolle Kochs in den Mittelpunkt: »Der Lagerkommandant des KLS. vereidigt am 9. 11. 34 die Rekruten der Wachtruppe d. KLS. auf den Führer« Die weiteren vier Aufnahmen zeigen einen Musikzug beim Spielen des »SS-Treuelieds« (die drei SS-Führer, die Arme zum Hitlergruß erhoben, werden dem Foto erneut in gleicher Weise gegenübergestellt) und schließlich den »Vorbeimarsch vor dem Kommandanten des KLS. SS-Hauptsturmführer Koch, nach der Vereidigung am 9. 11. 1934.«

Die Tatsache, dass die Vereidigung im KZ Sachsenburg am 11. Jahrestag des »Hitler-Putsches« von München abgehalten wurde, ist bemerkenswert. Im Vorjahr, am 9. November 1933, hatte in München eine ähnliche Rekrutenvereidigung auf den Führer stattgefunden. 1934 jedoch, wenige Monate nach dem »Röhm-Putsch« und der Entmachtung der SA, verzichtete die NS-Führung auf ein solches öffentliches Zeremoniell. Wie Wrocklage

47 Vgl. den Beitrag von Franz Josef Merkl zu den SS-Wachmannschaften unter Max Simon in diesem Band. **48** Vgl. Johannes Tuchel, Konzentrationslager. Organisationsgeschichte und Funktion der »Inspektion der Konzentrationslager« 1934–1938, Boppard 1991, S. 372. **49** Vgl. Sammelermittlungsverfahren gegen Hans Haubold von Einsiedel (BArch, DP 3 1817, Bl. 20); Heinz Büngler, Nummer 2 in der Lichtbildmappe im Sammelermittlungsverfahren Hans Haubold von Einsiedel (BArch, DP 3 1816, o. P.). Vgl. dazu auch den Beitrag von Swen Steinberg über den Mord an Max Sachs in diesem Band. **50** Vgl. Wrocklage, Das Dienstalbum, S. 34.

Albumseite zur Rekrutenvereidigung, 9.11.1934

ZA FSB der Russischen Föderation

schreibt, belegen die Fotos, dass in Sachsenburg 1934 dennoch eine Vereidigung stattfand, »abseits jeder Öffentlichkeit auf dem Schieß- und Gefechtsstand des KZ, denn Zuschauer sind auf den Bildern nicht zu sehen«.[51]

Die vorletzte Albumseite zum KZ Sachsenburg zeigt laut Untertitel den »Ehrensturm zur Einweisung des SS-Gruppenführers Freiherr von Eberstein als Kreishauptmann von Dresden«. Offenbar wurde der SS-Ehrensturm unter anderem durch Angehörige der Wachmannschaft Sachsenburg gestellt, welche aus dem SS-Sonderkommando Sachsen hervorgegangen war. Die Bildfolge beginnt mit der Aufnahme eines in Fahrt befindlichen Mannschaftswagens, zeigt schließlich den vor dem Dresdener Landhaus in der König-Johann-Straße angetretenen SS-Ehrensturm und die Rückkehr ins Lager Sachsenburg. Die Amtseinführung des neuen Leiters der Kreishauptmannschaft Dresden-Bautzen, Friedrich Karl von Eberstein, fand allerdings erst am 17. Dezember 1934 statt.[52] Wenige Tage später sollte Kochs Dienstzeit als Kommandant des KZ Sachsenburg enden. Am 20. Dezember 1934 unterzeichnete er ein letztes Mal die Liste mit der Meldung zum Häftlingsbestand.[53] Zwischenzeitlich unterzeichnete Wachtruppenführer Max Simon als Vertreter, ehe am 10. Januar 1935 erstmals der neue Kommandant Walter Gerlach unterschrieb.[54]

Im Vergleich zur Rekrutenvereidigung nimmt die Verabschiedung Kochs als Kommandant mit vier Fotografien auf einer Albumseite nur wenig Raum ein. Vom eigentlichen militärischen Zeremoniell der Ablösung Kochs und Einsetzung seines Nachfolgers Walter Gerlach

Fotografie aus der Bildfolge »Ehrensturm zur Einweisung des SS-Gruppenführers Freiherr von Eberstein als Kreishauptmann von Dresden« (Originalunterschrift), 17.12.1934

ZA FSB der Russischen Föderation

gibt es nur eine Fotografie im Album. Auf dieser sind die beiden Hauptpersonen, Koch und Gerlach, nicht zu erkennen. Abgebildet sind der angetretene Musikzug, Angehörige der Wachmannschaft sowie nicht identifizierbare SS-Führer. Der Ort der feierlichen Übergabe des Kommandos war wahrscheinlich die Halle im Erdgeschoss der als Konzentrationslager genutzten Fabrik.

Drei weitere Aufnahmen zeigen die anschließende Abschiedsfeier im Kreise von SS-Männern im »Führerkasino« in der Villa. Auf zwei Aufnahmen, die im Stil von Gruppen- oder Freundschaftsbildern inszeniert wurden, sind bis zu 21 SS-Männer zu sehen, die an einem mit einer weißen Decke geschmückten und mit Weingläsern und Blumen bestückten Tisch Platz genommen bzw. sich dahinter aufgestellt haben. Im Zentrum des Arrangements ist Koch selbst abgebildet, der am Tisch sitzt. Neben ihm haben jeweils hochrangige SS-Führer Platz genommen: Auf dem einen Bild sitzt an Kochs rechter Seite der Führer der Wachtruppen, Max Simon.[55] Auf dem anderen Bild hat Kochs Nachfolger als Kommandant, Gerlach,[56] den linken Platz neben ihm eingenommen. Die Auswertung der Karrierewege

51 Ebd. **52** Vgl. Die Einweisung des neuen Kreishauptmanns. In: Der Freiheitskampf vom 18.12.1934, Dresdner Stadtausgabe, S. 3. **53** Koch an Gestapa Sachsen vom 20.12.1934 (ITS Archives, Bad Arolsen, HIST/SACH, Sachsenburg, Ordner 2, Bl. 85). **54** Gerlach an Gestapa Sachsen vom 10.1.1935 (ITS Archives, Bad Arolsen, HIST/SACH, Sachsenburg, Ordner 2, Bl. 88). **55** Vgl. den Beitrag von Franz Josef Merkl zu Max Simon in diesem Band. **56** Vgl. die Biografie zu Walter Gerlach im Beitrag von Volker Strähle zum SS-Führungspersonal des KZ Sachsenburg in diesem Band.

»Abschiedsfeier für Hauptsturmf[ührer] Koch im Führerkasino des K[onzentrations]L[agers] S[achsenburg]« (Originalunterschrift), vermutlich Ende 1934

ZA FSB der Russischen Föderation

weiterer auf den Bildern identifizierter SS-Männer liefert interessante Erkenntnisse über das »Geflecht von Protektion und Patronage«[57] unter Koch. Die versammelten SS-Männer, welche Ende 1934 dem Kommandanturstab und den Wachmannschaften des KZ Sachsenburg angehörten, verdankten ihre SS-Karriere zu einem großen Teil Koch persönlich: Er war bereits ihr Vorgesetzter im SS-Sonderkommando Sachsen gewesen, aus welchem die SS-Wachmannschaften des KZ Sachsenburg hervorgegangen sind. Zwei Männer waren Koch sogar bereits seit der gemeinsamen Zeit im Sondersturm »Renthof« in Kassel verbunden. Mindestens fünf der Männer waren später unter dem Kommandanten Koch im KZ Buchenwald tätig. Am Tisch sitzen unter anderem Gerhard Weigel,[58] Fritz Pfaff[59] und Hans Heinrich Kaltofen.[60] Im Hintergrund haben sich unter anderem Gotthold Michael,[61] Kurt Weiße[62] und Adolf Kurtz[63] aufgestellt. Dass auch Georg Bochmann auf der Fotografie zu sehen ist, kann nicht bestätigt werden.[64]

Die letzte Aufnahme aus der Sachsenburg-Bilderreihe zeigt einen nicht identifizierten SS-Mann, der auf der Feier in der Führervilla am Tisch sitzend mit verschränkten Händen eingeschlafen ist. Während die anderen Aufnahmen für alle Beteiligten bewusste Inszenierungen der SS-Kameraderie sind, ist dieser »Schnappschuss« ein Witz Kochs auf Kosten eines Untergebenen. Unterschrieben ist das Bild mit den Worten: »In vorgerückter Stunde.«

DIE FOTOGRAFIEN ALS QUELLE FÜR DIE GESCHICHTE DES LAGERKOMPLEXES

Das Dienstalbum Kochs liefert nicht nur wichtige Hinweise auf Alltag und Selbstverständnis der Lager-SS, sondern auch auf die räumliche Nutzung und bauliche Veränderung des Geländes. Analysiert werden im Folgenden fünf Komplexe: die Villa, der Schießstand, die Nutzung der Fabrik und ihrer Innenräume, der Appellplatz und die Abschottung des gesamten Lagerkomplexes. Ergänzend zu der fotografischen Überlieferung Kochs werden schriftliche Archivquellen und Häftlingsberichte herangezogen. Dabei soll dargestellt werden, welche baulichen Relikte bis heute erhalten sind und welche Bedeutung diese für das Verständnis des historischen Ortes haben.

57 Vgl. Hördler, Sichtbarmachen, S. 265. Stefan Hördler möchten wir auch für die wichtige Unterstützung bei der Identifikation der SS-Männer danken. **58** Vgl. die Biografie zu Gerhard Weigel im Beitrag von Volker Strähle zum SS-Führungspersonal des KZ Sachsenburg in diesem Band. **59** Fritz Pfaff, 1894 in Rotenburg geboren, trat 1932 der SS bei und gehörte seit Mai 1933 der Politischen Bereitschaft in Kassel an. Seit November 1933 in den SS-Totenkopfverbänden, war er Rapportführer im KZ Sachsenburg, später gehörte er dem Kommandanturstab in den KZ Buchenwald und Sachsenhausen an. Vgl. Vorschlagsliste der SS-Totenkopfverbände vom 13. 6. 1939 (BArch, R601 2386, Liste Nr. 4044); Dokumentation zu Kriegsverbrechen und Verbrechen gegen die Menschlichkeit im Konzentrationslager Buchenwald (BStU, MfS HA XX Nr. 4692, Bl. 158); Details zu Buchenwald und Namen von Sachsenburger Wachmannschaften (BStU, MfS HA IX/11 RHE Nr. 42/76, Bl. 39). **60** Hansheinrich Kaltofen, 1909 in Riesa geboren, gehörte 1934 den Wachmannschaften des KZ Sachsenburg, ab 1937 der 3. SS-Totenkopfstandarte »Thüringen« an und wechselte 1938 zur SS-Totenkopf-Standarte 2 »Brandenburg«. Im Zweiten Weltkrieg gehörte er zuletzt dem SS-Bewährungs-Regiment »Kaltenhofen« an. Vgl. Nennung von ehemaligen Wachmännern im Zuge des Sammelermittlungsverfahrens gegen Hans Haubold von Einsiedel (BArch, DP 3 1817, Bl. 71 RS); Dienstaltersliste der Schutzstaffel der NSDAP vom 1. 12. 1937, Nr. 1837, S. 86–87; Dienstaltersliste der Schutzstaffel der NSDAP vom 1. 12. 1938, Nr. 2283, S. 106; BDC-Akten zu Kaltofen (BArch, RS C5275.2329, SSO 150 A: Kaltofen); Stefan Hördler, Namensliste unsortiert (BArch, NS4/10 Fiche 2), Auskunft des DWA (Waffen-SS-Führerliste vom 10. 11. 2011). Zit. nach Adrian Marcus, Dokumentation zum SS-Sonderkommando Sachsen, unv. Ms. **61** Gotthold Johannes Michael, 1910 in Bräunsdorf bei Zwickau geboren, trat im Januar 1933 in die SS ein, gehörte dem SS-Sonderkommando Sachsen an, später wechselte er in den Kommandanturstab der KZ Buchenwald und Sachsenhausen. Vgl. BDC-Akten zu Michael (BArch, RS D5506.633: Michael, Gotthold); Stefan Hördler, Namensliste unsortiert (BArch, NS4/10, Fiche 2); Privatarchiv René Triebel Arnstadt. Zit. nach Adrian Marcus, Dokumentation SS-Sonderkommando Sachsen. **62** Kurt Weiße, 1910 in Ehrenfriedersdorf (Erzgebirge) geboren, trat 1932 in die SS ein, gehörte von September 1933 bis Februar 1934 dem SS-Sonderkommando Sachsen an, anschließend bis Juni 1934 der 3. Standarte der Politischen Bereitschaft in Dresden. Von Juni 1934 bis Februar 1935 war er im SS-Wachbataillon »Sachsen« in Sachsenburg, in dieser Zeit wurde er zum Untersturmführer befördert und mit der Führung der 17. Hundertschaft beauftragt. Später gehörte er den SS-Totenkopfstandarten »Thüringen« und »Ostmark« an, wurde an der Front eingesetzt, zuletzt als Kommandeur in der SS-Sondereinheit »Dirlewanger«; Dienstlaufbahn Kurt Weiße, o. D. (BArch, BDC, VBS 283/6065003030, o. P.); SS-Stammrolle Weiße vom 2. 7. 1936 (BArch, BDC, VBS 286/6400048934, o. P.); Führerbürgschaftsliste Gerhard Weigels vom 18. 7. 1935 (BArch, BDC, VBS 286/6400048670, o. P). **63** Adolf Kurtz, 1910 in Kassel geboren, gehörte ab Mai 1933 dem SS-Sondersturm »Renthof« an, ab September 1933 war er in der Stabswache, danach im KZ Sachsenburg eingesetzt, 1935 wurde er zum SS-Untersturmführer befördert. Vgl. BDC-Akten zu Adolf Kurtz (BArch, B PK G403.1567, RS D444.2159, SSO232A: Kurtz , Adolf); Stefan Hördler Namensliste unsortiert (BArch, NS4/10 Fiche 2); Hördler/Zimmermann, III. SS-TV »Sachsen«, 18. 9. 2010; BArch, B RS F265: Schellong, Conrad; DWA: Waffen-SS-Führerliste vom 10. 11. 2011. Zit. nach Adrian Marcus, Dokumentation SS-Sonderkommando Sachsen. **64** Vgl. Morsch (Hg.), Von der Sachsenburg, S. 225.

Die Villa – Zentrum und Rückzugsort der SS-Führer

Das »Führerwohnhaus«, wie Koch es im Album bezeichnet und wie es auch der ehemalige Häftling Hugo Gräf benennt,[65] nimmt einen großen Raum ein, es ist auf insgesamt sechs Fotos zu sehen. Das im 19. Jahrhundert als Fabrikantenvilla erbaute Gebäude,[66] wurde ab 1933 eigens für die Lagerführer und Kommandanten des KZ Sachsenburg von der Textilia Herold GmbH für 25 Reichsmark je Etage angemietet.[67] Spätestens im Januar 1935 ging mit dem Fabrikgelände auch die Villa in den Besitz des sächsischen Staates über.[68] Die Villa wird im Album Kochs als gegenüber dem restlichen Lagergelände abgegrenzter Bereich gezeigt – Tor, Zäune[69] und Wachposten ziehen die Grenze. In diesem Bereich befinden sich ein Garten, ein Brunnen,[70] ein Holzpavillon[71] und ein Hundezwinger. Die Villa bildet die Verbindung vom Lager zum Schießstand, dem Ort der militärischen Ausbildung der Wachmannschaften. Von ihr kann das Lager und der Appellplatz überblickt werden – eine Perspektive, welche Koch bei einer Aufnahme auch eingenommen hat.

Aus dem Inneren der Villa werden insgesamt drei Räume präsentiert: die »Diele im Führerwohnhaus«, »ein Schlafzimmer« und das »Führerkasino«. Der ehemalige Häftling Erich Schade, der später, während seiner Inhaftierung von September 1935 bis Juni 1936, dem »Kommando Villa« zugeteilt war, erinnerte sich an die Aufteilung des Gebäudes: »Da war im Keller die Heizung, da wurden die Stiefel geputzt. Im ersten Stock oder im Parterre eigentlich, da saß der Rottenführer, der hatte die Aufsicht, aber der war ein gemütlicher Kerl. Und wenn man dann weiter durchgeht, kam man ins Kasino. Da haben die SS-Leute, die Offiziere, gegessen. Im ersten Stock haben sie gewohnt und im zweiten Stock war dann der Sturmführer, der Scharführer.«[72] Die Diele befand sich – hier stimmen Häftlingsbericht und die Überlieferung im Koch-Album überein – im Erdgeschoss der Villa, neben dem Aufgang in den ersten Stock. Das Führerkasino, in dem Koch seinen Abschied feierte, lag im Erdgeschoss, die Fenster gingen in Richtung Terrasse und Sportplatz. Das abgebildete Schlafzimmer zeigt den Blick auf das Lager und den Appellplatz, es muss sich im ersten Stock befunden haben. Die Villa lag damit also im Mittelpunkt des KZ-Geländes, von hier aus blickten die SS-Führer auf den Schießstand und den Appellplatz.

Sie war damit Zentrum des Lagers und zugleich Rückzugsort der Kommandanten und Lagerführer. Nur ausgewählte SS-Männer hatten neben den Funktionshäftlingen Zutritt. »Und die Villa, das war für die SS-Leute tabu, da konnte niemand rein, wie er wollte«,[73] so die Erinnerung Schades. Dieser berichtet außerdem von der Zwangsarbeit, die er dort als Gefangener zu leisten hatte – ein Aspekt, der in der fotografischen Überlieferung Kochs fehlt: »Wir waren in dem Arbeitskommando ungefähr drei Mann, wurden wir früh abgeholt, um 5 wurden wir geweckt, marschierten wir in die Villa, musste man Meldung machen am Wachtor, [...] wo man hinwollte, dann ging man in die Villa. In der Villa wohnten die SS-Offiziere und der Kommandant. In der Villa gab es eine Arbeitsteilung.«[74] Erich Schade erinnert sich in einem weiteren Interview ebenfalls an seinen Aufgabenbereich: »Früh wurden die Stiefel geputzt und dann war das in Ordnung. Die SS-Uniformen wurden ausgebürstet, die schwarzen Dinger. [...] Wir haben auch extra gegessen. Das was für die Offiziere gedacht war, im Kasino, da zweigten wir uns was ab und wir haben gut gelebt dort und relativ ruhig, weil die SS-Leute nicht in die Villa durften.«[75]

Eine 2017 durchgeführte fotografische Dokumentation ergab im Vergleich mit den historischen Aufnahmen, dass der bauliche Originalzustand der Villa weitgehend erhalten ist. Jedoch ist das baufällige Gebäude in seinem Bestand gefährdet. Im Juni 2015 hat der Stadtrat der Stadt Frankenberg den Abriss der denkmalgeschützten Villa beschlossen.[76] Derzeit wird überlegt, wie die Bedeutung dieses zentralen Ortes der Täter am historischen Standort dargestellt werden kann.

Appellplatz und seine Umgebung – Anbauten und Erweiterungen

Aus der »Führervilla« heraus hat Koch auch den Blick auf den leeren Appellplatz gerichtet. Auf weiteren Fotografien, die mit »Rückkehr vom Exerzieren« kommentiert wurden, sind auf dem Innenhof der Fabrik aufmarschierende Formationen der SS zu sehen. Der Platz wurde demnach als Appellplatz für die Häftlinge und Aufmarschplatz der SS genutzt. Außer auf dem Bild »Ordonnanzfahrer Büngeler«, wo im Hintergrund eher zufällig Häftlinge abgebildet scheinen, sind auf diesen Fotografien keine Inhaftierten zu sehen. In jenem Bild betreten die Häftlinge gerade vom Appellplatz aus die Fabrik. Wenn sie auf diesem Wege zu ihren Aufenthalts- und Schlafräumen gelangten, würde das bedeuten, dass die Häftlinge das Erdgeschoss queren mussten, um zu einem der Treppenhäuser und damit zu den oberen Etagen mit dem Häftlingsbereich zu gelangen. Dies könnte einer der Gründe gewesen sein, warum die SS im September 1935 einen Treppenhausanbau errichtete, der auf den Aufnahmen noch nicht zu sehen ist. Auf den Bildern sind weitere Details zu erkennen, die für die Rekonstruktion der baulichen Überreste von Bedeutung sind. So sind im Hintergrund, an der Fassade der Fabrik, weiße Rechtecke erkennbar, die Schießscheiben ähneln und noch heute erhalten sind. Ebenso sind Teile des mittlerweile abgerissenen Heizhauses zu sehen.

65 Vgl. Gräf, Sachsenburg. **66** Vgl. Auszug aus dem ausführlichen Denkmalverzeichnis zur Spinnerei in Sachsenburg vom 26.7.2013 (Kopie im Besitz von Anna Schüller). **67** Vgl. Abschrift des Vertrages zwischen der Textilia Herold GmbH und dem sächsischen Staat vom 28.4.1933 (SächsStA-C, AH Flöha 30044, Nr. 2395, Bl. 2 f.). **68** Vgl. Schreiben des Wirtschaftsinspektors Beuter an die AH Flöha bezüglich seiner Versetzung in das Polizeipräsidium Chemnitz vom 23.1.1935 (SächsStA-C, AH Flöha 30044, Nr. 2393, Bl. 173). **69** Deren Überreste befinden sich noch heute ungesichert auf dem Gelände. **70** Die Betonumrandung des Beckens ist bis heute erhalten. **71** Der Pavillon wurde 2015 an eine Privatperson verkauft, das Holzgebäude abgebaut und auf einem Grundstück in der Nähe des alten Bahnhofs in Frankenberg neu errichtet. Beim Abbau wurde auf dem Dach ein Blechschild mit der Aufschrift »Schutzhaft 1933« gefunden. Dieses Schild befindet sich heute im Archiv der LAG Sachsenburg. **72** Vgl. Mitschnitt eines Gespräches zwischen Enrico Hilbert und Erich Schade am 16.12.2014 (Privatarchiv Enrico Hilbert). Als »Sturmführer, Scharführer« bezeichnete Schade offensichtlich den Lagerkommandanten, während seiner Inhaftierung war dies Bernhard Schmidt. Vgl. den Beitrag von Volker Strähle zum SS-Führungspersonal in diesem Band. Bezüglich der Räumlichkeiten sind zwei Lesarten des Berichtes Erich Schades möglich: Entweder meinte er, dass im ersten Stock Kasino und Schlafräume der SS-Offiziere lagen und im zweiten Stock Bernhard Schmidt wohnte oder es handelt sich um eine Verwechslung und SS-Offiziere und Schmidt lebten auf einer Etage. Es erscheint unwahrscheinlich, dass der Kommandant im zweiten Stock, also im Dachgeschoss, gelebt hat. **73** Mitschnitt des Gespräches zwischen Enrico Hilbert und Erich Schade am 16.12.2014 (Privatarchiv Enrico Hilbert). **74** Mitschnitt des Gespräches zwischen Anna Schüller und Erich Schade am 16.9.2015 (Privatarchiv Anna Schüller). **75** Mitschnitt des Gespräches zwischen Enrico Hilbert und Erich Schade am 16.12.2014 (Privatarchiv Enrico Hilbert). **76** Vgl. Beschluss zum Rückbau der Gebäude an der Zschopau 9 und 10 vom 30.6.2017 (Eigenbetrieb Immobilien, Vorlage 5.0.-117/2015); Landesamt für Denkmalpflege Sachsen, Auszug aus dem ausführlichen Denkmalverzeichnis, Sachsenburg, An der Zschopau, Flur 10/17, Objekt-Dok.-Nr. 09244493, Stand 27.7.2013.

»Das Führerwohnhaus« (Originalunterschrift), vermutlich Ende 1934

ZA FSB der Russischen Föderation

Blick auf den ehemaligen Appellplatz und die Kommandantenvilla, 2017

Foto: Luc Saalfeld

Die Fabrik von innen – Rekonstruktion der Etagennutzung

Koch hat drei Bereiche aus dem Inneren der Fabrik abgebildet: zum Ersten den Bereich der Wachmannschaften mit Mannschaftsraum und Speisesaal, zum Zweiten den Bereich der Häftlinge mit dem Häftlingsschlafsaal und zum Dritten die Funktionsräume wie Küche und Waschraum. Anhand der Bilder lassen sich einerseits Aussagen treffen, wo sich die einzelnen Räume befunden haben, andererseits darüber, wie sie von Koch fotografiert und in Szene gesetzt wurden.

Die »Mannschaftsräume« sowie der »SS-Speisesaal« müssen sich, den Decken und Fenstern nach zu urteilen, in den unteren beiden Etagen befunden haben. Eine Aufnahme zeigt im Speisesaal eine mit Tellern und Brot gedeckte, lange Tafel, am Ende des Raumes stehen auf einem Podest vier kleinere Tische für bis zu vier Personen (S. 198 in diesem Band). Die Wände sind mit SS- und Hakenkreuz-Fahnen und einem Porträt Adolf Hitlers behangen. Außerdem ist ein Klavier zu sehen.

In den Etagen darüber befanden sich die Unterkünfte der Häftlinge. Koch gibt auch Einblick in diesen Bereich. Vergleicht man die Fenster mit den Außenaufnahmen der Fabrik, muss sich der fotografierte Schlafsaal im fünften Stockwerk unter dem Dach befunden haben. Dieser Raum existiert heute nicht mehr, da das Dach im Zweiten Weltkrieg durch einen Luftangriff am 20. April 1945 zerstört wurde.[77] Zu sehen sind zwei- bis dreistöckige Betten mit weißen Laken, Decken, Handtuch und Haken zur Aufhängung der Kleidung (S. 213 in diesem Band). Aus dem Kontext der Überlieferung lässt sich schließen, dass es sich nicht um ein eigens inszeniertes Propagandafoto handelt. Eine Ausstattung, wie auf den Bildern vermittelt, ist daher wahrscheinlich. Offen bleibt jedoch, ob dies möglicherweise ein Schlafsaal für privilegierte Häftlingsgruppen war. Denn zahlreiche ehemalige Häftling berichteten von schlechten sanitären Bedingungen in den Schlafsälen. Erich Leuschke erzählte: »Die Schlafstellen waren dreistöckig aus rohen Brettern, einem Strohsack, der meist nur mit einem Rest Häcksel angefüllt war. Wir litten sehr unter Wanzen und hatten nur 2 Schlafdecken.«[78]

Was die Bilder vorenthalten, geht auch aus dem Bericht von Kurt Kohlsche hervor. Er schilderte während seiner Inhaftierung Ende 1935 die ständige Bewachung durch SS-Männer: »In der Mitte des Saales befand sich eine Wachstube, welche mit einem hochgelegenen Podium versehen war und einen Überblick über den ganzen Saal bot. Es fehlte nicht an den modernsten Waffen. An der Tür stand wiederum ein SS-Posten.«[79]

77 Vgl. Aus der Chronologie der Sachsenburg-Werke. In: LAG Sachsenburg, Sachsenburger Mahn Ruf, Jahresschrift 2011, Chemnitz 2011, S. 90. **78** Bericht des ehemaligen Häftlings Erich Leuschke o. D. Aus dem Bericht geht hervor, dass Leuschke im Februar 1936 entlassen wurde (BStU, MfS HA IX/11, RHE-West 164/1, Bl. 273). **79** Kurt Kohlsche, »So war es! Das haben sie nicht gewußt.« Konzentrationslager Sachsenburg 1935/36 und Wehrmachtgefängnis Torgau-Fort Zinna 1944/45 – ein Häftlingsschicksal, Dresden 2001, S. 42.

»SS-Speisesaal im K[onzentrations]L[ager] S[achsenburg]« (Originalunterschrift), vermutlich Ende 1934

ZA FSB der Russischen Föderation

Die Waschanlagen, wie sie auf einer Fotografie abgebildet sind, müssen sich im vorderen, der Zschopau zugewandten Teil der Fabrik, über dem heutigen Eingang befunden haben. Ob es sich dabei um Waschanlangen für die SS oder die Häftlinge handelte, geht aus den Bildunterschriften nicht hervor. Da auf der Albumseite zunächst der SS-Speisesaal, Küche und Mannschaftsaufenthaltsraum abgebildet werden, liegt nahe, dass es sich um den SS-Waschraum handelte. Allerdings ist auf derselben Seite ebenfalls der Schlafraum der Häftlinge zu sehen. Die Waschanlagen der Häftlinge müssen jedenfalls ähnlich aufgebaut gewesen sein wie die abgebildeten. Dies geht aus einem Häftlingsbericht von Gerhard Barthel hervor: »Unsere Waschgelegenheit bestand aus einem etwa 4 Meter langen Becken, über dem sich eine Messingröhre befand und daraus kamen durch kleine Röhren jeweils Wasserstrahle. Dies floß Tag und Nacht mit kaltem Wasser und war für den gesamten Häftlingskomplex die einzige Waschgelegenheit. Darin mußte zugleich auch von den Häftlingen die Wäsche gewaschen werden.«[80]

Nicht zuletzt bieten die Fotografien Kochs auch Einblick in die weiteren Funktionsräume des Lagers. So wurden die eigens angekauften Kochanlagen dokumentiert. Eine ähnliche Bildkomposition findet man auf der Fotografie in einem Referenzschreiben, welches nach dem Kauf von der Amtshauptmannschaft Flöha an die Senkingwerke Hildesheim im August 1933 gesendet wurde. Auf beiden Bildern wird eine moderne Großküche präsentiert, für die ein Koch eigens posiert.[81] Die Person auf dem Bild lässt sich nicht identifizieren und ist auf den anderen überlieferten Bildern der Küche von 1933 nicht zu sehen.[82] Die Räume der Küche wurden 1964 umgebaut. Dabei wurde im Mauerwerk eine Flaschenpost von drei Häftlingen aus Leipzig vom Juli 1935 entdeckt, die sich heute im Archiv der Lagerarbeitsgemeinschaft befindet.

Die Außenanlagen – Sicherung und Abschottung des Lagers

Aus den Bildern Kochs geht zudem hervor, wie das Lager unter der SS durch den Bau eines neuen Tores, die Schaffung von Betonmauern um das Lager und die Installation von Wachposten weiter abgeschottet und gesichert wurde. Auf insgesamt zwei Bildern zeigt Koch laut Bildunterschrift das neue Tor zum »KLS m[it] Wache und Kommandanturgebäude«. Zu sehen ist aus der Vorder- und Rückansicht ein massives Betontor, vor dem SS-Männer postieren. Das Gebäude, welches im Album als Kommandantur bezeichnet wird, ist heute noch erhalten und weist am vermutlichen Standpunkt des Tores an der Außenfassade ungesicherte Spuren auf.

Durch den fotografischen Vergleich der historischen Aufnahmen Kochs mit der heutigen Situation ergeben sich weitere Erkenntnisse und Fragestellungen. Aus der heutigen Gebäudesituation wird deutlich, dass sich 1934 links neben der Kommandantur kein Gebäude, sondern eine Baulücke befunden hat. Daran schließt sich ein noch heute erhaltenes Haus an, welches Hugo Gräf als Turnhalle bezeichnete.[83] Vergleicht man die Fassade der Fabrik auf den Aufnahmen Kochs mit der heutigen Struktur, wird deutlich, dass 1934 Fenster in der Fassade bestanden, die auf ein Treppenhaus hinweisen. Dies würde auf einen weiteren Zugang zum Gebäude hindeuten, was sich mit Häftlingsberichten deckt, in welchen von einem Eingang unmittelbar hinter dem Tor die Rede ist.[84]

Eine offene Frage ist der Zugang zu den Arrestzellen. In der Kommandantur befanden sich vier Arrestzellen, die heute mit ihren historischen Inschriften besichtigt werden können. So betritt auf dem Bild »Neues Tor [...]« aus dem Album Kochs ein SS-Mann gerade die Kommandantur durch eine Doppeltür. Durch diese Tür erhält man heute Zugang zu den im hinteren Teil des Hauses gelegenen Zellen. Der Zugang hätte sich demnach vor dem Tor und damit dem eigentlichen Lagergelände befunden, was wenig plausibel erscheint. Eine mögliche These ist, dass es 1934 einen weiteren Zugang zum Gebäude gegeben hat, der sich an der Gebäudeseite zur Turnhalle hin und damit innerhalb des Lagers befand.

Ein Hinweis für die Abschottung und Sicherung des KZ Sachsenburg sind auch die aufgestellten Wachposten und die eigens geschaffene Betonmauer: Vergrößert man die Vorderansicht der ehemaligen Spinnerei in der Bildreihe »Konzentrationslager Sachsenburg«, so fällt auf, dass vor dem Eingang sowie am linken Gebäudeteil der Fabrik Bewachungs-

80 Aussage von Alfred Gerhard Barthel vor dem Kreisgericht Dresden vom 28.7.1983. Barthel war von Juni bis Dezember 1935 im KZ Sachsenburg (BStU, MfS HA IX/11, RHE 11/81, Bl. 84). **81** Vgl. Referenzschreiben des Konzentrationslagers Sachsenburg für die Firma Senkingwerke Hildesheim vom 22.8.1933 (SächsStA-C, AH Flöha 30044, Nr. 2406, Bl. 43). **82** Vgl. Tausend Kameraden Mann an Mann, 3. Aufl. 1987, S. 17. **83** Vgl. Gräf, Sachsenburg. **84** Vgl. Skizze von Erich Schade zum Gelände des KZ Sachsenburg 1935/36 vom 7.5.1936 (BArch, DP3 1817, Bl. 237).

»Neues Tor zum K[onzentrations]L[ager] S[achsenburg] m[it] Wache und Kommandanturgebäude« (Originalunterschrift), vermutlich Ende 1934

ZA FSB der Russischen Föderation

posten aufgestellt wurden. Dies deckt sich mit den Angaben Gräfs, der im Situationsplan die Wachposten vor der Fabrik verzeichnete.[85] Vom linken Gebäudeteil der Fabrik Richtung Hängebrücke ist zudem eine Betonmauer zu sehen, die dem »Neuen Tor« in seiner Bauweise stark ähnelt. In den Kontext der Absicherung des Lagers ist auch die Diskussion um die Sperrung und Verlegung der Hängebrücke in dieser Zeit einzuordnen.[86]

Der Schießstand – Ort der militärischen Ausbildung

Auf insgesamt vier Bildern dokumentierte Koch den Bau des Schießstandes im Herbst 1934. Es war eine der umfangreichsten Baumaßnahmen auf dem Gelände während des Bestehens des KZ Sachsenburg. Gebaut wurde der Schießstand, um die Schießausbildung im Schul- und Gefechtsschießen für den 3. Sturm der 3. SS-Standarte zu ermöglichen.[87] Der Architekt Nickol aus Dresden setzte damit einen vergleichsweise modernen Schießstand mit beweglichen Zielen um.[88] Im Zuge der Errichtung des Schießstandes wurden zudem ein Pulver- und Munitionslagerhaus gebaut. Am 17. Oktober 1934 meldete der Verwaltungsführer Beuter an die Amtshauptmannschaft Flöha, dass der Schießstand fertig gestellt wurde.[89]

Auf einer Fotografie, die Koch von einem oberen Stockwerk des Fabrikgebäudes aufgenommen hat, ist im Vordergrund die Villa und dahinter der im Bau befindliche Schießstand zu sehen, der sich über das gesamte hintere Areal der durch Mühlgraben und Zschopau begrenzten Insel erstreckte. Überlieferte Bauzeichnungen zeigen, dass der Schießstand insgesamt 300 Meter umfasste. Da das eigentliche Gelände nicht ausreichte, wurde die

Ehemaliges Kommandanturgebäude, 2017

Foto: Luc Saalfeld

Schießbahn über den Mühlgraben hinweg geplant und der Damm verlegt. Der nun am Waldhang, im Areal des Forstes, gelegene Kugelfang wurde durch eine Brücke mit der Insel verbunden.[90] Diese Brücke und damit die großen Dimensionen des Schießstandes zeigt eine Fotografie, die zu der Reihe »Der neu zu erbauende Schießstand im K.L.S.« gehört. Hier sind von SS-Männern bewachte, in hellen Leinenanzügen gekleidete Gefangene zu sehen, die für den Bau herangezogen wurden. Die Arbeit in dem Kommando galt als besonders hart: Wie aus einem Häftlingsbericht hervorgeht, mussten eigens abgeordnete Gefangene barfuß in der Zschopau stehen und Steine für den Bau der Anlage gewinnen.[91] Ein weiteres Bild aus dieser Reihe nimmt die im Aufbau befindlichen Teile des Schießstandes in den Blick. Hier sind jedoch zwei Gruppen von Häftlingen und drei einzeln stehende Häftlinge zu erkennen. Die Häftlinge der einen Gruppe stehen, scheinbar wartend, da und schauen mehrheitlich in Richtung der drei einzeln arbeitenden Häftlinge. Sie werden durch

85 Vgl. Gräf, Sachsenburg. **86** Vgl. den Beitrag von Anna Schüller zur Entstehung und Entwicklung des KZ Sachsenburg in diesem Band. **87** Vgl. Beuter an die AH Flöha vom 17.10.1934 (SächsStA-C, AH Flöha 30044, Nr. 2421 XIV, 5, Bl. 1); Erläuterungsbericht zu der projektierten Schiesstandanlage für das SS Sonderkommando Sachsenburg, o.D. (SächsStA-C, AH Flöha 30044, Nr. 2421 XIV, 5, Bl. 11). **88** Vgl. Erläuterungsbericht zu der projektionierten Schiesstandanlage für dass SS Sonderkommando Sachsenburg, o.D. (SächsStA-C, AH Flöha 30044, Nr. 2421 XIV, 5, Bl. 12); Morsch, Von der Sachsenburg, S. 219. **89** Vgl. Beuter an die AH Flöha vom 17.10.1934 (SächsStA-C, AH 30044, Nr. 2421 XIV, 5, Bl. 1). **90** Vgl. Schießstandskizze im Maßstab 1:1000, unterzeichnet durch Beuter vom 18.9.1934 (SächsStA-C, AH Flöha 30044, Nr. 2421 XIV, 5, o.P.); Lageplan über den zu errichtenden Schießstand im Schutzhaftlager Sachsenburg, o.D. (SächsStA, AH Flöha 30044, Nr. 2421 XIV, 5, o.P.). **91** Aussage von Alfred Gerhard Barthel vor dem Kreisgericht Dresden vom 28.7.1982 (BStU, MfS HA IX/11, RHE 11/81, Bl. 85).

Fotografie aus der Bildfolge »Der neu zu erbauende Schießstand im K[onzentrations]L[ager] S[achsenburg] m[it] Gefechtsstand a[uf] begegl[iche] Ziele« (Originalunterschrift), Ende September/Anfang Oktober 1934

ZA FSB der Russischen Föderation

Fotografie aus derselben Bildfolge mit Häftlingen, Ende September/Anfang Oktober 1934

ZA FSB der Russischen Föderation

zwei SS-Männer, die in die Richtung der Kamera schauen, bewacht. Im Hintergrund schiebt eine Gruppe von fünf Häftlingen eine Holzkonstruktion. Durch die Auswahl des Ausschnittes wird deutlich, dass diese Häftlinge eher beiläufig mit fotografiert wurden und nicht im Fokus standen. Es ist eine der wenigen Aufnahmen von Häftlingen aus dieser Zeit.

Der Bau des Schießstandes verdeutlicht, wie ab 1934 die Dimensionen des KZ Sachsenburg erweitert wurden. Gleichzeitig fand eine verstärkte Abschottung des Lagers statt. Denn im Zuge des Baus wurden für die Anwohner Waldwege durch den Forst gesperrt sowie durch Drahtzäune und Planken abgesichert, bei Übungen kamen außerdem weitere Posten hinzu.[92] Der Bau des Schießstandes verweist nicht zuletzt auch auf die verstärkte Militarisierung der Wachmannschaften durch die Schießausbildung.[93]

Das Gelände des Schießstandes wurde nach 1937 durch Fritz Zorn, Besitzer der Firma Bruno Tautenhahn, völlig umgestaltet. Er errichtete Ende der 1930er-Jahre darauf ein Freibad und einen Sportplatz (S. 73 in diesem Band).[94] Der Schießstand ist daher nicht mehr erhalten. Lediglich ein nicht näher untersuchtes Betonfundament am Mühlgraben stammt vermutlich vom Kugelfang.

AUSBLICK

Die Fotografien zum KZ Sachsenburg aus der Dienstzeit des Kommandanten Koch vom Herbst/Winter 1934 sind eine besonders wertvolle Quelle zur Geschichte des KZ Sachsenburg. Zunächst zeigen die Aufnahmen, wie der KZ-Kommandant »sein Lager« sehen wollte. Die Aufnahmen sind als Inszenierungen der Macht eines hochrangigen KZ-Täters zu verstehen. Auffällig ist, dass sich Koch während seiner Dienstzeit im KZ Sachsenburg vorrangig als Herr der Wachmannschaften inszenierte. Die KZ-Gefangenen interessierten ihn zu diesem Zeitpunkt nur insofern, da sie als Zwangsarbeiter zum Ausbau der SS-Ausbildungsstätte beitrugen. Die wenigen Aufnahmen, welche SS-Männer des Lagers abbilden, sind aufschlussreich, da sie das »Geflecht von Protektion und Patronage« um Koch bildlich dokumentieren: Die meisten Sachsenburger SS-Männer haben unter Koch bereits im Sonderkommando Sachsen gedient. In Verbindung mit der Erschließung und Auswertung weiterer mutmaßlich vorhandener Aufnahmen ehemaliger Angehöriger der SS-Wachmannschaften sind zusätzliche Erkenntnisse über die Netzwerke der Lager-SS zu erwarten.

Für die Entwicklung der künftigen Gedenkstätte Sachsenburg, welche die Gesamtanlage des ehemaligen Konzentrationslagers umschließen soll, sind die Bilddokumente von besonderer Bedeutung: Sie erlauben Rückschlüsse über die Veränderung der Topografie des Lagers und dokumentieren dessen bauliche Veränderungen sowie die Abschottung nach außen. Nicht zuletzt sind sie herausragende Dokumente, um einen Einblick in die Innenräume der Fabrik und der Villa zu gewinnen. Dadurch ist es möglich, eine Vorstellung über die Nutzung der Gebäude während der KZ-Zeit zu erlangen. Dies ist umso bedeutender, da nur wenige Bauzeichnungen aus der Zeit von 1934 bis 1937 zur Verfügung stehen. Durch bauarchäologische Untersuchungen könnten die durch die Bildanalyse gewonnenen Annahmen überprüft und offene Fragen geklärt werden.

92 Vgl. Beuter an die AH Flöha vom 17. 10. 1934 (SächsStA-C, AH Flöha 30044, Nr. 2421 XIV, 5, Bl. 1). **93** Vgl. Morsch (Hg.), Von der Sachsenburg, S. 219. **94** Vgl. Schreiben des Amtshauptmanns zu Flöha an den Sächsischen Minister für Wirtschaft und Arbeit bezüglich der Spinnerei in Sachsenburg vom 29. 8. 1938 (SächsStA-C, AH Flöha 30044, 2424, Bl. 54).

GEFANGENE

Dietmar Wendler[1]

DIE HÄFTLINGSGESELLSCHAFT DES KZ SACHSENBURG 1933 BIS 1937

PROBLEME DER QUANTIFIZIERUNG

Ohne die Bemühungen einer bürgerschaftlichen Initiative unter der Leitung des Historikers Dr. Hans Brenner zur Schließung einer Lücke im »Historischen Atlas Sachsen« wäre wohl der Forschungsstand zur Häftlingsgesellschaft des KZ Sachsenburg nicht so weit fortgeschritten.[2] Die in der Initiative Mitwirkenden wollten unter anderem in Erfahrung bringen, wer die (politischen) Häftlinge gewesen waren, die die Nationalsozialisten in den frühen Lagern eingepfercht hatten.

Bis 2008 waren nur ca. 280 Häftlinge des KZ Sachsenburg namentlich bekannt. Für die beiden größten sächsischen KZ, Sachsenburg und Hohnstein, waren Belegungszahlen von ca. 2 000 (Sachsenburg)[3] und ca. 5 600 (Hohnstein) überliefert,[4] deren Zuverlässigkeit allerdings zweifelhaft war, hatte doch das KZ Hohnstein wesentlich kürzere Zeit existiert (März 1933 – Juli 1934). Für beide Lager waren überdies keine amtlichen Belege vorhanden, die diese Häftlingszahlen bestätigten. Ähnliche Probleme gab es auch für andere frühe KZ in Sachsen.

Ist die von früheren Häftlingen genannte Zahl von 2 000 Häftlingen für den Zeitraum von rund vier Jahren des Bestehens des KZ Sachsenburg realistisch? Bauunterlagen im Stadtarchiv Frankenberg zeigen, dass auf Grund der Bettenanzahl eine maximale Belegung von 1944 Häftlingen möglich war.[5] Diese maximale Belegung wurde jedoch nach den bisher aufgefundenen Stärkemeldungen nie erreicht.

Weder für die politischen Gegner noch für die Häftlingsgruppe der »Kriminellen« im KZ Sachsenburg hat es seit Ende des Zweiten Weltkrieges in der SBZ/DDR und bis 2008 eine konsequente Erfassung von Personen mit allen relevanten Daten gegeben. Um Aussagen über die Häftlingsgesellschaft treffen zu können, ist dies jedoch eine notwendige Voraussetzung. Mit 280 Häftlingsnamen begann 2008 eine Forschungsarbeit, die bis heute bei weitem noch nicht abgeschlossen ist.[6] Die Recherchen blieben nicht auf Kreis-, Stadt-, und Staatsarchive in Sachsen, das Bundesarchiv (Abteilung Berlin), das Thüringische Hauptstaatsarchiv Weimar, das Archiv des ITS in Bad Arolsen und Unterlagen des Bundesbeauftragten für die Unterlagen des Staatssicherheitsdienstes der ehemaligen DDR (BStU) beschränkt, sondern beinhalteten auch umfangreiche Literaturrecherchen in bislang publizierten Veröffentlichungen sehr unterschiedlicher Provenienz.[7] Leider konnten aus diesen Publikationen nur wenige Häftlingsnamen entnommen werden, gleiches trifft auch auf veröffentlichte Zeitzeugenberichte zu. Geburtsdaten und -orte, Zugehörigkeiten zu Parteien, Gewerkschaften, Sportverbänden und Kulturgruppen, berufliche Tätigkeiten und Wohnorte sind fast gar nicht überliefert. Diese Problematik wirkte sich für unsere Recherchen ebenso negativ aus wie der allgemeine Hinweis, dass auch Häftlinge mit kriminellem oder asozialem Hintergrund von Anfang an im KZ Sachsenburg gewesen sein sollen. Aus Fragebögen und Karteikarten der Vereinigung der Verfolgten des Naziregimes (VVN) ließen sich solche Angaben nicht entnehmen, da dort bekanntlich nur politische Gegner registriert waren.

Bis Herbst 2017 ließen sich anhand von Prozess- und VVN-Unterlagen, Karteikarten, Niederschriften von Zeitzeugen, wie auch Gesprächen mit ihnen, sowie anhand von Materialien des ITS Bad Arolsen ca. 7200 Häftlinge namentlich nachweisen.[8] Die von einem ehemaligen Häftling nach 1945 getroffene Schätzung von insgesamt 16000 Häftlingen, die das Lager Sachsenburg durchlaufen haben sollen, ist bislang nicht belegt.[9]

1 Der Text wurde von den Herausgebern Mike Schmeitzner und Bert Pampel überarbeitet und ergänzt. **2** Im Jahre 2006 waren erstmals 125 Themen zur Geschichte Sachsens veröffentlicht worden – allerdings fehlte die Zeit des Nationalsozialismus 1933–1945. Vgl. Jana Moser, Der »Atlas zur Geschichte und Landeskunde von Sachsen«: Planung und Zukunft. In: Sächsische Heimatblätter, 52 (2006) 1, S. 75/76, hier S. 76. **3** Vgl. die Inschrift am Denkmal in Sachsenburg; Tausend Kameraden Mann an Mann. Beiträge zur Geschichte des antifaschistischen Widerstandskampfes im Konzentrationslager Sachsenburg. Hg. von der Kreisleitung der SED Hainichen, Chemnitz 1978, S. 8. **4** Vgl. etwa Hohnstein. Jugendburg Ernst Thälmann. Hg. von der Kommission zur Erforschung der Geschichte der örtlichen Arbeiterbewegung bei der Bezirksleitung Dresden der SED und des Rates des Kreises Sebnitz, Dresden 1974, S. 31. **5** Bauzeichnungen mit dem Stempel »Konzentrationslager Sachsenburg-Kommandantur« (Stadtarchiv Frankenberg, Bauunterlagen des VEB Kombinat Baumwolle, Zwirnerei Sachsenburg). **6** Die Recherchen wurden von der Stiftung Sächsische Gedenkstätten in den Jahren 2008 bis Ende 2013 und 2016/2017 finanziell unterstützt. **7** Vgl. unter anderem Carina Baganz, Erziehung zur »Volksgemeinschaft«? Die frühen Konzentrationslager in Sachsen 1933–1934/37, Berlin 2005; Chemnitzer Stadtverordnete bis 1933. Hg. von »Phönix« Berufliches Bildungs- und FörderCentrum GmbH, 1997; Chronik des antifaschistischen Widerstandskampfes im Bezirk Chemnitz-Erzgebirge-Vogtland 1933–1945. Hg. von der Bezirksleitung Karl-Marx-Stadt der SED, Kommission zur Erforschung der Geschichte der örtlichen Arbeiterbewegung, 1969; Klaus Drobisch/Günther Wieland, System der NS-Konzentrationslager 1933–1939, Berlin 1993; Walter Janka, Spuren eines Lebens, Berlin 1991; 83 Tage KZ Zschorlau 1933. Hg. vom Komitee der Antifaschistischen Widerstandskämpfer der Kreise Stollberg, Aue, Schwarzenberg, 1978; Heinz Kühnrich, Der KZ-Staat 1933–1945, 5., durchgesehene Auflage Berlin 1988; Jürgen Nitsche/Ruth Röscher, Juden in Chemnitz. Die Geschichte der Gemeinde und ihrer Mitglieder, Dresden 2002; Sachsenburg. Dokumente und Erinnerungen. Hg. vom Interessenverband der Teilnehmer am antifaschistischen Widerstand, Verfolgter des Naziregimes und Hinterbliebener e. V., Stadtvorstand Chemnitz, Chemnitz 1994; Dietmar Wendler, Das frühe Konzentrationslager Sachsenburg. Ein Ort des faschistischen Terrors in Sachsen, Sonderheft 2013, Sachsenburger Mahn Ruf. Hg. von Enrico Hilbert in Zusammenarbeit mit der LAG Sachsenburg, Chemnitz 2013; Sachsenburger Mahn Ruf, Hefte 2010 und 2011; Chemnitzer Tageblatt 1933; Der Kämpfer, Januar/Februar 1933; Der sächsische Grenzbote; Pausaer Anzeiger. Zeitung für Pausa und Umgebung, 55 (1933). **8** Hieraus entstand die im Folgenden zitierte und von Dietmar Wendler betreute Häftlingsübersicht zum KZ Sachsenburg. Bei den namentlichen Übersichten im ITS Bad Arolsen handelt es sich vor allem um Vorbeugehäftlinge aus dem Jahr 1937 sowie um Beurteilungen von Häftlingen. **9** Hans Brenner u. a. (Hg.), NS-Terror und Verfolgung in Sachsen. Von den Frühen Konzentrationslagern bis zu den Todesmärschen, Dresden 2018, S. 252, FN 9. Die in dem Band für Sachsenburg auf S. 331 genannten Häftlingszahlen dokumentieren den Forschungsstand von März 2012.

102

Schutzhaftlager Sachsenburg (Sa.)

Fernsprecher Frankenberg 132 und 199
Stadtgiro Frankenberg 2195
Bahnstation Frankenberg (Sa.)
Geschäftszeichen 4393/35

Sachsenburg (Sa.), am 18. April 1935.

An das

Geheime Staatspolizeiamt Sachsen,
-Schutzhaftzentrale-

D r e s d e n - A.24.
Wienerstraße 25.

Im Nachgang der Verfügung vom 1.2.34 Nr.Z.U.B.III 250/34 und vom 28.4.1934 melde ich, daß sich der Bestand im Schutzhaftlager Sachsenburg in der laufenden Woche wie folgt verändert hat:

L a g e r :	Bestand am: 11.4.35	Entlassungen	Zugänge	Bestand am: 18.4.35
Sachsenburg	544 beurlaubt: 10 abkommand: 155	160 (einschl.147 Ueberführungen nach dem Pol.Präs.)	36	420 beurlaubt: 10 abkommand: 12

Der Lagerkommandant

Simach

SS-Obersturmbannführer

Stärkemeldung des KZ Sachsenburg an die Schutzhaftzentrale im Geheimen Staatspolizeiamt Sachsen, 18. 4. 1935

ITS Digital Archive, Bad Arolsen, 1.1.37.0/82352584

Eine vollständige Namensliste wird wegen der Quellenlage allerdings nie präsentiert werden können, vor allem aus folgenden Gründen:

- Viele Personen, die im KZ Sachsenburg inhaftiert waren, stellten nach 1945 keinen Antrag auf Aufnahme in die VVN, weil sie die geforderten 18 Monate Haftzeit nicht erreichten, um als Verfolgte des Nationalsozialismus überhaupt anerkannt zu werden; oft fehlten zudem die geforderten drei Bürgen.[10]
- Bei der Entlassung aus dem KZ Sachsenburg musste der Häftling eine Loyalitätserklärung unterschreiben, mit der ihm untersagt wurde, über die Haft zu sprechen. Aus Angst vor erneuter Verhaftung und Misshandlung haben sich die wenigsten ehemaligen Häftlinge gegenüber ihren nächsten Angehörigen geäußert.
- Der nationalsozialistische Terror und die alliierten Bombenangriffe auf die Zivilbevölkerung im Zweiten Weltkrieg löschten das Leben vieler Familien aus. Viele Informationen sind dabei verloren gegangen.
- Viele frühere Sachsenburg-Häftlinge kamen als Angehörige der im spanischen Bürgerkrieg kämpfenden Internationalen Brigaden oder als Angehörige von Einheiten bzw. Bewährungseinheiten der Wehrmacht zu Tode.
- Durch die Wirren des Krieges oder aufgrund bewusster (politischer) Entscheidung kehrte eine Reihe von ehemaligen Sachsenburg-Häftlingen nicht wieder in ihre alte Heimat zurück, sondern ließen sich zumeist in den Westzonen Deutschlands nieder.
- Andere ehemalige Häftlinge aus dem KZ Sachsenburg verzogen in andere Länder der sowjetischen Besatzungszone Deutschlands (SBZ).
- Bislang wurden keine Haftbücher zum KZ Sachsenburg aufgefunden. Die Kopien zweier Haftbücher aus dem Bundesarchiv (Abteilung Berlin), fälschlicherweise mit »Sachsenburg« betitelt, sind – so belegen es die Informationen aus den Karteikarten und Fragebögen – im KZ Colditz bis Mai 1934 mit unterschiedlicher Qualität geführt worden. Nur bei sehr wenigen Personen findet sich ein Vermerk, dass sie nach Sachsenburg verlegt wurden.
- Aus vielen VVN-Fragebögen geht hervor, dass Häftlinge ihre Haftnummer nicht kannten oder keine an sie vergeben worden war.

Nicht-Wissen über persönliche Daten von Häftlingen erschwert zudem eine klare Zuschreibung zu bestimmten Häftlingsgruppen. Probleme ergeben sich auch bei der Darstellung der Entwicklung von Häftlingszahlen im Zeitraum 1933 bis 1937: Die Belegung des KZ Sachsenburg mit Schutzhäftlingen war in dieser Zeit nicht konstant. Große Schwankungen weisen die lückenhaften Stärkemeldungen von 1933 bis 1937 hinsichtlich Zu- und Abgängen, Beurlaubungen, Abkommandierungen usw. auf. Über bestimmte Zeiträume des Bestehens des Lagers wurden weder im Bundesarchiv (Abteilung Berlin) noch im ITS Bad Arolsen lückenlos Stärkemeldungen an das Reichssicherheitshauptamt (RSHA) Berlin noch an das Sächsische Staatspolizeiamt, Schutzhaftzentrale, in Dresden gefunden. Leider sind nur wenige Meldebögen aufgefunden worden.[11]

10 Vgl. Richtlinien für die Anerkennung als Verfolgte des Naziregimes vom 10. 2. 1950 (BStU, MfS HA IX, Nr. 21960, Bl. 0313 ff.). **11** Hängemappe betr. Sachsenburg (ITS Archives, Bad Arolsen). Wenige solche Meldungen konnten im Bundesarchiv Berlin im Bestand KZ Sachsenburg eingesehen werden. Weitere Häftlingszahlen wurden in den Berichten aus Sachsen an das RSHA im Bundesarchiv aufgefunden.

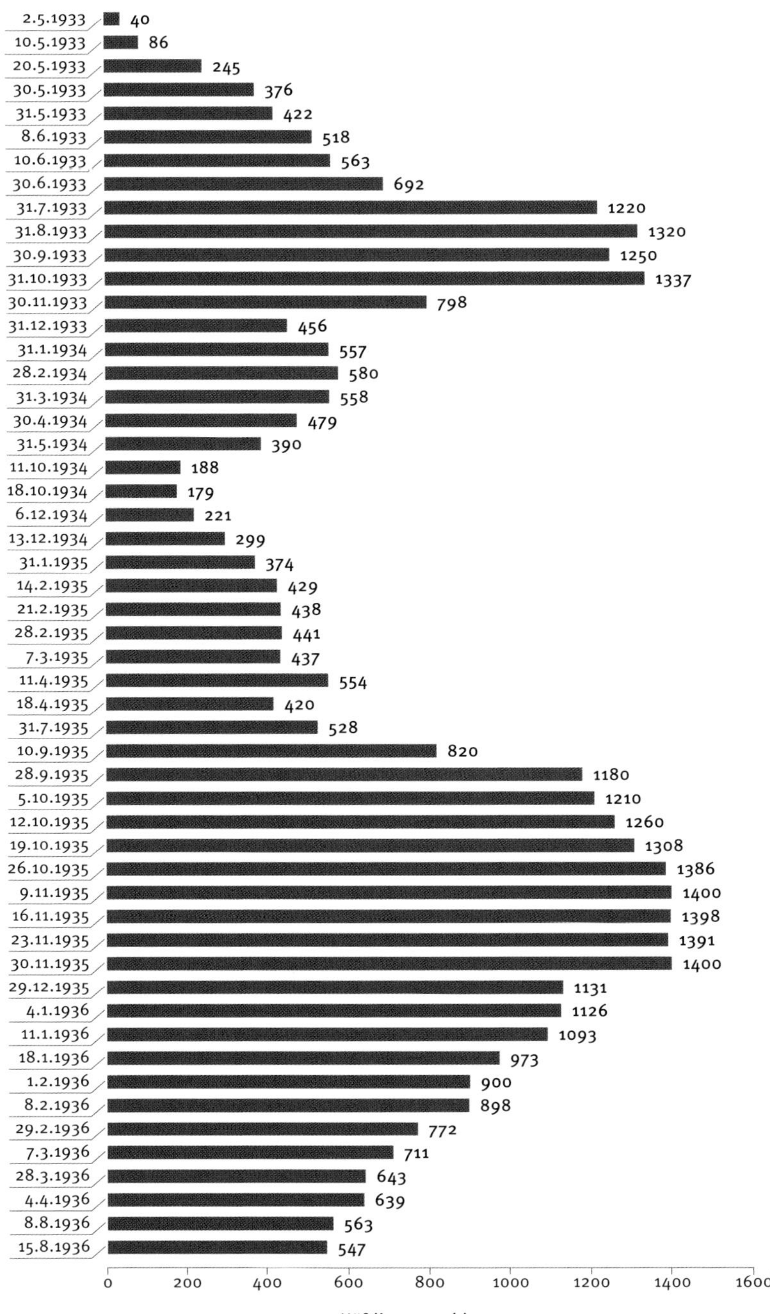

Entwicklung der Häftlingszahlen im KZ Sachsenburg

Dietmar Wendler

DIE QUANTITATIVE DIMENSION – VERSUCH EINER ANNÄHERUNG

Die vorstehende tabellarische Übersicht über die Jahre 1933 bis 1936 enthält die aus Stärkemeldungen bisher recherchierten Häftlingszahlen und verdeutlicht zugleich die noch bestehenden großen Lücken.[12] In den Monaten Mai und Juni 1933 ist zunächst ein systematischer Anstieg der Belegungszahlen zu verzeichnen. Ausschlaggebend dafür war die Schließung vieler kleinerer Haftstätten in Sachsen, wie Augustusburg, Chemnitz, Plaue bei Flöha, Döbeln, Grimma, Hainichen, Klingenthal, Limbach-Oberfrohna, Lugau, Oederan, Oelsnitz/Erzgebirge, Oschatz, Stollberg und Waldheim. Die Überweisung von Schutzhäftlingen ins KZ Sachsenburg wäre noch zahlreicher ausgefallen, wenn nicht bereits erste Prozesse gegen politische Gegner mit Untersuchungshaften bei den Landesgerichten, beim Oberlandesgericht und beim Reichsgericht zur Verhandlung angestanden hätten. Die hohen Belegungszahlen von Juli bis Oktober 1933 stehen in Verbindung mit der fortgesetzten Schließung weiterer kleiner Haftstätten und früher KZ, wie Zschorlau, Taucha, Rötha, Riesa, Plauen, Oelsnitz/Vogtland, Markranstädt, Dresden und Chemnitz sowie mit der für die Sommermonate 1933 verhängten Entlassungssperre. Der starke Rückgang der Häftlingszahlen ab November 1933 ist auf diverse »Amnestien« auf Reichsebene zurückzuführen.[13]

Der erneute massive Anstieg der Häftlingsbelegung ab Spätsommer 1935 hatte mehrere Gründe: Geheimerlasse der Gestapo zielten auf neue und alte Gruppen von politischen und konfessionellen Gegnern des Regimes. Wie noch zu sehen sein wird, waren aber auch von der Einführung der Wehrpflicht 1935 viele männliche Zeugen Jehovas direkt betroffen, da sie den Dienst an der Waffe generell ablehnten und infolge dieser Verweigerung auch mit KZ-Haft verfolgt wurden. Eine besondere Wirkung entfaltete der von Reinhard Heydrich gezeichnete Geheimerlass der Gestapo vom 29. Juli 1935.[14] Darin wurde formuliert, dass eine »in letzter Zeit besonders zunehmende Aktivität der kommunistischen Funktionäre« es unbedingt »erforderlich« mache, für deren »schärfste Bekämpfung zu sorgen«. Gedacht war dabei an »Präventivmaßnahmen« – nämlich an Schutzhaft bei weiterhin vorhandener »staatsfeindlicher« Einstellung und »wenn der Verdacht besteht, daß sie in versteckter Form gegen den Staat hetzen«. Darüber hinaus sollten ehemalige KPD-Funktionäre nach Strafverbüßung sofort in Schutzhaft genommen werden, wenn es sich um »gefährliche Staatsgegner« oder potenzielle Widerständler handele. Kommunisten, die zum zweiten Male in »Schutzhaft genommen werden mußten«,

12 Zusammengestellt aus Meldungen an das RSHA, die lückenhaft im Bundesarchiv Berlin einzusehen waren, aus wenigen aufgefundenen Meldelisten in der Hängemappe zum KZ Sachsenburg in den ITS Archives, Bad Arolsen sowie aus Berichten der AH Flöha, Bestand 30044, Nr. 2402, im SächsStA-C. **13** Vgl. Drobisch/Wieland, System, S. 136 f. Dort auch eine kritische Auseinandersetzung mit dem in der NS-Presse verwendeten Begriff »Amnestie«. **14** Stadtarchiv Chemnitz, 0129 Röhrsdorf, Nr. 39, S. 21. Schon vor diesem Erlass mussten die Zuchthäuser und Gefängnisse der Gestapo den zur Entlassung stehenden Häftling vorab melden. Die Gestapo entschied, ob der politische Häftling nach Hause entlassen wurde (verbunden mit der regelmäßigen Meldung bei der Polizei und zur weiteren geheimen Beobachtung) oder ob er umgehend im KZ Sachsenburg zu inhaftieren war.

seien »auf absehbarere Zeit nicht mehr zu entlassen«. Ein gleiches Vorgehen war auch bei allen »übrigen marxistischen Staatsgegnern«, d. h. Sozialdemokraten und Sozialisten, »geboten«.[15]

Nach diesem Erlass kamen prominente sächsische Kommunisten wie Rudolf Renner, der Chefredakteur der Dresdner »Arbeiterstimme« und Fraktionsvorsitzende im Sächsischen Landtag, aber auch weniger prominente Kommunisten wie der Chemnitzer Jugendfunktionär Walter Janka, die Zwickauer KPD-Mitglieder Erich Meinhold und Oskar Strobel oder das Chemnitzer KPD-Mitglied Willy Herrmann in Haft.[16] Ähnlich erging es dem prominenten deutsch-jüdischen SPD-Funktionär Max Sachs aus Dresden, der im Spätsommer 1935 eingeliefert wurde.[17]

Den im KZ Sachsenburg inhaftierten Häftlingen wurden unter anderen folgende Vergehen vorgeworfen:[18]

- Verstoß gegen die »Verordnung des Reichspräsidenten zur Abwehr heimtückischer Angriffe gegen die Regierung der nationalen Erhebung« vom 21. März 1933,[19]
- illegaler Waffen- und Munitionsbesitz oder die Kenntnis über Waffenlager,
- Druck und Verbreitung von Flugblättern, illegalen Zeitungen oder Literatur, die gegen das NS-Regime gerichtet waren,
- Fortsetzung der illegalen Tätigkeit von KPD, SPD, Revolutionärer Gewerkschaftsopposition (RGO), Freier Arbeiter-Union Deutschland (FAUD), Kommunistischem Jugendverband Deutschlands (KJVD), Sozialistischer Arbeiterpartei Deutschlands (SAP), Sozialistischer Arbeiter-Jugend (SAJ), Roter Hilfe, Gewerkschafts-, Sport- und Kulturtätigkeit,
- Wiederaufbau von illegalen Leitungen der KPD, SPD, KJVD und anderen verbotenen Organisationen,
- Kuriertätigkeit innerhalb von Sachsen, nach Berlin, nach Prag (Tschechoslowakei: Československá republika, ČSR),
- Verächtlichmachung der Reichsregierung, staatsfeindliche Äußerungen, Schädigung des Ansehens der NSDAP und von Adolf Hitler und anderer führender Nationalsozialisten, Verweigerung des Hitler-Grußes,
- Tragen von kommunistischen Abzeichen,
- kriminelle Delikte.

Ab 1935 wurden vermehrt auch jüdische Bürger, Zeugen Jehovas oder Pfarrer, die meist der Bekennenden Kirche angehörten, aber auch Bürger aus anderen Gauen des Deutschen Reiches sowie dem Ausland nach Sachsenburg verbracht. Von den wegen politischer Vergehen verfolgten Personen wurden viele wegen Vorbereitung zum Hochverrat angeklagt und zu Haftstrafen mit unterschiedlichem Strafmaß verurteilt. Nicht wenige unter ihnen kamen nach Verbüßung der Haft wieder ins KZ Sachsenburg. Ein Teil der Insassen waren mehrfach im Lager Sachsenburg, so unter anderen Herbert Friedrich, Alfred Georgi, Herbert Klier, Otto Meinel, Otto Riedel, Paul Roscher, Friedrich Schiele, Willy Schubert und Otto Schubring.[20]

Zu keinem Zeitpunkt wurde die geplante Belegung mit Häftlingen im Objekt des ehemaligen Fabrikgebäudes der Spinnerei Reichel in Sachsenburg erreicht. Die aufgefundenen Bauzeichnungen sind ein Beleg dafür.[21] Es wurden bislang kaum Unterlagen aufgefunden,

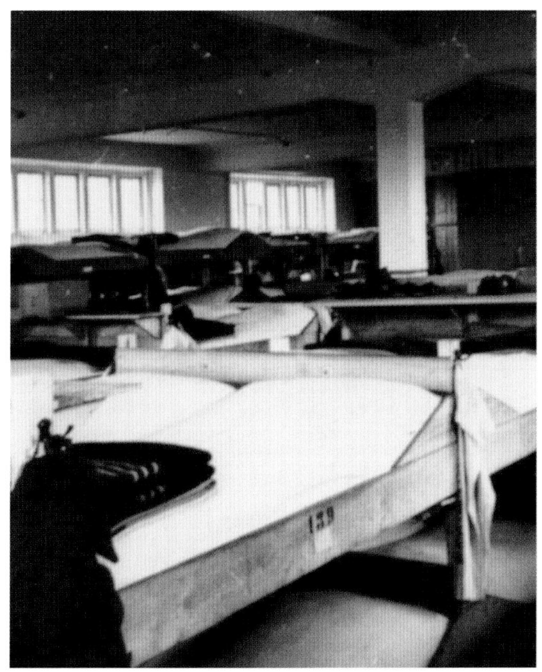

»Schlafraum der Häftlinge« (Originalunterschrift), Fotoalbum des Kommandanten Karl Otto Koch, vermutlich Herbst 1934
In der Erinnerung zahlreicher Häftlinge waren die sanitären Bedingungen schlechter, als die Aufnahme nahelegt. Vielleicht handelt es sich um einen Schlafsaal für privilegierte Häftlinge.
ZA FSB der Russischen Föderation

aus denen hervorgeht, wie viele Häftlinge in den Außenlagern des KZ Sachsenburg und in dem ab 31. Mai 1934 mit verwalteten KZ Colditz untergebracht waren. Außenlager existierten in Augustusburg, Leubsdorf und Dresden. Auch die Verlegungen von Häftlingen zwischen diesen Haftorten sind noch nicht untersucht.

Die Aufenthaltsdauer der Häftlinge wurde überwiegend durch regelmäßig angefertigte Einschätzungen über ihr politisches Verhalten und ihre Arbeitsmoral bestimmt. Derartige Einschätzungen bzw. Beurteilungen sollten auch den Anschein vermitteln, dass es sich beim Lager Sachsenburg um ein Erziehungslager handele. Die Beurteilungen wurden in bestimmten Zeitabständen zuerst von den SA- und ab August 1934 von den SS-Wachmannschaften vorgenommen. Eine erste Sichtung der vorgefundenen Beurteilungen ergibt, dass besonderes Augenmerk auf der Frage der Zwangsarbeit im Lager lag. Auch finden sich Hinweise auf die Teilnahme an Schulungen. Der Inhalt der Beurteilungen bezog sich zumeist auf Gespräche und Beobachtungen sowie auf Notizen aus den Einlieferungs-

15 Nach dem Abdruck in Wendler, Das frühe Konzentrationslager Sachsenburg, S. 38. **16** Vgl. den Beitrag von Bert Pampel und Mike Schmeitzner über die Kommunisten im KZ Sachsenburg in diesem Band. **17** Vgl. dazu den Beitrag von Swen Steinberg über den Mord an Max Sachs in diesem Band. **18** Häftlingsübersicht zum KZ Sachsenburg, Dietmar Wendler. **19** RGBl. 1933 I, S. 135 f. **20** Vgl. Häftlingsübersicht zum KZ Sachsenburg, Dietmar Wendler. **21** Bauzeichnungen (Stadtarchiv Frankenberg, Bauunterlagen des VEB Kombinat Baumwolle, Zwirnerei Sachsenburg).

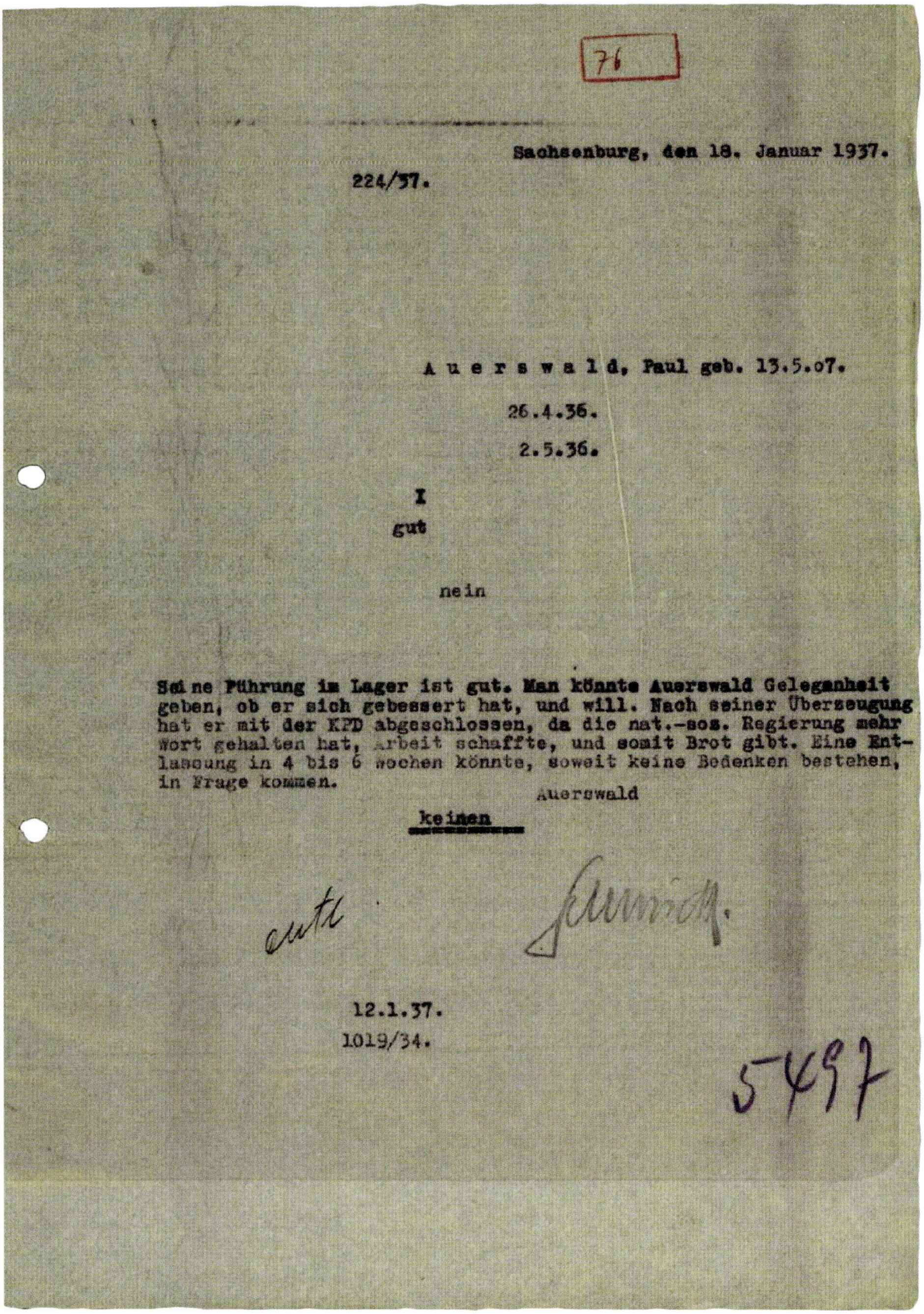

76

Sachsenburg, den 18. Januar 1937.

224/37.

A u e r s w a l d, Paul geb. 13.5.07.

26.4.36.

2.5.36.

I

gut

nein

Seine Führung im Lager ist gut. Man könnte Auerswald Gelegenheit geben, ob er sich gebessert hat, und will. Nach seiner Überzeugung hat er mit der KPD abgeschlossen, da die nat.-soz. Regierung mehr Wort gehalten hat, Arbeit schaffte, und somit Brot gibt. Eine Entlassung in 4 bis 6 Wochen könnte, soweit keine Bedenken bestehen, in Frage kommen.

Auerswald

keinen

12.1.37.

1019/34.

5497

Beurteilung von Paul Auerswald durch die SS, KZ Sachsenburg, 18. 1. 1937

ITS Digital Archive, Bad Arolsen, 1.1.37.1/4067812

unterlagen. Im Folgenden werden einige ausgewählte Beurteilungsblätter vorgestellt, die aus einer repräsentativen Stichprobe der ausgewerteten Buchstaben A bis H stammen:[22]

- 24.11.1934: »SH [Schutzhäftling] Hans B. ist dem Kommando ›Schießstandbau‹ zugeteilt und führt seine Arbeit zufriedenstellend aus. Jedoch ist er ein ganz finsterer und raffinierter Bursche, der seine kommunistischen Ideen nie mehr lassen kann. Eine längere SH [Schutzhaft] ist unbedingt nötig.«
- 29.1.1935: SH B., *20.9.1891, »ist seit 5.10.35 im Lager und wurde mit vier Wochen Schreibverbot bestraft. Fortdauer der SH ist angebracht«.
- 30.4.1936: B., *12.1.1891, »ist ein fanatischer Bibelforscher, der auch im Lager in diesem Sinne hetzt, außerdem Nichtwähler«.
- 1.4.1936: B., *14.11.1899, Chemnitz, »ist das zweite Mal in SH. Siehe Verfügung des RFSS [Reichsführer SS] v. 23.3.36 55/36«.
- 5.3.1936: B., *15.10.1905, Zwickau, »dürfte aus seiner Strafe gelernt haben, einige Wochen Umschulung hat er aber noch nötig«.
- 24.1.37: B., *5.7.1895, »hat sich hausordnungsgemäß geführt und hat keine Lagerstrafen. Er hat 2 Jahre und 2 Monate Zuchthaus verbüßt und befindet sich seit 21.7.36 im Lager. Eine Entlassung in 2 bis 3 Monaten, wenn sich B. keine Hausstrafe zuzieht, könnte in Erwägung gezogen werden.«
- 9.5.1935: H., *5.7.1902, Kirchberg, »hat sich der Lagerordnung noch nicht unterworfen. In politischer Beziehung ist er noch nicht einwandfrei. Seine Entlassung wird abgelehnt.«
- 15.1.1937: H., *28.5.1904, »Führung [...] nicht dem eigenen Antrieb sondern dem Zwange gehorchend. Eine Änderung seiner Lebensauffassung ist noch nicht eingetreten.«
- 5.6.1937: H., *4.4.1888, »ist immer noch als verstockter Staatsgegner anzusehen, der vorläufig, auch bei guter Führung hier im Lager, noch nicht entlassen werden kann.«
- 4.3.1936: H., *12.11.1911, »hat sich gebessert und versucht sich mit nationalsozialistischem Gedankengut vertraut zu machen«.
- 10.5.1937: H., *9.10.1889, »versucht sich dauernd von der Arbeit zu drücken, er ist ein hinterhältiger Charakter und ein asozialer Mensch«.
- 18.6.1937: H., *23.7.1894, »sucht hier mit der Darstellung seiner Tätigkeit als Spitzel für die Polizei seine Unschuld zu beweisen. Die Redensart gegen die Regierung wäre nur gewesen, um andere zu entlarven. Eine Entlassung kann nicht in Frage kommen.«

Solche und ähnliche Beurteilungen dürften kennzeichnend für das Vorgehen der SS gewesen sein. Jeder Schutzhäftling musste diese Beurteilungen unterschreiben.

22 Vgl. ITS Archives, Bad Arolsen, KZ Sachsenburg, Archivnummer 6725. Die Namen wurden anonymisiert.

QUANTITATIVE UND QUALITATIVE ZUSAMMENSETZUNG DER HÄFTLINGSGESELLSCHAFT DES KZ SACHSENBURG

Von den bislang namentlich erfassten 7 200 Häftlingen liegen nur für 47 Prozent von ihnen umfangreichere Angaben zur Person vor. Die nachfolgenden Berechnungen beziehen sich daher auf ca. 3 400 Häftlinge. Es ist also notwendig, weitere Recherchen anzustellen, um weitere Namen von Häftlingen zu eruieren und um Ergänzungen bei den bereits ermittelten Häftlingsdaten vorzunehmen – z. B. hinsichtlich des Geburtsdatums, des Wohnorts, der Zugehörigkeit zu Parteien und deren Gliederungen, zu Gewerkschaften, der Zugehörigkeit zu Glaubenskonfessionen und -gemeinschaften, der sozialen Herkunft, des Berufs oder der familiären Situation.

Aus den bisher erfassten Personendaten ist nur schemenhaft erkennbar, aus welchen Schichten der Bevölkerung die in Schutzhaft genommenen Personen kamen. So viel aber steht fest: Weit über 50 Prozent waren Arbeiter mit und ohne Berufsabschluss, besonders 1933/34 waren auch viele Arbeitslose im Lager untergebracht. Unter den Inhaftierten befanden sich überdies ehemalige Beamte der Weimarer Republik, Lehrer, Rechtsanwälte, Redakteure von ehemaligen Zeitungen der SPD und KPD, aber auch Pfarrer beider Konfessionen. Leider konnten aus den zur Verfügung stehenden Unterlagen nicht immer Namen, die soziale Herkunft und der Beruf von Häftlingen ermittelt werden, da entsprechende Akten, zum Beispiel in den Archiven des Bundesbeauftragten für die Stasiunterlagen (BStU) Schwärzungen aufwiesen. Dies betraf Kommunisten, Sozialdemokraten, Gewerkschafter, Zeugen Jehovas, Christen, aber auch Polizisten, die Mitglieder der SPD waren, oder in Ungnade gefallene Nationalsozialisten, Parteilose und Ausländer. Die Namen selbst stammten aus Unterlagen aus Prozessen, die während der NS-Zeit vor den Landgerichten Chemnitz, Zwickau, Leipzig, Dresden und Bautzen, vor dem Oberlandesgericht Dresden und vor dem Sondergericht Freiberg geführt wurden. Deren lückenhafte Akten wurden in Beständen zu den Haftanstalten Bautzen, Waldheim, Klein-Meusdorf, Hoheneck und Zwickau sowie zu den Gefangenenbüchern Leipziger Haftorte eingesehen. Weitere Namen entstammen VVN-Fragebögen und Karteikarten der Bezirke Dresden, Leipzig und Karl-Marx-Stadt. Leider ist bis heute der Zugang zu Prozess-Akten des Landgerichts Chemnitz, bei denen nach Kriegsende 1945 in der SBZ Personen wegen Verbrechen gegen die Menschlichkeit verurteilt wurden, nicht möglich.[23]

Parteipolitisch betrachtet stammte die größte Häftlingsgruppe aus den Reihen der KPD sowie deren Gliederungen und Vorfeldorganisationen. Von den bereits erwähnten 3 400 namentlich bekannten Häftlingen, zu denen Angaben zur Parteizugehörigkeit vorliegen, stammten 1952 aus dem kommunistischen Umfeld, davon 1839 direkt aus der KPD. Das waren also ca. 55 Prozent aller Häftlinge. Kommunisten waren die ersten Schutzhäftlinge, die Anfang Mai 1933 aufgrund der ersten großen Verfolgungswelle gegen die KPD eingeliefert wurden. Neben einfachen Mitgliedern und Funktionären befanden sich 1933 sämtliche KPD-Stadtverordneten aus Chemnitz in Haft. Im Laufe der Jahre wurden weitere Stadtverordnete, Landtagsabgeordnete und Reichstagsabgeordnete inhaftiert, darunter der reichsweit bekannte KPD-Reichstagsabgeordnete Hugo Gräf. Die folgende Tabelle gibt einen Überblick über diesen Teil der Häftlingsgesellschaft, wobei es infolge von Doppel-

und Dreifachmitgliedschaften (ein KPD-Mitglied konnte auch Mitglied des Rotfrontkämpferbundes (RFB) oder des KJVD sein) zu Mehrfachnennungen kommt:

Häftlingsgruppe der Kommunisten Kommunistische Partei Deutschlands, Kommunistische Partei-Opposition und weitere wichtige KPD-nahe Verbände und Gliederungen	**Anzahl der Häftlinge**
KPD	1839
KPD-Opposition	8
KJVD	141
Ehemaliger Roter Frontkämpferbund (RFB)	270
Rote Wehr	42
Rote Sporteinheiten	124
Revolutionäre Gewerkschafts-Opposition (RGO)	258
Kampfbund gegen den Faschismus	75
Rote Hilfe Deutschlands (RHD)	557
Internationale Arbeiterhilfe (IAH)	171

Von den 3485 in der Tabelle aufgeführten Nennungen können 1952 Personen, die zum kommunistischen Umfeld gerechnet werden können, herausgefiltert werden. Ohne Mehrfachzählung gehörten 1839 Häftlinge der KPD, acht der KPD-O, 73 dem KJVD, 15 den Roten Sporteinheiten, acht dem RFB, sieben der RHD sowie zwei dem Kampfbund gegen den Faschismus an. Mancher Häftling ist beispielsweise zusätzlich noch Mitglied in der RGO, RHD, IAH oder in Sportverbänden sowie proletarischen Kulturgruppen gewesen.[24] Aus dem kommunistischen Teil der Häftlingsgesellschaft kamen auch diejenigen, die mit Abstand am längsten und auch mehrfach im Lager untergebracht waren. Vornehmlich aus ihren Reihen rekrutierten sich Lagerälteste, Arbeitstruppführer (Steinbruch, Straßen-, Wege- und Hausbau, Tischlerei, Flussregulierung, Schmiede, Schneiderstube, Küche, Schlosserei, Jauchenkolonne) und Mitglieder der illegalen Lagerleitung. Einige von ihnen, beispielsweise die KPD-Mitglieder Heinz Wesche aus Chemnitz und Friedrich Dasecke aus Leipzig, ließen sich für die SA und die NSDAP einspannen, indem sie ab Herbst 1933 propagandistisch für das Regime tätig wurden.[25]

Zwischen den großen Gruppen der Kommunisten und Sozialdemokraten bzw. Sozialisten sind jene Häftlinge anzusiedeln, die in den Akten als Anarchosyndikalisten, als Proletarische Freidenker oder als Mitglieder des Arbeiter-Turn- und Sportbundes (ATSB) hervortreten. Mindestens acht Häftlinge gehörten der anarchosyndikalistischen Freien Arbei-

23 In der BStU-Außenstelle Chemnitz lagert ein Aktenbestand über die verurteilten Personen, aber in der Kurzfassung der Begründung ist alles anonymisiert, so dass keine Namen ermittelt werden können. Eine Anfrage beim Landgericht Chemnitz ergab 2016, dass Akten der Prozesse zwischen 1945 und 1951 nicht vorhanden sind. **24** Vgl. Häftlingsübersicht zum KZ Sachsenburg, Dietmar Wendler. **25** Vgl. dazu den Beitrag von Udo Grashoff über Opportunismus und Überläufertum in diesem Band.

ter-Union Deutschlands (FAUD) an, 35 zählten zu den Proletarischen Freidenkern und 76 zum ATSB, der als größte, eher sozialdemokratisch geprägte Kraft der Arbeiterbewegung angesehen werden kann.[26]

Als zweitgrößte Gruppe der Häftlingsgesellschaft rangierte deutlich hinter den Kommunisten die Gruppe der Sozialdemokraten und Sozialisten, die ebenfalls seit Frühjahr 1933 verfolgt worden war. Unter den 439 Sozialdemokraten und Sozialisten finden sich ebenfalls einfache Mitglieder, aber auch – wie im Falle der KPD – vormalige Stadtverordnete, Landtagsabgeordnete und Reichstagsabgeordnete. Zu den bekanntesten im KZ Sachsenburg inhaftierten Sozialdemokraten zählten der Chemnitzer SPD-Reichstagsabgeordnete Bernhard Kuhnt und der Geschäftsführer der SPD-Landtagsfraktion Otto Nebrig, der noch am 23. Mai 1933 im Sächsischen Landtag das »Nein« der SPD-Fraktion zum sächsischen Ermächtigungsgesetz begründet hatte.[27] Zu den später Eingelieferten gehörte der vormalige Jugendleiter der Chemnitzer SPD, Erich Mückenberger, der nach seiner Verhaftung wegen illegaler Tätigkeit vom November 1935 bis August 1936 in Sachsenburg einsaß. Seine Chemnitzer Gruppe war durch Verrat aus den eigenen Reihen 1935 aufgeflogen.[28] In der folgenden Tabelle sind sowohl SPD und SAP, die Linksabspaltung der SPD, als auch verschiedene sozialdemokratische Gliederungen und Vorfeldorganisationen berücksichtigt worden:

Häftlingsgruppe der Sozialdemokraten/Sozialisten Sozialdemokratische Partei Deutschland und wichtige Verbände/Gliederungen	**Anzahl der Häftlinge**
SPD	377
Sozialistische Arbeiterpartei Deutschlands (SAP)	51
Sozialistische Arbeiter-Jugend (SAJ)	11
Reichsbanner Schwarz-Rot-Gold (RB)	102
Gesamt ohne RB[29]	**439**

Im Lager selbst bemühten sich Sozialdemokraten und Sozialisten um einen engen Zusammenhalt, wobei sich das Verhältnis zu den Kommunisten zumindest ambivalent gestaltete: Während Otto Meinel für den Spätherbst 1933 und wegen der kommunistischen Überläufer und deren Propaganda für das NS-Regime eine distanzierte Haltung zu den Kommunisten konstatierte,[30] dürfte für die spätere Zeit auch der Gedanke der Solidarität, der gegenseitigen Achtung und Hilfe prägend gewesen sein.[31] Der 1945/46 als Befürworter der Vereinigung von KPD und SPD auftretende Erich Mückenberger hatte bereits in Sachsenburg den Schulterschluss mit den Kommunisten vollzogen. Andererseits ist anzunehmen, dass sich infolge der Einschüchterung in Sachsenburg Sozialdemokraten wie Bernhard Kuhnt oder Max Pampel nach ihrer Freilassung jeglicher politischer Betätigung enthielten, während andere, wie Otto Nebrig oder Erwin Hartsch, nach ihrer Entlassung erneut illegal tätig wurden.[32] Während letztere trotz Bedenken SED-Mitglieder wurden und zeitweise auch Funktionen in der SED übernahmen,[33] entschieden sich andere (wie Kurt Glaser) im Exil für einen Wegzug in die Westzonen.

Eine dritte Häftlingsgruppe aus den Reihen der Arbeiterbewegung, die allerdings keine eigene Partei umfasste, sondern eher parteiübergreifend wirkte, bildeten die Mitglieder von Gewerkschaften.[34] Ungeachtet der spärlichen Überlieferungen lässt sich zumindest konstatieren, dass in den Einzelverbänden der Gewerkschaften (Bau-, Holz-, Metall-, Textil-, Bergbau, Landarbeiter u. a. m.) viele Mitglieder der linken Arbeiterparteien, aber auch Christen beider Konfessionen und Parteilose verankert gewesen sind. Im Wesentlichen haben wir es mit zwei gewerkschaftlichen Dachverbänden zu tun, deren Mitglieder in Sachsenburg einsaßen: Dem sozialdemokratisch orientierten Allgemeinen Deutschen Gewerkschaftsbund (ADGB) und mit der 1929 von den Kommunisten abgespaltenen Roten Gewerkschaftsopposition (RGO), in der sich beinahe ausnahmslos Kommunisten konzentrierten. Deshalb sind die letztgenannten RGO-Mitglieder, die bereits als Kommunisten ausgewiesen worden sind, auch in diese Gemeinschaft mit einzubeziehen.

Häftlingsgruppe der Gewerkschafter	Anzahl der Häftlinge
Gewerkschafter allgemein	211
Deutscher Metallarbeiterverband	219
Deutscher Textilarbeiterverband	58
Gesamt (ohne RGO)	**488**

Bemerkenswert ist, dass über die 211 ermittelten »allgemeinen« Gewerkschaftsmitglieder hinaus zwei Gruppen von Einzelgewerkschaften dominieren – die Metall- und Textilarbeiter. Dies erscheint vor dem Hintergrund der gerade in Sachsen weit verbreiteten Metall- und Textilindustrie nicht verwunderlich. Rechnet man zu den in der Tabelle aufgelisteten Gruppen noch die 258 Mitglieder der RGO dazu, so lassen sich 746 gewerkschaftlich organisierte Häftlinge nachweisen.[35]

26 Vgl. Häftlingsübersicht zum KZ Sachsenburg, Dietmar Wendler. **27** Vgl. Mike Schmeitzner, Otto Nebrig (1876–1969). Der vergessene Parlamentarier. In: Michael Rudloff/Mike Schmeitzner (Hg.), »Solche Schädlinge gibt es auch in Leipzig«. Sozialdemokraten und die SED, Frankfurt am Main 1997, S. 86–90. Nebrig war im Sommer 1933 für mehrere Wochen im KZ Sachsenburg inhaftiert. Vgl. ebd., S. 88. **28** Georg M. wurde für den Verrat vom Landgericht Chemnitz am 15. 10. 1947 (KStKs 11/47) zu fünf Jahren Gefängnis verurteilt (BStU ASt Chemnitz, XX-3226, Bd. 10, 000060). Leider konnte beim Landgericht Chemnitz nicht Einsicht in diese Akte genommen werden, da – so die Auskunft – keine Akte vorhanden sei, obwohl ein großer Aktenbestand Mitte der 90er-Jahre vom SächsStA-C an das Landgericht übergeben worden ist. **29** Die Zahl der Reichsbannermitglieder bleibt hier deswegen ausgeklammert, weil angenommen werden kann, dass ein Großteil davon Mitglied der SPD war. **30** Vgl. Otto Meinel, Sachsenburg. In: Konzentrationslager. Ein Appell an das Gewissen der Welt. Ein Buch der Greuel. Die Opfer klagen an, Karlsbad 1934, S. 157–163, S. 162 f. **31** Vgl. etwa das Interview mit Karl Stenzel vom 12. 6. 2009. In: Initiative Klick/Volkshochschule Chemnitz/Stadtbibliothek Chemnitz (Hg.), Medienbox zur Geschichte des Konzentrationslagers Sachsenburg. Ein Angebot zur selbstständigen Auseinandersetzung mit der Geschichte des KZ Sachsenburg, Chemnitz 2014, S. 41–43. **32** Zu Hartsch vgl. Michael Rudloff, Stanislaw Trabalski (1896–1985). Eine Biographie zwischen den politischen Systemen. In: Ders./Schmeitzner (Hg.), Sozialdemokraten und die SED, S. 13–68, hier 31 f. **33** Vgl. Schmeitzner, Otto Nebrig, S. 89 f. **34** Vgl. dazu den Beitrag von Willy Buschak über die Gewerkschafter in diesem Band. **35** Vgl. Häftlingsübersicht zum KZ Sachsenburg, Dietmar Wendler.

Während die Häftlingsgruppen der Kommunisten, Sozialdemokraten bzw. Sozialisten und Gewerkschafter von Frühjahr 1933 an und bis zur Auflösung des Lagers im Sommer 1937 das Häftlingsbild bestimmten, ja in der ersten Phase (1933/34) dieses Bild fast ausschließlich prägten, änderte sich die Zusammensetzung ab 1935 wenigstens tendenziell. Nun kamen verstärkt auch Bibelforscher (Zeugen Jehovas), christliche Pfarrer beider Konfessionen, Juden und »Vorbeugehäftlinge« hinzu.

Bei der größten der rasch anwachsenden »neuen« Häftlingsgruppen handelte es sich um die Bibelforscher (Zeugen Jehovas), die seit 1935 verstärkter Verfolgung unterlagen.[36] Für diese Häftlingsgruppe konnten von Gerald Hacke 368 Personen bisher namentlich ermittelt werden – mithin eine Zahl, die unter der seit 1936 im Exil kursierenden Zahl von 400 liegt.[37] Unter ihnen befanden sich auch elf Frauen, die in Sachsenburg registriert wurden. Da das KZ Sachsenburg jedoch ein reines Männer-KZ war, transportierte man diese Frauen als Schutzhäftlinge in Gefängnisse nach Chemnitz, Leipzig, Dresden oder in das KZ Moringen, später auch in das KZ Lichtenburg.[38] Die Glaubensgemeinschaft war vom NS-Regime bereits 1933 verboten worden. Ihre Mitglieder erkannten Hitler nicht als Führer an, sie blieben überdies den von der NSDAP verordneten Einheitslistenwahlen und Volksabstimmungen fern. Mit der Einführung der Wehrpflicht und mit entsprechenden Gestapo-Erlassen stiegen die Verhaftungen seit 1935 sprunghaft an. In Sachsenburg einsitzende Personen befanden sich zum Teil mehrfach in Haft.[39]

Eine ganz ähnliche Tendenz ließ sich auch bei den in Sachsenburg inhaftierten Juden feststellen.[40] Für die Zeit von 1933 bis zur Auflösung des Lagers 1937 konnten bisher 54 jüdische Bürger ermittelt werden. Auch ihre Zahl erhöhte sich ab 1935, was mit der Radikalisierung der NS-Judenpolitik, vor allem aber mit den »Nürnberger Gesetzen« von September 1935 zusammenhing. Nunmehr war verschiedentlich auch von einer »Judenabteilung« in Sachsenburg die Rede. Von den Inhaftierten besonders betroffen waren zumeist jüdische Ärzte und Intellektuelle; immer öfter gerieten Juden wegen »Rassenschande« in Schutzhaft. Die NSDAP-Gauzeitung »Der Freiheitskampf« drohte in dieser Hinsicht ganz offen mit einer Inhaftierung im KZ Sachsenburg.[41] Die Behandlung durch die SS-Wachmannschaften verschärfte sich von Jahr zu Jahr. Den Tiefpunkt der unmenschlichen Behandlung bildete die brutale Ermordung des vormaligen Redakteurs der »Dresdner Volkszeitung«, Dr. Max Sachs, der jüdischer Abstammung und SPD-Mitglied war.[42]

Ebenfalls ab 1935 geriet die relativ kleine Häftlingsgruppe aus christlichen Pfarrern beider Konfessionen im KZ Sachsenburg in Haft.[43] Insgesamt konnten 26 Pfarrer (evangelische und katholische) im KZ Sachsenburg namentlich ermittelt werden. Den Anfang machte hier die Inhaftierung von 21 Pfarrern der Bekennenden Kirche (BK) ab Frühjahr 1935.[44] Das mehrwöchige Martyrium, das direkt auf Anweisungen des sächsischen Gauleiters Martin Mutschmann zurückzuführen war, sorgte für internationales Aufsehen. Proteste im In- und Ausland konnten so eine relativ rasche Freilassung bewirken. Ein Pfarrer der betroffenen Gruppe, der Tannenberger BK-Aktivist Johannes Ackermann, wurde 1935 jedoch ein zweites Mal nach Sachsenburg verbracht.[45] Ein katholischer Pfarrer aus Chemnitz verstarb wenige Jahre später an den Haftfolgen.[46]

Die letzte hier vorzustellende Gruppe ist zumindest für die Zeit von 1933 bis Anfang 1937 nur schwer greifbar – die sogenannten Kriminellen.[47] Für die ersten Jahre des Bestehens des KZ Sachsenburg ließen sich keine Unterlagen auffinden, obwohl die Existenz dieser Gruppe belegt ist. Politische Häftlinge verwiesen in Zeitzeugengesprächen sowie in ihren schriftlichen Aufzeichnungen stets auf kriminelle Häftlinge, die von Beginn an auch in Sachsenburg in Schutzhaft saßen. Diese Gruppe war dazu bestimmt, politische Häftlinge in der Öffentlichkeit als Kriminelle bloßzustellen. Sie sollten im Auftrag von SA und SS auch Spitzeltätigkeiten unter den politischen Häftlingen übernehmen.[48] Nur für die letzten Wochen der Existenz des Lagers konnten Namenslisten im ITS gefunden werden. Ihnen zufolge kamen um den 10. März 1937 ca. 380 als »Vorbeugehäftlinge« bezeichnete Personen aus dem heutigen Nordrhein-Westfalen in das KZ Sachsenburg.[49] Insgesamt können bisher 479 Kriminelle namentlich nachgewiesen werden. Darunter befinden sich Personen, die wegen kleinerer krimineller Delikte (Diebstahl, betrügerische Handlungen u. a.) verfolgt wurden, ebenso aber auch Personen, die als Opfer der neuen eugenischen Zwangsmaßnahmen (Sterilisation) oder wegen Unzucht (Homosexualität) betroffen waren.[50]

Wie schon bei der letztgenannten Gruppe der sogenannten Kriminellen deutlich wurde, gehörten zu den Insassen des KZ Sachsenburg nicht nur Personen aus Sachsen selbst, sondern auch aus anderen Teilen des Deutschen Reiches. Dieser Kreis umfasst nach bisherigen Recherchen mehr als 500 Personen und weist damit über die Gruppe der sogenannten Kriminellen hinaus. Auch politisch Verfolgte wie der vormalige Vorsitzende des Deutschen Metallarbeiterverbandes, Alwin Brandes aus Berlin, wurden hier inhaftiert. Die regionale Verteilung der Inhaftierten, bei der die Kreishauptmannschaft Chemnitz nicht von ungefähr an erster Stelle steht, zeigt die folgende Tabelle, die 7 186 betroffene Personen enthält:[51]

36 Vgl. zu dieser Gruppe den Beitrag von Gerald Hacke in diesem Band. **37** Vgl. Union für Recht und Freiheit (Hg.), Der Strafvollzug im III. Reich, Prag 1936, S. 15. **38** Vgl. Häftlingsübersicht zum KZ Sachsenburg, Dietmar Wendler. **39** Vgl. ebd. **40** Vgl. den Beitrag über jüdische Häftlinge im KZ Sachsenburg von Jürgen Nitsche in diesem Band. **41** Wir dulden keine Verseuchung des Blutes! In: Der Freiheitskampf, amtliche Tageszeitung der NSDAP, Gau Sachsen, Nr. 198, vom 18. 7. 1935. **42** Vgl. den Beitrag von Swen Steinberg über Max Sachs in diesem Band. **43** Vgl. die Beiträge von Birgit Mitzscherlich und Boris Böhm in diesem Band. **44** Zur Anzahl der 1935 verhafteten Pfarrer variieren Quellen und Literatur. **45** Vgl. Burgstädter Anzeiger vom 15. 3. 2012 sowie Blattsammlung in den ITS Archives, Bad Arolsen (Fernschreiben vom 1. 10. 1935). Die Entlassung Ackermanns wird dort mit 15.10 Uhr bestätigt. **46** Es handelt sich hierbei um den Pfarrer Joseph Schwarz, der 1943 starb. Vgl. den Beitrag von Birgit Mitzscherlich in diesem Band. **47** Vgl. zu dieser Gruppe Julia Hörath, Terrorinstrument der »Volksgemeinschaft«? KZ-Haft für »Asoziale« und »Berufsverbrecher« 1933 bis 1937/38. In: Zeitschrift für Geschichtswissenschaft, 60 (2012) 6, S. 513–532. **48** Vgl. etwa Deutschland-Bericht der Sopade, 4 (1936) 12, S. 1622. **49** ITS Archives, Bad Arolsen, ID 5442809. **50** Häftlingsübersicht zum KZ Sachsenburg, Dietmar Wendler. **51** Vgl. ebd.

Zuordnung nach Regionen	Anzahl der Häftlinge
Ausland	7
Staatenlos	1
Deutsches Reich (außer Sachsen)	502
Kreishauptmannschaft Chemnitz	2689
▪ davon Stadt Chemnitz	566
▪ davon Amtshauptmannschaft Chemnitz	470
Kreishauptmannschaft Dresden	707
Kreishauptmannschaft Leipzig	2415
Wohnort unbekannt	865

Wie aus der Tabelle ersichtlich ist, wurden auch Ausländer nach Sachsenburg verbracht. Hierunter befanden sich Bürger aus der Tschechoslowakei, Polen und Italien, die allesamt namentlich bekannt sind. Zudem gibt es Hinweise darauf, dass auch zwei Schweizer Bürger für ein halbes Jahr in Sachsenburg in Schutzhaft gewesen sind; dies ergibt sich jedenfalls aus Prozessunterlagen des Amtsgerichts Chemnitz aus der Zeit nach 1945.[52] Weitergehender Forschungsbedarf ist mit Blick auf die Gesamtzahl der Häftlinge und der einzelnen Gruppen festzustellen: So bleibt zu klären, wie groß der Kreis der »in Ungnade gefallenen« Nationalsozialisten war, die als Gruppe ebenfalls in Sachsenburg inhaftiert gewesen ist; dasselbe trifft auf inhaftierte Polizisten zu, die als Mitglieder der SPD mit Einführung des Berufsbeamtengesetzes 1933 nach Sachsenburg kamen. Überdies ist aufzuklären, wie viele zurückgekehrte deutsche Exilanten in Sachsenburg vorübergehend eingeliefert worden sind und wie viele Entlassene anschließend in die Sowjetunion ins Exil oder auch zu den Interbrigaden nach Spanien gingen.

52 Vgl. BStU, MfS BV Karl-Marx-Stadt, BV XX 3226.

Bert Pampel · Mike Schmeitzner

KOMMUNISTEN IM KZ SACHSENBURG

Mitglieder und Funktionäre der Kommunistischen Partei Deutschlands (KPD) und ihres Umfeldes bildeten als Hauptgegner der Nationalsozialisten die zahlenmäßig größte einzelne Gruppe von Schutzhäftlingen, nicht nur im KZ Sachsenburg. Um diese wichtige Häftlingsgruppe in Bezug auf ihre zahlenmäßige Größe, ihre Binnendifferenzierung und ihre Entwicklung zwischen 1933 und 1937 genauer zu beschreiben, sollen auf Basis des aktuellen Forschungsstandes Antworten auf folgende Fragen gesucht werden: Wie hoch war der Anteil der kommunistischen Häftlinge unter den Gefangenen des KZ Sachsenburg in den verschiedenen Phasen des Lagers? Wie viele von ihnen waren Funktionäre bzw. einfache Mitglieder? Welche Formen von Widerstand, aber auch von Kollaboration gab es? Wie wurden die Kommunisten von der SA und der SS behandelt und intern beurteilt? Welche Nachwirkungen hinterließ die Schutzhaft bei den kommunistischen Gefangenen? Gelang bei ihnen tatsächlich die »Erziehung ›zur Volksgemeinschaft‹« (Carina Baganz), oder waren ideologische Abhärtung, Widerstand und innere Emigration die verbreiteten Folgen? Wie erging es ihnen nach der Entlassung?

Unsere Ausführungen basieren zum einen auf umfangreichen Archivrecherchen von Dietmar Wendler aus Chemnitz, dem wir für die Unterstützung bei der Erarbeitung dieses Beitrages danken. Zum anderen veranschaulichen wir neben den »nackten Zahlen« anhand von bekannten, aber auch weniger bekannten Personen exemplarische Einzelschicksale, die in gewissem Maße als repräsentativ gelten können. Hierfür konnten zum Teil Beurteilungen der SS für Häftlinge herangezogen werden, die heute im ITS Bad Arolsen archiviert sind. Ausführlichere Einzelbiografien in zusätzlichen Beiträgen des Sammelbandes ergänzen die Darstellung.[1] Mit unserem Beitrag betreten wir allerdings keineswegs komplett Neuland, auch wenn eine zusammenfassende systematische Darstellung kommunistischer Schutzhäftlinge im KZ Sachsenburg bislang nicht vorliegt. Das Bild von dieser Gruppe wird bislang vor allem durch eine Vielzahl veröffentlichter Einzelschicksale geprägt – etwa durch die in der DDR von der SED-Kreisleitung Hainichen in mehreren Auflagen herausgegebene Broschüre »Tausend Kameraden Mann an Mann«[2] sowie durch

1 Vgl. die Beiträge von Udo Grashoff, Konstantin Seifert und Lars Förster in diesem Band. **2** Tausend Kameraden Mann an Mann. Beiträge zur Geschichte des antifaschistischen Widerstandskampfes im Konzentrationslager Sachsenburg, Hg. von der Kreisleitung der SED Hainichen, 3., überarb. Aufl., 1987.

die Veröffentlichungen von Carina Baganz,[3] Dietmar Wendler,[4] der Vereinigung der Verfolgten des Naziregimes/Bund der Antifaschisten (VVN-BdA) Stadtverband Chemnitz und der Lagerarbeitsgemeinschaft KZ Sachsenburg (LAG).[5]

QUANTITATIVE UND QUALITATIVE DIMENSIONEN

Die exakte Zahl der kommunistischen Gefangenen und ihr Anteil an der Gesamtheit der Sachsenburg-Häftlinge war bislang nicht bekannt. Nach Einschätzungen von Häftlingen sollen Kommunisten und Sozialdemokraten in der ersten Phase des Lagers unter SA-Bewachung etwa gleich stark vertreten gewesen sein.[6] Nach Dietmar Wendlers Forschungen ließen sich bislang ca. 7 200 Häftlinge (Stand: Herbst 2017) nachweisen, und von diesen waren wiederum nur im Falle von ca. 3 400 Häftlingen mehr als lediglich die Namen zu ermitteln. Nimmt man die letztgenannte Zahl zur Hand und stellt ihr die Zahl von 1 952 Häftlingen gegenüber, die der KPD und deren politischem Umfeld zugerechnet werden können, dann lag der Anteil der Kommunisten bei 57 Prozent.[7]

In den ersten Monaten des Bestehens des Lagers dürfte die Quote mehr als 50 Prozent betragen haben, denn die KPD und ihre Vorfeldorganisationen unterlagen bereits seit Februar 1933 einer flächendeckenden rigorosen Verfolgung durch die Nationalsozialisten. Ab Frühsommer 1933 kam dann mit der Verfolgung von Sozialdemokraten – vor allem nach dem Verbot der SPD am 22. Juni 1933 – eine weitere starke Häftlingsgruppe hinzu. Nach der Übernahme des Lagers durch die SS und der Unterstellung unter die Inspektion der Konzentrationslager blieben politische Häftlinge nach wie vor in der Überzahl, doch nahmen andere Häftlingsgruppen, wie Zeugen Jehovas, jüdische Häftlinge und Gefangene in »Vorbeugehaft«, zahlenmäßig zu. Die kommunistischen Häftlinge blieben jedoch zwischen 1933 und 1937 die zahlenmäßig stärkste einzelne Gruppe im Lager.

Die kommunistischen Häftlinge stammten in der Frühphase des Lagers vor allem aus dem Raum Chemnitz und aus dem Vogtland, später, im Zuge der Konzentration der Schutzhäftlinge an ausgewählten Haftorten, aus ganz Sachsen. Die festgesetzten Kommunisten lassen sich zum einen hinsichtlich Zeitpunkt, Umständen und Gründen ihrer Einlieferung in das KZ Sachsenburg in drei Gruppen unterteilen:

- Menschen, die aufgrund ihrer lokalen, regionalen oder gar reichsweiten Aktivitäten, politischen Ämter oder Parteifunktionen in der Zeit der Weimarer Republik ab März 1933 vorbeugend ohne vorherige Verurteilung in Schutzhaft genommen wurden, um die KPD als Organisation auszuschalten. Die meisten von ihnen gelangten bis Ende 1933 bzw. bis zur Übernahme des Lagers Sachsenburg durch die SS im Frühsommer 1934 zur Entlassung.
- Häftlinge, die den ersten Verhaftungswellen nach dem Reichstagsbrand im Februar 1933 und der Reichstagswahl im März 1933 entgingen und versuchten, die KPD illegal neu zu formieren und sich gegen das NS-Regime zur Wehr zu setzen. Sie wurden dafür zunächst von der Justiz wegen »Hochverrat«, »Waffenbesitz«, »Druckschriften« oder

»Flugblattaktionen« verurteilt und nach Verbüßen ihrer Strafe in Zuchthäusern und Gefängnissen in Sachsenburg in Schutzhaft genommen.
- Personen, die nach Heinrich Himmlers Anweisung an Reinhard Heydrich vom 12. Juli 1935, »die Zahl der Schutzhäftlinge aus den Reihen der ehem. K.P.D-Funktionäre in dem folgenden Monat um tausend« zu vermehren,[8] in Schutzhaft genommen wurden.

Darüber hinaus lassen sich die kommunistischen Häftlinge aber auch entlang ihrer Funktionen vor der Verhaftung unterscheiden in:

- Leitende Parteifunktionäre und Mandatsträger (Reichstagsabgeordnete, Mitglieder des ZK der KPD, Abgeordnete des Sächsischen Landtags, Funktionäre der KPD-Bezirksleitung Sachsen oder der Unterbezirke),[9]
- Funktionäre auf kommunaler Ebene (Stadtverordnete, Stadträte, Funktionäre von Straßen- und Betriebszellen, Journalisten und Verleger von Lokalzeitungen),
- aktive Parteimitglieder (Zeitungsverteiler, Kassierer usw.).

Namentlich hervorzuheben sind hier besonders die Reichstagsabgeordneten Hugo Gräf, Georg Schumann und Friedrich Marschner, die Abgeordneten des Sächsischen Landtages Rudolf Renner, Georg Schwarz, Willy Mehlhorn, Ernst Scheffler, Kurt Sindermann und Otto Hermann sowie die Stadtverordneten Heinz Wesche, Otto Hofmann, Richard Uhlmann und Fritz Matschke. Otto Engert, der 1933 in Leipzig verhaftet wurde, hatte in den 1920er-Jahren dem Thüringischen Landtag angehört und war nach seinem Ausschluss aus der KPD als Kandidat der KPD-Opposition (KPD-O) 1929 mit den Stimmen von SPD und KPD-O zum

3 Carina Baganz, Erziehung zur »Volksgemeinschaft«? Die frühen Konzentrationslager in Sachsen 1933–34/37, Berlin 2005, insbes. S. 108–117, S. 118–123, 198–206 sowie S. 253–257. **4** Dietmar Wendler, Das frühe Konzentrationslager Sachsenburg. Ein Ort des faschistischen Terrors in Sachsen (= Sonderheft 2013 des Sachsenburger Mahn Ruf), Chemnitz 2013. **5** Vereinigung der Verfolgten des Naziregimes/Bund der Antifaschisten/VVN-BdA Stadtverband Chemnitz/Rosa-Luxemburg-Stiftung Chemnitz (Hg.), Sachsenburg. Dokumente und Erinnerungen, Neuauflage Chemnitz 2008; LAG Sachsenburg (Hg.), Mahn Ruf, Jahresschriften 2010 und 2011. Enrico Hilbert hat in einem später veröffentlichten Vortrag aus verschiedenen, leider ungenannt bleibenden Quellen Informationen zum kommunistischen Widerstand im KZ Sachsenburg zusammengetragen: Zum Widerstand hinter dem Stacheldraht des Konzentrationslagers Sachsenburg. In: Mahn Ruf 2011, S. 27–34. **6** Vgl. Otto Meinel, Sachsenburg. In: Konzentrationslager. Ein Appell an das Gewissen der Welt. Ein Buch der Greuel. Die Opfer klagen an, Karlsbad 1934, S. 157; Bodo Ritscher, Mit der Geschichte leben. In: Sachsenburg. Dokumente und Erinnerungen, Hg. vom Interessenverband der Teilnehmer am antifaschistischen Widerstand, Verfolgter des Naziregimes und Hinterbliebener e.V., Stadtvorstand Chemnitz, Chemnitz 1994, S. 62. **7** Die Zahlen verstehen sich als Näherungswert und sind nur bedingt belastbar. Vgl. für die weitere Ausdifferenzierung der Häftlingsgruppe den Beitrag von Dietmar Wendler in diesem Band. **8** Zitiert nach Johannes Tuchel, Konzentrationslager. Organisationsgeschichte und Funktion der »Inspektion der Konzentrationslager« 1934–1938, Boppard am Rhein 1991, S. 311. **9** 1929 zählte die KPD 27 Bezirke, 1931 24 Bezirke. Diese waren die wichtigste Verbindung zwischen Parteiführung und Unterbezirken, Ortsgruppen, Betriebs- und Straßenzellen. Als entscheidendes Machtorgan fungierte nicht die Leitung, sondern deren Sekretariat. Anfang 1931 war der Bezirk Sachsen der nach der Mitgliederzahl reichsweit mit 13,8 Prozent zweitstärkste. Vgl. Hermann Weber, Hauptfeind Sozialdemokratie. Strategie und Taktik der KPD 1929–1933, Düsseldorf 1982, S. 99 f.

GEFANGENE

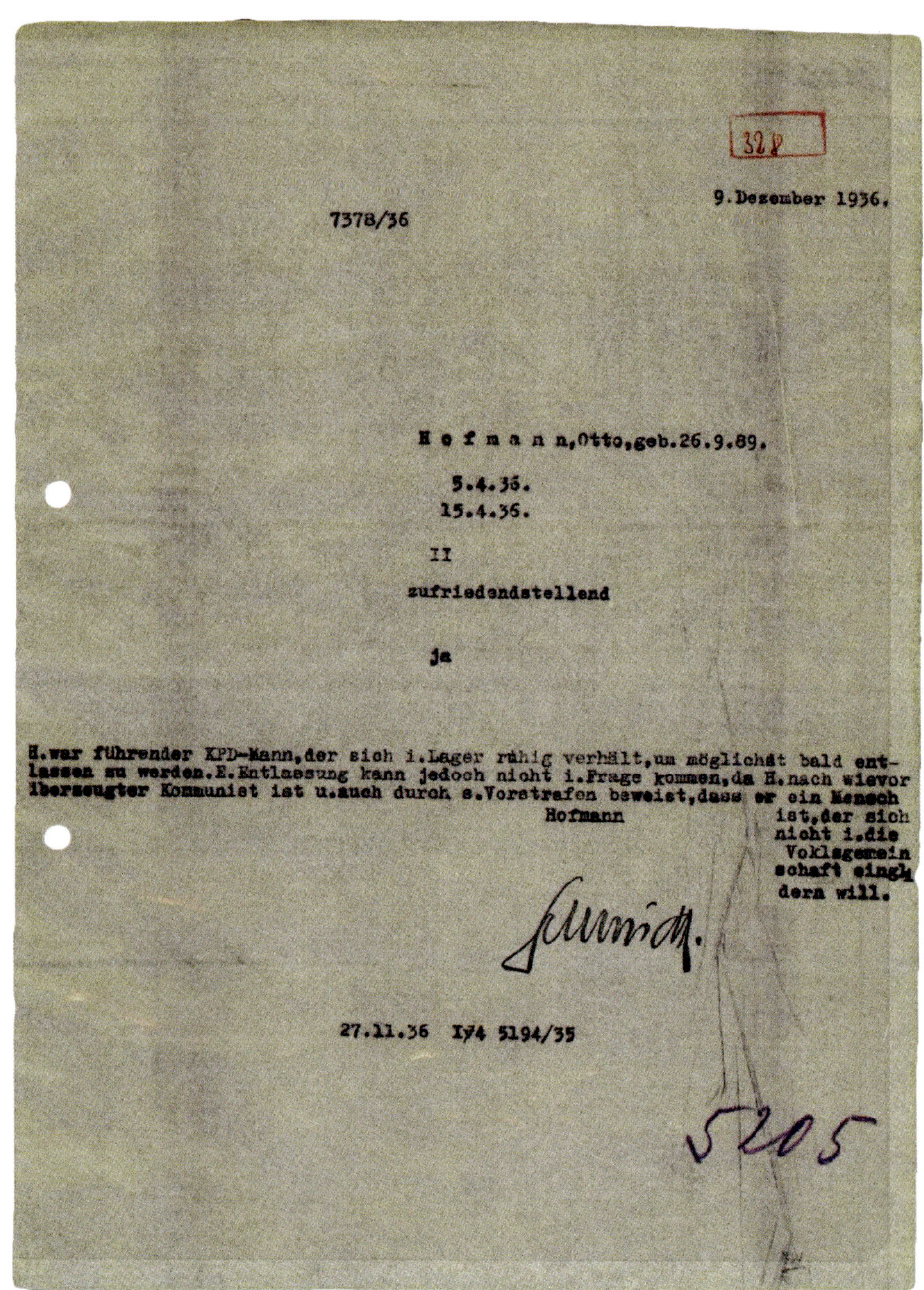

328

9.Dezember 1936.

7378/36

H o f m a n n,Otto,geb.26.9.89.

5.4.36.
15.4.36.

II

zufriedendstellend

ja

H.war führender KPD-Mann,der sich i.Lager ruhig verhält,um möglichst bald entlassen zu werden.E.Entlassung kann jedoch nicht i.Frage kommen,da H.nach wievor überzeugter Kommunist ist u.auch durch s.Vorstrafen beweist,dass er ein Mensch ist,der sich nicht i.die Volksgemeinschaft eingliedern will.

Hofmann

27.11.36 I/4 5194/35

5205

SS-Beurteilung für Otto Hofmann, 9. 12. 1936

ITS Archives, Bad Arolsen, Nr. 6725

Bürgermeister von Neuhaus am Rennweg gewählt worden.[10] Nicht zu unterschätzen ist die Inhaftierung von kommunistischen Journalisten und Verlegern, zielte deren Internierung doch gegen die besonders in Sachsen starke Presse der KPD.[11] Aus dieser Gruppe sind etwa Johannes König, der Chefredakteur der Chemnitzer Tageszeitung »Kämpfer«, oder Carl Bobach, der Redakteur der Wochenzeitschrift »Illustriertes Volksecho«, zu nennen. Aber auch Jugendfunktionäre wie Walter Janka und Heinz Gronau oder Presseverteiler wie Kurt Kohlsche und junge Gewerkschaftsaktivisten wie Paul Gruner waren von der Verfolgung betroffen. Viele der Genannten gehörten vor der Haft sowohl der KPD als auch zugleich kommunistischen Neben- und Vorfeldorganisationen an, zum Beispiel dem Bund proletarisch-revolutionärer Schriftsteller (BPRS), dem Kommunistischen Jugendverband Deutschlands (KJVD), der Revolutionären Gewerkschaftsopposition (RGO), der Roten Hilfe (RHD) oder paramilitärischen Wehrorganisationen wie dem Roten Frontkämpferbund (RFB) bzw. dessen Nachfolgern. Sie alle werden nachfolgend ebenso dem Spektrum der KPD und ihrem Umfeld zugerechnet wie die Mitglieder der 1928 als Rechtsabspaltung der KPD gegründeten Kommunistischen Partei-Opposition (KPD-O).

BEURTEILUNGEN DURCH DIE SA UND SS

Versucht man Antworten auf die eingangs aufgeworfenen Fragen zu finden – etwa nach der ideologischen Abhärtung und Unbeugsamkeit kommunistischer Häftlinge – dann können die vorliegenden Beurteilungen seitens des Wachpersonals nur beschränkt Auskunft geben. Zuerst ist festzustellen, dass lediglich für den Zeitraum vom Spätherbst 1934 bis zum Sommer 1937 Beurteilungen zu Personen überliefert sind, die aus dem Umfeld der KPD stammen. Dies jedenfalls ergab eine Stichprobe zu Personen, deren Namen mit den Anfangsbuchstaben A bis K beginnen. Der genannte Zeitraum macht zudem deutlich, dass auf Beurteilungen der SA nicht zurückgegriffen werden konnte. Dies mag darin begründet liegen, dass erst ab Mitte April 1934 eine vierteljährliche Haftprüfung vorgesehen war. Anzumerken bleibt jedoch, dass in der frühen Ära der SA-Bewachung zwischen Mai und November 1933 von einem unerschütterlichen »Korpsgeist« der Kommunisten wohl nicht gesprochen werden kann; davon zeugen jedenfalls die drei prominenten Überläufer Heinrich Wesche, Fritz Dasecke und Walter Otto und die zu diesen und anderen Abtrünnigen gerade im Exil geführte Diskussion.[12]

10 Vgl. Carsten Voigt, Kampfbünde der Arbeiterbewegung. Das Reichsbanner Schwarz-Rot-Gold und der Rote Frontkämpferbund in Sachsen 1924–1933, Köln/Weimar/Wien 2009, S. 376 f. und S. 492. **11** Vgl. Mike Schmeitzner/Swen Steinberg, Arbeiterkultur in Sachsen: Milieu, Infrastruktur und Medien in der Weimarer Republik. In: Wolfgang Hesse/Holger Starke (Hg.), Arbeiter | Kultur | Geschichte. Arbeiterfotografie der Weimarer Republik, Leipzig 2017, S. 97–136. **12** Meinel, Sachsenburg, S. 162, gibt an, dass bis November 1933 außer den drei KPD-Führern noch 70 Kommunisten zur SA übergelaufen seien, jedoch angeblich nur ein einziger Reichsbannermann bzw. Sozialdemokrat. Auch Otto Urban, Burg Hohnstein. In: Konzentrationslager. Ein Appell an das Gewissen der Welt. Ein Buch der Greuel. Die Opfer klagen an, Karlsbad 1934, S. 217–238, hier S. 231–233, spricht von 70 Übertritten zur SA. Die Überläufer Walter Otto und Fritz Dasecke, Vom Kommunismus über die Schutzhaft zum Nationalsozialismus, Leipzig 1934, S. 19, sprechen selbst von Dutzenden Übertritten zur SA Anfang November 1933. Inwieweit die Zahlen den Tatsachen entsprechen, und ob nicht auch andere Häftlinge (»Kriminelle«) darunter fielen, konnte bislang nicht festgestellt werden.

Bei den überlieferten 21 Beurteilungen von 19 kommunistischen Häftlingen zeugen die meisten von der relativen Unerschütterlichkeit der eigenen Überzeugung. Die nach Übernahme des Lagers durch die SS verschärften Haftbedingungen dürften dazu beigetragen haben. Auffällig ist, dass die Beurteilungen der SS, die meist vom Lagerkommandanten stammten, selbst Ausfluss nationalsozialistischer Klischees, Stereotypen und Zynismen waren. Bezeichnungen wie »verstockter Kommunist«, dem »einige Wochen Umschulung noch gut tun« würden, gehörten hier zum festen Repertoire.[13]

So hieß es über Kurt A., er sei ein »verbissener und verbohrter Kommunist«, gegen dessen Entlassung »begründeter Einspruch« geltend gemacht werde.[14] Hans B. erschien einem SS-Scharführer im November 1934 als »ganz finsterer und raffinierter Bursche«, der »seine kommunistischen Ideen nie mehr lassen« könne. Trotz B.s »zufriedenstellender« Arbeit beim Kommando »Schießstandbau« sei für ihn eine »längere Schutzhaft [...] unbedingt nötig«.[15] Ebenfalls abgelehnt wurde die Entlassung von Oswald F., der im Lager noch immer »politisiere«.[16] Auch Alfred H. wurde »politisch [als] ein ganz hartnäckiger Charakter« beschrieben, der »nie von seiner kommunistischen Einstellung lassen wird«.[17] Ähnliches wusste der Lagerkommandant über Otto H. zu berichten, den er gar als »heimtückischen Kommunisten« bezeichnete, der »noch keinesfalls die Freiheit verdiene«.[18] Andere wie Albert H. wurden deshalb als »nicht entlassungsreif« bezeichnet, weil sie »noch innerlich der KPD« angehörten.[19]

Im Falle des seit Mai 1936 im Lager einsitzenden Sebastian H. lässt sich anhand von zwei Beurteilungen möglicherweise eine gewisse Entwicklung ablesen. In einer ersten Beurteilung vom Dezember 1936 hieß es, der Betroffene habe sich »in politischer Hinsicht [...] noch nicht gebessert«, eine »längere Schutzhaft« sei »angebracht«. In einer zweiten Beurteilung vom Februar 1937 war von einer »kaum merklichen Besserung« die Rede. Doch sei der ehemalige Funktionär ein »eingefleischter Kommunist«, bei dem »wohl nie eine Umstellung zu erwarten« sei. Abschließend hieß es zynisch: »Er ist im Lager am besten aufgehoben. Wiedervorlage in 3 Monaten.«[20]

Äußeres Verhalten und innere Überzeugungen wurden im Falle des Mitbegründers der KPD in Chemnitz und langjährigen Stadtverordneten und Redakteurs Otto Hofmann etwas differenzierter beschrieben. In einer Beurteilung von Ende 1936 äußerte der Lagerkommandant weniger stereotyp und plump: »H. war führender KPD-Mann, der sich i[m] Lager ruhig verhält, um möglichst bald entlassen zu werden. H. Entlassung kann jedoch nicht i[n] Frage kommen, da H. nach wie vor überzeugter Kommunist ist u[nd] auch durch s[eine] Vorstrafen beweist, dass er ein Mensch ist, der sich nicht i[n] die Volksgemeinschaft eingliedern will.«[21] Gestandene Kommunisten hatten also noch weniger Aussichten, entlassen zu werden. Hofmann musste bis zur Schließung des Lagers in Sachsenburg bleiben und wurde dann nach Buchenwald überführt.[22]

Ausnahmen bildeten lediglich Georg H. und Paul A., die als einzige der 19 Untersuchten in den Genuss einer zeitnahen Entlassung kamen, weil sie sich zumindest äußerlich von ihren politischen Überzeugungen distanzierten und/oder durch »gute Führung« den

Bewachern auffielen. H.s Führung sei im Lager »gut und straffrei« gewesen, so dass einer Entlassung nichts mehr im Wege stehe.[23] In der Tat wurde der Betroffene wenige Tage nach der Beurteilung im April 1937 entlassen. Über A. hieß es in der sprachlich holprigen SS-Beurteilung vom Januar 1937: »Seine Führung im Lager ist gut. Man könnte A. Gelegenheit geben, ob er sich gebessert hat, und will. Nach seiner Überzeugung hat er mit der KPD abgeschlossen, da die nat.-soz. Regierung mehr Wort gehalten hat, Arbeit schaffte, und somit Brot gibt. Eine Entlassung in 4 bis 6 Wochen könnte, soweit keine Bedenken bestehen, in Frage kommen.«[24] Tatsächlich wurde A. vier Wochen nach der Beurteilung aus der Haft entlassen.[25] Ob sich beide Häftlinge von ihrer früheren Überzeugung tatsächlich gelöst haben, kann natürlich auf der Basis dieser Beurteilungen nicht abschließend geklärt werden.

AUSGEWÄHLTE EINZELSCHICKSALE

Im Folgenden werden mehrere Einzelschicksale vorgestellt, um das Verfolgungsschicksal der Kommunisten jenseits von Quantifizierung und SS-Beurteilungen besser zu veranschaulichen. Diese Schicksale werden dabei nach den bereits formulierten Gruppen-Zusammenhängen »erzählt« – und zwar hinsichtlich Zeitpunkt, Umständen und Gründen ihrer Einlieferung in das KZ Sachsenburg. Zuerst wird so auf die ab März 1933 Verhafteten eingegangen, sodann auf die ab 1935 nach zentralem Erlass vom Strafvollzug in die KZ-Haft Überführten und schließlich auf jene, die nach einem weiteren zentralen Erlass ab 1935 lediglich aus Verdachtsgründen präventiv verhaftet wurden. Ihr Leidens- und Lebensweg nach der Entlassung aus dem KZ Sachsenburg wird jedoch nicht in diesem, sondern im abschließenden Kapitel des Beitrages beschrieben.

Zu denjenigen, die im März 1933 präventiv verhaftet und ohne Verurteilung in Schutzhaft genommen wurden, gehörte Herbert Bochow (geb. 20.11.1906; hingerichtet in Berlin-Plötzensee 5.6.1942) aus Leipzig.[26] Der Autor im Bund proletarisch-revolutionärer Schriftsteller war mit Bruno Apitz befreundet und für die KPD vor allem propagandistisch tätig. Nach der Verhaftung kam er zunächst ins Leipziger Polizeigefängnis und von dort zwischen Januar und Mai 1934 in das KZ Sachsenburg,[27] wo er in der Schreibstube tätig war. Dort gelang es

13 Beurteilungen u. a. von Fritz A. (3.3.1937), Engelbert H. (22.1.1936), Kurt H. (16.3.1936), Joseph H. (20.1.1936), (ITS Archives, Bad Arolsen, Nr. 6725). **14** Beurteilung von Kurt A. (20.1.1936), ebd. **15** Beurteilung von Hans B. (24.11.1934), ebd. **16** Beurteilung von Oswald F. (19.3.1935), ebd. **17** Beurteilung von Alfred H. (30.4.1937), ebd. **18** Beurteilung von Otto H. (3.3.1937), ebd. **19** Beurteilung von Albert H. (3.12.1936), ebd. **20** Beurteilungen von Sebastian H. (23.12.1936, 25.2.1937), ebd. **21** Beurteilung von Otto Hofmann (9.12.1936), ebd. **22** Vgl. Häftlingsübersicht KZ Sachsenburg, Dietmar Wendler. **23** Beurteilung von Georg H. (24.3.1937) (ITS Archives, Bad Arolsen, Nr. 6725). **24** Beurteilung von Paul A. (18.1.1937), ebd. **25** Vgl. Häftlingsübersicht KZ Sachsenburg, Dietmar Wendler. **26** Vgl. Gezeichnet. Kunst und Widerstand. Das Dresdner Künstlerpaar Eva-Schulze-Knabe (1907–1976) und Fritz Schulze (1903–1942), Dresden 2005, S. 97; Luise Kraushaar, Deutsche Widerstandskämpfer 1933 bis 1945, Band 1, Berlin 1970, S. 136 ff. **27** Vgl. Häftlingsübersicht KZ Sachsenburg, Dietmar Wendler.

ihm nach Darstellung von Bruno Apitz, den ebenfalls inhaftierten Kassierer der Bezirksleitung Sachsen der KPD, Max Schwaiger, durch eine couragierte Aktion vor dem Abtransport zur Gestapo zu bewahren.[28] Außerdem soll er mittels Literatur, die seine Frau ins Lager schmuggelte, unter Mitgefangenen illegale marxistische Schulungen organisiert haben.[29]

Andere Kommunisten, die nicht zuletzt als bekannte Propagandisten sofort in Schutzhaft genommen wurden, waren die Chemnitzer Funktionäre Johannes König (geb. 2.4.1903; gest. 22.1.1966) und Richard Uhlmann (geb. 12.1.1884; gest. 29.12.1962).[30] Der wesentlich jüngere König hatte schon mit knapp 30 Jahren eine steile Parteikarriere realisiert: 1930 avancierte er bereits zum Chefredakteur der KPD-Zeitung »Arbeiterstimme« in Dresden, um kurz danach zum Leiter der Presseabteilung der RGO-Reichsleitung und ab 1932 zum Chefredakteur der traditionsreichen und von Heinrich Brandler begründeten KPD-Zeitung »Der Kämpfer« in Chemnitz aufzusteigen. Am 2. Mai 1933 im Kaufhaus Tietz in Chemnitz verhaftet, soll er noch als Häftling im KZ Sachsenburg Manuskripte redigiert haben, die anschließend wieder nach draußen geschmuggelt wurden.[31] Er war zuerst im KZ Colditz und von Januar bis Dezember 1934 im KZ Sachsenburg in Haft.[32] Nach erneuter Verfolgung emigrierte er 1939 nach China.

GEFANGENE

Uhlmann war Stadtverordneter in Chemnitz und von 1929 bis 1932 Geschäftsführer des Verlags »Der Kämpfer« gewesen. Ende März 1933 verhaftet, blieb er bis August 1934 in Sachsenburg, wo er das illegale kommunistische Lagerkomitee mitbegründet haben soll.[33] Er arbeitete zumindest für mehrere Monate mit dem prominenten Häftling Hugo Gräf (geb. 10.10.1892; gest. 23.10.1958) zusammen, der dessen Leitung innegehabt haben soll.[34] Gräf war 1918 über die Mitgliedschaft in der SPD und USPD zur KPD gekommen und seit 1928 Reichstagsabgeordneter der Partei für den Wahlkreis Dresden – Bautzen und Mitarbeiter der Organisationsabteilung des ZK der KPD gewesen. Im Ersten Weltkrieg selbst schwer verwundet – sein linkes Bein musste amputiert werden – hatte Gräf zudem von 1927 bis 1933 als Vorsitzender den Bund der Opfer von Krieg und Arbeit geführt. Am 13. März 1933 verhaftet, kam er nach Polizeihaft in Dresden und einer mehrmonatigen Haft im KZ Colditz, wo ihm 19 Zähne ausgeschlagen wurden,[35] Ende Mai 1934 nach Sachsenburg. Hier blieb er bis 24. Juni 1935 inhaftiert[36] und war laut Walter Janka auch Chef der Lagerbibliothek und der Buchbinderei.[37] In dieser Position half er dem gerade 20-jährigen Janka, der im November 1934 nach Sachsenburg überstellt worden war, in die Buchbinderei zu wechseln. Im Steinbruch war Janka zuvor wegen Entkräftung zusammengebrochen.[38] Nach seiner Entlassung ging Gräf ins Exil und wurde dort zum wichtigsten Kronzeugen der KZ-Gräuel.[39]

Mit Rudolf Renner (geb. 27.3.1894; gest. im KZ Buchenwald 30.7.1940) war ein weiterer überregional bedeutender kommunistischer Funktionär in Sachsenburg inhaftiert – und zwar gleich zweimal.[40] Renner war frühzeitig in das Visier der Nationalsozialisten geraten: Seit 1929 Mitglied des ZK der KPD und politischer Sekretär der neuen Bezirksleitung Sachsen, hatte er sich früh parlamentarisch betätigt und war von 1928 bis 1933 Fraktionsvorsitzender der KPD im Sächsischen Landtag gewesen. Zudem war er journalistisch tätig, unter anderem als Herausgeber der »Sächsischen Arbeiter-Zeitung« und als Redakteur der »Roten Fahne«. Seine Stärken lagen gleichwohl weniger in der organisatorischen

Leitung, sondern in der parlamentarischen und journalistischen Arbeit. Früh erkannte er die Gefahr des Einbruchs der NSDAP in das proletarische Milieu.[41] Am 11. April 1933 verhaftet, wurde er das erste Mal am 8. August 1933 ins KZ Sachsenburg verbracht und 1934 zu einer dreijährigen Zuchthausstrafe verurteilt. Nach Strafverbüßung in Waldheim kam er 1936 – ihm wurde die Haftzeit zuvor angerechnet – ein zweites Mal ins KZ Sachsenburg, von wo aus er 1937 nach Buchenwald überführt wurde.[42] Die (Wieder-)Einlieferung ins KZ nach Strafverbüßung in einer Justizvollzugsanstalt war seit Ende 1935 gängige Praxis im NS-Regime.

Fortan kamen zunehmend Kommunisten nach Sachsenburg, die zunächst von der Justiz verurteilt worden waren und in Gefängnissen und Zuchthäusern ihre Strafe verbüßt hatten, aber eben nicht in die Freiheit gelangten. In Einzelfällen – wie bei Walter Janka Ende 1934 – war dies allerdings auch schon vorher praktiziert worden. Das Changieren zwischen »Normen- und Maßnahmenstaat« (Ernst Fraenkel) bekam einer der prominentesten Kommunisten, der Leipziger Reichstagsabgeordnete Georg Schumann (geb. 28. 11. 1886; hingerichtet Münchner Platz Dresden 11. 1. 1945), gleich mehrfach zu spüren.[43] Der langjährige Gewerkschafter war kein stromlinienförmiger Parteikader: In innerparteilichen Flügelkämpfen in der KPD hatte er immer wieder Konflikte mit der zentralen Parteiführung ausgefochten. Im März 1933 tauchte Schumann zunächst unter und versuchte die illegale Arbeit zu organisieren. Doch wurde er am 15. Juni 1933 in Breslau verhaftet und am 15. August 1934 vom Volksgerichtshof wegen »Vorbereitung zum Hochverrat« zu einer dreijährigen Zuchthausstrafe verurteilt. Nach Strafverbüßung im Zuchthaus Waldheim (unter Anrechnung der U-Haft) kam er am 15. August 1936 als Schutzhäftling in das KZ Sachsenburg.[44] Als Lagerältester bemühte er sich, die Gefangenen vor Willkürakten der

28 Vgl. Tausend Kameraden, S. 54 f. **29** Vgl. Sie kämpften und starben für kommendes Recht. Kurze Lebensbeschreibungen Dresdner Arbeiterfunktionäre und Widerstandskämpfer II, Dresden 1963, S. 22–26, hier S. 24. **30** Vgl. die Einträge bei Andreas Herbst/Hermann Weber (Hg.), Deutsche Kommunisten. Biographisches Handbuch 1918 bis 1945, Berlin 2008; sowie Bernd-Rainer Barth/Helmut Müller, Wer war wer in der DDR? Berlin 2010, beide abrufbar auf der Website der Bundesstiftung zur Aufarbeitung der SED-Diktatur www.bundesstiftung-aufarbeitung.de/recherche-1078.html; 13. 3. 2018. **31** Vgl. Bezirksleitung Karl-Marx-Stadt der SED (Hg.), Revolutionäre Kämpfer. Biographische Skizzen, Johannes König, o. O., o. J. (1970), S. 90–93. **32** Vgl. Häftlingsübersicht KZ Sachsenburg, Dietmar Wendler. **33** Vgl. Tausend Kameraden, S. 12 f. **34** Vgl. www.bundesstiftung-aufarbeitung.de/recherche-1078.html; 13. 3. 2018; Klaus Drobisch/Günther Wieland, System der NS-Konzentrationslager 1933–1939, Berlin 1993, S. 142 und S. 228. **35** Vgl. Arno Gräf, Wer war Hugo Gräf? In: Sachsenburger Mahn Ruf. JahresSchrift 2011, Chemnitz 2011, S. 46–53, hier S. 46. **36** Vgl. Häftlingsübersicht KZ Sachsenburg, Dietmar Wendler. **37** Vgl. Walter Janka, Spuren eines Lebens, Reinbek bei Hamburg 1992, S. 61. **38** Vgl. ebd., S. 57–59. Als KJVD-Funktionär war Janka 1933 verhaftet und vom Sondergericht Freiberg zu einem Jahr und zwei Monaten Gefängnishaft verurteilt worden, die er in Bautzen verbüßte. Von dort wurde er am 29. 11. 1934 über Chemnitz nach Sachsenburg eingewiesen. Vgl. Landes-Gefangenenanstalt Bautzen an Staatsanwaltschaft beim Sondergericht für das Land Sachsen vom 19. 11. 1934 (SächsStA-D, Bestand 11027 Sondergericht Freiberg, Nr. 187, Bl. 167). **39** Vgl. den Beitrag von Swen Steinberg und Mike Schmeitzner über die Wahrnehmung des KZ Sachsenburg im Exil in diesem Band. **40** Vgl. www.bundesstiftung-aufarbeitung.de/recherche-1078.html; 13. 3. 2018. **41** Vgl. Voigt, Kampfbünde, S. 506 und S. 509. **42** Vgl. Häftlingsübersicht KZ Sachsenburg, Dietmar Wendler. **43** Vgl. Birgit Sack/Gerald Hacke, Verurteilt. Inhaftiert. Hingerichtet. Politische Justiz in Dresden 1933–1945 | 1945–1957, Dresden 2016, S. 46–48; www.bundesstiftung-aufarbeitung.de/recherche-1078.html; 13. 3. 2018. **44** Vgl. Kopie der »Entlassungsmitteilung« des Zuchthauses Waldheim vom 14. 8. 1936 (Archiv der Gedenkstätte Münchner Platz, Akte Georg Schumann), in der als »künftiger Aufenthaltsort« das »Schutzhaftlager Sachsenburg« bestimmt wird.

Landes-Gefangenenanstalt

Nr. 1010 Bautzen, den 19. November 1934. 167

zu Nr. 5 St.A. 1713/33. Zu Bl. 95

EINGEGANGEN S. STAATSANWALTSCH. 23. NOV. 1934 B.D. LANDGERICHTE FREIBERG

An

die Staatsanwaltschaft bei dem Sondergericht
für das Land Sachsen
zu
Freiberg.

Der am 4. Oktober 1933 von der
dortigen Staatsanwaltschaft
eingelieferte Schriftsetzer
Karl Walter Janka aus Chemnitz
ist nach Verbüßung der Strafe von
1 Jahr 2 Mon. Gefängnis
am 19. November 1934
nach entlassen und vom Polizei-Amt Bautzen ~~entlassen worden~~
zwecks Überführung in Schutzhaft nach dem Polizei-Präsidium Chemnitz ~~Die Anstaltsdirektion.~~ abgeholt worden.

I. A. [Unterschrift]

Vordruck 597. (2. 34.)

Mitteilung der Landesgefangenenanstalt Bautzen an die Staatsanwaltschaft beim Sondergericht für das Land Sachsen über die Inschutzhaftnahme von Walter Janka, unmittelbar nach seiner Strafverbüßung, 19.11.1934

SächsStA-D, Bestand 11027 Sondergericht Freiberg Nr. 187, Bl. 167

SS zu bewahren und körperlich schwache oder erschöpfte Häftlinge aus gefährlichen Arbeitskommandos zu verlegen. Von Mitinhaftierten wurde ihm später eine einwandfreie Haltung attestiert. Courage bewies er unter anderem bei einem Lagerbesuch durch den schwedischen Asienforscher Sven Hedin und dessen Schwester. Auf ihre Bemerkung hin, dass die Schutzhaft doch gar nicht so schlimm und die Suppe recht appetitlich sei, ist folgende Antwort von ihm überliefert: »Kommen Sie doch selbst ein paar Monate als Schutzhäftling zu uns, dann können wir gemeinsam ein solch appetitliches Essen verzehren!«[45] Schumann wurde 1937 in das KZ Sachsenhausen überführt und nicht entlassen.

Eine ähnliche Verfolgungsvita wies auch der KPD-Spitzenfunktionär Carl Bobach (geb. 13.4.1898; gest. 8.5.1965) auf.[46] Er war ab 1. Januar 1932 Redakteur der Wochenzeitschrift »Illustriertes Volksecho« in Leipzig gewesen, ein Jahr später arbeitete er dann für den Kommunistischen Pressedienst in Berlin. Am 8. März 1933 wurde er als Sekretär der illegalen KPD-Bezirksleitung Sachsen eingesetzt. Nach der Verhaftung am 9. November 1933 in Leipzig und der Verurteilung durch das Oberlandesgericht Dresden wegen Hochverrats zu drei Jahren Zuchthaus kam er zum Vollzug in das Zuchthaus Waldheim. Von dort überstellte man ihn im Dezember 1936 in das KZ Sachsenburg, in dem er zu den »führenden Häftlingen« gehört haben soll.[47] In einer Beurteilung durch die SS aus dem März 1937 heißt es, er müsse »erst seine kommunistischen Gedanken ablegen« und die »Führung« verbessern, deshalb sei eine »längere Schutzhaft [...] nötig«.[48] Im Juli 1937 wurde Bobach in das KZ Buchenwald überführt.[49]

Ins Fadenkreuz des NS-»Maßnahmenstaates« gerieten auch die regional bekannten KPD-Gewerkschafter Karl Winter, Willy Mehlhorn und Paul Gruner. Alle drei Kommunisten wurden – wie schon Schumann und Bobach – über die Zuchthausstation Waldheim 1936 ins KZ Sachsenburg verbracht. Karl Winter (geb. 15.12.1897; gest. 31.12.1971)[50] war Stadtverordneter in Chemnitz und ab Ende 1931 Vorsitzender des Ortskomitees Chemnitz der RGO gewesen, Willy Mehlhorn (geb. 11.1.1892; gest. 5.9.1963)[51] hingegen Vorsitzender des Gesamtbetriebsrats des »Deutschland-Schachts« in Oelsnitz/Erzgebirge, während Paul Gruner (geb. 9.1.1890; gest. 27.4.1947)[52] als Betriebsratsvorsitzender der Dresdner Straßenbahn und als Dresdner Stadtverordneter mehrere Jahre in Erscheinung getreten war.

In der zweiten Hälfte des Jahres 1935 kamen Kommunisten auch ohne vorherige Verurteilung nach Sachsenburg. Hierfür reichten nach einer Anordnung von Reinhard Heydrich, Chef des Sicherheitsdienstes beim Reichsführer SS, vom 29. Juli 1935 allein der »Verdacht illegaler Aktivität« oder der Verdacht, »daß sie in versteckter Form gegen den Staat hetzen«, bzw. eine fortdauernde staatsfeindliche Einstellung aus.[53] Zu denen, die von dieser Weisung betroffen waren, gehörte auch Kurt Kohlsche (geb. 17.12.1906; gest. 1985).[54] Das KPD-Mitglied hatte in Meißen politische Zeitschriften (»Arbeiterstimme« und AIZ) verkauft und war bereits am 2. März 1933 in Breslau in Schutzhaft genommen worden. Nach seiner Entlassung im April 1933 kehrte er nach Meißen zurück. Ungeachtet der Tatsache, dass er sich aus der politischen Arbeit herausgehalten hatte, wurde er am 23. September 1935 wegen »dringenden Verdachts staatsfeindlicher Betätigung« erneut in Schutzhaft genommen. Er blieb bis zum Frühjahr 1936 im KZ Sachsenburg. Über seine Erlebnisse publizierte er im Eigenverlag 1948 die in ihrer nüchternen Darstellung des Geschehens eindrucksvolle Broschüre »Mein Leben im Konzentrationslager Sachsen-

45 Zit. nach Kurt Kühn, Georg Schumann. Eine Biographie, Berlin (Ost) 1965, S. 249–252. **46** Vgl. www.bundesstiftung-aufarbeitung.de/recherche-1078.html; 13.3.2018; Bezirksleitung Karl-Marx-Stadt der SED (Hg.), Revolutionäre Kämpfer, Carl Bobach, S. 12–16. **47** Drobisch/Wieland, System, S. 311. **48** Beurteilung von Carl Bobach (24.3.1937) (ITS Archives, Bad Arolsen, Nr. 6725). **49** Vgl. Häftlingsübersicht KZ Sachsenburg, Dietmar Wendler. **50** Vgl. www.bundesstiftung-aufarbeitung.de/recherche-1078.html; 13.3.2018. **51** Vgl. Norbert Peschke, Naziterror in Zwickau. Über Widerstand und Verfolgung politischer Gegner während des NS-Regimes in der Zwickauer Region, Zwickau 2005, S. 40–42; Bezirksleitung Karl-Marx-Stadt der SED (Hg.), Revolutionäre Kämpfer, Willy Mehlhorn, S. 98–102; Kreisleitung Stollberg der SED (Hg.), Den Faschisten werden wir nicht weichen! Der antifaschistische Widerstandskampf im Kreis Stollberg (1933–1945), Oelsnitz 1982, S. 37f.; www.bundesstiftung-aufarbeitung.de/recherche-1078.html; 13.3.2018. **52** Vgl. https://de.wikipedia.org/wiki/Paul_Gruner_(Politiker); 13.3.2018. **53** Der Erlass ist abgedruckt bei Wendler, Sachsenburg, S. 38. **54** Vgl. Kurt Kohlsche, »So war es! Das haben Sie nicht gewußt.« Konzentrationslager Sachsenburg 1935/36 und Wehrmachtgefängnis Torgau-Fort Zinna 1944/45 – ein Häftlingsschicksal, Dresden 2001. Die Erstausgabe des Sachsenburg-Berichts erschien 1948.

burg. So war es! Das haben Sie nicht gewußt.« Ein Jahr später folgte in gleicher Aufmachung sein Bericht »Was geschah in der Festung Torgau und ihren Außenlagern. Das haben Sie nicht gewußt.« Am selben Tag wie Kohlsche, am 23. September 1935, waren auch die KPD-Mitglieder Kurt Pippig, Louis Müller, Franz Schaller, Max Pippig, Otto Müller, Paul Leucht, Oskar Hölzel, Albert Golla, Engelbert Häring und Max Georgi aus Falkenstein aufgrund einer Anordnung der Gestapo-Dienststelle Dresden verhaftet und nach Sachsenburg gebracht worden.[55]

Ihnen folgten weitere Kommunisten, und noch im April 1937 wurde der in Leipzig wohnende Karl Plättner (geb. 3.1.1893; gest. 4.6.1945) mit anderen ehemaligen KPD-Mitgliedern verhaftet und nach Sachsenburg überstellt.[56] Bei Plättner handelte es sich um den ehemals berühmten Chef der gleichnamigen Bande, die im mitteldeutschen Raum zu Anfang der 1920er-Jahre Bankfilialen überfallen und sich das erbeutete Geld für die Realisierung der sozialen Revolution angeeignet hatte. Zuvor, im Spätherbst 1918, hatte der kriegsverwundete junge Sozialdemokrat und Gewerkschafter gemeinsam mit Otto Rühle in Dresden zu den Mitbegründern der Internationalen Kommunisten Deutschlands (IKD) gehört, dort war er auch zeitweilig Mitglied des Arbeiter- und Soldatenrates gewesen. Mit Minna Naumann und Karl Becker hatte er zudem als Delegierter die IKD Dresden auf dem KPD-Gründungsparteitag Ende 1918 in Berlin vertreten. Während der Bremer Räterepublik plädierte er nur Wochen später und deutlich radikalisierter für Geiselerschießungen, was aber weder bei gestandenen Kommunisten noch bei Führern der USPD auf Zustimmung stieß.[57] Von da war der Weg zur eigenen Bande nicht weit.

SELBSTBEHAUPTUNG UND PROTEST DER KOMMUNISTISCHEN HÄFTLINGE IM KZ SACHSENBURG

Ihre weltanschauliche Prägung, ihre scharfe Gegnerschaft zum Nationalsozialismus und die auf sie konzentrierte Repression der Nationalsozialisten bewirkten, dass die kommunistischen Häftlinge in besonderer Weise dafür prädestiniert waren, sich auch unter den Bedingungen der KZ-Haft zusammenzuschließen und sich zu wehren. Dies soll im Folgenden gewürdigt werden. Allerdings dürfen die Aktivitäten nicht überbewertet und insbesondere die darüber verfassten Selbstdarstellungen nicht unkritisch gesehen werden, denn Letztere dienten auch dazu, personelle Kontinuitäten zwischen ehemaligen KZ-Häftlingen und Funktionsträgern im SED-Staat zu begründen.

Im Lager soll es ein illegales kommunistisches Lagerkomitee gegeben haben, dessen Leitung zunächst Richard Uhlmann und später Hugo Gräf sowie Hans Schellenberger und Tauchert oblag. Auch Alfred Röhricht soll dazu gezählt haben.[58] Die Mitglieder der illegalen Leitung sahen es als ihre Aufgabe an, Neuankömmlinge über die Situation im Lager zu informieren, aber auch Informationen von außerhalb des Lagers zu sammeln und unter den Gefangenen zu verbreiten. Dazu gehörten auch illegale Druckschriften, die bei Besuchen von Angehörigen bzw. noch nicht verhafteten Genossen, die sich als »Angehörige« ausgaben, heimlich ins Lager gebracht wurden. Andererseits versuchte man, Berichte über die Zustände und die Misshandlungen im Lager nach draußen zu schmuggeln, um die Öffentlichkeit aufzuklären.[59] Auch Nachrichten über Spitzel und Denunzianten sowie Stimmungen innerhalb von SA und SS liefen in der illegalen Leitung zusammen.

Im Weiteren war das illegale Lagerkomitee bestrebt, wichtige Positionen in der Häftlingsverwaltung, zum Beispiel Truppälteste, Leiter von Arbeitskommandos oder Posten in der Verwaltung des Lagers (Schreibstube), mit eigenen Anhängern zu besetzen. Dadurch erfuhr man von beabsichtigten Häftlingsverlegungen, die zum Teil auch verhindert werden konnten. Außerdem konnten besonders gefährdete oder durch Misshandlungen körperlich geschwächte Häftlinge dem Blickfeld ihrer Peiniger oder weiterer Schädigung ihrer Gesundheit entzogen werden. Beispielsweise wurde so der Vorsitzende des Deutschen Metallarbeiterverbandes, Alwin Brandes, von schwerer Arbeit befreit.[60] Freilich weiß man auch, dass die Kommunisten mitunter ihre Positionen in der Selbstverwaltung von Konzentrationslagern, zum Beispiel in Buchenwald, sowohl aus politischen Motiven wie auch aus niederen Beweggründen missbrauchten.[61]

Darüber hinaus wird über die Versorgung von Gefangenen, die sich in Arrest befanden, berichtet.[62] Außerdem bemühte sich das Lagerkomitee, Vergünstigungen für die Häftlinge durchzusetzen. Dies gelang unter anderem mit der Einrichtung einer Häftlingsbibliothek, in der es nicht nur die NS-Presse, sondern beispielsweise auch die »Börsenzeitung« und die »Frankfurter Zeitung« zu lesen gab.[63] Dies trug zur inneren Selbstbehauptung und psychischen Stärkung bei, wie auch Möglichkeiten zu zeichnen, zu schnitzen und zu basteln. Von besonderer, Kraft spendender Bedeutung war das eigene Lagerlied »Das Lied von Sachsenburg«, das anfangs auch auf Ausmärschen von Häftlingen unter SA-Begleitung in die nähere Umgebung gesungen wurde.[64] Später durfte es nicht mehr gesungen werden. Am 1. Mai 1934 sangen die Häftlinge bei einem Ausmarsch in die Stadt Frankenberg die bekannten Arbeiterlieder »Brüder, zur Sonne, zur Freiheit« und »Wann wir schreiten Seit an Seit«.[65]

Aber auch offene Unmutsbekundungen und Protestaktionen gab es. So sind Gedenkansprachen und Schweigeminuten anlässlich des Todes der aus Sachsen stammenden Clara Zetkin am 20. Juni 1933 überliefert.[66] Nachdem eine Mehrheit der Häftlinge im KZ Sachsenburg am 12. November 1933 in der Volksabstimmung über den Austritt Deutschlands aus dem Völkerbund trotz Propaganda von Überläufern mit Nein gestimmt und damit auch die begrenzte Wirksamkeit der Umerziehungsbemühungen von SA-Lagerführer Max Hähnel bezeugt hatte, wurde das Lagerregime verschärft. Misshandlungen nahmen zu, es wurden

55 Vgl. Bezirksleitung Karl-Marx-Stadt der SED, Kommission zur Erforschung der Geschichte der örtlichen Arbeiterbewegung (Hg.), Chronik des antifaschistischen Widerstandskampfes im Bezirk Chemnitz – Erzgebirge – Vogtland 1933–1945, Karl-Marx-Stadt 1969, S. 75. **56** Vgl. Volker Ullrich, Der ruhelose Rebell – Karl Plättner 1893–1945. Eine Biographie, München 2000, S. 202. **57** Vgl. ebd., S. 62–64. **58** Vgl. Drobisch/Wieland, System, S. 142 und S. 228. **59** Vgl. Tausend Kameraden, S. 32. **60** Vgl. Drobisch/Wieland, System, S. 145. **61** Vgl. Lutz Niethammer, Der »gesäuberte« Antifaschismus: Die SED und die roten Kapos von Buchenwald. Dokumente, Berlin 1995. **62** Vgl. Tausend Kameraden, S. 39. **63** Ebd., S. 14. **64** So u. a. der Zeitzeuge Karl Stenzel in: Sachsenburg. Dokumente und Erinnerungen, Neuauflage 2008, S. 36 f. **65** Vgl. Tausend Kameraden, S. 37. **66** Ebd., S. 33.

eine dreiwöchige Besuchssperre sowie Rauch- und Spielverbote erlassen, die Lagerkost verschlechterte sich.[67] Das sächsische Innenministerium billigte am 11. Dezember 1933 zwar die verschärfte Behandlung, wandte sich aber gegen die Besuchs- und Entlassungssperre.[68]

Die Bedeutung und Wirkung der widerständigen Aktivitäten differenziert zu bewerten, fällt nicht leicht. Zum einen müssen sie in ein Verhältnis zum Überlaufen durchaus prominenter kommunistischer Häftlinge gesetzt werden.[69] Außerdem gab es viele, die sich abwartend und indifferent verhielten. Nicht zuletzt sahen insbesondere nicht-kommunistische Häftlinge diese Aktivitäten, vor dem Hintergrund des vergleichsweise milden Lagerregimes unter dem SA-Lagerführer Max Hähnel wahrscheinlich auch kritisch, wollten sie doch ihre Entlassung nicht gefährden.

Mit Übernahme und Abschottung des Lagers durch die SS, durch Einlieferung krimineller Häftlinge und aufgrund der weiter zunehmenden Akzeptanz des nationalsozialistischen Regimes in der Bevölkerung änderte sich die Lage. An zweiwöchentlich stattfindende »Literarisch-musikalische Abende« oder offenen Protest, wie noch zu Zeiten der SA-Herrschaft, war nicht mehr zu denken.[70] Der Raum für Mitmenschlichkeit und Solidarität unter den Gefangenen schrumpfte. Doch nicht nur der weitere Lebenslauf vieler kommunistischer Häftlinge, auch Berichte staatlicher Stellen zeigen, dass die frühen Konzentrationslager viele kommunistische Gefangene weder bekehrten noch abschreckten, sondern sie in ihrem Kampfeswillen gegen das NS-Regime eher noch bestärkten.[71]

STATIONEN NACH DER HAFT IN SACHSENBURG

Ein größerer Teil der kommunistischen Häftlinge, die bei Schließung des KZ Sachsenburg noch nicht entlassen waren, wurde entweder in das bestehende KZ Sachsenhausen oder in das im Aufbau befindliche KZ Buchenwald deportiert. Ins KZ Sachsenhausen kamen zum Beispiel Georg Schumann und Willy Mehlhorn, ins KZ Buchenwald Otto Hofmann, Carl Bobach und Ernst Scheffler. Einige von ihnen waren nach mehrmonatiger Haft wieder frei (Georg Schumann), andere – wie Rudolf Renner – erlagen hier den Entbehrungen und Misshandlungen der Haft, wieder andere erlangten die Freiheit erst 1945 wieder (Karl Plättner).

Von denen, die zum Teil schon einige Zeit vor 1937 entlassen worden waren, verließen mehrere ihre Heimat. Der Bekannteste unter ihnen, Hugo Gräf, emigrierte nach seiner Entlassung in die Tschechoslowakische Republik (ČSR). Dort erschien unter anderem am 17. Juni 1936 unter der Überschrift »Sachsenburg. Bericht aus einer Hölle« sein ausführlicher und differenzierter Bericht über das KZ Sachsenburg in der »Arbeiter Illustrierte Zeitung« (AIZ) – eine der wichtigsten Quellen zum Lager aus der Häftlingsperspektive. Später emigrierte er nach Frankreich und Großbritannien und starb wenige Jahre nach seiner Rückkehr nach Deutschland recht früh 1958 in der DDR an den Folgen der KZ-Haft.[72]

Anders als der Schwerstkriegsverwundete Gräf engagierten sich andere emigrierte Sachsenburg-Häftlinge im Spanischen Bürgerkrieg: Der frühere Vorsitzende des Betriebsrates der Wanderer-Werke Chemnitz Fritz Marschner, der noch am 5. März 1933 in den Reichstag gewählt und nach mehrmonatiger Haft in Sachsenburg im Herbst 1933 entlassen worden war, emigrierte im Juli 1935 zuerst in die ČSR. Im Spanischen Bürgerkrieg kämpfte er auf der Seite der republikanischen Internationalen Brigaden. Am 2. Januar 1938 verwundet, erlag er im April 1938 seinen Verletzungen.[73] Auch andere kommunistische Sachsenburg-Häftlinge, wie Walter Janka, Hans Serelman[74] und Hans Mosch, ein kommunistischer Stadtverordneter aus Oederan,[75] kämpften in Spanien. Serelman und Mosch fielen später im Kampf auf Seiten der französischen Résistance gegen die deutsche Besetzung.

Von denen, die in Deutschland verblieben waren, überlebten jedoch nicht alle die NS-Diktatur: Ein Teil der in Sachsenburg inhaftierten Kommunisten, darunter mehrere prominente, fiel bis in die letzten Tage des Regimes hinein dem Terror zum Opfer. Der im Mai 1934 aus Sachsenburg entlassene Herbert Bochow war bereits im November 1934 erneut verhaftet und wegen seines Engagements für die illegale KPD im Februar 1935 durch das Oberlandesgericht Dresden zu einer achtzehnmonatigen Gefängnisstrafe verurteilt worden. Nach seiner Entlassung gehörte er zum Freundeskreis des Ehepaars Fritz und Eva Schulze. Im Juni 1941 abermals verhaftet, wurde er am 5. Juni 1942 in Berlin-Plötzensee hingerichtet.[76]

Wegen erneuter widerständiger Betätigung wurden auch die überregional bekannten Kommunisten Georg Schumann, Georg Schwarz und Otto Engert verfolgt und zum Tode verurteilt. Nach der Kriegswende in der Schlacht von Stalingrad hatte Schumann in Leipzig ein Widerstandsnetz aufgebaut, zu dem auch Engert und Schwarz gehörten, die 1934 gemeinsam in Sachsenburg eingesessen hatten.[77] Im Sommer 1944 enttarnt, wurde Schumann am 21. November 1944 vom Volksgerichtshof in Dresden zum Tode verurteilt. Er starb am 11. Januar 1945 unter dem Fallbeil am Münchner Platz in Dresden. Für die dort ab 1959 eingerichtete Gedenkstätte avancierte er zu einer Leitfigur.[78] Mit ihm zusammen wurden seine Mitstreiter Georg Schwarz und Otto Engert angeklagt, verurteilt und hingerichtet – Engert ebenfalls am 11. Januar 1945, Schwarz einen Tag später.

Noch einmal wenige Wochen später ereilte der NS-Terror auch den vormaligen Stollberger KPD-Funktionär und Stadtverordneten Alfred Kempe (geb. 18. 12. 1898; gest. im KZ Dachau 28. 3. 1945), der bereits 1933 im KZ Sachsenburg und noch einmal ab 1935 inhaftiert gewesen war. Im August 1944, möglicherweise im Rahmen der »Aktion Gewitter«, auch »Aktion Gitter« genannt, erneut verhaftet, kam Kempe am 1. September 1944 als Schutzhäftling

67 Vgl. Meinel, Sachsenburg, S. 163. **68** Vgl. Drobisch/Wieland, System, S. 119. **69** Vgl. den Beitrag von Udo Grashoff über Opportunismus und Überläufertum im Konzentrationslager Sachsenburg in diesem Band. **70** Vgl. Drobisch/Wieland, System, S. 155. **71** Vgl. ebd., S. 235. **72** Vgl. Gräf, Wer war Hugo Gräf? **73** Vgl. Bezirksleitung Karl-Marx-Stadt der SED (Hg.), Revolutionäre Kämpfer, Friedrich Marschner, S. 94–97. **74** Vgl. den Beitrag von Konstantin Seifert in diesem Band. **75** Vgl. Kraushaar, Deutsche Widerstandskämpfer, S. 651–653. **76** Vgl. Gezeichnet, S. 97. **77** Vgl. Vernehmung von Georg Schwarz am 24. 7. 1944 (BArch, NJ 1524, Bd. 8). **78** Vgl. Sack/Hacke, Verurteilt. Inhaftiert. Hingerichtet, S. 46–48 und S. 366–370.

mit einem Transport der Stapo Karlsbad in das KZ Dachau, wo er am 28. März 1945 an Fleckfieber starb.[79] Seine Frau, die noch Anfang März 1946 eine Nachricht an ihn nach Dachau schickte, erfuhr erst einige Wochen später von seinem Tod.[80]

Noch wenige Tage nach der Befreiung endete das Leben von Fritz Matschke (geb. 16. 12. 1899; gest. 3. 5. 1945) im KZ Dachau.[81] Der seinerzeit jüngste KPD-Abgeordnete im Chemnitzer Stadtparlament war im Juni 1933 verhaftet und bis zum 28. Mai 1934 im KZ Sachsenburg inhaftiert gewesen. Nach der Entlassung hatte er Arbeit bei der Gießerei Krautheim A. G. in Chemnitz-Borna aufgenommen und dort eine aus 30 Mitgliedern bestehende illegale Betriebszelle der KPD geleitet, die Flugblätter verbreitete, Informationen des Moskauer Rundfunks weitergab und aktiv die Granatenproduktion sabotierte.[82] Nach seiner Verhaftung am 2. März 1945 überstellte ihn die Gestapo Chemnitz am 27. März 1945 in das KZ Flossenbürg, in dem er als politischer Schutzhäftling unter der Nummer 89 080 registriert wurde.[83] Von dort auf einen Evakuierungsmarsch in das KZ Dachau geschickt, starb er am 3. Mai 1945 im inzwischen befreiten Konzentrationslager Dachau.[84]

Von den überlebenden kommunistischen Häftlingen beteiligte sich ein größerer Teil am Aufbau in der Sowjetischen Besatzungszone nach 1945 und damit auch an der neuen politischen Ordnung, die zuerst als pluralistische Ordnung erschien, rasch jedoch in eine neue Diktatur umgeformt wurde. Ehemalige Sachsenburg-Häftlinge wirkten hieran auf kommunaler und regionaler Ebene sowie auf Landes- und bald auch Republikebene (DDR) mit. Einige machten Karriere in Partei- und Staatsfunktionen: so etwa Ernst Scheffler, der noch 1945 Landrat des Kreises Schwarzenberg und Mitglied der Kreisleitung der SED wurde,[85] oder Carl Bobach, der nach seinem Zwangsdienst bei der Strafdivision 999[86] und amerikanischer Kriegsgefangenschaft journalistische und politische Funktionen in Sachsen übernahm. 1953 wurde Bobach schließlich Chefredakteur der »Sächsischen Zeitung« in Dresden und von 1958 bis 1960 Mitglied der SED-Bezirksleitung Dresden. Eine Karriere auf Regional- und Landesebene gelang auch Karl Winter, der 1945 zunächst politischer Sekretär der KPD-Kreisleitung Chemnitz war und nur ein Jahr später Mitglied des SED-Landessekretariats Sachsen wurde.[87]

Manch rasche Nachkriegskarriere in Sachsen neigte sich jedoch infolge der entbehrungsreichen Haft in nationalsozialistischen Lagern recht schnell ihrem Ende: Paul Gruner, der Anfang 1946 auch infolge der Verdrängung alter sozialdemokratischer Gewerkschafter neuer sächsischer FDGB-Landesvorsitzender und kurze Zeit später SED-Landtagsabgeordneter wurde, starb bereits im April 1947. Die jahrelange Haft vor 1945 hatte ihn gesundheitlich ruiniert.[88]

Andere wie Wolfgang Bergold und Johannes König reüssierten gar auf zentraler Ebene: Bergold wurde zuerst (1955–1965) zum Instrukteur der Abteilung Internationale Verbindungen des ZK der SED, bevor er von 1963 bis 1968 Botschafter im kommunistischen Nordvietnam wurde. König wiederum kehrte 1947 aus der Emigration zurück, um zunächst (bis 1950) als Chefredakteur der »Sächsischen Zeitung« zu wirken. Anschließend gelang auch ihm eine Botschafterk arriere in der UdSSR, China, Vietnam, Mongolei und der ČSSR, zuletzt wurde er gar zum stellvertretenden Außenminister der DDR berufen.[89]

Heinz Gronau schließlich glückte die Karriere vom Dreher und KJVD-Funktionär zum Generalmajor des MfS: Er, der nach 1933 die meiste Zeit in Haft gewesen war, trat als KPD-Mitglied 1946 in den neuen Polizeidienst ein, um bereits nach kurzer Zeit die Volkspolizei-Kreisämter in Rochlitz und Großenhain zu leiten und 1949 als stellvertretender Chef der sächsischen Volkspolizei seine Karriere im Polizeidienst zu beenden. Im MfS machte er ab 1950 weiter rasch Karriere: 1962 erfolgte die Ernennung zum Kommandeur des MfS-Wachregiments (»Feliks Dzierzynski«).[90]

Der in der DDR prominenteste Sachsenburg-Häftling aber war kein früheres KPD-Mitglied, sondern der ehemalige Sozialdemokrat Erich Mückenberger, der über Funktionen in der Chemnitzer SPD vor 1933 und nach 1945 eine steile SED-Karriere vollzog: Zuerst als paritätischer Kreisvorsitzender der Chemnitzer SED, ab 1948 als SED-Landesvorsitzender Sachsen und Thüringen (ab 1949) und bereits ab 1950 als Mitglied des ZK (ab 1958 des Politbüros) der SED. 1971 schließlich übernahm er eine Funktion, die eigentlich nur früheren »bewährten« Kommunisten offenstand – er wurde Leiter der Zentralen Parteikontrollkommission (ZPKK) der SED. Dies darf sicher auch als Anerkennung für eine politische Konversion verstanden werden, die wohl in Sachsenburg begann.[91]

Doch nicht allen überlebenden Kommunisten gelangen derartige Karrieren, wie sie hier beschrieben wurden. Es gab auch »Abweichler«, die nicht bereit waren, sich der jeweils neuen Parteilinie unterzuordnen; sie gerieten mit den neuen diktatorischen Strukturen in Konflikt. Kurt Kohlsche etwa engagierte sich zwar nach 1945 in der SED in Sachsen und avancierte gar zum Funktionär der SED-Kreisleitung Meißen, doch fiel er auch durch innerparteiliche Kritik auf. Nach einer Wohnungsdurchsuchung durch die sowjetische Geheimpolizei verließ er schon Ende 1947 die Ostzone Richtung Westen und arbeitete dort als Kaufmann.[92] Walter Janka kam aus dem mexikanischen Exil in die SBZ/DDR und geriet dort als Leiter des Berliner Aufbau-Verlages in die Mühlen der Staatssicherheit. Aufgrund von kritischen Einlassungen während der Entstalinisierung 1956 wurde er 1957 zu einer Haftstrafe verurteilt und kehrte zur Haftverbüßung in die Stadt zurück, in der er schon einmal – 1933/34 – bei den Nationalsozialisten eingesessen hatte – nach Bautzen.[93]

79 Vgl. Auskunft der KZ-Gedenkstätte Dachau vom 13. 7. 2017. **80** Vgl. ITS Archives, Bad Arolsen, 1. 1. 6.2/90418274. **81** Vgl. Bezirksleitung Karl-Marx-Stadt der SED (Hg.), Chronik, S. 20, 70 f., 79, 81, 83, 89 und 94. **82** Vgl. Karl-Marx-Stadt – Geschichte der Stadt in Wort und Bild, Berlin 1988, S. 185 und 191. **83** Vgl. Auskunft der KZ-Gedenkstätte Flossenbürg vom 11. 7. 2017. **84** Vgl. Auskunft der KZ-Gedenkstätte Dachau vom 13. 7. 2017. **85** Vgl. Lenore Lobeck, Die Schwarzenberg-Utopie. Geschichte und Legende im »Niemandsland«, 5., vollst. überarb. u. erw. Auflage, Leipzig 2018, S. 217. **86** Vgl. Bezirksleitung Karl-Marx-Stadt der SED (Hg.), Chronik, S. 86. **87** Vgl. Mike Schmeitzner/Stefan Donth, Die Partei der Diktaturdurchsetzung. KPD/SED in Sachsen 1945–1952, Köln 2002, S. 124, 241 f., 341, 345, 354. **88** Vgl. ebd., S. 182–187, S. 240; Detlev Brunner, Sozialdemokraten im FDGB. Von der Gewerkschaft zur Massenorganisation, 1945 bis in die frühen 1950er-Jahre, Essen 2000, S. 127–129, S. 136, 156 f., 229 f. **89** Vgl. www.bundesstiftung-aufarbeitung.de/recherche-1078.html; 13. 3. 2018. **90** Vgl. Jens Gieseke: Gronau, Heinz. In: Wer war wer in der DDR? 5. Ausgabe, Band 1, Berlin 2010. **91** Vgl. Schmeitzner/Donth, Partei der Diktaturdurchsetzung, S. 555. **92** Vgl. Kohlsche, »So war es! Das haben Sie nicht gewußt.«, S. 13 f. **93** Vgl. Janka, Spuren eines Lebens, S. 249–406. 1933/34 war Janka in Bautzen I in Haft, 1958–1960 in Bautzen II.

FAZIT UND AUSBLICK

Unzweifelhaft handelte es sich bei der kommunistischen Häftlingsgruppe um die größte und wichtigste im KZ Sachsenburg – und zwar sowohl zu Beginn der NS-Diktatur als auch in den späteren Phasen bis 1937. Die Mitglieder und Anhänger der KPD galten den Nationalsozialisten in politischer Hinsicht als Staatsfeind Nummer Eins, was allein die quantitative Verfolgung erklärt. Während der bürgerkriegsähnlichen Zustände vor 1933 hatten sich zumeist Kommunisten und Nationalsozialisten gegenübergestanden. Kommunisten waren – ähnlich wie Sozialdemokraten – grundsätzliche Gegner der NSDAP gewesen, doch hatten sie anders als diese eine wesentlich größere Militanz an den Tag gelegt und auch nicht die Weimarer Demokratie als etwas grundsätzlich Erhaltenswertes begriffen. Ihr Blick hatte sich viel eher auf die Sowjetunion als das »Vaterland aller Werktätigen« gerichtet, daher galt ihnen die Schaffung eines »Sowjetdeutschland« als verheißungsvolles Ziel. Auch wegen solcher granitenen Überzeugungen fiel es vielen Kommunisten nicht leicht, im Lager selbst ein neues Verhältnis zu den Sozialdemokraten zu finden. Hinzu kamen Übertritte prominenter kommunistischer Häftlinge. Erst mit einem brutalen SS-Lagerregime und dem politischen Kurswechsel der KPD ab 1935 hin zu einer »Volksfront« mit Sozialdemokraten und »bürgerlichen Demokraten« entspannte sich das Verhältnis zu früheren SPD-Mitgliedern, wie das Beispiel Erich Mückenberger zeigt. Eine »Erziehung zur ›Volksgemeinschaft‹« (Carina Baganz) gelang den SS-Bewachern in der Regel nicht, wie die untersuchten Beurteilungen und späteren Lebensläufe veranschaulichen. Es überwogen die ideologische Abhärtung, verschiedene Grade des Widerstandes und eine »innere Emigration« im Lager. Im Hinblick auf die quantitative Erforschung der Häftlingsgruppe und deren Binnendifferenzierung gibt es ebenso weiteren Forschungsbedarf wie hinsichtlich der »Überläufer« und ihrer Motive sowie in Bezug auf die Auswertung der Beurteilungen von Seiten der SS.

Lars Förster

»... ALS WÄRE BEI UNSEREM EINTRITT INS LAGER EIN GROSSES TOR ZUGESCHLAGEN«

Bruno Apitz (1900–1979)

EINFÜHRUNG

Bruno Apitz erlangte mit seinem Werk »Nackt unter Wölfen« (1958) weltweite Anerkennung – es war der erste und vielleicht am weitesten ausstrahlende Weltbestseller der DDR-Literatur. Der Stoff berührte in der DDR Tausende Menschen, viele erinnern sich bis heute an die Lektüre des Buches im Unterricht. Apitz erzählt darin die Geschichte eines kleinen jüdischen Jungen, der im Frühjahr 1945 in einem Koffer ins Konzentrationslager Buchenwald gebracht und bis zum Tag der Befreiung im April 1945 von kommunistischen Häftlingen vor der SS versteckt und damit gerettet wird. Die Geschichte war künstlerischer Ausdruck des moralisch-politischen Selbstverständnisses in der DDR und nahm dadurch eine herausragende Position innerhalb der antifaschistischen Legitimation des Landes ein. Bis heute wurde das Buch weltweit über drei Millionen Mal verkauft und in mehr als 30 Sprachen übersetzt. Hinzu kam 1963 Frank Beyers ebenso erfolgreiche DEFA-Verfilmung in Schwarz-Weiß.

Bruno Apitz wurde von Stefan Heym »Ein-Buch-Autor« genannt.[1] Dass eine solche Bezeichnung fehlgeht und sein Schaffen rings um diesen literarischen Gipfel ein viel weiteres Terrain umfasste, zeigen die neuesten Ergebnisse der Bruno-Apitz-Forschung. Indes sind viele seiner Texte von der Öffentlichkeit weit weniger wahrgenommen worden. Die Romane »Der Regenbogen« (1976) und »Schwelbrand« (postum, 1984) sowie die KZ-Novelle »Esther« (1959) fanden kaum öffentliche Beachtung. Gleiches gilt für den Tatsachenbericht »Das war Buchenwald!« (1946), der authentisch über das Grauen und Elend im KZ Buchenwald berichtet.

1 Stefan Heym, Nachruf, München 2011, S. 721.

Bruno Apitz, 1958
BArch, Bild 183-58807-0001

Weitgehend unbekannt ist der breiten Öffentlichkeit auch, dass Apitz ein künstlerisch ungemein vielseitig talentierter Mensch war, ein Doppel-, ja sogar Mehrfachbegabter. Neben seiner Tätigkeit als Schriftsteller war er Bildhauer, Kabarettist und Schauspieler, er spielte Geige und er zeichnete. Viele seiner autodidaktisch erworbenen Fähigkeiten, er besuchte zum Beispiel nie eine Universität, übte er während seiner achtjährigen KZ-Haft in Buchenwald aus. Im Lager schuf er zahlreiche Skulpturen und Schnitzereien, die ihn im ganzen Lager bekannt machten und letztlich auch sein Überleben sicherten.

Insbesondere Apitz' frühen Lebensphasen hat die Forschung bisher viel zu wenig Beachtung geschenkt. Der Beitrag beleuchtet daher vor allem jenen Abschnitt im Leben von Bruno Apitz, welcher der Zeit des Nationalsozialismus voranging und ihn moralisch derart nachhaltig prägte, dass er die Zeit im KZ Buchenwald zu überleben imstande war. Es war die Leipziger Arbeiterbewegung, die Apitz' politisch-moralisches Profil in diesen Jahren entscheidend schärfte. Ohne sie ist die Haltung des Mannes, der »Nackt unter Wölfen« schrieb, nicht erklärbar. Apitz' Lebensweg steht exemplarisch für den einer ganzen Generation deutscher Kommunisten, die für ihre Überzeugung immer wieder inhaftiert wurden. Bis 1945 verbrachte Apitz insgesamt elf Jahre in Gefängnissen, Zuchthäusern und Konzentrationslagern, ein Viertel seines bisherigen Lebens.

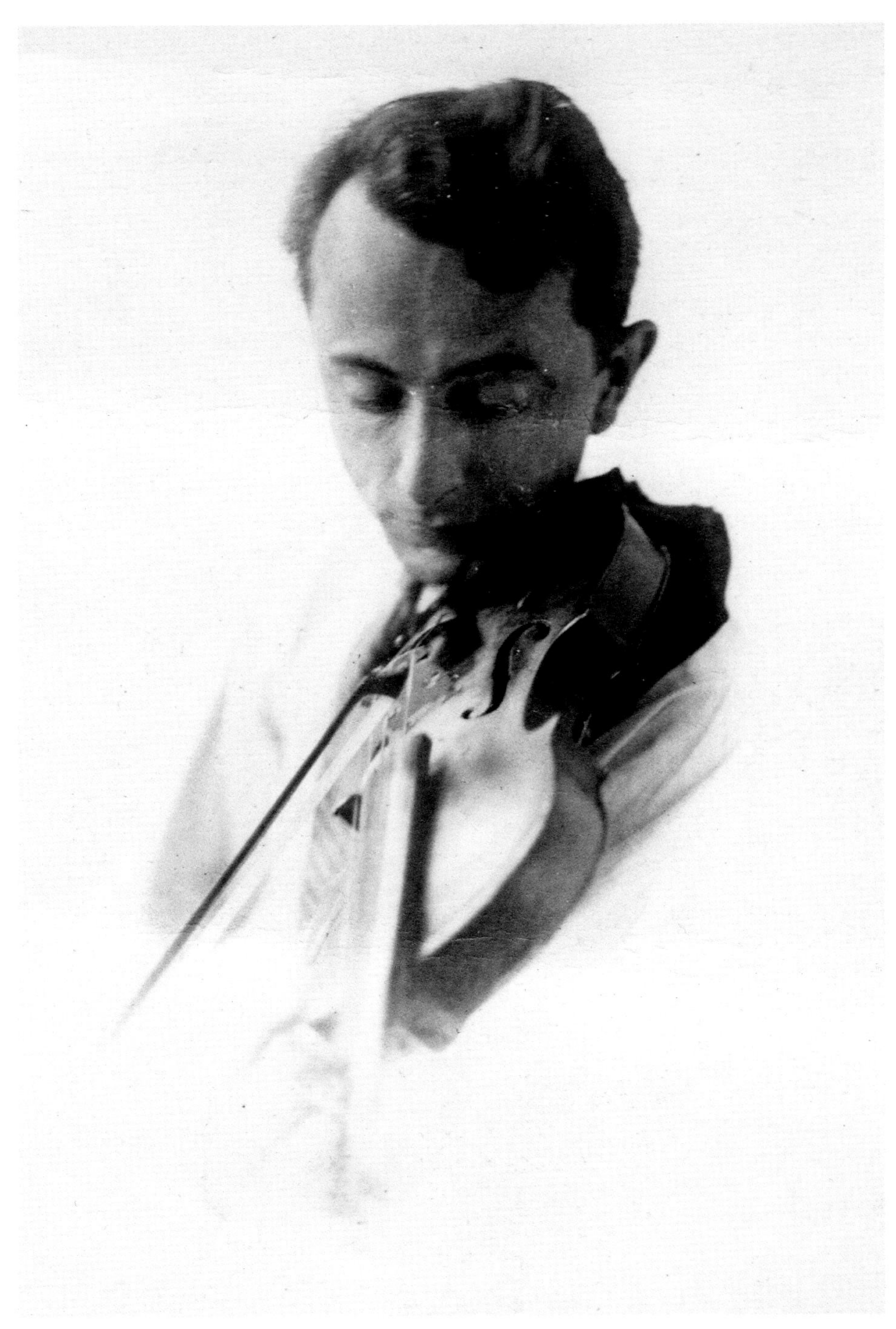

Bruno Apitz mit Geige, um 1920

Archiv Akademie der Künste, Bruno-Apitz-Archiv, Sign. N 14

VOM JUNGSOZIALISTEN ZUM KOMMUNISTISCHEN PROPAGANDISTEN

Der am 28. April 1900 geborene Bruno Apitz, zwölftes Kind einer Leipziger Arbeiterfamilie, engagierte sich bereits als Jugendlicher politisch. Nach dem Besuch der Volksschule und einer abgebrochenen Lehre als Stempelschneider hielt er als Mitglied des Arbeiterjugendbildungsvereins der SPD und der »Liebknecht-Jugend« am 16. August 1917 vor streikenden Leipziger Arbeitern eine Rede gegen die Fortdauer des Krieges, woraufhin er verhaftet wurde. Nach neun Monaten in Untersuchungshaft fand am 15. Mai 1918 vor dem Zweiten und Dritten Strafsenat des Reichsgerichts in Leipzig die Verhandlung statt. Apitz' Verteidiger war der bürgerlich-fortschrittliche Justizrat Dr. Martin Drucker, der insbesondere Jugendliche in politischen Prozessen vertrat.[2] Das Urteil war hart: Apitz wurde wegen »versuchten Landesverrats« und »wegen Übertretung eines Militärverbots« zu einem Jahr und sieben Monaten Gefängnis verurteilt.[3]

Bis kurz vor Ausbruch der Novemberrevolution saß Apitz die ihm auferlegte Strafe in den Anstalten Cottbus und Wohlau (Schlesien) ab. Die Haft hatte entscheidenden Einfluss auf seine spätere Entwicklung. Im Gefängnis begann er Verse zu schreiben und entdeckte seine Lust am schriftstellerischen Schaffen. Unter anderem schrieb er im Februar 1918 das Gedicht »Müde«, das seine Stimmung in dieser Lebensphase widerspiegelt:

Müde

Müde senkt der Vogel seine Schwingen,
In die Nacht verweht sein letztes Singen.
Durch die Regenwolken fahle Sterne dringen,
Die am Himmel bleich und zitternd hingen.

's ist ein immerwährend ängstlich Beben,
Wenn in Nacht und Dunkel sinkt das Leben,
Das gefesselt, ohne innerliches Streben,
Nicht die Freude uns, das Glück kann geben.
Zagend klingt die Sehnsucht aus dem Munde,
Nach Erfüllung brennt die offne Wunde,
Und das Leben rollt die große Runde,
Bis erlösend schlägt die letzte Stunde!
Immerfort, vom Leben bis zum Sterben. –
Was ist's mehr als ewiges Vererben?
Und im bunten, wechselvollen Werben,
Stürzt's sich selbst in dunkeles Verderben! –
Und der Vogel sinkt zur Erde nieder. –
Müd' am Leben streckt er seine Glieder. –
Und der Tod streicht glatt sein grau Gefieder. –
Ewig stumm sind seine frohen Lieder.[4]

Das hier zitierte und weitere Gedichte aus der Haftzeit zeugen davon, wie wenig politisch Apitz' frühes dichterisches Schaffen, das in der DDR weitgehend unbekannt war, gewesen ist.[5] In Zeiten der DDR distanzierte sich Apitz von seinem Frühwerk und behauptete, er sei »nie ein lyrischer Schreiber«, sondern immer »ein politischer Schriftsteller« gewesen.[6] Er bezeichnete die Gedichte später als seine »ersten literarischen Jugendsünden«, da sie so gar nicht in das gängige Bild des proletarischen und antifaschistischen Schriftstellers passten.[7]

Am 25. Oktober 1918, vier Wochen vor Beginn der Novemberrevolution, wurde Bruno Apitz auf »Gnadenerlass Seiner Majestät« vorzeitig entlassen. Im Sommer 1919 schrieb er einen Brief an eine von ihm heftig umworbene Schauspielerin, in dem er sich noch immer schockiert über die Qualen des Gefängnislebens äußerte: »Ich bin schwer erkrankt gewesen. Nervenschaden. Sie sehen an der unsicheren Schrift, daß ich noch krank bin. Vorgestern Nacht habe ich wieder einen bedenklichen Rückfall gehabt. Herzkrämpfe, Atemnot etc. Zu befürchten ist zum Glück nichts, das Herz ist völlig gesund. Nur meine Nerven sind zur Zeit erschlafft, ich bedarf absoluter Ruhe.«[8] Dennoch zeigte er sich stolz, für seine mutige Aktion im Gefängnis gewesen zu sein: »Ich bin kein unbeschriebenes Blatt mehr. Auf meinen Schultern lastet schon das Leid eines ganzen Lebens. Ich bin Sozialist, revolutionärer Sozialist. [...] Als Sozialist hatte ich auf Grund mehrjähriger, äußert reger politischer Tätigkeit die Pflicht, mit anderen den ausgebrochenen Streik in geregelte Bahnen zu lenken.«[9] Dann schloss sich in kurzen, sachlichen Sätzen eine Folgerung aus seiner Haftzeit an: »[D]ie Schule ist durchgemacht, ich bin wieder frei. Ich bin nicht anders geworden. Als Sozialist bin ich fortgegangen und als Revolutionär bin ich zurückgekehrt. Ich bin diesem Staat eigentlich noch zu Dank verpflichtet, daß er mich erst zum wirklichen Sozialisten erzogen hat. [...] Ich habe solches Elend und soviel Elend kennen gelernt, daß Goethe für mich gesprochen hat: ›Der Menschheit ganzer Jammer fasst mich an.‹«[10]

Nach der Entlassung aus dem Gefängnis begann für Apitz ein neuer Lebensabschnitt. Er wurde 1919 Mitglied der neugegründeten kommunistischen Jugendorganisation, ab 1925 Kommunistischer Jugendverband Deutschlands (KJVD), die sich als revolutionäre Jugendorganisation verstand und zusammen mit der KPD die Revolution anstrebte.

Seit Anfang der 1920er-Jahre, als Apitz zeitweilig als Buchhändleraushilfe und Schauspieler am Stadttheater Harburg arbeitete, schrieb er zudem satirisch-zeitkritische Gedichte und Dramen, u. a. für die Wochenzeitschrift »Der Klassenkampf«. In seiner Laufbahn als

2 Weiterführend zu Dr. Martin Drucker siehe Hubert Lang (Hg.), Martin Drucker (1869–1947). Lebenserinnerungen, Leipzig 2007. **3** Urteilsbegründung des Reichsgerichts in Leipzig, 15. 5. 1918 (AdK, Berlin, Bruno-Apitz-Archiv, Nr. 153, S. 1). **4** Bruno Apitz, Müde. In: Ders., Langeweile. Zweites »Freizeitheft«, begonnen am 26. 10. 1917 (AdK, Berlin, Bruno-Apitz-Archiv, Nr. 154, S. 25 f.). **5** Hierzu ausführlich Claude D. Conter, Ein unbekannt gebliebenes Gedicht von Bruno Apitz. In: Zeitschrift für Germanistik (1998) 3, S. 655–659. **6** Von der Größe und Schönheit des Menschen. Josef-Hermann Sauter im Interview mit Bruno Apitz. In: Anneliese Löffler (Hg.), Auskünfte. Werkstattgespräche mit DDR-Autoren, Berlin (Ost) 1974, S. 355–371, hier S. 358. **7** Brief von Bruno Apitz an Wolfgang Schütte vom 28. 2. 1966. In: Leipziger Blätter (1986) 8, S. 67. **8** Brief von Bruno Apitz an Cläre Christen vom 11. 6. 1919 (AdK, Berlin, Bruno-Apitz-Archiv, Nr. 196, S. 1). **9** Ebd., S. 2. **10** Ebd., S. 4.

Schriftsteller stand er jedoch im Weiteren vor all jenen Schwierigkeiten, mit denen jeder kommunistische Schriftsteller in der Weimarer Republik zu kämpfen hatte. Apitz' Theaterstücke zu politisch brisanten Themen wurden wegen ihrer weltanschaulichen Grundhaltung, meist einer direkten und aggressiven Parteinahme für die Idee des Kommunismus, nicht aufgeführt, obwohl bedeutende Theaterleute wie Erwin Piscator und Albert Bassermann Interesse an seiner Arbeit bekundeten. Apitz schrieb für die Schublade. Dies betrifft insbesondere das 1925 geschriebene Theaterstück »Und was sagt ihr dazu?« (Arbeitstitel: »Der Lächerliche«).[11] Albert Bassermann erachtete Apitz als einen »zweifellos hochbegabten Mann«, von dem er sich »für die Zukunft sehr viel verspreche«.[12] Dennoch lehnte er den Entwurf ab, weil ihm die Hauptfigur des Stückes nicht gefiel. Das Werk fand letztlich keine Bühne, obwohl sich Apitz intensiv um eine Aufführung bemühte.[13] Später meinte er, dieses Stück sei sein »bedeutendstes, nicht aufgeführtes Bühnenwerk gewesen und geblieben«.[14] Gleichwohl wurde das Theaterstück nach Überarbeitung vom Leipziger H.-C.-Weller-Verlag in Buchform unter dem Pseudonym Bruno Bethelisa veröffentlicht.[15]

Charakteristisch für Apitz war, dass seine materiellen Verhältnisse äußerst bescheiden und zeitweise sogar existenzbedrohend waren. Zeitweise arbeitslos, musste er von staatlicher Unterstützung leben. Zweifellos übte dieser Umstand Einfluss auf seine politischen Aktivitäten aus und machte ihn empfänglich für jene Politikangebote, die eine radikale Veränderung der Verhältnisse versprachen. Folgerichtig trat Apitz 1927 in die KPD ein. Wesentlicher Antrieb für diese Mitarbeit war seine Ablehnung des wirtschaftlichen und politischen Systems der Weimarer Republik sowie die Möglichkeit, in organisiertem Rahmen aktiv gegen dieses System zu wirken. Darüber hinaus offerierte die KPD ungelernten Arbeitern und vor allem Erwerbslosen ein politisches Betätigungsfeld.[16] Bruno Apitz gewährte sie ein solches vorrangig auf kulturpolitischem Gebiet.

Das Büro der Leipziger KPD-Kreisleitung erkannte das Talent Apitz', der bereits schauspielerische Erfahrung besaß und Stücke geschrieben hatte, und stattete ihn in seinem Stadtteil mit der Funktion eines Agitprop-Leiters aus. Dies verschaffte Apitz endlich die Möglichkeit, seine Neigungen und Fähigkeiten auf kulturell-künstlerischem Gebiet voll zu entfalten. Neben seiner Funktion als Agitprop-Leiter arbeitete er in der Roten Hilfe in Leipzig, in der auch seine Mutter aktiv war. Von dort entsandte man ihn 1929 in den Zentralverlag der Roten Hilfe nach Berlin, da er Erfahrungen als Buchhändler besaß. Als Verlagsleiter gab er Broschüren, Werbematerial und die Zeitschrift »Die Tribüne« heraus. Apitz verblieb bis Anfang 1931 in dieser Funktion, gab sie dann aber auf.

1931 zog Apitz wieder in den Leipziger Osten, in den Stadtteil Volkmarsdorf, wo er bis zu seiner Verhaftung 1933 wohnte. Innerhalb der Leipziger KPD übernahm er erneut die Funktion des Agitprop-Leiters seines Stadtteils. Dabei wurde Apitz Szenarist und Spielleiter der Agitprop-Truppe »Rote Fanfaren« (bis 1927 »Rote Truppe«). Für deren Auftritte schrieb er Texte, die dem Zweck der politischen Aufklärung und Parteinahme dienten, und studierte mit den Laienschauspielern Szenen ein. Ihr politisches Programm führte die Agitprop-Truppe dann in Gasthäusern und auf den Straßen Leipzigs in Form von Sprüchen, Liedern, Sketchen und kleinen szenischen Darstellungen zu Propagandazwecken vor.

Die Leipziger Bezirksleitung der KPD übernahm Apitz 1932 in ihr Bezirksbüro. Dort arbeitete er als Korrespondent und Referent in der Agitprop-Abteilung unter Rudi Jahn. Er gestaltete und redigierte Betriebszeitungen der Partei und war als ständiger Referent für den Kreis Erzgebirge tätig. Außerdem erstellte er innerhalb des Nachrichtenapparats der KPD gemeinsam mit dem KPD-Funktionär Rolf Axen illegales Schriftenmaterial gegen die SA.[17] Kurzzeitig war Apitz als Redakteur für den Inhalt der kommunistischen Wochenzeitung »Sächsisches Volks-Echo« des Bezirkes Westsachsen verantwortlich, die u. a. über die Gefahr eines Umsturzes durch die SA berichtete.[18]

Die ständigen Wahlkämpfe der Jahre 1932 und 1933 ließen Apitz nicht mehr zur Ruhe kommen. Eine Kampagne jagte die nächste. Seine zeichnerische Begabung setzte er für die Bezirksleitung in Illustrationen und politische Karikaturen zur Verwendung in den Betriebszeitungen um. Abends war er mit seinem geliebten Motorrad meist im Erzgebirge unterwegs. Wenn er dann gegen Morgen heimkam, geschah es oft, dass er noch einen Linolschnitt für ein Plakat anfertigen musste.[19]

Einen neuen Anlauf zum Schreiben unternahm Bruno Apitz, als er sich 1928 dem Bund proletarisch-revolutionärer Schriftsteller Deutschlands (BPRS) anschloss. Er wurde sogleich Vorsitzender der Bezirksgruppe in Leipzig und unterstützte damit als Schriftsteller direkt den Kampf gegen den Nationalsozialismus. Durch seine Tätigkeit im Bund machte er einige Künstlerbekanntschaften, u. a. mit Bertolt Brecht, der den Bund in Leipzig besuchte.[20]

Ende der 1920er-, Anfang der 1930er-Jahre verfasste Apitz einen sogenannten Betriebsroman, der die Bespitzelung von Kommunisten in Großbetrieben thematisiert. Er nannte seinen satirisch angelegten Roman »Fleck und Barb, die Unrasierten« und sandte das Manuskript an den Internationalen Arbeiter-Verlag, der gerade die damals berühmte Reihe »Der rote 1-Mark-Roman« herauszugeben begann. Erzählt wird die Geschichte der beiden Werkspitzel Fleck und Barb, die in einem Betrieb geheime kommunistische Zellen aufspüren sollen und sich hierzu als radikale Kommunisten aufspielen, gegenseitig jedoch nicht um ihre Funktion wissen. Kurt Kläber kündigte den Roman in der »Linkskurve«, der Zeitung des BPRS, als talentvolle Arbeit an. Infolge der politischen Entwicklung und der jahrelangen Haft blieb das Werk jedoch ungedruckt und gilt bis heute als verschollen.[21] Bruno Apitz bedauerte den Verlust dieses Manuskripts zeit seines Lebens.

11 Bruno Bethelisa (Pseud. von Bruno Apitz), ... und was sagt ihr dazu ... Zeitgelächter, 1925 (AdK, Berlin, Bruno-Apitz-Archiv, Nr. 42). **12** Brief von Albert Bassermann an Bruno Apitz, undatiert (vermutlich 1927) (AdK, Berlin, Bruno-Apitz-Archiv 43, Abschrift). **13** Vgl. Briefkorrespondenz (AdK, Berlin, Bruno-Apitz-Archiv, Nr. 43). **14** Sauter im Interview mit Bruno Apitz, S. 359. **15** Vertrag vom 11. 4. 1927 (AdK, Berlin, Bruno-Apitz-Archiv, Nr. 43). **16** 1933 waren von 300 000 KPD-Mitgliedern etwa 250 000 arbeitslos. Vgl. Andreas Herbst, Kommunistischer Widerstand. In: Peter Steinbach/Johannes Tuchel (Hg.), Widerstand gegen die nationalsozialistische Diktatur 1933–1945, Bonn 2004, S. 33–55, hier S. 33. **17** Vgl. Selbstverfasster Lebenslauf von Bruno Apitz, undatiert (vermutlich 1949/50) (LAB, C Rep. 902-02-02 Nr. 386, S. 4). **18** Vgl. Sächsisches Volks-Echo. Kommunistische Wochenzeitung für den Bezirk Westsachsen, Nr. 11, 14. 11. 1931. **19** Vgl. Selbstverfasster Lebenslauf von Bruno Apitz, S. 4. Ingesamt sind drei politische Plakate, die Bruno Apitz im Linolschnittdruck anfertigte, in der Plakatsammlung des Deutschen Historischen Museums in Berlin überliefert. **20** Vgl. Bruno Apitz, Lebendige Erinnerung. Fragen – Antworten. In: Neue Deutsche Literatur (1978) 10, S. 33 f., hier S. 34. **21** Vgl. Sauter im Interview mit Bruno Apitz, S. 361.

Bruno Apitz während seiner Schutzhaft im KZ Colditz, 1933

Archiv Akademie der Künste, Bruno-Apitz-Archiv, Sign. N 15

Aufenthaltsbescheinigung

Der Inhaft. Bruno Apitz . . . .

geb. . . 28.4.00 . . . . . . in Leipzig Volkmarsdorf . . . . . .

war vom . . 10.8.1933 . . . . . . bis . . . .

im hiesigen Schutzhaftlager.

Schutzhaftlager Sachsenburg

am . . . .

Der Entlassene hat sich bei der Ortspolizeibehörde zu melden .

Bescheinigung über die Inhaftierung im KZ Sachsenburg

Deutsches Historisches Museum, Berlin

SCHUTZHAFT IN COLDITZ UND SACHSENBURG

Bruno Apitz' Aktivitäten im Widerstandskampf und in der Illegalität zu beurteilen, erweist sich als recht schwierig. Im Wesentlichen stehen dafür als Quellen lediglich Apitz' selbstverfasster Lebenslauf sowie die Anklageschrift und die Urteilsbegründung zur Verfügung, die aber nur jene Punkte beinhalten, die Apitz im Verlauf des Prozesses nachgewiesen werden konnten.[22]

Nach der Machtergreifung Hiters war an eine organisierte illegale Tätigkeit kaum zu denken, da die meisten Funktionäre der KPD entweder bereits verhaftet oder flüchtig waren. Doch schon im Februar 1933 stellte Apitz eine Verbindung zur damals bereits illegalen Bezirksleitung der KPD her. Er bekam den Auftrag, Artikel über konspiratives Verhalten von Genossen zu schreiben, die dann in einem Mitteilungsblatt verwendet werden sollten.[23] Als die Partei ihre illegale Tätigkeit aufnahm, waren sämtliche Büromaterialien über ganz Leipzig verteilt. Schreibmaschinen oder Abzugsapparate waren bereits »illegalisiert« oder durch Verkauf abgestoßen worden. Apitz selbst schaffte Broschüren, Protokolle und zahlreiche schriftliche Unterlagen in ein sicheres Versteck.

Wegen seiner Aktivitäten in der Agitprop war er stadtbekannt. Im Mai 1933 wurde er in seiner Wohnung verhaftet. Die Gestapo suchte bei ihm nach einer Schreibmaschine, die jedoch nicht gefunden wurde, da sie sich nicht in der Wohnung befand. Dennoch beschlagnahmte man persönliche Gegenstände von Apitz und zahlreiche Bücher. Er selbst wurde zur »Schutzhaft« in das Hilfsgefängnis Wächterstraße gebracht und von dort in das KZ Colditz, wo er laut einer Bescheinigung vom 8. Juni bis 10. August 1933 inhaftiert war.[24]

Anschließend kam er ins KZ Sachsenburg, das Datum seiner Entlassung ist leider nicht belegt. Dass er in Sachsenburg inhaftiert war, bestätigen schriftliche Zeugnisse von Apitz (Berichte über Herbert Bochow und Max Schwaiger) sowie seine Aufenthaltsbescheinigung für Sachsenburg (Stempel: Schutzhaftlager Sachsenburg/Sa.).[25] Als Eingangsdatum ist der »10. 08. 1933« vermerkt; das Entlassungsdatum fehlt auf der Bescheinigung, was eine genaue Datierung seiner Haftzeit in Sachsenburg nicht zulässt. Aus den späteren Anklageschriften geht indes hervor, dass er bereits im September 1933 wieder illegal tätig war, was auf eine kurze Haftzeit in Sachsenburg schließen lässt.

22 Alle folgenden Informationen wurden entnommen aus der Anklageschrift vom Oberlandesgericht Dresden gegen Werner Staake und Genossen vom 15. 2. 1935 (BArch, Berlin, NJ 15185); Urteilsbegründung vom Oberlandesgericht Dresden vom 28. 5. 1935 (BArch, Berlin, NJ 15185). **23** Vgl. Selbstverfasster Lebenslauf von Bruno Apitz, S. 4. **24** Vgl. Bescheinigung über eine zweimonatige »Schutzhaft« im Konzentrationslager Colditz (DHM, Berlin, Sammlung: Dokumente ab 1914, Inventarnr. Do 54/1066.1). **25** Vgl. Bruno Apitz: Blitzgespräch. In: Tausend Kameraden Mann an Mann. Beiträge zur Geschichte des antifaschistischen Widerstandskampfes im Konzentrationslager Sachsenburg. Hg. von der Kreisleitung der SED Hainichen, 3., überarb. Auflage, Hainichen 1987, S. 54 f.; Bescheinigung über die Inhaftierung im Schutzhaftlager Sachsenburg (DHM, Berlin, Sammlung: Dokumente ab 1914, Inventarnr. Do 54/1066.2).

IM KOMMUNISTISCHEN UNTERGRUND

Kurz nach seiner Entlassung aus der »Schutzhaft« versuchte Apitz, die zerschlagene KPD-Organisation des Stadtteils Volkmarsdorf wieder aufzubauen und die Anhänger auf die Illegalität einzustellen, die für viele noch recht ungewohnt war. Die Genossen hielten die Stadtteilstruktur aufrecht, indem sie Verbindung zur Unterbezirksleitung aufnahmen, gezahlte Beiträge an diese abführten und kommunistische Literatur vertrieben. Die Unterbezirksleitung nahm wiederum Anweisungen der Bezirksleitung entgegen. Die oppositionelle Aktivität der Kommunisten erfolgte auf Basis sehr kleiner Gruppen, sogenannter Zellen. Diese zählten jeweils etwa drei bis fünf Mitglieder. Damit wurde sichergestellt, dass mit dem Entdecken einer Zelle durch das Regime nicht die gesamte Organisation aufflog. In Volkmarsdorf bestanden ab August 1933 sechs Zellen der KPD.

In diesem Stadtteil war der KPD-Funktionär Werner Staake die treibende Kraft für die Fortsetzung der Aktivitäten.[26] Bereits im Mai 1933, kurz vor seiner Inhaftierung, sorgte er dafür, dass das Beitragswesen und der Druckschriftenvertrieb organisiert wurden. Unmittelbar nach seiner Entlassung aus der »Schutzhaft« nahm er die Verbindung zur Unterbezirksleitung Ost wieder auf und war seither bis Ende Juli 1934 Stadtteilleiter.

Die Zahl der Zellen im Stadtteil Volkmarsdorf erhöhte sich bis Dezember 1933 auf acht. Unter den Decknamen »Spiegel« und »Nopstein« hatte Apitz als Instrukteur die Aufgabe, die in seinem Zellenbereich verbliebenen KPD-Mitglieder zu sammeln, um die Zelle neu aufzubauen.[27] Konkret engagierte sich Apitz bei der Verbreitung von kommunistischer Literatur sowie beim Kassieren und Weiterleiten von Mitgliedsbeiträgen und Literaturgeldern. Er war Mitverfasser von Flugblättern und Artikeln der illegalen »Sächsischen Arbeiter-Zeitung« und erledigte Kurierdienste.[28]

Im Sommer 1934 geriet die illegale Bezirksleitung ins Netz der Gestapo und wurde aufgerollt. Durch einen Spitzel wurden der Gestapo alle Verbindungen der KPD bekannt.[29] Nach Staakes Flucht übernahm Apitz die Stadtteilleitung. In der Folgezeit rollte eine Verhaftungswelle an, welche die KPD als funktionierende und über das gesamte Stadtgebiet ausgedehnte Organisation zerstören sollte. Apitz' Parteigenossen waren die Ersten, die verhaftet wurden. Er selbst konnte seine illegale Tätigkeit noch bis zum Herbst 1934 fortsetzen. Doch die Verhaftung ereilte am 10. November 1934 auch ihn. Seine über siebzigjährige Mutter musste er allein zurücklassen.

VERURTEILUNG UND HAFT IM ZUCHTHAUS WALDHEIM

In der Untersuchungshaft wurde Bruno Apitz durch die Gestapo verhört. Während der Vernehmung wurde er misshandelt und gefoltert, dabei büßte er den größten Teil seiner Zähne ein.[30] Der Prozess gegen »Staake und Genossen« fand am 27. und 28. Mai 1935 vor dem Dritten Strafsenat des Oberlandesgerichtes Dresden statt. Die Gruppenmitglieder wurden wegen ihrer politischen Tätigkeit in der KPD oder, wie es damals hieß, »wegen gemeinschaftlicher Vorbereitung zum Hochverrat« angeklagt. Justizrat Dr. Martin Drucker, bereits Apitz' Anwalt während dessen Haft 1917, wurde vom Oberlandesgericht Dresden nicht als sein Verteidiger zugelassen. Die Anklageschrift vom 15. Februar 1935 warf den Mitgliedern vor, eine im Land Sachsen verbotene Organisation aufrechterhalten und im Sinne kommunistischer Ziele den gewaltsamen Sturz der bestehenden Ordnung angestrebt, sich damit also der Vorbereitung des Hochverrats schuldig gemacht zu haben. Nach den Ergebnissen der Hauptverhandlung wurden alle für schuldig befunden, wobei zwischen den einzelnen Angeklagten differenziert wurde.[31]

Bei der Strafzumessung fiel Apitz' Tätigkeit als Funktionär ins Gewicht. Zu seinen Ungunsten wurde weiterhin berücksichtigt, dass er bereits eine Vorstrafe »wegen Landesverrats« erhalten hatte. Apitz wurde zu zwei Jahren und zehn Monaten Zuchthaus verurteilt. Außerdem wurden ihm für drei Jahre die bürgerlichen Ehrenrechte aberkannt. Die harte Strafe verdeutlicht, dass das NS-Regime Widerstand aufs Schärfste bekämpfte, die organisierte Arbeiterbewegung sollte vollständig zerschlagen werden. Dem Prozess schloss sich unmittelbar die Haft im Zuchthaus Waldheim an.

In Waldheim betätigte sich Apitz erneut schriftstellerisch. Von November 1935 bis September 1937 schrieb er an seinem Künstlerroman »Der Infusor und seine Magd«. Der Roman greift autobiografisch auf, wie Apitz nach misslungenem Schauspielunterricht zu dichten begann. Erzählt wird der Niedergang eines Schauspielers, der von seiner Frau verlassen wird, nachdem sie eine Liebesbeziehung mit einem jungen Dichter eingegangen ist.

Die äußeren Bedingungen, also die Verhinderung der Agitprop, waren ausschlaggebend dafür, dass Apitz wieder an die Künstlerthematik anschloss. Da er als Kommunist eine besonders strenge Überwachung erfuhr und seine Hefte, die er seiner Verlobten Therese Baer zuschickte, regelmäßig kontrolliert wurden beziehungsweise der Zensur unterlagen, konnte er nicht mehr an die proletarische Tradition der Agitprop anknüpfen. Im Gefängnis selbst wären agitatorische Produkte ohne Rezipienten und somit ohne Wirkung geblieben. Seine Aufzeichnungen mussten somit unverfänglich bleiben. Der Gefängnisvorstand hatte eine Anleitung und Gebote, die bei der Benutzung der Gefängnishefte einzuhalten waren, in jedem Heft auf dem Innendeckel abgedruckt. Beleidigungen, ungehörige Äußerungen über Anstandsverhältnisse und dergleichen waren laut Anleitung zu unterlassen.[32] Jegliche politische und sozialkritische Äußerung hätte somit für Apitz Konsequenzen gehabt. Gleiches galt für seine zahlreichen Briefe, die er seiner Verlobten Therese Baer aus der Haft schickte und in denen Liebeständeleien im Mittelpunkt standen.

26 Werner Staake, Jg. 1910, war in den KZ Sachsenhausen und Flossenbürg inhaftiert und wurde 1945 befreit. In der DDR war er von 1966 bis 1976 Direktor der Mahn- und Gedenkstätte Sachsenhausen. **27** Bruno Apitz gibt diese Decknamen auf einem Fragebogen an. Vgl. Fragebogen für die SED von Bruno Apitz vom 17. 1. 1950 (LAB, C Rep. 902-02-02 Nr. 386). **28** Vgl. Selbstverfasster Lebenslauf von Bruno Apitz, S. 5. **29** Ebd. **30** Vgl. Antrag auf Wirtschaftsbeihilfe für die Übernahme einer Zahnarztrechnung vom 16. 3. 1951 (LAB, C Rep. 118-01 Nr. 22935). **31** Vgl. Urteilsbegründung vom Oberlandesgericht Dresden vom 28. 5. 1935 (BArch, Berlin, NJ 15185, S. 15 ff.). **32** Vgl. Claude D. Conter, Bruno Apitz. Eine Werkgeschichte, Magisterarbeit, Universität Bamberg 1997, S. 64.

KL.: V

Lagerstufe:

Häftl.-Nr. 2417

Häftlings-Personal-Karte

Fam.-Name: Apitz
Vorname: Bruno
Geb. am 28.4.00 in Leipzig-Volkmarsdorf
Stand: ledig Kinder: keine
Wohnort: Leipzig
Strasse: C 1,Hochmannstrasse 12
Religion: ohne Staatsang.: D.R.
Wohnort d. Angehörigen: Schwester: Martha Krause,Leipzig,C 1, Hochmannstrasse 12
Eingewiesen am: 4.11.1937
durch: Stapo Dresden
in KL.: Buchenwald
Grund: Polit.
Vorstrafen: 2 mal

Überstellt
am: an KL.
am: an KL.
am: an KL.
am: an KL.
am: an KL.
am: an KL.

Entlassung:
am: durch KL.:
mit Verf...

Personen-Beschreibung:
Grösse: 1.68 m cm
Gestalt: schlank
Gesicht: oval
Augen: braun
Nase: rechts verbo
Mund: klein
Ohren: abstehend
Zähne: lückenhaft
Haare: dkl.blond
Sprache: deutsch
Bes. Kennzeichen: Narbe am re. Ringfinger
Charakt.-Eigenschaften:
Sicherheit b. Einsatz:
Körperliche Verfassung: keine

Kollektiv erfaßt

I.T.S. FOTO No. 1818

Strafen im Lager:
Grund: Art:

KL/5/4. 43 – 500000

Häftlings-Personal-Karte des KZ Buchenwald für Bruno Apitz

ITS Digital Archive, Bad Arolsen, 1.1.5.3/5440555

In dieser Zeit, 1936, starb seine von ihm geliebte und verehrte Mutter, zu der er stets ein besonders herzliches Verhältnis gepflegt hatte. Neben seiner Verlobten war sie der einzige Mensch gewesen, der ihm in dieser Zeit persönlich nahestand. Von ihrem Tod erfuhr er in der Haft durch ein Telegramm seiner Schwester Martha.[33] Sein Gesuch, an der Beerdigung seiner Mutter teilzunehmen, wurde abgelehnt.[34]

Nach Absitzen der Haftstrafe ließ man Apitz nicht frei. In seiner Personalakte stand der Vermerk »rückfällig«.[35] »Rückfällige Politische« waren Häftlinge, die wiederholt wegen antinazistischer Aktivitäten inhaftiert waren. Er hatte somit keine Chance auf Entlassung. Selbst die Wehrmacht schloss ihn wegen seiner Strafe »im Frieden und im Kriege« vom Dienst aus.[36]

Nach über zwei Jahren im Zuchthaus Waldheim wurde Apitz ins KZ Buchenwald überführt, wo er weitere acht Jahre seines Lebens, bis zur Befreiung des Lagers im April 1945, gefangen gehalten wurde.[37] Während der Haft verlor Apitz seine Wohnung in der Eisenbahnstraße, seine Möbel, sein Motorrad und seine Schreibmaschine.[38] Er sah sich insgesamt gezwungen, das Ausleben seiner künstlerischen Begabungen auf ein ungewisses Später zu verschieben. Und nicht zuletzt bedeutete die jahrelange Haft eine Isolation von der Außenwelt sowie die Unmöglichkeit, eine Partnerschaft einzugehen oder eine Familie zu gründen. So brach der Kontakt zu seiner Verlobten Therese Baer während seiner Haft in Buchenwald Ende 1937 bzw. Anfang 1938 ab. Schriftlichen Kontakt hatte er schließlich nur noch zu seiner älteren Schwester Martha in Leipzig.

IM KZ BUCHENWALD

Das KZ Buchenwald auf dem Ettersberg in Thüringen, nur wenige Kilometer von der Klassikerstadt Weimar entfernt, war eines der größten Konzentrationslager auf deutschem Boden. Es diente der SS zwischen Juli 1937 und April 1945 als Arbeitslager, in dem Zehntausende Häftlinge zur Arbeit für die deutsche Rüstungsindustrie gezwungen wurden. Im Laufe der Jahre waren insgesamt über 250 000 Menschen inhaftiert, von denen rund 56 000 starben.[39]

Vom Zuchthaus Waldheim überführt, traf Apitz am 4. November 1937 mit einem Transport in Buchenwald ein. Als Neuzugang musste er zunächst in der Aufnahmestelle stundenlang mit erhobenen Armen, die Hände im Nacken gefaltet, und dem Gesicht zur Wand stehen. Anschließend erfolgten die Aufnahme der Personalien und das Anlegen einer Häftlingspersonalkarte, die mit einem Foto des kahl geschorenen Häftlings versehen wurde. In der Effektenkammer gab Apitz einen Teil der Habseligkeiten, die er bei sich trug, ab: Kleidungsstücke sowie Unterwäsche, ein paar Schuhe, einen Kamm, zwei Manschetten- sowie zwei Kragenknöpfe, zwei Tabakpfeifen, ein Feuerzeug und neun Zigaretten. Später wurden ihm auch sein Verlobungsring, eine Geige, die er sich ins Lager hatte schicken lassen, und die dazugehörigen Noten abgenommen. Auf seiner Häftlingskleidung trug er ein nach unten zeigendes rotes Dreieck, den sogenannten Winkel, mit einem roten Balken darüber, der ihn als »rückfälligen politischen Häftling« kennzeichnete. Apitz erhielt die Häftlingsnummer 2 417 und wurde fortan – quasi entmenscht – auch nur noch mit dieser angesprochen.

Apitz' anfängliche Vorstellung, als er ins KZ überführt wurde und zum ersten Mal den klangvollen Namen »Buchenwald« hörte, war genau das Gegenteil dessen, was er vorfand. Buchenwald erschien ihm als »Vorhof zu einem Reich des Todes und der Auflösung«.[40] Seine authentischen Beschreibungen verdeutlichen insbesondere das Gefühl der Trostlosigkeit und Verzweiflung bei seiner Ankunft: »Ich kenne noch das Gefühl, das mich überkommen hatte: mir war, als wäre bei unserem Eintritt ins Lager ein großes Tor zugeschlagen, und als wären wir jetzt aus der uns bekannten und vertrauten Welt in eine Landschaft hineingegangen, die mit Welt und Menschheit nichts mehr zu tun hat. [...] Eine Hoffnungslosigkeit, wie ich sie nie wieder erlebt habe, bemächtigte sich meiner.«[41]

33 Vgl. Telegramm mit der Mitteilung des Todes der Mutter vom 5. 3. 1936 (DHM, Berlin, Sammlung: Dokumente ab 1914, Inventarnr. Do 54/1066.9). **34** Vgl. Schreiben des Generalstaatsanwalts zur Ablehnung des Gesuches um Strafaussetzung wegen des Todes der Mutter vom 6. 3. 1936 (DHM, Berlin, Sammlung: Dokumente ab 1914, Inventarnr. Do 54/1066.10). **35** Aufnahmebogen von Bruno Apitz, KZ Buchenwald (ITS Digital Archive, Bad Arolsen, 1. 1. 5.3/5440558). **36** Bescheinigung über den Ausschluss vom Dienst in der Wehrmacht vom 16. 9. 1940 (DHM, Berlin, Sammlung: Dokumente ab 1914, Inventarnr. Do 54/1066.13). **37** Vgl. Bescheinigung über die Entlassung aus dem Zuchthaus Waldheim und die Überführung ins Schutzhaftlager Buchenwald vom 28. 10. 1937 (DHM, Berlin, Sammlung: Dokumente ab 1914, Inventarnr. Do 54/1066.12). **38** Vgl. Fragebogen für den Rat der Stadt Leipzig vom 19. 10. 1945 (LAB, C Rep. 118-01 Nr. 22935). **39** Vgl. Gedenkstätte Buchenwald (Hg.), Konzentrationslager Buchenwald 1937–1945. Begleitband zur ständigen historischen Ausstellung, Göttingen 1999, S. 253. **40** Bruno Apitz, Als »Zugang« ins Lager Buchenwald. In: KPD Stadt und Kreis Leipzig (Hg.), Das war Buchenwald! Ein Tatsachenbericht, zusammengesetzt und bearbeitet von Rudi Jahn, Leipzig 1946, S. 40–42, hier S. 42. **41** Ebd., S. 41f.

Zu dieser Zeit, 1937, befand sich das KZ Buchenwald noch im Aufbau. Es bestand aus wenigen Holzbaracken und einigen Villen für die SS-Offiziere. Der Boden war zäh und lehmig und somit das Gelände auf dem Ettersberg nach jedem Regen eine einzige große Schlammpfütze. Obwohl aufgrund seiner hageren Statur nicht für schwere körperliche Arbeit geeignet, mühte sich Apitz in den ersten sechs Monaten seiner Lagerzeit in diversen Arbeitskommandos unter kräftezehrenden Bedingungen wie Wassermangel, Schlaflosigkeit, Feuchtigkeit und ständigem Hunger bis zum Umfallen. Zu seinem Lageralltag gehörten ebenso unablässige Schikanen und Misshandlungen durch die SS.

Seine politischen Kameraden waren um Apitz' Gesundheitszustand in der Anfangszeit sehr besorgt und versuchten ihn deshalb in das Kommando Bildhauerei versetzen zu lassen. Dass er in seiner kargen Freizeit sein künstlerisches Talent nutzte und mit einem geliehenen, klapprigen Taschenmesser aus einem Stück Lindenholz eine lachende Arbeiter-Figur schnitzte, verhalf ihm schließlich zur Versetzung in die Werkstatt. Hier erhielt er die Möglichkeit, auf künstlerischem Gebiet sein Überleben inmitten des Terrors zu sichern. Nach sechsmonatiger Tortur kam Apitz im Mai 1938 in die Bildhauer-Werkstatt, in der er sich das Bildhauerhandwerk autodidaktisch aneignete und in die Arbeit hineinwuchs. Hier führte er mehrere Auftragsarbeiten für den SS-Lagerkommandanten Karl Otto Koch aus. Seine erste Arbeit war das übermannshohe hölzerne Straßenschild »Caracho-Weg«, aufgestellt am Zufahrtsweg zum Lagertor, auf dem die Häftlinge ins Lager getrieben wurden. Über den grob geschnitzten Buchstaben zeigt es vier typisch gekleidete Häftlinge, die über den Caracho-Weg gehetzt werden. Im Kommando schnitzte Bruno Apitz noch mehrere figürliche Plastiken und fertigte kunsthandwerkliche Holzschnitzarbeiten an. Insgesamt jedoch bekam er »selten mal einen Auftrag«. Daher besaß er ausreichend Freiräume, um Holzplastiken, zum Teil auch illegal, »nach eigenen Ideen, nach eigenen Vorstellungen, nach eigenen Einfällen« herzustellen.[42]

Sein künstlerisches Laienschaffen stellte für Apitz zum einen eine Notwendigkeit dar, um im Lager überleben zu können, indem er die Wünsche der SS-Führer bediente und sich den Lagerbedingungen anpasste. Er selbst empfand sich dabei als »Luxussklave«.[43] Das künstlerische Laienschaffen im Lager provoziert möglicherweise die Vorstellung, dass die betroffenen Häftlinge unter humanen Bedingungen gelebt haben müssen, da es ihnen sonst nicht möglich gewesen wäre, künstlerisch tätig zu sein. Doch Apitz betonte, dass es keine menschlichen Bedingungen im Lager gegeben habe. Ihm zufolge »lebten« die Gefangenen hier, »weil sie eben noch nicht – gestorben waren«.[44] Zum anderen begriff er seine künstlerische Arbeit in der Bildhauerei auch als einen Akt widerständigen Verhaltens gegen den KZ-Terror.

Ende 1941, nach Absetzung des SS-Lagerkommandanten Koch, wurde die Werkstatt aufgelöst. Apitz' künstlerische Tätigkeit im KZ war damit jedoch noch nicht beendet, denn als Bildhauer war er im ganzen Lager bekannt. Er fertigte weiterhin Holzschnitzarbeiten für die SS-Führer an. Zu seinen größeren Arbeiten zählte eine kunstvoll gestaltete Schreibtischgarnitur mit einem Eulenspiegel, die er für Kochs Nachfolger, Hermann Pister, anfertigte und nach der Befreiung des Lagers mit nach Leipzig nahm. Ein Teil der Schnitzarbeiten sind im Original überliefert und heute in der Gedenkstätte Buchenwald sowie im Deutschen Historischen Museum in Berlin zu sehen. Andere Arbeiten sind dagegen unauffindbar, von einigen existieren zumindest Fotografien.

Nach einer kurzen Zwischenstation in der Tischlerei der Deutschen Ausrüstungswerke (DAW), einer an das Lager angrenzenden SS-eigenen Fabrik, wurde Apitz im Dezember 1942 auf Initiative der politischen Häftlinge in das Kommando Pathologie beim SS-Lagerarzt Dr. Waldemar Hoven vermittelt, in dem er bis zu seiner Befreiung als Häftling registriert blieb. Der Häftlingsarzt Fritz Lettow berichtete in seinen Erinnerungen, dass die Häftlinge in der Pathologie »ein gutes Leben« gehabt hätten und diese deshalb »eine willkommene Zuflucht für manchen politischen Kumpel« gewesen sei.[45] Im Juni 1943 erhielt Apitz einen Ausweis, der ihm »Hafterleichterung« garantierte. Dieser ermöglichte es ihm, einmal wöchentlich Post zu empfangen und abzusenden, ihm wurde »bevorzugter Kantineneinkauf« zugestanden und das Kahlscheren der Haare entfiel. Apitz gehörte fortan »zu den ständigen Kunden« seines jüdischen Mithäftlings Rolf Kralovitz, dem er »fürs Haareschneiden jedesmal einen Kanten Brot« gab.[46]

Sein Freund und Mithäftling Karl Schnog betonte, dass es sich beim Kommando Pathologie um einen »ruhigen Posten« gehandelt habe. Apitz arbeitete hier »als Modelleur für plastische medizinische Modelle«, die er in einem separaten Raum aus Holz und Gips anfertigte.[47] Im Kommando erfuhr er aus erster Hand von den Verbrechen der SS. So wurde er Zeuge der Mitte 1941 begonnenen und systematisch durchgeführten Ermordung von Kranken durch Giftinjektionen sowie Zeuge medizinischer Experimente zur Entwicklung eines neuen Impfstoffes gegen Fleckfieber. In den Räumen der Pathologie fand Apitz auch die Zeit, aus dem Holz der sogenannten Goethe-Eiche die heimlich entstandene und viel beachtete Plastik »Das letzte Gesicht« zu schnitzen, die das Antlitz eines Sterbenden im Halbrelief darstellt. In der Pathologie erhielt Apitz überdies die Möglichkeit zu schreiben. Ihm standen ein Tisch sowie eine Schreibmaschine mit Papier zur Verfügung. Hier schrieb er revueartige Szenen, in denen er bei Aufführung auch selbst mitspielte, sowie zahlreiche Gedichte, die er auf dem Block im kleinen Kreis, bei Lagerkonzerten oder bei Kulturveranstaltungen wie den »Bunten Abenden« auf der Bühne der Kinohalle darbot.

Apitz' Aufführungen versuchten sich am schwierigen Unterfangen, die Häftlinge im Publikum mit sorgloser Unterhaltung aufzumuntern und gleichzeitig die SS zufriedenzustellen. Bei der Zusammenstellung und Darbietung der Programme musste deshalb geschickt vorgegangen werden, um die Ansichten der Macher vortragen zu können, ohne die Durchführung solcher Veranstaltungen sowie die Veranstalter selbst zu gefährden. Über das

42 Kunst im Widerstand (1). Helmut Hauptmann im Gespräch mit Bruno Apitz. In: Neue Deutsche Literatur (1976) 11, S. 19–26, hier S. 22. **43** Ebd. **44** Bruno Apitz, Laienkünstler im KZ Buchenwald. In: Volkskunst (1954) 12, S. 32–33, hier S. 32. **45** Fritz Lettow, Arzt in den Höllen. Erinnerungen an vier Konzentrationslager, Berlin 1997, S. 108. **46** Rolf Kralovitz, ZehnNullNeunzig in Buchenwald. Ein jüdischer Häftling erzählt, Köln 1996, S. 49. **47** Karl Schnog, Die Männer von Buchenwald. In: Die Weltbühne (1947) 7, S. 296–297, hier S. 296.

Bruno Apitz, »Das letzte Gesicht«, 1944
Deutsches Historisches Museum, Berlin/A. Psille

Instrument der Tarnung, die sogenannte »Sklavensprache«, schrieb Apitz: »Es wurde rezitiert, natürlich alles vor den Augen der SS. Und die Sklavensprache entwickelte sich dann im Laufe der Zeit. [...] Den Ton der Sklavensprache haben die von der SS nie begriffen, der ging nur in die Ohren, die dafür bestimmt waren.«[48]

Diese Lagerabende hatten großen Einfluss auf den Lebenswillen der Häftlinge. Sein Mithäftling und späterer Künstlerfreund Karl Schnog erinnerte sich, dass Apitz »mit seinen Dichtungen Aufklärung und Zuversicht« verbreitet habe.[49] Neben der KZ-Novelle »Esther« gehörten »Die Marmorstatue« und die Konzeption für »Paradies und Gute Erde« zu jenen Werken Apitz', die heimlich im Lager entstanden.

Als die SS-Führer am Morgen des 6. April 1945, wenige Tage vor der Befreiung des KZ Buchenwald, 46 deutschen und ausländischen politischen Häftlingen mit dem Ziel der Liquidierung am Lagertor anzutreten befahlen, war auch Bruno Apitz unter diesen Häftlingen. Auf der Liste fanden sich nicht etwa angebliche Mitglieder des illegalen Internationalen Lagerkomitees (ILK), sondern Häftlinge, die am umfassendsten über das Lager und die SS, über Misshandlungen, Giftmorde, medizinische Experimente und Korruption informiert waren und diese Informationen nach ihrer Befreiung mit hoher Wahrscheinlichkeit an die US-Armee weitergeben würden. Die 46 Häftlinge wurden jedoch von ihren Mitgefangenen vor der SS im Lager versteckt und entgingen damit dem sicheren Tod. Trotz einer umfangreichen Suchaktion fand die SS keinen einzigen von ihnen. Apitz, der noch alle seine Manuskripte verbrannte, verdankte seine Rettung dem Mithäftling Alfred Ott, der ihn in einem Kanalschacht versteckte. Den Tag der Befreiung des Lagers sowie das Eintreffen der US-amerikanischen Panzer am 11. April 1945 erlebte Apitz somit nicht unmittelbar. In seinem Schacht nahm er lediglich Geräusche und Stimmen wahr und musste darauf hoffen, von seinen Kameraden herausgeholt zu werden. Somit wurde er nicht Zeuge dessen, wie unter der Deckung der US-Panzer Häftlinge des Lagerwiderstandes noch während der Kampfhandlungen die Türme und die Verwaltung des Lagers besetzten und 21 000 Häftlinge ihre Befreiung erlebten.[50]

Als Apitz im Mai 1945 Buchenwald verließ, war er 45 Jahre alt, 34-jährig war er in Haft gekommen. Die Haftzeit hatte ihn gezeichnet. Noch viele Jahre danach litt er unter körperlichen und psychischen Beeinträchtigungen. Doch schon allein die Umstellung auf das zivile Leben fiel ihm unmittelbar nach der Entlassung schwer.

Apitz war ein stiller, feinfühliger und sensibler Mensch. Aus dieser Veranlagung erwuchsen vor allem seine künstlerische Empfänglichkeit und überhaupt seine Liebe zur Kunst. Auf den meisten Gebieten, vor allem in den plastischen Arbeiten im Lager, war er Autodidakt. Die Bedeutung dieser Arbeiten für ihn selbst und sein Überleben unter KZ-Bedingungen kann nicht hoch genug eingeschätzt werden. Die künstlerische Betätigung bildete für Apitz stets ein wesentliches Ausdrucksmittel und es kann als geradezu tragisch gelten, dass seine Lebensumstände es ihm verwehrten, seine Talente auszuprägen oder gar eine professionelle Ausbildung zu erhalten und auf solcher Basis zu arbeiten. Gerade die plastischen Arbeiten sind es, die beweisen, dass Apitz weit mehr war als ein Ein-Buch-Autor, nämlich ein künstlerisches Multitalent. 1979 starb er in Ost-Berlin.

48 Kunst im Widerstand (2). Helmut Hauptmann im Gespräch mit Bruno Apitz. In: Neue Deutsche Literatur (1980) 4, S. 47–57, hier S. 54 f. **49** Schnog, Die Männer von Buchenwald, S. 297. **50** Gedenkstätte Buchenwald (Hg.), Konzentrationslager Buchenwald 1937–1945, S. 232–237.

ROLLE ALS AUTOR VON »NACKT UNTER WÖLFEN«

Als Schriftsteller im Kultur- und Literaturbetrieb des Arbeiter- und Bauernstaates kann Bruno Apitz eine Sonderrolle zugesprochen werden. Dies besonders wegen seiner Bedeutung als Autor von »Nackt unter Wölfen« und des damit verbundenen einmaligen internationalen Erfolges auch für den Literaturbetrieb der DDR. Die hohen und zahlreichen Auflagen des Buches zeigen, dass der Roman vor allem in der breiten Öffentlichkeit ein großer Erfolg war und Millionen von Leser in der DDR begeisterte. Bei einer Umfrage im Jahr 1960 in der Wochenzeitung »Sonntag« stand »Nackt unter Wölfen« von Bruno Apitz mit Abstand auf Platz eins.[51] Entscheidend für das außergewöhnliche Interesse und die weltweite Wirkung des Buches ist sicherlich die spannende Geschichte von der Rettung des Kindes. Dies vermutete auch Bruno Apitz, der in einem Interview äußerte: »Vielleicht liegt die Ursache darin, dass das Buch, ich möchte sagen, einen sentimentalen Brennpunkt hat, nämlich die Rettung des Kindes. Das wird viele Menschen angesprochen haben.«[52] Apitz verallgemeinerte hier durch den Roman ausgelöste Empfindungen, die er aus vielen Gesprächen mit Lesern, aus Briefen und anderen Mitteilungen kannte.[53] Es handelt sich um die anrührende und ergreifende Geschichte eines Kindes, die den Leser sofort packt und in Atem hält.

Ein wesentlicher Grund für die Anerkennung des Romans von offizieller Seite war, dass den Menschen in der DDR ein ideologisch geprägtes Geschichtsbild vermittelt wurde, wonach die Kommunisten den stärksten und erfolgreichsten Widerstand im Lager, der zudem kämpferisch und humanistisch war, geleistet hatten. Der Roman vermittelte vielen Menschen in der DDR ein antifaschistisches Identifikationsangebot, und die SED versuchte ihrerseits, dies für eine deutsche sozialistische Identität in der Gegenwart zu nutzen. Der westdeutsche Literaturkritiker Wilfried F. Schoeller bezeichnete Apitz' Roman gar als »literarische Gründungsurkunde der DDR«, da er auf den Errungenschaften deutscher Kommunisten gründe: Humanismus, Kampfeswille und Selbstbefreiung.[54]

In diesem Kontext muss auch beachtet werden, dass »Nackt unter Wölfen« ein Nachkriegswerk ist. Apitz schrieb seinen Roman vor dem Hintergrund des Kalten Krieges und der Teilung Deutschlands. Der Buchenwald-Stoff sollte, so Apitz' Anliegen, auf die angeblichen aktuellen Formen des Faschismus in der BRD aufmerksam machen. Symptomatisch für diese Entwicklung waren seiner Ansicht nach die Notstandsgesetze, die Eingliederung der BRD in die NATO, die Remilitarisierung der Bundeswehr und der Versuch, die KPD in Karlsruhe verbieten zu lassen.[55] Für die Staats- und Parteiführung in der DDR war Apitz' Roman im geschichtspolitisch ausgetragenen Systemkonflikt vor allem eines: politisch nützlich. Der Roman diente der DDR als Waffe einerseits innerhalb der Kritik an einer unzureichenden Aufarbeitung der nationalsozialistischen Vergangenheit sowie andererseits gegen die bundesdeutsche Politik.

Somit setzte das Buch in der DDR über Jahre hinweg Maßstäbe für die Auseinandersetzung mit dem Nationalsozialismus und besonders mit dessen repressiver Politik, aber auch für die internationale antifaschistische Solidarität. Apitz' Roman war in der DDR das einflussreichste und meistrezipierte Buch über die NS-Konzentrationslager. Dabei handelte es sich nicht um das erste literarische Werk eines deutschen Schriftstellers, das sich speziell mit dem KZ Buchenwald beschäftigte. Ernst Wiechert, »nur« knapp zwei Monate in Buchenwald inhaftiert, war der erste Autor, der in seinem 1939 geschriebenen und erstmals 1946 in der Schweiz veröffentlichten Bericht »Der Totenwald« seine individuellen Erinnerungen an das Lager festhielt und literarisch in der autobiografischen Figur des Johannes verarbeitete. Erich Maria Remarques »Der Funke Leben« von 1952 spielt ebenfalls im KZ Buchenwald. Apitz' Roman hebt sich gleichwohl insofern ab, als er der erste deutsche Buchenwald-Roman war, der fast ausschließlich auf den Bereich des politischen Widerstandes fokussierte und nicht nur die Grauen des Konzentrationslagers, die Leiden der Häftlinge, darstellte.[56]

Nach 1989/90 waren Roman und DEFA-Film immer wieder Gegenstand kritischer Auseinandersetzungen um die DDR-Literatur. Wiederholt wurde bemängelt, dass Apitz' Schilderungen im Roman von den tatsächlichen Vorgängen bei der Rettung des damals dreijährigen Stefan Jerzy Zweig, des sogenannten »Buchenwaldkindes«, erheblich abwichen.[57] Die Holocaust-Überlebende Ruth Klüger etwa geißelte »Nackt unter Wölfen« gar als »Kitschroman«.[58] Über der Geschichte liege ein »Netz an Trivialmustern«, meinte Wilfried F. Schoeller.[59] Doch Romanautor Bruno Apitz wie auch Regisseur Frank Beyer hatten nie die Absicht gehabt, eine Dokumentation zu schaffen. Der Roman ist keine dokumentarische Darstellung, auch wenn »Nackt unter Wölfen« in der DDR vielfach so gelesen und rezipiert wurde, sondern eine Mischung aus eigenem Erlebten und Erfundenem. Dies betrifft nicht nur die Figur des Kindes, sondern ebenso eine Reihe weiterer Romanfiguren. Ferner wird oft vergessen, dass Apitz bei der Zusammenstellung des Materials zwei Kronzeugen fehlten: Vater Zacharias und Sohn Stefan Jerzy Zweig. Zugleich muss jedoch gesagt werden, dass die Manipulation des Stoffes und die Umarbeitung der tatsächlichen Rettungsgeschichte in der DDR auch befördert wurde. Seine Glaubwürdigkeit erhielt der Roman allein aufgrund der Tatsache, dass ein Buchenwald-Häftling ihn verfasst hatte, und diese Glaubwürdigkeit verfestigte sich, als man das Kind ausfindig machen konnte. Dadurch erhielten Roman und Film einen regelrechten Realitäts- und Rezeptionsschub.[60]

51 Eine Umfrage des Sonntag: Was lesen Sie? In: Sonntag (1960) 15, S. 4. **52** Sauter im Interview mit Bruno Apitz, S. 359. **53** Vgl. Leserzuschriften an Bruno Apitz ab 1958 (AdK, Berlin, Bruno-Apitz-Archiv, Nr. 11). **54** Wilfried F. Schoeller, »Doppelgedächtnis – in diesem Wort liegt der Anspruch.« Eine Rede im ehemaligen Konzentrationslager Buchenwald, die Anstoß erregte. In: Frankfurter Rundschau, 15. 4. 1993, S. 13. **55** Vgl. Brief von Bruno Apitz an Hans Rodenberg vom 27. 11. 1954 (BArch, Berlin, SAPMO, DR 117/8661). **56** Vgl. Martin Staub, Bilder vom Widerstand: Erich Maria Remarque, Bruno Apitz, Fred Wander und Jorge Semprun über Buchenwald. In: Thüringer Institut für Lehrerfortbildung/Lehrplanentwicklung und Medien (Hg.), Sehen, Verstehen und Verarbeiten. KZ Buchenwald 1937–1945. KZ Mittelbau-Dora 1943–1945, Heft 43, Bad Berka 2000, S. 41–50. **57** Vgl. Bill Niven, Das Buchenwaldkind. Wahrheit, Fiktion und Propaganda, Halle (Saale) 2009. **58** Ruth Klüger, weiter leben. Eine Jugend, Göttingen 1992, S. 75. **59** Schoeller, Doppelgedächtnis. **60** Harry Stein, »Nackt unter Wölfen« – literarische Fiktion und Realität einer KZ-Gesellschaft. In: Thüringer Institut für Lehrerfortbildung/Lehrplanentwicklung und Medien (Hg.), Sehen, Verstehen und Verarbeiten. KZ Buchenwald 1937–1945. KZ Mittelbau-Dora 1943–1945, Heft 43, Bad Berka 2000, S. 27–40, hier S. 40.

Besonders die Leserschaft wollte damals wissen, was aus dem Jungen nach der Befreiung im April 1945 geworden war. Dazu erklärte Apitz in der »BZ am Abend«: »Seit Jahren erreichen mich Briefe aus aller Welt. Frauen und Mütter schreiben mir, Schulklassen wenden sich an mich [...] und immer wieder mußte ich mitteilen: Ich weiß nichts.«[61] Nach der Auffindung des »Buchenwaldkindes« war Apitz nicht besonders bestrebt, seine Leser freimütig über die historische Wahrheit aufzuklären. Im Gegenteil, er wies in diesem Zusammenhang immer wieder auf das Recht des Schriftstellers hin, gewisse Elemente frei zu erfinden, um so die humanistische Geste zu erhöhen.[62] Seine künstlerische Freiheit lag dem Schriftsteller Apitz näher als die historische Wahrheit. In einem Interview erklärte Apitz, inwieweit Dichtung und historische Wahrheit voneinander zu trennen seien: »Wissen Sie, das ist ein solches Geflecht. Das ist so ineinander verflochten, das Dokumentarische, das eigene Erleben, die dichterische Phantasie, daß ich heute nicht mehr imstande bin, dieses Geflecht zu entwirren. Das kann ich nicht mehr. Natürlich habe ich sehr viel dokumentarisches Material verwendet, wobei ich bemerken möchte, daß ich unter dokumentarischem Material nicht irgendwelche schriftlich niedergelegten Dokumente verstehe, wie sie ja in Dokumentationen über das Lager erschienen sind. Mein dokumentarisches Material stammt aus meinem Lagerleben. Von dorther kommt es. Aber inwieweit Dichtung und Wahrheit zu trennen sind, kann ich nicht sagen. Dichtung und Wahrheit sind geschwisterlich vereint.«[63]

Indem Apitz dazu neigte, die Freiheiten, die er sich bezüglich der Faktendarstellung gestattete, in Gesprächen, Briefen und Lesungen geschickt wegzudiskutieren, beförderte er die dokumentarische Leseart von Roman und Film und tat das Seine, um die Legende zu stützen.[64] Allzu leicht ließ er sich von der Partei- und Staatsführung in der DDR und deren Propaganda missbrauchen, indem er den freien Umgang mit der Realität im KZ zuließ und nicht widersprach. Manchmal scheint es auch, als glaubte Apitz mit der Zeit selbst an die Richtigkeit seiner erfundenen Geschichte, obwohl sie vieles nicht mehr mit seinem eigenen Erleben gemein hatte.[65] In einem Brief an Edwin Bergner, den ersten Direktor der Nationalen Mahn- und Gedenkstätte Buchenwald, beschwerte sich Apitz allerdings auch, dass den heutigen Führern im KZ Buchenwald, welche die Besucher durchs Lager begleiteten, »die Fantasie oft einen Streich« spiele und er »in vielen Fällen die exakte historische Genauigkeit vermisst«.[66] Diese Aussage macht deutlich, dass Apitz schon lange keinen Einfluss mehr auf das Geschehen hatte. Die gesamte Inszenierung dieser Sache hatten längst andere übernommen. Nicht zuletzt muss festgehalten werden, dass hinter der Legende des Buches oftmals die Geschichte seines Autors verschwindet, der unter großem Kampf versuchte, sein persönliches Grunderlebnis literarisch zu gestalten. Freisprechen kann man ihn deshalb aber nicht.

Einigen Trubel verursachte die Veröffentlichung der Neuausgabe von »Nackt unter Wölfen« im Jahr 2012, die erstmals gestrichene Originalpassagen enthält und damit Roman und Autor in ein neues Licht rückt. In der Ausgabe des Aufbau-Verlags wird deutlich, dass Apitz lange kämpfen und etliche Umarbeitungen seines Textes hinnehmen musste, bevor das Manuskript in Druck gehen durfte. Die ursprüngliche Fassung war viel konfliktreicher. So wurde ursprünglich in allen Einzelheiten von der prekären Zwangslage erzählt, in der kommunistische Funktionshäftlinge andere Häftlinge an die SS übergeben mussten oder in der sie einem SS-Arzt mit Giftinjektionen assistierten. Dies ist wichtig zu wissen, gerade weil Apitz seit dem Ende der DDR vorgeworfen wurde, im Roman ein übertrieben positives Bild der kommunistischen Häftlinge entworfen zu haben. Gerade jene, welche die fehlende Differenzierung im Roman kritisieren, lassen eine Differenzierung bei der schwierigen Entstehungs- und Veröffentlichungsgeschichte sowie bei der Person Bruno Apitz' vermissen.

Aktuell erfährt Bruno Apitz wieder größere Aufmerksamkeit in der Öffentlichkeit. Neben der Neuausgabe[67] und der Neuverfilmung[68] von »Nackt unter Wölfen« sowie der Erneuerung der ehemals am Leipziger Geburtshaus (Elisabethstraße 15) befindlichen Gedenktafel erschien 2015 die erste Biografie[69] über Bruno Apitz. Anlässlich seines 115. Geburtstages veranstaltete ferner die Rosa-Luxemburg-Siftung Sachsen im Leipziger Neuen Rathaus ein bewegendes Symposium über den außergewöhnlichen Arbeitersohn und Ehrenbürger der Stadt.[70]

61 Als wär's mein eigenes. Interview der Berliner Zeitung am Abend (BZA) mit Bruno Apitz. In: Stefan Jerzy Zweig, Der große Bericht über das Buchenwaldkind (Beilage der BZ am Abend), 3.2.1964, S.5. **62** Sauter im Interview mit Bruno Apitz, S.366. **63** Ebd. **64** Vgl. Niven, Buchenwaldkind, S.146. **65** Vgl. Susanne Hantke, »Das Dschungelgesetz, unter dem wir alle standen«. Der Erfolg von »Nackt unter Wölfen« und die unerzählten Geschichten der Buchenwalder Kommunisten [Nachwort]. In: Bruno Apitz, Nackt unter Wölfen, erweiterte Neuausgabe Berlin 2012, S.515–574, hier S.559. **66** Brief von Bruno Apitz an Edwin Bergner am 27.8.1966 (Sammlung Gedenkstätte Buchenwald, VA 51). **67** Bruno Apitz, Nackt unter Wölfen, erweiterte Neuausgabe (mit einem Nachwort von Susanne Hantke), Berlin 2012. **68** Nackt unter Wölfen, UFA FICTION-Produktion, Regie: Philipp Kadelbach, Drehbuch: Stefan Kolditz, Erstaustrahlung am 1.4.2015 im Ersten. **69** Lars Förster, Bruno Apitz. Eine politische Biographie, Berlin 2015. **70** Stefanie Götze (Hg.), Verfolgt – Bejubelt – Vergessen. Zum Leben und Werk von Bruno Apitz [nachträglich erschienener Band zum Symposium], Leipzig 2015.

Udo Grashoff

OPPORTUNISMUS UND ÜBERLÄUFERTUM IM KONZENTRATIONSLAGER SACHSENBURG IM JAHR 1933

Die Errichtung der nationalsozialistischen Diktatur und das damit verbundene Ineinandergreifen von Terror, Täuschung und Aufbruchsstimmung erschütterte die politische Landschaft Deutschlands im Jahr 1933 bis ins Mark und führte zu massenhaften politischen Wanderungsbewegungen, nicht nur bei Mitgliedern und Sympathisanten liberaler und rechtsgerichteter Parteien.[1] Zahlreiche Gewerkschafter und Sozialdemokraten schlossen sich nationalsozialistischen Organisationen an, und auch eine Reihe von Kommunisten wechselte die politischen Seiten.

Die Dimensionen dieses Phänomens sind, was die Kommunistische Partei Deutschlands (KPD) anbelangt, umstritten und wurden in der Vergangenheit häufig verzerrt dargestellt. Übertriebene Zahlenangaben finden sich bei so verschiedenen Zeitzeugen wie dem ersten Gestapo-Chef Rudolf Diels, und einem seiner hartnäckigsten Widersacher, dem Funktionär der illegalen KPD-Führung in Berlin, Herbert Wehner. Keineswegs waren, wie Diels nach dem Krieg in seinen Memoiren behauptete, etwa 70 Prozent der im Jahr 1933 neu aufgenommenen SA-Männer in Berlin ehemalige Kommunisten.[2] Auch Wehners Erinnerungen, in denen er schrieb, dass im Jahr 1933 »Massen desillusionierter Mitglieder der Partei und ihrer Nebenorganisationen in die halbmilitärischen Organisationen der Deutschnationalen und schließlich in die SA und NSDAP« geflüchtet seien, zeichneten ein übertriebenes Bild.[3] In das andere Extrem verfiel ein Ende 1933 verfasster Bericht der KPD: »Keineswegs kann von einem Desertieren und Ueberlaufen grosser Organisationsteile gesprochen werden, wie dieses durch Gerüchte in der ersten Zeit verbreitet wurde. Eingehende Nachforschungen haben ergeben, dass es sich nur um einzelne Ueberläufer handelte, die uns allerdings oft ganze Organisationsteile durch Denunziationen vernichtet haben.«[4]

Kontroverse Einschätzungen der Bedeutung des Überläufertums von Kommunisten prägten auch die Historiografie der letzten Jahrzehnte. Detlev Peukert und Hartmut Mehringer kamen bei ihren Studien zum kommunistischen Widerstand im Ruhrgebiet bzw. in Bayern zu dem Schluss, dass der Wechsel von Kommunisten zu SA und NSDAP »insgesamt wohl überschätzt« wurde.[5] Heinrich August Winkler hingegen vermutete, dass die »Zahl der kommunistischen Parteimitglieder, die zu den Nationalsozialisten überwechselten, [...] beträchtlich gewesen sein« dürfte.[6]

Dass Darstellungen sowohl von Historikern als auch Zeitzeugen auseinanderklaffen, ist vor allem dem Umstand geschuldet, dass kaum Dokumente zur Verfügung stehen, die eine Quantifizierung zulassen. Zu den wenigen als Prüfstein geeigneten Quellen zählen biografische Stichproben in einzelnen SA-Stürmen. Diese ergeben einen geschätzten Anteil von maximal 1,7 Prozent ehemaliger Kommunisten in der SA.[7] Das klingt vernachlässigbar wenig; es ist jedoch notwendig, sich vor Augen zu führen, was die Prozentzahl angesichts des ungleichen Kräfteverhältnisses von SA und KPD bedeutete. Wenn man davon ausgeht, dass einer dynamisch wachsenden SA bis Mitte 1934 etwa 2,9 Millionen Deutsche beitraten, dann entspräche der in den Stichproben ermittelte Anteil von 1,7 Prozent ehemaliger Kommunisten in der SA, extrapoliert auf das gesamte Deutsche Reich, einer Zahl von bis zu 50 000 Kommunisten. Bei einer geschätzten Mitgliederzahl der KPD von 300 000 war das etwa ein Sechstel der Parteimitglieder. Diese Abschätzung kann, zumal sie durch eine Reihe von Indizien unterschiedlicher Herkunft gestützt wird, als Hinweis dafür gelten, dass der politische Seitenwechsel zwar begrenzte Ausmaße hatte, aber dennoch ein ernstes Problem für die deutschen Kommunisten darstellte.

REGIONALE UNTERSCHIEDE

Auch wenn nur spärliche und verstreute Zahlenangaben zur Verfügung stehen, besteht Grund zu der Annahme, dass das Überlaufen ins gegnerische politische Lager lokal und regional in unterschiedlichem Ausmaß stattgefunden hat. Einige kommunistische Milieus erwiesen sich im Jahr 1933 als relativ resistent gegen nationalsozialistische Einflüsse. So berichtete der Kommunist Johann Reiners, dass in seinem Erfahrungsumfeld – dem Milieu der Bremer Werftarbeiter – Überläufer von der KPD zur SA die Ausnahme gewesen seien.[8] Quellen aus anderen Regionen hingegen, so ein KPD-Bericht aus Mecklenburg von Juni 1933, vermerkten: »Es gab viele Austritte und auch Uebergänge zur SA.«[9] Ein besonder-

1 Vgl. Norbert Frei, Der Führerstaat. Nationalsozialistische Herrschaft 1933 bis 1945, München 2013, S. 80. **2** Vgl. Rudolf Diels, Lucifer ante portas, Stuttgart 1950, S. 207. **3** Herbert Wehner, Zeugnis, Frankfurt am Main u. a. 1986, S. 69. Vgl. auch Hans J. Reichardt, Möglichkeiten und Grenzen des Widerstandes der Arbeiterbewegung. In: Walter Schmitthenner/Hans Buchheim (Hg.), Der deutsche Widerstand gegen Hitler, Köln/Berlin 1966, S. 169–213, hier S. 184 f. und S. 187, sowie Oskar Hippe, ... und unsere Fahn' ist rot. Erinnerungen an sechzig Jahre in der Arbeiterbewegung, Hamburg 1979, S. 138. **4** Bericht über Lage und Tätigkeit der Organisation, o. D., Eingangsstempel 27. 12. 1933 (BArch, SAPMPO, RY 1/I 4/2/51, Bl. 27–32, zit. 30). **5** Hartmut Mehringer, Die KPD in Bayern 1919–1945. Vorgeschichte, Verfolgung und Widerstand. In: Martin Broszat/Hartmut Mehringer, Bayern in der NS-Zeit, Band V, München 1983, S. 1–286, zit. S. 80. Vgl. Detlev Peukert, Die KPD im Widerstand. Verfolgung und Untergrundarbeit an Rhein und Ruhr 1933 bis 1945, Wuppertal 1980, S. 107. **6** Heinrich August Winkler, Arbeiter und Arbeiterbewegung in der Weimarer Republik, Bd. 2: Der Weg in die Katastrophe, Berlin 1987, S. 910. **7** Vgl. Peter Longerich, Die braunen Bataillone. Geschichte der SA, München 1989, S. 193 f. **8** Vgl. Johann Reiners, Erlebt und nicht vergessen. Eine politische Biographie, Fischerhude 1982, S. 98. Historiker kamen zu ähnlichen Einschätzungen, vgl. Inge Marßolek/René Ott, Bremen im Dritten Reich, Bremen 1986, S. 151 f. **9** Bericht von 15 (übertragen aus dem Code),

derer Fall war vermutlich Berlin, wo es bereits lange vor 1933 nicht nur gewaltsame Straßenkämpfe zwischen Nationalsozialisten und Kommunisten, sondern auch Konkurrenz und fließende Übergänge gegeben hatte. Koordiniert durch NSDAP-Gauleiter Joseph Goebbels hatten die Nazis im »Kampf um Berlin« teilweise kommunistische Strategien adaptiert, um traditionell linkssozialistische Milieus zu zersetzen. Dazu gehörte die Übernahme kultureller Praktiken bis hin zur Gründung nationalsozialistischer Schalmeienkapellen.[10] Inwiefern in diesem Zusammenhang auch punktuelle, tagespolitisch motivierte Zweckbündnisse wie die gemeinsamen Streikaktionen bei den Berliner Verkehrsbetrieben im November 1932 die Demarkationslinie zwischen Kommunisten und Nationalsozialisten durchlässiger gemacht haben, ist unsicher, zumal die tatsächliche Kooperation im Zuge dieser Streikaktion minimal war.[11]

Nichtsdestotrotz weist eine auf KPD-internen Zahlen basierende Schätzung darauf hin, dass die Fluktuation zwischen linken und rechten Kampfbünden in der Reichshauptstadt etwas stärker ausgeprägt gewesen sein könnte als im Rest des Deutschen Reiches. Demzufolge liefen 1933 in Berlin etwa 20 Prozent der Kommunisten zu den Nazis über, darunter viele ehemalige Mitglieder des Roten Frontkämpferbundes (RFB).[12] Das korrespondiert mit subjektiven Eindrücken von Zeitzeugen wie etwa des Berliner Kommunisten und RFB-Angehörigen Karl Kresser: »Höhnisch belächelt von den Nazis, hatten es jetzt viele eilig, in die faschistischen Organisationen zu kommen.«[13]

Für Sachsen gibt es keine Statistiken, auch keine Schätzwerte zum Ausmaß des politischen Seitenwechsels, aber es ist bekannt, dass sich eine Reihe regional bekannter kommunistischer Funktionäre den Nationalsozialisten anschlossen; mit entsprechenden Auswirkungen auf die Partei. Ein Beispiel ist ein im »Flöhaer Tageblatt« vom 5. April 1933 abgedruckter Aufruf des Politischen Leiters des dortigen KPD-Unterbezirks, Rudolf Mäthe. Der langjährige KPD-Funktionär, der zu dieser Zeit im »Schutzhaftlager Plaue« (einer umfunktionierten Turnhalle) inhaftiert war, hatte darin »seinen Austritt aus der KPD« erklärt und alle Kommunisten und KPD-Wähler aufgefordert, »sich von der Partei loszusagen«.[14] Insgesamt 127 Kommunisten sowie andere KZ-Häftlinge sollen diesen Aufruf unterschrieben haben. Dabei dürfte es sich um eine opportunistische Verzweiflungstat gehandelt haben, eine instinktive Augenblicksentscheidung, die kaum Rückschlüsse auf die politische Überzeugung zulässt. Der Wirkung des Aufrufes tat das allerdings, wie Mäthe in einem zwanzig Jahre später verfassten politischen Lebenslauf selbstkritisch einräumte, keinen Abbruch: »Mit dieser Erklärung wurde unter die Bevölkerung Verwirrung getragen und die Arbeit der Genossen, die mit der illegalen Arbeit der Partei beauftragt waren, erschwert. So kam es auch später nicht zu einer größeren illegalen Arbeit im Kreis Flöha.«[15]

Auch andernorts dürfte durch öffentliche Kapitulation vor dem politischen Gegner die ohnehin vorhandene Tendenz von Sympathisanten und Mitgliedern der KPD zu Resignation und Rückzug verstärkt worden sein. Die innerhalb der Häftlingsgemeinschaft des Schutzhaftlagers Sachsenburg im Oktober und November 1933 ausgetragenen Konflikte bieten ein weiteres Beispiel hierfür. Der Erinnerung des Leipziger Kommunisten und Widerstandskämpfers Fritz Simonis zufolge war das Konzentrationslager in der Nähe von

Frankenberg ein Schwerpunkt opportunistischen Verhaltens und demonstrativen Gesinnungsverrats. »Viele Genossen sind dort in Sachsenburg versaut worden«, beklagte Simonis in einem kurz nach dem Zweiten Weltkrieg verfassten Bericht. Ein Chemnitzer Kommunist hätte sogar ein Ständchen für den SA-Lagerleiter gedichtet, dass diesem zum Geburtstag dargebracht wurde. Für Simonis war das die »Krone der politischen Charakterlosigkeit«.[16]

Sachsenburg war keineswegs das einzige frühe Konzentrationslager, in dem einstige kommunistische Funktionäre zu Renegaten wurden. Auch im sächsischen Konzentrationslager Colditz ereigneten sich, wenngleich zu einem etwas späteren Zeitpunkt, mehrere Fälle von Opportunismus und politischem Überlaufen. Für die Zeit von November 1933 bis Mai 1934 listete ein KPD-Bericht fünf Namen von ehemaligen kommunistischen Funktionären auf, die auf verschiedene Weise ihrer Partei untreu geworden waren. Der ehemalige KPD-Landtagsabgeordnete Hugo Breitenborn beispielsweise hatte sich rasch mit den veränderten Machtverhältnissen arrangiert. Als gelernter Maurer war er beim Neubau der NSDAP-Kreisleitung Colditz als Polier eingesetzt worden. »Dort hat er die 80–120 Sträflinge in der schlimmsten Art und Weise schikaniert und angetrieben und der Lagerleitung die dagegen rebellierenden Genossen gemeldet«, berichtete ein Mitinhaftierter, der selbst zu den Denunzierten gehörte. Im August 1934 sei Breitenborn, ein »Renegat schlimmster Sorte«, entlassen worden.[17] Noch weiter in seiner Anbiederung an den politischen Gegner war der aus Dresden stammende frühere Stadtrat Alfred Schrapel gegangen. Schrapel, der auch Funktionär der Freidenker sowie der Internationalen Arbeiterhilfe war, soll dem Bericht eines Mitinhaftierten zufolge »in der Propaganda-Abteilung der NSDAP-Kreisleitung Colditz als Häftling gearbeitet und mit den Amtswaltern eine widerwärtige Freundschaft gehalten« haben. Mit Eingaben an die Gestapo und die sächsische Regierung, in denen er Hitlers Politik als »wirklichen Sozialismus« verherrlichte, hätte er im April 1934 seine Freilassung erreicht. Auch Walter Eichhorn, ein ehemaliger KPD-Funktionär aus Wurzen, hatte sich gegenüber den Nationalsozialisten als Renegat präsentiert. Beispielsweise hatte er im Frühjahr 1934 vor Amtswaltern der NSDAP und der SA einen Vortrag gehalten, bei dem er seine weltanschauliche Abkehr vom Kommunismus schilderte und gleichzeitig um Aufnahme in die NSDAP ersuchte.[18] Erfolg war ihm damit zwar nicht

Juni 1933 (BArch, SAPMO, RY 1/I 3/15/29, Bl. 3 f.). **10** Vgl. Daniel Siemens, Horst Wessel. Tod und Verklärung eines Nationalsozialisten, München 2009, S. 76 f. **11** Vgl. Klaus Rainer Röhl, Fünf Tage im November. Kommunisten, Sozialdemokraten und Nationalsozialisten und der BVG-Streik vom November 1932 in Berlin. In: Diethart Kerbs/Henrick Stahr (Hg.), Berlin 1932. Das letzte Jahr der Weimarer Republik, Berlin 1992, S. 161–177, hier S. 172–174; Rudolf Engel, Feinde und Freunde, Berlin 1984, S. 77. **12** Zitiert in: Hans-Rainer Sandvoß, Die »andere« Reichshauptstadt. Widerstand aus der Arbeiterbewegung in Berlin von 1933 bis 1945, Berlin 2007, S. 276. 30 Prozent waren zunächst zum Widerstand bereit, 50 Prozent blieben passiv. Diese Einschätzung entspricht laut Sandvoß KPD-internen Zahlen. **13** Karl Kresser, Im Kampf gegen Faschismus und Krieg für Freiheit und Frieden in den Jahren der Illegalität 1933 bis 1945 (BArch, SAPMO, SgY 30/1563, Bl. 9–43, zit. 15). **14** Beschluss der ZPKK, 17. 6. 1957 (BArch, SAPMO, DY 30/IV 2/4/465, Bl. 75 f.). **15** Rudolf M., Lebenslauf, 10. 11. 1953 (BStU, MfS, HA IX, Nr. 22162, Bl. 130–133, zit. 131). **16** Fritz Simonis, Bericht, Leipzig, 26. 2. 1948 (BArch, SAPMO, RY 1/I 2/3/124, Bl. 81–83, zit. 81 f.). **17** Hugo Gräf, An Albert, 12. 12. 1935 (BArch, SAPMO, DY 30/IV 2/4/376, Bl. 159–161, zit. 159). **18** Ebd. Der Titel des Vortrags lautete Gräf zufolge: »Vom Liberalismus über die Kommune zum Dritten Reich«.

Der inhaftierte Heinrich Wesche auf dem Weg zur Abwaschaktion der SA in Chemnitz, 28. 3. 1933

Stadtarchiv Chemnitz, Bildarchiv-Nr. I 5565

Heinrich Wesche bei der Abwaschaktion

Stadtarchiv Chemnitz, Bildarchiv-Nr. I 11479

beschieden, vielmehr sei er, so berichtete ein Mitgefangener »von der Kreisleitung der NSDAP als Konjunkturpolitiker und Zyniker erkannt« worden.[19] Aber auch Einhorn wurde bald aus dem Konzentrationslager entlassen und fand Beschäftigung beim Flughafenbau in Wurzen.

Während es sich jedoch bei diesen und anderen Fällen von Überläufertum im KZ Colditz um Einzelfälle handelte, nahm das Renegatentum im Konzentrationslager Sachsenburg eine kollektive Dimension an. Ein Trio ehemaliger KPD-Funktionäre spielte dabei eine zentrale Rolle: Die Leipziger Walter Otto und Fritz Dasecke und der Chemnitzer Heinrich Wesche. Als gewählte Politiker der KPD hatten alle drei zur Zeit der Weimarer Republik einen gewissen Bekanntheitsgrad innerhalb Sachsens erlangt. Walter Otto war Vorsitzender der kommunistischen Bezirkstagsfraktion in Leipzig gewesen. Fritz Dasecke hatte sich als Stadtverordneter der Leipziger KPD insbesondere für die Linderung der Not der Arbeitslosen eingesetzt (bzw. aus deren Notlage politisches Kapital zu schlagen gesucht) und sich in leidenschaftlichen Debatten einen Namen als »Scharfmacher« erworben.[20] Bei Heinrich Wesche schließlich handelte es sich um einen Kommunisten der ersten Stunde, der im JaMnuar 1919 von der USPD in die KPD gewechselt war. Er wirkte seit 1920 als Abgeordneter im Chemnitzer Stadtrat und übte zeitweise führende Funktionen innerhalb des Chemnitzer KPD-Bezirks aus, unter anderem als Politischer Leiter. Zwischenzeitlich war Wesche, der zu den Führern der »Chemnitzer Linken« zählte, sogar Kandidat des ZK der KPD. In den letzten Jahren der Weimarer Republik hatte er sich im illegalen Roten Frontkämpferbund gegen den erstarkenden Nationalsozialismus engagiert. Noch im Januar 1933 war er in Chemnitz zum Stadtverordnetenvorsteher gewählt worden.[21]

MOTIVE DES POLITISCHEN SEITENWECHSELS

Nur wenige Monate später hatten sich die drei ehemaligen KPD-Politiker den Jargon der Nationalsozialisten zu Eigen gemacht und plädierten dafür, Hitlers Politik zu unterstützen. Was könnte Otto, Dasecke und vor allem Wesche dazu bewegt haben, gegenüber dem politischen Gegner nicht etwa nur zu kapitulieren, sondern sich sogar vor deren ideologischen Karren spannen zu lassen? Zunächst muss festgehalten werden, dass sich alle drei Kommunisten seit März 1933 in Schutzhaft befanden. Daher wird man hinsichtlich des politischen Richtungswechsels kaum von einer freien Entscheidung sprechen können. Andererseits gibt es jedoch nur wenige Anhaltspunkte dafür, dass Terror und Einschüchterung eine maßgebliche Rolle spielten. Am ehesten dürfte das noch auf Heinrich Wesche zutreffen, der vor seiner Überführung ins KZ Sachsenburg zunächst Opfer von Terror und

19 Johannes Schellenberger, Bericht über den Aufenthalt des Gen. Sch. im K.L. Colditz u. Sachsenburg, März 1936 (BArch, SAPMO, DY 30/IV 2/4/376, Bl. 135–141, zit. 135). Schellenberger erinnerte an den Titel von Eichhorns Vortrag: »Vom Marxismus zum Nationalsozialismus«. **20** Sebastian Thiem, Opposition aus dem Rathaus. Verfolgung und Widerstand Leipziger Ratsherren und Stadtverordneter während der nationalsozialistischen Diktatur 1933 bis 1945, Magisterarbeit Leipzig 1995, S. 54. **21** Vgl. Mike Schmeitzner/Francesca Weil, Sachsen 1933–1945. Der historische Reiseführer, Berlin 2014, S. 26.

Vom Kommunismus

über die Schutzhaft

zum Nationalsozialismus

Von

Walter Otto und Fritz Dasecke

früherer Vorsitzender der ehemaligen kommunistischen Bezirkstagsfraktion, Leipzig

früherer Vorsitzender der ehemaligen kommunistischen Stadtverordnetenfraktion, Leipzig

1934

Preis 20 Pfennig

Rechtfertigungsschrift von Walter Otto und Fritz Dasecke

Deutsches Historisches Museum, Berlin

öffentlicher Demütigung geworden war. Nach seiner Verhaftung hatte er zu jenen Linkspolitikern und Juden gehört, die von SA-Männern gezwungen wurden, linke Plakate und Losungen, die noch vom Wahlkampf zur Reichstagswahl am 5. März stammten, von Mauern und Zäunen im Chemnitzer Stadtzentrum zu entfernen.[22] Aus Enttäuschung über das politische Versagen der Kommunisten erklärte Wesche am 29. März 1933 seinen Austritt aus der KPD, und hielt in den folgenden Tagen in der Schutzhaft mehrere Reden, in denen er die Politik der Nazis lobte.[23]

Dasecke und Otto hingegen bestritten in der 1934 verbreiteten Propagandabroschüre »Vom Kommunismus über die Schutzhaft zum Nationalsozialismus«, dass es der nationalsozialistische Terror war, der sie zum Umdenken bewegt hatte.[24] Vielmehr behaupteten sie, dass die acht Monate Haft für sie »nicht Monate des Grauens, sondern des Erwachens« gewesen seien.[25] Um ihren Gesinnungswandel glaubhaft zu machen und den Vorwurf »des Verrats, der Gesinnungslumperei und des Konjunkturrittertums« zu entkräften, stellten sie ihre ideologische Konversion als Resultat eines stufenweisen Wandlungsprozesses dar.[26] Besonders Walter Otto stand unter Rechtfertigungsdruck, da er bereits früher einmal das politische Lager gewechselt hatte, wenngleich nur von der Sozialdemokratischen Arbeiterjugend zu den Kommunisten. Nichtsdestotrotz bezeichnete ihn die »Rote Hilfe« als »typischen Konjunkturpolitiker«.[27]

Folgt man der Darstellung der Renegaten, dann hatte ihre innere Abkehr von der KPD mit der Enttäuschung über den ausbleibenden kommunistischen Massenwiderstand im eigenen Land und über die fehlende internationale Solidarität begonnen. Zugleich hätten ihnen Maßnahmen Hitlers imponiert, wie der Kampf gegen Korruption, die Erhebung des 1. Mai zum Feiertag und der Austritt aus dem Völkerbund. Bei dieser Aufzählung von Push- und Pull-Faktoren handelte es sich jedoch um alles andere als eine akkurate Darstellung des politischen Seitenwechsels und der zugrunde liegenden Motivation. In erster Linie war es eine nachträgliche Rechtfertigung des politischen Seitenwechsels, deren Sättigung mit »plattesten Phrasen, zusammengeklaubt aus nationalsozialistischen Zeitungsartikeln«, dafür gesorgt haben dürfte, dass er nur wenig Widerhall fand.[28] Der begrenzte Aussagewert hinsichtlich der Motive der Renegaten wird schon dadurch deutlich, dass die Schilderung die zeitlichen Konturen des politischen Seitenwechsels verwischte. In Kontrast zu der Argumentation in der Propagandabroschüre begann nicht nur Wesches, sondern auch Ottos Anbiederung bei den Nationalsozialisten bereits, bevor Hitler die angeblich »imposanten« Aktionen in Angriff nahm. Walter Otto war am 15. März 1933 in Schutzhaft gekommen. Bereits kurze Zeit später erwog er einen politischen Seitenwechsel: »Bald hatte sich meine Auffassung im Bau herumgesprochen und herumgemorst. Beim täglichen Spaziergang im Hof wurde ich von vielen ehemaligen Gesinnungsgenossen geschnitten. Man flüsterte sich verächtliche Bemerkungen zu. Das erschütterte mich nicht.«[29] Im April 1933 verfasste er einen Brief an eine nicht näher spezifizierte Behörde, in dem er politische Erklärungen, zu denen er sich durchgerungen hätte, ankündigte. Der frühe Zeitpunkt seines Abfalls vom Kommunismus lässt vermuten, dass es für ihn offenbar unerträglich und unakzeptabel war, auf der Seite der Verlierer zu stehen. Dass Otto bereits kurz nach seiner Verhaftung, ohne auf besondere Weise unter Druck gesetzt worden zu sein, damit begann, sich bei den Nationalsozialisten anzubiedern, deutet darauf hin, dass er anders als viele seiner Genossen weder einen aufopferungsvollen (und in der Tat wenig aussichtsreichen) Kampf gegen die Nationalsozialisten aufzunehmen bereit war noch beabsichtigte, unter den Bedingungen der Konzentrationslagerhaft »jetzt erst recht« standhaft zu bleiben.

Wie viele andere Renegaten hatte er jedoch zunächst ein Glaubwürdigkeitsproblem. Sein Schreiben stieß bei den Nationalsozialisten »auf Grund der politischen Tätigkeit bis in die jüngste Vergangenheit« auf tiefe Skepsis und wurde, wie Otto später beklagte, »in der Tagespresse unfreundlich kommentiert«.[30] Die Nazis konnten darin zunächst nichts als »trauriges und erbärmliches Führertum« erkennen.[31] Auch im Konzentrationslager Colditz,

22 Vgl. das Ergebnis der Suche nach »Wesche« im Yad Vashem Photo Archive (https://photos.yadvashem.org; 14.5.2018). **23** Vgl. In der Gefangenenanstalt Kaßberg. Wesche spricht zu den Schutzhäftlingen. In: Neueste Nachrichten vom 5.4.1933. Vielen Dank an Mike Schmeitzner für den Hinweis auf diese Quelle. **24** Walter Otto/Fritz Dasecke, Vom Kommunismus über die Schutzhaft zum Nationalsozialismus, Leipzig 1934. **25** Ebd., S. 20. **26** Ebd., S. 5. **27** SOPADE, Mitteilungen über das Spitzelwesen Nr. 7 vom 18.7.1934 (BArch, R 58/517, Bl. 72–138, zit. 79). **28** Manfred (Edgar Hahnewald), Drei und zwölfhundert. In: Der Kampf, vereinigt mit Tribüne (1934) 1, S. 42–44. Dieses Dokument wurde mir dankenswerterweise von Swen Steinberg zur Verfügung gestellt. **29** Otto/Dasecke, Vom Kommunismus, S. 10. **30** Ebd., S. 11. **31** Haake, So sehen sie aus! Vom erbärmlichen Führertum der Marxisten. In: Leipziger Tageszeitung vom 27.4.1933 (SächsStA-L, Polizeipräsidium PP-St 9, Bl. 292).

wo Walter Otto etwa zwei Monate inhaftiert wurde, blieb der einstige KPD-Parlamentarier isoliert: »Obwohl mich die meisten der Häftlinge persönlich aus der Vergangenheit kannten, wurde ich von ihnen mit eisiger Kälte empfangen. Einzelne lehnten jede Unterhaltung ab und begannen eine tolle Hetze. Vor mir wurden viele gewarnt, da ich ein Spitzel sei.«[32]

Erst mit seiner Überstellung ins KZ Sachsenburg wendete sich das Blatt, und er fand in Wesche und Dasecke zwei wichtige Mitstreiter, die ihre einstige Weltanschauung ebenfalls in Frage stellten. Zu Daseckes Motivation gibt es nur spärliche Fingerzeige. Ottos Bemerkung, dass »Fritz Dasecke schon im vergangenen Jahr starke politische Konflikte mit der Parteileitung hatte«, bietet einen Anhaltspunkt.[33] Nicht nur bei Dasecke scheint es sich beim Abfall von der KPD um einen langfristigen Prozess gehandelt zu haben. Auch die Parteikarriere von Heinrich Wesche war keineswegs geradlinig verlaufen. 1927 war der zu den Führern der »Chemnitzer Linken« zählende Politiker als Kandidat ins ZK der KPD gewählt, zwei Jahre später aber nicht wieder berufen worden.

GRUPPENDYNAMIK DES RENEGATENTUMS

Wie Otto in der Anfang 1934 gemeinsam mit Dasecke verfassten Propagandabroschüre schilderte, bildete das Aufeinandertreffen mehrerer kommunistischer Häftlinge, deren Loyalität gegenüber der Partei ins Wanken gekommen war, eine Art Kristallisationspunkt. Einen entscheidenden Impuls erfuhr die Dynamik des Renegatentums in Sachsenburg dann durch Hitlers im Oktober 1933 angekündigten Austritt aus dem Völkerbund, der, wie Otto resümierte, wie eine »Bombe« eingeschlagen hätte: »Unter wiederholtem Hinweis auf unseren früheren Kampf um die nationale Befreiung, gegen Youngplan und Versailles vermochten wir wenigstens für diesen außenpolitischen Schritt der Regierung eine größere Anzahl kommunistischer Arbeiter zu gewinnen.«[34] Tatsächlich hatte sich die KPD aus taktischen Gründen Anfang der 1930er-Jahre gegen den Young-Plan positioniert, der die aus Deutschlands Niederlage im Ersten Weltkrieg resultierenden Reparationen festgelegt hatte, um damit den politischen Einfluss der Nationalsozialisten, die vehementen Widerstand gegen die Reparationspolitik geleistet hatten, zu begrenzen.[35]

Das auf den 12. November 1933 festgesetzte und mit den Reichstagswahlen verknüpfte Plebiszit, mit dem sich Hitler die nachträgliche Zustimmung der deutschen Bevölkerung holen wollte, entwickelte sich zum Kulminationspunkt der Aktivitäten der Renegatengruppe, die Otto um sich geschart hatte. Bei dem Referendum waren auch Schutzhäftlinge abstimmungsberechtigt. In den Wochen vor der Abstimmung warben Otto und seine Mitstreiter vehement um Zustimmung zu Deutschlands Austritt aus dem Völkerbund. »Wir gerieten anfänglich auf härtesten Widerstand. Spärlich waren unsere Erfolge, dafür umso zahlreicher die Verdächtigungen und Beschimpfungen gegen uns«, schilderte Otto die Umstände, unter denen die inzwischen auf zehn Mitstreiter angewachsene Gruppe ihre »Mission« zu verwirklichen suchte.[36]

Über die Motive jener Häftlinge, die sich auf die Seite der Nationalsozialisten schlugen, kann man nur spekulieren. Einschüchterung und Gewalterfahrung dürften, da Gewaltexzesse in den ersten Monaten des Konzentrationslagers kaum vorkamen, eine untergeordnete Rolle gespielt haben.[37] Auch die Übereinstimmung mit der nationalsozialistischen Ideologie bestand nur in begrenztem Maße. Bei den im September und Oktober 1933 im Kreis der zu Konzessionen an die Nazis bereiten Häftlinge geführten Diskussionen hatte insbesondere die »Rassenfrage« ein großes ideologisches Hindernis dargestellt. Zumindest Otto und Dasecke gelang es, ihre Skrupel binnen kürzester Zeit zu überwinden, wie der in ihrer Schrift dominierende NS-Jargon demonstriert. Da ist vom »Untermenschentum« die Rede, und es wird mit abstrusen Argumenten behauptet, dass die marxistische Arbeiterbewegung jüdisch unterwandert sei.[38] Zugleich lässt allein die umfangreiche Erörterung dieses Themas vermuten, dass die antisemitische Hetze bei den Häftlingen in Sachsenburg auf wenig Resonanz stieß. Wahrscheinlich war es weniger Kapitulation oder Identifizierung mit dem Aggressor als die opportunistische Hoffnung auf Kompromisse, die manchen KZ-Insassen bewegte, der Propaganda der Renegaten zuzustimmen. Fritz Simonis zufolge hätten manche seiner inhaftierten Genossen ihm gegenüber geäußert, »daß mit dem Faschismus auszukommen ist, daß die Brutalitäten nicht System, sondern Handlungen einzelner Verbrecher darstellen«.[39] Wie der damals in Sachsenburg inhaftierte Sozialdemokrat Otto Meinel zeitnah berichtete, traten Anfang November 1933 insgesamt 70 Kommunisten in die SA ein.[40] Die opportunistische Haltung zahlreicher inhaftierter Kommunisten dürfte in nicht unwesentlichem Maße durch die Hoffnung auf Entlassung motiviert gewesen sein. Möglicherweise hatte es sich herumgesprochen, dass Walter Otto inzwischen bereits eine vierwöchige »Beurlaubung« von der Schutzhaft in der Tasche hatte, als er zusammen mit Dasecke und Wesche eine »Wahlversammlung« der Häftlinge organisierte, in der er zum ersten Mal als nationalsozialistischer Propagandaredner auftrat.

Die Dienstbarkeit der Überläufer zahlte sich unmittelbar und für die Häftlingsgemeinschaft sichtbar aus. Am 6. November 1933 hielt Walter Otto eine Rede, die über den Lagerfunk in sämtliche Säle übertragen wurde: »Noch am gleichen Tag brachte mich unser Obersturmbannführer mit seinem Motorrad nach Chemnitz«, beschrieb er später diesen Tag: »Ich war in der Freiheit! ... Am Donnerstag (dem 9. November) kam mein Freund Dasecke nach. Die letzten Abende vor der Wahl (12. November) fanden uns im Zeichen des freiwilligen Auftretens in öffentlichen Versammlungen der NSDAP.« Die beiden Renegaten traten auf Wahlversammlungen in Liebertwolkwitz und Holzhausen auf und legten dort »ein Bekenntnis zu Adolf Hitler und damit zur wahren Volksgemeinschaft« ab.[41] Wenig später wurde ihre Entlassung aus dem Konzentrationslager endgültig bestätigt.[42] Auch Heinrich Wesche wurde kurz nach dem Plebiszit entlassen.

32 Otto/Dasecke, Vom Kommunismus, S. 11. **33** Ebd., S. 12. **34** Ebd., S. 18. **35** Vgl. Eberhard Kolb/Dirk Schumann, Die Weimarer Republik, 8. Aufl., München 2013 (= Oldenbourg Grundriss der Geschichte, Bd. 16), S. 72 f., S. 121 f. **36** Otto/Dasecke, Vom Kommunismus, S. 18. **37** Kontrovers dazu vgl. Enrico Hilbert, Zum Widerstand hinter dem Stacheldraht des Konzentrationslagers Sachsenburg. In: Sachsenburger Mahn Ruf, Jahresschrift 2011, S. 27–34. **38** Otto/Dasecke, Vom Kommunismus, S. 6. **39** Fritz Simonis, Bericht, Leipzig, 26. 2. 1948 (BArch, SAPMO, RY 1/I 2/3/124, Bl. 81–83, zit. 81 f.). **40** Vgl. Otto Meinel, Sachsenburg. In: Konzentrationslager. Ein Appell an das Gewissen der Welt, Karlsbad 1934, S. 157–163, hier S. 162. Die Zahlenangabe korrespondiert mit Walter Ottos Behauptung, dass »in den Tagen vom 1. bis 5. November viele Dutzende Häftlinge in die SA eingetreten« seien. Otto/Dasecke, Vom Kommunismus, S. 19. **41** Ebd., S. 20. **42** Schreiben von Rechtsanwalt Harry Frommelt an Polizeipräsidium Leipzig, 11./13. 11. 1933 (SächsStA-L, Polizeipräsidium Leipzig, PP-S 2854/1, Bl. 66 f.).

FOLGEN DES DEMONSTRATIVEN GESINNUNGSVERRATS

Wie erfolgreich war die Propaganda der Überläufer insgesamt? Wenn eine im Jahr 1962 von der SED herausgegebene Broschüre behauptete, das Ergebnis der Wahl hätte »für die Lagerleitung eine schallende Ohrfeige« bedeutet, dann war das übertrieben.[43] Auch die Schätzung des Wurzener Kommunisten Max Janßen, dass etwa 80 Prozent der Kommunisten des Lagers bei der Abstimmung mit »Nein« votiert hatten, lässt sich nicht ohne Weiteres verifizieren, da die überlieferten Zahlenangaben widersprüchlich sind.[44] Otto Meinel hatte im Jahr 1934 von 676 wahlberechtigten Häftlingen berichtet, von denen 160 mit »Ja« und 516 mit »Nein« gestimmt hätten. Demgegenüber hieß es in der von Karl Otto verfassten SED-Publikation von 1962, dass 516 »Ja«-Stimmen, 467 »Nein«-Stimmen und 36 ungültige Stimmen registriert wurden, wobei jedoch in den »Ja«-Stimmen die ca. 240 Voten der Wachmannschaften und weitere Stimmen von Kriminellen enthalten gewesen seien.[45] Beide Versionen lassen immerhin den Schluss zu, dass tatsächlich ein beträchtlicher Teil der Häftlinge, darunter viele Kommunisten, resistent geblieben war. Die heroische, stilisierte Geschichtsschreibung der SED muss somit nicht völlig negiert, sondern vor allem um wesentliche Aspekte ergänzt werden. Selbst die Propagandabroschüre von Otto und Dasecke machte keinen Hehl daraus, wie stark der Widerstand war, gegen den die Renegaten ankämpfen mussten: »Jetzt ergriff die andere Seite die Gegenoffensive. Es drohte sogar zu Tätlichkeiten zu kommen«, schilderte Otto die dramatische Zuspitzung der Konflikte.[46] Schon angesichts dessen wäre es unangemessen, die Existenz von Widerstandsstrukturen zu leugnen oder deren Wirkung herunterzuspielen.

Nichtsdestotrotz erreichte das Überläufertum im KZ Sachsenburg im Vergleich zu anderen Konzentrationslagern ungewöhnliche Ausmaße. Zwar stimmten beim Plebiszit am 12. November 1933 auch in anderen Teilen des Deutschen Reiches ehemals führende KPD-Mitglieder in Konzentrationslagern mit »Ja«, allerdings handelte es sich hierbei um Einzelerscheinungen.[47] Anderswo kamen die Überläufer nicht zum Zuge, selbst wenn, wie im KZ Lichtenburg in Prettin, eine ähnliche Ansprache zu den über 1000 Schutzhäftlingen des Lagers geplant war, wie Walter Otto sie in Sachsenburg gehalten hatte: »Dieses Vorhaben konnte nur mit Mühe verhindert werden«, hieß es im Bericht eines Mithäftlings. Federführend war in Lichtenburg der Kommunist Erich Behnke gewesen, der seinen Plan gegenüber den Genossen damit rechtfertigte, dass die Kommunisten »geschlagen seien, jegliche Form des Widerstandes zwecklos sei« und man angesichts dessen nur noch »die Repressalien des Faschismus gegen uns mildern oder beseitigen« könne.[48]

Auch nationalsozialistische Versuche außerhalb von Konzentrationslagern zur Einbindung von Kommunisten in die Wahlpropaganda im Herbst 1933 hatten keinen durchschlagenden Erfolg. So lud der nationalsozialistische Bürgermeister von Heidelberg etwa 20 Kommunisten persönlich zu einer gemeinsamen Aussprache ein. Dabei führte er aus, dass die Nationalsozialisten dabei seien, »den deutschen Sozialismus einzuführen«, erinnerte die Kommunisten daran, dass sie doch auch gegen Versailles und »die Sklavenketten der internationalen Verträge« aufgetreten waren, forderte sie »in dieser ernsten Situation«

zum Zusammengehen auf. Zugleich drohte er, dass »jeglicher Widerstand völlig aussichtslos« sei. Damit bewirkte er ernsthafte Diskussionen in der illegalen Mannheimer KPD-Bezirksleitung, aber keinen politischen Seitenwechsel.[49]

Die starke Neigung zum Opportunismus im Konzentrationslager Sachsenburg könnte eine Folge der relativ moderaten Haftbedingungen gewesen sein. Wenngleich die Lebensbedingungen hart waren, erging es den Häftlingen in Sachsenburg, zumindest bis zur Ablösung der SA durch die SS im Jahr 1934, vergleichsweise besser als in anderen sächsischen Konzentrationslagern wie Hohnstein oder Colditz.[50] Das unterstreicht ein zeitnaher Bericht des ehemaligen kommunistischen Reichstagsabgeordneten Hugo Gräf: »Die Gefangenen wurden im Vergleich zu anderen Lagern damals verhältnismäßig anständig behandelt; erhielten einigermaßen gutes und ausreichendes Essen.« Gräf zufolge stand der Lagerleiter, SA-Standartenführer Max Hähnel »auf dem Standpunkt, dass die Gefangenen – als politische Gegner – nur zu gewinnen seien, wenn sie als Menschen behandelt würden.«[51] Wie Hähnel sahen im Jahr 1933 zahlreiche SA-Angehörige die Kommunisten als verführte, irregeleite »Volksgenossen« an, nicht zuletzt wegen der oft ähnlichen sozialen (und rassischen) Herkunft.[52] Die Aussicht auf Integration in die Volksgemeinschaft, nach einer gewissen »Probezeit« im KZ, stellte ganz offensichtlich einen weiteren, opportunistisches Verhalten begünstigenden Faktor in Sachsenburg dar, mit spürbaren Auswirkungen. Simonis' Einschätzung, dass viele Kommunisten in Sachsenburg »versaut worden« sind, deutet auf eine gewisse Aufweichung der politischen Fronten hin.[53] Das Beispiel Sachsenburg kann somit als Beispiel für eine partiell desorientierende, zersetzende Wirkung von Renegaten auf das linkssozialistische Milieu gelten.[54]

43 Vgl. Karl Otto, Tausend Kameraden Mann an Mann. Beiträge zur Geschichte des antifaschistischen Widerstandskampfes im Konzentrationslager Sachsenburg. Bearb. von Karl Otto. Hg. von der Kreisleitung der SED Hainichen, Hainichen 1962, S. 18. **44** Vgl. Max Janßen, Parteigeschichte und Illegalität, Wurzen im August 1948 (BArch, SAPMO, RY 1/1 2/3/122, Bl. 246–259, hier 254). **45** Vgl. Tausend Kameraden, S. 18. **46** Otto/Dasecke, Vom Kommunismus, S. 18. **47** So im Ruhrgebiet ein früheres Mitglied der Bezirksleitung Ruhrgebiet und der politische Ortsgruppenleiter von Bottrop. Vgl. Kaderabteilung, 4. 8. 1934 (BArch, SAPMO, RY 1/I 2/3/104, Bl. 16). **48** Bericht über den Fall B. (LASA, MER, P 516, IV/2/4/1858, Bl. 31 f.). **49** Vgl. Situationsbericht über 22, 23, 24 vom 15. 11. 1933 (BArch, SAPMO, RY 1/I 3/25/49, Bl. 16–19, hier 18). **50** Allgemein zum KZ Sachsenburg vgl. Carina Braganz, Sachsenburg. In: Wolfgang Benz/Barbara Distel (Hg.), Der Ort des Terrors. Geschichte der nationalsozialistischen Konzentrationslager, Bd. 2: Frühe Lager, Dachau, Emsland, München 2005, S. 194–200. **51** Hugo Gräf, Sachsenburg. Bericht aus einer Hölle. In: AIZ vom 17. 6. 1936. Zu Max Hähnel siehe den Beitrag von Volker Strähle in diesem Band. **52** Vgl. Conan Fischer, Stormtroopers. A Social, Economic and Ideological Analysis, 1929–35, London 1983, S. 211 f. **53** Fritz Simonis, Bericht, Leipzig, 26. 2. 1948 (BArch, SAPMO, RY 1/I 2/3/124, Bl. 81–83, zit. 81 f.). **54** Zur umstrittenen Frage der Existenz eines kommunistischen Milieus vgl. Hartmann Wunderer, Arbeitervereine und Arbeiterparteien. Kultur- und Massenorganisationen in der Arbeiterbewegung (1890–1933), Frankfurt am Main/New York 1980; Klaus-Michael Mallmann, Kommunisten in der Weimarer Republik. Sozialgeschichte einer revolutionären Bewegung, Darmstadt 1996; Detlef Schmiechen-Ackermann, Nationalsozialismus und Arbeitermilieus. Der nationalsozialistische Angriff auf die proletarischen Wohnquartiere und die Reaktion in den sozialistischen Vereinen, Bonn 1998.

FORTWÄHRENDES MISSTRAUEN

Interessanterweise stieß die Bereitschaft einer Reihe von Kommunisten, sich dem politischen Gegner anzuschließen, nicht auf uneingeschränkte Gegenliebe. Die Haltung des Lagerleiters Max Hähnel war keineswegs repräsentativ für die frühen Konzentrationslager, und auch nicht das Dritte Reich, wenngleich die nationalsozialistische Propaganda bisweilen für eine Integration irregeführter Kommunisten plädierte.[55] »Wir begrüßen es an und für sich, wenn verhetzte kommunistische Volksgenossen erkennen, daß sie irregegangen sind, und sich von der nationalsozialistischen Weltanschauung mitreißen und überzeugen lassen«, tönte der NSDAP-Pressedienst im März 1933 und machte zugleich deutlich, dass dies nicht für Funktionäre gelte, die sich erst »einer längeren Prüfung, vielleicht in einem Konzentrationslager« unterziehen müssten.[56] Oft war es damit nicht getan. Selbst führenden Renegaten wie Walter Otto wurde nach der Haftentlassung weiterhin großes Misstrauen entgegengebracht. Noch mindestens zwei Jahre war Otto im Sinne der NS-Propaganda im Einsatz, wobei er möglicherweise auch als Agent Provocateur wirkte: »Walter Otto ist immer noch als Agitator in den Arbeitslagern tätig«, hieß es in einem KPD-Bericht vom Dezember 1935. Dabei versuche er, so die KPD, staatsfeindliche Meinungen zu provozieren: »Er verwendet jetzt den Trick, nach seinem Vortrag eine Aussprache hervorzurufen und wenn ihm eine Frage oder gar eine Meinung entgegengehalten wird, dann denunziert er das ganze Lager als kommunistisch verseucht.«[57]

Dennoch stand der willfährige Renegat die ganze Zeit unter polizeilicher Beobachtung. Im September 1936 kam eine Beurteilung durch den Gendarmerieposten Engelsdorf zu einer wenig schmeichelhaften Einschätzung: »Nach seinem eigennützigen Wesen zu schließen, tritt er nur seines eigenen Vorteils wegen für die nationale Bewegung ein. Ihm wird zugetraut, daß er zu jeder Zeit, falls ihm ein größerer wirtschaftlicher Vorteil geboten würde, auch seine politische Einstellung wieder ändern würde.«[58] Auch ein Jahr später wollten ihm die Nationalsozialisten kein »volles Vertrauen« bescheinigen. Dass die polizeiliche »Nachüberwachung« im August 1937 dennoch aufgehoben wurde, war nur dem Umstand geschuldet, dass Otto sozial integriert war. Er war im Verlag »Nationaler Aufbau« tätig, lebte in »geordneten Verhältnissen« und unterhielt keine Kontakte zu früheren KPD-Mitgliedern.[59] Das Beispiel illustriert die äußerst misstrauische, argwöhnisch kontrollierte Instrumentalisierung der kommunistischen Überläufer durch die Nationalsozialisten.

»Ich liebe den Verrat, aber den Verräter lobe ich nicht«, soll Cäsar gesagt haben.[60] Die Haltung der Nazis gegenüber den kommunistischen Renegaten folgte einer vergleichbaren Logik. Das weitere Schicksal von Heinrich Wesche unterstreicht das. Auch er wurde kurz nach dem Plebiszit aus der Schutzhaft entlassen, zog nach Berlin und fand Arbeit als Kraftfahrer. Michael Kubina zufolge soll er sich der SA angeschlossen haben und als Belastungszeuge in Prozessen aufgetreten sein.[61] Zu Kriegsbeginn im September 1939 wurde Wesche aufgrund der Tatsache, dass er ein ehemaliger kommunistischer Spitzenfunktionär war, erneut verhaftet und musste fast vier Jahre im Konzentrationslager Sachsenhausen verbringen.[62]

INNERE WESENSVERWANDTSCHAFT VON KOMMUNISTEN UND NATIONALSOZIALISTEN?

Die Beschäftigung mit kommunistischen Überläufern bewegt sich im Kraftfeld von theoretischen Konzepten, die strukturelle Gemeinsamkeiten von Kommunismus und Faschismus thematisieren und links- und rechtsextreme Feinde der Demokratie eng aneinander rücken.[63] Veranschaulicht man das politische Spektrum als Hufeisen, in Anlehnung an die parlamentarische Sitzordnung, dann scheinen sich die extremistischen Akteure an den jeweiligen Polen nahezukommen.[64] Welche Relevanz hat eine solche Polit-Metaphorik bezüglich der historischen Situation der KPD im Jahr 1933? Waren die oben geschilderten Fälle politischen Seitenwechsels von sächsischen KPD-Funktionären, wie der nach Prag emigrierte Sozialdemokrat Edgar Hahnewald im Jahr 1934 glaubte, »ein Zeichen dafür, daß zwischen den deutschen Kommunisten und den deutschen Nationalsozialisten schon immer und trotz allem kommunistischen Antifa-Lärm eine innere Wesensverwandtschaft bestanden hat, die nun die Annäherung erleichtert«?[65] Kann folglich das Überlaufen einer Reihe von Kommunisten zu nationalsozialistischen Organisationen zur Illustration der Totalitarismustheorie dienen?

So einleuchtend das auf den ersten Blick erscheinen mag, so wenig stichhaltig ist es doch, wenn man das Phänomen genauer analysiert. Allein schon angesichts der Tatsache, dass viele KPD-Mitglieder erst seit kurzer Zeit das Mitgliedsbuch besaßen, ist Vorsicht bei der Einschätzung der ideologischen Motive angebracht. Selbstzeugnisse von ehemaligen

55 Vgl. als ein Beispiel Friedrich Koch, »Hitlerjunge Quex« und der hilflose Antifaschismus. Zum nationalsozialistischen Jugendfilm. In: Ulrich Herrmann/Ulrich Nassen (Hg.), Formative Ästhetik im Nationalsozialismus. Intentionen, Medien und Praxisformen totalitärer ästhetischer Herrschaft und Beherrschung (= Zeitschrift für Pädagogik, Beiheft 31), Weinheim u.a. 1993, S. 163–179. **56** Zeitungsausschnitt aus Leipziger Neueste Nachrichten vom 19.3.1933 (SächsStA-L, Polizeipräsidium Leipzig, PP-St. 9, Bl. 220). **57** Bericht von Leipzig, 28.12.1935 (BArch, SAPMO, RY 1/I 3/8-10/169, Bl. 243). **58** Vgl. Gendarmerieposten Engelsdorf an Amtshauptmann zu Leipzig, 29.9.1936 (StAL, A.H. Leipzig 2272, Bl. 4). **59** Vgl. Gendarmerieposten Engelsdorf an Amtshauptmann zu Leipzig, 26.7.1937 (StAL, A.H. Leipzig 2272, Bl. 10). **60** »Proditionem amo, sed proditores non laudo.« Vgl. Verrat. In: Gert Ueding (Hg.), Historisches Wörterbuch der Rhetorik, Bd. 10, Berlin/Boston 2012, S. 1396. **61** Vgl. Michael Kubina, Von Utopie, Widerstand und Kaltem Krieg. Das unzeitgemäße Leben des Berliner Rätekommunisten Alfred Weiland (1908–1978), Hamburg 2001, S. 319, Fußnote 111. **62** Vgl. Stiftung zur Aufarbeitung der SED-Diktatur, Biographische Datenbanken, Heinrich Wesche (1889–1953), (www.bundesstiftung-aufarbeitung.de/wer-war-wer-in-der-ddr-%2363%3B-1424.html?ID=5408; 4.2.2017). **63** Vgl. Eric Voegelin, Die politischen Religionen, Stockholm 1939; Carl Joachim Friedrich/Zbigniew Brzezinski, Totalitarian dictatorship and autocracy, Cambridge 1956. Theoretisch wären auch die Thesen der Frankfurter Schule zum autoritären Charakter zu nennen, praktisch wird jedoch zumeist nur der Bezug zum Faschismus hergestellt. Vgl. Theodor Adorno, Else Frenkel-Brunswik, Daniel J. Levinson, R. Nevitt Sanford, The Authoritarian Personality, New York 1950; Jochen Fahrenberg, John M. Steiner: Adorno und die Autoritäre Persönlichkeit. Kölner Zeitschrift für Soziologie und Sozialpsychologie 56 (2004), S. 127–152. **64** Vgl. Uwe Backes, Politischer Extremismus in demokratischen Verfassungsstaaten. Elemente einer normativen Rahmentheorie, Opladen 1989. **65** Manfred (Edgar Hanewald), Drei und zwölfhundert, S. 42.

Kommunisten, die bei der SA angaben, »man sei lediglich aus sozialer Not der KPD beigetreten und habe dann gemerkt, dass die Ziele der NSDAP doch die richtigen gewesen seien«, legen den Schluss nahe, dass ideologische Gründe für den politischen Seitenwechsel oft sekundär waren.[66] Michael Kater hat ebenfalls darauf hingewiesen, dass nach der Machtübernahme Hitlers ein »unbekannter, aber wohl nicht unbeträchtlicher Anteil von arbeitslosen Arbeitern nicht zur NSDAP, sondern zur SA gefunden hat, gerade aus wirtschaftlichen Motiven, weil jene sich, mehr noch als die Massenpartei, bei den Arbeitsämtern intensiv um Arbeitsbeschaffung für die ›Kameraden‹ zu bemühen schien.«[67]

Einschränkend ist darüber hinaus zu betonen, dass Opportunismus, Resignation oder auch Kapitulation im Sog des Überlaufens zahlreicher Kommunisten zu den Nationalsozialisten nur eine Seite eines vielschichtigen Prozesses darstellten. Auch dieser Umstand verweist auf die begrenzte Praxistauglichkeit der These einer durch innere Wesensverwandtschaft bedingten Konvertibilität von Rechts- und Linksextremismus. Wie Peukert, Paul und andere gezeigt haben, setzte in der KPD eine Kernbildung, eine »intensivere subkulturelle Abdichtung des kommunistischen Lagers« ein.[68] Den Fällen eines unterschiedlich motivierten Überlaufens zu NS-Organisationen, das gehört zum Gesamtbild der kommunistischen Bewegung, stehen zahllose Beispiele standhafter Treue zur kommunistischen Überzeugung gegenüber. Die meisten Kommunisten liefen nicht über; sie zogen sich aus dem politischen Leben zurück oder leisteten, wenn sie nicht in einem Konzentrationslager eingesperrt waren, mehr oder weniger aktiv Widerstand. So hielt sich beispielsweise in traditionell »roten« Hochburgen wie im mitteldeutschen Industriegebiet, in Hamburg und Bremen, im Ruhrgebiet sowie in manchen Berliner Stadtbezirken noch über längere Zeiträume eine weit verbreitete feindselige und skeptische Haltung gegenüber den Nationalsozialisten.[69] Wie umfangreich der Fortbestand kommunistischer Gesinnungen tatsächlich war, zeigte sich zu Kriegsende, als der größte Teil der überlebenden Kommunisten die Parteiarbeit wieder aufnahm.[70]

66 Vgl. Sven Reichardt, Faschistische Kampfbünde. Gewalt und Gemeinschaft im italienischen Squadrismus und in der deutschen SA, 2. Aufl., Köln 2009, S. 527. Reichardt gibt jedoch auch zu bedenken, dass solche Aussagen als Versuche, die eigene Rolle in der KPD vor 1933 herunterzuspielen, gedeutet werden können. **67** Michael H. Kater, Sozialer Wandel in der NSDAP im Zuge der nationalsozialistischen Machtergreifung. In: Wolfgang Schieder (Hg.), Faschismus als soziale Bewegung. Deutschland und Italien im Vergleich, Hamburg 1976, S. 25–68, zit. S. 45 f. **68** Gerhard Paul, »Deutsche Mutter – heim zu Dir!« Warum es mißlang, Hitler an der Saar zu schlagen. Der Saarkampf 1933 bis 1945, Köln 1984, S. 310. Vgl. die ähnliche Deutung bei Detlev Peukert, Die KPD im Widerstand. Verfolgung und Untergrundarbeit an Rhein und Ruhr 1933 bis 1945, Wuppertal 1980, S. 165–173. **69** Vgl. Francis L. Carsten, Widerstand gegen Hitler. Die deutschen Arbeiter und die Nazis, Frankfurt am Main 1996 (engl. EA 1995), S. 47; Marßolek/Ott, Bremen im Dritten Reich, S. 151 f.; Oliver Reschke, Der Kampf der Nationalsozialisten um den roten Friedrichshain 1925–1933, Berlin 2004; Thomas Gebauer, Das KPD-Dezernat der Gestapo Düsseldorf, Hamburg 2011. **70** Vgl. Jan Foitzik, Sowjetische Militäradministration in Deutschland (SMAD) 1945–1949. Struktur und Funktion, Berlin 1999, S. 411.

Bert Pampel

ALS REICHSBANNERFÜHRER IM KZ SACHSENBURG

Mein Urgroßvater Max Pampel (1882–1950)

Max Friedrich Pampel wird am 3. Mai 1882 in Werda bei Falkenstein im Vogtland geboren.[1] Sein Vater ist der Rittergutsinspektor Johann Christian Friedrich Pampel aus Trünzig, der eine Landwirtschaft mit Spedition betreibt. Seine Mutter, die Hausfrau Marie Therese geborene Gerhardt aus Ronneburg in Thüringen, stirbt, als er elf Jahre alt ist. Max hat zwei ältere Brüder und zwei ältere Schwestern. Auf den Besuch der Volksschule in Crimmitschau bei Zwickau folgt eine dreijährige Ausbildung, unter anderem an der dortigen Fortbildungsschule.

Am 30. Oktober 1902 wird Max Pampel zum 1. Königlich-Sächsischen 1. (Leib-)Grenadierregiment Nr. 100 nach Dresden eingezogen. Nach Ende der zweijährigen Dienstzeit arbeitet er als Wirtschaftsgehilfe in der väterlichen Landwirtschaft, die er später einmal übernehmen soll. Am 18. November 1907 heiratet er Else (Elly) Siegel (15. 3. 1882–12. 11. 1950) aus Gößnitz im Altenburger Land. Sie bringt einen Sohn Karl (25. 12. 1900–12. 10. 1945) in die Ehe. Aus dieser gehen sechs Kinder hervor: Gertrud (Trude, 1907–1927), Lisbeth (23. 11. 1908–22. 6. 1909), Rudolf (4. 12. 1909–25. 8. 1939), Georg (30. 11. 1912–24. 10. 1981, mein Großvater väterlicherseits), Elfriede (24. 2. 1915–28. 5. 1997) und Werner (17. 10. 1919–16. 11. 2006). Die Familie lebt zunächst in Crimmitschau, Lauenhainer Berg.

Zum 5. August 1914 wird Max Pampel, inzwischen Oberhaupt einer siebenköpfigen Familie und Bauer, zum Reserve-Regiment Nr. 100 in Dresden eingezogen und zieht in den Ersten Weltkrieg. Bereits einen Monat später wird er das erste Mal verwundet. Im Weiteren gehört er verschiedenen Infanterieregimentern an und kämpft sowohl an der West- als auch an der Ostfront. Am 12. August 1917 erhält er das Eiserne Kreuz II. Klasse. Am 30. Oktober 1917 erleidet er bei einer »Nachtübung« der Sturmabteilung der 241. Infan-

1 Der Beitrag stützt sich vor allem auf den Lebensbericht des Sohnes von Max Pampel, Werner Pampel, auf Aufzeichnungen meines Großvaters Georg Pampel, auf familiären Briefwechsel sowie auf die im SächsStA-C lagernden Personalakten 30068, Nr. 256, und 30410, Nr. 207. Ich danke meinem Vater Joachim Pampel sehr für seine Unterstützung bei den Recherchen zu diesem Beitrag.

Max Pampel, nach 1940
Privatbesitz

teriedivision infolge der Explosion von Brandmunition eine Verbrennung beider Hände mit nachfolgender teilweiser Versteifung des rechten Daumens. Das Ende des Krieges erlebt er im Lazarett.

Sein Vater, noch immer Eigentümer der Landwirtschaft, verkauft den Familienbesitz, weil er nicht daran glaubt, dass sein Sohn Max als anerkannter Kriegsbeschädigter den Hof erfolgreich führen kann. Doch das durch den Verkauf eingenommene Bargeld verliert durch die Inflation seinen Wert. Max Pampel wird durch die väterliche Entscheidung seine Existenzgrundlage entzogen. Aufgrund der Kriegsverletzung sowie der Inflation kommt die Gründung eines eigenen landwirtschaftlichen Betriebes nicht mehr in Frage. So verdingt er sich zunächst als Lohnbuchhalter bei einer nahe liegenden Ziegelei, um den Lebensunterhalt für sich und seine Familie bestreiten zu können. Einige Zeit danach bessert sich seine Lage.

WACHTMEISTER IN DER LANDESSTRAFANSTALT HOHENECK

Am 8. März 1921 wird Max Pampel durch das Sächsische Innenministerium zur Ausbildung und zum Probedienst als Wachtmeister in die Landesstrafanstalt Hoheneck einberufen. Nachdem er die Probedienstzeit erfolgreich absolviert hat, wird er dort mit Wirkung vom 16. Juli 1921 als Wachtmeister im Aufsichtsdienst beschäftigt. Die Familie zieht von Crimmitschau nach Stollberg-Hoheneck um und bezieht am Westhang des Wischberges eine Wohnung in einem Doppelhaus, das der Freistaat Sachsen zur Unterbringung der Gefängnisbeamten errichtet hat.

Zwar stabilisiert sich dadurch die soziale Lage, doch leidet die Familie weiterhin Not. Ein Gesuch um finanzielle Unterstützung, vor allem bedingt durch die ausufernden Kosten für die medizinische Behandlung der kranken Tochter Gertrud, wird von der Anstaltsleitung am 21. April 1927 befürwortend weitergeleitet, da sie »in Pampel keinem Unwürdigen« zuteil werde. Gertrud ist lungenkrank und stirbt Ende 1927 an Tuberkulose, doch die Schicksalsschläge reißen nicht ab. Rudi erleidet eine schwere Verletzung, als ihm bei einem Schlittenunfall eine Latte in den Unterleib dringt. Die Mutter ist durch die Krankenbehandlung völlig entkräftet und muss sich in die Erholungsstätte Borna zur Pflege begeben. Max Pampel selbst erkrankt an Lungenentzündung. 1927 erklärt er seinen Kirchenaustritt. Den Glauben an Gott hatte er wohl bereits im Ersten Weltkrieg verloren, doch den letzten Anstoß gaben möglicherweise die familiären Schicksalsschläge.

Unter dem 16. April 1929 findet sich ein medizinisches Gutachten über die Kriegsbeschädigung von Max Pampel in seiner Personalakte. Seit Juni 1928 klagte er über Schlafstörungen, Schwächeanfälle und Träume von den Erlebnissen im Ersten Weltkrieg. Das Gutachten kommt zu dem Ergebnis, dass kein organisches Nervenleiden vorliege, allerdings wird eine gesteigerte Nervosität diagnostiziert. Als Kriegsbeschädigung wird diese gleichwohl, anders als die Handverletzung, nicht anerkannt.

Am 29. September 1931 beantragt Max Pampel bei der Anstaltsdirektion die Ausstellung eines Waffenscheins zum dauernden Tragen einer Schusswaffe sowie für den Fall einer Genehmigung die Aushändigung eines Dienstrevolvers. Hintergrund ist eine körperliche Bedrohung seiner Person durch vier Nationalsozialisten zwei Tage zuvor. Wie aus seinem Bericht an die Anstaltsdirektion hervorgeht, wurde ihm Mittags auf dem Weg zum Dienst, schon auf dem Anstaltsgelände, von vier namentlich bekannten Uniformierten, bei denen es sich um die Söhne von Gefängnisbeamten handelte, der Weg versperrt. Sie drohten und beschimpften ihn mit den Worten: »Wartet nur Ihr Senfbrüder, Euch schmeißen wir alle raus!« Hinzu kam, dass zwei in der Nähe stehende Beamte, die als Mitglieder bzw. Sympathisanten der NSDAP bekannt waren, nicht eingriffen, sondern befriedigt zusahen. Pampel wies in seinem Bericht darauf hin, dass selbst von anderen Angehörigen des Anstaltspersonals gegen ihn und andere Beamte derart gehetzt worden sei, dass »ihre Köpfe rollen müssten«, und sie die ersten seien, die man aus dem Anstaltsdienst hinauswerfen würde. Pampel bittet die Anstaltsdirektion abschließend, Strafantrag gegen die vier Nationalsozialisten zu stellen. Die Auseinandersetzung findet sogar Widerhall auf den Leserbriefseiten von »Stollbergs Anzeiger und Tageblatt«. Hier muss Max Pampel als Funktionär der Organisation »Reichsbanner Schwarz-Rot-Gold, Bund der republikanischen Kriegsteilnehmer e. V.« dem Vorwurf eines örtlichen NSDAP-Funktionärs widersprechen, in der vorangegangenen Nacht des Vorfalls selbst an der Spitze eines dem Reichsbanner angedichteten Überfalls auf einen SA-Mann gestanden zu haben. Die Anstaltsdirektion wird aufgrund des Berichts zumindest insofern tätig, als sie die Vorwürfe der Hetze von Anstaltsbediensteten prüft. Diese streiten jedoch das Gesagte ab, ein von Max Pampel genannter Zeuge, auf den er sich in seinem Bericht berufen hatte, gibt an, sich nicht erinnern zu können.

Das Reichsbanner war eine 1924 gegründete überparteiliche paramilitärische Organisation, die sich für die Verteidigung der jungen deutschen Demokratie einsetzte. In ihr engagierten sich vor allem Sozialdemokraten, aber auch Teile der Deutschen Demokratischen Partei (DDP) sowie der katholischen Zentrums-Partei. Das Reichsbanner bot jenen Weltkriegsteilnehmern eine politische Heimstatt, die sich nicht in den rechts stehenden demokratiefeindlichen Soldatenverbänden, wie dem »Stahlhelm«, oder im linksextremistischen »Roten Frontkämpferbund« organisieren wollten, sondern treu zur Weimarer Verfassung standen. Die Organisation umfasste mehr als drei Millionen Mitglieder, zu denen unter anderem Carlo Mierendorff, Theodor Heuss und Kurt Schumacher gehörten. Wie die Kampforganisationen der anderen Parteien organisierte auch das Reichsbanner Demonstrationen durch die Straßen Stollbergs. Nicht selten kam es dabei, vor allem nach Zuspitzung der politischen Lage ab 1932, zu gewaltsamen Auseinandersetzungen mit den anderen Gruppierungen. Hin und wieder wechselten die daran Beteiligten Formation und Uniform. Auch persönliche Freunde und politische Weggefährten von Max Pampel tauschten die grüne Uniform des Reichsbanners gegen die braune der SA. Leider ist sowohl über die Mitgliedschaft von Max Pampel im Reichsbanner wie auch über seine Mitgliedschaft in der SPD nichts Näheres bekannt. Aus Gründen des Selbstschutzes der Mitglieder des Reichsbanners wurden nahezu alle personalbezogenen Akten nach der Machtübernahme der Nationalsozialisten vernichtet.[2]

VERHAFTUNG UND SCHUTZHAFT IN STOLLBERG UND OELSNITZ/ERZGEBIRGE

Am 9. März 1933 um acht Uhr wird Max Pampel verhaftet. Die SA-Leute, die kurz zuvor zu Hilfspolizisten ernannt worden waren, bringen ihn zunächst in das Amtsgericht Stollberg und später in seine frühere Wirkungsstätte, die Gefangenenanstalt Hoheneck. Grund der Verhaftung ist wohl vor allem seine Funktion als Kreisreichsbannerführer, obgleich der Kampfbund erst am 13. März 1933 in Sachsen verboten wird. Am selben Tag wie Max Pampel wird auch der 24-jährige Sohn Rudi verhaftet und anschließend ohne Rücksicht auf Wassertemperatur und Wetterlage gezwungen, in einem Wasserloch eines ehemaligen Steinbruchs nach angeblich von ihm versenkten Waffen zu tauchen. Er erkrankt daraufhin an Lungenentzündung, die sich später zu einer Tuberkulose entwickelt und 30-jährig zu seinem frühen Tod am 25. August 1939 führt.

Auch Max Pampels 20-jähriger Sohn Georg, mein Großvater, wird als Mitglied der Sozialistischen Arbeiter-Jugend (SAJ) sowie Sohn des Reichsbannerführers verhaftet und bis zum 13. Juni 1933 als Schutzhäftling in der Gefangenenanstalt Hoheneck inhaftiert. Bei der Verschleppung von seinem Arbeitsplatz im Arbeitsamt Lugau verpassen ihm die Hilfspolizisten eine blutige Nase. Während einer Hausdurchsuchung wegen des Verdachts des Versteckens weiterer flüchtiger Gegner der Nationalsozialisten wird die gesamte Wohnung der Familie Pampel auf den Kopf gestellt. Auf einen Schlag ist nun diejenige Hälfte der sechsköpfigen Familie, die diese ernährt hat, inhaftiert. Die Mutter und ihre beiden noch nicht volljährigen Kinder müssen zusehen, wie sie allein über die Runden kommen, niemand hilft ihnen. Die Familie wird gemieden. Viele finden es möglicherweise gerecht, dass sie als Nutznießer und Unterstützer der Weimarer Republik für die katastrophale soziale Situation der letzten Jahre zur Verantwortung gezogen werden.

Zwischen dem 2. und dem 11. März 1933 werden im Rahmen einer Aktion insgesamt 41 Personen in Stollberg verhaftet, mehr als 24 von ihnen kommen aber schnell wieder zur Entlassung. Der größere Teil davon sind Mitglieder von SPD und KPD, darunter Stadträte und Stadtverordnete, Zeitschriftenverteiler, Kassierer und Lehrer. Mit Max Pampel werden drei weitere Wachtmeister der Gefangenenanstalt Hoheneck verhaftet: Wilhelm Eduard Kreuzmann, mit dem Max Pampel politisch befreundet ist, Otto Marschner und Paul Werner. Nach einem Bericht des stellvertretenden Bürgermeisters der Stadt Stollberg, Friedrich, vom 9. März 1933 sollen weitere 200 Inhaftierte untergebracht werden, doch bereitet dies Schwierigkeiten, da die Zellen im Rathaus, im Amtsgericht und in der Gefangenenanstalt Hoheneck bereits überfüllt sind. Daher schlägt er vor, ein früheres Lager des Reichsbanners in Lugau für die Unterbringung zu nutzen.[3] Die genannten Verhaftungen erfolgen anscheinend auf Veranlassung von Friedrich, denn im gesamten folgenden Schriftverkehr findet sich in Bezug auf die Verhafteten bis hin zum Entlassungsvorschlag immer wieder der Vermerk »zur Verfügung des Stadtrates«.

Die Frauen der verhafteten Anstaltsbediensteten – Else Pampel, Anna Marschner und Frau Kreuzmann – wenden sich mit der dringenden Bitte um Hilfe am 16. März 1933 an das Justizministerium in Dresden. Dieses ist bereits durch ein Schreiben des Vorstands der Gefangenenanstalt Hoheneck vom 10. März 1933 über die Verhaftungen informiert. Eine Antwort auf das Gesuch der Frauen ist nicht überliefert.

Am 8. April 1933 ersucht die Stadt Stollberg die Gefangenenanstalt darum, aufgrund der Verordnung des Sächsischen Ministeriums des Innern vom 5. April 1933 die für die Inhaftierung von Max Pampel anfallenden Kosten in Höhe von zwei Reichsmark pro Tag, beginnend ab dem Tag der Verhaftung, von den Dienstbezügen abzuziehen und an die Stadt abzuführen. Der Vorstand der Gefangenenanstalt fordert jedoch mit Schreiben vom 20. April 1933 eine Einverständniserklärung der verhafteten Beamten.

Der Stollberger Rechtsanwalt Dr. Walter Wiegand, selbst am 9. März als bekannter »Parteianwalt«, das heißt als rechtlicher Vertreter von Sozialdemokraten, in Gewahrsam genommen, dann aber wieder freigelassen, wendet sich ab 15. März 1933 wiederholt an den Reichskommissar für Sachsen. Er beschwert sich darüber, dass ihm der Besuch von Verhafteten, die ihn mit der Wahrnehmung ihrer Interessen beauftragt hatten, darunter Max Pampel sowie Wilhelm Eduard Kreuzmann und Otto Marschner, verwehrt worden war. Nach einiger Zeit wird er diesbezüglich von der beim Landeskriminalamt eingerichteten

2 Zum Reichsbanner in Sachsen vgl. Carsten Voigt, Kampfbünde der Arbeiterbewegung. Das Reichsbanner Schwarz-Rot-Gold und der Rote Frontkämpferbund in Sachsen 1924–1933, Köln/Weimar/Wien 2009. **3** Kreisarchiv Landratsamt Erzgebirgskreis, Stadt Stollberg, v 45/S957. Ich danke Eva Werner aus Chemnitz sehr für ihre Unterstützung bei den Recherchen zu diesem Beitrag.

Schutzhaftzentrale an die Kreishauptmannschaft Chemnitz verwiesen. Von der Stadt Stollberg erhält er schließlich nach nochmaliger Nachfrage am 21. April die Mitteilung, dass die Schutzhaftzentrale keine Bedenken gegen den Besuch erhebe, die Verhafteten jedoch zwischenzeitlich in die Verfügung der SA-Standarte 183 nach Oelsnitz im Erzgebirge abtransportiert worden seien. Dorthin wird Max Pampel aus der Gefangenenanstalt Hoheneck zusammen mit anderen, darunter Hermann Schmidt, Oskar Bankwitz, Alfred Kempe und Franz Beneschek, am 14. oder 19. April 1933, die Quellen widersprechen sich, verlegt. Dr. Wiegand selbst wird erneut verhaftet und befindet sich zwischen dem 5. und dem 27. Mai 1933 in der Gefangenenanstalt Hoheneck in Schutzhaft.

In Oelsnitz sind die Schutzhäftlinge im Knappschaftsgebäude hinter dem Rathaus untergebracht. Nicht wenige werden von hier aus zur Polizeiwache gebracht und dort von der SA unter Führung des Standartenführers Heuschneider schwer misshandelt.[4] Einige Schutzhäftlinge müssen unter Aufsicht von Hilfspolizisten Wahlplakate von Wänden und Tafeln entfernen. Am 1. Mai 1933 – zum »Tag der nationalen Arbeit« – werden sie in Stollberg den Teilnehmern eines städtischen Umzugs zur Schau gestellt. Sohn Werner, der mit dem Vater sprechen kann, schreibt dazu in seinen Erinnerungen: »Es marschierten viele alte Gesichter, das heißt altbekannte Gesichter vorbei, die man schon von früheren Demonstrationszügen her kannte. Die Musikkapelle und der Spielmannszug des Reichsbanners, die Schalmeienkapelle des Rot-Front-Kämpferbundes, alle in der neuen SA-Uniform. Niemand winkte zu den Häftlingen hinauf, die ihrerseits kaum noch hinzusehen wagten. Sie wußten nicht so recht, was sie von diesem Aufzug halten sollten. Knapp zwei Monate nach ihrer Verhaftung hatte sich offenbar die neue Idee vom Nationalsozialismus durchgesetzt.«

Sonntags lagert Max Pampel in der Nähe des Gasthofes »Walderholung« am Fleischerberg in Hohndorf bei Oelsnitz/Erzgebirge. Seiner Frau gelingt es, ihn dort zu besuchen. Er eröffnet ihr, dass er in den nächsten Tagen in das Konzentrationslager Sachsenburg überführt werden soll. Die Verlegung gründet auf einer Bitte des Stadtrates Stollberg vom 16. Juni 1933, den gegenwärtig im »Gefangenenhaus« Oelsnitz untergebrachten Max Pampel zusammen mit sechs weiteren Gefangenen, darunter Wilhelm Eduard Kreuzmann und Alfred Kempe, in das »Arbeitsdienstlager Sachsenburg« zu überführen. Am 26. Juni 1933 wird der Zugang vom »Schutzhaftlager Sachsenburg/Sa.« bestätigt.

SCHUTZHAFT IM LAGER SACHSENBURG SOWIE IN COLDITZ UND HOHNSTEIN

Kurze Zeit später mieten die drei Ehefrauen von Max Pampel, Eduard Kreuzmann und Alfred Kempe ein Taxi und fahren von Stollberg nach Sachsenburg, um ihre Männer zu besuchen. Doch nur Werner Pampel, der 14-jährige Sohn, bekommt Zutritt. In seinen Erinnerungen schreibt er: »Ich bekam einen großen Schlafsaal zu sehen, in dem in langen Reihen 3-stöckige Betten standen. Dazwischen hielten sich die Männer auf, sitzend auf Bänken und Schemeln. Nach dem Namen fragen war nutzlos, die Insassen kannten sich noch nicht. Das Lager erhielt täglich neuen Zugang.« Ob Werner seinen Vater überhaupt antraf, geht aus dem Bericht nicht hervor. Er unterhält sich aber mit den übrigen Gefangenen: »Zu Wort kam ich vorerst nicht, aber Post sollte ich mitnehmen, Nachrichten für ihre Angehörigen, die sich im Inhalt wohl kaum unterschieden. ›Hier werden wir täglich verhört, in verschiedenen Gruppen aufgeteilt, eine zum Verbleib in Sachsenburg, die andere soll zur Entlassung kommen und ehemalige führende Funktionäre der SPD und KPD seien zur Umerziehung für Burg Hohnstein in der Sächsischen Schweiz vorgesehen.‹ Der große düstere Saal mit seiner unnatürlichen Menschenansammlung hatte mir die Sprache verschlagen. Als ich aufgefordert wurde, von Daheim zu erzählen, hatte ich fast alles vergessen, was mir von den draußen gebliebenen Frauen aufgetragen worden war. Ich war sehr froh, wieder gehen zu dürfen, als ein Lautsprecher verkündete, die Besuchszeit sei vorbei.« Max Pampel gehört zu denjenigen, die zunächst nach Colditz und anschließend nach Hohnstein kommen.

Später, im Herbst 1937, berichtet Max Pampel seinem Sohn Werner von der Gefangenschaft. Er erzählt von der Isolation und einer gezielten und umfangreichen Propaganda. »In enge Räume zusammengedrängt, aus verschiedenen politischen Lagern stammend und mit den verschiedensten privaten Existenz-Sorgen belastet, schmorte die Masse der ehemaligen Demokraten und anderer im eigenen Saft, ständig berieselt vom Deutschlandsender mittels lautschallendem Lautsprecher. Die wenigen und meist sehr unterschiedlichen Nachrichten von der Außenwelt aus neutraler oder familiärer Hand trugen bei den Häftlingen zu keiner Übersicht der gegenwärtigen Situation bei.« Die Häftlingsgesellschaft – so heißt es in den Erinnerungen von Werner Pampel an die Gespräche weiter – sei in zwei Lager gespalten gewesen: Da waren zum einen jene, die Widerstand leisten wollten und immer noch auf den kommunistischen Umsturz und die bolschewistische Revolution hofften. Auf der anderen Seite fanden sich jene, vor allem Familienväter, die dies weder wünschten noch daran glaubten, sondern die auf eine Verbesserung der politischen Lage im nun vorgegebenen nationalsozialistischen Rahmen hofften und setzten. Zu Letzteren zählte auch Max Pampel.

Auf Grund von § 4 des Gesetzes zur Wiederherstellung des Berufsbeamtentums vom 7. April 1933 ist Max Pampel als einer der Beamten, »die nach ihrer bisherigen politischen Betätigung nicht die Gewähr dafür bieten, daß sie jederzeit rückhaltlos für den nationalen Staat eintreten«, zu entlassen. Die Entlassung erfolgt allerdings erst am 18. September 1933 auf Vorschlag des Justizministeriums durch den Reichsstatthalter von Sachsen, Martin Mutschmann. Die entsprechende Zustellungsurkunde wird Max Pampel in das Konzentrationslager Sachsenburg übersendet. Die Dienstbezüge werden zum 31. Dezember 1933 eingestellt. Zur teilweisen Deckung der Schutzhaftkosten werden monatlich zehn Reichsmark seiner Dienstbezüge einbehalten. Das »Ruhegeld« aus dem bisherigen Beamtenverhältnis beträgt 100 Reichsmark. Die Beamtenwohnung muss die kleine Familie innerhalb von vier Wochen räumen, doch niemand will ihr Obdach gewähren. Zum Glück erhält sie schließlich nach Fürsprache des örtlichen Bürgermeisters die Zusage für eine Wohnung in Niederdorf bei Stollberg, die Ende November 1933 bezogen werden kann.

4 Den Faschisten werden wir nicht weichen! Der antifaschistische Widerstandskampf im Kreis Stollberg (1933–1945). Hg. von der Kreisleitung Stollberg der SED, Kommission zur Erforschung der Geschichte der örtlichen Arbeiterbewegung, Oelsnitz (Erzgeb.) 1982, S. 13–17.

Durchschlag.

Jr. 8 P 29 St K II.

fr: G.A. f. 101. 91

Dresden, am 18 September 19

Lt P 1026/33

Gefangenenanstalt
24 SEP. 1933
Hoheneck i/Erzg.

Auf Vorschlag des Ministeriums der Justiz entlasse ich hiermit den Gefangenenoberwachtmeister

Friedrich Max Pampel
in Stollberg i.E.

auf Grund von § 4 des Gesetzes zur Wiederherstellung des Berufsbeamtentums vom 7. April 1933 (Reichsgesetzbl. I S. 175) aus dem Justizdienste.

Der Reichsstatthalter in Sachsen.

gez. Martin Mutschmann.

Entlassung von Max Pampel aus dem Justizdienst, 18. 9. 1933

SächsStA-C, 30068 Gefangenenanstalt Hoheneck, Nr. 256, Bl. 91

Im Frühjahr 1934 wird Max Pampel seelisch und gesundheitlich schwer angeschlagen nach etwa einem Jahr Schutzhaft aus dem KZ Hohnstein entlassen. Für die Familie ist die Rückkehr ein überwältigendes Ereignis. Seinen Sohn Werner mahnt der Vater seitdem immer wieder: »Vergiß diese Stunde nicht.«

WIEDEREINGLIEDERUNG IN DIE »VOLKSGEMEINSCHAFT«

Bei der Entlassung muss sich Max Pampel zum Schweigen über seine Schutzhaft verpflichten. Das polizeiliche Führungszeugnis, das er bei seinen Bewerbungen vorzulegen hat, weist ihn als »politisch unzuverlässig« aus. Max Pampel bleibt isoliert und unter Beobachtung, und mit ihm die gesamte Familie. Werner beschreibt die Stimmungslage in seinem Lebensbericht wie folgt: »Auf dem Weg nach oben wollte niemand abseits stehen. Ehemalige politische Gegner waren vergessen, auch von ihren ehemaligen politischen Freunden. Kein Gruß, kein freundschaftliches Wort war zu hören, wenn man sich begegnete, d.h. wenn Vater oder Mutter bei Versorgungswegen in Stollberg ehemalige SPD-Genossen trafen. Sie hatten ihre Meinungen geändert, besaßen wieder Arbeit und spürten mit Wohltat [sic!], wieder Geld in der eigenen Tasche zu haben. Alle Not war vergessen. Mit der Zeit gehen! Das war die Devise. Vergangenheit war nicht gefragt. Arbeit geht vor Politik.«

Im August 1934 schreibt Max Pampel an seinen Sohn Georg, der im Herbst 1933 in Bitterfeld Arbeit gefunden hat, dass er vom Bürgermeister in Niederdorf aufgefordert worden sei, ein Gesuch einzureichen, um die »bekannte Angelegenheit« – möglicherweise ist hier ein Vermerk über die Schutzhaft als Einstellungshindernis gemeint – aus der Welt zu schaffen. Der Bürgermeister sichert Max Pampel zu, den Antrag zu befürworten. Dieser bewirbt sich anschließend auf verschiedene Stellen, zum Beispiel als Kassierer bei einer Krankenversicherung. Der Versuch, im Versicherungsgeschäft Fuß zu fassen, scheitert jedoch. Und auch die Hoffnung auf eine von Georg vermittelte Arbeitsstelle in Bitterfeld zerschlägt sich. Bis Oktober 1937 bleibt er, abgesehen von Gelegenheitsarbeiten in der Landwirtschaft, ohne Beschäftigung. Die Erfolglosigkeit seiner Bemühungen bringt ihn zum Verzweifeln. Hinzu kommt die Gleichgültigkeit der Mitmenschen, die überwiegend von der Aufbruchsstimmung erfasst worden sind, weil sie in den Genuss des wirtschaftlichen Aufschwungs kommen.

Die Trennung von Sohn Georg schmerzt ihn, und er versucht, brieflich Kontakt zu halten. Als Briefpapier nutzt er des Öfteren alte Zeugnisabschriften. Obwohl die Eltern selbst kaum Geld haben, versuchen sie, Georg so oft es geht Geld zu senden. Aber auch die übrigen Kinder benötigen noch Unterstützung. Ein Mittagessen ist nicht selbstverständlich, und nahezu alle Wege, auch sehr lange, werden zu Fuß absolviert. Die wirtschaftlichen Verhältnisse sind katastrophal. Die Wohnung wird zu teuer, erneut muss die Familie umziehen, findet aber in Niederdorf eine günstigere Bleibe in einer umgebauten ehemaligen Turnhalle.

Max Pampel ist seit dem 1. Februar 1936 nach Aufforderung, sich gesellschaftlich zu engagieren, Mitglied der Nationalsozialistischen Volkswohlfahrt (NSV) und findet im Oktober 1937 beim Winterhilfswerk (WHW) gegen ein Entgelt von fünf Reichsmark monatlich (sic!) eine ehrenamtliche Beschäftigung als ständiger Helfer. Die Tätigkeit nimmt ihn restlos in

Anspruch, oft muss er bis 8 Uhr abends oder noch länger arbeiten. Um den Posten zur Zufriedenheit seiner Vorgesetzten auszufüllen, bringt er sich das Schreiben auf der Schreibmaschine bei. Mit Erfolg: Bald wird ihm durch die Ortsgruppe die Erledigung aller laufenden Geschäfte des NSV übertragen. Ab 18. Mai 1938 ist Max Pampel als Bademeister im Naturbad Niederdorf angestellt, doch auch dies bessert die wirtschaftliche Lage kaum.

Sohn Georg bemüht sich weiterhin um eine Arbeitsstelle für seinen Vater in Bitterfeld. Anfang 1939 noch will Max Pampel unter Hinweis auf sein fortgeschrittenes Alter nichts davon wissen. Am Ende des Jahres hält ihn und seine Frau jedoch nichts mehr in Stollberg, obgleich sowohl der Bürgermeister als auch andere örtliche Stellen ihn nur ungern aus Stollberg fortlassen möchten und sich beim Arbeitsamt um eine angemessene Stelle für ihn kümmern. Selbst Ortsgruppe und Kreisleitung der NSDAP sichern ihm nun ihre Unterstützung zu. Max Pampel engagiert sich nicht nur bei der NSV, sondern beantragt am 6. Dezember 1939 die Aufnahme in die NSDAP, der zum 1. Januar 1940 zugestimmt wird. Neun Jahre sind seit den Auseinandersetzungen zwischen dem Kreisreichsbannerführer und den aufstrebenden Nationalsozialisten vor der Anstalt Hoheneck vergangen. Die Hoffnung, durch diesen Schritt der nach wie vor prekären wirtschaftlichen Lage zu entkommen, und die Unterstützung von Frau und Sohn Werner hierfür, werden bei seinem Eintritt eine nicht unerhebliche Rolle gespielt haben, mögen aber nicht die einzigen Beweggründe gewesen sein.

Im Herbst 1940 ersucht Max Pampel den Generalstaatsanwalt um Wiederverwendung als Ruhestandsbeamter im Strafvollzugsdienst. Letzterer holt zunächst bei der Gauleitung Sachsen der NSDAP eine Beurteilung ein, in der die politische Zuverlässigkeit Pampels bejaht und seiner Wiederverwendung im Staatsdienst zugestimmt wird. Auf Bitten des Reichsministers der Justiz wird jedoch am 15. Oktober 1940 noch eine Stellungnahme bei der Leitung des nunmehrigen Jugendgefängnisses Hoheneck und beim früheren Leiter der Strafanstalt Hoheneck abgefordert. Diese scheint negativ auszufallen, denn mit Schreiben vom 11. Dezember 1940 wird Max Pampel vom Generalstaatsanwalt mitgeteilt, dass sein Gesuch auf Anordnung des Reichsministers der Justiz abgelehnt worden sei. Noch am Anfang des Jahres, am 9. Januar 1940, hatte der Vorstand des Jugendgefängnisses Hoheneck Max Pampel auf sein Ansuchen hin schriftlich bescheinigt, dass er nach den vorliegenden Akten »als zuverlässig, gemessen und gewissenhaft beurteilt« wurde.

Auf ein eigenes Stellengesuch im Stollberger Anzeiger vom 24. April 1941 erhält Max Pampel eine Aufforderung zur Vorstellung beim Landratsamt Stollberg. Nach Hinweis auf seine langjährigen vergeblichen Bemühungen um eine Anstellung im Staatsdienst findet die Vorsprache am 29. April statt. Ab 1. Mai wird er für die Dauer des Krieges als »Kriegsaushilfsangestellter« in der Vergütungsgruppe IX für 200 Reichsmark im Monat eingestellt. Die Kreisleitung der NSDAP und der Bürgermeister, die um Beurteilung gebeten worden waren, erheben keine Bedenken gegen die Einstellung. Auch die Gauleitung der NSDAP und das Sächsische Staatsministerium des Innern stimmen nachträglich zu. Im Landratsamt wird er im Ressort Landwirtschaft eingesetzt, über die genaue Tätigkeit ist nichts bekannt.

Aufatmen aber kann die Familie nicht. Mit Beginn des Feldzuges gegen die Sowjetunion stehen die Männer der Familie im Krieg. Sohn Werner überliefert Max Pampels Warnung

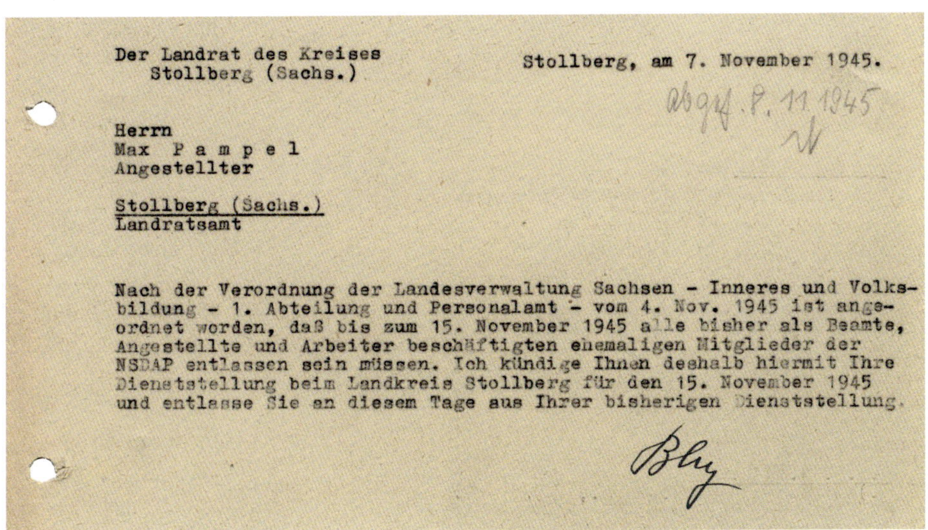

Der Landrat des Kreises
Stollberg (Sachs.)

Stollberg, am 7. November 1945.

Abgeg. 8. 11. 1945

Herrn
Max Pampel
Angestellter

Stollberg (Sachs.)
Landratsamt

Nach der Verordnung der Landesverwaltung Sachsen - Inneres und Volksbildung - 1. Abteilung und Personalamt - vom 4. Nov. 1945 ist angeordnet worden, daß bis zum 15. November 1945 alle bisher als Beamte, Angestellte und Arbeiter beschäftigten ehemaligen Mitglieder der NSDAP entlassen sein müssen. Ich kündige Ihnen deshalb hiermit Ihre Dienststellung beim Landkreis Stollberg für den 15. November 1945 und entlasse Sie an diesem Tage aus Ihrer bisherigen Dienststellung.

Entlassung von Max Pampel aus dem Dienst für den Landkreis Stollberg, 7. 11. 1945

SächsStA-C, 30410 Kreistag/Kreisrat Stollberg, Nr. 207, Bl. 46

aus dem Sommer 1941: »Es steht uns Schreckliches bevor.« Georg muss bald an der Ostfront kämpfen, wird bei Smolensk verletzt und demobilisiert. Werner dient seit Oktober 1942 in der Waffen-SS, wird bei den Kämpfen in Ungarn verwundet, schlägt sich von dort über 1 100 Kilometer zu Fuß nach Westen durch, und erlebt das Ende des Krieges in amerikanischer Gefangenschaft. Ellys Sohn Karl Siegel stirbt am 12. Oktober 1945 in einem Kriegsgefangenenlager in Armenien.

Nach Ende des Zweiten Weltkrieges arbeitet Max Pampel zunächst weiter im Landratsamt. Noch am 4. Oktober 1945 wird ein Gesuch um Höhergruppierung aufgrund größerer Verantwortung als Abteilungsleiter positiv beschieden. Doch mit Schreiben vom 7. November 1945 erhält er die Kündigung. Grundlage ist die Verordnung des Landesverwaltungsamtes Sachsen vom 4. November 1945, dass bis zum 15. November alle bisher als Beamte, Angestellte und Arbeiter beschäftigten ehemaligen NSDAP-Mitglieder zu entlassen sind. Am 10. Dezember 1950 verstirbt Max Pampel, bereits verwitwet, gebrochen und verbittert, an ausgedehnter doppelseitiger Lungentuberkulose im Kreiskrankenhaus Stollberg.

Die einjährige Schutzhaft und die damit verbundene Gefährdung der sozialen Existenz waren ein tiefer Einschnitt in sein Leben. Beides bestärkte ihn jedoch nicht in seiner Gegnerschaft zum Nationalsozialismus, im Gegenteil integrierte er sich ab der zweiten Hälfte der 30er-Jahre weitgehend in die »Volksgemeinschaft«. Wie hat Max Pampel wohl auf sein Leben zurückgeblickt, das doch so gut begonnen hatte? Machte er sich zum Vorwurf, seine politischen Überzeugungen verraten oder auf das »falsche Pferd gesetzt zu haben«? Was hatte er nur falsch gemacht? Fragen, die zwar unbeantwortet bleiben werden, die aber auch nachfolgenden Generationen mahnend vor Augen stehen.

Willy Buschak

GEWERKSCHAFTER IM KONZENTRATIONSLAGER SACHSENBURG

Gewerkschafterinnen und Gewerkschafter gehören zu den frühesten Opfern der nationalsozialistischen Diktatur. Zwischen dem 6. und dem 8. März 1933 besetzten SA und Polizei in ganz Sachsen vorübergehend die Häuser des Allgemeinen Deutschen Gewerkschaftsbundes (ADGB), viele Angestellte der Gewerkschaften wurden für Tage oder Wochen in eilig errichtete Konzentrationslager gebracht. Mitte März wurden in mehreren hundert Betrieben Sachsens missliebige Betriebsräte entlassen, mit ihnen erreichte die nächste Welle von Gewerkschaftern die sächsischen Konzentrationslager. Am 2. Mai 1933 wurden die Gewerkschaftshäuser zum zweiten Mal, diesmal endgültig, besetzt, Hunderte von Gewerkschaftern kamen meist für mehrere Wochen oder Monate in die Lager.[1]

Wann wurden die ersten Gewerkschafter[2] in das Lager Sachsenburg eingeliefert? Und warum? Wie viele waren es? Wo kamen sie her? Gibt es über die Zugehörigkeit zu einer Gewerkschaft hinaus Gemeinsamkeiten zwischen ihnen? Wie lange blieben sie in Sachsenburg und was geschah mit ihnen nach ihrer Entlassung?

Wie viele Gewerkschafter insgesamt im Konzentrationslager (KL) Sachsenburg inhaftiert waren, ist nur schwer festzustellen. Zwar gibt es beim Internationalen Suchdienst in Bad Arolsen eine Akte mit dem Titel »Zugangsliste des Konzentrationslagers Sachsenburg«, die alle Zugänge seit dem 2. März 1933 mit Eintritts- und Entlassungsdatum genau verzeichnet, merkwürdigerweise aber Gewerkschafter, von denen zweifelsfrei feststeht, dass sie in Sachsenburg waren, wie zum Beispiel den Leipziger Eisenbahner Franz Poralla oder den Berliner Metallarbeiter Alwin Brandes, nicht erwähnt. Entweder ist die Liste nicht vollständig, oder aber, und das ist wahrscheinlicher, es handelt sich nicht um die Zugangsliste des Konzentrationslagers Sachsenburg.[3]

Auch der Versuch, über die nach 1945 geschriebenen Lebensläufe von »Opfern des Faschismus«, über die Erinnerungsberichte und Zeugenaussagen in ihren VdN-Akten[4] mehr Klarheit zu gewinnen, ist alles andere als einfach. Viele Opfer der nationalsozialistischen Diktatur hatten keine Unterlagen mehr über ihre Aufenthalte in Gefängnissen und Lagern. Etliche wussten nicht mehr genau, wann sie in welchem Lager gewesen und wie

Alwin Brandes, 1922
AdsD/Friedrich-Ebert-Stiftung

lange sie dort geblieben waren – kein Wunder, bei allem, was sie erlebt hatten. Wo die Einzelnen keine genaue Erinnerung mehr hatten, befragten die VdN-Stellen die örtlichen Kriminalämter, die aber auch keine lückenlose Dokumentation zu allen angefragten Personen hatten.

Dietmar Wendler (siehe seinen Artikel in diesem Band) hat die Namen von insgesamt 746 Personen ermittelt, die sich als Gewerkschaftsmitglieder bezeichneten und im KL Sachsenburg inhaftiert waren, fügt aber hinzu, dass die Überlieferungen sehr spärlich sind. Ob sich unter den von ihm genannten 211 Personen, die sich allgemein als Gewerkschaftsmitglieder bezeichneten, ohne anzugeben, zu welcher Gewerkschaft sie gehörten,

1 Zur Besetzung der Gewerkschaftshäuser vgl. Willy Buschak, Arbeit im kleinsten Zirkel. Gewerkschaften im Widerstand gegen die nationalsozialistische Diktatur, Essen 2015, S. 50 ff. **2** Die stärkste sächsische Gewerkschaftsorganisation war der Allgemeine Deutsche Gewerkschaftsbund (ADGB), der Dachverband der sozialistischen Arbeitergewerkschaften mit 690 000 Mitgliedern. Der Gesamtverband christlicher Gewerkschaften fiel demgegenüber mit seinen 24 000 Arbeitermitgliedern nicht ins Gewicht. Die Angestellten waren im sozialistisch orientierten Allgemeinen freien Angestelltenbund (AfA-Bund), im liberal-demokratischen Gewerkschaftsring der Angestellten (GDA) oder auch im stramm rechts ausgerichteten, in Sachsen besonders starken Deutschnationalen Handlungsgehilfenverband (DNHV) organisiert. Die Kommunistische Partei Deutschlands (KPD) hatte mit der Revolutionären Gewerkschaftsopposition (RGO) eine eigene Gewerkschaftsorganisation aufgebaut, die aber nur in Chemnitzer Betrieben über nennenswerten Einfluss verfügte. **3** Zugangsliste (ITS Archives, Bad Arolsen, 1.1.37.1/407 3373). **4** Voraussetzung der Mitgliedschaft in der Vereinigung der Verfolgten des Naziregimes (VVN) und der Anerkennung als Opfer des Faschismus (OdF) bzw. als Widerstandskämpfer waren Nachweise über den eigenen Lebenslauf unter der nationalsozialistischen Diktatur, insbesondere über eine Haftzeit, die von Zeugen bekräftigt werden mussten.

auch Syndikalisten von der FAUD befinden, ist unklar und lässt sich heute kaum noch herausfinden. Möglicherweise ist die Zahl der in Sachsenburg inhaftierten Gewerkschaftsmitglieder noch höher. Das heißt aber nicht, dass alle wegen ihrer Tätigkeit für eine verbotene Gewerkschaft inhaftiert wurden. Genau auf diese Gruppe, Gewerkschaftsmitglieder, die versuchten, ihre Gewerkschaft im Untergrund aufrechtzuerhalten, konzentriere ich mich hier.

AUSGEWÄHLTE BIOGRAFISCHE BEISPIELE

In vielen Lebensläufen und Bürgschaftserklärungen, die einem Antrag auf Anerkennung als Opfer des Faschismus beigefügt werden mussten, wird zwischen den Lagern Colditz und Sachsenburg kein Unterschied gemacht. Der Leipziger kommunistische Gewerkschafter Helmut Heller zum Beispiel, Mitglied von RGO, Roter Hilfe, Rotem Frontkämpferbund und KPD, füllte am 25. September 1945 einen Fragebogen aus, in dem er angab, er habe von Januar bis Juli 1933 in U-Haft gesessen, und zwar zunächst im Polizeigefängnis Leipzig, dann im Volkshaus und in einem SA-Heim, von dort sei er dann ins Lager Colditz gekommen. Einen Aufenthalt in Sachsenburg erwähnte er nicht.[5] Das Kriminalamt Leipzig teilte am 24. Januar 1948 mit, nach den dort vorhandenen Akten sei Heller am 13. April 1933 in Schutzhaft genommen worden und habe einige Zeit im Lager Colditz verbracht. Von Sachsenburg ist keine Rede. In einem späteren Lebenslauf vom 13. Juli 1948 schrieb Heller dagegen: »Nach der Machtergreifung durch die Nazis kam ich sofort in Haft, später nach dem Volkshaus in Haft, von da aus ging es ins KZ Colditz und später ins KZ Sachsenburg.« Eine Bürgschaftserklärung aus dem Jahr 1950 hält fest, er sei 1933 in Colditz und Sachsenburg gewesen, einer weiteren Bürgschaftserklärung aus dem Jahr 1952 zufolge war er zwischen März und Mai 1933 aber nur in Colditz.[6]

Nimmt man alle in der VdN-Akte verfügbaren Informationen zusammen, ergibt sich folgendes Bild: Heller wurde am 16. April 1933 verhaftet, verbrachte einige Tage Haft im Polizeipräsidium, von dort aus kam er in ein »wildes Konzentrationslager« in einem früheren Arbeiterheim, woraus er in seiner späteren Erinnerung das »Volkshaus« in der Zeitzer Straße machte, anschließend wurde er in das KL Colditz und zu einem nicht näher bekannten Zeitpunkt in das Lager Sachsenburg gebracht, aus dem er dann entlassen wurde. Hellers Beispiel steht für viele andere. Der Leipziger kommunistische Gewerkschafter Moritz Menge gab in seinem politischen Lebenslauf vom 4. November 1945 an, nur im Lager Colditz inhaftiert gewesen zu sein, in der Bürgschaftserklärung von Paul Bayer für Menge vom 13. Februar 1950 heißt es aber, dass Menge in Colditz und Sachsenburg war.[7] Letzteres ist wahrscheinlich, wann er aber von dem einen ins andere Lager gebracht wurde, lässt sich nicht mehr herausfinden. Der Leipziger Karl Becker, Mitglied der Reichsleitung der syndikalistischen Freien Arbeiter-Union Deutschlands, wurde am 8. März 1933 in Leipzig verhaftet und seinen Angaben zufolge bis Anfang 1934 in Colditz inhaftiert. Angesichts der langen Haftdauer ist es wahrscheinlich, dass er auch nach Sachsenburg gebracht wurde, allerdings geht das nicht aus den Unterlagen hervor.[8]

Auch wenn zweifelsfrei feststeht, dass jemand im Lager Sachsenburg war, lassen sich die genauen Aufenthaltsdaten nicht immer ermitteln. Die Dokumente in den Akten stimmen oft nicht überein. Franz Poralla zum Beispiel, Betriebsratsvorsitzender der Reichsbahn Leipzig, wurde am 6. Juli 1933 durch SA und SS verhaftet, kam am 14. Juli 1933 zunächst ins Lager Colditz und anschließend nach Sachsenburg, wo er am 15. Dezember 1933 entlassen wurde – so jedenfalls seine nach 1945 verfassten Lebensläufe. Nach der bei der Entlassung aus dem Konzentrationslager Sachsenburg zu unterzeichnenden Erklärung, er werde sich in Zukunft der neuen Regierung gegenüber loyal verhalten, einem zeitgenössischen Dokument also, das sich in Porallas VdN-Akten befindet, wurde er aber schon am 9. November 1933 entlassen.[9] Welches dieser beiden Daten stimmt nun? Kam Poralla am 9. November 1933 oder erst fünf Wochen später frei?

Trotz aller Unsicherheiten über Einlieferungs- und Entlassungsdaten steht aber fest, dass das Konzentrationslager Sachsenburg für die meisten Gewerkschafter nur eine von vielen Stationen auf ihrem Weg durch die Gefängnisse und KZ der nationalsozialistischen Diktatur war. Gewerkschafter, die bei den Terroraktionen vom März und Mai 1933 gegen die Arbeiterschaft verhaftet wurden, kamen zunächst in Polizeigefängnisse oder wilde Lager, von da aus wahrscheinlich zunächst nach Colditz und erst später in das Lager Sachsenburg. Sachsenburg-Häftlinge aus den Gewerkschaften stammten in dieser frühen Phase und noch bis Anfang 1935 eher aus Chemnitz, Leipzig und Westsachsen, wer in Dresden oder Ostsachsen verhaftet wurde, kam, von einzelnen Ausnahmen abgesehen, nach Hohnstein.[10] Danach erweiterte sich der Einzugsradius des Lagers Sachsenburg, immer mehr Häftlinge kamen auch aus Dresden, wie zum Beispiel Karl Schirmer, der Vorsitzende des Deutschen Textilarbeiterverbandes Dresden, wie Richard Teichgräber, der sächsische Bezirksleiter des Deutschen Metallarbeiterverbandes (DMV). Häftlinge kamen sogar aus Magdeburg und aus Berlin, wie der Vorsitzende des DMV, Alwin Brandes, oder der Berliner Bezirksleiter des DMV, Max Urich.[11] Das lag daran, dass vor der Dresdner nationalsozialistischen Justiz eine Reihe von Verfahren gegen gewerkschaftliche Widerstandsgruppen

5 Lebenslauf Heller vom 25.9.1945 (SächsStA-L, 20237 Bezirkstag und Rat des Bezirkes Leipzig, Nr. 27297). **6** Ebd. **7** Politischer Lebenslauf Menge vom 4.11.1945 (SächsStA-L, Leipzig, Bezirkstag und Rat des Bezirkes 20237, Nr. 14386); Bürgschaftserklärung Paul Bayer vom 12.2.1950, ebd. **8** BArch, DY 55/V 241/7/41. Da die Reichsleitung der FAUD in Leipzig saß, dürfte er nicht der einzige Syndikalist in Sachsenburg gewesen sein. **9** Franz Poralla, Mein Weg zur VVN, 17.10.1948 (BArch, DY 55/V 241/7/37). Auch der von Poralla am 19.2.1946 ausgefüllte Fragebogen des Rats der Stadt Leipzig und der am 13.6.1949 ausgefüllte Fragebogen des Magistrats von Groß-Berlin nennen den 15.12.1933 als Tag der Entlassung (SächsStA-L, 20237 Bezirkstag und Rat des Bezirkes Leipzig, Nr. 2738). **10** Die Informationen in den von der SPD im tschechoslowakischen Exil herausgegebenen »Deutschland-Berichten« bestätigen dieses Bild. Vgl. zum Beispiel die Ausgabe vom 2.3.1935, A 84, mit Angaben über Massenverhaftungen in Westsachsen und anschließende Einlieferung in das Konzentrationslager Sachsenburg. Es gab freilich auch Ausnahmen, wie den Dresdner Arno Haufe, Mitglied des Allgemeinen Deutschen Beamtenbundes, der nach seinem selbst verfassten Lebenslauf am 11.5.1933 verhaftet wurde, zunächst ins Polizeipräsidium Dresden kam, am 30.5.1933 in das Gestapogefängnis in der Mathildenstraße 30 eingeliefert wurde und von dort am 21.11.1933 ins Konzentrationslager Colditz, von wo er am 12.6. entlassen wurde. Möglicherweise war er auch im Lager Sachsenburg (vgl. SächsStA-D, 11430 Bezirkstag und Rat des Bezirkes der Stadt Dresden, Nr. 2628). **11** Vgl. Buschak, Arbeit im kleinsten Zirkel, S. 267 ff. (zu Schirmer), S. 200 ff. (zu Teichgräber, Brandes und Urich).

anhängig waren, deren Aktionsradius über Sachsen hinausging. Durch die Einweisung in das Konzentrationslager Sachsenburg hofften Gestapo und NS-Justiz, die Häftlinge so weit zu zermürben, dass sie zur Zusammenarbeit in den Gerichtsverfahren bereit waren, was aber so gut wie gar nicht gelang.[12] Alwin Brandes zum Beispiel, wurde am 25. Januar 1935 im Zusammenhang mit den Untersuchungen gegen den illegalen DMV in Berlin verhaftet und ins Gefängnis im Polizeipräsidium Dresden gebracht, um im Verfahren gegen den sächsischen Bezirksleiter des DMV, Richard Teichgräber, verhört zu werden. Brandes und Teichgräber hatten gemeinsam daran gearbeitet, ein möglichst großes Netzwerk illegaler Vertrauensleute des DMV aufzubauen, Teichgräber von Sachsen, Brandes von Berlin aus. Die Nachricht von Brandes' Verhaftung machte schon bald darauf die Runde unter den gegen die nationalsozialistische Diktatur arbeitenden Gewerkschaftern.[13] Weil das belastende Material gegen Brandes zu dünn war, musste der Oberreichsanwalt in Dresden auf eine Anklage verzichten. Das Verfahren gegen Brandes wurde am 8. März 1935 eingestellt. Dessen Verteidiger reichte daraufhin Haftbeschwerde ein, der auch tatsächlich stattgegeben wurde. Brandes musste aus der Untersuchungshaft entlassen werden, wurde aber sofort von der Gestapo ins Lager Sachsenburg gebracht. Trotz harter Behandlung gelang es nicht, Brandes im Lager gefügig zu machen.[14] Auch im Verfahren gegen Richard Teichgräber und dessen Magdeburger Kollegen Willy Rößler kam die Gestapo nicht voran. Beide schwiegen hartnäckig bei den Vernehmungen, gaben nur das preis, was die Gestapo ohnehin schon wusste, und wurden deswegen im April 1935 in das Lager Sachsenburg gebracht. Beide waren schon in der Gestapo-Haft schrecklich misshandelt worden, Teichgräber hatte man in den Verhören das rechte Ohr zerschlagen, zur Zusammenarbeit ließen sich beide trotzdem nicht bewegen. Ebenso wenig Max Urich, Leiter des Berliner DMV-Bezirks und sozialdemokratischer Stadtverordneter von Berlin, der in seinem Prozess freigesprochen, anschließend sofort verhaftet und in das Konzentrationslager Sachsenburg gebracht wurde.[15]

Die meisten Sachsenburg-Häftlinge der Gewerkschaften stammten, der Altersstruktur der Gewerkschaftsmitglieder entsprechend, aus den Jahrgängen 1880 bis 1899, aber auch Älteren aus den Jahrgängen 1870 bis 1879 und selbst 1860 bis 1869 Geborenen blieb Sachsenburg nicht erspart. Die meisten kamen aus dem Deutschen Metallarbeiterverband (DMV). Dazu gehören: Alwin Brandes (Vorsitzender), Richard Teichgräber (Bezirksleiter Sachsen), Willy Rößler (Bezirksleiter Magdeburg), Max Urich (Bezirksleiter Berlin), Karl Nitzsche (Betriebsratsmitglied der Mitteldeutschen Stahlwerke), Armin Walter (Sekretär des DMV aus Riesa), Oswald Zeibig (Bevollmächtigter des DMV Döbeln), Alfred Ebersbach (DMV-Sekretär in Olbernhau), Karl Hirschfeld (DMV-Bevollmächtigter aus Oschatz), Andreas Reinhold (DMV-Mitglied seit 1913, Stadtverordneter in Roßwein) und Hermann Otto Schulze (DMV-Sekretär aus Chemnitz).[16] Dass so viele gewerkschaftlich organisierte Sachsenburg-Häftlinge aus dem DMV kamen, ist kein Wunder, schließlich war der DMV mit seinen 120 000 Mitgliedern vor 1933 die größte Gewerkschaft in Sachsen und hatte nach Beginn der nationalsozialistischen Diktatur ein umfangreiches Netzwerk von illegal tätigen Vertrauensleuten aufgebaut.

Es überrascht auf den ersten Blick, dass nur wenige Namen von Sachsenburg-Häftlingen bekannt sind, die dem Deutschen Textilarbeiterverband (DTV) angehörten, obwohl Sachsen ein Zentrum der deutschen Textilindustrie war und der sächsische DTV ebenfalls über

100 000 Mitglieder hatte. Das könnte damit zu tun haben, dass der Dresdner DTV-Sekretär Karl Schirmer, der mit seinem Kollegen Gustav Zwahr ein illegales Netzwerk in Sachsen aufgebaut hatte, zwar schon im Februar 1935 verhaftet und nach Sachsenburg gebracht wurde, aber kaum Informationen preisgab und die illegale Organisation der Textilarbeiter ihre Aktivitäten nach Schirmers Verhaftung eine Zeitlang zurückfuhr, so dass sie unentdeckt blieb. Schirmer wurde im Januar 1936 wieder entlassen, erst im März 1938 gelang der Gestapo ein größerer Einbruch in das illegale Netzwerk der Textilarbeiter, da war das Lager Sachsenburg aber schon aufgelöst. Auch dass sich, von Franz Poralla abgesehen, nur wenige Eisenbahner unter den Sachsenburg-Häftlingen der Gewerkschaften finden, könnte ähnliche Gründe haben. Franz Poralla wurde nämlich nicht etwa wegen seiner illegalen Tätigkeit, sondern aufgrund einer Denunziation verhaftet. Ein Leipziger Arbeitskollege hatte gehört, wie Poralla sagte, die nationalsozialistischen Führer würden sich von den Arbeitergeldern mästen und die von der SPD und den Gewerkschaften mühsam erkämpften Arbeiterrechte beseitigen. Von seiner Tätigkeit für den Widerstand, seinen Bemühungen, die Verbindung unter den Gewerkschaftern wach zu halten, wusste die Gestapo noch nichts, erst während der Kriegszeit konnte sie einen Teil der von Poralla aufgebauten Gruppe aufdecken.[17] Aus dem Gesamtverband der Arbeitnehmer öffentlicher Betriebe, dem Verband der Bergbauindustriearbeiter oder dem Zentralverband der Angestellten lassen sich ebenfalls nur wenige Häftlinge in Sachsenburg nachweisen. Hier könnte die Erklärung zum einen darin liegen, dass sich in Sachsen weniger Mitglieder an der illegalen Arbeit dieser Gewerkschaften beteiligten, zum anderen aber auch darin, dass ihre Verbindungen erst dann aufgedeckt wurden, als das Lager Sachsenburg schon nicht mehr bestand.

Unter den Sachsenburg-Häftlingen aus den Gewerkschaften gibt es eine überraschende Gemeinsamkeit. Viele von ihnen waren schon früh dem sich in Sachsen breitmachenden nationalsozialistischen Terror entgegengetreten. Helmut Heller zum Beispiel: Mitglied der Leipziger RGO, des Roten Frontkämpferbundes und der Roten Hilfe. Er nahm im Mai 1928 an einer Kundgebung gegen den ersten öffentlichen Auftritt Hitlers in Leipzig teil und

12 Alfred Ebersbach aus Olbernhau ist der einzige mir bekannte illegale Vertrauensmann der Metallarbeiter, der sich zur Zusammenarbeit mit der Gestapo entschloss. Welche Rolle seine Haftzeit im Konzentrationslager Sachsenburg dabei spielte, ist aber nicht bekannt. Vgl. zu Ebersbach Buschak, Arbeit im kleinsten Zirkel, S. 206 f., 219, 224 f., 309. **13** »Unsere Freundin Alwine Brandes« sei auch »in ein Sanatorium« gekommen, schrieb Erich Dippe vom Deutschen Bekleidungsarbeiterverband am 23. 2. 1935 an den früheren Verbandsvorsitzenden Heinrich Plettl, der im US-amerikanischen Exil lebte. Vgl. Erika (Erich Dippe) an Alice (Heinrich Plettl), 2. 3. 1935 (AdsD, Nl Plettl, MPA 000046). Die Vertrauensleute des Deutschen Bekleidungsarbeiterverbandes tarnten sich in ihrer Korrespondenz als harmloses Damenkränzchen, deswegen wurde nicht von Alwin, sondern von Alwine gesprochen. **14** Zum Verfahren gegen Brandes vgl. Arne Pannen, Alwin Brandes. In: Siegfried Mielke/Stefan Heinz (Hg.), Funktionäre des Deutschen Metallarbeiterverbandes im NS-Staat. Widerstand und Verfolgung, Berlin 2012, S. 67 f. Siegfried Mielke und Stefan Heinz arbeiten gegenwärtig an einer Biografie von Alwin Brandes. **15** Neuer Vorwärts vom 24. 10. 1937. **16** Buschak, Arbeit im kleinsten Zirkel, S. 218 ff.; Stefan Heinz/Juergen Tage, Willy Rößler. In: Funktionäre des Deutschen Metallarbeiterverbandes, Berlin 2012, S. 91; Marion Goers/Siegfried Mielke/Mathias Oden, Max Urich. In: Ebd., S. 142; SächsStA-L, Bestand 21123, Nr. 1967; BArch, DY 55/V 278/6/1662; Deutschland-Berichte der Sopade, 3. 8. 1936, A 100. **17** SächsStA-L, Polizeipräsidium Leipzig, Abteilung IV, 30. 6. 1933, S 2738; Buschak, Arbeit im kleinsten Zirkel, S. 178.

wurde am Fleischerplatz, an den Stufen der Matthäikirche, von SA-Leuten niedergestochen.[18] Franz Poralla, Leipziger Eisenbahner, besuchte vor 1933 mit einem Trupp von Kollegen zahlreiche NSDAP-Versammlungen im Leipziger Umland, in Plauen, Mittweida und anderen Orten, meldete sich als Diskussionsredner zu Wort und kritisierte die nationalsozialistische Politik. Mit einer Gruppe von 30 Kollegen traf er in Leipzig Vorbereitungen für den Generalstreik gegen die Errichtung der nationalsozialistischen Diktatur, der aber dann von der Führung der Eisenbahnergewerkschaft nicht ausgerufen wurde.[19] Karl Schirmer, sächsischer Textilarbeitergewerkschafter, beteiligte sich in den 1920er-Jahren an der Suche von Arbeitersportlern nach den Waffenverstecken rechtsextremer Gruppierungen in der Sächsischen Schweiz und half, gefundene Waffen in neue Verstecke zu bringen.[20] Ferdinand Otto Willy Kreuter, DMV-Mitglied seit 1907, seit Ende der 1920er-Jahre Mitglied der RGO Metall, wurde am 23. April 1933 verhaftet, weil er bei einem Umzug der SA in Leipzig die Straßenlaternen gelöscht hatte. Er saß vom 11. Juli bis 22. August 1933 im Lager Sachsenburg.[21]

HAFTBEDINGUNGEN IM LAGER SACHSENBURG

Bei der Ankunft im Lager wurden die Häftlinge entsprechend »begrüßt«. Sie wurden beleidigt und gedemütigt. Lagerkommandant Schmidt bezeichnete den DMV-Vorsitzenden Alwin Brandes bei seiner Ankunft 1935 als »gefährlichen Marxisten und gemeinen Arbeiterverräter«.[22] Brandes selbst war innerlich so gefestigt, dass die Demütigung von ihm abprallte. Wachpersonal und Kriminelle im Lager können Schmidts Worte aber nur als Freibrief zur Misshandlung verstanden haben, zu der es allerdings nicht kam. Brandes' Alter, seine natürliche Autorität, vielleicht auch die Tatsache, dass immer ein halbes Dutzend seiner Kollegen aus dem DMV in seiner Nähe waren, könnten ihn vor Misshandlungen durch Mithäftlinge geschützt haben, nicht aber vor der im Lager üblichen schweren körperlichen Arbeit. Bei seiner Einlieferung immerhin fast 69 Jahre alt, musste er dennoch »als Zugtier arbeiten. Wagen mit Kies, Sand und Steinen beladen musste er ziehen an Stelle eines Pferdes, so dass er nicht nur mit dem Zusammenbruch, sondern mit seinem Tod rechnen musste. Drei Wochen lang wurde er geschunden, bis man ihn von der Arbeit erlöste.«[23] Besuche für Brandes wurden grundsätzlich abgelehnt, seine Frau durfte ihm nicht mehr als monatlich drei Mark überweisen, von denen die Lagerverwaltung noch zehn Prozent einbehielt.[24]

Über die Verhältnisse im Lager Sachsenburg gibt es einen sehr eindringlichen Bericht, den Heinrich Schliestedt, Leiter der Auslandsvertretung der Deutschen Gewerkschaften (ADG) mit Sitz im tschechoslowakischen Komotau, Anfang 1936 zugespielt bekam. Schliestedt zitierte daraus in einem Brief vom 5. Februar 1936 an Martin Plettl, den früheren Vorsitzenden des Deutschen Textilarbeiterverbandes, der im US-amerikanischen Exil lebte: »Das Lager ist für 400 Menschen eingerichtet, aber belegt ist es mit 1400 bis 1500. Infolgedessen stehen die Betten dreifach übereinander. Es gibt nur einen Aufenthaltsraum für die vielen, der nicht einmal Platz genug zum Essen bietet. An den ›Tischen‹ drängen sich die Menschen beim Essen derartig, dass jeder nur einen Arm oberhalb des Tisches haben kann, der andere muss eng an den Körper gepresst werden, weil der Nachbar schließlich auch den Löffel zum Mund führen will. Dann gibt es nicht mal Essgeschirr genug, so dass sich die Menschen ablösen müssen [...]. Jetzt im Winter können sich die Menschen nicht einmal im Freien aufhalten und alles zwängt sich nun in dem einen Raum zusammen, wo die Nerven schon zum Zerreißen angespannt sind. Dazu brüllen, um die nervöse Qual noch zu vergrößern, den ganzen Tag zwei Lautsprecher.«[25] Der Bericht gibt die Verhältnisse Anfang 1936 wieder, als das Lager schon 2 ½ Jahre bestand, räumliche Enge dürfte aber bereits Ende 1933, als sich das Lager füllte, ein Problem gewesen sein. Nach einem Bericht der von der Sozialistischen Arbeiter-Internationale herausgegebenen »Internationalen Information« hatte das Lager Sachsenburg Ende 1933 an die 1600 Häftlinge und war damit schon zu Beginn hoffnungslos überfüllt.[26] Was die Situation etwas besser ertragbar machte war, dass sich viele der gewerkschaftlich organisierten Häftlinge persönlich kannten, seit Jahren zusammenarbeiteten und Vertrauen zueinander hatten. Über Brandes, Teichgräber und Rößler wissen wir, dass sie in demselben Stockwerk untergebracht waren. Miteinander reden durften die drei allerdings wochenlang nicht. »Im Lager bestand für alle Gefangenen fünf Wochen lang ein absolutes Redeverbot, noch beim Essen, noch in der Freizeit durfte auch nur ein Wort gesprochen werden. Alle Woche war einmal Postempfang und R. [Richard Teichgräber] erhielt dort ein Bildnis seines kleinen Sohnes. Er legte dasselbe wortlos Alwin hin und der sagte bei Betrachtung ganz arglos vor sich hin, ›also das

18 SächsStA-L, 20237 Bezirkstag und Rat des Bezirkes Leipzig, Nr. 27297. **19** Willy Buschak, »Nicht mit uns!« – Widerstand sächsischer Gewerkschafterinnen und Gewerkschafter gegen die nationalsozialistische Diktatur 1933–1945. Begleitheft zur Ausstellung des DGB Bezirks Sachsen, Dresden 2014, S. 23. **20** Buschak, Arbeit im kleinsten Zirkel, S. 109. **21** SächsStA-L, 20237 Bezirkstag und Rat des Bezirkes Leipzig, Nr. 16746. **22** Pannen, Brandes, S. 68; vgl. auch Deutschland-Berichte der Sopade, 3. 12. 1936, A 81; Kurt Kohlsche, »So war es! Das haben Sie nicht gewusst.« Konzentrationslager Sachsenburg 1935/36 und Wehrmachtgefängnis Torgau-Fort Zinna 1944/45 – ein Häftlingsschicksal, Dresden 2001, S. 40 (Kohlsche wurde mit den Worten begrüßt: »Aha, der feine Herr aus Meißen.«); Klaus Drobisch/Günter Wieland, System der NS-Konzentrationslager 1933–1939, Berlin 1993, S. 106 ff. **23** Schliestedt an Plettl, 31. 8. 1935 (AdsD, NL Plettl MPA 000453); Wilhelm Petersen, Alte Erinnerungen und jüngste Erlebnisse. In: Alwin Brandes. Leben und Wirken eines deutschen Gewerkschaftsführers, Berlin 1949, S. 61. Nach Kohlsche, »So war es«, S. 43, der am 23. 9. 1935 in das Konzentrationslager Sachsenburg eingeliefert wurde, also kurz nach Brandes Entlassung, bestand das Kommando, das damit beschäftigt war, Steinschotter zu zerschlagen, »ausschließlich aus jüdischen Häftlingen«. Sein Sachsenburg-Bericht wurde 1938 niedergeschrieben, möglicherweise hat ihn die Erinnerung getäuscht. **24** Pariser Tageblatt vom 17. 7. 1935, unter Berufung auf einen Artikel im Metallarbeiter, dem Organ der sudetendeutschen Metallarbeitergewerkschaft. **25** Schliestedt an Plettl, 5. 2. 1936 (AdSD, NL Plettl, MPA 000053). Nach der Internationalen Information für Pressezwecke, hrsg. vom Sekretariat der Sozialistischen Arbeiter-Internationale, vom 13. 12. 1933, befanden sich schon damals 1600 Menschen im Lager Sachsenburg. Nach Konzentrationslager. Ein Appell an das Gewissen der Welt. Ein Buch der Greuel. Die Opfer klagen an, Karlsbad 1934, S. 157, schwankte die Anzahl der Häftlinge zwischen 800 und 1 200. Im Braunbuch über Reichstagsbrand und Hitlerterror, Faksimile-Nachdruck der Originalausgabe von 1933, Frankfurt am Main 1978, S. 275, wird weder für Colditz noch für Sachsenburg eine Belegungszahl genannt. Vgl. zu den Häftlingszahlen Carina Baganz, Erziehung zur »Volksgemeinschaft«? Die frühen Konzentrationslager in Sachsen 1933–34/37, Berlin 2005, S. 113; zu den Lebens- und Arbeitsbedingungen auch ebd., S. 271 ff. Vgl. auch den Beitrag von Dietmar Wendler in diesem Band. Wendler meint, das Lager habe zu keinem Zeitpunkt 1 600 Menschen umfasst. Auf jeden Fall kann festgehalten werden, dass die Häftlinge den Eindruck von drückender Enge auch durch die starke Belegung hatten. **26** Internationale Information für Pressezwecke, 13. 12. 1933. Das sozialdemokratische Exilorgan »Neuer Vorwärts« gab am 27. 8. 1933 1 200 Häftlinge und am 10. 12. 1933 1600 an.

ist Dein Steppke‹. Sofort stürzte sich so ein Lausejunge von Posten auf ihn und der alte Alwin hat sich viele Male in unterwürfigster Form vor diesem Lümmel entschuldigen müssen, um weitere Folgen für sich und die anderen abzuwenden.«[27]

Das Lager Sachsenburg war keine hermetisch abgeschlossene Welt. Zumindest bis 1934 konnte Hilfe von außen für die Häftlinge organisiert werden: Lebensmittel, Bekleidung. Besuche der Familienangehörigen waren sonntagnachmittags von 14 bis 17 Uhr erlaubt. Der Leipziger Walter Winkler, 1933 selbst Sachsenburg-Häftling, berichtete um 1950: »Nach seiner Entlassung sammelte und organisierte Helmut Heller für die inhaftierten Genossen und brachte es mit dem Motorrad nach Sachsenburg, wo ich seinerzeit selbst war und die Sachen entgegennahm.«[28] Ebenso kamen Nachrichten über die Sachsenburg-Häftlinge und ihre Lebensbedingungen nach draußen. Dass Alwin Brandes inhaftiert war, wussten nicht nur die Metaller im Widerstand sehr schnell, die Nachricht machte auch unter den Vertrauensleuten des Deutschen Bekleidungsarbeiterverbandes in Deutschland die Runde, sie verbreitete sich unter Gewerkschaften in ganz Europa und den USA. Es war Heinrich Schliestedt, der von Komotau aus die deutschen Gewerkschafter im Exil und die internationale Gewerkschaftsbewegung mit Nachrichten über Brandes versorgte. Schliestedt muss entweder direkt oder über andere, vielleicht über Kollegen aus dem illegalen Netz der Metaller, Zugang zu einem oder mehreren Informanten im Lager Sachsenburg gehabt haben. Manchmal dauerte es etwas, bis die entsprechenden Informationen Schliestedt erreichten. Erst am 13. Juni 1935, mit zwei Monaten Verspätung, informierte er, Richard Teichgräber sei am 12. April 1935 in das Lager Sachsenburg eingeliefert worden, »nachdem er vorher von der Gestapo entsetzlich misshandelt worden ist [...]. Er hat also dauernden Schaden am Gehör erlitten.«[29] Dass Alwin Brandes am 8. Juni 1935 wieder aus dem Lager entlassen wurde,[30] konnte Schliestedt aber schon 14 Tage später seinen Kollegen mitteilen: »Heute, 22. 6. die Nachricht, dass Alwin wieder zu Hause«, schrieb er an Fritz Tarnow (vor 1933 Vorsitzender des Deutschen Holzarbeiterverbandes) in Kopenhagen.[31] Auch über die Lebensverhältnisse im Lager war Schliestedt, wie wir gesehen haben, bestens unterrichtet.[32]

INTERNATIONALE PROTESTE

Zahlreiche französische Gewerkschaften forderten im Frühjahr 1935 die Freilassung von Alwin Brandes.[33] Willy Münzenberg, Propagandachef der Kommunistischen Internationale, versuchte, die Inhaftierung von Brandes für einen Brückenschlag zwischen Gewerkschaften, Sozialdemokraten und Kommunisten zu nutzen. Der »Kampf für Thälmann« sei auch »Kampf für die Befreiung von Brandes, Mierendorff, Rakosi und Caballero wie aller anderen gefangenen Antifaschisten«, schrieb der von Münzenberg herausgegebene »Gegen-Angriff« am 19. Juli 1935.[34] Auf der Kundgebung der deutschen Volksfront vom 22. Juli 1935 im Park von Boulogne-Billancourt in Paris wurde ein »Appell an das für Frieden und Freiheit kämpfende deutsche Volk und seine Organisationen« verabschiedet, in dem es hieß: »Wir haben mit Abscheu [...] die terroristische Gefangenhaltung Thälmanns, Mierendorffs, Brandes, Lübbes, Maddalenas und Ossietzkys gebrandmarkt.«[35] Auf dem Kongress tschechoslowakisch-deutscher Schriftsteller vom 26. September 1935 wurde ein Begrüßungsschreiben des französischen Luftfahrtministers Pierre Cot verlesen, »solche

Männer wie Thälmann, Heinrich Mann, Ossietzky, Mierendorff, Brandes, Gramsci [...] Nenni und andere« seien »teils eingekerkert, teils ausgebürgert«.[36] Léon Blum, Vorsitzender der Sozialistischen Partei Frankreichs, der französische Schriftsteller André Malraux und eine Reihe weiterer Politiker protestierten im November 1935 gegen die Inhaftierung von Brandes, Thälmann, Mierendorff und Ossietzky.[37] Auf dem Vereinigungskongress der sozialistischen und kommunistischen Gewerkschaften Frankreichs am 2. März 1936 in Toulouse wurde eine Resolution angenommen, die zur Solidarität mit Brandes, Mierendorff, Ossietzky und Thälmann aufrief.[38] Am 12. März 1936 organisierten das französische Thälmann-Komitee und das Nationale Kampfkomitee gegen Krieg und Faschismus eine Veranstaltung in der Pariser Mutualité, auf der u. a. Marcel Cachin, unbestrittene Führungs-

27 Schliestedt an Plettl, 31. 8. 1935 (AdsD, NL Plettl MPA 000453). Vgl. auch Rudolf Wissell, Bewährte Kameradschaft. In: Alwin Brandes, S. 73. Zum Redeverbot vgl. auch Deutschland-Berichte der Sopade, 3. 12. 1936, A 83. Zur Unterbringung der Häftlinge vgl. Kohlsche, »So war es«, S. 42. **28** SächsStA-L, 20237 Bezirkstag und Rat des Bezirkes Leipzig, Nr. 27297. Vgl. zu den Besuchen im Konzentrationslager, S. 159; Tausend Kameraden Mann an Mann. Beiträge zur Geschichte des antifaschistischen Widerstandskampfes im Konzentrationslager Sachsenburg. Hg. von der Kreisleitung der SED Hainichen, Hainichen 1973, S. 13; Baganz, Erziehung, S. 171 ff. **29** Schliestedt an Tarnow, 13. 6. 1935 (AdsD, NL Tarnow, nicht weiter verzeichnet); Schliestedt an Plettl, 5. 2. 1936 (AdsD, NL Plettl, MPA, 000053). Die Verzögerung kann auch damit zu tun gehabt haben, dass Schliestedt, der seine Arbeit aus einem äußerst knappen Budget finanzieren musste, manchmal die Nachrichten mehrerer Wochen in einem Brief zusammenfasste, um Porto zu sparen. Wie in allen anderen Konzentrationslagern auch war es verboten, den Angehörigen Mitteilungen über Vorgänge im Lager zu machen. Vgl. Konzentrationslager, S. 159. Die Häftlinge fanden trotzdem Wege, die Außenwelt zu informieren. Die an Schliestedt geschickten Berichte wurden nicht in den Deutschland-Berichten der Sopade (vgl. z. B. den langen Bericht vom 4. 5. 1937, A 115) und auch nicht in der sonstigen Exilpresse veröffentlicht, sondern nur unter wenigen Mitgliedern der Auslandsvertretung der deutschen Gewerkschaften (ADG) und der »Reichsleitung« der illegalen Gewerkschaften verbreitet. Die ADG verstand sich als Exilvertretung der illegal tätigen deutschen Gewerkschafter; zur Nachrichtenübermittlung aus den Lagern in der Sächsischen Schweiz vgl. auch Baganz, Erziehung, S. 205 f. **30** Pannen, Brandes, S. 68. **31** Schliestedt an Tarnow, 4. 7. 1935 (AdsD, NL Tarnow, nicht weiter verzeichnet). Schliestedt schrieb Briefe oft in Etappen. Der Brief an Tarnow wurde am 22. 6. 1935 begonnen und erst am 4. 7. 1935 beendet. **32** Der sudetendeutsche »Sozialdemokrat« (22. 11. 1935) und der von Willy Münzenberg herausgegebene »Gegen-Angriff« (22. 2. 1936) berichteten auch über die Ermordung des sozialdemokratischen Journalisten Max Sachs im Lager. Vgl. den Beitrag von Swen Steinberg in diesem Band. **33** Le Populaire vom 10. 5. 1935. **34** Gegen-Angriff vom 19. 7. 1935. In dem gleichen Artikel wurde behauptet, es gebe eine Einheitsfrontvereinbarung zwischen der Bezirksleitung Berlin-Brandenburg der SPD und dem Bezirksvorstand der Roten Hilfe Berlin-Brandenburg, was nicht stimmte. Ernst Thälmann war der Vorsitzende der KPD. Matias Rakosi, Volkskommissar in der ungarischen Räterepublik 1919 und stellvertretender Sekretär des Exekutivkomitees der Kommunistischen Internationale, wurde 1925 in Ungarn verhaftet und zu einer erst achtjährigen, dann zu einer lebenslangen Freiheitsstrafe verurteilt. Carlo Mierendorff, sozialdemokratischer Reichstagsabgeordneter, wurde am 13. 6. 1933 festgenommen und war seit November 1933 im KZ Börgermoor inhaftiert. Francisco Largo Caballero, Vorsitzender der Sozialistischen Arbeiterpartei Spaniens, saß seit dem gescheiterten Generalstreik vom Oktober 1934 in einem republikanischen Gefängnis. **35** Gegen-Angriff vom 10. 8. 1935, vgl. auch ebd. 7. 9., 14. 9. 1935. Mit »Lübbe« dürfte Marinas van der Lubbe gemeint sein, niederländischer Rätekommunist, der am 27. 2. 1933 den Reichstag in Brand gesetzt hatte, am 23. 12. 1933 vom Reichsgericht zum Tode verurteilt und am 10. 1. 1934 hingerichtet wurde. Max Maddalena, Mitglied der illegalen KPD-Inlandsleitung, wurde am 27. 3. 1935 verhaftet und am 4. 6. 1937 zu einer lebenslänglichen Zuchthausstrafe verurteilt. Carl von Ossietzky, Herausgeber der »Weltbühne«, wurde in der Reichstagsbrandnacht verhaftet und befand sich seit dem 5. 2. 1935 im KZ Papenburg-Esterwegen. **36** Gegen-Angriff vom 5. 10. 1935. Der italienische kommunistische Abgeordnete Antonio Gramsci befand sich seit dem November 1926 in Haft. Pietro Nenni, Redakteur der sozialistischen Zeitung »Avanti!«, lebte seit 1926 im französischen Exil. **37** Le Populaire vom 29. 11. 1935. **38** Le Populaire vom 3. 3. 1936.

figur der Kommunistischen Partei Frankreichs, und Jean Zyromski, Sprecher des linken Flügels der Sozialistischen Partei Frankreichs, auftraten und zur Solidarität mit Alwin Brandes und Ernst Thälmann aufforderten.[39] Noch im Januar 1936, da war Brandes schon mehrere Monate wieder in Freiheit, schrieb Willy Münzenberg über die »Einkerkerung von Tausenden, die ohne Urteil in den Höllen von Konzentrationslagern und Zuchthäusern schmachten, wie Thälmann und Mierendorff, wie Neubauer und Brandis [sic!]«.[40] Auch das »Pariser Tageblatt« fragte am 7. Dezember 1935: »Was ist mit Mierendorff und Brandes?« und fügte hinzu, über den Verbleib von Brandes sei nichts bekannt. Um den alten Brandes und seine noch illegal tätigen Kollegen zu schützen, hatte Heinrich Schliestedt die Nachricht von dessen Freilassung nicht an die große Glocke gehängt.[41] Der französische Schriftsteller Romain Rolland veröffentlichte im Oktober 1937 einen Aufruf »für die Opfer der Hitlerjustiz«, in dem es hieß: »Die Besten Deutschlands, Thälmann, Ossietzky, Mierendorff, Brandes (ein Greis von siebzig Jahren!), Neubauer, Stöcker, Litten und viele andere hauchen in Kerkern ihr Leben aus.«[42] Noch im gleichen Monat ging Heinrich Mann mit seinem Aufruf zur Befreiung der politischen Gefangenen Deutschlands an die Öffentlichkeit: »Die Namen der deutschen Opfer brauchen nur genannt zu werden, sie alle sind den Völkern der Welt bekannt. Litten, Mierendorff, Brandes, man hört die Namen und schreit vor Wut.«[43]

Alwin Brandes dürfte von diesen Artikeln und Aufrufen keine Kenntnis gehabt haben. Sie waren mit den illegalen Metallarbeitern nicht abgesprochen und blieben wirkungslos. Alwin Brandes, Richard Teichgräber, Heinrich Schliestedt und die meisten anderen mit ihnen im Widerstand aktiven Metaller hielten Abstand zur KPD. Zu deutlich hatten sie die Denunzierung der Gewerkschaften als »sozialfaschistisch« durch die kommunistische »Revolutionäre Gewerkschaftsopposition« (RGO) in den letzten Jahren der Weimarer Republik in Erinnerung, zu gering war ihr Vertrauen in die KPD.

Alwin Brandes selbst hat seine Freilassung aus dem Lager vor allem auf Bemühungen des US-amerikanischen Botschafters in Berlin, William Edward Dodd, zurückgeführt, der, von Brandes' Frau Minna und von Berliner Gewerkschaftern informiert, beim nationalsozialistischen Justizminister Gürtner und beim Innenminister Frick vorstellig geworden sei. Denkbar wäre auch, dass der Vorsitzende des dänischen Metallarbeiterverbandes und sozialdemokratische Parlamentsabgeordnete Johann Kjerböl, der bis zu seiner Ernennung als Minister im November 1935 regelmäßig nach Berlin kam, um Brandes' Frau Minna zu besuchen und Geld für die illegale Arbeit der Metaller und die Unterstützung der Familien verhafteter Kollegen zu überreichen, auf den Gedanken kam, den US-amerikanischen Botschafter einzuschalten. Für ihn dürfte es einfach gewesen sein, sich mit dem US-Botschafter in Verbindung zu setzen.[44]

Vom 1. bis 6. Oktober 1937 stand Brandes mit sieben weiteren Kollegen aus dem illegalen Netzwerk des DMV, darunter Richard Teichgräber und Willy Rößler, vor dem Volksgerichtshof. Brandes wurde freigesprochen, da man ihm nicht nachweisen konnte, am Aufbau einer illegalen Organisation teilgenommen zu haben.[45] Bis 1938 lebte Brandes in seinem Haus in Neu-Tempelhof von seiner Angestelltenrente von 107 Mark im Monat. Aus wirtschaftlichen Gründen musste er sein Haus Mitte 1938 verkaufen und zog mit seiner Frau Minna in eine Zweizimmerwohnung in Berlin-Grünau. Seine Wohnung war auch weiterhin Treffpunkt für die Gegner der nationalsozialistischen Diktatur. Brandes und seine Frau überlebten den Zweiten Weltkrieg und konnten noch am Wiederaufbau der Gewerkschaften 1945 teilnehmen.[46] Rößler und Teichgräber wurden zu mehrjährigen Zuchthausstrafen verurteilt, die sie im Zuchthaus Zwickau verbüßten. Anschließend wurden sie in das Lager Buchenwald überstellt, Rößler war in Block 39, Teichgräber in Block 40. Willy Rößler wurde 1941 in das Konzentrationslager Dachau verlegt und dort 1945 von der amerikanischen Armee befreit. Er kehrte in seine Heimatstadt Halle zurück und wurde SED-Mitglied und Arbeitsrichter für den Halle-Saale-Kreis, geriet aber bald in Konflikt mit der SED, die auf seine Urteile Einfluss nehmen wollte. So flüchtete schließlich in die Bundesrepublik, wo er noch einige Jahre bei der IG-Metall-Bezirksleitung Hagen arbeitete.[47] Richard Teichgräber blieb bis 1944 in Buchenwald, musste noch im Februar 1944 auf einen Transport ins Konzentrationslager Majdanek, kam später nach Auschwitz und 1945 nach Mauthausen. In Melk, einem Außenlager von Mauthausen, starb er am 25. Februar 1945.[48] Karl Schirmer wurde nach der Besetzung des Sudetenlandes ein zweites Mal verhaftet und im Dresdner Gefängnis ermordet.[49] Franz Poralla wiederum geriet 1942 ebenfalls ein weiteres Mal in Haft und wurde vom Oberlandesgericht Hamm zu zwei Jahren Zuchthaus verurteilt. Er lebte anschließend wieder in Leipzig. Noch vor Kriegsende, schon im April 1945, sorgte er mit seinen Kollegen aus dem Widerstand dafür, dass auf allen Dienststellen der Reichsbahn in Sachsen Betriebsräte eingerichtet wurden und die Eisenbahnergewerkschaft neu entstand.[50]

39 Le Populaire vom 10.3., 11.3.1936. **40** Gegen-Angriff vom 11.1.1936. Vgl. auch ebd. vom 22.2.1936: »Thälmann, Mierendorff, Brandes, Ossietzky« und unzählige andere befänden sich in den Händen ihres Feindes; über die frühen sächsischen Konzentrationslager in der Exilpresse vgl. auch Baganz, Erziehung, S. 239ff. und den entsprechenden Beitrag von Mike Schmeitzner und Swen Steinberg in diesem Band. **41** Pariser Tageblatt vom 7.12.1935. Am 1.3.1936 verbreitete das »Pariser Tageblatt« die Falschmeldung, Brandes sei 14 Tage nach seiner Freilassung aus dem Lager Sachsenburg erneut in ein Konzentrationslager gebracht worden. **42** Pariser Tageszeitung vom 15.10.1937. Theodor Neubauer, kommunistischer Reichstagsabgeordneter, wurde am 3.8.1933 verhaftet und seitdem in verschiedenen Zuchthäusern und Konzentrationslagern festgehalten. Walter Stöcker, KPD-Mitglied und Vorsitzender des Bundes der Freunde der Sowjetunion, wurde in der Nacht des Reichstagsbrandes verhaftet und kam in die Konzentrationslager Sonnenburg und Lichtenburg. Der Rechtsanwalt Hans Litten hatte vor 1933 mehrere Prozesse gegen SA-Terror geführt und befand sich 1937 im KL Buchenwald. **43** Pariser Tageszeitung vom 23.10.1937. **44** Vgl. den von Alwin Brandes nach 1945 verfassten Lebenslauf und den Bericht über seine illegale Tätigkeit, Anlage I und Anlage II zum »Fragebogen betreffend Alwin Brandes, Hauptausschuss Opfer das Faschismus« (LAB, C Rep 118-01, Nr. 1096); Johann Kjerböl, Ein Gruß aus Dänemark. In: Alwin Brandes, S. 81f. William Dodd, ein amerikanischer Historiker, wurde von Präsident Roosevelt 1933 als Botschafter nach Berlin geschickt, weil der Präsident ein »Vorbild« des liberalen Amerika in Berlin haben wollte. Alwin Brandes wird in den Erinnerungen von Dodd nicht erwähnt, wohl aber ein Treffen mit Eugen Rosenstock-Hussey noch 1933, der als erster Direktor der Akademie der Arbeit in Frankfurt am Main Brandes gekannt haben muss. Vgl. William Dodd/M. Dodd, (Hg.), Diplomat auf heißem Boden. Tagebuch des US-Botschafters William E. Dodd in Berlin 1933–1938, Berlin (Ost) o.J., S. 42. **45** Über den Prozess berichtete die »Pariser Tageszeitung« am 15.10.1937, der »Neue Vorwärts« am 24.10.1937. Am 15.11.1937 informierte die »Pariser Tageszeitung«, Brandes sei aus der Haft entlassen. **46** Buschak, Arbeit im kleinsten Zirkel, S. 218. **47** Heinz/Taege, Willy Rößler, S. 97ff. **48** Buschak, Arbeit im kleinsten Zirkel, S. 225, 417ff. **49** Ebd., S. 273. **50** Buschak, Nicht mit uns, S. 24.

Jürgen Nitsche

JÜDISCHE HÄFTLINGE IM KONZENTRATIONS-LAGER SACHSENBURG

Eine erweiterte Bestandsaufnahme[1]

PROLOG

Am 17. Juli 1933 fand eine Besichtigungsfahrt des Obersten SA-Führers Ernst Röhm in Chemnitz statt, in deren Verlauf auch das Schutzhaftlager Sachsenburg aufgesucht wurde. Gruppenführer Hans Hayn, seit 1. Juli 1933 Chef der sächsischen SA, begleitete ihn. Einem Bericht im »Chemnitzer Tageblatt« war zu entnehmen: »Durchs Sternmühlental ging die Fahrt weiter [...]. Dann wurde das Konzentrationslager Sachsenburg und der Wachsturm besichtigt. Der Stabschef ergriff auch hier das Wort und gab erneut seiner großen Befriedigung Ausdruck. Er habe mit großer Freude festgestellt, dass der Führer mit großem Verständnis und die SA-Leute mit ausgesprochener Liebe an der Arbeit gewesen seien. [...] Die Besichtigung des Konzentrationslagers, dessen Häftlinge hinter sämtlichen Fenstern schon bei der Einfahrt Kopf an Kopf sichtbar geworden waren, bewies, in welcher vorbildlichen Weise hier für die Häftlinge gesorgt wird. Sämtliche Räume atmeten Sauberkeit und Hygiene. Sie sind in blendendes Weiß gehüllt, sind luftig, freundlich, lichte und geräumig, und die Küche zeugt von einem vorbildlichen Musterbetrieb, alles förmlich aus der Erde gestampft, denn das Lager ist aus einem bereits seit längerer Zeit leerstehenden Fabrikgebäude erstanden und macht denen, die es schufen, alle Ehre.«[2]

Das Konzentrationslager Sachsenburg war, wie aus späteren Berichten ehemaliger Häftlinge hinlänglich bekannt, keinesfalls ein »Erholungslager«, wie diese bizarren Impressionen bei den Lesern in Chemnitz damals vielleicht vermuten ließen. Das Lager hatte zwar den Ruf, in den Jahren 1933/34 eines der »humansten« im NS-Staat zu sein, doch in den Jahren 1935/36 gehörte es zu den berüchtigtsten.[3] Es sollte zwar ein »Erziehungslager« sein, doch in der Erinnerung von Kurt Kohlsche, eines Kommunisten aus Meißen, war es dies keineswegs. Für ihn war es vielmehr ein »Abschreckungslager«.[4] Er betonte auch, dass durch die eingeführte Lagerpraxis mit Sicherheit kein Häftling »für die Idee des Nationalsozialismus gewonnen werden konnte«,[5] obwohl es bekanntlich einige kommunistische Überläufer, u. a. Heinz Wesche aus Chemnitz, gab. Die »Erziehungsmethoden«

verglich er eher mit »Methoden des Mittelalters«.[6] Hugo Gräf, ein ehemaliger KPD-Reichstagsabgeordneter und selbst Häftling, sprach auch von »mittelalterlich-barbarischen Methoden«,[7] die in Sachsenburg angewendet würden.

Die frühen Schutzhaftlager spielten von Anfang an eine wichtige Rolle bei der Entrechtung der Juden im nationalsozialistischen Deutschland, betonte unlängst die Historikerin Kim Wünschmann.[8]

LAGERALLTAG

Die Zustände in dem Konzentrationslager Sachsenburg ähnelten keinesfalls »einem vorbildlichen Musterbetrieb«, im Gegenteil. In den autografischen Berichten,[9] die Häftlinge oftmals unmittelbar nach ihrer Entlassung zu Papier brachten, wird ein völlig anderes Bild entwickelt. So beschrieb der ehemalige Häftling Otto Meinel bereits im Jahr 1934 »Typen und Tyrannen des Lagers«, wobei er u. a. auf die unmenschliche »Bunkerstrafe«, die bei Wasser und Brot bis zu acht Tage verhängt werden konnte, einging.[10]

Ein namentlich unbekannter Jungkommunist, der in den Jahren 1933 bis 1935 in den Lagern Hohnstein und Sachsenburg inhaftiert war, schilderte ebenfalls zeitnah die unmenschlichen Haftbedingungen: »In den Schlafsälen sind drei Betten übereinander. Jeder hat einen Strohsack und drei Decken. Für 1327 Mann sind 48 Wasserhähne zum Waschen vorhanden und vier Aborte. Morgens um 5 Uhr geht der Erste hin und am anderen Morgen um 5 Uhr der Letzte. Auf diese Aborte gehen Geschlechtskranke, Leute mit Hämorrhoiden. Die Kost ist schlecht. Morgens 3 Marmeladenschnitten und Kaffee, mittags ein Essen, bei dem man überhaupt nicht erkennen kann, was es darstellen soll, und außerdem meistens sauer und ungenießbar, abends gibt es wieder 3 Marmeladenschnitten und dann einen langen Käse oder eine Scheibe Wurst. Abends gibt es nur 2 Mal in der Woche Brot, sonst

1 Vgl. auch Jürgen Nitsche, Jüdische Häftlinge in Sachsenburg. Eine erste Annäherung anhand des Schicksals des Meeraner Kaufmanns Willy Wertheim. In: Sachsenburg. Dokumente + Erinnerungen. Hg. von Vereinigung der Verfolgten des Naziregimes/Bund der Antifaschisten/VVN-BdA Stadtverband Chemnitz/Rosa-Luxemburg-Stiftung Chemnitz, Neuauflage, Chemnitz 2008, S. 58–66. **2** Besichtigungsfahrt des Obersten SA-Führers. In: Chemnitzer Tageblatt und Anzeiger, Chemnitz, Nr. 197 vom 18. 7. 1933. **3** Deutschland-Berichte der Sozialdemokratischen Partei Deutschlands (SOPADE), 3 (1936), 6. Aufl., Frankfurt am Main 1982, S. 1022. **4** Kurt Kohlsche, Mein Leben im Konzentrationslager Sachsenburg. Tatsachenbericht, Hamburg 1948, S. 11. Vgl. auch Carina Baganz, Erziehung zur »Volksgemeinschaft«? Die frühen Konzentrationslager in Sachsen 1933–1934/37, Berlin 2005. **5** Kohlsche, Mein Leben, S. 11. **6** Ebd., S. 9 ff. **7** Vgl. Hugo Gräf, Sachsenburg. Bericht aus einer Hölle. In: AIZ, Prag vom 14. 6. 1936. **8** Vgl. Kim Wünschmann, Gewaltsam aus der »Volksgemeinschaft« ausgeschlossen. Jüdische Häftlinge in den Konzentrationslagern 1933 bis 1936/37. In: Jörg Osterloh/Dies. (Hg.), »... der schrankenlosesten Willkür ausgeliefert«. Häftlinge der frühen Konzentrationslager 1933–1936/37, Frankfurt am Main und New York 2017, S. 202. **9** Vgl. Mona Körte, Zeugnisliteratur. Autobiographische Berichte aus den Konzentrationslagern. In: Ort des Terrors. Geschichte der nationalsozialistischen Konzentrationslager. Hg. von Wolfgang Benz und Barbara Distel, Bd. 1: Die Organisation des Terrors, 2. Aufl., München 2005, S. 329 ff. **10** Otto Meinel, Sachsenburg. In: Konzentrationslager. Ein Appell an das Gewissen der Welt. Ein Buch der Greuel. Die Opfer klagen an, Karlsbad 1934, S. 159.

immer Suppe. Das Lager selbst ist mit einem 2 ½ Meter hohen Stacheldrahtverhau umgeben, der bei Nacht elektrisch geladen wird. [...] In den Räumen der Häftlinge wird nicht sehr geheizt, auch dann nicht, wenn es kalt ist.«[11]

Kurt Kohlsche, der am 24. September 1935 in das Lager überführt worden war, ergänzte: »Pantoffeln oder etwas zum Überziehen für die Füße gab es nicht. Der Häftling musste also die 50 Meter bis zum Waschraum auf dem Zementboden des Schlafsaales hin- und zurückgehen. Selbstverständlich wurden die Füße immer wieder schmutzig, und so wurde der Häftling immer hin- und hergejagt.«[12] Er betonte auch, dass sich die Verhältnisse im Lager arg verschlechterten, nachdem 700 neue Häftlinge eingeliefert worden waren. »Für diese Massen waren die Unterkunftsmöglichkeiten noch nicht eingerichtet.«[13] Erst im Frühjahr 1936 wurden durch eine Klingenthaler Baufirma drei neue Baracken errichtet, so dass das Lager für 2 500 Schutzhäftlinge Raum bot.[14]

HÄFTLINGSGESELLSCHAFT

Wie sah die Sachsenburger »Häftlingsgesellschaft«, wie der bekannte Publizist Eugen Kogon einst die Insassen eines Konzentrationslagers bezeichnete, aus?[15] Kurt Kohlsche benutzte stattdessen den Begriff »Lagergemeinschaft«.[16] Der Sozialdemokrat Meinel aus Dorfstadt bei Falkenstein (Vogtland), der am 29. Juli 1933 von Colditz nach Sachsenburg überstellt worden war, beschrieb diese wie folgt: »Die Häftlinge stammen aus den verschiedenen Bevölkerungsschichten. Die meisten sind Kommunisten und Sozialdemokraten – von jeder der beiden Parteien etwa gleichviel Häftlinge. Dann gab es auch oppositionelle SA-Leute (damals sechs Mann aus Leipzig), Stahlhelmer, ernste Bibelforscher und andere christliche Sektierer, Juden und endlich Kriminelle. Zu meiner Sachsenburger Zeit war der jüngste Häftling fünfzehn, der älteste siebzig Jahre alt.«[17] Der gelernte Gardinenweber ging jedoch nicht näher auf die jüdischen Häftlinge, unter anderen die Ärzte Dr. Kurt Siegfried Glaser und Dr. Rudolf Kochmann, ein, die im Juli 1933 in Sachsenburg interniert worden waren.

In der Häftlingsgesellschaft herrschten Verhältnisse, wie sie ansatzweise auch in der Zivilgesellschaft außerhalb der Lagerzäune vorherrschten. Dazu gehörten, wie der Historiker Kurt Pätzold schrieb, »Herrschaft und Unterordnung, Arbeit und Ausbeutung, Organisiertheit und Spontaneität, Ordnung und Chaos, Privilegien und Benachteiligungen, Sattheit und Hunger, Vorteilsnahme und Verbrechen von Bestechung und Korruption bis zu Denunziation, Diebstahl, Körperverletzung und Totschlag, aber auch gegenseitige Hilfe, Solidarität und Widerstand«.[18]

Welchen Platz nahmen jüdische Strafgefangene in der Häftlingsgesellschaft ein? Laut Auffassung des Holocaustforschers Jürgen Matthäus unterschied sich die Behandlung von Juden in den frühen Konzentrationslagern qualitativ von anderen staatlichen Maßnahmen im »Dritten Reich«.[19] Während Juden vor 1933 nahezu in allen gesellschaftlichen Schichten in Deutschland, so auch in Sachsen, zu finden waren, wies man ihnen in den Schutzhaftlagern die unterste Stufe in der Häftlingsgesellschaft zu. Der im Aufbau begrif-

Dr. Rudolf Kochmann (1893–1964)
Privatbesitz Ruth Geller (Israel)

fene NS-Staat schnitt bereits damals Juden rechtlich wie gesellschaftlich von bestehenden Solidarbeziehungen ab und machte so judenfeindliche Propaganda zum Handlungsmaßstab der Exekutive. Dies hieß, dass formaler Haftgrund und Fremdeinschätzung durch das Wachpersonal bei jüdischen Häftlingen schon in der Phase des »wilden« SA-Terrors nicht identisch waren. Oftmals als Kommunisten, Sozialisten, »Staatsfeinde« oder gar als »Novemberverbrecher«[20] in Haft genommen, wurden sie im Lager von der SA, erst recht später von der SS, als Juden und damit deutlich schlechter als andere Häftlingsgruppen behandelt.

In den Augen der Chemnitzer Nationalsozialisten war zum Beispiel der jüdische Fabrikant Max Stein solch ein »Novemberverbrecher«. Der einstige Gefreite hatte 1918/19 dem Arbeiter- und Soldatenrat in Chemnitz angehört. Stein selbst führte später an, dass er zu den am

11 Vgl. Otto Friedrich, Die deutsche Jugend. Im Auftrage der »Union für Recht und Freiheit« verfasst auf Grund von Materialien und Dokumenten, Prag 1938 (unveröffentlichtes Manuskript). Ich danke Dr. Mike Schmeitzner (Dresden), der mir die in Frage kommenden Seiten aus dem 350-seitigen Bericht zur Verfügung stellte. **12** Kohlsche, Mein Leben, S. 7. **13** Ebd., S. 6. **14** Deutschland-Berichte der SOPADE, 1936, S. 1023. **15** Vgl. Kurt Pätzold, Häftlingsgesellschaft. In: Ort des Terrors. Geschichte der nationalsozialistischen Konzentrationslager. Hg. von Wolfgang Benz und Barbara Distel, Bd. 1: Die Organisation des Terrors, 2. Aufl., München 2005, S. 110. **16** Kohlsche, Mein Leben, S. 8. **17** Vgl. Meinel, Sachsenburg, S. 157. **18** Vgl. Pätzold, Häftlingsgesellschaft, S. 111. **19** Vgl. Jürgen Matthäus, Verfolgung, Ausbeutung, Vernichtung: Jüdische Häftlinge im System der Konzentrationslager. In: Günter Morsch/Susanne zur Nieden (Hg.), Jüdische Häftlinge im Konzentrationslager Sachsenhausen 1936 bis 1945, Berlin 2004, S. 64–90. **20** »Novemberverbrecher« war ein Schimpfwort und politischer Kampfbegriff von rechtsradikalen Parteien und Medien gegen Vertreter der Novemberrevolution von 1918 oder als solche angesehene demokratische Politiker der Weimarer Republik.

meisten geschlagenen Gefangenen im »Polizeigefängnis Kaßberg« in Chemnitz gehört hätte.[21] Die Schläger hätten ihn damals zum Krüppel gemacht. Am 9. März 1933 wurde er in ein Konzentrationslager in Mittelsachsen verschleppt, wo er sich bis zum 24. Mai 1934 befand.[22]

JÜDISCHE HÄFTLINGE IN SACHSENBURG

Jürgen Matthäus zufolge machten die Juden bis 1937/38 nur einen kleinen Teil der KZ-Insassen aus. Er dürfte damals im Allgemeinen zwischen fünf und zehn Prozent (wohl doch eher fünf Prozent – d. Verf.) betragen haben, womit dieser aber immer noch unverkennbar über dem jüdischen Anteil an der Gesamtbevölkerung in Deutschland lag.[23] So betrug beispielsweise der Anteil der Juden an der Bevölkerung der Industriestadt Chemnitz im Jahr 1933 nicht einmal ein Prozent.[24]

Die Holocaustforscherin Kim Wünschmann befasst sich in einem Aufsatz über das Schicksal der jüdischen Häftlinge in den Konzentrationslagern 1933 bis 1937 mit der Frage, ob es einen Zusammenhang zwischen der zahlenmäßigen Stärke der jüdischen Häftlinge und ihrer Kennzeichnung als Gruppe gibt?[25] Die Stärke war aber nicht der alleinige Grund, die Juden von anderen Häftlingen abzusondern, stellte sie fest. Zwar gab es im Lager Oranienburg zeitweilig sogar zwei »Judenkompanien«, aber im Lager Osthofen (Hessen), das nach gegenwärtigem Forschungsstand 1933/34 die höchste Zahl jüdischer Häftlinge (vier bis fünf Prozent der Gesamtzahl) aufwies, gab es keine.[26]

Im Unterschied zu den Konzentrationslagern Dachau, Oranienburg und Lichtenburg lässt sich die Zahl der jüdischen Gefangenen, die von 1933 bis 1937 in Sachsenburg in Haft waren, nur bedingt ermitteln. Kim Wünschmann verzichtet daher auch auf die Angabe einer konkreten Zahl. Laut den nur zum Teil überprüften Erhebungen von Dietmar Wendler sollen es mindestens 54 Häftlinge gewesen sein, die jüdischer Herkunft waren.[27] Ein namentlich nicht bekannter Jungkommunist, der nach seiner Entlassung in Prag gestrandet war, nannte eine höhere Zahl, und zwar 100. Demnach hätten sich zum 12. November 1935 insgesamt 1 327 Häftlinge in Sachsenburg befunden.[28] Davon wären 400 Zeugen Jehovas und 300 Kriminelle gewesen. Den »Rest« ordnete er den »politischen Häftlingen« zu.

Die im Bundesarchiv überlieferten »Zugangslisten für Schutzhäftlinge« erlauben zwar Angaben zu den Häftlingen für die Zeit vom 2. März 1933 bis zum 18. Mai 1934, doch zeigen Stichproben, dass sich die Einträge vor allem auf Colditz beziehen, wo sich seit dem 21. März 1933 ebenfalls ein Konzentrationslager befand.[29] Am 31. Mai 1934 war dieses als Außenstelle dem Konzentrationslager Sachsenburg unterstellt worden, bevor es am 18. August 1934 für aufgelöst erklärt worden war.

So befand sich der unter der lfd. Nr. 19 aufgeführte Leipziger Jakob Kohane vom 24. März bis 22. Juni 1933 in Colditz. Dies traf auch auf den unter der lfd. Nr. 25 aufgeführten Samuel Nussbaum zu, der vom 24. März bis 11. Juni 1933 dort war. Beide waren aus politischen

Dr. Max Josef Mannheim, 1924
Privatbesitz Erben der Dina Givon (Israel)

Gründen verhaftet worden. Der Kommunist Herschel Rudkowsky befand sich im April 1933 in Colditz. Im Mai 1933 wurde er aus Sachsen ausgewiesen und emigrierte nach Frankreich. 1934 zog er ins Saarland. Von dort ging er im Folgejahr in die Schweiz, wo er in Zürich lebte. Im September 1936 begab er sich nach Spanien, wo er im 8. Bataillon (Tschapajew) der Republikanischen Armee kämpfte. Bereits am 3. Januar 1937 fiel er während eines Sturmangriffs bei Teruel.[30] Der Arzt Dr. Max Josef Mannheim aus Burkhardtsdorf befand sich vom 19. Juli bis 8. September 1933 in Colditz, bevor er an eben diesem Tage nach Sachsenburg verlegt wurde. Der Kaufmann Josef Hermann Litwak war am 18. April 1933 in Leipzig verhaftet worden. Am 14. Juni 1933 wurde er nach Colditz gebracht, wo er bis zum 8. September 1933 bleiben musste. Er emigrierte später über Wien nach Frankreich. Am 15. Juli 1944 wurde Josef Litwak aus dem Transitlager Compiégne nach Neuen-

21 Archiv der Jüdischen Gemeinde Chemnitz, Selbstauskunft von Max Stein, 26. 12. 1948. **22** SächsStA-C, 30874 IHK Chemnitz, Nr. 708. Laut Auskunft von Käthe Elsa Stein befand sich ihr Ehemann im Schutzhaftlager Colditz. Im November 1938 wurde Max Stein erneut verhaftet. Er konnte Ende März 1939 mit der Ehefrau und dem achtjährigen Sohn Edgar nach den USA auswandern. **23** Matthäus, Verfolgung, S. 64. **24** Vgl. Undine Völschow, Jüdische Bevölkerung im Regierungsbezirk Chemnitz. Auswertung der »Ergänzungskarten für Angaben über Abstammung und Vorbildung« aus der Volkszählung vom 17. Mai 1939 im Bundesarchiv. In: Jürgen Nitsche/Ruth Röcher (Hg.), Juden in Chemnitz. Die Geschichte der Gemeinde und ihrer Mitglieder, Dresden 2002, S. 145. **25** Wünschmann, Gewaltsam, S. 197 ff. **26** Ebd. **27** Auskunft von Dietmar Wendler (Chemnitz), 17. 1. 2018. **28** Vgl. Friedrich, Die deutsche Jugend. **29** BArch, Konzentrationslager Sachsenburg, Zugangsliste über Schutzhäftlinge, 2. 3. 1933–18. 5. 1934. Eine Kopie befindet sich auch im Archiv des ITS in Bad Arolsen. **30** Auskunft von Enrico Hilbert (Chemnitz), 12. 3. 2018. Vgl. auch Werner Abel/Enrico Hilbert/Harald Wittstock, »Sie werden nicht durchkommen«. Deutsche an der Seite der Spanischen Republik und der sozialen Revolution, Lich 2016.

gamme deportiert und gehörte später dem großen Häftlingstransport an der Lübecker Bucht an, was vermuten lässt, dass er am 3. Mai 1945 beim tragischen Untergang des Passagierschiffs »Cap Arcona« oder des Begleitschiffs »Thielbek« ums Leben kam.[31]

Weitere Beispiele ließen sich anführen, wenn man die Namen auf der Liste auswertet. In der Zugangsliste fehlten die Angaben zur Konfession, was eine Analyse erschwert. Es befinden sich aber auch Namen von jüdischen Häftlingen auf der Liste, die tatsächlich in Sachsenburg inhaftiert waren. Dies traf zum Beispiel auf den kaufmännischen Angestellten Max Schleifstein zu, der erstmals am 2. November 1933 in Leipzig aus politischen Gründen verhaftet und 19 Tage später nach Sachsenburg gebracht worden war. Bereits am 5. Dezember 1933 wurde er entlassen. Im Jahr 1934 wurde er erneut mehrfach verhaftet und befand sich bis zum 31. Juli 1935 in Sachsenburg.[32]

Zu den frühzeitig Verhafteten gehörte auch Hans Russo aus Oederan. Er war der Sohn des Schlossers Isidor Russo, der türkischer Staatsangehöriger und mit einer nichtjüdischen Frau verheiratet war. Hans Russo war bereits am 10./11. September 1933 verhaftet worden. Nach einer erneuten Verhaftung erfolgte seine Verlegung nach Sachsenburg, wo er fünf Monate verbringen musste.[33]

In den Berichten früherer Häftlinge lassen sich vereinzelt Angaben finden, die es erlauben, die Identität eines Teils der jüdischen Häftlinge zu klären. So nannte ein namentlich unbekannter Jungkommunist die Namen von drei jüdischen Häftlingen: Dr. Alfred Jacoby, Rechtsanwalt aus Leipzig, Dr. Paul Troplowitz, Rechtsanwalt aus Eisenach, und Dr. Max Sachs, Journalist aus Dresden.[34] Auch die Durchsicht der »Meldungen zur ambulanten Behandlung (1936–1937)«, die im Archiv des Internationalen Suchdienstes in Bad Arolsen überliefert sind, half, weitere Namen zu ermitteln: Hans Alexander, Hans Cerf, Martin Kurt Fischel, die Brüder Karl und Max Fruchtmann, Friedrich (Fritz) Goldmann, Alfred Händler, Erich Lewinsohn, Alexander Lewy, Leopold Siegel, Rudolf Sternberg und Julius Strauss.[35]

Paul Wolff, der im Frühjahr 1935 von Berlin aus in das Konzentrationslager Sachsenburg überstellt worden war, verfasste im Sommer 1936 in Amsterdam einen umfassenden Erlebnisbericht. Und dies aus der Perspektive eines »Rückwanderers«, wie er sich bezeichnete.[36] Dies war eine Anspielung auf die verstärkte Verhaftung der »Rückwanderer«, wie dies ab 1935 von der Geheimen Staatspolizei angeordnet worden war. Der ehemalige Buchhändler, selbst Jude, zählte 16 jüdische Häftlinge im Mai 1935 in Sachsenburg, die, wie er es bezeichnete, dort zur »Umschulung« gewesen wären. Er erwähnte auch einige Namen. So erinnerte er sich an Lehmann, einen ehemaligen Ullstein-Redakteur, einen Journalisten [Herbert – d. Verf.] Born, einen Schlesinger,[37] einen Chauffeur Moser (wohl eher Moses – d. Verf.), dann noch an drei oder vier andere, deren Namen er schon wieder vergessen hätte. Die bruchstückhaften Angaben reichen leider nicht aus, um die Identität der genannten Häftlinge zuverlässig zu rekonstruieren.

Kurt Kohlsche erwähnte ebenfalls den Namen »Goldmann«. Für ihn war es »ein Jude aus Dresden, dessen Vater Besitzer eines Kaufhauses am Altmarkt« gewesen wäre.[38] Höchstwahrscheinlich meinte er das »Spezialhaus für geschmackvolle und preiswerte Damenbekleidung« am Altmarkt 4, das in den 1930er-Jahren im Besitz von Ella Goldmann, der Tochter des Kaufmanns Isidor Goldmann, war.[39] Daher könnte es sich möglicherweise um Fritz Goldmann gehandelt haben, der am 10. August 1936 bei dem Dentisten August Gerth (Frankenberg) zur ambulanten Behandlung gemeldet war.

DIE ANFÄNGE DER JÜDISCHEN »SONDERBEHANDLUNG« (1933–1935)

Die Berliner Historikerin Carina Baganz hatte vor über zehn Jahren (2005) betont, dass die bloße Zugehörigkeit zum Judentum in der Frühzeit (1933–1935) oftmals ausreichte, dass viele dieser Häftlinge ein Martyrium durchliefen. Unabhängig davon, »ob aus rassischen, politischen oder bildungsbürgerlichen Gründen« verhaftet, fasste Baganz abschließend zusammen, »jüdische Häftlingen erfuhren in allen sächsischen früheren Konzentrationslagern eine besondere Behandlung«.[40] Misshandlungen, Beschimpfungen, Hunger, Zwangs- und »Sklavenarbeit« standen an der Tagesordnung. Die Schikanen begannen schon bei der Einlieferung in die Konzentrationslager und sie rissen in später gebildeten »Judenkompanien« (»Judenblöcken«) nicht ab, im Gegenteil. Jüdische Häftlinge sahen sich einer fortwährenden »Sonderbehandlung« ausgesetzt, die aus der Theorie des nunmehr staatlichen Rassenhasses erwuchs. Die Palette der Juden vorbehaltenen Maßnahmen reichte vom Entzug anderen Häftlingen gewährter Versorgungsleistungen, besonders im Krankenrevier, über »Judenappelle« und wochenlange Isolation bis zum gezielten Einsatz für gefährliche und demütigende Tätigkeiten, etwa an der Straßenwalze oder im Steinbruch bzw. im Latrinendienst.[41] War der Umgang mit den jüdischen Häftlingen im Konzentrationslager Sachsenburg auch so, dass man von einer »Sonderbehandlung« sprechen kann?

Wie die »Arbeit in Sachsenburg« konkret aussah, schilderte der erwähnte Jungkommunist: »Herrichtung des Sportplatzes, der Reitbahn, des Schießstandes, der Straße, Arbeit im Steinbruch und Steineklopfen«.[42] Er hob auch hervor, dass »zum Steineklopfen nur die Juden« herangezogen wurden. In den Augen des 22 Jahre alten Mannes war dies

31 Auskunft von Ellen Bertram (Leipzig), 28.10.2010. **32** Ebd. Dies betraf auch den Leipziger Kaufmann Isaak Godin, der am 30.3.1933 wegen »politischer Umtriebe« verhaftet worden war. **33** Werner Ulbricht, Die Rolle der Juden in Oederan. In: Michael Düsing (Hg.), Glück Auf, mein Freiberg! Erinnerungen und Lebensschicksale jüdischer Bürger in den sächsischen Städten Freiberg und Oederan, Freiberg 1995, S. 151–164, hier S. 160. **34** Friedrich, Die deutsche Jugend, S. 313. **35** Konzentrationslager Sachsenburg, Meldungen zur ambulanten Behandlung 1936–1937 (ITS Archives, Bad Arolsen). **36** Paul Wolff, Bericht eines »Rückwanderers« über Sachsenburg, Wiener Library, London, P.III.h. (Sachsenburg), Nr. 689, 1936, S. 2. **37** Möglicherweise handelte es sich um den Fabrikanten Otto Schlesinger, der seinen Wohnsitz in Wilischthal bei Zschopau hatte. Er war bereits 1934 von der SA entführt worden. Vgl. Kenneth Sheridan, Entführung 1934. Kidnap the Jew, München 2016. **38** Kohlsche, Mein Leben, S. 9 f. **39** Vgl. u. a. Buch der Erinnerung. Juden in Dresden – deportiert, ermordet, verschollen, Dresden 2006, S. 122. **40** Baganz, Erziehung zur »Volksgemeinschaft«?, S. 131. **41** Wünschmann, Gewaltsam, S. 205. **42** Friedrich, Die deutsche Jugend, S. 313.

Dr. Max Mannheim (Bildmitte) vor dem Zelt einer Arbeitersamariterkolonne in Burkhardtsdorf, um 1930

Privatbesitz Erben der Dina Givon (Israel)

»gewissermaßen eine Strafarbeit«.[43] Otto Meinel sprach von »Zwangsarbeiten außerhalb des Lagers«, wobei er den Bau einer Siedlung für SA-Leute auf der Lützelhöhe in Frankenberg meinte.[44]

Während in der NS-Propaganda die »Endlösung der Judenfrage« erst schemenhaft erkennbar war und die Mehrheit der Gefangenen bereits nach kurzer Zeit wieder entlassen wurde, endete die Schutzhaft für einzelne jüdische Gefangene bereits in dieser Frühphase mit dem Tod. Einige der Verbrechen in den Lagern führten zu Ermittlungen und Strafverfahren durch die Justiz, die aber aufgrund der Intervention leitender NS-Behörden oftmals im Sande verliefen. Auch in Sachsen gab es damals solche Ermittlungen, erinnert sei hier nur an den erschütternden Fall Dr. Max Sachs.[45]

Das Martyrium des ehemaligen Redakteurs, der neben Dr. Alfred Jacoby, Erich Kurt Jacoby und Gerhard Schulze dem »Jauchenkommando« angehört hatte, endete bekanntlich mit dessen Tod am 5. Oktober 1935. Es war aber kein Einzelfall. So durchlebte der »Jude Goldmann« ebenfalls ein Martyrium, das aber nicht mit dessen Tod endete. Der ehemalige Häftling Kohlsche hielt »den Vollzug der Prügelstrafe auf dem eigens dafür angefertigten Prügelbock« für die Nachwelt fest: »Nachdem der diensthabende SS-Offizier Wigelt uns zur Meldung für den Standartenführer aufgestellt hatte, erschien der Sturmbannführer Rödel [Arthur Rödl – d. Verf.] in der Mitte. Er las uns den Befehl zum Durchpeitschen der beiden verurteilten Häftlinge vor. Der Erste, der Jude Goldmann aus Dresden, wurde mit 25 Stockschlägen bestraft, weil er beim Abholen des Essenkübels aus der Küche seine Nase mit der Hand statt mit dem Taschentuch geputzt haben sollte, wie der Posten behauptete. [...] Zwei Häftlinge holten aus einem Schuppen einen Bock. Dieser wurde in die Mitte der offenen Reihe gestellt. Auf vier Füßen war eine Mulde ausgebracht, die von einem Tischler fachmännisch zum Auflegen des Oberkörpers gefertigt war. Der Stab des Lagers mit dem Lagerarzt stellte sich in die unmittelbare Nähe des Märtyrerblockes. Zwei SS-Posten brachten beide Häftlinge in die Nähe des Bockes. Der Jude Goldmann blaß vor innerer Erregung [...]. Der Offizier vom Dienst ließ die Kompanie stramm stehen und die Augen der Häftlinge mußten nach der Schlagstelle ausgerichtet werden. Die Kompanien der SS wurden so verteilt, dass jeder von uns von hinten genauestens beobachtet werden konnte. Für den Juden Goldmann waren 15 Gesäß- und 10 Nierenschläge befohlen. Er mußte sich auf die Mulde legen. Die Hände wurden vorn an den Gelenken angeschnallt und die Beine hinten an den Knöcheln. Die ausführenden SS-Posten wurden zu dieser Handlung durch irgendein Auffallen strafweise kommandiert. Jeder der SS-Männer hatte einen frisch geschnittenen Haselnuß-Stock. Abwechselnd begannen die ersten Schläge. Aufschreiend antwortete Goldmann. Es war befohlen, jeden Schlag mitzuzählen, aber Goldmann schrie und schrie und zählte nicht. Doch beim 13. Schlag fing er plötzlich an zu zählen bis zum 25. Schlag. Er wußte, was ihm bevorstand, wenn er nicht zählte. Er wäre dann vom dabeistehenden Arzt untersucht worden, ob er noch bei Besinnung sei. Wäre das festgestellt worden, war befohlen, so lange zu schlagen, bis beim Häftling Bewußtlosigkeit eintrat, welche ebenfalls vom Arzt festgestellt wurde. Nach dem 25. Schlag wurde Goldmann durch Handzeichenbefehl vom Standartenführer abgeschnallt und stand fest auf seinen Füßen.«[46]

Die Schikanen betrafen aber keinesfalls alle jüdischen Häftlinge: So gehörte der Arzt Dr. Kurt Glaser[47] zu den Personen, die aufgrund ihrer politischen Tätigkeit am 9. März 1933 verhaftet worden waren. Der überzeugte Sozialdemokrat war seit 1930 Stadtverordneter und befasste sich als Referent mit Fragen des öffentlichen Gesundheits- und Wohlfahrtswesens. Darüber hinaus gehörte er dem Verein sozialistischer Ärzte und der Deutschen Liga für Menschenrechte an. Noch am letzten Abend vor der Reichstagswahl vom 5. März 1933 war er im Kohlenrevier Lugau-Oelsnitz als letzter Parteiredner vor 3 000 Bergarbeitern aufgetreten. Glaser konnte erst am 1. September 1933 gegen Begleichung von 352,50 Mark »Schutzhaftkosten« und unter Zahlung einer »Sicherheit« in Höhe von 10 000 Mark das Lager verlassen. Die Entlassung erfolgte zudem unter der Auflage, dass

43 Ebd. **44** Meinel, Sachsenburg, S. 158. **45** Das Landgericht Chemnitz verurteilte Wilhelm Friedrich Bundesmann und zwei weitere Beschuldigte, die von der Lagerwachmannschaft zu den Misshandlungen gezwungen worden waren, in der Mordsache Dr. Max Sachs wegen gemeinsam begangener gefährlicher Körperverletzung am 22. 4. 1936 zu acht Monaten Gefängnis. Vgl. auch den Beitrag von Swen Steinberg über Max Sachs in diesem Band. **46** Kohlsche, Mein Leben, S. 9 f. **47** Vgl. Glaser, Dr. med. Kurt. In: Von Alberti bis Zöppel. 125 Biografien zur Chemnitzer Geschichte, Radebeul 2000, S. 34.

Dr. Max Mannheim mit Ehefrau Hildegard und Tochter Dina in Burkhardtsdorf, 1932

Privatbesitz Erben der Dina Givon (Israel)

er seinen langjährigen Wohnsitz in Chemnitz aufgeben müsse, seine ärztliche Praxis nicht wieder aufnehmen dürfe und das sächsische Gebiet binnen 48 Stunden zu verlassen habe.[48]

Bei all diesen Häftlingen handelte es sich um Juden, die in erster Linie aufgrund ihres bisherigen politischen Engagements in Schutzhaft genommen worden waren. So hatte sich der bereits erwähnte Arzt Dr. Max Mannheim innerhalb des Arbeiter-Samariter-Bundes in Burkhardtsdorf engagiert. Ein eindrucksvolles Bild dokumentiert seine ehrenamtliche Tätigkeit. Vor dem Zelt der örtlichen Kolonne ist der noch junge Arzt bei einer Übung zu sehen. Dina Givon, seine jüngst in Israel verstorbene Tochter, erinnerte sich später, dass ihr Vater sehr selten über die schreckliche Zeit in Colditz oder Sachsenburg sprach. Aus den wenigen Erzählungen weiß sie aber, dass er dort sehr erniedrigt wurde, sein Haar wurde kurz geschoren und er wurde oft heftig geschlagen. Dennoch verfasste er in Sachsenburg zwei Gedichte, ein Liebesgedicht für seine treue Ehefrau und ein Gedicht anlässlich des ersten Geburtstages seiner Tochter am 24. Oktober 1933. Bekannt ist ferner, dass er von einem künstlerisch begabten Mithäftling eindrucksvoll porträtiert worden war.[49]

Zeichnung von Dr. Max Mannheim in Sachsenburg, November 1933

Privatbesitz Erben der Dina Givon (Israel)

Überliefert ist auch, dass die jüdischen Häftlingsärzte, zu denen neben Dr. Mannheim auch Dr. Karl Wolff aus Erfenschlag und Dr. Hans Serelman[50] aus Niederlungwitz gehörten, in der Anfangszeit einen wertvollen Beitrag zur medizinischen Versorgung ihrer Mithäftlinge leisteten. Sogar die Führer der SA- und später der SS-Wachmannschaften sollen »heimlich« ihre Dienste in Anspruch genommen haben, wie ein Arzt namens Dr. E. Valentin[51] später dem »Internationalen Ärztlichen Bulletin«, das von 1934 bis 1939 in Prag bzw. Paris erschien, gegenüber berichtete. Dies bestätigte auch Mannheims Tochter, die dem Verfasser schilderte, wie ihr Vater »im KZ ärztliche Hilfe den Häftlingen [...] und auch den deutschen Offizieren« leistete. Sie erzählte weiter, dass er im Lager seine grafologischen Kenntnisse anwenden konnte, was ihm auch »einige Erleichterungen« einbrachte. So

48 Vgl. Glaser, Kurt Siegfried, Prof. Dr. med. [o. A.]. Marianne Friedländer, Glasers Tochter aus erster Ehe, stellte die biografische Studie, die in einem Sammelband der Universität Bremen erschienen war, im März 1989 dem Stadtarchiv Chemnitz zur Verfügung. **49** Auskunft von Dina Givon (Israel), März 2011. **50** Vgl. den Beitrag von Konstantin Seifert über Hans Serelman in diesem Band. **51** E. Valentin, Die Krankenversorgung in Konzentrationslagern. In: Internationales Ärztliches Bulletin, Prag, Nr. 4, Mai 1936. Dr. Valentin selbst hatte 19 Monate in verschiedenen Schutzhaftlagern in Sachsen zugebracht. Seine vollständige Identität konnte nicht ermittelt werden.

Aufenthaltsbescheinigung.

Der prakt. Arzt Max M a n n h e i m

geb. 29.10.00 in Graudenz

war vom 8.9.33 bis 23.12.1933

im hiesigen Schutzhaftlager.

Schutzhaftlager Sachsenburg/Sa. am 23. Dezember 1933

Der Entlassene hat sich bei der Ortspolizeibehörde zu melden.

Dr. Max Mannheims Entlassungsschein aus dem »Schutzhaftlager Sachsenburg/Sa.«, 23.12.1933

Privatbesitz Erben der Dina Givon (Israel)

konnte ihn seine Ehefrau im Lager besuchen. Mit Hilfe zweier nichtjüdischer Rechtsanwälte gelang es Hildegard Mannheim, ihren Ehemann noch vor dem Weihnachtsfest 1933 frei zu bekommen.[52]

Wie der juristische Beistand aussah, kann im Einzelnen nicht nachvollzogen werden. Auf alle Fälle hatte Dr. Max Mannheim 5 000 Mark dafür aufbringen müssen. Dennoch war er noch Jahrzehnte später für den rechtlichen Beistand dankbar und wollte den Anwälten oder deren Nachkommen dafür danken. Seine Bemühungen, die entsprechenden Personen ausfindig zu machen, blieben bis in die 1960er-Jahre hinein jedoch erfolglos. Vor einigen Jahren (2010) half der Verfasser der Tochter Mannheims, einen Sohn des Anwaltes Dr. Günter Weiss († 1968) in Süddeutschland ausfindig zu machen.[53]

DIE SYSTEMATISIERUNG DES TERRORS (1935–1938)

Seit Mitte der 1930er-Jahre gingen Staats- und Parteiinstanzen in der »Judenfrage« koordinierter vor. Die Existenzbedingungen der Juden im »Dritten Reich« wurden immer mehr eingeschränkt. Besondere Bedeutung für die beschleunigte Ausgrenzung mit Hilfe der Konzentrationslager kam dem Tatbestand der »Rassenschande« zu. Laut des während des Nürnberger Reichsparteitages im September 1935 erlassenen »Blutschutzgesetzes«[54]

waren Eheschließungen zwischen Juden und »Deutschblütigen« verboten, außerehelicher Geschlechtsverkehr wurde unter Strafe gestellt. Mit besonderem Eifer wurde fortan das Privatleben der Juden beobachtet, um »Rassenschändungen« aufzudecken.[55]

Der »Freiheitskampf«, die amtliche Tageszeitung der NSDAP, Gau Sachsen, berichtete bereits am 18. Juli 1935 auf ihrer Titelseite über »Rassenschänder am Pranger«. »Artvergessene Weiber und ihre jüdischen ›Kavaliere‹ wurden in Schutzhaft genommen«, lautete die Schlagzeile des Berichtes, in dem es um 15 Personen in Sachsen ging, die seit Ende 1934 wegen »rassenschänderischer Beziehungen mit Juden« in Schutzhaft genommen worden waren.[56] Die Redaktion hob hervor, dass den jüdischen Partnern dieser »Verbindungen« im Konzentrationslager Sachsenburg Gelegenheit gegeben wurde, zu lernen, wie sie sich als »Gäste« in Deutschland aufzuführen hätten. Das traf zum Beispiel auf den »Arzt Dr. Kurt Boas aus Crimmitschau« zu, der in der »Aufstellung« an zweiter Stelle genannt wurde. Nach Erscheinen des Leitartikels waren die Leipziger Bernhard Heuberger,[57] Werner Valentin, Oskar Leibstein, Robert Silberstrom, Osipp Riwosch, Simon Eichenstein und Kurt Fischel sowie die Dresdner Walter Meyer, Sascha Blitzbau und Hersch Sechestower nach Sachsenburg überstellt worden.

Ob die Männer tatsächlich in das Konzentrationslager in Mittelsachsen »gebracht« wurden, lässt sich nur bedingt überprüfen.[58] Fest steht, dass Kurt Fischel, Oskar Leibstein[59] und Werner Valentin[60] zwischen dem 21. Juni und 17. Juli 1935 aus dem Polizeigefängnis Leipzig nach Sachsenburg »entlassen« wurden.[61] Im Falle von Fischel war »Verkehr mit arischem Mädchen« als Haftgrund angegeben worden. Osipp Riwosch und Robert Silberstrom[62] wurden am 6. August 1935 mit »unbekanntem Ziel« aus dem Polizeigefängnis Leipzig entlassen. Der Kürschner Simon Eichenstein befand sich vom 22. Juli bis zum 19. August 1935 wegen »Verkehrs mit Ariern« in Polizeihaft.[63]

52 Auskunft von Dina Givon (Israel), 20. 6. 2009. **53** Dina Givon, Familienerinnerungen in Chemnitz. Gepostet am 25. 12. 2011; www.hagalil.com/2011/12/givon; 18. 3. 2018. **54** Das »Gesetz zum Schutze des deutschen Blutes und der deutschen Ehre« wurde am 15. 9. 1935 anlässlich des 7. Reichsparteitags der NSDAP in Nürnberg vom Reichstag angenommen. **55** Vgl. Alexandra Przyrembel, »Rassenschande«. Reinheitsmythos und Vernichtungslegitimation im Nationalsozialismus, Göttingen 2003, S. 499. **56** Rassenschänder am Pranger. In: Freiheitskampf. Amtliche Tageszeitung der NSDAP, Gau Sachsen, Nr. 198 vom 18. 7. 1935. **57** Gegen Bernhard Heuberger war in den Jahren 1934 bis 1937 laut einer Akte des Polizeipräsidiums Leipzig wegen »Beamtenbeleidigung, fahrlässiger Körperverletzung, Verkehrsübertretung und Ausweisung aus dem Reichsgebiet« ermittelt worden. Als polnischer Staatsbürger wurde er am 28. 10. 1938 nach Polen ausgewiesen. Er überlebte und wohnte nach Kriegsende in London. **58** Die folgenden Angaben beruhen größtenteils auf den Forschungsergebnissen von Ellen Bertram und Dennis-Veit Jentsch (beide Leipzig). Auskünfte vom 4. 4. 2017 und 13. 2. 2018. **59** Der Kaufmann Oskar Leibstein befand sich bis zum 27. 8. 1935 in Sachsenburg. Gemeinsam mit seiner Ehefrau Johanna wurde er am 28. 10. 1938 nach Polen ausgewiesen. Ihr weiteres Schicksal ist nicht überliefert. **60** Der Verkäufer Werner Valentin konnte nach seiner Entlassung emigrieren und lebte 1958 in Johannesburg (Südafrika). **61** SächsStA-L, 20031 Polizeipräsidium Leipzig, Nr. PP-S 8507 (Gefangenentagebuch). **62** Der Lagerist Robert Silberstrom emigrierte nach seiner Entlassung nach Italien und lebte zuletzt in Mailand. **63** Simon Eichenstein wurde am 15. 11. 1939 in das Konzentrationslager Sachsenhausen verbracht. Am 6. 12. 1942 wurde er in das Konzentrations- und Vernichtungslager Auschwitz deportiert.

Wolff bestätigte in seinem Bericht die Angaben: »Die Juden waren anfangs mit anderen Häftlingen zusammen, bis später eine neue Welle von Juden kam, die als Rassenschänder bezeichnet wurden und sich nur aus den Schichten der ersten jüdischen Familien aus Chemnitz, Leipzig und Dresden zusammensetzte. Fast alles Rechtsanwälte, Ärzte, Zahnärzte.«[64] Damit gemeint waren die Rechtsanwälte Dr. Alfred Jacoby und Dr. Paul Troplowitz, der Arzt Dr. Hans Serelmann und der Zahnarzt Dr. Ernst Eduard Cohn. Als die Zahl der jüdischen Häftlinge im Herbst 1935 auf etwa 40 gestiegen war, wurde eine »Judenkompanie« gebildet.[65]

Hugo Gräf erinnerte sich im Juni 1936 auch an diese und nannte sie »Strafkompanie«, in die neben Juden, »Zuhälter, unverbesserliche marxistische Intellektuelle und Funktionäre sowie mehrmals bestrafte Gefangene« eingereiht worden wären. Diese Gefangenenkompanie, die 3., hätte den größten Abgang durch Tod, Selbstmord oder längere Krankheit aufgewiesen.[66] Dies traf zum Beispiel auf die jüdischen Häftlinge Hans Cerf und Julius Strauss zu, die in dieser Zeit aufgrund von Erkrankungen zur Untersuchung ins Krankenhaus im Küchwald nach Chemnitz gebracht wurden. Im Fall von Julius Strauss ist sogar überliefert, dass er trotz seines Zustandes »mit dem Motorrad« dorthin transportiert werden sollte.[67]

Helmut Kull, der von März bis Dezember 1935 Häftling in Sachsenburg war, erwähnte im Juni 1969 ein »Waldstraßenkommando«, dem er und einige jüdische Gefangene eine Zeit lang angehörten: »Dabei wurden besonders drei Juden namens Jacoby, Fischel und Moses von einem SS-Angehörigen namens Fuchs schikaniert, mit dem Gewehrkolben gestoßen und auch dafür gesorgt, dass sie abends Prügel bekamen [...]. Dieser Fuchs verlangte einmal, dass die drei Juden sich beim Schubkarrenfahren, es wurde Erde abgefahren, vor mich begeben mussten. Sie waren schon älter und nicht mehr in der Lage, so wie ich zu arbeiten. Dann wurde verlangt, ich sollte ihnen von hinten, wie Fuchs schrie, in die Knochen fahren. Als ich das nicht getan habe, sondern vorbeifuhr, wurde ich bestraft, jedoch ging die Sache für mich dann noch glimpflich ab, weil mich ein SS-Mann namens Gottwald, um mir zu helfen, in sein Arbeitskommando nahm. Man hatte von mir verlangt, ich sollte mit einem zwei Meter langen Baumstamm Kniebeugen in Vorhalte machen. Als besondere Strafmaßnahme der SS ist mir noch erinnerlich, dass Häftlinge im Speisesaal, während die anderen aßen, in die sogenannte Fußbank gebracht wurden, d. h., Hände und Füße wurden so zusammengebunden, dass die nur knien konnten und sie mußten dann so stundenlang ausharren, bis sie umfielen.«[68] Nähere Angaben zu den jüdischen Häftlingen machte jedoch Kull nicht. Bei dem Häftling Fischel handelte es sich wohl um den früheren Einkäufer Kurt Fischel, der, wie erwähnt, wegen »Rassenschande« in Schutzhaft genommen worden war.

Laut Aussage von Erich Kurt Jacoby, eines ehemaligen Sozialdemokraten aus Dresden, waren die Häftlinge Dr. Max Sachs und Dr. Alfred Jacoby die ersten, die eine »gelbe Stoffscheibe« mit dem aufgedruckten Vermerk »Jude« auf ihre Kleidung genäht bekamen. Erich Jacoby hatte bei seiner Aufnahme in das Lager zunächst »römisch-katholisch« als Religion angegeben. Seine Personalien wurden im Zusammenhang mit den Ermittlungen in der Mordsache Dr. Sachs eingehend von den NS-Polizeibehörden überprüft, und es wurde festgestellt, dass er jüdischer Abstammung war. Fortan musste er, wie er am 20. November 1964 vor dem Generalkonsulat der Bundesrepublik Deutschland in Montreal (Kanada) aussagte, »die jeweils übliche Judenkennzeichnung tragen«.[69]

Auch für diesen Zeitraum (erstes Halbjahr 1935) fehlen zuverlässige Listen, die den jüdischen Häftlingen einen Namen und damit ein Gesicht verleihen. Überliefert ist glücklicherweise eine Häftlingsliste vom Oktober 1935, die 719 Namen enthält: Eine mehrmalige Autopsie der Liste ergab, dass mit Dr. Kurt Boas, Heinrich Flatow, Salo Goldberg, Ernst Bernhard Josephson, Simon Scharf, Julius Strauss und dem bereits mehrfach erwähnten Paul Wolff sieben jüdische Häftlinge namentlich ermittelt werden konnten. Auf der Liste fehlt der Name des Kaufmanns Fritz Kaufmann, der am 25. Juli 1935 in Leipzig verhaftet und am 16. August 1935 nach Sachsenburg überführt worden war. Möglicherweise war er im Oktober 1935 bereits wieder in Freiheit.[70]

Was ist über diese Personen bekannt? Lediglich über das weitere Schicksal von Flatow, Scharf und Strauss können Aussagen getroffen werden: Der am 1. Juli 1907 in Leipzig geborene Reisevertreter Heinrich Flatow jr., dessen Vater aus einer bekannten Sportlerfamilie[71] stammte, war am 28. Oktober 1935 vom Schöffengericht Zwickau wegen »versuchten Betrugs und vollendeten Betrugs in Tateinheit mit schwerer Urkundenfälschung« zu drei Monaten und zwei Wochen Gefängnis verurteilt worden. Nach seiner Entlassung aus Sachsenburg kämpfte er um die erneute »Ausstellung einer Reiselegitimationskarte«, jedoch ohne Erfolg. Die Kreisleitung Zwickau der NSDAP teilte dem Oberbürgermeister Ewald Dost am 11. Mai 1937 mit, dass Flatow »Halbjude« und »somit im nationalsozialistischen Sinne als unzuverlässig« zu betrachten wäre.[72] Und dies, obwohl er als »jüdischer Mischling II. Grades« laut den Nürnberger Rassengesetzen eingestuft wurde. Lebte Heinrich Flatow in den 1930er-Jahren noch in Zwickau, so war er nach Kriegsende (1947) in Berlin-Hermsdorf wohnhaft. Der Kaufmann Simon Scharf konnte nach seiner Entlassung nach Palästina auswandern, wo er sich in Kiryat Bialystok (1958) niederließ.[73]

64 Wolff, Bericht, S. 3. **65** Ebd. **66** Gräf, Sachsenburg. **67** Konzentrationslager Sachsenburg, Meldungen zur ambulanten Behandlung 1936–1937 (ITS Archives, Bad Arolsen). **68** Zeugenvernehmung von Helmut Kull zum KZ Sachsenburg, 6. 6. 1969 (BStU, Archiv der Zentralstelle, MfS HA IX/11, RHE-West 164/1). **69** Zeugenvernehmung von Erich Kurt Jacoby zum KZ Sachsenburg, 20. 11. 1964 (BStU, Archiv der Zentralstelle, MfS HA IX/11, RHE-West 164/1). Die Zeugenaussage gelangte im Rahmen des Ermittlungsverfahrens gegen den ehemaligen SS-Scharführer Hans Haubold von Einsiedel und Andere wegen Mordes an Dr. Max Sachs, das der Generalstaatsanwalt der DDR im Jahr 1964 eingeleitet hatte, in den Besitz des Ministeriums für Staatssicherheit. Die Staatsanwaltschaft bei dem Landgericht Hannover hatte Jacobys Aussage am 17. 12. 1964 an den Generalstaatsanwalt weitergeleitet. **70** Die Häftlingsliste lagerte damals (April 1967) in der Zentralstelle für NS-Verbrechen in Köln. Im Zusammenhang mit den Ermittlungen gegen von Einsiedel wurde sie den ermittelnden Justizbehörden der DDR zur Verfügung gestellt. Eine Kopie befindet sich im Archiv der BStU. **71** Heinrich Flatow war ein jüngerer Bruder von Alfred Flatow, der als Geräteturner und Olympiasieger in die deutsche Sportgeschichte einging. Trotz seiner Verdienste wurde er in das Ghetto Theresienstadt deportiert, wo er am 28. 12. 1942 den Tod fand. Sein Cousin Gustav Felix Flatow, der ebenfalls in derselben Disziplin als Olympiasieger in die deutsche Sportgeschichte einging, erlitt dasselbe Schicksal. Er starb am 25. 1. 1945 in Theresienstadt. **72** Anträge auf Reiselegitimationskarten für Handelsvertreter (Stadtarchiv Zwickau, EL 9224, B. 6). **73** Archiv der Jüdischen Gemeinde Chemnitz, Auskunft von Rechtsanwalt Henry Ormond (Frankfurt am Main), 16. 8. 1958.

Julius Strauss, der seit 1920 in Chemnitz lebte, wurde während des Novemberpogroms 1938 erneut verhaftet und befand sich bis zum 1. Dezember 1938 in Schutzhaft im Pogromsonderlager in Buchenwald. Im September 1939 emigrierte er nach Frankreich. Seine Söhne, die seit 1930 als Halbwaisen in Chemnitz aufwuchsen, ließ Strauss bei ihren nichtjüdischen Großeltern zurück. Nach Kriegsbeginn wurde er in Frankreich interniert und in das Transitlager Drancy gebracht. Von dort wurde er am 19. August 1942 mit dem Transport Nr. 21 in das Vernichtungslager Auschwitz deportiert, wo er unmittelbar nach der Ankunft ermordet wurde.[74]

Aufgrund eigener Forschungen ist es möglich, weitere Namen der drohenden Vergessenheit zu entreißen. So befand sich der Kaufmann Ernst Günther Jacobsohn aus Mittweida wegen »Rassenschande« in Sachsenburg.[75] Der ältere Sohn des Wäschefabrikanten Wilhelm Jacobsohn war mit Margarethe Ebert, einer Nichtjüdin aus Chemnitz, verlobt. Weil die nichteheliche Beziehung mit der Verkäuferin nach Verabschiedung der Nürnberger Gesetze als »Rassenschande« galt, wurden die Verlobten in Schutzhaft genommen. Margarethe Ebert berichtete nach Kriegsende von den Geschehnissen: »Im Jahr 1935 wurde ich in Schutzhaft genommen, da ich ein Verhältnis mit einem jüdischen Herrn hatte (Herr Ernst Jacobsohn aus Mittweida), man nannte es damals Rassenschande. Vermutlich wurde ich verraten, kann jedoch nur bestimmte Personen vermuten. Ich wurde wie eine Schwerverbrecherin in einem offenen Auto unter Bewachung durch die Stadt gefahren und in das Polizei-Gefangenenhaus, Hartmannstraße eingeliefert, wo ich sieben Wochen lang eingesperrt war. Meinen Bräutigam hatten sie in das Lager Sachsenburg gebracht.«[76] Ernst Jacobsohn, der zwar 1937 nach Holland fliehen konnte, wurde von den dortigen Behörden am 6. Oktober 1939 nach Deutschland abgeschoben. Am 14. Februar 1942 starb er im Konzentrationslager Sachsenhausen, angeblich infolge einer »Kreislaufschwäche«, wie vom zuständigen Standesamt in Oranienburg beurkundet wurde.[77]

Paul Wolff beschrieb die »Judenkompanie« wie folgt: »Die Juden traten beim Appell zusammen an, arbeiteten zusammen und schliefen zusammen in einer Ecke. Die Behandlung war äußerst schlecht. Die Arbeitszeit war von 6 Uhr morgens bis ½ 6 Uhr abends, mit einer Stunde Mittagspause. Sie bestand aus Steineklopfen, Straßenbauarbeiten, die Akademiker wurden zum Schmutzigsten herangezogen, zum Jaucheschöpfen.«[78] Eines Tages bekam Wolff mit vier anderen Gefangenen eine Prügelstrafe, die auf folgende Art und Weise vollzogen wurde. Indem die Mannschaften beim Abendappell antreten mussten, um die Häftlinge wurde von einer Hundertschaft ein Kordon gezogen, mit aufgepflanztem Bajonett, Gewehr im Anschlag, Stahlhelm auf dem Kopf, ein hölzerner Block in der Mitte des Hofes, in der für Hände und Füße lederne Schnallen angebracht waren, um die Leute wehrlos zu machen.

Dann wurden die Namen aufgerufen, zuerst ein Maurer aus Chemnitz, ein Bibelforscher sowie noch zwei andere Leute. »Wir mussten uns hinstellen, jeder musste sich alleine über den Block legen, auf welchem er von SS-Scharführern festgeschnallt wurde, ein Bündel Stöcke wurde hingelegt, 4 SS-Leute, Riesenkerle von 1,80, 1,90 traten an. Jeder SS-

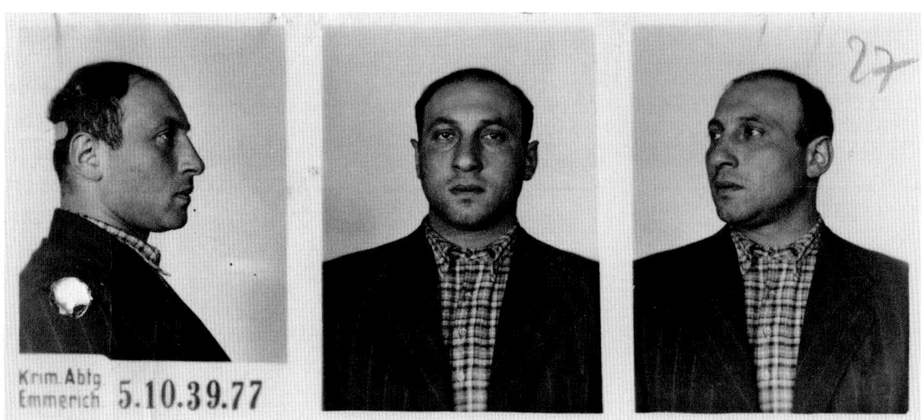

Ernst Günter Jacobsohn (1907–1942),
Ermittlungsakte der Geheimen Staatspolizei

Landesarchiv Rheinland, Duisburg

Mann schlug sechsmal zu, der Häftling musste die Schläge mitzählen, was natürlich nicht ging, da beim 5. oder 6. Schlag die gequälten Menschen ihr Schreien und Toben nicht mehr zurückhalten konnten.«[79]

Wolff schrieb: »Ich war der letzte. Beim 7. Schlag markierte ich eine Ohnmacht, doch ließ der Kommandant ruhig weiterschlagen, mit den Worten: ›Die Judensau markiert bloß, weiter zuhauen!‹. Nachdem ich die 25 Schläge erhalten hatte, blieb ich nun doch liegen und wurde so lange mit kaltem Wasser überschüttet, bis ich aufstand und unter Kolbenstößen in das Arrestlokal gebracht wurde, wo ich mit vollständig durchnässten Kleidern bei zerschlagenem Körper die Nacht auf einer blanken Holzpritsche liegen blieb. Ich machte auf diese Art und Weise 14 Tage Arrest.«[80]

Der frühere Häftling Curt Mädger (Dresden), der im Oktober 1945 in der Chemnitzer »Volksstimme« ergänzende Angaben in der Mordsache Dr. Sachs gemacht hatte, bestätigte Wolffs Bericht: »Ich erinnere mich ferner an einen Juden Wolff, der während der Exekution in eine tiefe Ohnmacht gefallen war. Der Lagerarzt sah ihm in die Augen und stellte fest, dass er noch lebte. Daraufhin bekam er die 25 Hiebe voll. Als er abgeschnallt immer noch wie leblos da lag, bekam er ein paar Eimer Wasser über den Kopf.«[81]

74 www.bundesarchiv.de/gedenkbuch; 10.3.2018. **75** Jürgen Nitsche, Juden in Mittweida. Eine Spurensuche, Mittweida 2018, S. 366–372. **76** Ebd., S. 368 f. **77** Ebd., S. 371. **78** Wolff, Bericht, S. 3. **79** Ebd. **80** Ebd. **81** Curt Mädger, Wie Max Sachs starb. In: Volksstimme, Chemnitz, Nr. 35 vom 23.10.1945.

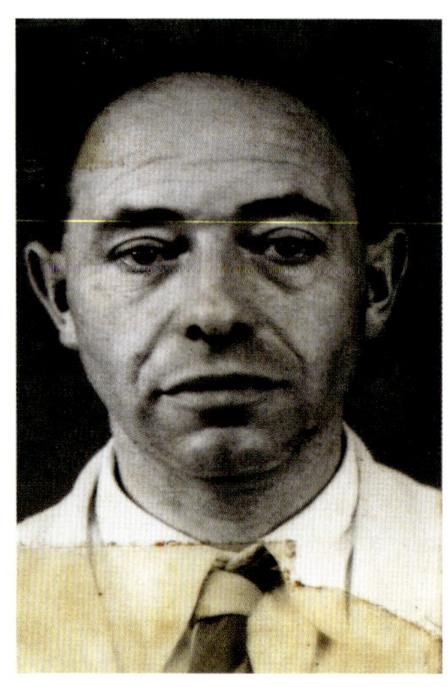

Rechtsanwalt Dr. Alfred Jacoby

NLA Hannover Nds. 110 W Acc. 31/99 Nr. 220599

Wolff selbst führte als Zeuge den Rechtsanwalt Dr. Alfred Jacoby aus Leipzig an. Dieser war unter dem Vorwand verhaftet worden, bei einer Vorstandssitzung der Jüdischen Gemeinde in Leipzig, die Bemerkung »dass es eine Schweinerei wäre, dass der Stürmer vis-à-vis der jüdischen Mädchenschule hänge«, nicht unterdrückt zu haben. Da bei der Gemeindesitzung ein Beamter der Geheimen Staatspolizei anwesend war, gelangte dieser Vorfall prompt zur Anzeige. Der Rechtsanwalt wurde noch in derselben Nacht durch ein Sonderkommando nach Sachsenburg befördert. Laut Hubert Lang, der sich seit vielen Jahren mit dem Leben jüdischer Rechtsanwälte in Leipzig befasst, spielte sich der Sachverhalt anders ab: »Jacoby war als 1. Vorsitzender des Reichsbundes jüdischer Frontsoldaten [RjF], Ortsgruppe Leipzig, aktiv. [...] Er war im Juni 1935 in Schutzhaft genommen worden, weil er es in einer Versammlung des RjF zugelassen habe, dass ein Artikel im Stürmer als ›schweinemäßig‹ bezeichnet wurde. Wegen dieses Vorgangs wurde auch ein ehrengerichtliches Verfahren gegen ihn eröffnet.«[82]

Wolff erinnerte sich: »Was dieser Mann [Dr. Jacoby – d. Verf.] hat ausstehen müssen, spottet überhaupt jeder Beschreibung. Er bekam nur die schmutzigsten Arbeiten und wurde aufs erbärmlichste misshandelt.«[83] Charlotte Jacoby, die nichtjüdische Ehefrau, setzte sich für seine Freilassung ein und konnte ihn freikämpfen. Dr. Jacoby musste sich aber verpflichten, über sein »Martyrium« in Sachsenburg zu schweigen. Im Mai 1936 flohen die Eheleute nach Prag. Von dort emigrierten sie Anfang 1937 nach Brasilien. Aufgrund der schweren Mißhandlungen in Sachsenburg wurde Dr. Jacoby in der Folgezeit oftmals operiert. Im Alter von 53 Jahren starb er am 10. November 1946 in Rio de Janeiro und wurde auf dem Friedhof São Francisco Xavier beigesetzt.[84]

Der Arzt Dr. Kurt Boas, der wegen der Beziehung zu einer »arischen« Verkäuferin belangt worden war, wurde ebenfalls aufs Schwerste misshandelt. Auf die Verhaftung im April 1935 folgten mehrere Monate Schutzhaft in Sachsenburg. Diese hätte ihn angeblich davor bewahrt, von der vor seinem Hause in Crimmitschau angesammelten Menschenmenge getötet zu werden, wie im »Stürmer« im Juni 1935 zu lesen war.[85] Dr. Boas hätte sich jahrelang »deutschblütigen« Patientinnen gegenüber in der schamlosesten Weise benommen, war darüber hinaus in dem Nürnberger Hetzblatt behauptet worden. »Auf ein paar Jahre« würde er ins Zuchthaus wandern.[86]

Die Schutzhaft, die am 15. April 1935 begonnen hatte, war für den unverheirateten Berliner Arztsohn mit unglaublichen Torturen verbunden. Er wurde mehrfach mit »strengem Arrest« bestraft, u. a. fünf Tage im August 1935. Nach einem Jahr Haft war ihm am 6. April 1936 vom Lagerkommandanten Bernhard Schmidt »zufriedenstellendes Verhalten« bescheinigt worden, jedoch wäre er noch nicht »reif zur Entlassung«.[87] Alle drei Monate hatten die Lagerkommandanten damals einen Führungsbericht an das Geheime Staatspolizeiamt in Berlin senden müssen, in denen das Verhalten der Häftlinge bewertet wurde.

Josef Kurz, auch ein ehemaliger Häftling, gab im September 1968 zu Protokoll: »Soweit mir noch erinnerlich ist, wurde im April ein aus [Crimmitschau – d. Verf.] stammender jüdischer Arzt, Dr. Boas, eingeliefert. [...] Sofort nach seiner Einlieferung musste er auf dem Appellplatz Steineklopfen, wobei er von einem SS-Mann beaufsichtigt wurde. [...] Beim Steineklopfen lief ihm das Blut von den Fingern. Wahrscheinlich hatte sich durch die ihm ungewohnte Arbeit bei ihm die Haut von den Händen gelöst. – An einem Tage bin ich Zeuge gewesen, wie er bei der Arbeit zusammengebrochen ist. Er wurde daraufhin von Kriminellen auf eine Schubkarre geladen und nach dem Appellplatz gefahren. Auf dem Wege dorthin wurde er von der Schubkarre in die Pfützen gekippt, durchgezogen und wieder aufgeladen. So ging es weiter durch jede Pfütze mit ihm. – Als er bewusstlos war, wurde er nach dem Aufenthaltsraum gebracht und auf eine Bank gelegt. Mir ist bekannt, dass Dr. Boas mehrere Tage lang derartig misshandelt worden ist. Soweit ich mich erinnern kann, ist er nach etwa einer Woche aus dem Lager verschwunden. Ob er im Lager umgekommen ist, kann ich nicht angeben, diese Möglichkeit besteht jedoch.«[88]

Dr. Boas gehört jedoch nicht zu den ermordeten Häftlingen, obwohl dies noch immer in aktuelleren Forschungen behauptet wird.[89] Die Entlassung erfolgte auf alle Fälle nach einem weiteren, achttägigen Arrest im September 1936, wie aus überlieferten Papieren hervorgeht.[90] Nach seinem Martyrium zog der Arzt zunächst zu Verwandten nach Berlin und konnte möglicherweise später nach Südamerika auswandern. Er soll aber nach Auskunft von Hugo Gräf im Lager »zum Idioten«[91] geworden sein.

82 Hubert Lang, Zwischen allen Stühlen. Juristen jüdischer Herkunft in Leipzig (1848–1953), Leipzig 2014, S. 394 f. **83** Wolff, Bericht, S. 4. **84** Auskunft von Yvonne Stern (Brasilien), 11. 2. 2018. **85** Jüdischer Arzt als Rassenschänder. In: Stürmer, Nürnberg vom 13./14. 4. 1935, siehe auch: Der Jude schändet weiter. In: Stürmer, Nürnberg, Nr. 25, Juni 1935. **86** Ebd. **87** Konzentrationslager Sachsenburg, Beurteilung von Häftlingen, Kurt Boas (ITS Archives, Bad Arolsen). **88** Zeugenvernehmung von Josef Kurz zum KZ Sachsenburg, 20. 9. 1968 (BStU, Archiv der Zentralstelle, MfS HA IX/11, RHE-West 164/1). **89** Vgl. Kim Wünschmann, Before Auschwitz. Jewish Prisoners in the Prewar Concentration Camps, Cambridge (MA) und London 2015, S. 155. **90** Konzentrationslager Sachsenburg, Beurteilung von Häftlingen, Kurt Boas (ITS Archives, Bad Arolsen). **91** Gräf, Sachsenburg.

Familiengrabstätte Wertheim auf dem Städtischen Friedhof in Meerane, 2008

Stadtverwaltung Meerane

Drastische Worte! Bereits andere Mithäftlinge hatten sich so geäußert: So Ernst Leuschke, der bei seiner Vernehmung zu Protokoll gegeben hatte: »Der Frauenarzt Dr. Boas saß schon seit zwei Jahren an diesem Steinhaufen. Er war nur noch ein menschliches Wrack, das irre vor sich hin glotzte und zur Begleitung seiner Arbeit von früh bis abends die Worte: ›Ich bin der Dr. Boas aus Crimmitschau, das gottverfluchte Judenaas, die Judensau!‹ sagen musste.«[92] Paul Wolff erinnerte sich im Sommer 1936: »Dieser Dr. Boas war z. Zt. meines Dortseins durch erlittene Behandlung nicht mehr in vollem Besitz seiner geistigen Kräfte und verfiel einem langsamen Irresein.«[93] Alfred Barthel (Dresden) wiederholte Leuschkes Aussage, und dies Wort für Wort.[94]

Der Würzburger Medizinhistoriker Andreas Mettenleiter hat 2015 einen Aufsatz über den Crimmitschauer Arzt in der Fachzeitschrift »Aktuelle Dermatologie« veröffentlicht.[95] Er widerlegte darin nicht nur die Behauptung von Sven Eppinger, Dr. Boas wäre 1939 nach England ausgewandert, sondern stellte auch eine vermutete Auswanderung nach Südamerika in Frage.[96] Er berief sich dabei auf die Aussage von Kurts Schwester Klara Schneider, die im Jahr 1958 in einem Interview berichtete, dass ihr Bruder Opfer des Nationalsozialismus geworden wäre.[97]

Paul Wolff erinnerte sich im Exil an zwei »Todesfälle« in Sachsenburg: Neben den Umständen, die zum Tode von Dr. Max Sachs führten, beschrieb er das Martyrium des 42-jährigen, etwas körperlich missgebildeten Kaufmanns Willy Wertheim: »Er wurde beim Steineklopfen von der SS-Bewachung derart schikaniert, indem man ihn sogenannten Sport treiben ließ, an der Erde herumkriechen, dass beide Arme stark anschwellten. Er lief immer zum Kommandanten, man solle ihn zum Arzt schicken, doch jagte ihn dieser Herr [Dr. Friedrich Gebhardt – d. Verf.] immer leicht amüsiert weg, am dritten Tage war es so schlimm, dass man ihn im Krankenauto nach dem Chemnitzer Kreiskrankenhaus brachte, wo er am [11. September 1935 – d. Verf.] an Blutvergiftung im Beisein seiner Eltern verstarb.«[98]

Auch im Jahr 1936 wurden jüdische Häftlinge aus Mitteldeutschland nach Sachsenburg verlegt. So Max und Karl Fruchtmann, zwei Brüder aus Meuselwitz, die am 10. Juli 1936 in ihrer Geburtsstadt verhaftet worden waren. Grund dafür sollen laut Auskunft von Christian Repkewitz »politische Aktivitäten« gewesen sein.[99] Am 10. August 1936 wurden die Brüder dem Dentisten Gerth aus Frankenberg »vorgeführt«, der an diesem Tage in das Lager gekommen war. Zu den neuen Häftlingen gehörten auch Alfred Händler und Leopold Siegel. Beide mussten sich am 8. Dezember 1936 im Häftlingsrevier beim SS-Untersturmführer Dr. Werner Kirchert,[100] dem neuen Standortarzt, zur obligatorischen »Aufnahmeuntersuchung« einfinden. Horst Wittstock sollte am 12. Dezember 1936 dem erwähnten Dentisten in Frankenberg »vorgeführt« werden, damit dieser ihn behandeln konnte.

Im Februar 1937 wurden auf Veranlassung von Reinhard Heydrich, Chef des Geheimen Staatspolizeiamtes, jüdische Häftlinge aus anderen Lagern in Dachau zusammengefasst. Darunter waren am 8./9. Februar 1937 14 jüdische Häftlinge aus Sachsenburg: Hermann Gottschalk, Leopold Siegel, Alexander Lewy, Karl und Max Fruchtmann, Rudolf Sternberg, Georg Kohn, Wolfgang Gumpert, Horst Wittstock, Erich Lewinsohn, Erich Jacoby, John Siegfried Reich, Bernhard Hoffmann und Alfred Händler.[101] Rudolf Sternberg und Hermann Gottschalk starben im Oktober 1937 in Dachau. Bernhard Hoffmann, die Brüder Fruchtmann,[102] Horst Wittstock, Alexander Lewy und Erich Lewinsohn wurden zwischen März 1937 und März 1938 unter Auflagen entlassen.

92 Zeugenvernehmung von Ernst Leuschke zum KZ Sachsenburg, ohne Datum (BArch, DP 3 Generalstaatsanwalt der DDR, Nr. 1817 Sammelermittlungsverfahren KZ Sachsenburg gegen Hans Haubold v. Einsiedel u. a., Bd. 2, Bl. 305). **93** Wolff, Bericht, S. 4. **94** Zeugenvernehmung von Alfred Barthel zum KZ Sachsenburg, 15. 12. 1964 (BStU, Archiv der Zentralstelle, MfS HA IX/11, RHE-West 164/1). **95** Andreas Mettenleiter, Wer war Kurt Boas (* 1890)? – eine Spurensuche zwischen »Kriminalanthropologie«, Dermatologie und Konzentrationslager. In: Aktuelle Dermatologie, Stuttgart, 41 (2015) 12, S. 509–516. **96** Sven Eppinger, Das Schicksal der jüdischen Dermatologen Deutschlands in der Zeit des Nationalsozialismus, Frankfurt am Main 2001, S. 67. **97** Mettenleiter, Wer war Kurt Boas?, S. 516. **98** Wolff, Bericht, S. 5. **99** Auskunft von Christian Repkewitz (Altenburg), 2. 2. 2018. **100** Der Arzt und spätere SS-Obersturmbannführer Dr. Werner Kirchert war von November 1937 bis November 1938 Lagerarzt in Buchenwald. Vgl. Ernst Klee, Das Personenlexikon zum Dritten Reich, Frankfurt am Main 2007, S. 310. **101** Listenmaterial Dachau, Ordner 98 (ITS Archives, Bad Arolsen). **102** Die Brüder Fruchtmann wurden im Frühjahr 1937 entlassen und emigrierten zeitnah nach Palästina. Karl Fruchtmann verbrachte in den 1950er-Jahren einige Zeit in London und New York. Im Jahr 1958 kehrte er nach Deutschland (West) zurück und erlernte beim Westdeutschen Rundfunk (Fernsehen) das filmische Handwerk. In der Folgezeit war er als Regisseur, Autor und Filmemacher tätig, u. a. für Radio Bremen. Er starb am 10. 6. 2003 in Bremen.

Damit war der Übergang zur kollektiven »Sonderbehandlung« der jüdischen Häftlinge verbunden. Ihren ersten Höhepunkt hatte diese im Juni 1938 erreicht, als im Rahmen der Aktion »Arbeitsscheu Reich« mehr als 2500 jüdische Männer verhaftet wurden. Gezielte Schlechterstellung, Schikanen und Schwerstarbeit, von denen weder Kranke noch Alte ausgenommen waren, resümierte Jürgen Matthäus, sorgten dafür, dass allein in Buchenwald etwa jeder Zehnte der damals festgenommenen Juden umkam.[103]

Auch in Sachsen verschwanden damals jüdische Männer, die wegen geringster Delikte als vorbestraft galten, in den Konzentrationslagern. Nach vorliegenden Unterlagen wurden 14 Männer in Chemnitz verhaftet und am 14. Juni 1938 nach Buchenwald gebracht, darunter sechs Männer jüdischer Herkunft: Adolf Erich Blumenfeld, Josef Bogopolsky, Lion Braun, Chaim Dataschwili, Julius Flüssig, Georg Neumann und Oskar Steinhardt. Zu den Verhafteten gehörten auch die Leipziger Juden Fritz Kaufmann und Bruno Gerst, die bereits im Sommer 1935 bzw. Winter 1935/36 eine Zeit lang in Sachsenburg in Schutzhaft gewesen waren. Die Männer wurden am 16. Juni 1938 in der Messestadt verhaftet und am 17. bzw. 21. Juni 1938 mit einem Sammeltransport nach Sachsenhausen verlegt.[104]

Die Zentralisation der jüdischen Häftlinge in Dachau wurde in der Folgezeit wieder aufgegeben. Daher wurden Alfred Händler, Erich Jacoby, John Reich, Georg Kohn und Wolfgang Gumpert im September 1938 in das Konzentrationslager Buchenwald verlegt. Zu diesem Zeitpunkt war der frühere Kaufmann Adolf Erich Blumenfeld, der bis zu seiner Verhaftung bei seiner verwitweten Mutter in Chemnitz gelebt hatte, bereits »verstorben«. Angeblich hatte er »Selbstmord durch Hineinrennen in den elektrisch geladenen Stacheldraht begangen«.[105] Vielleicht begegneten die früheren Sachsenburger Häftlinge noch dem früheren Kaufmann Georg Neumann, bevor dieser am 7. Oktober 1938 in Buchenwald »verstarb«.

Wolfgang Gumpert wurde am 6. Dezember 1938 entlassen. Die übrigen Häftlinge blieben teilweise bis zum Herbst 1942 in Buchenwald. Erich Jacoby wurde am 29. Februar 1940 an das Gerichtsgefängnis Weimar überstellt. Ihm gelang in der Folgezeit die Emigration nach Kanada. Mit seiner Ehefrau Stefanie lebte er fortan in der Provinz Quebec. Georg Kohn wurde am 13. März 1942 nach Ravensbrück verlegt, von dort wurde er am 8. August 1942 in das Konzentrationslager Sachsenhausen überstellt. Alfred Händler, der aus Berlin stammte, wurde im Frühjahr 1942 Opfer der geheimen Mordaktion »14f13« in Bernburg. Gemeinsam mit Chaim Dataschwili wurde er im März 1942 in der T4-Anstalt an der Saale ermordet. John Reich »starb« am 16. Oktober 1942 in Buchenwald.[106]

EPILOG

Das Schicksal der jüdischen Häftlinge in Sachsenburg wird solange im Fokus der Forschungen stehen, bis endgültige Klarheit über die Identität aller jüdischen Häftlinge herrscht. Im Ergebnis der vorliegenden Studie kann davon ausgegangen werden, dass die Zahl der jüdischen Häftlinge im Konzentrationslager Sachsenburg zwar unter 100 liegt, jedoch 54 übertrifft. Es kann von über 70 Personen jüdischer Herkunft ausgegangen werden, die zwischen Mai 1933 und Februar 1937 dort inhaftiert waren.

Ein Blick in die am 29. Januar 2018 vom Bundesarchiv aktualisierte Onlineausgabe des Gedenkbuches »Opfer der Verfolgung der Juden unter der nationalsozialistischen Gewaltherrschaft in Deutschland 1933–1945« zeigt, dass weitere Forschungen unerlässlich sind.[107] So wurde bei 28 Opfern »Sachsenburg« als »Inhaftierungsort« bzw. »Deportationsort« genannt, obwohl es korrekterweise »Sachsenhausen« heißen sollte. Nur bei vier Opfern trifft Sachsenburg tatsächlich zu, und zwar bei Hermann Gottschalk, Dr. Max Sachs, Max Schleifstein und Willy Wertheim. Ein Blick in die Zentrale Datenbank der Holocaustopfer der Gedenkstätte Yad Vashem in Jerusalem lässt beim aufmerksamen Betrachter ein ähnliches Bild entstehen.[108] Die Orte Sachsenhausen und Sachsenburg wurden und werden oft verwechselt. Selbst bei der Verlegung von »Stolpersteinen« in Mittelsachsen im Mai 2008 wurde von Mitarbeitern des Bildhauers Gunter Demnig die Existenz des Konzentrationslagers Sachsenburg angezweifelt.

103 Vgl. Matthäus, Verfolgung, Ausbeutung, Vernichtung, S. 74. **104** Gefangentagebuch (SächsStA-L, 20031 Polizeipräsidium Leipzig, Nr. PP-S 8507). **105** Jürgen Nitsche, Vertreibung und Ermordung der Chemnitzer Juden. In: Nitsche/Röcher, Juden in Chemnitz, S. 152. **106** www.bundesarchiv.de/gedenkbuch; 10. 3. 2018. **107** Ebd. **108** https://yvng.yadvashem.org; 1. 3. 2018.

Konstantin Seifert

MEDIZINER, »RASSENSCHÄNDER«, INTERBRIGADIST

Hans Serelman (1898–1944)

KINDHEIT, JUGEND UND AUSBILDUNG

Hans Serelman wurde als Sohn eines ungarischen Juden und einer reichsdeutschen, orthodox-jüdischen Mutter am 22. Juli 1898 in Berlin geboren.[1] Er erhielt die ungarische Nationalität. Nachdem die Familie noch im selben Jahr nach Wien verzogen war, verstarb sein Vater, der dort als erfolgreicher pharmazeutischer Propagandist tätig war, bereits im Jahre 1903. In der Folge kehrte die Mutter 1904 mit ihren drei Kindern zurück nach Berlin. Serelman wuchs hier als Halbwaise, zusammen mit einer älteren und einer jüngeren Schwester, auf. Seine Kindheit in der stark prosperierenden Reichshauptstadt war gekennzeichnet von häufigen Wohnungswechseln und Anstellungsverhältnissen der Mutter, von einer markanten Zunahme der sozialen Unterschiede in der Bevölkerung, vom Aufschwung in Kunst, Kultur, Technik und Wissenschaft sowie einem Erstarken der Gewerkschafts- und Arbeiterbewegung und auch des Antisemitismus. Seine Mutter heiratete im Zeitraum 1910/11 ein zweites Mal. Dem Antrag seines reichsdeutschen jüdischen Stiefvaters beim Preußischen Innenministerium, ihn als Stiefsohn naturalisieren zu lassen, wurde 1911 nicht stattgegeben.

Als 16-jähriger Schüler engagierte sich Serelman aktiv in der zionistischen Jugendbewegung. Er gehörte zur Generation deutscher Juden, die sich vom Assimilationsgedanken ihrer Väter distanzierten und eine neue, eigene Identität suchten. Durch die Freundschaft mit dem späteren Religionshistoriker Gershom Scholem (1897–1982) wurde er frühzeitig mit Inhalten und Werken des Zionismus, Anarchismus und Marxismus vertraut. Im Jahre 1915 unterzeichnete er gemeinsam mit Scholem und anderen Mitgliedern der Jung-Juda-Gruppe wie Werner Scholem (1895–1940), Harry Heller (1899–1967) oder Erich Brauer (1895–1942) einen nie veröffentlichten Protestbrief an die Jüdische Rundschau. Die Unterzeichner sprachen sich darin vehement gegen die Kriegseuphorie großer Teile der deutschen Judenheit aus.

Hans Serelman beim Eintritt in die Internationalen Brigaden im Rang eines Leutnants und in der Funktion als Chirurg sowie als Agitprop-Offizier, 1937

Monique Moro, San Francisco

Nach seinem Kriegsabitur im Jahre 1917 am Berliner Friedrichs-Gymnasium und noch vor seinem Einsatz im Ersten Weltkrieg, ließ er sich als Medizinstudent an der Friedrich-Wilhelms-Universität zu Berlin immatrikulieren. Der Besuch eines deutschen Gymnasiums eröffnete ihm auch als Reichsausländer die Möglichkeit, an einer deutschen Universität zu studieren und in der Folge eine deutsche Approbation anzustreben. Serelman diente in den Kriegsjahren 1917/18 als Offizier in der K.-u.-k.-Armee Österreich-Ungarns. Sein konkreter Einsatzort ist bis heute nicht bekannt. Ab Oktober 1918 begann Serelman sein Medizinstudium an der Berliner Universität. Unter bekannten Medizinern der damaligen Zeit, wie zum Beispiel Moritz Borchardt (1868–1948) oder Hermann Strauss (1868–1944), gedieh ihm eine qualitativ hochwertige, fachlich umfassende und wissenschaftlich moderne ärztliche Ausbildung an. Nach seinem bestandenen Staatsexamen 1922/23 absolvierte er 1924/25 sein praktisches Jahr an der II. Medizinischen Klinik der Berliner Charité unter der Leitung von Friedrich Kraus' (1858–1936). 1925 erlangte er die deutsche Approbation als praktischer Arzt sowie seinen Doktortitel.

Im Anschluss profilierte sich Serelman als Chirurg. Er arbeitete zwischen 1925 und 1929 fast ausschließlich auf diesem Gebiet als Assistenzarzt in verschiedenen Berliner Kliniken sowie bei mehreren niedergelassenen Ärzten in Preußen. Im Herbst 1929 fuhr er als Schiffsarzt für die Hapag nach Südamerika und wurde nach seiner Rückkehr 1930 als

1 Alle Angaben nach Konstantin Seifert, Mediziner, »Rassenschänder«, Interbrigadist…? Hans Serelman – Der deutsche Arzt des Maquis, Berlin 2018.

1. Assistent im Kreiskrankenhaus Köthen/Anhalt angestellt. Im Januar 1931 eröffnete er seine eigene Allgemeinpraxis als Impf- und Schularzt mit selbstständiger mittelchirurgischer Tätigkeit in Niederlungwitz bei Glauchau/Sachsen. Seine Beliebtheit in der dortigen Bevölkerung war bemerkenswert hoch.

Mit Beginn seines Studiums im Jahre 1918 engagierte sich Serelman nicht mehr zionistisch, sondern militant kommunistisch. Was konkret diese abrupte Wendung in seinem Leben auslöste, bleibt Spekulation. Vermutlich war Serelman schon Teilnehmer der Märzunruhen an der Ruhr. Er trat im Jahre 1921 der KPD und nachfolgend einigen ihrer Nebenorganisationen bei. Radikal setzte er sich gemeinsam mit anderen Mitgliedern einer kommunistischen Studentengruppe an der Berliner Universität, wie zum Beispiel den deutschen Trotzkisten Wilhelm Markstahler (1899–1944) und Alexander Müller, für soziale Gerechtigkeit und Bildungsfreiheit ein und protestierte energisch gegen die sich in der Weimarer Republik zunehmend verstärkenden nationalistischen und antidemokratischen Tendenzen. Im Jahre 1923 wurde er Mitglied des Militärpolitischen Apparates (M. P.) der KPD. Sein radikales kommunistisches Engagement führte für ihn u. a. 1923/24 zu einer sechswöchigen Haftstrafe und 1925 zur Ablehnung seines zweiten Antrages, deutscher Staatsbürger zu werden.

Im Jahre 1926 protestierte er gemeinsam mit ca. 150 Intellektuellen Deutschlands und Europas, wie zum Beispiel Heinrich Zille (1858–1929), Käthe Kollwitz (1867–1945), John Heartfield (1891–1968) oder Egon Erwin Kisch (1885–1948) gegen den Terror Benito Mussolinis (1883–1945) in Italien.

Serelman heiratete 1930. Seine Frau war ebenfalls Mitglied der KPD. Er selbst besaß seit 1921 laut Optionsrecht des Staatsvertrages von Saint-Germain-en-Laye die österreichische Bundesbürgerschaft und erhielt im Juni 1933 sein österreichisches Heimatrecht in der Gemeinde St. Pölten.

NATIONALSOZIALISTISCHE VERFOLGUNG

Mit dem Machtantritt der Nationalsozialisten in Deutschland im Januar 1933 geriet Serelman sowohl als Jude als auch als Kommunist ins Visier des politischen Gegners. Seine über die Grenzen von Niederlungwitz hinaus geachtete ärztliche Tätigkeit wurde zunehmend eingeschränkt. Am 1. April 1933 war seine Praxis vom deutschlandweiten Judenboykott betroffen. Im Mai 1933 wurde er gezwungen, seine Religionszugehörigkeit in den Meldeunterlagen von »religionslos« in »israelitischer Religion angehörig« zu ändern. Ende 1933 kündigte ihm der Kirchenvorstand von Niederlungwitz das Mietverhältnis für seine ärztliche Praxis in der Kirchenschule. Serelman eröffnete im Januar 1934 seine Praxis an anderer Stelle in Niederlungwitz neu. Ab 1. April 1934 unterlag er selbst dem »Verbot der Tätigkeit für ›nicht arische‹ und kommunistisch verdächtige Kassenärzte«. Zur Aufrechterhaltung des Praxisbetriebes stellte er einen Assistenzarzt ein.

Hans Serelman, vier Tage nach seiner Beurlaubung aus dem KZ, umgeben von Geschenken seiner Freunde und Patienten, 13.2.1935

Rolf Polster, Niederlungwitz

Um das Leben einer Gebärenden angesichts drohender Verblutung zu retten, übertrug Serelman dieser »Arierin« am 14. Juli 1934 im Nachbarort St. Egidien sein eigenes Blut. Die Patientin verstarb dennoch am gleichen Tag. Er selbst wurde am 24. Juli 1934 von der Gestapo verhaftet. Ob dieser Vorgang infolge seiner Blutübertragung rassenideologische oder aufgrund seiner kommunistischen Betätigung eher politische Gründe hatte, bleibt ungeklärt. Gerichtsdokumente weisen eher auf Letzteres hin.

Serelman war nach eigenen Aussagen ab 1933 Agitationspropagandaleiter der KPD im Bezirk Glauchau. Inwiefern er in die damit verbundene und von ihm selbst erwähnte ausgedehnte illegale Tätigkeit verstrickt war, ist nicht nachzuweisen. Zwischen März und April 1934 wurden weite Bereiche der KPD-Strukturen im Bezirk Glauchau zerschlagen. Eine daraus folgende Denunzierung Serelmans ist denkbar, aber zur Zeit nicht beweisbar.

Er selbst wurde nach seiner Verhaftung in das KZ Hohnstein bzw. weiter in das KZ Sachsenburg verbracht. Dort büßte er u. a. gleichzeitig mit Walter Janka (1914–1994) eine mehrmonatige Haftstrafe ab. Als Häftlingsarzt soll er illegal Häftlinge wie auch auf Geheiß von Lagerärzten den Lagerleiter operiert haben. Am 9. Februar 1935 wurde Serelman, angeblich in Folge eines Suizidversuches und darauf folgende Proteste aus der Bevölkerung, »beurlaubt«. In Niederlungwitz empfingen ihn Teile der Bevölkerung »triumphal«.

Nach Auseinandersetzungen mit allen Behörden und der steigenden Gefahr, im Zuge der Nürnberger Gesetze erneut ins KZ verbracht zu werden, floh er am 22. September 1935 aus Deutschland über Karlsbad nach Prag. Dort meldete er sich bei der Kommunistischen Partei der Tschechoslowakei (KPČ), war aber politisch nicht aktiv.

Am 20. Oktober 1935 erschien in der »New York Times« der Artikel »Says transfusion can't alter race«, der das Schicksal Serelmans aus Niederlungwitz schilderte und es in direkten Zusammenhang mit der Rassenpolitik in Deutschland brachte. Der unbekannte Autor, der behauptete, Serelman sei wegen der »Verunglimpfung der deutschen Rasse« ins KZ gekommen, bezog sich in seiner Darstellung der Vorgänge auch auf Äußerungen Lothar Loefflers (1901–1983), der eine Rassenveränderung durch Blutübertragung ausgeschlossen haben soll. Wer den Artikel schrieb und in die USA telegrafierte, bleibt ebenfalls ungeklärt.

Serelman verzog Ende 1935 nach Wien, wo er unter anderem als Propagandist für ein Pharmaunternehmen und als Gutachterarzt für eine Versicherung tätig war. Seine Frau folgte ihm Anfang 1936 aus Deutschland. Nach dem gescheiterten Versuch, über die jüdische Auswanderungsorganisation HIAS in die USA zu immigrieren, meldete er sich im Juli 1936 bei der Kommunistischen Partei Österreichs (KPÖ) mit dem Wunsch am Spanischen Bürgerkrieg teilnehmen zu können. Erst Anfang April 1937 wurde diesem Ansinnen stattgegeben und Serelman reiste Mitte des Monats über Paris nach Spanien.

IM SPANISCHEN BÜRGERKRIEG

Hans Serelman traf als freiwilliger Teilnehmer des Spanischen Bürgerkrieges und Mitglied der Internationalen Brigaden am 27. April 1937 in Albacete, der Basis der Internationalen Brigaden, ein. Er wurde im Rang eines Leutnants dem Thälmann-Bataillon der XI. Brigade zugeordnet. Innerhalb des Internationalen Sanitätsdienstes war er ab 28. April als Chirurg im Hospital No. 1 in Albacete eingesetzt. Laut Zeitzeugen versah er seinen Dienst vorbildlich und ausgesprochen engagiert. In der Funktion eines Agitationspropaganda-Arztes war er an der Schulung und Ausbildung des Pflegepersonals beteiligt. In Folge eines ihm zur Last gelegten ärztlichen Fehlers wurde er mit Operationsverbot belegt und strafversetzt.

Ab Oktober 1937 wirkte Serelman als Leiter der chirurgischen Abteilung des Krankenhauses Villanueva de la Jara. Im Frühjahr 1938 war er als Arzt im Krankenhaus von Benicasim eingesetzt und bei dessen Evakuierung Anfang April 1938 aktiv beteiligt. Im Anschluss arbeitete er als Chirurg im Hospital No. 1 von Vich. Dort zeigte er wiederholt hohes ärztliches Geschick. In Albacete, wie auch in Villanueva de la Jara experimentierte Serelman mit der Anwendung von Insulin zur beschleunigten Wundheilung sowie zur begleitenden diätetischen Ernährung und homöopathischen Behandlung der Verwundeten.

Mit Beginn der Ebro-Offensive begann Serelmans Einsatz als Arzt an der Front im Gebiet um die katalanische Kleinstadt Gandessa. Wiederholt bestätigen Zeitzeugenberichte seinen engagierten Einsatz als Chirurg unter schwierigsten Bedingungen. Ab August 1938 wurde er in die XV. Internationale Brigade, die amerikanische Brigade, korporiert und diente nach seinem Fronteinsatz wiederholt als Arzt im Hospital von Vich.

Wie alle Mitglieder der Internationalen Brigaden stand auch Serelman unter Beobachtung des kommunistischen Geheimdienstes. Seine ab Herbst 1938 innerhalb der Parteizelle Plano Mayor immer heftiger geäußerte politische Kritik gegenüber dem Verhalten der KPČ und der Sowjetunion führte dazu, dass man ihm politische Unzuverlässigkeit und ungenügendes politisches Engagement bis hin zum Trotzkismus vorwarf. Durch einen Kameraden und früheren Mithäftling im KZ Sachsenburg, Ernst Eduard Cohn (1901–1944), wurde er als politisch unzuverlässig, als geistig und körperlich verwahrlost denunziert und von anderen Befragten als »Wirrkopf, Intellektueller« und »Spinner«, gar als »Morphinist« bezeichnet. Im Januar 1939 stimmte seine Parteizelle einem Parteiausschlussverfahren gegen ihn zu. Aufgrund der militärischen Räumung Kataloniens bleibt es fraglich, ob der Antrag beim ZK der Spanischen Kommunistischen Partei (PCE) je bearbeitet wurde.

Wie viele Interbrigadisten aus damals faschistisch und nationalsozialistisch regierten Ländern konnte Serelman nach dem Sieg Francos weder in Spanien bleiben noch in seine Heimat zurückkehren. So übertrat er im Februar 1939 mit tausenden anderen ehemaligen Kämpfern der Internationalen Brigaden die Grenze nach Frankreich. Gemeinsam mit den anderen ehemaligen Interbrigadisten wurde Hans Serelman in der ersten Februarhälfte des Jahres 1939 im französischen Gefangenenlager St. Cyprien, an der südlichen Mittelmeerküste interniert. Als Mitglied der Lagerleitung der KPD soll er mitgeholfen haben, über die ausgesprochen schlechten hygienischen Bedingungen aufzuklären und die chaotische Versorgungssituation zu verbessern. Im April 1939 bat Serelman bei der Lagerleitung der KPD um die Zurücknahme seines Parteiausschlusses. Dieser Bitte soll entsprochen worden sein. Zum Monatswechsel Mai/Juni 1939 wurde Serelman mit anderen deutschen und österreichischen Gefangenen in das Lager Gurs überführt. Er selbst wurde dort als Lagerarzt eingesetzt.

Zwischen Mai 1939 und August 1940 fanden am Landgericht Wien, in Serelmans Abwesenheit, die Scheidungsverhandlungen zu seiner Ehe mit Margarete Serelman statt. Die Ehe wurde nach der damals üblichen Verfahrensweise für sogenannte Mischehen geschieden – keiner der Ehepartner bekam eine besondere Schuld zugesprochen. Bei dem beauftragten Anwalt der Gegenseite handelte es sich um den bekannten Wiener Anwalt und Nationalsozialisten Dr. Erich Führer (1900–1987), der auch als Hauptverantwortlicher für das Enteignungsverfahren gegen den jüdischen Zuckerfabrikanten Ferdinand Bloch-Bauer (1864–1945) gilt.

IN DER FREMDENLEGION UND DER RÉSISTANCE

Im September 1939 meldete sich Serelman freiwillig zum Eintritt in die französische Fremdenlegion, in der er ab Oktober 1939 diente und von November 1939 bis Februar 1940 eine Infanterieausbildung ablegte. Zum Ende des Jahres 1939 lernte er seine spätere, zweite Ehefrau, die deutsche Romanistin Elisabeth Küchler (1904–1965) kennen. Bis Juni 1940 arbeitete Serelman im Sanitätsdienst der Fremdenlegion. In Folge des Angriffs Deutschlands auf Frankreich, Anfang Juni 1940, wurde er aus der französischen Armee ausgeschlossen und Mitte des Monats als Gefangener im Lager le Vernet d'Ariége interniert.

Im Oktober 1940 gelang ihm die Publikation seines medizinischen Fachartikels »L'Insuline dans le Traitement des plaies de guerre« in der französischen Medizinzeitschrift »La Presse Médicale«. Ein Antrag auf Asyl in Mexiko scheiterte im gleichen Monat. Im März des Jahres 1941 heirateten Serelman und Küchler im Rathaus von le Vernet d'Ariége. Serelman wurde danach wiederholt als Lagerarzt in le Vernet eingesetzt. Bittschreiben von ihm und seiner Frau, ihn in die Nähe der südfranzösischen Stadt Pau, wo Elisabeth Serelman-Küchler damals lebte, eventuell in das Lager Gurs zu verlegen, scheiterten aus nicht nachvollziehbaren, oft bürokratisch anmutenden Gründen. Es gelang ihm im Laufe des Jahres 1941, seine wissenschaftliche Publikation über den Einsatz von Insulin bei Kriegsverletzungen, als Buch beim Pariser Masson-Verlag herauszugeben. Im September 1942 wurden Serelmans Mutter und sein Stiefvater nach Theresienstadt deportiert.

Im Juni 1943 korporierte man Hans Serelman in eine Arbeitskompanie für Ausländer und Juden, in eine GTÉ. Aus dieser Formation flüchtete er im zweiten Halbjahr 1943 im Gebiet des südfranzösischen Jurançon und schloss sich der kleinen Résistancegruppe Maquis du Bager um ihren Anführer Etienne Martin (1910–1993) aus Oloron-Sainte-Marie an. Serelman starb in den Morgenstunden des 19. Juni 1944 in einem Rückzugsgefecht gegen deutsche Truppen, ein paar Kilometer südöstlich von Oloron. Er kann bisher als einziger deutscher Arzt im aktiven Kampf der französischen Résistance gegen die deutschen Besatzer gelten.

Gerald Hacke

ALS ZEUGE JEHOVAS IM KZ SACHSENBURG

Hermann Dietze (1901–1938)

EINLEITUNG

Verfolgung, Leiden und Widerstehen von Angehörigen der Zeugen Jehovas während der nationalsozialistischen Diktatur sind seit den 1990er-Jahren verstärkt in die Öffentlichkeit gerückt.[1] Da verwundert es, dass bis heute keine umfassende Monografie über die Zeugen Jehovas als Häftlingsgruppe in den Konzentrationslagern (KZ) einschließlich der sogenannten frühen KZ existiert.[2] Das liegt nicht zuletzt an der noch immer dürftigen Materiallage. Auf validen qualitativen und quantitativen Quellen beruht bislang allein die Studie von Hans Hesse und Jürgen Harder über die Zeuginnen Jehovas in den Frauen-KZ Moringen, Lichtenburg und Ravensbrück.[3]

Auch Geschichte der Häftlingsgruppe im KZ Sachsenburg ist bislang weitgehend unerforscht.[4] Ausführliche Häftlingsberichte aus den Reihen der Glaubensgemeinschaft, wie sie für das KZ Esterwegen von Otto Hartstang und Arthur Winkler vorliegen,[5] sind für das KZ Sachsenburg nicht bekannt. Einige besonders eindrückliche Situationsbeschreibungen

1 Insbesondere ausgelöst und vorangetrieben durch Detlef Garbe, Zwischen Widerstand und Martyrium. Die Zeugen Jehovas im »Dritten Reich«, München 1993. In diesem Aufsatz wird auf die 4. Auflage von 1999 zurückgegriffen. **2** Zuletzt beklagt von Hans Hesse, Von Anfang an ein »besonderes Hassobjekt«. Zeugen Jehovas in den frühen Konzentrationslagern. In: Jörg Osterloh/Kim Wünschmann (Hg.), »... der schrankenlosesten Willkür ausgeliefert«. Häftlinge der frühen Konzentrationslager 1933–1936/37, Frankfurt am Main/New York 2017, S. 269–289, hier S. 274 f. **3** Hans Hesse/Jürgen Harder, »Und wenn ich lebenslang in einem KZ bleiben müsste ...«: Die Zeuginnen Jehovas in den Frauenkonzentrationslagern Moringen, Lichtenburg und Ravensbrück, Essen 2001. **4** Die inzwischen der Forschung zugänglichen Bestände zum KZ Sachsenburg im Archiv des Internationalen Suchdienstes in Bad Arolsen (ITS) harren noch einer systematischen Auswertung. Für diesen Aufsatz konnten nur einzelne Dokumente berücksichtigt werden. Ich danke Dr. Henning Borggräfe (ITS) und Anna Schüller für die Unterstützung. **5** Bericht von Otto Hartstang, 21. 12. 1935, Hemstede (Niederlande) (WTA, DOK 21/12/35), abgedruckt in Das Goldene Zeitalter, 1. 9. 1936, S. 6; Arthur Winkler, Im Konzentrationslager Esterwegen. In: Trost, 5. 2. 1938, S. 12–13, abgedruckt in Sibyl Milton, Die Zeugen Jehovas und die historische Dokumentation. In: Hans Hesse (Hg.), »Am mutigsten waren immer wieder die Zeugen Jehovas«. Verfolgung und Widerstand der Zeugen Jehovas im Nationalsozialismus, Bremen 1998, S. 160–176, hier S. 165–168.

Vier Mitarbeiter aus dem Meisteratelier von Prof. Paul Börner:
Fritz Gottschling, Gerhard Schiffner, Hermann Dietze, Willy Jähnig (v. l. n. r.), 1928

Staatliche Porzellan-Manufaktur Meissen GmbH, Historische Sammlungen, FA 455

wurden in Publikationen des politischen Exils aufgenommen.[6] Auch die Zeugen Jehovas selbst sammelten Informationen über die Verfolgung im Reich,[7] darunter auch einige wenige mit Bezug zum KZ Sachsenburg.

Der nachfolgende Aufsatz ist sich dieses Umstandes bewusst. Er fasst die Informationen über die Zeugen Jehovas im KZ Sachsenburg zusammen und stellt diese in einen Zusammenhang mit der Rolle, die das Instrument der Schutzhaft für die Verfolgung der Religionsgemeinschaft in Sachsen bis etwa 1937 spielte. Die Schilderung verläuft entlang des Lebensweges eines Meißner Zeugen Jehovas. Hermann Dietze, dessen Biografie sich aus familiären Erinnerungen, Justizakten, Briefen und Dokumenten aus der Schutzhaft sowie Informationen aus dem Geschichtsarchiv der Zeugen Jehovas relativ gut rekonstruieren ließ, war in seiner Glaubensgemeinschaft nicht besonders exponiert. Da er bereits frühzeitig in das Räderwerk der Repression geriet, eignet sich sein Erleben, den Verlauf dieser Verfolgung, ihre Brüche und Eskalation zu verdeutlichen. Es ist kein exklusiver Weg, sondern steht pars pro toto für den vieler seiner Glaubensgeschwister.

PORZELLANMALER, MUSIKER UND BIBELFORSCHER

Hermann Dietze wurde am 20. Juli 1901 im vogtländischen Auerbach geboren. Sein Vater, ein Konzertmeister, unterrichtete ihn von frühester Kindheit an im Geigen- und Klavierspiel.[8] Er wurde Porzellanmaler in Meißen, wo er auch seine Frau Rosina kennen lernte. Beide hatten zwei Söhne. Seinen Schwiegereltern gehörte ein kleines Kino am Hahnemannsplatz, in dem Hermann Dietze nebenberuflich Stummfilme am Klavier begleitete. Sein Sohn Ludwig erinnert sich an ein offenes Elternhaus, in dem regelmäßig musiziert wurde.

Der damalige Direktor der Staatlichen Porzellanmanufaktur Meißen, Max Adolf Pfeiffer, richtete 1923/24 zwei Meisterateliers ein. Zu den sechs besten Nachwuchsmalern, die dem Atelier unter Paul Börner zugeteilt wurden, gehörte Hermann Dietze. Das ambitionierteste Ziel, das sich das Team stellte, war die Herstellung eines Glockenspiels aus Porzellan. Hermann Dietzes musikalisches Verständnis war bekannt, 1925/26 unterbrach er für ein Jahr seine Arbeit in Meißen, um in Dresden bei zwei Musikpädagogen Harmonielehre, Klavier sowie Violine zu studieren. So ausgerüstet gelang 1927 zusammen mit Paul Börner die Herstellung eines 37-teiligen Glockenspiels, Hermann Dietze stimmte die Glocken chromatisch über drei Oktaven. Am 1. Juni 1929 wurde das Glockenspiel in der Meißner Frauenkirche eingeweiht. Hermann Dietze spielte am Handapparat. Ein zweites, parallel hergestelltes Glockenspiel kam am 23. August 1930 im Sonderpavillon des Dresdner Anzeigers während der Internationalen Hygieneausstellung 1930/31 zur Einweihung. Dieses 40-teilige Glockenspiel wurde dann 1933, vorher neu eingestimmt durch Hermann Dietze, im Sophientor des Dresdner Zwingers installiert.

Im Elternhaus war Hermann Dietze christlich geprägt worden. 1927 trat er aus der Kirche aus und ließ sich bei den Ernsten Bibelforschern (seit 1931 Zeugen Jehovas) taufen. Eine höhere Funktion schien er in seiner Ortsgruppe nicht eingenommen zu haben. Wie jeder aktive Zeuge Jehovas war er Prediger,[9] 1929 soll er Kassierer gewesen sein.[10] Die

6 Z. B. Der Strafvollzug im III. Reich. Denkschrift und Materialsammlung. Hg. von der Union für Recht und Freiheit, Prag 1936 oder der Bericht über den Terror gegen die illegale Opposition, der in den Deutschland-Berichten der Sozialdemokratischen Partei Deutschlands (Sopade) (1934–1940, 4 [1937] 5, Mai 1937, Teil A Nachrichten und Berichte, S. 705–709) auch auf die Lage im KZ Sachsenburg einging. **7** Die Zeitschriften der Zeugen Jehovas »Der Wachtturm« und »Das Goldene Zeitalter« (später »Trost«) berichteten über die Misshandlungen der eigenen Glaubensgeschwister, aber auch über das Schicksal der Juden und – wenn auch im geringeren Maße – über das von politischen Häftlingen. Das 1936/37 gesammelte Material fand sowohl in zwei reichsweit verteilten Flugblättern als auch für das von der Glaubensgemeinschaft in einem neutralen Verlag herausgegebene Buch von Franz Zürcher, Kreuzzug gegen das Christentum. Moderne Christenverfolgung: Eine Dokumentensammlung, Zürich 1938, Verwendung. **8** Wenn nicht anders angegeben, stammen die biografischen Angaben aus Ludwig Dietze, Auskunft aus den Akten. Erlebtes und Bedenkliches aus der Lebensgeschichte eines Meißners. In: Meißner Tageblatt, Beilage Mensch, Zeit, Welt – Wie geht es weiter?, 2/2003, S. 35–38, sowie ders., Das Glockenspiel meines Vaters. Eine Geschichte anderer Art aus der Adventszeit 1933. In: Mitteilungen 3/2003 des Landesvereins Sächsischer Heimatschutz e. V., S. 32–38. **9** Vgl. Urteil 3. große Ferienstrafkammer bei dem LG zu Dresden (Az 3A 40/33) gg. Fritz Gottschling und Hermann Dietze (Unterlagen aus Privatbesitz [UaP], Kopie im Archiv der Gedenkstätte Münchner Platz Dresden [AGMPD]). **10** Befragung Hermann Dietze am 2. 4. 1935 auf Polizeiwache 1 in Meißen (SächsStA-D, 11027 SG Freiberg, Kms/SG 135/35, Bl. 35 f.).

Glaubensgemeinschaft erregte in den 1920er- bzw. 1930er Jahren gleichermaßen Aufsehen bei den christlichen Großkirchen als auch bei der (völkischen) Rechten. Als Sondergemeinschaft setzte sie sich von christlichen Konkurrenten ab und griff besonders Dogmatik und Außenwirkung der etablierten Gemeinschaften an. Als Bibelfundamentalisten hegten die Zeugen Jehovas Sympathien für das jüdische Volk und akzeptierten das Alte Testament als gleichberechtigten Teil der Heiligen Schrift, was sich auch in der Wertschätzung des – in dieser Schreibweise allerdings verballhornten – Gottesnamens »Jehova« zeigte. Zudem ging die Vereinigung als internationale Gemeinschaft auf Distanz zu nationalistischen und militaristischen Tendenzen. Eine seit 1929 geltende biblische Auslegung, wem die Gläubigen als »obrigkeitlichen Gewalten« (Römer 13, 1–7) Gehorsam schulden, isolierte diese noch weiter von der Gesellschaft: Nicht mehr staatlichen Autoritäten, sondern der Leitung der Religionsgemeinschaft (als Sprachrohr Gottes) galt nun Achtung. Die Konsequenzen waren beträchtlich: Die Gläubigen hielten sich von allen politischen Organisationen fern und wählten nicht mehr. Ebenso verweigerten sie alle Handlungen, die Behörden und ihren Symbolen eine in ihren Augen ungebührliche religiöse Verehrung zuteilwerden ließen.[11]

UNERWARTET VOR GERICHT

Bereits im Frühjahr 1933, wenige Wochen nach Machtergreifung der Nationalsozialisten erfolgten die ersten Verbote; in Sachsen, wo ein beträchtlicher Teil der in Deutschland zu dieser Zeit etwa 25 000 Zeugen Jehovas lebte, am 18. April.[12] Büros sowie Wohnungen bekannter Funktionäre wurden von der Polizei durchsucht, jedoch blieben Übergriffe wie im Arbeitermilieu aus. Die Anhänger der Religionsgemeinschaft hielten sich vorerst mit Aktivitäten zurück. Dieses Stillhalten sollte die Bemühungen der deutschen Leitung unterstützen, die Verbotsgründe zu entkräften bzw. das Verbot auf dem Rechtswege anzufechten. Neben Verhandlungen mit Regierungsstellen, die auch von US-amerikanischer Seite unterstützt wurden,[13] ging die Glaubensgemeinschaft mit einem Kongress in Berlin-Wilmersdorf am 25. Juni 1933 auch an die Öffentlichkeit. Zeugen Jehovas aus dem ganzen Reich stimmten einer Petition[14] zu, mit der die Vorwürfe, »Hetze gegen die staatlichen und kirchlichen Einrichtungen« zu betreiben und eine »Auffang-Organisation für die verschiedensten staatsfeindlichen Elemente«[15] zu sein, widerlegt werden sollten. Mit anderen Meißner Glaubensgeschwistern fuhr auch Hermann Dietze nach Berlin.[16] Dutzende Exemplare der Petition nahm er mit, um diese bei Rückkehr an maßgebliche Personen des öffentlichen Lebens in Meißen zu versenden. Er hatte die Hoffnung, dass »diese in der Lage gewesen sein könnten, die getroffenen Regierungsmaßnahmen aufzuheben«.[17]

Hermann Dietze, der bei den Postsendungen auch seine Adresse angegeben hatte, kam zwei Tage im Amtsgericht Meißen in Haft.[18] Die Staatsanwaltschaft erhob Anklage wegen Übertretung des Betätigungsverbotes. Das Landgericht Dresden sah jedoch im Versand der Protestbriefe keinen Verstoß gegen die Verbotsverfügung und sprach Hermann Dietze sowie seinen Kollegen aus dem Meisteratelier der Porzellanmanufaktur, Fritz Gottschling, am 31. August 1933 frei. Die Revision der Staatsanwaltschaft wurde vor dem 6. Strafsenat des Reichsgerichts am 23. Januar 1934 in Leipzig verhandelt. Die beiden Meißner Bibelforscher wurden beim Schriftverkehr mit dem Gericht vom Rechtsbüro der Wachtturm-Gesellschaft in Magdeburg unterstützt. Dieses vermittelte ihnen auch den prominenten Rechtsanwalt Dr. Karl Kohl.[19]

Das Reichsgericht wies den Revisionsantrag der Oberreichsanwaltschaft gegen das freisprechende Dresdner Urteil aus verfahrensrechtlichen Gründen zurück. Es bestätigte auch die Wertung, dass im Versenden der Protesterklärungen noch keine Zuwiderhandlung gegen das Verbot zu sehen wäre. Die Entscheidung enthielt auch eine über den konkreten Fall hinausgehende Bedeutung. Das Dresdner Landgericht hatte die Frage nach der Wirksamkeit der sächsischen Verbotsverfügung vom 18. April 1933 bejaht, indem es die Glaubensgemeinschaft als bloßen Verein definierte. Das Reichsgericht meinte, der nachweislosen Feststellung des Dresdner Gerichts nicht ohne weiteres beitreten zu können. Allerdings entschloss es sich, der Entscheidung, ob die Zeugen Jehovas ein (religiöser) Verein oder eine Religionsgesellschaft seien, aus dem Wege zu gehen; jedoch nicht ohne zu postulieren, dass das Verbot im Falle, dass diese eine Religionsgesellschaft seien, unwirksam wäre. Der der Reichstagsbrandverordnung[20] (und damit auch dem Bibelforscherverbot) zugrunde liegende Artikel 48 der Weimarer Reichsverfassung erlaubte zwar die Suspendierung der Rechte des Artikels 124 (freie Vereinsbildung), aber nicht die der Artikel 135 (Glaubens- und Gewissensfreiheit) und 137 (freie Bildung von Religionsgesellschaften).

Diese theoretisch anmutende Diskussion barg Brisanz, ging doch das höchste Gericht fast genau nach einem Jahr NS-Herrschaft von der Weitergeltung der Reichsverfassung und von der Existenz unantastbarer Rechte aus. Die mit dem Verfahren gegen Hermann Dietze und Fritz Gottschling angestoßene Diskussion innerhalb der Justiz über die Rechtsgültigkeit des Bibelforscherverbotes dauerte bis in den September 1935, als wiederum das Reichsgericht meinte, dass die vom Gesetzgeber erwartete Staatsgefährdung durch die Zeugen Jehovas deren Schutz durch Artikel 137 der Reichsverfassung ausschlössen.[21]

Für Hermann Dietze hatten diese Entwicklungen kaum Bedeutung, war er doch bereits in Schutzhaft genommen worden.

11 Vgl. Gerald Hacke, Die Zeugen Jehovas im Dritten Reich und in der DDR. Feindbild und Verfolgungspraxis, Göttingen 2011, S. 21–24, 29–35. **12** Vgl. Verbot der Ernsten Bibelforscher, VO Nr. 221 des Sächsischen Ministeriums des Innern (Reichskommissar), 18. 4. 1933, Sächsisches Verordnungsblatt, Nr. 34, vom 19. 4. 1933, S. 251. **13** Die Zweiteilung der Zeugen Jehovas in eine juristische Vertretung bzw. ein Druck- und Verlagshaus und in die eigentliche Glaubensgemeinschaft erschwerte den deutschen Behörden nach 1933 die Durchsetzung des Betätigungsverbotes. Die Glaubensgemeinschaft (Internationale Bibelforscher-Vereinigung, IBV) konnte verboten werden, die in amerikanischem Besitz befindliche Firma Wachtturm Bibel- und Traktat-Gesellschaft mit Sitz in Magdeburg nicht. **14** Abgedruckt in Gabriele Yonan, Jehovas Zeugen. Opfer unter zwei deutschen Diktaturen, 1933–1945 und 1949–1989, Berlin 1999, S. 64–73. **15** Verbotsverfügung des Preußischen Innenministers vom 24. 6. 1933, zitiert in Zürcher, Kreuzzug, S. 75–77. **16** Das am 24. Juni 1933 unterzeichnete Verbot für Preußen war zum Zeitpunkt der Versammlung noch nicht in Kraft. **17** Urteil 3. große Ferienstrafkammer bei dem Landgericht zu Dresden (Az 3A 40/33) gg. Fritz Gottschling und Hermann Dietze (UaP, Kopie im AGMPD). **18** Vgl. Auskunft Geschichtsarchiv der Zeugen Jehovas vom 26. 10. 2016. **19** Vgl. Briefwechsel mit dem Rechtsbüro zwischen dem 21. 8. 1933 und dem 10. 4. 1934 (UaP, Kopie im AGMPD). **20** RGBl. 1933 I, S. 83. **21** Vgl. Urteil des 1. Strafsenats des Reichsgerichts vom 24. 9. 1935 (1 D 235/35) (BArch, R 5101/23415, Bl. 322–326). Die grundsätzliche Geltung der Reichsverfassung wurde dann im Februar 1939 vom Reichsgericht verneint, vgl. Garbe, Widerstand, S. 153 f.

SCHUTZHAFT AUF BURG HOHNSTEIN

Die scheinbare Entspannung – das Vermögen der Wachtturm-Gesellschaft wurde am 29. September 1933 nach Verhandlungen unter dem Vorbehalt des weiter bestehenden Betätigungsverbotes freigegeben[22] – kam im Spätherbst 1933 zu einem Ende. Das Regime verband eine Volksabstimmung über den Austritt aus dem Völkerbund mit einem Votum über die Ergebnisse der »nationalen Revolution«. Die notorisch abstinenten Zeugen Jehovas beteiligten sich wie in den Jahren vorher auch am 12. November 1933 nicht an der Reichstagswahl. Was bei demokratischen Wahlen mit frei konkurrierenden Listen ein Ärgernis sein könnte, gilt bei Wahlen mit akklamatorischem Charakter als Gegnerschaft. Bereits am Wahltag kam es zu Übergriffen auf Nichtwähler. Sowohl in Lichtenstein als auch in Oelsnitz (beide im Erzgebirge) wurden wahlverweigernde Zeugen Jehovas gedemütigt: Da sie »trotz wiederholter Aufforderung [...] ihrer Wahlpflicht nicht genügt[en]« und sich daher »außerhalb der deutschen Volksgemeinschaft gestellt« hatten, wurden mehrere Bibelforscher von SA-Männern durch die Stadt geführt. Sie mussten Plakate mit der Aufschrift »Wir Lumpen (internationale Bibelforscher) haben nicht für Deutschland gestimmt« tragen. Die Ehefrauen der Zeugen Jehovas schlossen sich ihren Männern freiwillig an. Weil sich »seitens der Bevölkerung Missstimmung bemerkbar machte, ordnete die Polizei die Inschutzhaftnahme [...] an«.[23]

In Reaktion auf die vermutete koordinierte Wahlverweigerung ordnete das sächsische Geheime Staatspolizeiamt (Gestapa) am 20. November 1933 die namentliche Feststellung und schriftliche Meldung bekannter Zeugen Jehovas an.[24] Die Häuser dieser Gemeldeten sollten dann im Zeitraum vom 13. bis 19. Dezember 1933 durchsucht und bei Besitz und Verleih von Büchern sowie Briefen, die auf eine Absprache bezüglich des Wahlverhaltens schließen ließen, Schutzhaft angeordnet werden.[25] Ob Hermann Dietze den Polizeibehörden bereits bekannt war oder erst durch das Gerichtsverfahren ins Fadenkreuz geriet, ist unbekannt. Jedenfalls erschien am 14. Dezember 1933, abends 22 Uhr, die Polizei bei ihm, weckte die Bewohner und durchwühlte die Wohnung. Nach dem Fund einer deutschsprachigen Bibelforscherschrift aus der ČSR wurde er sofort inhaftiert.

Bereits am folgenden Tag schrieb er seiner Frau aus dem Konzentrationslager Burg Hohnstein. Darin bat er um geeignete Wäsche, in die Rosina Dietze die Häftlingsnummer 3063 einnähen solle, um etwas Geld sowie Briefpapier und Kuverts.[26] Über die Bedingungen der Schutzhaft im KZ Burg Hohnstein für Hermann Dietze können nur Vermutungen angestellt werden, da die überlieferten Briefe von dort darüber verständlicherweise wenig Auskunft geben. Sein Sohn Ludwig beschrieb es so: »Dort durchlitt er drei Tage Einzelhaft im Bunker zur ›Umerziehung‹ und ein Martyrium beim Straßenbau auf der Serpentine vom Polenztal nach Hohnstein.«[27] Letzteres wird durch einen Brief seines Glaubensbruders Walter Voigt bestätigt: »Aus Deinem letzten Brief an Deine Frau habe ich ersehen, das [sic!] Du jetzt mit an der Strasse arbeitest. Da hast Du ja Licht und Luft aus erster Quelle. Mit dem Geigespielen wird es da wohl eine Weile vorbei sein, aber dafür bekommst Du Muskeln.«[28] Hermann Dietze hat scheinbar seine Frau vor verstörenden Informationen zu bewahren versucht. Er schärfte ihr ein, nicht darauf zu hören, was andere erzählen. »Sie wissen wirklich alle gar nichts! [...] Nur in völliger Demut vor Gott können wir der Situation

GEFANGENE

Herr bleiben.«[29] Er bat um Lebensmittel,[30] erwähnte die Ausgabe der Geschenke der Angehörigen am zweiten Weihnachtsfeiertag und deutete mit der Floskel »Heute haben wir den ganzen Tag an der frischen Luft zugebracht«[31] möglicherweise Strafexerzieren oder -arbeit am 28. Dezember 1933 an.

Rosina Dietze hatte bereits im Dezember vergebliche Gesuche auf Haftentlassung beim Gestapa in Dresden sowie bei dem in Meißen für die Polizei zuständigen Stadtrat Kmoch gestellt.[32] Hilfe kam von unverhoffter Stelle. Die Staatliche Porzellanmanufaktur Meißen hatte Hermann Dietze gleich nach dessen Inhaftierung entlassen. Doch erreichte sie kurz darauf ein weiterer Auftrag für ein 30-teiliges Glockenspiel im Wert von 3500 Mark, der ohne die Mitarbeit des einzigen Fachmanns für das Abstimmen der Glocken hätte abgesagt werden müssen. Von Paul Börner gedrängt, wandte sich die Direktion am 20. Januar 1934 mit der Bitte an Stadtrat Kmoch, »dass Dietze Ende des Monats auf die Zeit für die Durchführung der notwendigen Arbeiten beurlaubt oder entlassen werden kann«. Um das Los ihres wichtigsten Mitarbeiters ging es dabei wenig. Denn es bestand ja die Gefahr, »dass Dietze nach der Entlassung aus dem Konzentrationslager zu einer Porzellanfabrik geht und unser Geistesgut und die Erfahrung in den Porzellanglockenspielen mitnimmt«. Deshalb sei sein Verbleiben in Schutzhaft nur die zweitschlechteste Lösung, »denn solange er in Haft ist, sind wir sicher, dass die Konkurrenz keine Unterstützung erfährt«.[33]

Hermann Dietze kam Ende Januar 1934 aus dem KZ Burg Hohnstein nach fast sieben Wochen frei.

ZWISCHENSPIEL IN FREIHEIT

Zum 1. Februar 1934 wurde Hermann Dietze in der Porzellanmanufaktur »aushilfsweise ohne Kündigungsfrist« eingestellt.[34] Doch bereits an seinem ersten Arbeitstag forderte die NS-Betriebszellen-Organisation, ihm den Zugang zur Manufaktur zu verwehren. Die Wiedereinstellung eines Mannes, der »sich am größten Tage der Nation, nämlich am

22 Vgl. Garbe, Widerstand, S. 111. **23** Stollberger Anzeiger und Tageblatt vom 14. 11. 1933 sowie vom 15. 11. 1933. Darüber berichtete auch Das Goldene Zeitalter Nr. 281, 1. 6. 1934, S. 11. Vgl. auch Personalkarte des KZ Sachsenburg von Arno Bauer aus Planitz, bei dem als Inhaftierungsgrund »Wahlenthaltung« angegeben war (ITS Digital Archive, Bad Arolsen, 1. 1. 37.1/4073287). **24** Vgl. Funkspruch Gestapa Sachsen an die Polizeipräsidien Chemnitz und Leipzig, Polizeidirektionen Zwickau und Plauen und Gendarmeriestationen Zittau und Riesa, 20. 11. 1933 (BArch, ZH, ZA VI/4203, Bl. 161). **25** Vgl. Gestapa Sachsen an die Amtshauptmannschaften, Polizeipräsidien und Stadträte, 6. 12. 1933 (ebd., Bl. 193). **26** Vgl. Brief Hermann Dietze an Rosina Dietze, Hohnstein, Haus 4/Stube 4a, 15. 12. 1933 (UaP, Kopie im AGMPD). **27** Ludwig Dietze, Glockenspiel, S. 35. **28** Brief von Walter Voigt, Meißen, an Hermann Dietze, 13. 1. 1934 (UaP, Kopie im AGMPD). **29** Brief Ludwig Dietze an Rosina Dietze, Hohnstein, Haus 1/Stube 2, 28. 12. 1933 (ebd.). **30** Vgl. ebd. sowie Brief Ludwig Dietze an Rosina Dietze, Hohnstein, Haus 4/Stube 4a, 22. 12. 1933 (ebd.). **31** Brief Ludwig Dietze an Rosina Dietze, Hohnstein, Haus 1/Stube 2, 28. 12. 1933 (ebd.). **32** Vgl. Brief Fritz Gottschling, Dobritz/Meißen, an Hermann Dietze, 26. 12. 1933 (ebd.). **33** Direktorium Staatliche Porzellanmanufaktur Meißen an Stadtrat Kmoch, Meißen, 20. 1. 1934, zitiert in Ludwig Dietze, Auskunft aus den Akten, S. 38. **34** Vgl. Schreiben Direktion Porzellanmanufaktur an Prof. Paul Börner u. a., Meißen, 30. 1. 1934, zitiert in ebd.

12. November [...] bewußt außerhalb der Volksgemeinschaft stellte«, könne bei noch immer arbeitslosen »Alten Kämpfern« nur Verstimmung hervorrufen.[35] Diesem Druck wollte sich die Direktion nicht entziehen und berichtete dem Sächsischen Finanzministerium, dass eine Entlassung des angefeindeten Bibelforschers nicht zu vermeiden sei, zumal die NS-Betriebsvertretung in Aussicht stellte, einen geeigneten Kandidaten für die Übernahme der Arbeiten finden zu können. Diese Suche verlief jedoch im Sande. Um »die größten Schwierigkeiten bei der Herstellung von weiteren Glocken« zu vermeiden, musste man doch von einer Kündigung absehen.[36] Das fertige Glockenspiel – es bestand aus 30 außen blauen und innen goldenen Glocken – wurde am 17. Mai 1934 in der Bremer Böttcherstraße im Beisein von NS-Prominenz eingeweiht.[37] Der »unzuverlässige« Hermann Dietze war, wie bereits im Dezember 1933 am Dresdner Zwinger, zur Präsentation seines Werkstückes nicht eingeladen.

Im Laufe des Jahres 1934 gerieten die Zeugen Jehovas verstärkt mit den Erwartungen der nationalsozialistischen »Volksgemeinschaft« in Konflikt: Auf eine erneute Verweigerung der Teilnahme an einer Volksabstimmung, dem Plebiszit über die Vereinigung der Ämter des Reichspräsidenten und des Reichskanzlers in der Person Hitlers am 19. August 1934, folgten Austritte von Gläubigen aus der Deutschen Arbeitsfront im Anschluss an deren Eingliederung in die NSDAP-Strukturen.[38] Zudem kam es zu nicht wenigen Entlassungen, weil Zeugen Jehovas den insbesondere im öffentlichen Dienst geforderten Hitler-Gruß verweigerten.[39] Nach einigem Zögern beschloss der Präsident der Bibelforscher-Vereinigung, Joseph Franklin Rutherford, eine kompromisslosere Strategie. Diese wurde im September 1934 auf einem in Basel stattfindenden Kongress in Gegenwart von 1000 deutschen Teilnehmern bekräftigt. Die hier angenommene Fortführung des Missionswerkes wurde in Deutschland in Kleinstversammlungen am und nach dem 7. Oktober 1934 bekannt gegeben. Im Anschluss daran wurde von jeder Versammlung ein Schreiben beschlossen und an die Reichsregierung gesandt, in dem angekündigt wurde, »um jeden Preis Gottes Gebote [zu] befolgen« und sich trotz Verbotes auch künftig zu versammeln, »um sein Wort zu erforschen«.[40]

Ob sich die Meißner Zeugen Jehovas, wie an anderen Orten auch, am 7. Oktober 1934 getroffen haben, ist unbekannt. Auf jeden Fall kamen sie seit Ende 1934 wieder in Kleingruppen zusammen, lasen dort aus der Bibel und legten diese Stellen reihum aus. Bis März 1935 erhielt der Gruppendiener genannte Leiter, Walter Voigt, alle zwei bis vier Wochen originale oder vervielfältigte Bibelforscherschriften. Diese zirkulierten dann unter den Anhängern. Hermann Dietze war sich des Risikos wohl bewusst, er verbrannte teilweise diese Abschriften, weil er glaubte, »daß die Polizei eine falsche Auffassung von den Schriften hat, nämlich, daß dies Schriften der Organisation der Bibelforschervereinigung seien und nicht biblische Betrachtungen«.[41]

SCHUTZHAFT IM KZ SACHSENBURG

Obwohl die Meißner Bibelforschergruppe nicht an die Öffentlichkeit getreten ist – zumindest geben die Ermittlungen von Polizei und Staatsanwaltschaft keinen Hinweis darauf –, geriet sie Ende März 1935 ins Visier der Ermittlungsbehörden. Als die Zeugin Jehovas Otilie Kapka auf der Meißner Polizeiwache befragt wurde, gab sie offen Auskunft über ihre Tätigkeit und über Treffen mit anderen Personen, weigerte sich aber standhaft, diejenigen zu benennen, die illegale Schriften bereitstellten.[42] Da auch der Name Hermann Dietzes in der Vernehmung fiel, kam es am 1. April 1935 zu einer Hausdurchsuchung in der Rauhetalstraße 72. Hier fanden die Beamten sechs Kartons mit Büchern der Zeugen Jehovas.[43] Hermann Dietze wurde sofort in Haft genommen.

Nach den Vernehmungen entschied das Amtsgericht Meißen, für keinen der Beschuldigten einen Haftbefehl auszustellen, da weder Flucht- noch Verdunkelungsgefahr bestehe. Dies bedeutete jedoch nicht Freilassung, sondern die Überführung in Schutzhaft. Für den Bereich der Bayerischen Politischen Polizei (BPP) ist diese Praxis in einer Richtlinie überliefert: Alle bei Betätigung aufgegriffenen Bibelforscher sollten, wenn kein Haftbefehl vorlag, für sieben Tage in Schutzhaft genommen werden. Bei ehemaligen Funktionären galt eine Frist von zwei Monaten. Fiel ein Angehöriger der Glaubensgemeinschaft zum wiederholten Male auf, sollte die Schutzhaft in einem Konzentrationslager vollstreckt werden.[44] In Sachsen findet sich für dieses Vorgehen erst im Sommer 1936 ein behördlicher Beleg,[45] die Unterlagen des Sondergerichts Freiberg zeigen freilich, dass bereits seit

35 Schreiben NSBO an Direktion, Meißen, 1. 2. 1934, zitiert in ebd. **36** Schreiben Direktion an SMF, Meißen, 3. 5. 1934, zitiert in ebd. **37** Vgl. Liane Janz, Es schwingt und klingt mal anders (www.weser-kurier.de/bremen/stadtteile/stadtteile-bremen-sued_artikel,-Es-schwingt-und-klingt-mal-anders-_arid,1224688.html; 1. 9. 2017). **38** Durch Verordnung Hitlers wurde die DAF zur »Gliederung der NSDAP« erklärt. Damit entfiel auch das Argument kompromissbereiter Zeugen Jehovas, Mitglied einer wirtschaftlichen und nicht einer politischen Organisation zu sein. **39** Zur Bedeutung des Hitlergrußes für die Zeugen Jehovas vgl. Hacke, Zeugen Jehovas, S. 75–78. **40** Vgl. Garbe, Widerstand, S. 127 f. Abschriften der Predigt sind z. B. enthalten in SächsStA-D, 11027 SG Freiberg, Kms/SG 97/35, Handakte sowie ebd., 5 StA 1783/34. **41** Vernehmungsprotokoll Hermann Dietze, Polizeiwache 1 in Meißen, 2. 4. 1935 (SächsStA-D, 11027 SG Freiberg, Kms/SG 135/35, B. 31 f.). Vgl. auch Vernehmungsprotokoll Walter Voigt (ebd. Bl. 25 f.). **42** Die teilweise oder vollständige Aussageverweigerung durch die Gläubigen führte dazu, dass sie von der Gestapo »verschärft« vernommen, also gefoltert wurden. Die Justiz hat diese Praxis 1937 auch offiziell zur Kenntnis genommen, vgl. Garbe, Widerstand, S. 281–285; Hacke, Zeugen Jehovas, S. 117–121. Welchem Druck die Meißner Zeugen Jehovas bei ihren Verhören unterlagen, ist aus den Akten nicht zu entnehmen. **43** Die Bücher stammten noch aus der Zeit vor dem Verbot und wurden wohl nach der zeitweiligen Vermögensfreigabe in der Hoffnung auf ruhigere Zeiten untergestellt. Nach ihrer Entlassung aus der Strafhaft 1945 erinnerte sich die Meißner Zeugin Jehovas Dora Dreißig, dass Hermann Dietze auch im Kasten der Wäscherolle seines Vaters Literatur versteckte. Dieser Bestand bildete einen ersten Grundstock der lokalen Versammlung nach 1945, vgl. Erinnerungsbericht von Werner Dreißig für die Abteilung »Geschichtsbericht« der Wachtturm-Gesellschaft, o. D. (UaP Lothar Krakies). **44** Vgl. Anweisung der BPP an alle nachgeordneten Behörden vom 23. 9. 1935 (BArch, R 58/264, Bl. 162 f.). **45** In Sachsen ordnete das Gestapa den Schutzhaftbefehl an, danach kam es zur Haftprüfung. Wurde die Untersuchungshaft angeordnet, entschied die Gestapo über die Überführung, wenn kein Haftbefehl erlassen wurde, kam der Gefangene zurück zur Gestapo. Vgl. GStA Dresden an Reichsjustizministerium, 26. 6. 1936 (BArch, R 3001 [alt R22], 1467, Bl. 234 f.).

Anfang 1935 so verfahren wurde. Auch die für Bayern genannte Unterscheidung zwischen einer kürzeren Schutzhaft in Polizeigefängnissen und einer längeren im KZ lässt sich belegen: Von 39 verhafteten Zeugen Jehovas einer Gruppe aus Pirna und Umgebung nahm die Gestapo dreizehn Gläubige nicht in Schutzhaft, elf blieben bis zu vier Wochen in Gewahrsam, wurden dann »eindringlich ermahnt« und darauf hingewiesen, »dass sie bei erneuter Betätigung mit längerer Schutzhaft zu rechnen haben«.[46] Fünf Verhaftete waren bis zu vier Monate in Schutzhaft, während zehn Männer für sechs Monate und länger ins KZ Sachsenburg verbracht wurden.[47] In dieser Aufstellung fällt auf, dass Frauen vorerst milder behandelt wurden als Männer. Nur drei von sechzehn Zeuginnen Jehovas aus diesem Verfahren blieben länger als vier Wochen in Schutzhaft. Nach den ersten Verhaftungswellen sprangen Frauen in die Bresche, ihr Anteil an den Widerstandsaktivitäten näherte sich dem der Männer an.[48] Nun kamen auch Zeuginnen Jehovas häufiger und länger in Schutzhaft. Diese wurde in Polizeigefängnissen wie in Dresden[49] oder in Justizanstalten wie der in Bautzen (Strafanstalt II)[50] und in Zwickau (Gefangenenanstalt II)[51] vollstreckt. Seit 1935 lassen sich auch Überstellungen in das Frauenkonzentrationslager Moringen nachweisen.[52] Hermann Dietze galt als Wiederholungstäter, er kam am 6. April 1935 ins Konzentrationslager Sachsenburg.[53]

Auch wenn bislang keine endgültigen Zahlen vorliegen, kann man konstatieren, dass die Zeugen Jehovas im KZ Sachsenburg eine nicht unbeträchtliche Häftlingsgruppe stellten. Eine Exilschrift benennt für den Sommer 1935 »ca. 400 Bibelforscher in Sachsenburg«.[54] Das würde allerdings bedeuten, dass diese zum angegebenen Zeitpunkt die Hälfte oder mehr der dort Festgehaltenen bildeten.[55] Die Quelle der Zahlenangabe ist nicht bekannt. Möglicherweise war darin eine beträchtliche Anzahl Doppelungen enthalten, waren doch nicht wenige Zeugen Jehovas vor ihrem Prozess und nach ihrer Strafhaft im KZ Sachsenburg. Auch die von den Zeugen Jehovas selbst genannten Zahlen sind nicht einheitlich: Der damalige Leiter des Geschichtsarchivs der Glaubensgemeinschaft nannte 2003 105 Inhaftierte.[56] 2015 bezifferte deren Informationsabteilung die Zeugen Jehovas in Sachsenburg mit 130.[57] Bereinigt von Doppelungen stieß die »Brenner-Gruppe« auf 177 Zeugen Jehovas, die im KZ Sachsenburg inhaftiert waren.[58] Rechnet man die in einer undatierten (Bibelforscher-)Blockliste verzeichneten 202 Zeugen Jehovas[59] und die 16 vom Autor aus Beständen des Sondergerichts Freiberg zusätzlich recherchierten Zeugen Jehovas hinzu, lassen sich momentan bereinigt 368 namentlich bekannte Zeugen Jehovas im KZ Sachsenburg belegen.

Wegen ihrer konsequenten Haltung wurden die Zeugen Jehovas zu einem »besonderen Hassobjekt«[60] der SS-Wachmannschaften. Nicht wenige wollten feststellen, ob der in den Polizeiverhören als unbeugsam charakterisierte Glaube durch körperliche Misshandlungen gebrochen werden könnte. Aus diesem Grund gestalteten sich die an sich schon traumatisierenden ersten Tage und Wochen im Lager[61] für sie in der Regel noch einmal schlimmer. Zeugen Jehovas wurden in den verschiedenen Lagern obligatorisch in die Strafkompanien oder Sondereinheiten eingewiesen. Waren dies im KZ Esterwegen das »Jauchekommando« oder die »Sandkarren«,[62] berichtet die »Union für Recht und Freiheit« für das KZ Sachsenburg, dass »es die Neuankömmlinge, Juden und Bibelforscher von der Sekte der Zeugen Jehovas, [sind,] die in unbeschreiblicher Weise im Steinbruch und der

Kiesgrube beschäftigt werden«. Im Laufschritt, mit primitivsten Werkzeugen mussten die gebrochenen Steine auf Kastenwagen ins Lager gezogen werden. Ohnmächtige Häftlinge wurden liegengelassen, schwerste Erkrankungen in Kauf genommen.[63]

Die eigenen Vorstellungen vom baldigen Weltende und den dabei zu erwartenden Glaubensprüfungen sowie die Abtrennung der Bibelforscher von den anderen Häftlingen durch die SS[64] schufen ein religiöses und solidarisches Binnenklima, das es den Einzelnen ermöglichte, die physische und psychische Marter besser als viele andere KZ-Insassen zu verkraften. Nach den Grundsätzen ihres Glaubens handelnd, ließen es sich die Bibelforscher-Häftlinge nicht nehmen, den Mithäftlingen und teilweise sogar dem Wachpersonal ihre religiösen Vorstellungen und Hoffnungen zu predigen. Die Missionsaktivitäten der Bibelforscher zogen ihre verschärfte Kontrolle als Gruppe nach sich. Im Dezember 1935 ordnete der Lagerführer des KZ Sachsenburg an, darauf zu achten, dass Bibelforscher in ihrer freien Zeit nicht mit anderen Häftlingen sprachen.[65] Eine andere Folge war die 1935/36 eingeführte Kennzeichnung der Zeugen Jehovas mit einem blauen Fleck.[66]

46 Präsident Gestapa Sachsen an Polizeipräsident zu Dresden, 12.2.1935 (SächsStA-D, 10789 Polizeipräsidium Dresden, Nr. 313, Bl. 35). **47** Präsident Gestapa Sachsen an SG Freiberg, 29.10.1935 (SächsStA-D, 11027 SG Freiberg, Kms/SG 156/35, Bl. 76). **48** Vgl. Garbe, Widerstand, S. 503, sowie Renate Riebe, Frauen in Konzentrationslagern 1933–1939. In: Dachauer Hefte, (1998) 14, S. 125–140, hier S. 139. **49** Vgl. die mit Hermann Dietze verhafteten Otilie Kapka und Marie Peschel, Anklageschrift vom 3.8.1935, Js/SG 796/35 (SächsStA-D, 11027 SG Freiberg, Kms/SG 135/35). **50** Z.B. die Zeuginnen Jehovas Minna Schulze, Helen Kischnick, Martha Petrick und Martha Pinkaz, Schreiben des Gendarmeriepostens Kleinsaubernitz an den OStA beim SG Freiberg, 7.8.35 (SächsStA-D, 11027 SG Freiberg, Js/SG 1611/35, Bl. 3f.). **51** Z.B. die Zeuginnen Jehovas Klara Fritzsch und Johanne Meyer, Schreiben des Gendarmeriepostens Wilkau-Hasslau an StA Zwickau, 13.5.1935 (SächsStA-D, 11027 SG Freiberg, Kms/SG 112/35, Bl. 3). **52** 1935: 2 Frauen, 1936: 3 Frauen, 1937: 36 Frauen aus Sachsen, vgl. Hesse/Harder, Und wenn ich lebenslang, S. 44, 46, 49f. **53** Vgl. Verhandlungsprotokoll SG Freiberg, 5.9.1935 (SächsStA-D, 11027 SG Freiberg, Kms/SG 135/35, Bl. 113–116, hier Bl. 114). **54** Der Strafvollzug im III. Reich, S. 15. **55** Juli 1935: 528 Personen; 10.9.1935: 820 Personen, vgl. Hans Brenner u.a. (Hg.), NS-Terror und Verfolgung in Sachsen. Von den frühen Konzentrationslagern bis zu den Todesmärschen, Dresden 2018, S. 319. Johannes Tuchel gibt für August 1935 die Zahl der in Sachsenburg festgehaltenen Häftlinge mit 800 an. Vgl. Johannes Tuchel, Konzentrationslager: Organisationsgeschichte und Funktion der »Inspektion der Konzentrationslager« 1934–1938, Boppard am Rhein 1991, S. 199. **56** Johannes Wrobel, Die nationalsozialistische Verfolgung der Zeugen Jehovas in Frankfurt am Main. In: Kirchliche Zeitgeschichte 16 (2003) 2, S. 368–397, hier S. 372f. **57** Vgl. Hesse, Von Anfang an, S. 269–289, hier S. 277. Der 1937 für Westsachsen und Anhalt verantwortliche Funktionär Friedrich Meier nennt etwa 150 Zeugen Jehovas. Vgl. Vernehmung vom 3.9.1937 (SächsStA-D, 11027 SG Freiberg, Js/SG 1435/37). **58** Vgl. Brenner u.a., NS-Terror und Verfolgung, S. 100. **59** Vgl. Blocklisten des KZ Sachsenburg, hier Block 16, o.D. (ITS Digital Archive, Bad Arolsen, 1.1.37.1/4073272-74). **60** Garbe, Widerstand, S. 407. **61** Vgl. Zeugenvernehmung von Ernst Leuschke zum KZ Sachsenburg (BArch, DP 3 Generalstaatsanwalt der DDR, Nr. 1817 Sammelermittlungsverfahren KZ Sachsenburg gegen Hans Haubold v. Einsiedel u.a., Bd. 2, Bl. 303–305). **62** Vgl. Dirk Luerßen, »Wir sind die Moorsoldaten«. Die Insassen der frühen Konzentrationslager im Emsland 1933 bis 1936, Diss. Universität Osnabrück 2001, S. 211. **63** Vgl. Der Strafvollzug im III. Reich, S. 29. Zitat ebd. **64** Eine undatierte Liste des in A- und B-Flügel aufgeteilten »Bibelforscher«-Blocks führt ebenso einen Blockältesten samt sechs Gehilfen aus den Reihen von »BV«-Häftlingen auf. Vgl. Blocklisten des KZ Sachsenburg, hier Block 16, o.D. (ITS Digital Archive, Bad Arolsen, 1.1.37.1/4073272-74). **65** Vgl. Detlef Garbe, Der lila Winkel. Die »Bibelforscher« (Zeugen Jehovas) in den Konzentrationslagern. In: Dachauer Hefte (1994) 10, S. 3–31, hier S. 9. **66** Vgl. ebd.

Anfangs verweigerten sie den Hitler-Gruß,[67] teilweise auch andere Ehrenbezeugungen gegenüber den Wachmannschaften. So beantragte ein SS-Oberscharführer im April 1935 bei der Kommandantur des KZ Sachsenburg acht Tage strengen Arrest sowie fünfzig Stockhiebe für einen Bibelforscher, der die Ehrenbezeugungen und das Singen in der Marschkolonne verweigerte. Diese Meldung gab die Kommandantur an die Inspektion der Konzentrationslager und begründete dies: »Unter dem Hinweis, sie seien Zeugen Jehovas, lehnen sie alles Militärische ab, und behaupten, keinem Menschen, sondern nur Gott Achtung schuldig zu sein. Sie weigern sich vor Führern und Wachvorgesetzten Haltung anzunehmen, zu grüßen und auch die üblichen Lieder mit den anderen Häftlingen beim Ein- und Ausrücken zu singen.«[68]

Inwieweit die Bibelforschergruppe im Lager von außen unterstützt wurde, ist nicht klar. Immerhin müssen Kontakte bestanden haben. Als der verantwortliche Funktionär für Westsachsen, Friedrich Meier, Ende Juli 1937 bei einer Rundreise auch die in Sachsenburg (Ort) ansässige Bibelforschergemeinde besuchte, nahm er »die Gelegenheit wahr zu fragen, wie die Verhältnisse im Schutzhaftlager Sachsenburg lagen. [...] Danach sollen bisher an 1500 politische Gefangene untergebracht und davon würden es etwa 150 Zeugen Jehovas sein. Das Lager wird aufgelöst und Ende Juli befanden sich noch ungefähr 35 unserer Brüder dort.« Woher die lokale Leiterin ihre Informationen hatte, wusste Friedrich Meier nicht oder wollte es dem verhörenden Gestapobeamten nicht verraten.[69]

Die exklusive und besonders harte Behandlung der Zeugen Jehovas in den Konzentrationslagern bestärkte diese, in eine Situation der religiösen Bewährung gestellt zu sein, in der es in der Tradition der frühchristlichen Märtyrer standzuhalten galt. Diese Auffassung wurde dadurch bekräftigt, dass Bibelforscherhäftlinge regelmäßig zur Lossagung von ihrem Glauben aufgefordert und ihnen dann eine baldige Entlassung aus der Haft in Aussicht gestellt wurde.

Erklärungen, sich »der neuen Regierung gegenüber stets loyal zu verhalten und in keiner Weise gegen den nationalsozialistischen Staat zu arbeiten«,[70] wurden seit 1933 allen Gefangenen vorgelegt, die aus der Polizei- oder Schutzhaft entlassen werden sollten. Auch bei Haftprüfungsterminen in den KZ, wie dem Frauenlager Moringen, wurden den Gefangenen »Verpflichtungserklärungen« vorgelegt, nach der sie sich »jeder umstürzlerischen und staatsgefährdenden Tätigkeit zu enthalten« hatten.[71] Da Zeugen Jehovas sich immer als politisch neutral verstanden, konnten sie solche Erklärungen ohne Gewissenskonflikte unterschreiben. Für das KZ Esterwegen ist jedoch eine spezifisch für die Zeugen Jehovas formulierte Erklärung überliefert, nach der die Lehre der Bibelforscher als Irrlehre und staatsfeindlich anerkannt sowie der Unterschreibende verpflichtet wurde, andere an ihn herantretende Bibelforscher anzuzeigen.[72] Der ins niederländische Exil geflohene Funktionär Arthur Winkler berichtete, dass hier für den 28. September 1935 denjenigen »brutalste Gewaltmaßnahmen« angedroht wurden, die sich einer solchen eidesstattlichen Erklärung verweigerten.[73] Der ebenfalls aus dem KZ Esterwegen entlassene und in die Niederlande geflohene Otto Hartstang bestätigt in seinem Bericht vom 21. Dezember 1935 die spezifischen Verpflichtungserklärungen und die Weigerung von 65 Zeugen Jehovas, diese zu unterschreiben.[74]

Inwieweit es auch im KZ Sachsenburg »Freilassungsaktionen« nach Abschwören vom Glauben der Bibelforscher gegeben hat, wie sie für das KZ Buchenwald am 6. September 1938 dokumentiert sind,[75] ist nicht wirklich klar. Allerdings meint ein Bericht über die Lage im KZ Sachsenburg, der von der SOPADE verbreitet wurde, dass eine Anzahl von Bibelforschern sich weigerte, »die Freilassung aus dem Konzentrationslager anzunehmen, bis man ihnen die Ausübung ihrer Religionstätigkeit wieder erlaube«.[76] Dies lässt zumindest vermuten, dass es solche Versuche auch hier gegeben hat.

Bei wirklicher (oder angeblicher) Abkehr vom Glauben zeigte sich der Repressionsapparat mitunter großzügig. Im Verfahren gegen vier Zeugen Jehovas aus Ottendorf, alle waren im KZ Sachsenburg, urteilte das Sondergericht Freiberg, dass »die Angeklagten offenbar keine unbelehrbaren Anhänger dieser Irrlehre« seien. Die fünfmonatige Unterbringung im KZ habe »ihre erzieherische Wirkung in diesem Falle nicht verfehlt«.[77] Das Gestapa Sachsen ordnete wegen der aus dem KZ Sachsenburg berichteten »guten Führung« die Entlassung aus der Schutzhaft an.[78] Doch aus einer angeblichen Umstellung oder Unterschriftsleistung kann wenig über das weitere Verhalten des Betreffenden ausgesagt werden: Häftlinge, die die Unterschrift verweigerten, mussten sich nicht automatisch an anderen Verweigerungshandlungen im Lager beteiligen, wie umgekehrt Personen, die die Unterschrift leisteten, sich in der Freiheit wieder am illegalen Glaubensleben beteiligen konnten.[79]

Das Verhalten der Zeugen Jehovas im Lager stieß bei den politischen Häftlingen auf Erstaunen, Bewunderung, aber auch Unverständnis. So attestierte ein Bericht der Häftlingsgruppe einen »unerschütterlichen Oppositionsgeist« und eine »Märtyrergesinnung«. Während die politischen Häftlinge beschlossen, den Anweisungen der Wachmannschaften zu folgen, um keinen Anlass zum Einschreiten zu liefern, waren die Bibelforscher »unter keinen Umständen dazu zu bewegen«.[80] Die völlig verschiedenen Weltsichten verdeutlicht

67 Mit Erlass vom 7. 8. 1936 verbot der Politische Polizeikommissar der Länder, Heinrich Himmler, politischen Schutzhäftlingen die Anwendung des »Deutschen Grußes«, vgl. Rundschreiben BPP, 11. 9. 1936 (BArch, R 58/264, Bl. 264). **68** Lagerkommandant KZ Sachsenburg an IKL, 25. 4. 1935 (ITS Digital Archive, Bad Arolsen 1. 1. 37.1/4073289), zu diesem Fall zuletzt Falk Bersch, Aberkannt! Die Verfolgung von Zeugen Jehovas im Nationalsozialismus und in der SBZ/DDR, Berlin 2017, S. 179–192. **69** Vernehmung vom 3. 9. 1937 (SächsStA-D, 11027 SG Freiberg, Js/SG 1435/37). **70** So in der von der Zeugin Jehovas Frieda Heinrich am 28. 1. 1935 im Polizeigefängnis Dresden unterzeichneten Erklärung (SächsStA-D, 11027 SG Freiberg, Kms/SG 156/35, Band 11). **71** Verpflichtungserklärung vom 14. 12. 1937, zitiert in Hesse/Harder, Und wenn ich lebenslang, S. 66. **72** Vgl. Luerßen, Moorsoldaten, S. 212. **73** Winkler, Im Konzentrationslager Esterwegen. **74** Vgl. Bericht von Otto Hartstang, 21. 12. 1935, Hemstede (Niederlande) (WTA, DOK 21/12/35). **75** Konzentrationslager Buchenwald 1937–1945. Begleitband zur ständigen historischen Ausstellung. Hg. von der Gedenkstätte Buchenwald, Göttingen 1999, S. 71 **76** Deutschland-Berichte 1937, S. 707. **77** Urteil SG Freiberg gg. Willy Siegel und drei andere, 17. 9. 1935 (SächsStA-D, 11027 SG Freiberg, Kms/SG 107/35). **78** Vgl. Schreiben Gestapa Sachsen an Schutzhaftlager Sachsenburg, 12. 9. 1935 (ebd., Bl. 40). **79** Vgl. Hesse/Harder, Und wenn ich lebenslang, S. 99. **80** Deutschland-Berichte 1937, S. 707.

eine Begebenheit in der (literarisch verfremdeten) Erinnerung eines politischen Häftlings im KZ Esterwegen: »Adrian zollte der mutigen Haltung des Mannes seine ganze Achtung, aber er billigte sie nicht. Hier, wo man vollkommen wehrlos einem rücksichtslosen Feinde ausgeliefert war, war nach seiner Ansicht äußerste Vorsicht bei allen Auslassungen das erste Gebot. Denn Vorsicht war keine Feigheit und Besonnenheit keine Schwäche. Ein lebender Kämpfer gegen diese entsetzliche Barbarei war für die Menschheit mehr wert als zehn tote Märtyrer. Bei Licht besehen war die Haltung des Zeugen Jehovas der reinste Selbstmord.«[81]

Und diese Sicht war nicht völlig falsch. In den Konzentrationslagern waren die Bibelforscher besonderen Torturen durch die SS-Wachmannschaften ausgesetzt. Ihre Behandlung entsprach in der zweiten Hälfte der dreißiger Jahre der der jüdischen Häftlinge. Unverständnis gegenüber der Duldsamkeit, aber auch der konsequenten Haltung der Zeugen Jehovas, antichristliche Ressentiments und gewöhnlicher Sadismus prägten das Verhalten der Bewacher. Gegenüber den Zeugen Jehovas äußerte sich diese Haltung nicht nur durch die Verhöhnung als »Bibelwürmer«, »Bibelbienen«, »Jordanscheiche« oder »Paradiesvögel«,[82] bei der Ankunft in den Lagern und den regelmäßigen Verhören folgten jedem Bekenntnis zu ihrem Gott Misshandlungen, nicht selten mit dem Kommentar, im Lager an der Stelle Gottes zu stehen.[83]

So sollen im KZ Sachsenburg Bibelforschern im Wald Dornenkronen aus Brombeersträuchern aufgesetzt und diese dann gezwungen worden seien, anlog der Kreuztragung Christi schwere Baumstämme zu tragen. Brachen sie zusammen, wurden sie weiter gequält und verhöhnt.[84] Die Glaubensgemeinschaft selbst veröffentlichte diesen Bericht: »Am 12. September 1935 fand im Konzentrationslager Sachsenburg eine Ausprügelung von fünf Schutzhäftlingen statt, bei der ein Bibelforscher besonders brutal ›rangenommen‹ wurde, und zwar vom Lagerkommandanten Schmidt persönlich. Als dieser Bibelforscher 18 Schläge erhalten hatte und vor Schmerzen wimmerte, brüllte Kommandant Schmidt hochroten Kopfes los: ›Du verfluchtes Schwein, schrei doch zu deinem Jehova, daß er dir helfe! Warum hilft er dir nicht? Rufe ihn an, daß er uns zerschmettere, dann kannst du auf uns rumtrampeln!‹ Der Bibelforscher wurde bewusstlos geschlagen. Trotzdem regnete es noch sieben weitere Hiebe. Nach beendeter Exekution losgeschnallt vom Prügelbock, fiel er um wie ein Sack. Leblos lag er auf dem Fußboden. Schmidt, noch röter vor Wut, brüllte: ›Das Schwein markiert auch noch! Marsch! Aufstehen! Willst du wohl aufstehen, Kreatur? Willst mich wohl verarschen, was?‹ Dabei setzte er seinen Stiefel auf den Leib des Ohnmächtigen. ›Los‹, kommandierte er dann, ›gießt ihm Wasser über den Schädel! Dann kann er gleich nochmals 25 übergezogen kriegen!‹ SS.-Leute holten Wasser und gossen es dem Leblosen eimerweise auf den Körper. Der Lagerarzt Dr. Gebhardt trat heran und befahl: ›Tragt ihn weg! Marsch, in den Bunker mit ihm! Der Kerl markiert bloß!‹ Zwei SS.-Rottenführer rissen den Geprügelten hoch und schleiften ihn wie ein Stück Vieh aus dem Viereck.«[85]

Diese Abscheu gegenüber den Gläubigen konnte nur noch gesteigert werden, wenn sich Bibelforscherglaube mit einer politisch linken Vergangenheit verband. Fritz Teller ließ sich 1935 bei den Zeugen Jehovas taufen, bis 1933 war er Mitglied der SPD gewesen. Die Frankenberger Polizei vernahm ihn am 7. August 1935 im KZ Sachsenburg für das Sondergerichtsverfahren. Da er auf alle Fragen mit Bibelsprüchen antwortete (in den Augen der lokalen Polizei »nach der Art der KPD.-Angehörigen«) und auch sonst wenig preisgab, wurden seine Aussagen »infolge seines unbelehrbaren und frechen Verhaltens« dem SS-Rottenführer Hermann Campe vorgelesen. Da er sich »wie ein ausgefeimter Kommunist« verhalten habe, wurde Fritz Teller zusätzlich »der hiesigen Lagerleitung zur besonderen Aufsicht anempfohlen«.[86]

Nur wenige Berichte über die Torturen erreichten über das Ausland die Öffentlichkeit.[87] So berichtete die Chemnitzer Zeugin Jehovas Elisabeth Müller, dass sie und zwei andere Glaubensschwestern Sachsenburger Häftlinge ausgefragt und dort einen Koffer Lebensmittel verteilt hätten. Ein für das Ausland vorbereiteter Bericht sei durch die Gestapo abgefangen worden.[88] Sich selbst an die deutschen Behörden zu wenden, zog nur eigene Verfolgungen nach sich: So soll sich eine Frau, deren Mann bereits zwei Jahre im KZ Sachsenburg ein gesperrt war und der dort schwer misshandelt wurde, mit einer Beschwerde an die Regierung gewandt haben. Die Frau wurde verhaftet und zu sechs Monaten Gefängnis verurteilt.[89]

Die materielle und geistige Solidarität der Zeugen Jehovas im Konzentrationslager machte diese scheinbar »immun [...] gegen die Einflüsse des Lagerlebens«,[90] aber das war nur die eine Seite. Die Torturen der Wachmannschaften, die Ungewissheit der Entlassung und der Druck, unbedingt standzuhalten, führten dazu, dass »sich unter den Ernsten Bibelforschern die meisten Selbstmorde und Selbstmordversuche ereignen«.[91] Auch in die Erinnerungen von Kurt Kohlsche an seine Haftzeit im KZ Sachsenburg hat sich die Selbsttötung eines Bibelforschers durch Sprung aus dem vierten Stock eingeprägt.[92]

81 Valentin Schwan, Bis auf weiteres (1935), Darmstadt 1961, S. 61, zitiert in Luerßen, Moorsoldaten, S. 213. Etwas knapper beschreibt der frühere Sachsenburger Häftling Ernst Leuschke die Situation: Die Bibelforscher »widerriefen nicht und starben stumm und verbissen«, Zeugenvernehmung von Ernst Leuschke (BArch, DP 3, Nr. 1817, Bd. 2, Bl. 303–305, hier Bl. 304). **82** Vgl. Eugen Kogon, Der SS-Staat: Das System der deutschen Konzentrationslager, München 1995, S. 265; Sybil Milton, Deutsche und deutsch-jüdische Frauen als Verfolgte des NS-Staates. In: Dachauer Hefte, (1987) 3, S. 3–20, hier S. 14. **83** Vgl. Garbe, Lila Winkel, S. 13. **84** Vgl. Zeugenvernehmung von Ernst Leuschke (BArch, DP 3, Nr. 1817, Bd. 2, Bl. 303–305, hier Bl. 304). **85** Zürcher, Kreuzzug, S. 153 f. **86** Schreiben des Gendarmeriepostens Frankenberg an OStA Weimar, 8. 8. 1935 (SächsStA-D, 11027 SG Freiberg, Kms/SG 116/35, Bl. 53). Derartige Vernehmungen im Lager prangerte auch Der Strafvollzug im III. Reich, S. 53–55, an. **87** Vgl. dazu auch Sybil Milton, Die Konzentrationslager der dreißiger Jahre im Bild der in- und ausländischen Presse. In: Die nationalsozialistischen Konzentrationslager – Entwicklung und Struktur, Bd. 1. Hg. von Ulrich Herbert u. a., Göttingen 1998, S. 135–147, hier S. 143 f. **88** Vgl. Lebenslauf von Elisabeth Müller, o. D. (SächsStA-C, 30413 Rat des Bezirkes Karl-Marx-Stadt/VdN, Nr. 50052, ich danke Dietmar Wendler für den Hinweis). Das Verfahren gegen die drei Frauen vor dem SG Freiberg wurde eingestellt (SächsStA-D, 11027 SG Freiberg, 5 StA 272/34). **89** So der anonymisierte und 1938 veröffentlichte Bericht in Zürcher, Kreuzzug, S. 153. Ein ähnlicher Fall ist für Dresden überliefert, als Fritz Weigoldt im dortigen Polizeigefängnis angeblich Selbstmord begangen haben soll. Seine Ehefrau Hildegard zweifelte, weil ihr der Tod zuerst verschwiegen wurde und sie zudem Gewaltspuren am Kopf ihres Mannes fand. Als sie die Information weitergeben wollte, erhielt sie wegen Beamtenbeleidigung vier Monate Gefängnis. Vgl. Urteil des SG Freiberg vom 8. 12. 1937 (SächsStA-D, 11027 SG Freiberg, Kms/SG 825/37). **90** Bruno Bettelheim, Aufstand gegen die Masse. Die Chance des Individuums in der modernen Gesellschaft, München 1980, S. 27. **91** Deutschland-Berichte 1937, S. 707. **92** Kurt Kohlsche, »So war es! Das haben Sie nicht gewusst.« Konzentrationslager Sachsenburg 1935/36 und Wehrmachtgefängnis Torgau-Fort Zinna 1944/45 – ein Häftlingsschicksal, Dresden 2001, S. 44.

Was Hermann Dietze im KZ Sachsenburg erlebte, konnten seine Briefe nur andeuten. Die ersten sechs Wochen war er der zweiten Kompanie und hier vor allem dem ersten Zug zugeteilt. Das könnte darauf hindeuten, dass hier die Neueingewiesenen zusammengefasst wurden. Formulierungen wie »mein Arm ist hier das 2. mal verbunden worden«, der Arzt »war nicht zu sprechen«, »ich bin jetzt ohne sichere Orientierung«,[93] »heute ist mein linkes Brillenglas ausgebrochen« oder »im rechten Ohr habe ich Schmerzen«[94] lassen die Traumata der ersten Wochen erahnen. Im Konzentrationslager erreichte ihn auch die Nachricht von seiner Entlassung durch die Staatliche Porzellanmanufaktur Meißen. Ein am 15. Mai 1935 abgesandter Einspruch war vergeblich.[95] Ebenso machte er sich Sorgen um die Lage seiner Familie, insbesondere versuchte er, Unterstützung durch die weitere Familie bei der Betreuung seines Sohnes Ludwig zu organisieren.[96] Vielleicht ist Hermann Dietzes Familie auch in die Nähe des Lagers gefahren, zumindest geben die Worte, »Als Ihr in meiner Nähe wart, habe ich an Euch gedacht«,[97] einen Hinweis darauf. In seiner »Freizeit« suchte er die Nähe seiner Meißner Bekannten, die übrige Zeit war »ausgefüllt mit Lesen in Zeitungen oder Bibel, Aufpassen beim ›Dame‹ od. ›Schach‹-Spiel und Strümpfestopfen (am Anfang noch recht ungeschickt; aber wie bei so vielen hauswirtschaftlichen Arbeiten, richte ich mich auch hier ein.)«.[98] Auf das Musizieren musste er jedoch bis auf wenige Gelegenheiten verzichten.[99] Seinen Zustand umschreibt er mit den Worten »Geduld und Langmut [sind] meine hauptsächlichste Übung«.[100]

VOR DEM SONDERGERICHT UND RÜCKFÜHRUNG NACH SACHSENBURG

Am 5. September 1935 wurde Hermann Dietze nach fünf Monaten Schutzhaft zusammen mit seinen Glaubensbrüdern Max Krebs, Erich Poppe, Ewald Baier und Walter Voigt auf einem Opel-Blitz-Lastwagen vom Konzentrationslager zur Gerichtsverhandlung nach Freiberg transportiert.[101] Nun, da alle Probleme bei der juristischen Bewertung der Tätigkeit von Zeugen Jehovas ausgeräumt waren, dauerten die Verfahren auch nur noch wenige Stunden. Für das Sondergericht Freiberg unter Vorsitz von Landgerichtsdirektor Ernst Friesicke[102] stand fest, dass die zwölf Angeklagten das Verbot der Religionsgemeinschaft »bewusst mißachtet« hätten, als sie sich »angeblich zufällig« zu dritt oder viert unter dem »unverdächtigen Mantel« von Besuchen oder Kaffeestunden zusammenfanden. Es stünde zwar »jedem frei, für sich und im Kreise seiner Familie die Bibel zu lesen und das Gelesene zu deuten. Sobald aber mehrere frühere Anhänger der Ernsten Bibelforscher unter irgend welchen Vorwänden zusammenkommen und einer von ihnen oder alle reihum Bibelstellen vorlesen und besprechen, setzen sie nur das fort, was vor dem Verbot in den Versammlungen und Zusammenkünften der Ernsten Bibelforscher getrieben worden ist.« Zu Hermann Dietze führte das Gericht aus: »Bei ihm wirkte strafverschärfend, daß er sich vergangen hat, trotzdem er schon 1933 wegen der gleichen Zuwiderhandlung eine längere Schutzhaft verbüßt hat.« Neben zwei Freisprüchen warf das Gericht Strafen zwischen einem und sechs Monaten Gefängnis aus. Die erlittene Schutzhaft wurde in Höhe von zwei bzw. vier Monaten angerechnet.[103]

Bei den Sondergerichten hatte sich auf Druck der Gestapo ein verschärfter Strafkatalog für Zeugen Jehovas durchgesetzt. Freisprüche kamen kaum noch vor, die Haftstrafen wurden länger. Doch auch diese höheren Strafen waren häufig – wie im Falle der Meißner Gruppe – mit der überlangen Schutz- und Untersuchungshaftzeit abgegolten.[104] Die Staatspolizei sah sich um die Früchte ihrer Ermittlungsarbeit gebracht und verhängte verstärkt Schutzhaft für die angeblich nicht adäquat bestraften Bibelforscher. Sie wollte entscheiden, wann der Strafzweck erfüllt war.

Hermann Dietze hatte eine Strafe von vier Monaten Gefängnis erhalten, die mit der Schutzhaft verbüßt war. Doch galt für sieben der Verurteilten noch ein »Rückführungsbefehl«. Während Erich Poppe und Walter Voigt ihre Reststrafen in Justizhaft verbüßen mussten, wurden die »Angeklagten Otilie Kapka, Martha Stauber, Krebs, Dietze und Baier [...] ihren Transporteuren zum Rücktransport übergeben«.[105]

Sofort nach seiner Ankunft musste Hermann Dietze eine am 26. August 1935 verhängte strenge Arreststrafe antreten. Ein Strafgrund ist auf dem Arrestschein nicht angegeben. Von den ausgesprochenen acht Tagen saß er sieben Tage ab. Dann wurde der Arrest »unterbrochen«.[106] Obwohl Hermann Dietze in seinen Briefen bislang Hoffnung verbreitete, schrieb er nach der erneuten Einlieferung im KZ Sachsenburg zweifelnd, er »denke auch jetzt noch (nachdem sich doch alles erledigt hat) bald nach Hause zu kommen. Aber, wer weiß – Unsere ›große Hoffnung‹ werden wir nicht verlieren!«[107] Auch ein Brief an den Sohn beklagte die lange Trennungsdauer.[108] Am 5. November 1935 kamen Walter Voigt und Erich Poppe nach dem Ende ihrer zweimonatigen Gefängnishaft ins KZ Sachsenburg zurück. Drei Tage später wurden beide nach Hause entlassen, Hermann Dietze blieb

93 Brief Hermann Dietze an Rosina Dietze, Sachsenburg, 2. Kompanie/1. Zug, 18. 4. 1935 (UaP, Kopie im AGMPD). **94** Brief Hermann Dietze an Rosina Dietze, Sachsenburg, 2. Kompanie/1. Zug, 26. 4. 1935 (ebd.). **95** Vgl. Brief Hermann Dietze an Rosina Dietze, Sachsenburg, 2. Kompanie/1. Zug, 15. 5. 1935 (ebd.). **96** Vgl. Brief Hermann Dietze an Rosina Dietze, Sachsenburg, 1. Kompanie/2. Zug, 30. 5. 1935 (ebd.). **97** Brief Hermann Dietze an Rosina Dietze, Sachsenburg, 2. Kompanie/1. Zug, 15. 5. 1935 (ebd.). **98** Brief Hermann Dietze an Rosina Dietze, Sachsenburg, 1. Kompanie/2. Zug, 6. 6. 1935 (ebd.). Die Möglichkeit, in der Bibel zu lesen, scheint im KZ nicht einheitlich praktiziert worden zu sein. Ernst Leuschke bezeugt, »[m]an ließ [die Zeugen Jehovas] vor der Wache an Sonntagen auf Dreikanthölzern knien, verbrannte ihre Bibeln und Gebetbücher auf einem Scheiterhaufen«, Zeugenvernehmung von Ernst Leuschke (BArch, DP 3, Nr. 1817, Bd. 2, Bl. 303–305, hier Bl. 304). Artur Winkler beschreibt, dass das Bibellesen im KZ Esterwegen für Zeugen Jehovas verboten war. Vgl. Winkler, Im Konzentrationslager Esterwegen, S. 167. Zur Diskussion der Herausgabe von Bibeln an Zeugen Jehovas im Strafvollzug vgl. Garbe, Widerstand, S. 287 f. **99** Brief Hermann Dietze an Ludwig Dietze, Sachsenburg, 3. Kompanie/2. Zug, 7. 11. 1935 (UaP, Kopie im AGMPD). **100** Brief Hermann Dietze an Rosina Dietze, Sachsenburg, 1. Kompanie/2. Zug, 30. 5. 1935 (ebd.). **101** Das Konzentrationslager stellte der Gerichtskasse für die 65 km lange Strecke 26,65 Reichsmark in Rechnung. Vgl. Rechnung vom 25. 10. 1935 (SächsStA-D, 11027 SG Freiberg, Kms/SG 15/35, Bl. 136). **102** Vgl. Birgit Sack/Gerald Hacke, Verurteilt. Inhaftiert. Hingerichtet. Politische Justiz in Dresden 1933–1945 // 1945–1957, Dresden 2016, S. 26. **103** Urteil SG Freiberg, 5. 9. 1935 (SächsStA-D, 11027 SG Freiberg, Kms/SG 135/35). **104** Deshalb forderte die Gestapo auch seit 1936 Zuchthausstrafen für Bibelforscher. Vgl. Hacke, Zeugen Jehovas, S. 132. **105** Verhandlungsniederschrift vom 5. 9. 1935 (SächsStA-D, 11027 SG Freiberg, Kms/SG 135/35, Bl. 113–116, hier Bl. 116). **106** Vgl. Arrestschein von Hermann Dietze (ITS Digital Archive, Bad Arolsen, 1. 1. 37.1/4072028). **107** Brief Hermann Dietze an Rosina Dietze, Sachsenburg, 3. Kompanie/2. Zug, 10. 10. 1935 (UaP, Kopie im AGMPD). **108** Vgl. Brief Hermann Dietze an Ludwig Dietze, Sachsenburg, 3. Kompanie/2. Zug, 7. 11. 1935 (ebd.).

zurück. Er galt in den Augen von Gestapo und Justiz als »unbelehrbarer Rückfalltäter«. Laut Eintrag im Diensttagebuch durfte er am 28. Dezember 1935 um 14.30 Uhr endlich das KZ Sachsenburg verlassen.[109]

Seinem Sohn Ludwig zufolge wurde Hermann Dietze »gezeichnet von physischem und psychischem Terror« aus der Haft entlassen. Die Arbeitstelle in der Porzellanmanufaktur hatte er verloren, wie andere Beispiele aus Meißen zeigen, bedeuteten KZ- oder Strafhaft für die betroffenen Familien dauerhafte Not und Entbehrungen.[110] Der ihm wohlgesonnene frühere Generaldirektor der Staatlichen Porzellanmanufaktur Max Adolf Pfeiffer – 1933 selbst entlassen – vermittelte seinen ehemaligen Maler und Musiker zur Porzellanfabrik Hutschenreuther in Selb (Bayern). Doch bereits am 28. September 1938 verstarb Hermann Dietze 37-jährig dort an Herzversagen.

SCHLUSS

Die am Beispiel Hermann Dietzes geschilderte und von Brutalität und Menschenverachtung geprägte Verfolgung der Zeugen Jehovas verschärfte sich in den Folgejahren weiter. Fritz Gottschling, Kollege aus der Porzellanmanufaktur und Mitangeklagter vor dem Landgericht Dresden bzw. dem Reichsgericht, wurde am 6. Juli 1937 vom Sondergericht Freiberg zu 18 Monaten Gefängnis verurteilt. Bei seiner Haftentlassung galt bereits eine Anordnung, nach der »sämtliche Anhänger der I. B. V., die nach Beendigung ihrer Strafhaft aus den Gefängnissen entlassen werden, unverzüglich in Schutzhaft zu nehmen« seien. Die Überführung in ein KZ sei zu beantragen.[111] Fritz Gottschling wurde ins KZ Buchenwald verbracht. Nach einiger Zeit im Steinbruch arbeitete er in der dortigen Porzellanwerkstatt. Am 9. April 1945 kam er auf einen Evakuierungsmarsch ins KZ Flossenbürg. Als es von dort weiter in Richtung Cham ging, wurde Fritz Gottschling, der vor Schwäche ohnmächtig geworden war, vor den Augen seiner Glaubensfreunde erschossen.[112]

Etwa 8 000 deutsche Zeugen Jehovas wurden in der NS-Zeit inhaftiert oder verurteilt, von diesen kamen 2 600 in ein Konzentrationslager. Hermann Dietze und Fritz Gottschling gehören zu den etwa 1 000 deutschsprachigen Zeugen Jehovas, die nach einem Todesurteil, in der Haft oder kurz danach ums Leben kamen.[113] Seit 2015 erinnern zwei Stolpersteine vor dem Dresdner Zwinger an die beiden Porzellanmaler.

109 Vgl. Diensttagebuch des KZ Sachsenburg, 7. 4. 1935–18. 1. 1936, hier Eintrag vom 28. 12. 1935 (ITS Digital Archive, Bad Arolsen, 1. 1. 37.1/4073086). **110** Vgl. Erinnerungsbericht von Werner Dreißig (UaP Lothar Krakies). **111** Runderlass Gestapoleitstelle München, 19. 5. 1937 (BArch, R 58/264, Bl. 306), abgedruckt in Hesse, Am mutigsten, S. 163 f. **112** Vgl. Auskunft Geschichtsarchiv der Zeugen Jehovas vom 26. 10. 2016 sowie die vom Geschichtsarchiv zur Verfügung gestellten Erinnerungsberichte von August Drda und Wilhelm Töllner. **113** Zahlenangaben vom damaligen Leiter des Geschichtsarchivs der Zeugen Jehovas, Johannes Wrobel, in seinem Referat Die Verfolgung der Zeugen Jehovas im Nationalsozialismus – Forschung, Rezeption und Erinnerung am 19. 7. 2001 (www.jwhistory.net/text/pdf/wrobel-denkmal2001.pdf; 6. 9. 2017).

Boris Böhm

DER PIRNAER PFARRER UND STUDIENRAT WALTER PLOTZ

(1877–1944)

Eine angesehene und facettenreiche Persönlichkeit Pirnas in der ersten Hälfte des 20. Jahrhunderts war ohne Zweifel der Pirnaer Hospitalprediger und Schlosspfarrer zu Zehista, Studienrat Walter Plotz. Der sozial engagierte Theologe und letzte Logenmeister der Pirnaer Freimaurerloge wurde 1936 als entschiedener Gegner der Nationalsozialisten im KZ Sachsenburg inhaftiert und erhielt anschließend als Religionslehrer und Pfarrer Berufsverbot.

KINDHEIT, JUGEND, STUDIUM

Walter Friedrich Adolf Plotz wurde am 12. März 1877 in Dresden als Sohn des Beamten Ernst Plotz und seiner Ehefrau Pauline, geb. Gregor, geboren.[1] Er wuchs mit einer Schwester – der Bruder starb bereits im Alter von zwei Jahren – in einem bürgerlichen Haushalt in Dresden auf. Sein Vater war Sekretär der Kreishauptmannschaft in Dresden. Die Eltern stammten aus Pirna. Nach vierjährigem Besuch der Volksschule (VII. Bürgerschule) bis 1887, verbrachte Walter Plotz die folgenden neun Jahre am traditionsreichen Dresdner Gymnasium »Kreuzschule«. Dieses verließ er Ostern 1896 mit der Gesamtnote »Genügend (III)«, wobei er die besten Ergebnisse in den Fächern Religion, Geschichte und Physik erzielt hatte.[2]

1 Dieser Beitrag wurde durch die großzügige Unterstützung von Arnd Lindemann (Pirna), dem Enkel von Walter Plotz, ermöglicht. Ich verdanke Herrn Lindemann (1938–2015) die Bereitstellung von Unterlagen und Bildern aus dem Nachlass von Walter Plotz sowie zahlreiche wertvolle Hinweise. **2** Aus Platzgründen werden nachfolgend nur ausgewählte personenbezogene Angaben über Walter Plotz nachgewiesen. Alle persönlichen Unterlagen von Walter Plotz befinden sich als Kopie im Archiv der Gedenkstätte Pirna-Sonnenstein (AGPS, Sammlung Plotz).

Walter Plotz, 1938
Privatbesitz

Vom Sommersemester 1896 bis zum Wintersemester 1899/1900 studierte Walter Plotz Theologie an der Universität Leipzig. Für sein Studium wichtige Hochschullehrer waren die Professoren Caspar René Gregory,[3] Georg Rietschel[4] und Gustav Fricke.[5] Bereits während seiner Studienzeit wurde er Mitglied der Lausitzer Predigergesellschaft »Sorabia«, der er ein Leben lang verbunden blieb. Sein Studium musste er zweimal wegen schwerer Krankheit unterbrechen.[6] Im Februar 1900 legte er die Kandidatenprüfung vor der Königlichen Prüfungskommission für Theologie ab. Eigentlich hätte er jetzt seinen anstehenden Wehrdienst ableisten müssen. Bereits während der Studienzeit hatte er sich 1897 als Einjährig-Freiwilliger gemeldet, wurde aber im August 1900 bei der Musterung im Königlich Sächsischen Feldartillerie-Regiment Nr. 28 in Pirna ärztlicherseits für »untauglich« befunden.[7]

Als ungewöhnlich lässt sich sein beruflicher Einstieg bezeichnen, denn er betreute nach Genehmigung durch den Pirnaer Bezirksschulinspektor ein Jahr lang als Hauslehrer die beiden Kinder des Gastwirts Carl Prätorius in dem beliebten Ausflugslokal »Großer Winterberg« in der Sächsischen Schweiz. Anschließend war er nach einer erfolgreichen Bewerbung beim evangelisch-lutherischen Landeskonsistorium von Ostern 1901 bis Ostern 1902 Lehrkandidat bei Pfarrer Moritz Hesselbarth in Schandau. Später erinnerte er sich gern an diese Lehrzeit und war dem Pfarrer für seine Anregungen zu wissenschaftlicher Arbeit, vor allem aber für die grundlegende Einführung in das geistliche Amt dankbar.[8]

Ende April/Anfang Mai 1902 unterzog sich Walter Plotz vor dem Landeskonsistorium der theologischen Wahlfähigkeitsprüfung, die er mit der Note 3 bestand, wodurch er den Status eines Predigtamtskandidaten erhielt.[9] Er konnte dann ab Dezember 1902 in der großen Industriegemeinde Thalheim und dem benachbarten Gornsdorf im Erzgebirge sein erstes Amt als ständiger Hilfsgeistlicher ausüben.[10] Bemerkenswerte Ansichten über seinen Beruf teilte er seinen Eltern in einem Brief vom 14. Dezember 1904 mit: »[...] und wir haben mehr mit armen Leuten zu thun, als mit reichen. Der Grund der Beliebtheit eines Geistlichen in seiner Gemeinde liegt doch vor allem darin, daß er auch mit dem schlichten Manne denkt und fühlt. Ich für meine Person sehne mich nicht nach Gesellschaftlichkeit. [...] Mein Haus soll ein Friedenstempel für Angefochtene sein und ein Prellstein für die Christusfeinde.«[11]

FAMILIENGRÜNDUNG UND ERSTE BERUFSJAHRE

In Thalheim lernte er Meta Walther, älteste Tochter des dortigen Strumpffabrikbesitzers Louis Walther kennen und lieben. Am 7. Mai 1906 heiratete er sie in Thalheim.

In der Doppelgemeinde Thalheim-Gornsdorf wirkte er bis zum Mai 1907 und erwarb sich in dieser Zeit große Beliebtheit.[12] Da er jedoch gern in seine engere Heimat zurückwollte, bewarb er sich im März 1907 auf die vakante Stelle des Hospitalpredigers in Pirna.[13] Nach einer Probepredigt am 9. Mai und der mit großer Mehrheit erfolgten Wahl durch den Pirnaer Stadtrat am 14. Mai, trat er am 23. Juni 1907 das Amt des Pirnaer Hospitalpredigers an.[14] Dieses traditionsreiche geistliche Amt war bereits im Jahre 1659 am Pirnaer Hospital errichtet worden.[15] Die Amtspflichten des Hospitalpfarrers bezogen sich auch auf das Pirnaer Stadtkrankenhaus und das Pirnaer Armenhaus. Weiterhin hatte er jährlich sechs Gottesdienste an der Stadtkirche St. Marien und Vertretungen Pirnaer Pfarrer wahrzunehmen.[16] Gleichzeitig wurde ihm 1907 vom Königlich Sächsischen Kammerherrn Egon Karl Kaspar Graf von Rex auf Zehista die Stelle eines Schlosspredigers zu Zehista übertragen.[17] Die dortigen Gottesdienste besuchten die Schlossherrschaft und Rittergutsbewohner, aber auch ein erheblicher Teil der Einwohner der damals noch selbstständigen Gemeinde Zehista.

3 Zu Gregory vgl. Frank Fehlberg, Leipzigs Luthertum. Die Universität Leipzig im Kaiserreich und ihr Ruf als konfessionelle Hochburg. Betrachtungen und Porträts, Leipzig/Magdeburg 2009, S. 84–94. **4** Zu Rietschel vgl. Wolfgang Ratzmann, Der Liturgiewissenschaftler Georg Rietschel in Leipzig. In: Die Theologische Fakultät der Universität Leipzig. Personen, Profile und Perspektiven aus sechs Jahrhunderten Fakultätsgeschichte, Leipzig 2005, S. 276–287. **5** Sebastian Kranich, Abschiedsschmerz, Vorfreude und Sorge um die Vollendung. Alte und neue Peterskirche in Predigten von Gustav Adolf Fricke. In: Evangelisch-Lutherische Kirchgemeinde St. Petri (Hg.), 125 Jahre Neue Peterskirche Leipzig – Geschichte in Geschichten, Leipzig 2010, S. 53–65. **6** Studienunterlagen und Zeugnisse der Universität Leipzig über Walter Plotz (AGPS, Sammlung Plotz, unpaginiert). **7** Berechtigungsschein zum Einjahr-freiwilligen Dienst für W. Plotz vom 25. Januar 1897 (ebd.); Landsturmschein W. Plotz, undatiert (ebd.). **8** Zeugnis Pfarrer Hesselbarth über W. Plotz vom 20. 2. 1905 (ebd.). **9** Schreiben des Ev.-luth. Landeskonsistoriums vom 17. 6. 1902 an W. Plotz (ebd.). **10** Dienstzeitbescheinigung der Ev.-luth. Superintendentur Stollberg vom 27. 6. 1938 für W. Plotz (ebd.). **11** Brief von W. Plotz an seine Eltern vom 14. 12. 1904 (ebd.). **12** Zeugnis des Thalheimer Pfarrers Schluttig über W. Plotz vom 31. 1. 1906 (ebd.). Vgl. auch Thalheimer Wochenblatt vom 19. 6. 1907, Nr. 22, S. 1. **13** Bewerbungsschreiben W. Plotz auf die Pirnaer Hospitalpredigerstelle vom 5. 3. 1907 (StA Pirna, B III – XV, Nr. 34, Bl. 8). **14** Beschluss des Gesamtrates der Stadt Pirna vom 14. 5. 1907 (ebd.). Vgl. auch Pirnaer Anzeiger vom 17. 5. 1907, S. 14, vom 22. 5. 1907, S. 6, vom 11. 6. 1907, S. 1, und vom 25. 6. 1907, S. 2. **15** Vgl. Neue Sächsische Kirchengalerie. Die Ephorie Pirna, Leipzig 1904, S. 107. **16** Vocation Walter Plotz als Hospitalpfarrer vom 23. 6. 1907 (StA Pirna, B III – XV, Nr. 34, Bl. 30–32); Beschluss des Pirnaer Stadtrates vom 23. Dezember 1907 zur Vocation W. Plotz (ebd., Bl. 49–50). **17** Schreiben Graf von Rex auf Zehista an den Pirnaer Bürgermeister vom 17. 5. 1907 (ebd., Bl. 20); Berufung von W. Plotz auf die Schlosspredigerstelle zu Zehista durch Graf von Rex vom 7. 7. 1907 (AGPS, Sammlung Plotz, unpaginiert).

Das neue Pirnaer Bürgerhospital mit Hospitalkirche, Postkarte,
auf dem Balkon in der zweiten Etage Pfarrer Plotz und seine Familie, ca. 1920

Privatbesitz

Die bereits seit 1787 mit der Pirnaer Hospitalpredigerstelle verbundene Schlosspredigerstelle zu Zehista erforderte von Walter Plotz an allen Sonn- und Festtagen eine Predigt in der Zehistaer Schlosskirche. Somit war ihm durch die Verpflichtungen im Hospital und in Zehista an den Sonntagen immer eine doppelte Aufgabe zuteil.

Im privaten Leben von Walter Plotz brachte das Jahr 1907 wichtige Veränderungen. Noch in Thalheim war im Februar seine erste Tochter Maria geboren worden. Mit dem Amtsantritt in Pirna bezog er die Dienstwohnung des Hospitalpredigers im Frauenhospital. Am 29. Juni 1910 verlieh der Rat der Stadt Pirna Walter Plotz das Bürgerrecht.[18] Schon bald vergrößerte sich die Familie: 1911 wurde in Pirna Tochter Jutta und ein Jahr später Tochter Hanna geboren. Wie in Thalheim erwarb sich Walter Plotz auch in Pirna durch seine klar durchdachten Predigten, seine Aufgeschlossenheit und sein freundliches Entgegenkommen einen weiten Anhängerkreis. Seine Ansprachen bei Trauungen und Beerdigungen fanden besondere Wertschätzung.[19] Auch außerhalb seines geistlichen Amtes engagierte sich Walter Plotz frühzeitig. Eine verantwortungsvolle Aufsichtsfunktion oblag ihm im 1814 gegründeten Pirnaer Kreiswaisenhaus.

Seit Februar 1914 kümmerte er sich auch seelsorgerisch um die Bewohner des Bezirkssiechenhauses in der Zehistaer Straße.[20]

Nach eigener Aussage war für Walter Plotz die 1912 begonnene ehrenamtliche Tätigkeit im »Evangelischen Bund« von besonderer Bedeutung. Das Amt des Schatzmeisters übte er bis 1936 aus, das des Schriftführers von 1912 bis 1915 sowie von 1927 bis zu seinem Tode.[21] Der »Evangelische Bund« war 1887 als Interessenvertretung des deutschen Protestantismus gegründet worden. Als die beiden wichtigsten Arbeitsgebiete kristallisierten sich einerseits die Hilfeleistung für die evangelische Kirche in der K.-u.-k.-Monarchie beziehungsweise nach 1918 in Österreich und der Tschechoslowakei unter anderem durch den Bau von Schulen und Kirchen, andererseits die Gründung und Unterhaltung von Ausbildungsstätten für evangelische Schwestern für die Gemeindehilfe in Deutschland heraus.[22] Neben der umfangreichen Vorstandstätigkeit war Walter Plotz vielfach im Auftrag des Bundes in Österreich und Böhmen aktiv. Rückblickend auf diese Aktivitäten erklärte er 1929: »Diese Ämter legten mir große Verantwortung auf, aber sie weiteten auch meinen Blick und trugen viel zu meinem weiteren Reifen bei.«[23]

Die umfangreiche ehrenamtliche Tätigkeit, neben seinen vielfältigen Berufsverpflichtungen, verlangte von Walter Plotz eine enorme Arbeitslast ab, die er nur durch eine straffe Tagesplanung bewältigen konnte. Viele Jahre begann seine Arbeit 5 Uhr morgens und endete erst in den späten Abendstunden. Für die Familie blieb im Alltag wenig Zeit, umso mehr genoss er den in der Regel dreiwöchigen Jahresurlaub mit seiner Frau und den Kindern.

Während des Ersten Weltkriegs engagierte sich der patriotisch gesonnene Walter Plotz besonders in der Fürsorge für Kriegsverwundete. Plotz, der seit 1901 Landsturmmann war, musste sich während des Krieges mehrfach beim Bezirkskommando in Pirna melden, wurde jedoch nach Interventionen von Superintendent und Bürgermeister wegen der prekären kirchlichen Personalsituation in Pirna nicht zum Militär einberufen.[24] Als stellvertretender Garnisonsgeistlicher kümmerte er sich seelsorgerisch um die zahlreichen verletzten Militärangehörigen, die im Städtischen Krankenhaus, im Garnisonslazarett und im Vereinslazarett (Bezirkssiechenheim) gepflegt wurden. Weiterhin war er Lazarettpfarrer des Reservelazaretts Berggießhübel.[25] Dadurch wurde er auch in der Heimat mit den Schrecken des Krieges konfrontiert. In »Anerkennung verdienstvoller Leistungen auf dem Gebiete hilfreicher Nächstenliebe und Wohlfahrtspflege« verlieh ihm der sächsische König am 17. Oktober 1916 »das Ehrenkreuz für freiwillige Wohlfahrtspflege mit dem Bande für Tätigkeit im Kriege«.[26]

Bis zu ihrer Schließung im Juni 1920 leitete Walter Plotz auch die Geschäftsstelle des Zweigvereins Pirna vom »Roten Kreuz«. Diese Geschäftsstelle gab unter anderem Auskunft über vermisste und gefangene Militärangehörige und unterstützte deutsche Kriegsge-

18 Bürgerschein für Hospitalprediger W. Plotz vom 29.6.1910 (ebd.). **19** Unveröff. Nekrolog W. Plotz, 1.8.1944, S. 1 (ebd.). **20** Vgl. Max Voigt, Erinnerungsschrift für das 60jährige Bestehen der Bezirkspflegeanstalten des Bezirksverbandes der Amtshauptmannschaft Pirna, 1. August 1924, Pirna 1924, unpaginiert. **21** Unveröff. Nekrolog W. Plotz, S. 1 (AGPS, Sammlung Plotz, unpaginiert). **22** Vgl. Walter Fleischmann-Bisten/Heiner Grote, Protestanten auf dem Wege, Göttingen 1986. **23** Bewerbungsschreiben W. Plotz an den Rat der Stadt Annaberg vom 10.3.1929 (AGPS, Sammlung Plotz, unpaginiert). **24** Landsturmschein W. Plotz mit Eintragungen der Jahre 1914–1918 (ebd.); Rückstellungsantrag Plotz der Kircheninspektion für Pirna vom 8.5.1915 an die Königl. Ersatzkommission (StA Pirna, B III–XV, Nr. 34, Bl. 100). **25** Urteil im Dienststrafverfahren W. Plotz vom 2.5.1938 (AGPS, Sammlung Plotz, unpaginiert). **26** Besitzzeugnis des Ehrenkreuzes für Freiwillige Wohlfahrtspflege für W. Plotz vom 17.10.1916 (ebd.).

fangene in Frankreich mit Geld und Paketen, aber auch mit christlicher Literatur. Im Juni 1920 wurde Walter Plotz von der Preußischen Staatsregierung die »Rote Kreuz-Medaille 3. Klasse« verliehen.[27]

Da das Pirnaer Hospital nicht mehr den Bedürfnissen der Zeit und der Bevölkerungsentwicklung entsprach, wurde 1913 im Rahmen eines Wettbewerbs das Projekt für ein neues Hospital und eine damit verbundene ev.-luth. Hospitalkirche entwickelt. Finanzielle Grundlage dafür war die großzügige Stiftung des 1905 verstorbenen Pirnaer Fabrikanten Friedrich August Greif. Der Bau erfolgte in den Jahren 1913 bis 1915. Anfang des Jahres 1916 wurde das neue Hospitalgebäude in der Weststraße 11 (heute: Siegfried-Rädel-Straße 11) bezogen. Pfarrer Plotz konnte im gleichen Jahr mit seiner Familie im Neubau in eine große, moderne Dienstwohnung einziehen, in der er mit seiner Frau bis 1938 lebte. Am 25. März 1917 wurde durch den Pirnaer Superintendenten Zweynert als neue Wirkungsstätte von Pfarrer Plotz die von 1914 bis 1916 errichtete Hospitalkirche geweiht.[28]

Kurz darauf traf Walter Plotz ein persönlicher Schicksalsschlag. Bei einer Zwillingsgeburt am 8. April 1917 wurde der Sohn tot entbunden. Die Tochter Christa starb bereits im Alter von sieben Jahren 1924.

RELIGIONSLEHRER UND FREIMAURER

Bereits während des Ersten Weltkriegs gab Pfarrer Plotz in Pirna wegen des Mangels an Religionslehrern wöchentlich mehrere Stunden Religionsunterricht.

Die wirtschaftliche Not der Stadt und der Hospitalstiftung in der Nachkriegszeit, aber auch Forderungen von Pirnaer Stadtverordneten aus dem linken politischen Spektrum, führten im April 1922 zur Einziehung der Hospitalpredigerstelle als Hauptstelle.[29] Vorausgegangen waren dieser Entscheidung intensive Erörterungen auf Kommunal- und Landesebene. Als Ausgleich für das Ausscheiden von Walter Plotz aus dem hauptamtlichen Kirchendienst wurde dieser vom Pirnaer Stadtrat ab 1. April 1922 als Religionslehrer an der Höheren Mädchenschule angestellt.[30] Weiterhin hatte er stundenweise Religion am Städtischen Realgymnasium zu unterrichten. Diese Anstellung erfolgte gegen erhebliche Bedenken aus dem sozialdemokratisch geführten Ministerium des Kultus und öffentlichen Unterrichts, in dem die Schaffung neuer Stellen für Religionslehrer ungern gesehen wurde,[31] zumal man bei Plotz das Fehlen einer pädagogischen Ausbildung bemängeln konnte. Durch dieses Amt verminderte sich zwar der Umfang seiner seelsorgerischen Tätigkeit, sein Arbeitspensum im Gesamten nahm aber noch zu. Seit dem 1. April 1927 war er dann Studienrat am Städtischen Realgymnasium mit Realschule.[32]

Walter Plotz war besonders durch seine seelsorgerische Tätigkeit eine in Pirna anerkannte und geachtete Persönlichkeit. Er war mit vielen Amtspersonen gut bekannt. Befreundet war er unter anderem mit dem Pfarrer der Anstaltsgemeinde der Landesanstalt Sonnen-

Das Gebäude der Loge »Zur Leuchte am Strome« in Pirna, Brückenstraße 2, ca. 1930

Privatbesitz

stein. Mit seiner sozial sehr engagierten Frau weilte er oft auf Benefizveranstaltungen im Pirnaer Bezirksheim. Die Offenheit und Gastfreundlichkeit des Hauses Plotz wurde vielfach hervorgehoben.

Inzwischen begannen die drei Kinder, die in Pirna wohlbehütet aufgewachsen waren, ihren Weg zu gehen. Die älteste Tochter Maria verließ das Realgymnasium Ostern 1926 und begann ein Medizinstudium in Tübingen, welches sie bis zum Staatsexamen 1931 an weiteren Universitäten fortsetzte. 1938 konnte sie sich in Pirna als Augenärztin niederlassen. Tochter Jutta studierte in Tübingen Zahnmedizin, während Hanna in Gottleuba eine Ausbildung zur Krankengymnastin absolvierte.[33]

27 Schreiben des Landesausschußes des Vereins vom Roten Kreuz Sachsen an W. Plotz vom 11. 6. 1920 (ebd.); Urkunde zur Verleihung der Roten Kreuz-Medaille 3. Klasse an W. Plotz vom 7. 6. 1920 (ebd.); Persönliche Aufzeichnungen von W. Plotz »Die Fürsorge an den Kriegsgefangenen Deutschen in Frankreich« (ebd.). **28** Pirnaer Anzeiger vom 27. 3. 1917, S. 6. **29** Der gesamte diesbezügliche Schriftverkehr befindet sich in der Akte des Stadtrates Pirna zum Hospitalprediger W. Plotz (StA Pirna, B III-XV, Nr. 34, bes. Bl. 138–239). **30** Schreiben des Ministeriums des Kultus und öffentlichen Unterrichts an den Stadtrat Pirna vom 24. 11. 1921 (ebd., Bl. 236). **31** Vgl. Andreas Reichel, Die sächsische Schulreform in der Weimarer Republik, Dresden 2014, S. 90–92. **32** Urteil im Dienststrafverfahren W. Plotz, 2. 5. 1938, S. 2 (ebd.). **33** Maria Barthel-Lindemann, »Ich würde wieder Ärztin werden«. In: Gleichstellungsstelle der Stadt Pirna (Hg.), »Frauen hinterlassen Spuren«, Pirna 2000, S. 46–49.

Kurz nach dem Ersten Weltkrieg begann Walter Plotz sich in der Freimaurerbewegung zu engagieren, mit deren humanitärer Zielsetzung auf der Basis von Toleranz und lebendiger Bruderschaft er sich identifizieren konnte. Am 22. Juni 1919 wurde er in Pirna auf die Empfehlung des Logenmitgliedes Hermann Biber hin in die St.-Johannis-Freimaurerloge »Zur Leuchte am Strome« als »Lehrling« (erster der drei Grade in der Organisationsstruktur der blauen Freimaurerei) aufgenommen.[34] Der Loge gehörten unter anderem Ärzte, Direktoren, Fabrikbesitzer, Pädagogen, Lehrer, Kaufleute, Architekten und Gastwirte an.[35] Rasch erwarb sich Walter Plotz durch tätiges Mitwirken die Achtung und Anerkennung seiner Logenbrüder. In der Erfüllung sozialer Verpflichtungen sah er eine wesentliche Aufgabe der Freimaurer, die er nach Kräften unterstützte. Aber auch der moralisch-geistigen Selbstfindung unterzog er sich mit größter Ernsthaftigkeit.

Am 4. Juni 1930 wurde Walter Plotz als Nachfolger des wegen Krankheit zurückgetretenen August Marquard zum neuen »Meister vom Stuhle« gewählt. Er stand damit einer Loge von 157 Mitgliedern vor. Als Ziel seiner Amtsführung bekannte Walter Plotz: »Die Hammerführung des neuen Stuhlmeisters legte dieser programmatisch fest als Dienst an der Seele eines jeden Bruders bis zur Opferbereitschaft gemäß seiner Lebenslosung: Im Dienen verzehre ich mich.«[36] Die krisenhaften Entwicklungen am Ende der Weimarer Republik waren auch in der Loge zu spüren. Walter Plotz forderte in seinem Jahresbericht vom Oktober 1932 die Brüder auf, »besser und öfter die Arbeiten und Klubabende [zu] besuchen. Wirtschaftliche Gründe dürften nicht immer gelten.«[37]

Wenige Tage nach dem freudigen Ereignis der Heirat seiner Tochter Maria mit dem Augenarzt Kurt Lindemann erfolgte mit der Machtübernahme der Nationalsozialisten am 30. Januar 1933 ein tiefgehender Einschnitt, der das letzte Jahrzehnt des Lebens von Walter Plotz verdüstern sollte.

WIDERSTAND IN DER ZEIT DES NATIONALSOZIALISMUS

Obwohl er den Nationalsozialisten nach der Machtergreifung nicht offen entgegentrat und sich als Beamter zur Loyalität gegenüber dem Staat verpflichtet sah, lehnte der nationalkonservativ eingestellte Plotz die antikirchliche und freimaurerfeindliche Ideologie der neuen Machthaber strikt ab. Walter Plotz verstand sich als staatstreuer Beamter, dem Ehrenhaftigkeit und Ehrlichkeit viel bedeuteten. Für ihn begannen Jahre der Verteidigung der Glaubensfreiheit und der Ideale des Freimaurertums. Er trat der Bekennenden Kirche bei, die sich scharf von der pronationalsozialistischen Haltung der Deutschen Christen abgrenzte. Damit gehörte er im Kirchenbezirk Pirna zu einer deutlichen Minderheit, die sich im Frühjahr 1934 als Bruderrat der Bekenntnisgemeinschaft in der Ephorie Pirna konstituierte. Diese Pfarrer vertraten ihre Ansichten recht wirksam und stärkten sich gegenseitig in ihrer Haltung.[38] Mutig opponierte Plotz gegen kirchenfeindliche Maßnahmen der Nationalsozialisten und suchte dabei nach Verbündeten.

Am Städtischen Realgymnasium, ab 1937 Städtische Oberschule für Jungen, geriet er mit seiner gegenüber den Nationalsozialisten kritischen Einstellung und als Vertreter des im

»Dritten Reich« nur noch geduldeten Lehrfaches Religion unter Druck. Im Lehrkörper begannen die Nationalsozialisten schrittweise Fuß zu fassen, der Direktor Dr. Werner Grundig war ebenfalls NSDAP-Mitglied. Plotz galt den Pirnaer Nationalsozialisten als Reaktionär.[39] Dies umso mehr, als er 1933 nicht wie viele andere umschwenkte und auch der Freimaurerbewegung die Treue hielt.[40]

Die Nationalsozialisten hatten schon seit den 1920er-Jahren vehement die Freimaurerei bekämpft. Die Logen galten als »Brutstätten der Talmuderei«, die Auswahl ihrer Mitglieder nach sozialer Stellung legte man als »kastenmäßige Absonderung« aus, die unvereinbar mit dem Ideal der »Volksgemeinschaft« sei. Im »Dritten Reich« war für diese nach Humanität, Toleranz und Menschenwürde strebende internationale Bewegung kein Platz.[41] Daher setzte gleich nach der Machtergreifung die Terrorisierung und Schikanierung der Freimaurerorganisationen ein. Nach der formalen Auflösung der »Großen Landesloge von Sachsen« im April 1933 trat Walter Plotz mit seiner Loge in die unter dem Namen »Christlicher Orden Deutscher Dom« gegründete Nachfolgeorganisation über, deren Pirnaer Gliederung er weiter leitete.[42] Die Sitzungen der Logen wurden seitdem durch den Pirnaer Polizeihauptwachtmeister der Politischen Abteilung, Hüllmann, überwacht.

Am 23. Juli 1935 musste sich auf staatlichen Druck – mit der Drohung der polizeilichen Auflösung und Konfiskation der Vermögen – der »Christliche Orden Deutscher Dom« in seiner letzten Hauptversammlung in Dresden auflösen. Davon waren alle angeschlossenen Ordensgruppen, darunter auch die St.-Johannis-Loge »Zur Leuchte am Strome« Pirna, betroffen. Plotz hatte an dieser behördlich erzwungenen Versammlung nicht teilgenommen.[43] Als letzter »Meister vom Stuhl« versuchte Walter Plotz zu retten, was noch zu retten war. Als Vorsitzender des auf der letzten Hauptversammlung der Ortsgruppe Pirna am 27. Juli 1935 gewählten Liquidationsausschusses, dem weiterhin sein Schwager Studienrat Rudolf Weiske und der Prokurist Heßner angehörten, bemühte er sich, die beiden

34 Mitgliederverzeichnis und Mitteilungen der St. Johannis-Loge zur Leuchte am Strome im Orient Pirna, Nr. 28, Pirna 1930, S. 10–11 (AGPS, Sammlung Plotz, unpaginiert). **35** Gesetzbuch der gerechten und vollkommenen St. Johannis-Loge zur Leuchte am Strome im Orient Pirna, 1903 (ebd.). **36** Mitgliederverzeichnis und Mitteilungen der St. Johannis-Loge zur Leuchte am Strome im Orient Pirna, Nr. 28, Pirna 1930, S. 22 (ebd.). **37** Mitgliederverzeichnis und Mitteilungen der St. Johannis-Loge zur Leuchte am Strome im Orient Pirna, Nr. 29, Pirna 1932, S. 20 (ebd.). **38** Vgl. dazu Günther Endler, Widerstand gegen einen übermächtigen Gegner in den Jahren 1933 bis 1935. In: Vereinigung der Verfolgten des Naziregimes (Hg.), Unsere Heimat unterm Hakenkreuz. Ein Beitrag zu nationalsozialistischer Gewaltherrschaft, Verfolgung und antifaschistischem Widerstand in Amtshauptmannschaft und Kreis Pirna von 1933 bis 1945, Pirna 2003, S. 143–159; Kyle Jantzen, Faith and Fatherland. Parish politics in Hitler's Germany, Minneapolis 2008, S. 137–148. Im Nachlass von Walter Plotz befinden sich verschiedene Briefe an Pfarrer der Bekennenden Kirche aus der Region und ein Brief an den Landesbruderrat der Bekennenden Kirche (AGPS, Sammlung Plotz, unpaginiert). **39** Politische Einschätzung von W. Plotz und R. Weiske durch die Politische Abteilung der Stadt Pirna, undatiert [September 1936] (StA Pirna, B III – XXXIX, Nr. 1213, Bl. 8). **40** Vgl. Franziska Böhl, Die Sächsischen Freimaurer zwischen Anpassung und Unterdrückung 1918–1945. In: Günther Heydemann/Jan Erik Schulte/Francesca Weil (Hg.), Sachsen und der Nationalsozialismus, Göttingen 2014, S. 267–281, S. 276. **41** Vgl. ebd., S. 271–273. **42** Urteil im Dienststrafverfahren Plotz, 2. 5. 1938, S. 3 (AGPS, Sammlung Plotz, unpaginiert). **43** Hermann Papsdorf, Bericht über die letzte Versammlung des Deutsch-Christlichen Ordens Sachsen e.V. am 23. 7. 1935 in Dresden (AGPS, Sammlung Plotz, unpaginiert).

Logengrundstücke der Pirnaer Kirchgemeinde zu veräußern.[44] Eile war auch deshalb geboten, weil der neue Pirnaer NSDAP-Kreisleiter Hermann Gerischer in seiner Abwesenheit und ohne sein Wissen das Logengebäude besichtigt hatte.[45] Deshalb fasste der Liquidationsausschuss im März 1936 einen Beschluss zu Verhandlungen mit der Kirchgemeinde, die bald darauf begannen.[46]

Als der seit 1935 amtierende Pirnaer Oberbürgermeister Dr. Wilhelm Brunner von den Plänen des Liquidationsausschusses erfuhr, wandte er sich an das Sächsische Innenministerium mit der Bitte, die Übergabe der Grundstücke an die Kirche zu verhindern. Das Innenministerium gab daraufhin eine entsprechende Anweisung an den Amtshauptmann, der darüber den Oberbürgermeister informierte. In der Zwischenzeit waren diese behördlichen Aktivitäten Walter Plotz bekannt geworden, so dass der Liquidationssausschuss am 16. Juni 1936 zur Verhinderung einer staatlichen Enteignung einen neuen Beschluss fasste. Vor Weiterführung der Verhandlungen mit der Kirchgemeinde sollten die Grundstücke der Stadt Pirna als Schenkung angeboten werden, um darauf ein Altersheim für bedürftige Pirnaer zu errichten, für das ehemalige Mitglieder der Pirnaer Loge und deren Angehörige bevorzugt berücksichtigt werden sollten.[47] Gemäß dieses Beschlusses sprachen Walter Plotz und Rudolf Weiske am 18. Juni 1936 beim Pirnaer Oberbürgermeister Brunner vor. Im Verlauf der Besprechung lehnte Dr. Brunner das Angebot einerseits wegen der zu erwartenden finanziellen Belastung der Stadt ab, andererseits weil seitens der Stadt vorgesehen sei, im Logenhaus die NSDAP-Kreisleitung und eventuell weitere örtliche Parteigliederungen unterzubringen. Eine Nutzung durch die entschiedensten Gegner der Freimaurer lehnte Plotz jedoch in aller Deutlichkeit ab.[48] Die scharfe Zurückweisung der Pläne des Oberbürgermeisters wurde ihm zum Verhängnis. Dr. Brunner fertigte eine Niederschrift über die Verhandlung an, von der das Sächsische Ministerium für Volksbildung und die Pirnaer NSDAP-Kreisleitung Kenntnis erlangten. Nach eingeleiteten polizeilichen Ermittlungen, die offenbar die NSDAP-Kreisleitung initiiert hatte, erhielten Plotz und Weiske auf Forderung des Ministeriums für Volksbildung am 18. Juli 1936 vom Pirnaer Oberbürgermeister Brunner das Verbot zur weiteren Ausübung der Lehrtätigkeit bis zur endgültigen Klärung der Angelegenheit.[49] Gegen Plotz und Weiske wurde am 25. Juli 1936 vom kommissarischen Leiter des Ministeriums für Volksbildung ein »Dienststrafverfahren« eingeleitet und beide vorläufig ihres Amtes enthoben. Weiterhin wurde vom Oberstaatsanwalt beim Landgericht Dresden gegen Plotz und Weiske ein Ermittlungsverfahren »wegen Vergehens nach §2 des Heimtückegesetzes vom 20. Dezember 1934 und Beleidigung« eingeleitet.[50] Für Walter Plotz begannen die schlimmsten Wochen und Monate seines Lebens.

44 Urteil im Dienststrafverfahren Plotz, 2.5.1938, S. 3 (ebd.). **45** Ebd., S. 14. **46** Ebd., S. 4. **47** Ebd., S. 4 f. **48** Ebd., S. 5 und S. 8–10; Protokolle der Vernehmungen von W. Plotz vom 13.11.1936, Oberbürgermeister Dr. Brunner vom 22.9.1936 und Bürgermeister Kühn vom 14.12.1936 (ebd.); Protokoll der Vernehmung von R. Weiske durch die Politische Abteilung Pirna vom 9.9.1936 (StA Pirna, B III – XXXIX, Nr. 1213, Bl. 6 f.). **49** Schreiben von Oberbürgermeister Dr. Brunner an W. Plotz vom 18.7.1936 (AGPS, Sammlung Plotz, unpaginiert). **50** Eröffnungsbeschluss des Komm. Leiters des Ministeriums für Volksbildung zum Dienststrafverfahren gegen W. Plotz und R. Weiske vom 25.7.1936 (ebd.).

Der Präsident
des Geheimen Staatspolizeiamtes Sachsen.
Aktenz.: I 4, 3704/34 No.

Dresden, am 24. August 1936.

Schutzhaftbefehl.

Der - ~~Die~~ - Pfarrer und Studienrat

Plotz, Walter Friedrich Adolf,

geb. am 12.3.1877 in Dresden,

wohnhaft in Pirna, Weststrasse 11, II.,

z.Zt. in ....

ist auf Grund von § 1 der Verordnung des Reichspräsidenten zum Schutze von Volk und Staat vom 28.2.1933 in Schutzhaft zu nehmen.

Begründung: Verächtlichmachung der Partei.

Er ist dem Schutzhaftlager in Sachsenburg zuzuführen.
~~Er - Sie - ist dem Polizei - Amtsgerichtsgefängnis in zuzuführen.~~
Eine Beschwerde gegen diesen Schutzhaftbefehl ist nicht zulässig.

Im Auftrage:
(gez.) Kaufmann,
Regierungsrat.

Ausgefertigt:
Dresden, am 25. Aug. 1936
[Unterschrift]

Herrn
Walter Plotz,
Pirna.

Schutzhaftbefehl gegen Walter Plotz, 24. 8. 1936
Privatbesitz

Aufenthaltsbescheinigung.

Der ... Studienrat und Pfarrer Walter Friedrich Adolf Plotz ...

geb. am ... 12.3.77 ... in ... Dresden ...

war vom ... 28.8.36 ... bis ... 27. Nov. 1936 ...

im hiesigen Konzentrationslager.

Sachsenburg, am ... 27. Nov. 1936 ...

Der Entlassene hat sich bei der Ortspolizeibehörde zu melden.

Der Lagerkommandant KLS

SS- Standartenführer.

Haftbescheinigung des KZ Sachsenburg für Walter Plotz, 27.11.1936

Privatbesitz

HAFT IM KZ SACHSENBURG

Auf Anordnung des Präsidenten des Geheimen Staatspolizeiamtes Sachsen vom 24. August 1936 wurde Walter Plotz am 27. August 1936 mit der Begründung »Verächtlichmachung der Partei« durch die Pirnaer Gestapo-Dienststelle in »Schutzhaft« genommen.[51] Obwohl seine Frau kurz vor der Verhaftung von einem Motorrad überfahren worden war und im Krankenhaus lag, überstellte die Pirnaer Gestapo Walter Plotz am 28. August 1936 in das berüchtigte Konzentrationslager Sachsenburg. In diesem einzigen noch bestehenden sächsischen Konzentrationslager waren von April bis Juni 1935 bereits 20 sächsische Pfarrer der Bekennenden Kirche auf Anordnung des Sächsischen Gauleiters Mutschmann wegen einer verbotenen Kanzelabkündigung des Reichsbruderrates der Bekennenden Kirche inhaftiert gewesen.[52]

Bis zum 27. November 1936 war der 59 Jahre alte Walter Plotz im Konzentrationslager Sachsenburg den menschenunwürdigen Bedingungen und Schikanen des Wachpersonals ausgesetzt, die seiner Gesundheit schweren Schaden zufügten. Er musste harte, für ihn völlig ungewohnte körperliche Arbeiten verrichten, denen er nicht gewachsen war. Nach einigen Wochen wurde er deshalb von der Lagerleitung im Küchendienst eingesetzt.[53] Die Familie kannte den Grund der Verhaftung zunächst nicht und erfuhr erst durch einen Brief von Walter Plotz, dass er im Konzentrationslager Sachsenburg festgehalten wurde. Seine Frau, die am 11. Oktober 1936 einen Besuch erreicht hatte, wandte sich, unter dem Eindruck des schlimmen Gesundheitszustandes ihres Mannes, mit der dringenden Bitte um Entlassung an den Pirnaer Oberbürgermeister. Dieser sah jedoch keine Möglichkeit des

Handelns, die Entscheidung zur Freilassung sei Sache der Gestapo. So blieb Walter Plotz noch mehrere Wochen in Haft, obwohl der Oberstaatsanwalt beim Landgericht Dresden bereits am 24. September 1936 das Ermittlungsverfahren gegen Plotz und Weiske eingestellt hatte.[54]

Das Logengebäude war am 2. Oktober 1936 zugunsten des sächsischen Staates beschlagnahmt worden und wurde jetzt von Dienststellen der NSDAP genutzt.[55]

KAMPF UM REHABILITIERUNG

Walter Plotz verstand diese Zeit als besondere Prüfung, die ihn seelisch sehr angriff, ihn aber nicht brechen konnte. Sein Wille, sich dem NS-Regime zum Trotz weiter für die Belange seiner Kirche, aber auch für seine bürgerlichen und beamtenmäßigen Rechte einzusetzen, wurde eher noch bestärkt. An den ihn vor neuen Aktivitäten warnenden Pirnaer Superintendenten Zweynert schrieb er am 21. Januar 1937: »Meine einzige Schuld ist die meiner politischen, kirchlichen und bürgerlichen Sauberkeit, die mir niemand absprechen kann.«[56]

Nach der Haftentlassung am 27. November 1936 war Walter Plotz körperlich völlig erschöpft und klagte seit dieser Zeit über Leibschmerzen, die trotz ärztlicher Behandlung in seinen letzten Lebensjahren nicht beseitigt werden konnten. Er musste sich in langwierige Auseinandersetzungen mit der Stadtverwaltung Pirna und dem Landeskirchenamt bezüglich des schwebenden Dienststrafverfahrens begeben. Das Landeskirchenamt hatte Plotz aus Anlass des Disziplinarverfahrens und der Inhaftierung die Vikariatsstelle für die Dauer des Verfahrens entzogen. Ergänzend wurde Plotz am 19. Januar 1937 auch durch den Pirnaer Oberbürgermeister Brunner die vikarische Verwaltung der Hospitalpredigerstelle zum 31. März 1937 gekündigt.[57]

Am 9. August 1937 hatte der Nationalsozialist und entschiedene Gegner der Bekennenden Kirche, Oberkirchenrat Johannes Klotsche, mit Hilfe der Polizei die Macht im Sächsischen Landeskirchenamt usurpiert. Er galt als Gefolgsmann von Gauleiter Mutschmann und Innenminister Fritsch. Klotsche ergriff disziplinarische Maßnahmen gegen Mitglieder der Bekennenden Kirche und betrieb besonders eifrig die Ausgrenzung der Christen jüdischer Herkunft.[58] So verwundert es nicht, dass das Landeskirchenamt am 25. August 1937 in

51 Schutzhaftbefehl W. Plotz, ausgestellt am 24. 8. 1936 (ebd.). **52** Joachim Fischer, Die sächsische Landeskirche im Kirchenkampf 1933–1937, Göttingen 1972, S. 37–38. **53** Brief von Meta Plotz an das Landeskirchenamt Sachsen vom 16. 9. 1961 (AGPS, Sammlung Plotz, unpaginiert). **54** Beschluss des Oberstaatsanwaltes beim Landgericht Dresden im Ermittlungsverfahren gegen Plotz und Weiske vom 24. 9. 1936 (StA Pirna, B III – XXXIX, Nr. 1213, Bl. 13). **55** Vgl. Sächsisches Verordnungsblatt I 1936, S. 363. **56** Brief von W. Plotz an den Pirnaer Superintendenten Zweynert vom 21. 1. 1937 (AGPS, Sammlung Plotz, unpaginiert). **57** Schreiben von Oberbürgermeister Dr. Brunner an W. Plotz vom 19. 1. 1937 (ebd.). **58** Zu Johannes Klotsche vgl. Gerhard Lindemann, Johannes Klotsche. Ein Vertrauensmann Mutschmanns an der Spitze der Landeskirche. In: Christine Piper/Mike Schmeitzner/Gerhard Naser (Hg.), Braune Karrieren. Dresdner Täter und Akteure im Nationalsozialismus, Dresden 2012, S. 208–213.

einer Verfügung an den Pirnaer Superintendenten erklärte, dass eine weitere Verwendung von Pfarrer Plotz im landeskirchlichen Dienst vor Abschluss des anhängigen Verfahrens ausgeschlossen sei.[59]

Mit Hilfe des befreundeten Dresdner Rechtsanwaltes Dr. Hans Otto suchte Walter Plotz alle Rechtsmittel auszuschöpfen, um seine Stellungen als Pfarrer und Lehrer wiederzuerlangen und damit das faktische Berufsverbot aufzuheben. Dies wurde ihm aber – offenbar auch auf Druck der für die politische Beurteilung zuständigen Pirnaer NSDAP-Kreisleitung – unmöglich gemacht. Das Disziplinarverfahren gegen Walter Plotz endete im Mai 1938 vor der Dienststrafkammer in Dresden mit einem rechtskräftigen Urteil. Darin wurde Walter Plotz wegen eines Dienstvergehens nach § 22 des Deutschen Beamtengesetzes ein Verweis ausgesprochen und zur Übernahme der Hälfte der Verfahrenskosten verurteilt, die Suspendierung vom Dienst aber wurde aufgehoben.[60] Da Walter Plotz eine störungsfreie Wiederaufnahme seiner Lehrertätigkeit nicht möglich erschien, ließ er sich »auf eigenen Antrag« zum 31. August 1938 als Beamter in den Ruhestand versetzen.[61]

Umso intensiver bemühte er sich jetzt jedoch darum, seine kirchlichen Ämter als Hospitalprediger und Schlosspfarrer oder wenigstens als Vertreter für Amtsbrüder wiederzuerlangen. Doch es zeigte sich ganz deutlich, dass der Präsident des Landeskirchenamtes Klotsche nicht gewillt war, ihm eine Dienstausübung im Raum der sächsischen Landeskirche zu ermöglichen. Am 3. Dezember 1938 teilte Klotsche Walter Plotz kategorisch mit, das dieser sich nicht mehr im vikarischen Dienst der evangelisch-lutherischen Landeskirche befinde.[62]

Ende April 1939 erhob Walter Plotz durch seinen Rechtsanwalt beim Landeskirchenamt eine Dienstaufsichtsbeschwerde gegen den seit 1938 im Amt befindlichen Pirnaer Superintendenten Heinrich Leichte, ein Anhänger der Deutschen Christen und treuer Gefolgsmann der NSDAP, deren Mitglied er seit 1933 war. Der Auslöser war das am 26. April 1939 an Pfarrer Plotz ergangene Verbot der Durchführung einer Beerdigung in Vertretung eines Amtsbruders. Nach Eingang der abschlägigen Antwort des Landeskirchenamtes am 8. Mai 1939 wurde diese Beschwerde am 17. Mai 1939 nicht nur aufrechterhalten, sondern noch erweitert: »Sie wird jetzt außerdem auch damit begründet, daß der Superintendent zu Pirna kürzlich dem Pfarrer Ulrich in Stadt Wehlen gegenüber erklärt hat, Herr Pfarrer Plotz dürfe nicht vertretungsweise in Wehlen predigen, denn er stelle eine Belastung der Kirche dar, die vermieden werden möchte. Das ist eine unerhörte Ehrenkränkung für Herrn Pfarrer Plotz.«[63] Im Landeskirchenamt verschanzte man sich jedoch weiter hinter der Feststellung, dass sich Plotz angeblich bereits seit 1922 nicht mehr im kirchlichen Dienst befunden habe. Mittlerweile hatte der Zweite Weltkrieg begonnen.

Der Präsident des Landeskirchenamtes Klotsche teilte Rechtsanwalt Otto am 13. April 1940 mit, dass nunmehr bei ihm eine politische Auskunft über Pfarrer Plotz durch die Gauleitung der NSDAP eingegangen sei: »Nach dieser Auskunft ist es mir nicht möglich, Herrn Pfarrer und Studienrat a. D. Plotz im geistlichen Dienste der Landeskirche zu beschäftigen.«[64] Klotsche verwies weiterhin auf die Vertraulichkeit der politischen Auskünfte. Rechtsanwalt Otto schrieb an Plotz in Bewertung dieses Schreibens: »Leider ist dagegen mit Rechtsmitteln

Vertraulich.

An die
Herren Pfarrer

Persönlich.

Pirna, 3.3.42

Das LKA hat unterm 27.2.folgende Mitteilung an die Superintendentur Pirna ergehen lassen:

"HUnter Bezugnahme auf die telefonische Besprechung vom 25.2.42 wegen des Studienrates a.D. Plotz wird mitgeteilt,daß,nachdem die Geheime Staatspolizei das Auftreten von Plotz am [illegible] 2.42 verboten hat, auch eein sonstiges Amtierenlassen des Studienrates a.D. Plotz nicht in Betracht kommen kann.Sie werden ersucht,die Geistlichen Ihres Bezirkes entsprechend zu unterrichten."

Ich bitte diese Anordnung im Interesse einer geordneten kirchlichen Arbeit strengstens zu beachten.Jeder Pfarrer,der dieser Anordnung nicht nachkommt,hat die Verantwortung und die Konsequenzen,die sich für ihn daraus ergeben,einzig und allein zu tragen.

gez. Sup.Leichte.

Mitteilung des Pirnaer Superintendenten Leichte an die Pfarrer des Kirchenbezirks über das durch das Landeskirchenamt Sachsen ausgesprochene Verbot kirchlicher Amtshandlungen für Walter Plotz, 3. 3. 1942

Privatbesitz

nichts zu machen. Das Landeskirchenamt kann sich stets darauf berufen, die Gauleitung der NSDAP habe Sie politisch ungünstig beurteilt. Eine Weiterverfolgung der Angelegenheit hat nur Zweck, wenn Sie die Möglichkeit haben, die ungünstige politische Beurteilung aus der Welt zu schaffen. Hinter der politischen Auskunft steht natürlich der Stadtrat Pirna, bei dem durch die Partei die örtlichen Ermittlungen angestellt worden sind.«[65]

Um den kriegsbedingten Pfarrerengpass – fast die Hälfte der sächsischen Pfarrer war zum Militär eingezogen worden – etwas zu beheben, genehmigte das Landeskirchenamt im Rahmen des kirchlichen Stellvertretergesetzes im November 1940 eine Liste mit heranziehbaren Ruheständlern. Für die Ephorie Pirna war dabei ausdrücklich Pfarrer Plotz ausgeschlossen.[66] Nachdem am 22. Februar 1942 die Gestapo erneut ein Auftreten von Pfarrer Plotz verboten hatte, untersagte Superintendent Leichte in Befolgung einer Anweisung des Landeskirchenamtes am 3. März 1942 noch einmal allen Pfarrern der Ephorie, Pfarrer Plotz in jeglicher Weise amtieren zu lassen.[67]

59 Teilabschrift der Verfügung des Landeskirchenamtes Sachsen, gez. Klotsche, an die Superintendentur Pirna vom 25. 8. 1937 (AGPS, Sammlung Plotz, unpaginiert). **60** Urteil im Dienststrafverfahren Plotz, 2. 5. 1938 (ebd.). **61** Inruhestandsversetzungsurkunde des Sächsischen Ministeriums für Volksbildung für W. Plotz vom 17. 8. 1938 (ebd.). **62** Schreiben des Präsidenten des Landeskirchenamtes Klotsche an W. Plotz vom 3. 12. 1938 (ebd.). **63** Schreiben von Rechtsanwalt Dr. Otto an das Landeskirchenamt Sachsen vom 17. 5. 1939 (ebd.). **64** Schreiben des Präsidenten des Landeskirchenamtes Klotsche an Rechtsanwalt Dr. Otto vom 13. 4. 1940 (ebd.). **65** Schreiben von Rechtsanwalt Dr. Otto an W. Plotz vom 20. 4. 1940 (ebd.). **66** Schreiben Superintendent Leichte an Pfarrer Friedrich [Bad Gottleuba], 11. 12. 1940 (ebd.). **67** Schreiben Superintendent Leichte an Pfarrer der Ephorie Pirna, 3. 3. 1942 (ebd.).

Pfarrer Jagsch aus Löbau, ein langjähriger Freund von Walter Plotz und Vorsitzender des »Evangelischen Bundes« in Sachsen, fuhr persönlich ins Landeskirchenamt und berichtete Plotz dann am 30. März 1942, dass sich die Abwehrhaltung gegen ihn besonders aus seinem herausgehobenen Engagement in der Freimaurerbewegung speise, insbesondere da er dieses nach 1933 fortgesetzt habe.[68] Dieser Eindruck bestätigte sich Plotz' Tochter Jutta durch eigene Recherchen. Aufgrund einer Eingabe erhielt sie im April 1943 im Berliner Reichskirchenministerium Einblick in die Akte ihres Vaters, aus der klar hervorging, »dass nur die Kreisleitung, bezw. die Parteileitung und die Polizei, diese wahrscheinlich über die Partei [,] für Papa ein ungünstiges Urteil abgegeben haben und verlangen, dass Papa nicht mehr predigen und überhaupt nicht öffentlich sprechen darf. Man hält ihn für politisch unzuverlässig und trägt ihm die Logensache noch nach.«[69] Ausnahmegenehmigungen konnte Walter Plotz nur für die Beerdigung seines Schwiegervaters im Frühjahr 1942 und die Haustaufe seines Enkels Andreas im Juni 1943 erstreiten.

LEBENSABEND UND TOD

Der ständige, aufreibende Kampf mit den Behörden und die Folgen der KZ-Haft forderten ihren Tribut. Im Herbst 1943 verschlechterte sich der Gesundheitszustand von Walter Plotz deutlich. Auch ein operativer Eingriff im Februar 1944 brachte keine Heilung mehr. Letzte Briefe an Freunde offenbarten das große seelische Leid, das ihm in der NS-Zeit zugefügt worden war, aber auch, dass ihm sein Glaube Halt gegeben hätte: »[...] wir stehen ja alle in Gottes Hand. Das ist unser Glaube und unsere Kraft in den Sorgen des Lebens.«[70] Walter Plotz starb am 2. Juni 1944 in Pirna. Bei seiner Beerdigung am 9. Juni 1944 auf dem Städtischen Friedhof in Pirna zeigte die überaus starke Beteiligung, welch hohes Ansehen er in der Bevölkerung genoss.

Walter Plotz war ein unangepasster, aufrichtiger Mensch, der für seine Überzeugungen und seinen Glauben persönliche Nachteile auf sich genommen hatte. Die Bilanz seines geistlichen Wirkens wurde seinem sorgfältig geführten Amtskalender entnommen: Walter Plotz hielt 2 836 Predigten, amtierte bei 2 075 Taufen, 631 Trauungen und 2 809 Beerdigungen und hatte 24 285 Kommunikanten.[71] Walter Plotz hat in Pirna deutliche Spuren hinterlassen.

68 Schreiben von Pfarrer Jagsch an W. Plotz vom 30. 3. 1942 (ebd.). **69** Notiz von Jutta Trück, geb. Plotz, über ihre Unterredung im Reichskirchenministerium Berlin, undatiert (April 1943) (ebd.). **70** Brief von W. Plotz an Oberkirchenrat [ohne Namensangabe], undatiert (ca. März 1944) (ebd.) **71** Vgl. von Rüdiger, W. Plotz, S. 10.

Birgit Mitzscherlich

DER KATHOLISCHE GEISTLICHE LUDWIG KIRSCH

(1891–1950)

Der katholische Priester Ludwig Kirsch hat nach dem Zweiten Weltkrieg maßgeblich in der sächsischen CDU mitgearbeitet. Seine Aktivitäten im Landesvorstand der Partei haben ihn über seinen unmittelbaren Wirkungskreis hinaus bekannt gemacht. Daran erinnert noch heute die Benennung einer Straße in der Stadt seiner letzten Pfarrstelle, in Chemnitz. Doch begann dieses politische Engagement nicht gänzlich neu, sondern er war schon vor 1933 als sächsischer Landesvorsitzender der katholischen Zentrumspartei aktiv gewesen. Im Herbst 1935 war er für einige Monate im KZ Sachsenburg inhaftiert.

Der Lebensweg dieses aus Sachsen stammenden katholischen Priesters soll im Folgenden kurz dargestellt werden. Er steht damit für andere Geistliche des Bistums, die zwischen 1933 und 1945 von den Nationalsozialisten verfolgt wurden, auch wenn außer Kirsch mit Joseph Schwarz nur ein weiterer Priester in Sachsenburg gefangen gehalten wurde.[1] Die größere Verfolgungswelle setzte erst nach Auflösung des letzten frühen Konzentrationslagers in Sachsen ein, so dass allein zehn Geistliche des Bistums in das KZ Dachau kamen.[2]

HERKUNFT UND AUSBILDUNG

Ludwig Kirsch, geboren am 9. Dezember 1891, war Sohn des Goldschmiedes Alexander Kirsch und dessen Ehefrau Hedwig. Mit seinen Eltern, ohne weitere Geschwister, wuchs er in der Dresdener Altstadt auf und gehörte zur Pfarrei der Hofkirche. Einige Jahre lernte

1 Joseph Schwarz, geb. 13. 9. 1903 in Reichweiler Krs. Wendel, 26. 7. 1931 Priesterweihe in Bautzen, Kaplan in Dresden-Neustadt und Dresden-Johannstadt, dann Pfarrvikar in Hainichen, gest. 20. 6. 1943. Vom 12. Juni 1935 bis 20. Dezember 1935 Haft im KZ Sachsenburg wegen angeblicher »Verbreitung illegaler SPD-Literatur«. Vgl. dazu auch Konrad Zdarsa (Hg.), Eine Kirche – zwei Völker, Bd. 2: 1930–1945, Bautzen und Leipzig 2011, Dok. Nr. 65 und 66. Zu Kirsch vgl. auch Siegfried Streubel, Christen im Widerstand. In: Interessenverband der Teilnehmer am antifaschistischen Widerstand, Verfolgter des Nazi-Regimes und Hinterbliebener e. V., Stadtvorstand Chemnitz (Hg.), Sachsenburg. Dokumente und Erinnerungen, Chemnitz 1994, S. 81–86. **2** Vgl. dazu die Auflistung in Ulrich von Hehl/Christoph Kösters (Bearb.), Priester unter Hitlers Terror. Eine biographische und statistische Erhebung, (= Veröffentlichungen der Kommission für Zeitgeschichte, Reihe A, Bd. 37), 2 Bde., 3., wesentlich veränd., und erw. Aufl. Paderborn u. a. 1996, S. 889–898.

Ludwig Kirsch

Archiv der Gemeinde St. Joseph/Chemnitz

er am katholischen Pro-Gymnasium (dem Vorläufer des Benno-Gymnasiums) in Dresden, wechselte aber von dort 1906 an das Wendische Seminar in Prag.[3] Dieses war eine Art Vorstudienanstalt für künftige Theologiestudenten, auch wenn nur ein Teil der Seminaristen tatsächlich zum Priester geweiht wurde. Das Wendische Seminar auf der Prager Kleinseite, unweit der Karlsbrücke und heute Ort der Vertretung des Freistaats Sachsen in Prag, war die Wohn- und Studienanstalt; der Schulbesuch erfolgte auf dem Kleinseitner deutschen Gymnasium. Kirsch gehörte hier zu den besten Schülern seines Jahrgangs. Nach der mit Auszeichnung bestandenen Maturitätsprüfung studierte er an der Karl-Ferdinand-Universität in Prag Theologie.[4] Für ein solches Studium waren damals sechs Semester vorgesehen. Während seiner Studienzeit gehörte Kirsch zum Cartellverband, einer katholischen deutschen Studentenverbindung.

Im Anschluss an das Fachstudium ging er für zwei Semester an das Priesterseminar in Paderborn. Im April 1914 erhielt er die Diakonatsweihe; am 3. August 1914 wurde er vom Paderborner Bischof Joseph Schulte zum Priester geweiht. Mit seiner Zugehörigkeit zum Klerikerstand war er damit auch von der allgemeinen Mobilmachung und dem Kriegsdienst ausgenommen.

WIRKEN ALS GEISTLICHER

Ab 1. September 1914 erhielt Kirsch zunächst eine Anstellung als Kaplan der Liebfrauenpfarrei in Leipzig-Lindenau. Durch seine Herkunft aus einer sächsischen Großstadt war dies von den örtlichen Verhältnissen kein gänzlich fremdes Terrain. Allerdings war gerade die Gegend in Lindenau und Plagwitz sehr proletarisch geprägt. Hier hatte der vormalige Pfarrer Joseph Juhr im Jahr 1888 den ersten katholischen Arbeiterverein in Sachsen gegründet. Später wurden Kirschs dort gemachte Erfahrungen als Ursache seines besonderen politischen und sozialen Engagements angesehen.[5]

Üblicherweise wechseln Kapläne zwei bis drei Mal ihren Anstellungsort in Vorbereitung einer eigenständigen Tätigkeit als Pfarrvikar oder Pfarrer. Ludwig Kirsch war diesbezüglich besonders befördert, als er 1919 als Expositus in die neuerrichtete Außenstelle der Pfarrei Annaberg nach Bärenstein ging. Hier war er nun für die verstreut lebenden Katholiken des Erzgebirges zuständig. Viele von ihnen waren als Migranten aus Böhmen oder Schlesien in die klein- und mittelständische Industrie gekommen, um hier Arbeit zu finden. Sie blieben aber eine kleine Minderheit, deren Sammlung viel Engagement der Geistlichen erforderte. Dazu gehörte auch der Bau eines kleinen Kirchleins, später eines Vereinsheims.

Nach fünf Jahren im Erzgebirge wurde Ludwig Kirsch ab 1924 Pfarrer in Reichenbach im Vogtland. Mit 33 Jahren war er dafür verhältnismäßig jung; später meinte er, daß es auch Neider gegeben habe. Die Arbeit selbst war aber ähnlich beschwerlich wie in Bärenstein. Auch hier musste er für einen angemessenen Kirchen(um)bau sorgen, war doch das bestehende Gebäude für die Bedürfnisse ungeeignet. Erschwert wurde dies durch die Inflationszeit, als die ohnehin überwiegend den ärmeren Schichten entstammenden sächsischen Katholiken kaum ausreichend Mittel hatten, um damit noch pfarrliche Aufgaben zu unterstützen. Somit war der Pfarrer auf sein eigenes »Betteltalent« angewiesen, mit dem er die Gelder im wortwörtlichen Sinne er-werben konnte. Auch der Bonifatiusverein als Verein für die Unterstützung der Katholiken in der Diaspora leistete wertvolle Hilfe. Kirsch selbst reiste in verschiedene Gegenden Deutschlands, um dort im Auftrag des Bonifatiusvereins sogenannte Diaspora-Predigten zu halten, deren unverhohlener Zweck die Steigerung der Spendenbereitschaft war.

Nur in einer weiteren Pfarrei sollte Ludwig Kirsch noch wirken: Vom 1. Mai 1935 bis zu seinem frühen Tod 1950 war er Pfarrer von St. Joseph in Chemnitz. Hier war er nun wieder in einer sächsischen Großstadt; hier war er aber auch der staatlichen Aufmerksamkeit in ganz anderer Weise ausgesetzt als in der »Provinz«.[6]

ENGAGEMENT IN POLITIK UND ÖFFENTLICHKEIT

Schon in jungen Jahren gehörte Ludwig Kirsch zu den besonders engagierten Geistlichen in Sachsen. Dabei wurde er vor allem auf zweierlei Weise tätig: zum einen durch eine reiche publizistische Tätigkeit, zum anderen durch öffentliche Reden, insbesondere nach seiner Wahl zum Vorsitzenden der Sächsischen Zentrumspartei.

3 Vgl. den Matrikeleintrag Nr. 683 in Zdeněk Boháč, Die Matrikel der Zöglinge des »Wendischen Seminars« in Prag 1728–1922. In: Lětopis, Reihe B, 13 (1966) 2, S. 166–228 (hier: S. 203). **4** Seminarpräses Rotzinger an Domkapitel Bautzen, 13. 7. 1910, DADM, A.I, loc. 6575, Bl. 184. Auch Kirschs Studienleistungen waren sehr gut. Im Jahr darauf teilte Rotzinger mit, dass jener trotz Scharlachs die Prüfungen mit »eminenter« absolviert habe. **5** Vgl. Gerhard Deszcyk, Ludwig Kirsch (= Reihe Christ und Welt, Heft 42), Berlin (Ost) 1977, S. 5. **6** Vgl. dazu den Lagebericht der Gestapo Sachsen vom Juli 1935, Teilabdruck in: Zdarsa, Eine Kirche, Dok. 66, S. 204–206 (besonders S. 205).

Diese war – verglichen mit Regionen Deutschlands, in denen die Mehrheit der Bevölkerung katholisch war – in Sachsen von eher bescheidener Organisationstiefe. Mit einer Zahl von 42 Ortsvereinen im Jahr 1922, die bis 1932 auf 48 erhöht werden konnten, war die Partei letztlich aber nur an jedem zweiten Sitz einer katholischen Pfarrei präsent. Bei den sechs Landtagswahlen in Sachsen während der Weimarer Republik war es nur einmal, am 14. November 1920, gelungen, für die Zentrumspartei ein Mandat zu erlangen. Auch die Führungsstärke der engagierten Mitglieder war begrenzt, sodass es trotz des Aufwinds durch das errungene Landtagsmandat zwei Jahre später zu einem handfesten innerparteilichen Zwist kam.[7] Für die späten 1920er-Jahre werden die Informationen noch rarer. Nur die allgemeine politische Entwicklung im Deutschen Reich und Sachsen samt der Radikalisierung rechts und links sind bekannt. In dieser Situation wurde Ludwig Kirsch gebeten, beim Landesparteitag am 9. März 1930 als Vorsitzender zu kandidieren. Letztlich wurde er dort mit 51 zu 17 Stimmen gewählt.[8] Künftig fuhr er in die Pfarreien, hielt Vorträge und beförderte die Gründung oder Wiederbelebung von Ortsgruppen des Zentrums. Immer wieder reiste er zu Vorstandssitzungen nach Dresden. Nach einem Landesparteitag »mit lebhaften Debatten« kurz vor der Landtagswahl im Juni 1930 notierte er: »Ich spürte die Härten des politischen Lebens.«[9] Den bei dieser Wahl markanten Aufstieg der NSDAP kommentierte er wie folgt: »Nazi verdreifacht, Müller[10] nicht Abg[eordneter]! Gott weiß warum! Jetzt verbissen arbeiten!« Diese Arbeit lohnte sich insofern, als bei der Reichstagswahl im Juli 1932 die Stimmenzahl aus Sachsen für die Zentrumspartei auf mehr als 43 000 gesteigert werden konnte. Das waren (nur) 2,1 Prozent der abgegebenen Stimmen, aber das höchste Wahlergebnis, das die sächsische Zentrumspartei jemals erlangte.[11]

Auch publizistisch war Ludwig Kirsch regelmäßig tätig, insbesondere mit Kommentaren und Kolumnen für die »Sächsische Volkszeitung«. Hier sprach er vor allem sozialpolitische Fragen an. Nach der nationalsozialistischen Machtergreifung verstärkte er diese Tätigkeit; zeitweilig schrieb er wöchentlich Kommentare für die katholische Tageszeitung. Das mag mit Dankesschulden für die bisherige politische Unterstützung, seinem guten persönlichen Verhältnis zum Chefredakteur und einstigen Zentrum-Landessekretär Gerhard Desczyk sowie mit den durch Auflösung der Zentrumspartei neuen zeitlichen Freiräumen zu begründen sein. Offenbar tat Kirsch diese Dinge aber auch sehr gern. Mit Gründung des »Presseapostolats im Bistum Meißen« im Herbst 1933 wurde er von Bischof Petrus Legge als dessen Leiter ernannt. Künftig organisierte Kirsch Werbeaktionen für katholische Zeitungen sowie das Bistumsblatt und engagierte sich in der Verbreitung kirchlicher Publizistik.

Den Anfang der NS-Herrschaft erlebte Kirsch noch als Pfarrer von Reichenbach. Selbst hier war er mit Übergriffen konfrontiert. Als beispielsweise im Zusammenhang mit dem ersten Vorgehen gegen die katholischen Jugendvereine im Sommer 1933 auch im Reichenbacher Pfarrhaus Durchsuchungen und Beschlagnahmungen stattfanden, beschwerte sich Kirsch beim zuständigen Innenministerium in Dresden.[12] Aus allen Teilen des Bistums kamen Berichte an das Bischöfliche Ordinariat in Bautzen über ein ähnliches Vorgehen. Letztlich konnten die Jugendvereine – vorerst – bestehen bleiben.[13] Das war bei allem Mut der beschwerdeführenden Pfarrer dennoch weniger dem Wirken auf unterer Ebene zu verdanken als der Tatsache, dass die Auslegung des gerade abgeschlossenen Reichskonkordats noch einer Klärung bedurfte. Noch war dem Staat an dem Schein der Rechtskonformität gelegen.

VERHAFTUNG UND RÜCKKEHR

Am 3. September 1935 wurde Ludwig Kirsch in »polizeiliche Schutzhaft« genommen. Er war auf das Polizeipräsidium bestellt und verhört worden, von wo er drei Tage später – am 6. September – weiter in das KZ Sachsenburg überstellt wurde. Der Grund für die Inhaftierung war zunächst unbekannt.[14] Erst zwei Tage später war zu erfahren, dass es sich um eine Angelegenheit handeln sollte, die noch aus Kirschs Zeiten als Pfarrer in Reichenbach datierte und mit dem »Gesetz zur Verhütung erbkranken Nachwuchses« vom 14. Juli 1933 zusammenhing.[15] Immerhin gelang es, den katholischen Rechtsanwalt aus Chemnitz, Curt Rothe, mit Kirschs Interessenvertretung zu beauftragen.[16] Rothe sandte eine Eingabe an Reichskirchenminister Hanns Kerrl, obwohl diese »natürlich auf die Denkweise des Adressaten berechnet [war]. Als Katholik und Mensch hätte ich noch ganz anders schreiben müssen, was freilich wohl den entgegengesetzten Erfolg haben würde.«[17] Aus der Beschwerde an das Reichskirchenministerium wird der Vorgang, der zur Verhaftung führte, deutlich: Ein Gemeindemitglied, dem drohte, unter das Sterilisationsgesetz zu fallen, hatte sich an seinen Pfarrer gewandt, um die Lehrmeinung der Kirche zu erfahren. Kirsch verbrachte seine letzten Tage im Vogtland vor seinem Wechsel nach Chemnitz. Aus diesem Grund antwortete er schriftlich mit der Darlegung, dass die Kirche seit jeher solcherart Eingriffe ablehne. Das wurde nun von dem Gemeindemitglied bei der Gerichtsverhandlung über seinen »Sterilisationsfall« vorgelegt, woraufhin der Richter das Schreiben beschlagnahmte und an höhere Stellen weiterleitete. In der zuständigen Dresdener Behörde wurde das als »staatsfeindliche Betätigung« interpretiert und daraufhin ein Schutzhaftbefehl erlassen. Während Rechtsanwalt Rothe ausführlich die Lehrposition der katholischen Kirche und damit darlegt, dass Kirsch für seine Antwort gar keine andere Möglichkeit

7 Die Quellen zur Geschichte der sächsischen Zentrumspartei sind ausgesprochen rar. Einiges lässt sich aus der (katholischen) Sächsischen Volkszeitung rekonstruieren. Zudem sind von Ludwig Kirsch Tagebücher der Jahre 1915 bis 1946 (mit Lücken) überliefert, die auch im Diözesanarchiv in Bautzen digital einsehbar sind. Herr Stephan Gottwald, Chemnitz, hat verdienstvoll die dort vorhandenen Originale digitalisiert, ebenso alle verfügbaren Pressebeiträge und Predigtbücher. Weiterführende Hinweise bei Birgit Mitzscherlich, Diktatur und Diaspora. Das Bistum Meißen 1932–1951 (= Veröffentlichungen der Kommission für Zeitgeschichte, Reihe B, Bd. 101), Paderborn u. a. 2005, S. 53–58. **8** Tagebucheintrag vom 9. 3. 1930. **9** Tagebucheintrag vom 1. 6. 1930. Dem schließt sich ein weiterer Kommentar in Kurzschrift an, der noch nicht transkribiert werden konnte. **10** Richard Müller (1889–?), Verwaltungssekretär in Dresden, 1930 bis 1933 Stadtverordneter in Dresden, 1933 kurzzeitig Landtagsmandat für die Zentrumspartei aufgrund des Gleichschaltungsgesetzes vom 5. 3. 1933. Vgl. dazu näher Mitzscherlich, Diktatur und Diaspora, S. 88 f. **11** Die Wahlergebnisse sind nach prozentualer Verteilung abgedruckt bei Claus-Christian W. Szejnmann, Vom Traum zum Alptraum. Sachsen in der Weimarer Republik, Dresden 2000, S. 142 f. Die absoluten Zahlen der sächsischen Zentrumsstimmen wurden jeweils in der Sächsischen Volkszeitung veröffentlicht. **12** Vgl. Pfarramt Reichenbach/V. an SMdI, 1. 7. 1933 (DADM, 700/00, unpag., Durchschlag). **13** Vgl. Mitzscherlich, Diktatur und Diaspora, S. 92–94. **14** Vgl. Mitteilung von Erzpriester Neugebauer an Bischöfliches Ordinariat, 3. 9. 1935 (DADM, 700/00, unpag., Abschrift). **15** Auszug aus dem Schreiben des kath. Pfarramts St. Joseph Chemnitz, 5. 9. 1935 (DADM, 700/00, unpag.). **16** Der Sohn von RA Rothe, Kaplan Johannes Rothe (1910–1960), sollte später, im Dezember 1939 verhaftet werden. Er kam über das KZ Sachsenhausen in das KZ Dachau, von wo er nach Intervention von Bischof Heinrich Wienken im Juli 1943 entlassen wurde. **17** RA Rothe an Bischof Legge (z. Zt. in Chemnitz – d. h., dieser Brief ist nicht durch die offizielle Post versendet worden), 7. 10. 1935 (DADM 700/00, unpag.).

gehabt habe, weist er in seiner Eingabe dennoch darauf hin, dass dieser bis zur »nationalen Revolution« Landesvorsitzender der Zentrumspartei in Sachsen gewesen sei. »Da dieser Umstand möglicherweise auf die Entschliessung der Dresdener Stelle mit von Einfluss gewesen sein kann, darf ich dazu bemerken, dass in dem evangelischen Sachsen der Katholicismus [sic!] und nun gar die Zentrumspartei, wie ja auch Ew. Excellenz bekannt sein wird, niemals eine irgendwie in [!] Gewicht fallende Rolle gespielt hat.« Nachdem Rothe die Wahl Kirschs zum Zentrumsvorsitzenden als »Hergeben seines Namens« herunterspielte, beurteilte der Rechtsanwalt den Pfarrer: »Also ein irgendwie ›gefährlicher‹ Mensch, ein ausgesprochener ›politischer Katholik‹ ist er wohl keinesfalls.«[18]

Tatsächlich ist der Hintergrund der ganzen Angelegenheit, warum hier gegen einen katholischen Priester in dieser Frage so hart vorgegangen wurde, nicht zu belegen. Zur selben Zeit, im Sommer 1935, gab es eine größer angelegte Aktion gegen die katholische Jugendarbeit, in deren Folge drei Kapläne und die hauptamtlichen Mitarbeiter des Dresdener Jugendsekretariats verhaftet worden waren. Dort wurden tatsächlich immer unmittelbar politische Gründe vorgeführt, was im Falle des Kaplans Fritz Kenter sogar zu einer Anklage vor dem Volksgerichtshof führte.

Über die genauen Haftumstände von Ludwig Kirsch in Sachsenburg wissen wir ebenfalls nichts. Trotz seiner reichen publizistischen Tätigkeit hat er hierüber nichts veröffentlicht. Auch aus der Zeit nach dem Zweiten Weltkrieg ist davon nichts bekannt, dies wird aber mit seinem erneuten politischen Engagement insofern zu tun haben, als schlicht und einfach Zeit zum Memoiren-Schreiben fehlte. Sein früher Tod verhinderte, dass er sich dem in seinem Ruhestand widmen konnte. Zumindest wurde seine spätere Zusammenarbeit innerhalb des »Antifaschistischen Blocks« darauf zurückgeführt, dass er im Lager – vermutlich erstmals in seinem Leben – mit Kommunisten und Sozialdemokraten sehr nah zusammenkam.[19] Während Gerhard Desczyk, als guter Bekannter oder gar Vertrauter, im Nachhinein davon spricht, dass das KZ Sachsenburg für seine »sadistischen Quälereien berüchtigt«[20] gewesen sei, gibt es aus der Frühzeit der sächsischen Konzentrationslager den Hinweis, dass in diesem Lager im Vergleich zu den Haftstätten in Colditz oder Hohnstein vergleichsweise milde agiert wurde, so dieses Wort in dem Zusammenhang überhaupt angewendet werden kann.[21] Das gilt zumindest für die Jahre 1933/34; für die Zeit nach Übernahme der Aufsicht durch die SS ab 1934 und damit für die Haftzeit von Kirsch wissen wir nicht, inwiefern sich das Haftregime auf ihn persönlich auswirkte.

Jedenfalls wurde Kirsch am 20. Dezember 1935, nach einem reichlichen viertel Jahr, aus dem KZ Sachsenburg entlassen. Nach seinem Aufruf zur Entlassung sprachen gar noch zwei Wärter freundlich mit ihm, »um 1 h verließ ich mit 28 Glücklichen das Lager«.[22] Am nächsten Tag konnte er das erste Mal wieder eine heilige Messe zelebrieren, »O Seligkeit«.[23] In den folgenden Tagen berichtete Kirsch in seinem Tagebuch immer wieder von Gratulationen und Blumengrüßen, die er aus der Gemeinde erhielt.

NACH HAFT UND KRIEG

In den folgenden Jahren sollte sich Ludwig Kirsch weiter intensiv der Seelsorge in seiner Pfarrei St. Joseph in Chemnitz annehmen. Bot man ihm ein zusätzliches Betätigungsfeld, sagte er nicht Nein. Neben dem Presseapostolat gehörte nach einer Reorganisation der Seelsorge ab 1939 dazu das Amt des Diözesanerwachsenenseelsorgers.[24] Für sein Wirken wurde er im Jahr 1943 mit dem Titel »Bischöflicher Rat« geehrt. Von Kirsch sind einige Schreiben – zu allen möglichen Themen – in den Akten des Bischöflichen Ordinariats überliefert; er meldete sich gern zu Wort.

Das war ihm nach dem Zweiten Weltkrieg und seiner Rückkehr in die Landespolitik in besonderer Weise möglich. Kirsch hatte sich schon im Juni 1945 an Bischof Legge wegen einer neuen christlichen Partei gewandt. Anfang Juli veröffentlichte die Chemnitzer »Christliche Volkspartei« den ersten sächsischen christlich-demokratisch orientierten Parteiaufruf.[25] Bei der ersten Kreiskonferenz der (inzwischen:) CDU am 9. Oktober 1945 wählte diese ihn zu ihrem Vorsitzenden.[26] Gegenüber dem Landesausschuss, der aus der Dresdener Ortsgruppe hervorgegangen war, verhielt sich Kirsch anfänglich distanziert. Beim Landesvertretertag der CDU am 24. Februar 1946 wurde er in den 14-köpfigen Landesvorstand gewählt. Fortan war das politische Engagement zwischen Parteipolitik, Besatzungsherrschaft, Wahlkampf und Blockpolitik sein »Spielbein«, während die Seelsorge in der Chemnitzer Pfarrei das Standbein darstellte. Dass er sich dabei auch körperlich aufrieb, ist kaum verwunderlich. Fraglicher waren seine grundsätzliche Haltung, sein Kooperationswillen gegenüber der sowjetischen Besatzungsmacht sowie die terminologisch und theologisch unscharfe Grenzziehung zwischen Christentum und Sozialismus. Er war einer der Verteidiger des Konzepts des »Christlichen Sozialismus«, womit er auch als Redner durch das Land zog. Dass sein Verständnis von »Sozialismus« als Form eines sozialen Staates wohl von dem der offiziellen Staatsdoktrin abwich, war in Zeiten politischer Schlagworte sekundär. Den atheistischen Gehalt der propagierten Ideologie hat er in dem Zusammenhang nicht problematisiert. Auf jeden Fall gab es auch unter seinen priesterlichen Mitbrüdern deutliche Kritik an Kirschs Auftreten.[27]

18 Ebd. **19** Vgl. Desczyk, Kirsch, S. 22 (die Sozialdemokraten benennt er nicht). **20** Vgl. ebd., S. 10. **21** Vgl. das Bemühen von Maria Grollmuß bei Bischof Petrus Legge im Jahr 1934, den ehemaligen SPD-Innenminister Hermann Liebmann von Hohnstein nach Sachsenburg verlegen zu lassen. Edition der Dokumente: Birgit Mitzscherlich, Eine ungewöhnliche Intervention. Dokumente zur nationalsozialistischen Herrschaft in Sachsen. In: Lětopis, 51 (2004) 2, S. 119–128. **22** Tagebucheintrag vom 20. 12. 1935. **23** Tagebucheintrag vom 21. 12. 1935. **24** Vgl. Mitzscherlich, Diktatur und Diaspora, S. 331. **25** Vgl. den Aufruf vom 4. 7. 1945 (Archiv für Christlich-Demokratische Politik St. Augustin, III-035/61, unpag.). Am 15. 6. 1945 wird die Arbeit am Programmentwurf das erste Mal im Tagebuch erwähnt. **26** Vgl. Desczyk, Kirsch, S. 21. **27** Vgl. Mitzscherlich, Diktatur und Diaspora, S. 398, Anm. 51. Die Forschung schloss sich dem an, u. a. Rainer Behring, Das Personal der kommunistischen Diktaturdurchsetzung. Parteifunktionäre und Kommunalpolitiker in Chemnitz 1945 bis 1949. In: Mike Schmeitzner/Clemens Vollnhals/Francesca Weil (Hg.), Von Stalingrad zur SBZ. Sachsen 1943 bis 1949 (= Schriften des Hannah-Arendt-Instituts für Totalitarismusforschung, Bd. 60), Göttingen 2016, S. 239–258 (bes. S. 255–257); etwas differenzierter: Mitzscherlich, Diktatur und Diaspora, S. 398 f.

Ludwig Kirsch verstarb nach einer kurzen und schweren Krebserkrankung am 22. Januar 1950. Fünf Tage später wurde er in Chemnitz beerdigt. Die zeitliche Koinzidenz mit der beginnenden Säuberungswelle in der sächsischen CDU ist Zufall, hat Kirsch aber vermutlich vor einigen politischen Nackenschlägen – sei es seine Absetzung, sei es Anbiederung um des Machterhalts willen – bewahrt. Auf der Beerdigung verteidigte der zuständige Erzpriester Karl Fischer das politische Wirken Kirschs, wenn auch mit dezentem Hinweis auf so manche Kritiker.[28] Der CDU-Vorsitzende der DDR Otto Nuschke unterbrach für die Teilnahme gar eine Dienstreise nach Bulgarien und bezeichnete in seiner Ansprache am Grab Kirsch »als das gute Gewissen der CDU«.[29] In jedem Fall war er eine der markanten Priesterpersönlichkeiten des sächsisch-thüringischen Bistums in der ersten Hälfte des 20. Jahrhunderts, die sich in der Kirche und weit darüber hinaus vielfältig engagierte.

28 Vgl. Mitzscherlich, Diktatur und Diaspora, S. 398, Anm. 51. **29** Vgl. Desczyk, Kirsch, S. 27.

Jan-Henrik Peters

EIN HOMOSEXUELLER IM KZ SACHSENBURG

Alfred Kastner (1889–1938)

VORBEMERKUNGEN

Homosexuelle Männer gehörten lange zu den vergessenen Opfern des Nationalsozialismus.[1] Erst in den späten 1980er-Jahren versuchten Schwulen- und Lesbeninitiativen an die Verfolgung Homosexueller zu erinnern und stießen dabei auf große Widerstände.[2] Die Geschichtswissenschaft und die KZ-Gedenkstätten nahmen sich erst in den 1990er-Jahren dieses lange verdrängten Themas an.[3] Eine ungünstige Quellenlage, vor allem zu den frühen Konzentrationslagern, erschwert die Forschung. Hieraus resultieren Forschungsdesiderate, so steht eine systematische Untersuchung der Inhaftierung Homosexueller in den frühen Konzentrationslagern immer noch aus.[4] Es existiert aber auch immer noch keine fundierte regionalhistorische Studie zur Verfolgung Homosexueller in Sachsen. Auch für diesen Beitrag wurde im sächsischen Staatsarchiv keine umfassende Auswertung der Bestände von Gefangenenpersonalakten nach ins Konzentrationslager Sachsenburg deportierten Homosexuellen vorgenommen, sondern nur punktuell nach einzelnen infrage kommenden Personen recherchiert.

1 Vgl. Eva Pflanzelter, Homosexuelle und Prostituierte. In: Rolf Steininger (Hg.), Vergessene Opfer des Nationalsozialismus, Innsbruck 2000, S. 75–97. **2** Vgl. Wolfgang Benz, Im Schatten des Holocaust: Späte Wahrnehmung nichtjüdischer Opfer und der Platz der Homosexuellen in der Erinnerung. In: Burkhard Jellonek/Rüdiger Lautmann (Hg.), Nationalsozialistischer Terror gegen Homosexuelle. Verdrängt und ungesühnt, Paderborn 2002, S. 27–40. **3** Vgl. Thomas Rabe, Vergessen und unterschlagen? Die Darstellung des Schicksals homosexueller Häftlinge in den deutschen KZ-Gedenkstätten. In: ebd. S. 359–370. **4** Vgl. Albert Knoll, »Es muß alles versucht werden, um dieses widernatürliche Laster auszurotten.« Homosexuelle Häftlinge in den frühen Konzentrationslagern. In: Jörg Osterloh/Kim Wünschmann (Hg.), »… der schrankenlosesten Willkür ausgeliefert«. Häftlinge der frühen Konzentrationslager 1933–1936/37, Frankfurt/New York 2017, S. 221–245, hier S. 222.

VERFOLGUNG HOMOSEXUELLER MÄNNER IM NATIONALSOZIALISMUS

Im Nationalsozialismus war die juristische Verfolgung homosexueller Männer kein Novum. Der § 175 hatte bereits im Kaiserreich und in der Weimarer Republik Schwule mit Freiheitsstrafen bedroht. Neu war aber, wie systematisch und brutal Schwule zunächst von staatlichen Institutionen, später dann auch von der SS, unterdrückt wurden, denn Homosexuelle entsprachen nicht den rassehygienischen und sozialdarwinistischen Grundlagen der NS-Ideologie. Hinzu kam die ausgeprägte Homophobie des Reichsführers SS und Chefs der Deutschen Polizei, Heinrich Himmler. 1935 verschärften die Nationalsozialisten den § 175 erheblich, was eine deutlich höhere Anzahl von Verurteilungen nach sich zog. Doch mussten Homosexuelle schon ab 1934 auch polizeiliche Verfolgungsmaßnahmen fürchten. Das schärfste Instrument der Polizeibehörden stellte die Einweisung in die Konzentrationslager dar. Vollständig rechtlos waren die Betroffenen der SS ausgeliefert. Sie standen auf der untersten Hierarchiestufe der Häftlingsgesellschaft und fielen nicht selten den »Vernichtung durch Arbeit« genannten Mordaktionen zum Opfer.

Die organisatorischen Voraussetzungen für die KZ-Einweisungen mussten nach der Machtübernahme der Nationalsozialisten erst schrittweise entwickelt werden. Damit einher ging die Schaffung von Kriterien für die Einweisungen homosexueller Männer in die Konzentrationslager. Schon ab 1933 konnten zunächst in Preußen und dann in den übrigen Teilen Deutschlands homosexuelle Männer, die sexuelle Kontakte zu unter 14-Jährigen oder mit Schutzbefohlenen eingegangen waren, in Polizei- bzw. KZ-Haft genommen werden.[5] 1934 wurde die Regelung auf sexuelle Kontakte von über 21-Jährigen mit Jugendlichen bis 16 Jahre ausgedehnt.[6] Aber erst im Sommer 1940 verfügte das Reichssicherheitshauptamt, dass alle Homosexuellen, die mehr als einen Partner »verführt« hatten, in KZ-Haft zu nehmen seien.[7] Diese Regularien führten dazu, dass in den frühen Konzentrationslagern besonders viele Homosexuelle inhaftiert wurden, die sexuelle Kontakte zu Minderjährigen hatten.[8]

Schon 1934 ordnete das Geheime Staatspolizeiamt in Berlin, vorerst noch für Preußen, an, dass von den lokalen Polizeibehörden alle bekannten Homosexuellen auf Listen erfasst würden und diese in die Berliner Zentrale zu übermitteln seien.[9] Mit der Polizeireform von Heinrich Himmler 1936 und der damit verbundenen Auflösung der Länderpolizeien galten diese Regelungen dann reichsweit. Ebenfalls im Zuge der Polizeireform wurde im Oktober 1936 in Berlin die Reichszentrale zur Bekämpfung der Abtreibung und Homosexualität zunächst beim preußischen, dann beim Reichskriminalpolizeiamt geschaffen. Hier wurden alle Informationen zu ermittelten Homosexuellen in einer Kartei erfasst. Diese Daten dienten als Entscheidungsgrundlage für KZ-Einweisungen Homosexueller. Die lokalen Polizeibehörden mussten sich in den Fällen, bei denen sie eine KZ-Deportation beabsichtigten, an die Berliner Zentrale zur Entscheidung wenden.

HOMOSEXUELLE HÄFTLINGE IM KONZENTRATIONSLAGER SACHSENBURG

Bislang ist sehr wenig zu den homosexuellen Häftlingen im KZ Sachsenburg bekannt. Albert Knoll beziffert ihre Zahl mit lediglich einem Gefangenen.[10] Rainer Hoffschildt übermittelte sechs ihm namentlich bekannte homosexuelle Häftlinge.[11] Außer im Falle von Gerhard Laux konnten für diese Häftlinge keine inhaltlich ergiebigen Archivalien aufgefunden werden. Gerhard Laux aber erwies sich wegen dessen sexueller Kontakte ausschließlich zu unter 14-jährigen Mädchen und Jungen nicht als Homosexueller, sondern als Pädophiler.[12]

Auch zu den Haftumständen homosexueller Männer im KZ Sachsenburg konnten in den Archiven nur sehr wenige Quellen aufgefunden werden. Lediglich in einer nach 1945 getätigten Aussage des politischen Häftlings Ernst Leuschke, der bis Anfang Februar 1936 im Lager war, berichtet dieser von seiner Verwechslung mit einem homosexuellen Häftling, die anlässlich der KZ-Einlieferung passierte: »Die begleitenden Polizeioffiziere und Mannschaften übergaben der SS die Akten und stellten sich mit verschränkten Armen etwas abseits, um das für sie ergötzliche Schauspiel abrollen zu lassen. [...] Ein Oberscharführer [...] brüllte einen Namen, der dem meinen ähnlich war. Ich rief: ›Hier!‹ In diesem Moment bekam ich von dieser Bestie einen Faustschlag ins Gesicht, und er bezeichnete mich vor den Polizeioffizieren und den Häftlingen als schwules, homosexuelles Schwein. Einige Scharführer beteiligten sich trotz meines Protestes ebenfalls an diesen Misshandlungen. Ich riss mich los und bat den Polizeileutnant um Schutz und Aufklärung. Erst nach mehrfacher Aufforderung kam er dem nach. Bei meiner Registrierung ist mir erneut sämtliches Kleinmaterial des Büros an den Schädel geworfen worden, so dass ich zitternd und blutüberströmt an der Wand Aufstellung nahm. Es stellte sich dann heraus, dass ein junger Mensch namens Röschke dieses Deliktes angeklagt war.«[13] Leuschke schildert in einer

5 Andreas Pretzel/Gabriele Roßbach, »Wegen der zu erwartenden hohen Strafe...« Homosexuellenverfolgung in Berlin 1933–1945, Berlin 2000, S. 333. **6** Vgl. Erlass des preußischen Ministers des Innern vom 10. 2. 1934 zur Anwendung der vorbeugenden Polizeihaft gegen Berufsverbrecher. In: Günter Grau (Hg.), Homosexualität in der NS-Zeit. Dokumente einer Diskriminierung und Verfolgung, 2. Auflage, Frankfurt 2013, S. 66–67. **7** Runderlass des RSHA vom 13. 7. 1940. In: ebd., S. 311. **8** Während sexuelle Kontakte von erwachsenen Männern zu unter 14-jährigen Mädchen nicht in dieser Form verfolgt wurden. **9** Telegramme der Gestapo Berlin vom 24. 10. bzw. 1. 11. 1934. In: ebd., S. 74. **10** Vgl. Knoll, »Es muß alles versucht werden...«, S. 227. **11** E-Mail von Rainer Hoffschildt vom 18. 7. 2017 an den Autor. Hoffschildt nennt Hermann Fries (* 21. 9. 1912 in Gahlen), August Junker (*2. 9. 1886 in Wuischke, † 11. 2. 1942 im KZ Flossenbürg), Johann Kukuk (* 17. 6. 1891 in Bromberg, † 25. 5. 1942 KZ Ravensbrück), Gerhard Laux (*15. 4. 1900 in Bonn), Rudolf Lenk (* 11. 12. 1889 in Wien, † 16. 11. 1942 im KZ Flossenbürg) und Karl-Heinz Ullmann (o. D.). **12** Vgl. Akte der Kriminalpolizeileitstelle Köln zur polizeilichen Vorbeugungshaft von Gerhard Laux (Landesarchiv NRW, Abteilung Rheinland in Duisburg, Bestand Polizeipräsidium Köln BR 2034, Nr. 1320) sowie Akte der Kriminalbiologischen Forschungsstelle bei dem Gefängnis Köln über Gerhard Laux (Landesarchiv NRW, Hauptstaatsarchiv Düsseldorf, Gerichte Rep. 300, Nr. 63). **13** Zeugenvernehmung von Ernst Leuschke zum KZ Sachsenburg (BArch, DP 3 Generalstaatsanwalt der DDR, Nr. 1817 Sammelermittlungsverfahren KZ Sachsenburg gegen Hans Haubold v. Einsiedel u. a., Bd. 2, Bl. 305).

weiteren Passage die Mittagpause im KZ Sachsenburg: »Wir hatten bei 1600 Menschen 387 Löffel und am Waschraum 4 Klosetts. Es kann sich keiner vorstellen, was nun in der einen Stunde Mittagspause für ein Gedränge um Löffel und Klosetts einsetzte. Es gab sofort wieder Anlass zu Repressalien, Essensentzug, Hunger, Hiebe, Bunker und widerliche Marterungen als angeblich Homosexuelle, obwohl das dichte Gedränge an den Klosetts aus den angeführten Gründen mehr als natürlich war.«[14]

DER FALL ALFRED KASTNER

Alfred Kastner wird am 4. November 1889 in Altenburg geboren. Sein Vater ist der Leipziger Schriftsteller Willy Kastner. Er besucht bis 1904 eine höhere Bürgerschule in Leipzig. Danach schließt sich eine vierjährige Berufsausbildung zum Steindrucker an. Nach kurzer Tätigkeit im Lehrberuf arbeitet Kastner ebenfalls nicht lange als Artist bzw. Tanzclown. Letztlich fasst er als Schaufensterdekorateur in Leipzig und Berlin beruflich Fuß.[15] Während dieser Zeit steht Kastner dreimal wegen nicht näher bezeichneter Sexualdelikte vor Gericht, wobei anzunehmen ist, dass es sich dabei um Verurteilungen wegen homosexueller Kontakte handelt. Insgesamt kommen dabei 28 Monate Gefängnis zusammen.[16] 1917 wird der Dekorateur zur Kriegsmarine eingezogen,[17] wo er im selben Jahr desertiert. Ein Marine-Kriegsgericht verurteilt ihn hierfür zu fünf Jahren Freiheitsentzug, die er aber nicht vollständig verbüßen muss.[18]

Nach dem Ersten Weltkrieg gerät das Leben von Alfred Kastner vollständig aus den Fugen: Er findet kaum noch Arbeit und schlägt sich mit gelegentlichen Aushilfstätigkeiten und Betteln, aber auch mit Fürsorgeunterstützung durch. Aus einem späteren medizinischen Gutachten geht hervor, dass Kastner Rauschmittel konsumiert.[19] 1920 muss er sich wegen in den beiden Vorjahren in Leipzig begangener homosexueller Handlungen mit drei 12- bis 13-jährigen Schülern und einem Jugendlichen verantworten. Der wieder in Berlin lebende Kastner wird in einer Bäckerherberge verhaftet und zum Landgericht Leipzig überführt. Dort verurteilt man ihn zu zwei Jahren Gefängnis, die er in Hoheneck verbringt. 1922 wird der Wohnungslose nach Berlin entlassen.[20] Auch in der Folgezeit kommt Kastner wegen »widernatürlicher Unzucht« bzw. Sittlichkeitsverbrechen, aber auch wegen Betteleien, immer wieder ins Gefängnis. 1928 wird Kastner erneut wegen einer sexuellen Handlung an unter 14-Jährigen verurteilt und wieder in Hoheneck eingesperrt.[21]

Das Amtsgericht Stollberg vollzieht im Jahre 1929 die Entmündigung Kastners.[22] Sie fußte auf einem Gutachten des Hohenecker Anstaltsarztes Wilhelm Fröhlich im gleichen Jahr, in welchem er als »haltloser, leicht erregbarer Psychopath mit unheilbarer sexueller Perversität, intellektueller Schwäche und einer – wohl auf Morphium- und Kokainmissbrauch zurückzuführenden – Nervenzerrüttung«[23] bezeichnet wird. »Seine vielen Strafen wegen sexueller Delikte und sein Missbrauch narkotischer Mittel verraten seine Willensschwäche [...]. Entweder wird er, wenn ihm Gelegenheit dazu geboten wird, andere, insbesondere Kinder sexuell verführen, oder sich keineswegs wohlfeile Narkotika auf Schleichwegen [...] verschaffen, zu deren Erlangung er wieder Geld auf unehrliche Weise erwerben würde.«[24] Fröhlich wollte in seinem Gutachten vor allem die Bewegungsfreiheit Kastners eingeschränkt wissen.

13

Vorb.-Häftl.Nr. 2147 K a s t n e r ,Alfred, Block 12

geb. 4.11.89 zu Altenburg

Lithograph

eingeliefert am 9.3.37
am 23.8.37 v.Sachsenbg. über Sachsenhs.überführt

Leipzig

verstorben 24.6.38

Schreibstubenkarte des KZ Buchenwald zu Alfred Kastner

ITS Archive, Bad Arolsen, 1.1.5.3/6245750

1930 erhält Kastner erneut ein Jahr Gefängnis wegen »widernatürlicher Unzucht«.[25] Anfang 1935 erfolgt dann seine letzte Verurteilung nach § 175: Kastner hatte im Sommer 1934 in seiner Heimatstadt Leipzig einen sechzehnjährigen Schlosserlehrling kennengelernt. Bis zu seiner Verhaftung kam es laut Aussage zu fünf sexuellen Kontakten mit dem Lehrling, wofür dieser etwas Geld erhielt. Kastner wird hierfür am 5. Januar 1935 vom Schöffengericht Leipzig zu anderthalb Jahren Gefängnis verurteilt.[26] In der Einweisungsnachricht für das Gefängnis Hoheneck charakterisiert ihn die Staatsanwaltschaft Leipzig wie folgt: »Kastner ist stark gleichgeschlechtlich veranlagt, ist wiederholt wegen Sittlichkeitsverbrechen bestraft worden und auch sonst häufig als Sittlichkeitsverletzer aufgetreten. Er hat wiederholt Jugendliche rücksichtslos einer moralischen Gefährdung ausgesetzt.«[27]

14 Ebd., Bl. 304. **15** Handschriftlicher Lebenslauf von Alfred Kastner vom 1. 2. 1935 in der Gefangenenpersonalakte (SächsStA-C, 30068 Jugendgefängnis Hoheneck, Nr. 3621, Bl. 16). **16** Strafliste für Alfred Kastner (ebd. Bl. 8). **17** Lebenslauf (a. a. O.). **18** Strafliste (a. a. O.). **19** Gutachten des Anstaltsarztes Dr. Wilhelm Fröhlich des Gefängnisses Hoheneck vom 3. 1. 1929 zur Frage der Entmündigung von Kastner (a. a. O., Bl. 50). **20** Urteil des Landgerichts Leipzig vom 23. 4. 1920 in der Gerichtsakte Alfred Kastner (SächsStA-L, 20114 Landgericht Leipzig Nr. 8690, Bl. 57–59). **21** Gutachten in der Gefangenenpersonalakte (a. a. O., Bl. 50). **22** Strafliste (a. a. O.). **23** Gutachten (a. a. O.). **24** Ebd. **25** Strafliste (a. a. O.). **26** Anklageschrift o. D. sowie Einweisungsnachricht der Staatsanwaltschaft Leipzig vom 25. 1. 1935 (a. a. O., Bl. 2–5). **27** Einweisungsnachricht (a. a. O.).

Schon bei der Eingangsbegutachtung im Gefängnis Hoheneck wird er als minderwertiger Mensch klassifiziert.[28] Weiterhin gilt Kastner für die Gefängnisbediensteten als Nörgler und Schwätzer, da er sich über den Strafvollzug beschwert und das dort herrschende Redeverbot missachtet.[29] Daher darf er nicht in die Mittelstufe mit ihren Vergünstigungen für die Gefangenen aufrücken.[30]

Anfang Februar 1935 beantragt der neue Hohenecker Anstaltsarzt Marschner auf Grundlage des Gesetzes zur Verhütung erbkranken Nachwuchses ein Sterilisationsverfahren gegen Kastner.[31] Mit Erfolg, denn Mitte September gleichen Jahres entscheidet des Erbgesundheitsgericht beim Amtsgericht Chemnitz auf Unfruchtbarmachung. Obwohl das ältere Gutachten Fröhlichs Marschner bekannt sein musste, es liegt in der Akte, bescheinigt er dem Gefangenen »angeborenen Schwachsinn«. Auf dieser Grundlage führt das Erbgesundheitsgericht aus: »Angeborener, durch erbliche Anlage bedingter Schwachsinn ist immer anzunehmen, solange nicht einwandfrei nachgewiesen werden kann, dass der Schwachsinn durch äußere Umstände erworben ist.«[32] Weder die Tatsache, dass Kastner eine Bürgerschule besucht hatte, noch dass er neben der deutschen auch die englische Sprache beherrschte und auch seine Steindruckerlehre erfolgreich hatte abschließen können, gaben einen Ausschlag zu Gunsten Kastners. Auch eine Einschätzung des Leipziger Gerichtsarztes Kretzschmar vom November 1934 aus dem Strafprozess, nach der bei Kastner kein angeborener intellektueller Schwachsinn vorläge, sondern vielmehr charakterliche und gemütsmäßige Mängel zum Teil angeboren, aber auch durch den Drogenkonsum verursacht seien, was auch für seine leichte Verstandesschwäche gelte, findet kein Gehör. Vielmehr schreibt 1935 der Hohenecker Gefängnisarzt Marschner darunter: »[Es] müssen kriminelle Leichtschwachsinnige an erster Stelle sterilisiert werden.«[33] Am 25. November 1935 wird Alfred Kastner im Stollberger Krankenhaus unfruchtbar gemacht.[34]

Die vollzogene Sterilisation belastet ihn, er bittet um die Aufhebung der Zellenhaft und will in Gemeinschaftshaft verlegt werden. Ein Wachtmeister vermerkt, Kastner »[...] fange an zu grübeln. Scheint nervös geworden zu sein.«[35] Kastner wird daraufhin in den Gemeinschaftsvollzug versetzt, als Homosexueller allerdings in den Kojenschlafsaal, um sexuelle Kontaktmöglichkeiten mit anderen Gefangenen einzuschränken.[36] Mehrfach wird die Hochstufung Kastners in die Mittelstufe geprüft, doch aufgrund seines unangepassten Verhaltens im und kritischer Äußerungen zum Vollzug kommt es zu keinem Aufrücken.[37] Im Juli 1935 erhält er die erste gefängnisinterne Anzeige, denn Kastner weigert sich, die Bewegungsübungen auf dem Gefängnishof mitzumachen, und erklärt, dass er allein über seinen Körper verfüge.[38] Am selben Tag wird er auch beim unerlaubten Sprechen während des Hofganges beobachtet.[39] Im August gleichen Jahres wird er nochmals beim unerlaubten Sprechen erwischt. Da sich dieses Vergehen wiederholt, wird Kastner letztlich vom Hofgang für eine gewisse Zeit ausgeschlossen und für eine Woche in den Arrest gesperrt, in dem er nur geschmälert Kost, das heißt lediglich jeden zweiten Tag Wasser und Brot erhält. Seiner Bitte, die Strafe zur Bewährung auszusetzen, wird nicht entsprochen.[40]

Am 5. Mai 1936 endet die Strafe und Kastner wird nach Leipzig in die Freiheit entlassen. Eine Überstellung an die Polizeibehörden oder Meldeauflagen sind nicht vorgesehen, doch von der Entlassung werden neben der Staatsanwaltschaft die Polizeibehörden in

Leipzig, Chemnitz, Zwickau und Plauen sowie das Landeskriminalamt in Dresden benachrichtigt.[41] Dadurch kommt der Fall zur Vorlage bzw. Wiedervorlage bei den Polizeibehörden, und spätestens Anfang 1937 dürfte auch eine Meldung an die in Berlin neueingerichtete Reichszentrale zur Bekämpfung der Abtreibung und Homosexualität erfolgt sein. Polizeiakten zu Alfred Kastner konnten bislang leider nicht ermittelt werden, sodass die zur KZ-Einweisung führenden polizeilichen Maßnahmen nicht nachvollzogen werden können. Im Einlieferungsbuch des KZ Buchenwald ist aber vermerkt, dass Kastner aus Leipzig, das heißt durch Leipziger Polizeibehörden, eingewiesen wurde. Daher ist von der Kriminalpolizeistelle Leipzig als Einweisungsbehörde auszugehen.[42]

Am 9. März 1937 wird Kastner in das Konzentrationslager Sachsenburg eingewiesen.[43] Sein Name findet sich in einer Transportliste von Häftlingen, die bei Schließung des KZ Sachsenburg über das KZ Sachsenhausen ins KZ Buchenwald überführt worden sind.[44] Kastner trifft dort am 23. August 1937 ein.[45] Er wird auch in Buchenwald als sogenannter Berufsverbrecher kategorisiert. Im Häftlingsrevier des Konzentrationslagers verstirbt Alfred Kastner am 24. Juni 1938. Als offizielle Todesursache ist Herzschwäche angegeben.[46] Die von den Konzentrationslagern angegebenen Todesursachen entsprechen jedoch oftmals nicht der Wahrheit bzw. dienten der Vertuschung der Lagerrealität, sodass die Lebens- und Todesumstände von Alfred Kastner im Konzentrationslager letztlich im Dunkeln bleiben.

Der Fall Alfred Kastner zeigt deutlich, wie homosexuelle Männer, die bereits vor 1933 straffällig geworden waren, nach 1933 mit einer Stigmatisierung und Verfolgung im Kontext der »Rassenhygiene« konfrontiert wurden, die hier bis zur Unfruchtbarmachung und letztlich zum Tod führte. Im Zusammenhang der Geschichte und Erinnerungsgeschichte des KZ Sachsenburg bleibt zu sagen, dass es sich insbesondere bei den homosexuellen Häftlingen um eine »vergessene und verdrängte« Häftlingsgruppe handelt, deren Vergangenheit einer Aufarbeitung harrt.

28 Handschriftliche Notiz auf dem Lebenslauf Kastners (a. a. O.). **29** Anstaltsinterne Anzeige gegen Kastner vom 9. 7. 1935 (a. a. O., Bl. 21). **30** Beurteilung von Kastner zur Aufrückung in die Mittelstufe vom 22. 8. 1935 (a. a. O., Bl. 23). **31** Vertrauliche Anfrage vom 6. 2. 1935 über die Schulzeit von Alfred Kastner (a. a. O., Bl. 54). **32** Beschluss des Erbgesundheitsgerichts bei dem Amtsgericht Chemnitz vom 13. 9. 1935 (a. a. O., Bl. 27). **33** Abschrift aus den Akten der Staatsanwaltschaft Leipzig betr. Äußerung des Leipziger Gerichtsarztes Medizinalrat Dr. Kretzschmar vom 19. 11. 1934 zur Frage der Sterilisation Kastners (a. a. O., Bl. 52). **34** Vermerk vom 25. 11. 1935 (a. a. O., Bl. 81). **35** Vermerk vom 20. 12. 1935 (a. a. O., Bl. 33). **36** Ebd. **37** Beurteilungen des Strafgefangenen zur Aufrückung in die Mittelstufe vom August 1935, Februar bzw. März 1936 (a. a. O., Bl. 23, 36, 37). **38** Anzeige vom 9. 7. 1935 (a. a. O., Bl. 22). **39** Weitere Anzeige vom 9. 7. 1935 (a. a. O., Bl. 21). **40** Anzeige vom 27. 8. 1935 (a. a. O., Bl. 25–26). **41** Entlassungsmitteilung vom 5. 5. 1936 (a. a. O., Bl. 43). **42** Vgl. Liste der am 19., 21. und 23. 8. 1937 von Sachsenhausen nach Buchenwald-Weimar überführten ehemaligen Sachsenburger Vorbeugungshäftlinge (BArch Berlin, DO1 Ministerium des Innern, Nr. 3268) sowie Einlieferungsbuch des KZ Buchenwald (ITS Archives, Bad Arolsen, 1.1.5.1./5393666). **43** Schreibstubenkarte des KZ Buchenwald (ITS Archives, Bad Arolsen, 1.1.5.3./6245750). **44** Liste der am … (a. a. O.) sowie Einlieferungsbuch des KZ Buchenwald (a. a. O.). **45** Schreibstubenkarte … (a. a. O.). **46** Buch des Führers des Schutzhaftlagers Buchenwald über verstorbene Häftlinge (ITS Archives, Bad Arolsen, 1.1.5.1/5398467).

REZEPTION UND AUFARBEITUNG

Swen Steinberg · Mike Schmeitzner

DOKUMENTATION UND ZEUGENSCHAFT

Das Konzentrationslager Sachsenburg in der ausländischen Presse und Publizistik

Infolge der im März 1933 beginnenden Flucht zahlreicher Funktionäre, Politiker und Journalisten beschränkte sich die Auslandsberichterstattung über das nationalsozialistische Deutschland nicht auf die in den jeweiligen Ländern bereits bestehenden Tageszeitungen oder die politische Publizistik. Vielmehr entstand – zuerst vor allem in der Tschechoslowakei (Československá republika, ČSR), dem Saarland und in Frankreich – bereits im Sommer 1933 ein breiter werdendes Feld an Zeitungen und Verlagsorten der deutschen Emigration bzw. der geflüchteten politischen Gruppen, die die Vorgänge im Reich und den Terror an spezifischen Orten immer wieder zum Thema machten.[1] Dies galt auch für das Konzentrationslager Sachsenburg: Entrechtung und Verbrechen wie der Mord an dem sozialdemokratischen und jüdischen Redakteur Max Sachs wurden dokumentiert[2] und durch Zeugen wie den 1935 in die ČSR geflohenen einstigen Sachsenburg-Häftling und Kommunisten Hugo Gräf als authentische Erlebnisberichte aus den »Stätten der Hölle« öffentlich gemacht.[3] Und es waren vor allem diese in den Kreisen der deutschen Emigration erschienenen Berichte, die die Ereignisse in Sachsenburg im Ausland auch einem Publikum jenseits der Exilgruppen und in den Tageszeitungen der jeweiligen Länder bekannt machten: Nicht nur in dem in Karlsbad (Karlovy Vary) erscheinenden sozialdemokratischen »Neuen Vorwärts« (NV) stand Sachsenburg deswegen im April 1936 zusammen mit Dachau gewissermaßen Synonym für das System der deutschen Konzentrationslager,[4] auch in der englischsprachigen Presse und hier etwa im »Guardian« fand sich diese Einordnung des Konzentrationslagers.[5]

Der vorliegende Beitrag stellt zuerst im Überblick – und keineswegs in dokumentarisch-vollständiger Absicht – die Rezeption des Konzentrationslagers Sachsenburg in der Presse und Publizistik des Auslands vor.[6] In einem zweiten Teil werden dann anhand der bereits erwähnten Sachsenburg-Häftlinge Gräf und Sachs die Aspekte Dokumentation und Zeugenschaft vorgestellt. Die beiden Begriffe werden dabei systematisch verstanden,[7] verbarg sich hinter ihnen doch auch der Anspruch der Urheber bzw. ein spezifisches Selbstverständnis: Geflüchtete deutsche Journalisten betrachteten die Berichterstattung über das Unrecht im Deutschen Reich auch als eine Form des Widerstands; gleiches galt für einstige Häftlinge, die aus den Konzentrationslagern oder nach der Entlassung ins Ausland flüchteten.[8] Diese Einordnung der hier vorgestellten Berichterstattung erscheint auch deswegen notwendig, da insbesondere die Zeitungen und Zeitschriften der deutschen Emigration gezielt in das Deutsche Reich geschmuggelt wurden – hier bestand folglich ein Wechselverhältnis zwischen den dokumentierten Orten des Unrechts, den Informationen hierüber sowie der Publikation und Rezeption derselben.[9] Abschließend wird mit der Berichterstattung über die Inhaftierung von Angehörigen der Bekennenden Kirche in Sachsenburg im Frühsommer 1935 ein weiteres, international deutlich über die Presse und Publizistik der politischen Emigration hinaus wahrgenommenes Ereignis vorgestellt.

1 Vgl. hierzu vor allem Lieselotte Maas, Handbuch der deutschen Exilpresse 1933–1945, 4 Bde., München 1976; Rainer Eckert, Emigrationspublizistik und Judenverfolgung. Das Beispiel Tschechoslowakei, Frankfurt/M. 2000; Klaus Drobisch/Günther Wieland, System der NS-Konzentrationslager 1933–1939, Berlin 1993, S. 240–248. Die Auslandsberichterstattung über die deutschen Konzentrationslager ist bislang nicht systematisch untersucht worden. Vgl. erste Ansätze bei Sybil Milton, Die Konzentrationslager der dreißiger Jahre im Bild der in- und ausländischen Presse. In: Ulrich Herbert/Karin Orth/Christoph Dieckmann (Hg.), Die nationalsozialistischen Konzentrationslager. Entwicklung und Struktur, Bd. 1, Göttingen 1998, S. 135–147. **2** Vgl. zu Max Sachs den Beitrag von Swen Steinberg in diesem Band. **3** Vgl. zu Hugo Gräf vor allem Arno Gräf, Wer war Hugo Gräf? In: Sachsenburger Mahn Ruf. JahresSchrift 2011, Chemnitz 2011, S. 46–53, sowie zur Gruppe der kommunistischen Häftlinge in Sachsenburg den Beitrag von Bert Pampel und Mike Schmeitzner in diesem Band. **4** Vgl. Die Hölle der Profitwirtschaft. In: NV, Nr. 147 vom 5. 4. 1936. Vgl. zum »Neuen Vorwärts« Marlis Buchholz/Bernd Rother (Hg.), Der Parteivorstand der SPD im Exil. Protokolle der Sopade 1933–1940, Bonn 1995, S. XXV, XXXVI–XXXVIII. **5** Vgl. exemplarisch Fate Of Arrested Jews. In: The Guardian vom 23. 11. 1938. **6** Vgl. hierzu eine erste, allerdings nicht auf Sachsenburg beschränkte Zusammenstellung bei Carina Baganz, Erziehung zur »Volksgemeinschaft«? Die frühen Konzentrationslager in Sachsen 1933–34/37, Berlin 2005, S. 239–245 (Kapitel »Die Exil-Presse«). **7** Vgl. hierzu die Ansätze in Sibylle Schmidt/Sybille Krämer/Ramon Voges (Hg.), Politik der Zeugenschaft: Zur Kritik einer Wissenspraxis, Bielefeld 2011; Matthias Däumer/Aurélia Kalisky/Heike Schlie (Hg.), Über Zeugen. Szenarien von Zeugenschaft und ihre Akteure, Paderborn 2017. **8** Vgl. zum schriftstellerischen/journalistischen Selbstverständnis in der Emigration vor allem Ursula Homann, Exil und literarischer Widerstand. Das Wort als gefürchtete politische Waffe. In: Christoph Kleßmann/Detlev Peukert/Ger van Roon (Hg.), Widerstand und Exil 1933–1945, Frankfurt/M. 1986, S. 200–212, sowie zum Aspekt der Dokumentation jüngst Swen Steinberg, Dokumentierende Emigration. Die Berichte der sozialdemokratischen Exil-Zeitung »Neuer Vorwärts« über die Deportation polnischer Jüdinnen und Juden aus dem Deutschen Reich im Oktober 1938. In: Medaon – Magazin für jüdisches Leben in Forschung und Bildung 10 (2016) 19, online unter www.medaon.de/pdf/medaon_19_Steinberg.pdf; 10. 5. 2017. **9** Vgl. diesen Zusammenhang am Beispiel von Edgar Hahnewald in der Tschechoslowakei in ders., »Karl Herschowitz kehrt heim.« Der Schriftsteller-Journalist Edgar Hahnewald zwischen sächsischer Identität und der Heimat im Exil. Mit einer kritischen Edition, Berlin 2016, S. 110–116.

SACHSENBURG
BERICHT AUS EINER HÖLLE

von HUGO GRÄF, ehem. Reichstagsabgeordneten u. Vors. des „Bundes der Opfer von Krieg und Arbeit"

Hugo Gräfs mehrseitiger »Bericht aus einer Hölle« in der in Prag erscheinenden »Arbeiter Illustrierten Zeitung«, 17. 6. 1936

SACHSENBURG IM AUSLAND – EIN ÜBERBLICK

Die internationale Berichterstattung über das Konzentrationslager Sachsenburg setzte im Juli 1933 in der Wiener »Arbeiter-Zeitung« mit der Berichterstattung über die Inhaftierung des Leipziger Wirtschaftswissenschaftlers Gerhard Kessler ein,[10] beschränkte sich jedoch zuerst deutlich auf die deutschsprachige Presse. Dabei spielten die Zeitungen der deutschen politischen Emigration wie die sozialdemokratische Exil-Wochenzeitung NV eine besondere Rolle, in der das Lager Sachsenburg zwischen 1933 und 1940 in 16 Artikeln Thema war.[11] Im Vergleich fand das nur bis 1934 bestehende Konzentrationslager Hohnstein im NV dagegen in 17 Beiträgen Erwähnung, das spätere Sachsenburg-Außenlager Colditz in sieben Artikeln.[12] In der parteiübergreifenden und liberaldemokratisch orientierten Exilzeitung »Pariser Tageblatt« und ihrer Nachfolgerin, der »Pariser Tageszeitung«, erschienen dagegen erst ab 1935 Artikel über das sächsische Konzentrationslager; bis September 1938 war Sachsenburg hier Gegenstand in 13 Beiträgen.[13] Gleiches galt für die in Prag herausgegebene »Neue Weltbühne«, in der das Lager 1936 in vier Artikeln thematisiert wurde.[14] Die in den Niederlanden 1934 von Friedrich Muckermann gegründete bzw. herausgegebene katholische Exilzeitung »Der deutsche Weg« – Muckermann gehörte »zu denen, die den totalitären und pseudoreligiösen Charakter des Nationalsozialismus bald durchschauten und ihn kompromißlos bekämpften«, im Juli 1934 musste er deswegen aus dem Deutschen Reich fliehen[15] – veröffentlichte ebenfalls 13 Artikel über das Lager Sachsenburg. Hier lag der Fokus aber deutlich bzw. zielgruppenspezifisch auf der am Ende dieses Beitrags geschilderten Inhaftierung von Pfarrern der Bekennenden Kirche im Jahr 1935.[16] Hinzu kommt die Berichterstattung in den kommunistischen Zeitungen und Zeitschriften der Emigration – etwa in der »Arbeiter Illustrierten Zeitung« (AIZ) oder in »Der Gegen-Angriff« (DGA) bzw. der ihr 1936 nachfolgenden »Deutschen Volkszeitung«,[17] die alle in Prag (Praha) erschienen. Auch in der Sowjetunion erscheinende Blätter wie die »Deutsche Zentral-Zeitung« veröffentlichten – zumeist basierend auf Informationen der »Roten Hilfe« – Details über das Sachsenburger Lagerleben und den dort seit Juni 1934 grassierenden Terror.[18] Sachsenburg wurde folglich im Ausland partei- bzw. lagerübergreifend rezipiert. Wie der Beitrag von Hugo Gräf zeigt, lässt sich zudem in der Berichterstattung der jeweiligen politischen Gruppen kaum ein Unterschied feststellen etwa hinsichtlich der politischen Verortung von Sachsenburg-Schicksalen: Der Sozialdemokrat Max Sachs wurde beispielsweise auch in der kommunistischen Exil-Presse thematisiert.

In der Tschechoslowakei – und zumindest bis Februar 1934 auch in Österreich – stellte sich zudem der besondere Umstand ein, dass hier eine deutschsprachige Presselandschaft sowie mit der deutschen, vorrangig sozialistischen und kommunistischen Emigration nahezu deckungsgleiche politische Lager und Milieus existierten, in denen über Sachsenburg berichtet wurde bzw. in deren Organen Berichte übernommen wurden.[19] Während diese politischen Lager in der Tschechoslowakei bis 1938/39 existierten, war dies in Österreich nur bis höchstens Anfang 1934 der Fall. Dessen ungeachtet berichtete auch dort die nicht-sozialistische Presse etwa über die Pfarrerverhaftungen von 1935. Etwas zurückhaltender agierte die deutschsprachige deutschnationale Presse in der ČSR: Im August 1934 findet sich beispielsweise in der »Reichenberger Zeitung« die Notiz, auf Anweisung des sächsischen Innenministers »seien von den über 500 Schutzhäftlingen«, die in Hohnstein noch in Schutzhaft waren, »weit über die Hälfte entlassen worden. Diese Entlassungen haben dazu geführt, daß in Sachsen künftig nur noch ein Schutzhaftlager in Sachsenburg bestehen bleibt, so daß die Burg Hohnstein wieder für ihre ursprüngliche Bestimmung als Jugendherberge verfügbar wird.«[20]

10 Vgl. Ein Universitätsprofessor im Konzentrationslager. In: Arbeiter-Zeitung vom 30.7.1933; Ein Universitätsprofessor im Konzentrationslager. In: Salzburger Wacht vom 31.7.1933. **11** Vgl. exemplarisch Stätten der Hölle. In: NV, Nr. 11 vom 27.8.1933; Ein Arzt über Konzentrationslager. In: ebd., Nr. 153 vom 17.5.1936. **12** Vgl. exemplarisch für Hohnstein den Artikel Hitler erobert eine Burg. In: NV, Nr. 8 vom 6.8.1933, sowie für Colditz Besuch im Lager. In: ebd., Nr. 16 vom 8.10.1933. **13** Vgl. exemplarisch Hölle Sachsenburg. In: PTB, Nr. 797 vom 17.2.1936. **14** Vgl. exemplarisch Alfred Richter (vermutlich Joseph Roth), Wandlungen in der SS. In: Die Neue Weltbühne, Nr. 21 vom 21.5. 1936, S. 642–645. **15** Hubert Gruber, Muckermann, Friedrich. In: Neue Deutsche Biographie 18 (1997), S. 258–260, Online unter www.deutsche-biographie.de/pnd118737295.html#ndbcontent (18.12.2017). **16** Vgl. exemplarisch Im Konzentrationslager tot aufgefunden. In: DdW, Nr. 9 vom 7.3.1937. **17** Vgl. exemplarisch »Deutschland ist schöner geworden«. Gräf antwortet Ley. In: DGA, Nr. 10 vom 7.3.1936; Hugo Gräf: Sachsenburg. Bericht aus einer Hölle. In: AIZ, Nr. 25 vom 17.6.1936. **18** Vgl. Drobisch/Wieland, System, S. 244. **19** Vgl. für Österreich das sozialdemokratische Beispiel der Wiener »Arbeiter-Zeitung« in Anm. 10 und der ebenfalls in Wien erscheinenden kommunistischen »Roten Fahne« in Anm. 24. **20** Nur noch ein Schutzhaftlager in Sachsen. In: Reichenberger Zeitung. Tageblatt für das deutsche Volk in der Tschechoslowakei, Nr. 193 vom 18.8.1934.

Hinzu kamen hier wie auch in anderen Ländern jüdische oder zionistische Organe wie die in Prag erscheinende »Selbstwehr«, in der das Lager ebenfalls Thema war. So hieß es etwa in der Ausgabe vom 30. Oktober 1936: »Im Lager Sachsenburg befinden sich zahlreiche Juden, die wegen ›Rassenschande‹ festgenommen wurden, bevor noch die Nürnberger Gesetze in Geltung waren. Da man ihnen den Prozeß nicht machen kann, werden sie eben im Lager behandelt und furchtbar behandelt. Interventionen beim sächsischen Statthalter Mutschmann haben nie Erfolg; seine stereotype Antwort lautet: ›Kommt bei mir nicht in Frage!‹«[21]

Nicht selten überschnitt sich dies aber mit den Exilkontexten: Der im März 1933 aus Dresden geflüchtete sozialdemokratische Redakteur Edgar Hahnewald veröffentlichte beispielsweise 1934 im Theorieorgan »Der Kampf« der Deutschen Sozialdemokratischen Arbeiter-Partei in der Tschechoslowakei (DSAP) eine umfangreiche Besprechung der Broschüre kommunistischer Überläufer im Konzentrationslager Sachsenburg.[22] Jenseits dieser »Verdichtung« vor allem in der auch räumlich nahen ČSR kann allerdings von einer zumindest punktuell internationalen Wahrnehmung des Lagers ausgegangen werden, die sich vor allem in der Schweiz[23] und mehr noch in Österreich beobachten lässt – hier berichteten parteinahe Organe wie die kommunistische »Rote Fahne« oder die sozialdemokratische »Arbeiter-Zeitung« ebenso über das Konzentrationslager Sachsenburg, wie die bürgerliche bzw. nicht-parteigebundene Presse.[24] Zudem findet sich insbesondere die Inhaftierung der Pfarrer der Bekennenden Kirche 1935 auch in der Presse der USA und Großbritanniens;[25] infolge der Zusammenarbeit englischsprachiger Pressedienste war Sachsenburg zudem gelegentlich Thema in schottischen oder australischen Zeitungen.[26] Wie in den politischen Zeitungen der Emigration auch, spielte bei der Berichterstattung die Zeugenschaft eine wichtige Rolle: Als der in London erscheinende »Guardian« im April 1936 detailliert über die Entwicklung der Häftlingszahlen in Sachsenburg sowie über die Prügelstrafen berichtete – wie andere ausländische Zeitungen erläuterte man dies im Frühjahr 1936 vor allem am Beispiel der inhaftierten Zeugen Jehovas –, legte man die eigenen »Quellen« insoweit offen, als dass die Informationen von ehemaligen Inhaftierten und aus deren Familien stammten, die man wiederum von einem »Special Correspondent« erhalten hatte.[27]

Interessant mag zudem sein, dass sich das Konzentrationslager Sachsenburg auch nach seiner Auflösung 1937 noch in Aufstellungen nationalsozialistischer Lager findet, so im mittlerweile in Paris erscheinenden sozialdemokratischen NV Anfang 1940, aufgezählt als die »Prügellager von Dachau, Sachsenburg, Buchenwald, Oranienburg usw.«[28] Das Konzentrationslager Sachsenburg wurde, dies ließe sich hier als Zwischenfazit formulieren, in der internationalen Presse folglich wahrgenommen – und dies phasenweise in einer überraschenden Qualität. Letztmalig war das Konzentrationslager Sachsenburg dann im Januar/Februar 1940 in ausländischen Zeitungen zu finden, als der schottische »Daily Record and Mail« in einer sechsteiligen Fortsetzung und im besten Boulevardstil den Erlebnisbericht »Four Years Against Hitler« des Leipziger Arbeiterfußballers Alfred Rosenbaum veröffentlichte, der laut Bericht als »only prisoner ever« aus Sachsenburg flüchten konnte und dann in der Tschechoslowakei im Widerstand tätig war:[29] »›Four Years Against Hitler‹ is the greatest story which has come out of Nazi Germany. It is a saga of unknown heroes and heroism who, unaided, ill-equipped, and armed only with the truth, made and are still making a stand against the greatest despotism in the history of civilization.«[30]

Dieser Bericht, der auch die Behandlung der Häftlinge bzw. die Haftsituation in Sachsenburg darstellte[31] und in mindestens zwei weiteren englischen Tageszeitungen nachgedruckt wurde,[32] verweist dabei erneut auf den Aspekt der Zeugenschaft, der weiter unten im Fall Hugo Gräf noch einmal aufgegriffen wird. Infolge der Auflösung 1937 findet sich das Konzentrationslager Sachsenburg nach 1940 dann aber nicht mehr in der ausländischen Presse. Erst im Zuge der Berichterstattung über den in den USA untergetauchten und 1981

21 Der »Führer« will es. In: Selbstwehr. Jüdisches Volksblatt, Nr. 45 vom 30.10.1936. Der Artikel wurde beispielsweise auch in der österreichischen Presse nachgedruckt, vgl. Im deutschen Kerker. In: Die Stimme vom 30.10.1936. **22** Vgl. Manfred (Edgar Hahnewald), Drei und zwölfhundert. In: Der Kampf, vereinigt mit Tribüne (1934), Heft 1, S. 42–44, nachgedruckt und ediert in Steinberg, Herschowitz, S. 344–352. Vgl. zudem Sachsenburg gegen Hitler. In: NV, Nr. 24 vom 26.11.1933. Vgl. zu diesem Phänomen vor allem den Beitrag von Udo Grashoff in diesem Band, sowie ders., Erst rot, dann braun? Überläufer von der KPD zu NS-Organisationen im Jahr 1933. In: Günther Heydemann/Jan Erik Schulte/Francesca Weil (Hg.), Sachsen und der Nationalsozialismus, Göttingen 2014, S. 215–236. **23** Vgl. exemplarisch Christen auf dem Prügelbock. Die Tragödie der Ernsten Bibelforscher. In: Berner Tageblatt, Nr. 67 vom 20.3.1936. **24** Vgl. exemplarisch SA.-Verbrüderung mit Arbeitern im Konzentrationslager. In: Die Rote Fahne vom 4.7.1933; Ein Universitätsprofessor im Konzentrationslager. In: Arbeiter-Zeitung vom 30.7.1933; Achtzehn sächsische Pastoren festgehalten. In: Tiroler Anzeiger vom 11.5.1935. **25** Vgl. exemplarisch Priests Arrested. In: Sunderland Daily Echo and Shipping Gazette vom 5.5.1935; Sigrid Schultz, Hitler's Police Gag Leader of Rebel Pastors. In: Chicago Tribune vom 4.6.1935; Erstmals wurde im September 1933 in Großbritannien über das Lager Sachsenburg berichtet, in den USA findet sich der erste Bericht im November 1933. Vgl. Judge Refuses To Return Hitler Salute And Is Taken to Concentration Camp. In: Nottingham Evening Post vom 11.9.1933; German Castles Are Now Jails. In: Lenox Time Table vom 16.11.1933. **26** Vgl. exemplarisch 19 Pastors Behind Barbed Wire. In: Dundee Courier vom 29.4.1935; Nazi Brutality. In: The Age vom 7.6.1936. Allerdings wurde Sachsenburg in der Auslands- wie in der Exilpresse nicht selten mit Sachsenhausen verwechselt: Im Frühjahr 1937 berichteten beispielsweise »The Guardian« wie auch »Der deutsche Weg« über den Tod von Friedrich Weißler in Sachsenburg, der einstige Leiter der Kanzlei der Bekennenden Kirche war aber in Sachsenhausen ermordet worden. Diese Meldung war so auch in der Schweiz und in Österreich verbreitet worden. Vgl. Concentration Camp Death. In: The Guardian vom 27.2.1937; Im Konzentrationslager tot aufgefunden. In: DdW, Nr. 9 vom 7.3.1937. Vgl. zudem mit Bezug auf den schweizerischen evangelischen Pressedienst den Artikel Tod im Konzentrationslager. In: Salzburger Chronik vom 1.3.1937. **27** Vgl. Treatment of Prisoners in Concentration Camps. In: The Guardian vom 1.4.1936. Bereits im Mai 1935 hatte der »Guardian« entsprechend und ebenfalls basierend auf den Informationen eines »Special Correspondent« über die deutschen Konzentrationslager und hier auch über Sachsenburg berichtet. Vgl. The Terror in Germany. In: ebd. vom 7.5.1935. Vgl. zudem für die weitere Berichterstattung über die Zeugen Jehovas in Sachsenburg Intolerance Here & Abroad. In: Fitchburg Sentinel vom 15.5.1936. **28** Volk der Habenichtse. In: NV, Nr. 348 vom 18.2.1940. **29** Four Years Against Hitler. In: Daily Record and Mail vom 13.1.1940. Hier stimmten die Angaben Rosenbaums definitiv nicht, vgl. zu einer geglückten Flucht zweier tschechischer Häftlinge aus Sachsenburg im Jahr 1936 Drobisch/Wieland, System, S. 234. Vermutlich war Rosenbaum, über den keine weiteren Informationen recherchiert werden konnten und der sich auch auf der derzeit vorliegenden Basis der namentlich bekannten Sachsenburg-Häftlinge nicht eindeutig identifizieren lässt, 1938/39 nach Großbritannien gekommen und im Zuge der Inhaftierung deutscher Staatsbürger nach dem deutschen Überfall auf Dänemark und Norwegen 1940 in Schottland interniert worden. **30** Four Years Against Hitler. In: Daily Record and Mail vom 13.1.1940. **31** Vgl. beispielsweise Welcome to Sachsenburg. In: ebd. vom 29.1.1940; In the Concentration Camp. The Routine of the Day. In: ebd. vom 31.1.1940. **32** Vgl. exemplarisch Four Years Against Hitler. In: Aberdeen Press and Journal vom 13.1.1940; Four Years Against Hitler. In: Newcastle Journal vom 1.2.1940.

DAILY RECORD AND MAIL, SATURDAY, FEB

YEARS AGAINST HITLER by ALFRED ROSENBAUM

Translated by Alastair M. Dunnett

Escape

FEBRUARY 2, 1940

AINST HITLER—by ALFRED ROSENBAU

The Man With The Letter

FOUR YEARS AGAINST HITLER by ALF

3rd Degree

Translated by Alastair M. Dunnett

Four Years Against Hitler

THE greatest story which has come out of Nazi ermany" starts in the "Daily ecord" on Monday.

"Four Years Against Hitler," Alfred Rosenbaum, tells, r the first time, the inside ory of the anti-Hitler ganisation in Germany.

Alfred Rosenbaum was one the founders of this "underground" movement. His ry tells of a battle waged scattered groups of nown young men and nen against the Gestapo or and the unrestricted talities and hooliganism he Nazi Storm Troopers. osenbaum, now only 25 s of age, has been a ter in this battle of terror since, as a young Socialist of 19, he saw Hitler come to power.

He supervised the printing of pamphlets which were distributed by himself and others in broad daylight in the towns; he tells of the ruses by which he obtained paper and supplies for this work; of how he smuggled political refuge across the German frontie to safety. He saw his comrades shot down by Gestap men; or taken prisoner to b tortured to death. He escape several times from th clutches of the Gestapo travelled all over Germ and across the fro back again, with a his head.

ALFRED ROSENBAUM

Eventually he was endure six months of cruelties in Sachsenburg tion camp, from which only prisoner ever to escap

"Four Years Against Hi the greatest story which has of Nazi Germany. It is a unknown heroes and heroi unaided, ill-equipped, and arm with the truth, made and a

Glasgow Prices

FOUR YEARS AGAINST HITLER by ALFRED ROSENBAUM

Welcome to Sachsenburg

HANDCUFFED, I was driven to the Sachsenburg Concentration Camp in a car, accompanied by two Gestapo agents.

Translated by Alastair M. Dunnett

FEBRUARY 1, 1940

ST HITLER—by ALFRED ROSEN

The visit fro "Uncle" Fuhr

BABY'S

FOUR YEARS AGAINST HITLER by ALFRED ROSENBAUM

DAILY RECORD AND MAIL, WEDNE

In the Concentration Camp

The Routine of the Day

AFTER the Commandant of Sachsenburg Concentration Camp had been deposed, there arrived another under whose jurisdiction our treatment at the hands of the Storm Troopers who were our guards became even more brutal

Zusammenstellung der Artikelserie »Four Years Against Hitler« mit Ankündigung, in der der auch im Bild festgehaltene bzw. biografisch vorgestellte Leipziger Arbeiterfußballer Alfred Rosenbaum Anfang 1940 über seine Inhaftierung in und über seine Flucht aus Sachsenburg berichtete

in Chicago identifizierten einstigen Sachsenburger SS-Wachmann Konrad Schellong wurde es wieder zum Thema in den Vereinigten Staaten[33] – Sachsenburg kehrte erst jetzt und nur kurzzeitig in die internationale Presse zurück.

Das Feld der Publizistik war allerdings nicht auf die Zeitungen beschränkt, im Ausland wurden auch Broschüren und Bücher über die Vorgänge in den deutschen Konzentrationslagern publiziert. Dabei kam den kommunistischen und sozialdemokratischen Gruppen ein besonders großer Stellenwert zu, die genannten Publikationen entstanden fast ausschließlich in deren Netzwerken. Die erste große Veröffentlichung in diesem Kontext war das »Braunbuch über Reichstagsbrand und Hitlerterror«, das bereits im Spätsommer 1933 in der Tschechoslowakei erschien. In dem von der Exil-KPD und Willi Münzenberg herausgegebenen Band lag das Augenmerk gerade auch auf den inzwischen eingerichteten Konzentrationslagern im Reich, deren Zahl mit 45 angegeben wurde. Auch wenn bei dieser Auflistung Sachsenburg erschien, fokussierte der Band mit plastischen Häftlingsberichten die Zustände in anderen Lagern – etwa in Dachau, Heuberg oder Sonnenburg. Von den sächsischen Lagern wurden einzig Hohnstein und Königstein näher beleuchtet.[34] Hohnstein als eines der berüchtigtsten frühen Konzentrationslager spielte auch in weiteren größeren Veröffentlichungen eine Rolle, die in deutscher Sprache und unter dem Einfluss der Exil-KPD in der Sowjetunion entstanden.[35]

Dagegen trat Sachsenburg in dem 1936 in Paris veröffentlichten Band »Das deutsche Volk klagt an« mehrfach und durchaus prominent in Erscheinung: In dem ebenfalls unter Münzenbergs Ägide publizierten und maßgeblich von Maximilian Scheer zusammengestellten Buch wurde das Lager nicht mehr nur einfach in einer Liste der frühen Konzentrationslager aufgeführt und mit Max Sachs eines der prominentesten der dort ermordeten Opfer in einer Totenliste gewürdigt,[36] sondern in dem Kapitel »Die Sachsenburger Hölle« auch näher beschrieben. Anders als die anderen Konzentrationslager-Kapitel etwa zu Dachau oder Oranienburg wurde das Sachsenburger Kapitel mit dem Zusatz »Hölle« versehen, weil

33 Vgl. Chicagoan hid Nazi role. In: Chicago Tribune vom 18. 3. 1981; Accused Collaborator Loses Citizienship. In: The Los Angeles Times vom 18. 3. 1981. Die Berichterstattung über den Fall Konrad Schellong – und damit auch über Sachsenburg – lässt sich vergleichsweise intensiv bis zu seiner Ausweisung im September 1988 beobachten, die entsprechenden Artikel erschienen als nachgedruckte Nachrichten in zahlreichen regionalen Tageszeitungen der USA. Vgl. zum Abschluss Nazi deported. In: Decatur vom 24. 9. 1988, sowie den Beitrag von Swen Steinberg in diesem Band. **34** Vgl. Lothar Berthold/Dieter Lange (Hg.), Braunbuch über Reichstagsbrand und Hitlerterror. Braunbuch I, Reprints im Akademie-Verlag Berlin, Berlin/Ost 1980, S. 270–306, hier S. 275, 289 f. Vgl. zur Berichterstattung bzw. Übernahme der im »Braunbuch« angegebenen Informationen den Artikel 45 Konzentrationslager. In: Salzburger Volksblatt vom 18. 8. 1933. **35** Vgl. etwa Verlagsgenossenschaft ausländischer Arbeiter in der UdSSR (Hg.), Mord im Lager Hohenstein. Berichte aus dem Dritten Reich, Moskau/Leningrad 1933; Erich Weinert (Hg.), Trotz alledem!, Kiew 1938. Der letztgenannte Band erschien im Staatsverlag der Nationalen Minderheiten der UdSSR und enthielt Szenen aus dem Stück »Konzentrationslager Hohnstein« von Peter Blachstein unter dem Pseudonym Will Greif, der als Jugendfunktionär der Dresdner SAP 1934 nach Hohnstein eingeliefert worden war. Vgl. ebd., S. 196–217, sowie Norbert Haase/ Mike Schmeitzner (Hg.), Peter Blachstein. »In uns lebt die Fahne der Freiheit.« Zeugnisse zum frühen Konzentrationslager Hohnstein, Dresden 2005. **36** Vgl. Katharina Schlieper (Hg.), Maximilian Scheer, Das deutsche Volk klagt an. Hitlers Krieg gegen die Friedenskämpfer in Deutschland. Ein Tatsachenbericht, Hamburg 2012 (Originaltitel 1936, anonym erschienen, erweiterte Neuausgabe), S. 129 f., 317.

Umschlag des Buches »Konzentrationslager. Ein Appell an das Gewissen der Welt«, 1934

dies den Herausgebern angesichts der Ermordung des sozialdemokratischen Redakteurs Sachs offenbar besonders gerechtfertigt erschien. Sachs und Gräf – letzterer war mit einem eigens zitierten Häftlingsbericht im Band präsent – waren dabei wohl die entscheidenden »Gewährsleute« für eine solche Einordnung: Von »Auspeitschungen« und »Prügelexekutionen« war ebenso die Rede, wie von Todesstürzen aus dem Haupthaus. Auch angesichts eines Häftlingsberichts, in dem von einer von SS-Wachleuten herausgerissenen Zunge eines Häftlings berichtet wurde, kamen die Herausgeber zu dem Schluss, dass sich die Feder sträuben würde, »all dies Grauenhafte und Erschütternde« niederschreiben zu müssen.[37]

Kann sowohl beim »Braunbuch« als auch beim Band »Das deutsche Volk klagt an« von öffentlichkeitswirksamen Veröffentlichungen gesprochen werden – Letzterer erschien kurze Zeit später sogar als französischsprachige Ausgabe mit einem Vorwort von Romain Rolland –, so war auch den beiden größeren sozialdemokratischen Veröffentlichungen eine deutlich wahrnehmbare Aufmerksamkeit beschieden. Wie schon im Fall der beiden kommunistisch beeinflussten Publikationen war diese Wahrnehmung allerdings sehr stark auf das westliche Ausland beschränkt. Der Exil-Vorstand der in Prag ansässigen Sozialdemokraten (Sopade) hatte in dem in Karlsbad beheimateten Graphia-Verlag der DSAP 1934 das Buch »Konzentrationslager. Ein Appell an das Gewissen der Welt. Ein Buch der Greuel. Die Opfer klagen an« herausgegeben,[38] in dem entlassene bzw. mittlerweile über die Grenze geflüchtete Häftlinge die Lager Dachau, Brandenburg, Papenburg, Königstein, Lichtenburg, Colditz, Sachsenburg, Moringen, Hohnstein, Reichenbach und Son-

Der S.A.Mann / Inhaft. ....

aus ....

hat die dem Lager zugehörigen Ausrüstungs - und Bekleidungs - Gegenstände ordnungsgemäss in das Magazin zurückgegeben.

Sachsenburg, den ....

Schutzhaftlager.
i. A.

Abt. Magazinverwaltung.

Portrait Otto Meinels und Bescheinigung aus Sachsenburg von November 1933
Beides wurde ganzseitig im Buch »Konzentrationslager. Ein Appell an das Gewissen der Welt« abgedruckt, in dem Meinels Berichte über die Lager Sachsenburg, Colditz und Reichenbach erschienen.

nenburg beschrieben. Wohl nicht allein aufgrund der umfänglichen Dokumentation des nationalsozialistischen Terrors, sondern auch wegen der Authentizität erreichte der Band eine größere Bekanntheit und wurde nicht nur in der deutschen Exilpresse,[39] sondern beispielsweise auch in der jüdischen Presse der ČSR besprochen.[40] Autor der Kapitel über Colditz und Sachsenburg war der vormalige Organisationsleiter der SPD im Bezirk Falkenstein im Vogtland, Otto Meinel, der dort gleichzeitig auch als Vorsitzender des Reichsbanners Schwarz-Rot-Gold gewirkt hatte. Am 22. März 1933 in seinem Heimatort Dorfstadt verhaftet, war Meinel über Stationen in Falkenstein (Amtsgerichtsgefängnis, Polizeiwache) am 2. Juni 1933 ins Konzentrationslager Colditz verlegt worden. Vom 29. Juli bis zur seiner Entlassung am 9. November 1933 war er im Konzentrationslager Sachsenburg eingesperrt. Der von der SA bereits in Falkenstein und später in Colditz bis zur Bewusstlosigkeit geschlagene Meinel[41] war von Sachsenburg »zunächst angenehm überrascht«: Ihm erschien die SA in diesem Lager »menschlicher«.[42] Meinels differenzierte Darstellung

37 Ebd., S. 123 f. **38** Vgl. Konzentrationslager. Ein Appell an das Gewissen der Welt. Ein Buch der Greuel. Die Opfer klagen an (Sozialdemokratische Schriftenreihe 9), Karlsbad 1934. **39** Vgl. etwa Bruno Brandy (Robert Grötzsch), Ein Buch der Greuel. Deutsche Konzentrationslager – Die Opfer klagen an. In: NV, Nr. 67 vom 23. 9. 1934. **40** Vgl. O.W. Kubínský, Židé v koncentračním táboře. In: Rozvoj, Nr. 21 vom 24. 5. 1935. **41** Otto Meinel, Colditz. In: Konzentrationslager. Ein Appell an das Gewissen der Welt, S. 146–156, hier S. 146 f., 151. **42** Ders., Sachsenburg. In: ebd., S. 157–163, hier S. 157.

Schutzhaftlager Hohnstein
Sächs. Schweiz

Nr. 2571.

Bescheinigung.

Der Inhaber dieses Ausweises
Herr Otto Urban aus Zschopau, Chemnitzer Str.
ist unter heutigem Tage von der Burg Hohnstein aus der Schutzhaft entlassen worden. Haftdauer: Vom 29.11.33 bis 2.6.34.
Er hat sich unverzüglich bei der Polizeibehörde seines Wohnortes zu melden.

Hohnstein, am 2.6.34.

Schutzhaftlager Hohnstein.

Sturmführer.

Portrait Otto Urbans und Bescheinigung aus Hohnstein von Juni 1934
Beides wurde ganzseitig im Buch »Konzentrationslager. Ein Appell an das Gewissen der Welt« abgedruckt, in dem Urban auch über seine Zeit in Sachsenburg berichtete.

des Sachsenburger Lagers und seines Leiters Max Hähnel verlieh seiner Analyse besondere Authentizität.[43] So beschrieb er präzise den Gesamtkomplex des Lagers, vor allem die Situation im vierstöckigen Fabrikgebäude, die Zahl der Gefangenen – im genannten Zeitraum 800 bis 1200 –, die Häftlingsgesellschaft (Kommunisten, Sozialdemokraten, einige oppositionelle SA-Leute, Stahlhelmer, Bibelforscher, Juden, Kriminelle), die Häftlingszwangsarbeit etwa bei der Zschopau-Regulierung und die partiell korrupte SA-Lagerverwaltung.[44] In einem gesondert ausgewiesenen Kapitel »Typen und Tyrannen des Lagers« schilderte er die SA-Führer sowohl als brutale Schläger als auch als »umgänglichere« Bewacher; Hähnel selbst charakterisierte er als Menschen mit stark schwankenden Stimmungen. Überaus negativ vermerkte Meinel die Aktionen der zur SA übergelaufenen KPD-Funktionäre, die aber nicht die Reichstagswahl vom 12. November 1933 im entscheidenden Maße hätten beeinflussen können. Insgesamt zeichnete Meinel dabei das Bild eines Lagers, das sich gegen Ende 1933 hin erkennbar negativ verändert habe und in seinem Alltag immer brutaler werde.[45]

Bei Meinels Bericht handelt es sich aber nicht um die einzige Überlieferung zu Sachsenburg im Konzentrationslager-Buch der Sopade. Vielmehr spielte auch im ausführlichen Bericht des aus Zschopau stammenden Otto Urban über das Konzentrationslager »Burg Hohnstein« in einem Unterkapitel Sachsenburg eine Rolle, war Urban doch vor seiner Überstellung nach Hohnstein am 29. November 1933 die ersten vier Monate in Sachsenburg inhaftiert gewesen. Vergleiche ergaben sich dadurch von selbst: Laut Urban, der durch seine Arbeit in der »Schreibstube« bzw. im »Geschäftszimmer« der Lagerleitung einen zweifelsohne ungewöhnlichen Einblick in die Abläufe hatte, ging es ihm und anderen Häftlingen in Sachsenburg »besser«; auch habe die Möglichkeit bestanden, sich als Häftling für einen Eintritt in die SA zu entscheiden, um sofort entlassen zu werden. Er – Urban – sei zwar nicht in diesen zweifelhaften »Genuss« gekommen, dafür aber ca. 70 Häftlinge, die im Spätherbst 1933 entlassen worden seien. Bemerkenswert erscheint dabei auch Urbans Hinweis, dass seit Juli 1933 zwischen den Konzentrationslagern Hohnstein und Sachsenburg ein »offener Kampf« darüber entbrannt sei, welches Lager in dem jeweils anderen aufgehen solle – die »sächsische Regierung« habe frühzeitig einen solchen Konzentrationsprozess angedeutet und damit diese Konkurrenz befördert.[46] Im »Nachtrag« des Buches waren überdies alle bislang bekannten Täter- und Opfernamen der einzelnen Lager aufgelistet worden. Für das Lager Sachsenburg wurden hier 13 Täter – SA-Führer mit Hähnel an der Spitze – und 36 Häftlinge namentlich dokumentiert.[47]

Umfänglicher und noch einmal deutlich differenzierter fielen jene Analysen über Sachsenburg aus, die in den »Deutschland-Berichten« der Sopade erschienen.[48] Die zwischen Mai 1934 und April 1940 veröffentlichten Monatsberichte über die Lage im Deutschen Reich basierten auf dem seit 1933 existierenden Informationsnetz der Grenzsekretariate der Sopade, wobei in der Regel vormalige SPD-Mitglieder und Sympathisanten entsprechende Informationen bzw. Berichte über Ereignisse, Personen oder Institutionen lieferten.[49] Wegen ihrer Detaildichte und hohen Authentizität »gefürchtet« und geschätzt, richteten sich die »Deutschland-Berichte« an Multiplikatoren im Ausland und an Funktionäre bzw. illegale Verteilstrukturen im Reich. Der Aspekt der Aufklärung der internationalen Öffentlichkeit war also von zentraler Bedeutung, was auch mit der Herausgabe der »Berichte« in deutscher und englischer Sprache zum Ausdruck kam.[50] Im Sachsenburger Fall wurden zwischen März 1935 und Dezember 1937 allein 24 einzelne Berichte veröffentlicht. Dabei schwankte die Intensität der Berichte zwischen kurzen Ereignismeldungen und umfassender Berichterstattung, die mehrere Seiten in Anspruch nahm. Letzteres war

43 Vgl. zu Hähnel den Beitrag von Volker Strähle in diesem Band. **44** Vgl. Meinel, Sachsenburg, S. 157–159. **45** Ebd., S. 159–163. Vgl. zu den kommunistischen Überläufern den Beitrag von Udo Grashoff in diesem Band. Über das weitere Schicksal von Otto Meinel ist nichts bekannt. **46** Otto Urban, Burg Hohnstein. In: Konzentrationslager. Ein Appell an das Gewissen der Welt, S. 217–238, hier S. 231–233. Dieses Unterkapitel hieß »In der Schreibstube der Sachsenburg«. Über das weitere Schicksal Otto Urbans ist nichts bekannt, er wohnte später in Hamburg. **47** Vgl. ebd., S. 251 f. **48** Vgl. hierzu bislang Thiemo Kirmse, Der Deutschland-Bericht der SPD »Sopade« zum KZ Sachsenburg. In: Sachsenburg. Dokumente + Erinnerungen, Chemnitz 2008, S. 73–82. **49** Vgl. hierzu jüngst Swen Steinberg, Grenz-Netzwerke, Grenz-Arbeit, Grenz-Exil: Der deutsch-tschechoslowakische Grenzraum als politischer Ort, 1920–1938. In: Hermann Gätje/Sikander Singh (Hg.), Grenze als Erfahrung und Diskurs, Tübingen 2018, S. 175–192, hier S. 182–187. Generell war mit dem Aspekt der Informationsbeschaffung, der auch mit der im folgenden Unterkapitel thematisierten Zeugenschaft korrespondierte, eines der zentralen Probleme der in diesem Artikel thematisierten Berichterstattung verbunden. Denn die zumeist fehlende Möglichkeit, Nachrichten zu überprüfen, führte ebenso zu fehlerhafter Berichterstattung oder zur Übernahme falscher Meldungen (vgl. Anm. 26). Dazu dürfte auch die sehr frühe Meldung der kommunistischen »Roten Fahne« aus Wien vom 4. Juli 1933 zählen, in der von der »Verbrüderung« der »SA-Wachkommandos« mit den »Inhaftierten aus dem Konzentrationslager« Sachsenburg berichtet wurde. SA.-Verbrüderung mit Arbeitern im Konzentrationslager. In: Die Rote Fahne vom 4.7.1933. **50** Vgl. Buchholz/Rother, Parteivorstand, S. XXXVII.

Hugo Gräf mit Frau und Sohn im Juli 1942 in Glasgow: Herta Gräf hatte vor 1933 zuerst für das Zentralkomitee der KPD und später für das Exekutivkomitee der »Kommunistischen Internationale« gearbeitet. Aufgrund ihrer illegalen Tätigkeit von Verhaftung bedroht, flüchtete sie 1936 mit dem vierjährigen Sohn Arno in die ČSR.

Archiv Gräf

im August und Dezember 1936 und im Mai 1937 der Fall, wobei sich die Berichterstattung im Mai 1937 sogar in Form eines eigenen Sachsenburg-Kapitels niederschlug. Thematisiert wurden immer wieder individuelle Inhaftierungen, vor allem aber die Zustände im Lager selbst: Die furchtbaren Zumutungen und Demütigungen durch die SS – hier wurden der Mordfall Max Sachs und die Misshandlungen von Kurt Boas hervorgehoben –, die Zusammensetzung der Häftlingsgesellschaft verbunden mit einer partiellen Würdigung des Verhaltens einzelner Häftlingsgruppen (Juden, Zeugen Jehovas, Pfarrer der Bekennenden Kirche) oder das im Lager praktizierte Strafsystem und das System der Häftlingszwangsarbeit. Gegenstand der Berichte waren darüber hinaus die häufig schwankenden Gesamtzahlen der Häftlinge und der SS-Wachmannschaften, weiterhin der Kasernenbau der SS in Frankenberg und verschiedene Suizide von SS-Männern infolge einer rigoros gehandhabten Dienstordnung. Bemerkenswert erscheint auch hier – neben der Schilderung von partieller Solidarität der ortsansässigen Sachsenburger Bevölkerung mit den Häftlingen, die geahndet wurde – der Versuch, das an Drangsalierungen von Häftlingen beteiligte SS-Personal namhaft zu machen, um auf diese Weise auch die Täter ins Licht der internationalen Öffentlichkeit zu rücken.[51]

DER KRONZEUGE UND DER ERMORDETE

Wie bereits im vorstehenden Kapitel umrissen, handelte es sich beim Konzentrationslager Sachsenburg also keineswegs um einen im Ausland unbekannten oder ignorierten Ort. Dies mündete zwar nicht in eine eigenständige – und regelrecht »Aufsehen erregende« – Publikation eines ehemaligen Häftlings, wie sie etwa von dem aus Sachsenhausen geflohenen Gerhard Seger[52] oder dem aus Dachau entkommenen Hans Beimler veröffentlicht wurden.[53] Mit Hugo Gräf allerdings trat 1936 ein ehemaliger Sachsenburg-Häftling in der Emigration der ČSR in Erscheinung und berichtete als Kronzeuge über das Lager: Gräf, der Mitbegründer der »Roten Hilfe«, Vorsitzender des »Internationalen Bundes der Opfer des Krieges und der Arbeit« sowie kommunistischer Reichstagsabgeordneter gewesen war, wurde Mitte März 1933 in Dresden inhaftiert und im November 1933 in das Konzentrationslager Colditz überstellt, Ende Mai 1934 kam er in das Konzentrationslager Sachsenburg. Im Juni 1935 wurde Gräf, der als Kommunist und Kriegsinvalide mit einem amputierten Bein besonderen Schikanen ausgesetzt war, aus Sachsenburg entlassen. Er flüchtete Ende Oktober 1935 in die grenznahe Tschechoslowakei, wohin ihm vermutlich schon Anfang 1936 seine Frau mit dem Sohn folgte.[54] Denn auch dies mochte ein Grund dafür gewesen sein, dass sich Gräf nun öffentlich – und vor allem namentlich – über die Zustände im Deutschen Reich allgemein und seine Erfahrungen in Sachsenburg im speziellen äußerte, befanden sich seine unmittelbaren Angehörigen doch in der Sicherheit der Emigration.

Nachdem sich Hugo Gräf bereits am 22. Februar 1936 in dem in Prag erscheinenden kommunistischen DGA in einem ganzseitigen »Brief eines deutschen Kriegsinvaliden an Hitler« auch zur Behandlung der Häftlinge in Sachsenburg geäußert hatte,[55] berichtete er Anfang März 1936 auf Einladung der »Liga für Menschenrechte« und der Ende September 1935 überparteilich in Prag gegründeten »Union für Recht und Freiheit« (URF) in einer öffentlichen Veranstaltung in einem »Klubraum« der Hauptstadt an der Moldau über seine Erlebnisse in Sachsenburg. Gezielt war zu dieser Veranstaltung auch »die Prager Presse« geladen worden.[56] Das Auftreten Gräfs als prominenter Zeuge der »Systematisierung«

51 Vgl. etwa Klaus Behnken (Hg.), Deutschland-Berichte der Sozialdemokratischen Partei Deutschlands (Sopade) 1934–1940, Frankfurt/M. 1980, Bd. 3: 1936, S. 1021–1023 (August 1936), S. 1618–1623 (Dezember 1936); ebd., Bd. 4: 1937, S. 705–709 (Mai 1937). **52** Vgl. Gerhard Seger, Oranienburg. Erster authentischer Bericht eines aus dem Konzentrationslager Geflüchteten. Mit einem Geleitwort von Heinrich Mann, Karlsbad 1934. Der Band wurde in zahlreiche Sprachen übersetzt und mehrfach neu aufgelegt. Das Buch erschien ebenfalls in dem von den emigrierten deutschen Sozialdemokraten genutzten Karlsbader Verlag Graphia. **53** Vgl. Hans Beimler, Im Mörderlager Dachau. Vier Wochen in den Händen der braunen Banditen, Moskau/Leningrad 1933. Wie Segers Publikation wurde auch Beimlers Buch in zahlreiche Sprachen übersetzt und neu aufgelegt. **54** Vgl. Gräf, Gräf, S. 46. **55** Vgl. Hugo Gräf, Offener Brief eines deutschen Kriegsinvaliden an Hitler. In: DGA, Nr. 8 vom 22. 2. 1936. Bereits auf dem Titel der Zeitung wurde mit der Schlagzeile »Ein deutscher Kriegsinvalide antwortet Hitler« auf diesen Beitrag hingewiesen. **56** »Deutschland ist schöner geworden«. Diese regelrechte »Vermarktung« der entsprechenden Schicksale lässt sich auch bei Gerhard Seger nachweisen, dessen Buch 1934 mit einer ähnlichen Veranstaltung in Prag der Öffentlichkeit präsentiert wurde. Vgl. Adolf Hasenöhrl (Hg.), Kampf Widerstand Verfolgung der sudetendeutschen Sozialdemokraten. Dokumentation der deutschen Sozialdemokraten aus der Tschechoslowakei im Kampf gegen Henlein und Hitler, Stuttgart 1983, S. 67.

der Gegen-Angriff

III. Jahrgang • Nr. 8
PRAG - PARIS - BASEL
22. FEBRUAR 1936
Zuschriften an „Gegen-Angriff“
Prag VII. Postamt 14, Postfach 16

120 Prager Emigranten schreiben an Thomas Mann
Im Innern des Blattes

EINZELVERKAUFSPREIS: Tschechoslovakei Kč 1.—, Jugoslavien 3 Dinar, Frankreich Luxemburg Fr Frs 0.60.

Antifaschistische Wochenschrift

Ein deutscher Kriegsinvalide antwortet Hitler (S. 6)

Hugo Gräfs »Offener Brief eines deutschen Kriegsinvaliden an Hitler« in der kommunistischen Exil-Zeitung »Der Gegen-Angriff«, 22.2.1936

und »Rationalisierung der Barbarei« ist dabei deutlich erkennbar.[57] Zugleich führte dies aber auch dazu, dass Sachsenburg im Ausland erneut ins Blickfeld der Berichterstattung geriet, zumal Gräf dieses Konzentrationslager immer wieder in Relation setzte zu anderen Orten: Im März 1936 war das Lager Sachsenburg seiner Meinung nach bereits »in traurige Konkurrenz zu Dachau und Papenburg getreten«.[58] Im Juni 1936 beschrieb er es gar als das gefürchtetste Konzentrationslager Deutschlands. Dies hätten ihm Gefangene und SS-Leute bestätigt, die in Dachau und Lichtenburg gewesen waren.[59]

Gräf dokumentierte seine Erfahrungen aber nicht nur einmal in gedruckter Form, die erwähnte Veranstaltung in Prag dürfte dafür der Ausgangspunkt gewesen sein: Im März 1936 berichtete er beispielsweise in der in Paris erscheinenden »Neuen Weltbühne« in der Ich-Form des Zeugen über »Prügelstrafe«.[60] Gräf schilderte in diesem später in der »Arbeiterzeitung« in Basel nachgedruckten Beitrag umfassend die Zustände im Konzentrationslager Sachsenburg, wobei er sich im Besonderen mit der Willkür und Härte der körperlichen Strafen auseinandersetzte. Und er nutzte die »Weltbühne« für einen abschließenden Appell »an alle Antifascisten, an alle einflussreichen Persönlichkeiten und an alle Intellektuelle[n], daran mitzuhelfen, dass diese unbeschreiblichen Qualen der Schutzhäftlinge in deutschen Konzentrationslagern bald ein Ende finden. Wer am eigenen Leibe diese Folterungen verspürte, hat ein Recht, seine Mitmenschen zur Hilfe aufzufordern.«[61]

Mitte Juni 1936 brachte die in Prag erscheinende kommunistische AIZ dann seinen ebenfalls mit Klarnamen gekennzeichneten »Bericht aus einer Hölle«, den die Redaktion der Zeitung auch unter dem Gesichtspunkt der Zeugenschaft präsentierte: »Lest diesen Bericht, den ein aus dem Dritten Reich Entwichener (der monatelang im Konzentrationslager saß) geschrieben hat!«[62] Gräf erläuterte in diesem teils mit dem Artikel »Prügelstrafe« identischen Beitrag umfangreich die Entwicklung des Lagers und die Misshandlung der Häftlinge, die sich nach seiner Erinnerung mit der Übernahme durch die SS im August 1934 in einer neuen Qualität einstellte: Die gezielte physische und psychische Schikanierung der Gefangenen etwa im sogenannten Sportkommando oder beim »Strafsport«, das minderwertige Essen, die Prügelstrafen, die Todesfälle und die Selbstmordversuche. Gräf benannte dabei auch einzelne Angehörige der SS-Wachmannschaft namentlich und charakterisierte sie teilweise. Etwa ein Drittel des Artikels widmete sich zudem konkreten und ebenfalls namentlich benannten Fällen von Opfern, die sich allerdings keineswegs auf Kommunisten beschränkten, sondern auch Juden, »Bibelforscher«, Arbeitersportler sowie Mitglieder der SAP und SPD umfassten. In dieser Hinsicht wurde der Bericht also nicht nur der Zusammensetzung der Häftlingsgesellschaft gerecht, sondern spiegelt die im Sommer 1936 in der Emigration noch intensiv verfolgte Idee von einer »Volksfront« aller Antifaschisten, für die sich auch Gräf engagierte:[63] Zusammen mit dem deutschen Emigranten und Anhänger der Revolutionären Sozialisten, Otto Friedländer, war er in Prag einer der beiden Sekretäre der UFR.[64]

Bei diesen Äußerungen Hugo Gräfs über das Konzentrationslager Sachsenburg sollte es allerdings nicht bleiben, der »Kronzeuge« wurde auch in anderen Medien gedruckt oder zitiert – so im Mai und im Juli 1936 in der in Prag erscheinenden »Deutschen Volkszeitung«,[65] im Juli 1936 erneut in der AIZ,[66] im August 1936 in der »Pariser Tageszeitung«[67] oder im Januar 1937 in der ebenfalls in Prag erscheinenden »Volks-Illustrierten«.[68] Hervorzuheben ist dabei vor allem die Materialsammlung »Der Strafvollzug im III. Reich«, mit der die URF 1936 eine umfassende und zumeist auf Zeugenaussagen basierende Dokumentation publizierte und an deren Zusammenstellung Gräf vermutlich als URF-Sekretär selbst beteiligt war.[69] Zwar finden sich vor allem in dieser Publikation auch weitere Aus-

57 »Deutschland ist schöner geworden«. **58** Hugo Gräf, Prügelstrafe. In: Die Neue Weltbühne vom 19.3.1936, S. 353–358, hier S. 358. **59** Ders., Sachsenburg. Diese von Gräf vorgenommenen Wichtungen, die wenig sinnvollen Opferkonkurrenzen das Wort reden, werden hier vor allem unter dem Gesichtspunkt der Einordnung des Konzentrationslagers Sachsenburg im Kontext der Zeit wiedergegeben, dessen zumindest zeitweilige Bedeutung vor allem für die Jahre 1934 bis 1937 kaum mehr im Bewusstsein ist. Zugleich ist nicht von der Hand zu weisen, dass Gräf auch persönliche Zielstellungen bis hin zur Profilierung in der Emigration verfolgt haben mag – und im Abgleich mit den »bekannten« Lagern und den damit verbundenen Namen wie eben Hans Beimler zu diesen »rhetorischen Figuren« greifen musste. Dafür spricht auch Gräfs nicht nur publizistisches, sondern auch öffentliches Auftreten mit dem »Thema Sachsenburg«. Zwar ließen sich keine weiteren Veranstaltungen wie die oben und im Folgenden erwähnten recherchieren. Diese sind aber – auch aufgrund der Bedeutung Prags für die politische Emigration bis 1937/38 – überaus wahrscheinlich. **60** Vgl. ders., Prügelstrafe. **61** Ebd., S. 358, Schreibweise »Antifascisten« im Original. Vgl. für den Hinweis auf die »Arbeiterzeitung« Gräf, Gräf, S. 47. Schon die öffentliche Veranstaltung Anfang März 1936 hatte mit der Annahme einer Resolution geendet, in der die »Abschaffung der Konzentrationslager« gefordert worden war. Vgl. »Deutschland ist schöner geworden«. **62** Gräf, Sachsenburg. **63** Dies wurde auch im Bericht im kommunistischen »Gegen-Angriff« im März 1936 deutlich, in dem abschließend die »Waffe der Einheitsfront« eingefordert wurde. »Deutschland ist schöner geworden«. **64** Vgl. Ursula Langkau-Alex, Deutsche Volksfront 1932–1939. Zwischen Berlin, Paris, Prag und Moskau, Bd. 2, Berlin 2004, S. 218. **65** Vgl. Gräf, Gräf, S. 47. **66** Vgl. Vom Süden über Sachsen. In: AIZ, Nr. 27 vom 1.7.1936 (Artikelserie anlässlich der Olympiade in Berlin, in der die deutschen Konzentrationslager vorgestellt wurden; Gräf wurde hier zum »Sportkommando« in Sachsenburg zitiert). **67** Vgl. Felix Burger (Kurt Grossmann), Der Strafvollzug im Dritten Reich. In: Pariser Tageszeitung, Nr. 79 vom 29.8.1936. Es handelte sich um eine Besprechung der UFR-Materialsammlung, in der Hugo Gräf namentlich genannt wurde. **68** Vgl. Gräf, Gräf, S. 47. **69** Vgl. Union für Recht und Freiheit (Hg.), Der Strafvollzug im III. Reich. Mit einem juristischen Gutachten von Václav Bouček, Prag 1936, S. 27, 29 f.

den »Dresdner Neuesten Nachrichten« diese Todesanzeige:

Dr. sc. pol. Max Sachs
Volkswirt und Diplom-Kaufmann
geb. 23. September 1883, gest. 5. Oktober 1935
Dresden-A. 29, Hammerberg 2.
Maria Sachs, geb. Meyer,
im Namen sämtlicher Hinterbliebenen.
Die Einäscherung erfolgt am Freitag, dem 11. Oktober 1935, um 3/4 6 Uhr im Krematorium Tolkewitz.

Zwischen dem Todestag und dem Tage

Todesanzeige von Max Sachs aus einer Dresdner Zeitung, die im März 1936 in der in Karlsbad erscheinenden sozialdemokratischen Exilzeitung »Neuer Vorwärts« abgedruckt wurde. Auch in dem 1936 in Paris veröffentlichten Buch »Das deutsche Volk klagt an« ist diese Todesanzeige auf Seite 91 enthalten.

sagen von durchweg anonymisierten ehemaligen Sachsenburg-Häftlingen.[70] Gräf wurde dagegen erneut mit Klarnamen genannt und als ehemaliger Reichstagsabgeordneter gekennzeichnet, was seine exponierte und durchaus ungewöhnliche Stellung als Zeuge der Vorgänge in Sachsenburg im Ausland unterstreicht – zumindest für eine kurze Zeit.[71] Diese Materialsammlung der ehemaligen Häftlinge wurde dann in der tschechoslowakischen Öffentlichkeit auch als Dokumentation herangezogen, um gegen den deutschen Unrechtsstaat zu argumentieren und jedweden Widerstand zu würdigen. Mitte Dezember 1936 berichtete beispielsweise die zionistische »Selbstwehr«, die UAF habe aus Anlass des Beginns des Prozesses gegen David Frankfurter in Chur im Saal des Prager Repräsentantenhauses (Obecní dům) eine Pressekonferenz veranstaltet, es sprachen der Neurologe Prof. Dr. Oskar Fischer sowie der Direktor des Munkács Gymnasiums, Chaim Kugel: »Abg. Dr. Kugel verlas mit Augenzeugen eidesstattlich aufgenommene Protokolle über die Erlebnisse in den Konzentrationslagern Dachau, Sachsenburg usw.«[72]

Diese Möglichkeit der Berichterstattung über das Erlittene war dem Dresdner Sozialdemokraten und einstigen Redakteur der »Dresdner Volkszeitung« (DVZ) Dr. Max Sachs nicht möglich. Sein gewaltsamer Tod im Oktober 1935 in Sachsenburg erregte aber im Ausland erhebliches Interesse; Gräf und Sachs waren zweifelsohne die exemplarischen bzw. personifizierten Schicksale dieses Konzentrationslagers in Sachsen. Erstmals berichtet wurde über die Ermordung von Max Sachs am 20. Oktober 1935 in dem in Karlsbad gedruckten sozialdemokratischen Exil-Organ NV – auf »Umwegen über das Ausland erreicht uns die schmerzliche Botschaft von einem neuen Opfer, das dem braunen Regime verfallen ist.«[73] Auch wenn dieser Bericht wie die folgenden NV-Artikel über Sachs keine Autorenkennzeichnung trug, so standen mit hoher Wahrscheinlichkeit Sachs' ehemalige Redaktionskollegen von der DVZ, Robert Grötzsch und Edgar Hahnewald, hinter dieser Berichterstattung – beide waren schon im März 1933 mit ihren Frauen über die »grüne Grenze« in die ČSR geflohen und arbeiteten hier publizistisch; beide dokumentierten dabei immer wieder das Unrecht vor allem in Sachsen.[74] Und beide dürften sich dem »Andenken dieses guten Kameraden« verpflichtet gefühlt haben.[75] Anders als im Fall Gräf lagen der Zeitung im Oktober 1935 aber noch keine detaillierten Informationen oder gar ein Augenzeugenbericht vor, auch vermutete man den gewaltsamen Tod in Sachsenburg nur.[76] Dies änderte sich erst im Kontext der Strafverfolgung dieses Mordes, die im April

1936 vor dem Landgericht Chemnitz stattfand. Anfang März 1936 brachte der NV den gewaltsamen Tod von Sachs als Titelgeschichte, »Neue Blutschuld des Systems«, und benannte hier auch die mittlerweile bekannten Namen der Beteiligten bzw. der Täter; überdies wurde das tagelange Martyrium des Dresdner Redakteurs im Konzentrationslager Sachsenburg detailliert geschildert. Grundlage dieser Darstellung bildete dabei ein »Bericht über die Ermordung unseres Genossen Max Sachs im Konzentrationslager Sachsenburg«, den die NV-Redaktion vermutlich im Kontext der illegalen Kurierarbeit an der deutsch-tschechoslowakischen Grenze erhalten hatte.[77] Erst im Juni 1937 gelang es dann aber offenbar, Informationen aus erster Hand bzw. einen »Augenzeugenbericht« zu bekommen – von »einem ehemaligen Häftling des Konzentrationslagers Sachsenburg, der Deutschland vor kurzer Zeit verlassen hat.«[78] Erneut brachte die Exil-Zeitung der Sozialdemokraten einen umfangreichen Artikel mit detaillierten Schilderungen der Vorgänge im September/Oktober 1935, auch wurde ausführlich über den Chemnitzer Prozess vom April 1936 berichtet.[79] Vor allem der Umfang dieser Berichterstattung hob den Fall Max Sachs deutlich aus der Gruppe der Einzelschicksale Sachsenburgs heraus. Nur bei Hugo Gräf und Alfred Rosenbaum findet sich eine ähnlich intensive Befassung mit einem Sachsenburger Häftlingsschicksal im Ausland. Demgegenüber steht die lediglich einmalige Berichterstattung über einzelne Häftlingsschicksale in Sachsenburg – so zum Beispiel über den im April 1935 nach Sachsenburg gebrachten einstigen Vorsitzenden des Deutschen Metallarbeiterverbandes Alwin Brandes[80] oder über den Berliner Metallarbeiterverbandssekretär Max Urich[81] – sowie über Gruppen wie die Zeugen Jehovas oder die Pfarrer der Bekennenden Kirche.

Der Mordfall Max Sachs war folglich in der politischen Emigration bekannt, in den »Deutschland-Berichten« der Exil-SPD fand er im Zusammenhang mit der Berichterstattung über Sachsenburg im Dezember 1936 ebenfalls Berücksichtigung.[82] Anders als im Fall Hugo Gräf war die Berichterstattung über dieses individuelle Sachsenburg-Schicksal aber mehr punktuell: Mutmaßlich angeregt durch den NV-Artikel im Oktober 1935 erschien in der Prager Presse Mitte November 1935 »Ein grauenvoller Bericht« über den Tod von Max Sachs – etwas knapper wurde hier auch über das Schicksal von Willy Wertheim und

70 Vgl. ebd., S. 13–16, 20, 27–34, 36–40, 44, 47, 55. **71** Vgl. zu Hugo Gräfs weiterem Lebensweg, der diesen 1938 zuerst in die Emigration Großbritanniens und im August 1946 in die Sowjetische Besatzungszone führte, vor allem Gräf, Gräf, S. 47–49. **72** Prozeß-Widerhall in Prag. In: Selbstwehr. Jüdisches Volksblatt, Nr. 52 vom 18. 12. 1936. **73** Dr. Max Sachs tot. In: NV, Nr. 123 vom 20. Oktober 1935. **74** Vgl. hierzu Steinberg, Emigration; ders., Herschowitz, S. 110–118, sowie zu Grötzsch ders., Tormann Bobby: Biografie, Netzwerke und Identität in Robert Grötzschs Exil-Arbeiterjugend- und -sportroman von 1938. In: Susanne Blumesberger/Jörg Thunecke (Hg.), Deutschsprachige Kinder- und Jugendliteratur während der Zwischenkriegszeit und im Exil, Frankfurt/M. 2017, S. 231–275. **75** Dr. Max Sachs tot. **76** Die Berichterstattung beruhte vor allem auf der Todesanzeige aus einer Dresdner Zeitung, die infolge des Austauschs an der »grünen Grenze« den NV-Redakteuren zur Kenntnis gekommen wurde. Vgl. hierzu Steinberg, Herschowitz, S. 112. **77** Neue Blutschuld des Systems. Die Verbrechen der sächsischen Gestapo. In: NV, Nr. 142 vom 1. 3. 1936. **78** Mord im Lager Sachsenburg. In: ebd., Nr. 208 vom 6. 6. 1937. **79** Vgl. hierzu den Beitrag von Swen Steinberg in diesem Band. **80** Vgl. Ungewisses Schicksal des Gewerkschaftsführers Brandes. In: PTB, Nr. 582 vom 17. 7. 1935. Vgl. hierzu den Beitrag von Willy Buschak in diesem Band. **81** Vgl. Märtyrer des deutschen Volkes. In: NV, Nr. 228 vom 24. 10. 1937. **82** Vgl. Deutschland-Berichte der Sopade, Bd. 3: 1936, S. 1620 (Dezember 1936).

Mord im Lager Sachsenburg

Max Sachs wurde zu Tode gequält — Die Gerichtsverhandlung: eine Farce

Es mag manchmal den Anschein haben, als gerieten die Verbrechen der braunen Mordkolonnen nach einiger Zeit in Vergessenheit, als verliere das deutsche Volk durch immer neue Abscheulichkeiten den Maßstab für die Schwere der jahraus jahrein verübten Greueltaten. Dem ist nicht so. Sobald einer der Gepeinigten freiere Luft atmet, wird sein Mund entsiegelt — und es zeigt sich, daß nichts vergessen wurde, nicht die Qualen der Opfer, nicht die Namen der Mörder, die das »Ehrenkleid der Bewegung« tragen.

Von einem ehemaligen Häftling des Konzentrationslagers Sachsenburg, der Deutschland vor kurzer Zeit verlassen hat, erhalten wir folgenden Augenzeugenbericht über die Ermordung unseres Genossen Max Sachs im September 1935:

Der Empfang im Lager

Bei seiner Einlieferung in das Konzentrationslager Sachsenburg wurde Dr. Max

zuber zusammenbrach, drückte ihn ein SS-Mann mit dem Gesicht in die Jauche. Der Mißhandelte wurde hochgezogen und als er nicht stehen konnte, in den vollen Jauchenzuber gesetzt. Die Häftlinge mußten ihn mit eiskaltem Wasser abspritzen Dies alles konnte ich von der Bibliothek aus mit anderen Häftlingen beobachten. Ich machte mir einen Besen und ging nach dem Häftlingsklosett, das neben der Jauchengrube war. Sachs lag vollständig erschöpft am Boden und ich konnte hören, daß Sachs leise röchelnd flehte, ihn doch lieber zu erschießen. Standartenführer Schmidt, der dazu kam, lachte höhnisch, stieß Sachs mit dem Stiefel und sagte: »Dran kommste sowieso — aber erst, wenn ich will. Vorläufig bekommste erst mal fünfundzwanzig — wegen Arbeitsverweigerung. Ich habe die Genehmigung schon telegraphisch beantragt.«

anderen Morgen sollte Sachs von Häftlingen gebadet werden, und zwar im Wannenbad. Dies war mir sehr auffällig, da ja Sachs am Abend vorher gebadet worden war. Ein Häftling kam zu mir herauf und sagte: »Ich bade den Sachs nicht, ich glaube, der ist tot.« Daraufhin ging ich auf Umwegen nach dem SS-Bad. Man hatte Sachs nun in die Wanne geworfen und eiskaltes Wasser auf ihn gelassen. Dies sollte zu dem gewünschten »Herzschlag« führen. Sachs wurde dann auf einen Tafelwagen gepackt. Bei dieser Gelegenheit konnte ich dem Toten den letzten Dienst erweisen und ihm die gebrochenen Augen zudrücken. Eine alte Decke wurde übergeworfen, und Häftlinge mußten den Toten unter Eskorte nach dem Frankenberger Friedhof fahren.

Im Lager wurde verbreitet, daß Sachs an Herzschlag gestorben sei. Diese Todes-

viel heraus, da alle Gefangenen Angst hatten, etwas auszusagen und die SS-Leute zu belasten.

Jeder sagte sich, daß selbst, wenn die Regierungskommission die Absicht habe, korrekt vorzugehen, man doch nicht wissen könne, ob nicht die Protokolle schließlich doch wieder im Konzentrationslager landen und die SS-Leute dann Rache nehmen würden.

Obersturmbannführer Rödel legte dann einigen Häftlingen fertige Aussagen vor, die sie in dieser Zwangslage auch unterschrieben haben.

Am 20. Dezember 1935 wurde ich entlassen. Einige Monate später erhielt ich eine Ladung als Zeuge nach Chemnitz vor das Landgericht. Im Zeugenraum in Chemnitz traf ich mit den Zeugen (wohlgemerkt, Zeugen) Graf v. Einsiedel und Rottenführer Gerach zusammen. Als Einsiedel

Titel des Artikels »Mord im Lager Sachsenburg«
in der in Karlsbad erscheinenden sozialdemokratischen
Exilzeitung »Neuer Vorwärts«, Juni 1937

Kurt Boas berichtet[83] –, dieser wurde kurz darauf im »Pariser Tageblatt« nachgedruckt. Hier beruhten die Informationen auf einem weiteren Zeugen, der das Martyrium von Sachs miterlebt hatte – ein »tschechoslowakischer Staatsbürger, der viele Jahre in Deutschland lebte« und »im März 1935 aufgrund einer Denunziation in das Konzentrationslager Sachsenburg gebracht« worden war, Ende Oktober 1935 hatte man ihn entlassen und ausgewiesen.[84] Erneut spielte das Moment der Zeugenschaft also offensichtlich eine Rolle. Dennoch, diese punktuellen Aussagen führten bei Max Sachs zu einer längerfristigen Rezeption im Ausland, auch über die Parteigrenzen hinweg: Hugo Gräf referierte den Tod des Sozialdemokraten im Juni 1936 in der kommunistischen AIZ. Allerdings hatte er sich zum Zeitpunkt der Ermordung von Sachs nicht mehr im Lager Sachsenburg befunden,[85] was die Wirkungsgeschichte bzw. Bekanntheit dieses exemplarischen Falls im Ausland unterstreicht.

Beide Fälle dokumentieren die Wahrnehmung der Vorgänge im Konzentrationslager Sachsenburg im Ausland eingehend, wobei dem Aspekt der Authentizität eine wichtige Funktion zukam – dies war beispielsweise auch beim bereits 1934 veröffentlichten und namentlich gekennzeichneten Bericht von Otto Meinel über das Lager der Fall.[86] Allerdings wurden weder Gräfs Berichte noch die Nachrichten über den gewaltsamen Tod von Max Sachs von der nicht-deutschsprachigen internationalen Presse wahrgenommen – dies war offenbar nur bei den 1935 verhafteten Mitglieder der Bekennenden Kirche der Fall.

»PFARRER IM STRÄFLINGSANZUG«

Im Falle Sachsenburgs kam der Zusammenhang zwischen deutschsprachiger Exil-Presse und internationalen Medien nirgends deutlicher zum Ausdruck als in der Frage der Rezeption der inhaftierten Pfarrer der Bekennenden Kirche (BK). Denn neben der eigenen Berichterstattung stützte sich die deutschsprachige Exil-Presse von Beginn an auf mehrere Leitmedien Großbritanniens – etwa auf die renommierte Londoner »Times« und auf die Nachrichtenagentur »United Press«. Ausgangspunkt dieser Rezeption waren die im April 1935 erfolgten Verhaftungen von Pfarrern der BK in Sachsen und Hessen: In beiden Ländern hatten sich oppositionelle Geistliche im März 1935 bei Kanzelabkündigungen von den nationalsozialistischen Deutschen Christen (DC) distanziert. Nach ersten Verhaftungen in Hessen hatten sich darauf Vertreter der BK in Sachsen mit Fürbitten für die verhafteten Glaubensgenossen eingesetzt. Daraufhin wurden auch 19 sächsische Pfarrer in Haft genommen, der sächsische Gauleiter hatte diese in Absprache mit den DC im Konzentrationslager Sachsenburg inhaftieren lassen.[87]

Die internationale Resonanz war gewaltig und dürfte als vergleichsweise ungewöhnlich zu bezeichnen sein: Nicht nur in Österreich, der Schweiz und Skandinavien,[88] auch in den USA und in Großbritannien finden sich im Frühsommer und Sommer des Jahres 1935 immer wieder Berichte über diese Häftlingsgruppe bzw. diesen spezifischen Fall in Sachsenburg.[89] Die in den Niederlanden herausgegebene katholische Exilzeitung »Der deutsche Weg« kommentierte im April 1935 mit Verweis auf eine Meldung von »United Press« drei weitere Pfarrer-Inhaftierungen in Sachsenburg und die Tatsache, dass nunmehr alle eingelieferten Pfarrer kahlgeschoren waren und in Einheitskleidern steckten, Ende April 1935 so: Man rede in diesem Zusammenhang nicht etwa von Zuständen in »Russland, sondern von [denen in] Deutschland«. Und man spreche hier auch von einem Land, das sich nach dem Willen seines »Führers« auf den Boden des »positiven Christentums« gestellt habe. Es sei bis jetzt nicht bekannt gewesen, dass in Deutschland »Kommunisten und überhaupt die bösen Marxisten Geistliche in Sträflingskleider gesteckt« hätten. Diese »Art Ritterlichkeit« sei den »Helden des Dritten Reiches vorbehalten« geblieben. Empörend empfand das Blatt aber nicht nur die Behandlung dieser Geistlichen durch das NS-Regime, sondern die Tatsache, dass sich das deutsche Volk all das gefallen lasse. Es sei doch »furchtbar«, wie sich das deutsche Volk heute zu einem Volk von »Heloten und Lakaien« degradiere.[90] Während sich die Beilage »Volk und Kirche« des »Deutschen Wegs« fast gänzlich auf Berichte aus »de Telegraaf« sowie der »Neuen Züricher Zeitung« stützte und dabei vom »Kampf

83 Vgl. zu Wertheim den Beitrag über Max Sachs von Swen Steinberg in diesem Band, sowie zu Boas den Beitrag über die jüdischen Häftlinge von Jürgen Nitsche ebenfalls in diesem Band. **84** Ein grauenvoller Bericht. In: PTB, Nr. 707 vom 19. 11. 1935. Vgl. den weiteren Verweis auf das Schicksal von Sachs in dem Artikel Hölle Sachsenburg. In: ebd., Nr. 797 vom 17. 2. 1936. **85** Arno Gräf vermutete 2011, dass die von seinem Vater in diesem Bericht detailliert wiedergegebenen Ereignisse ggf. auch von anderen ehemaligen Sachsenburg-Häftlingen stammen könnten. Vgl. Gräf, Gräf, S. 46. Hier findet sich auch der Beitrag aus der AIZ als Nachdruck. Vgl. ebd., S. 49–53. **86** Vgl. Meinel, Sachsenburg. **87** Vgl. Joachim Fischer, Die sächsische Landeskirche im Kirchenkampf 1933–1937, Göttingen 1972, S. 37. Aktuelle Forschungen gehen von mind. 21 Pfarrern aus. **88** Vgl. exemplarisch Achtzehn sächsische Pastoren festgehalten. In: Tiroler Anzeiger vom 11. 5. 1935; Norwegischer Protestant über die religiöse Lage in Deutschland. In: ebd. vom 28. 6. 1935. **89** Vgl. exemplarisch More Pastors Sent to Camp in Saxony. In: The New York Times vom 29. 4. 1935; 19 Pastors Behind Barbed Wire. In: Dundee Courier vom 29. 4. 1935; German Pastors Released. In: The Guardian vom 5. 6. 1935; Percy E. Turner, Saddle and Bridle. In: Star Tribune vom 14. 7. 1935;

GERMAN PASTORS RELEASED

A "Times" telegram says orders to Dr. Frick, Reich Minister of the Interior, for the immediate release of the Saxon and Hessian pastors confined in Sachsenburg and Dachau concentration camps, have been carried out.

Mit dieser Notiz des in London erscheinenden »Guardian« wurde über die Entlassung der Pfarrer der Bekennenden Kirche aus den Lagern Sachsenburg und Dachau berichtet, Juni 1935

gegen das Christentum«, von den »Sorgen der Kirche« oder schlicht von »Kirchenkampf« sprach,[91] berichtete das »Pariser Tageblatt« unter der Schlagzeile »Gebete für Insassen der Konzentrationslager« detailliert von der Überführung der drei Leipziger BK-Pfarrer Georg Walther, Ernst Lewek und Oskar Meder in das Konzentrationslager Sachsenburg.[92]

Diese Art der Berichterstattung hielt bis zum Juni 1935 an, als – »pünktlich« zur Eröffnung der Kirchensynode der BK in Augsburg – die zögerliche und regional verschieden gehandhabte Freilassung dokumentiert wurde. Noch am 4. Juni 1935 berichtete die »Chicago Tribune«, eine Gruppe von »representatives of the Quakers« habe unlängst das Konzentrationslager Sachsenburg besucht und mit den – laut Berichterstattung – 19 BK-Pastoren gesprochen.[93] Kurz darauf veröffentlichte »Volk und Kirche« – und mit ihr bis in den September 1935 hinein viele anderen Zeitungen weltweit – unter Berufung auf die »Times«[94] die Nachricht, dass von Reichsinnenminister Wilhelm Frick »gestern Freilassungsbefehle ergangen« seien. Nach Auskunftsersuchen der Synode habe sich herausgestellt, dass die »vier in Dachau befindlichen Pastoren bereits freigelassen waren, dass jedoch die 18 Verhafteten von Sachsenburg noch immer die Gefangenen des sächsischen Statthalters Mutschmann waren. Wie man hört, musste erst ein starker Druck aus Berlin eingesetzt werden, bevor auch den verhafteten Pastoren von Sachsenburg die Freiheit wiedergegeben wurde.«[95]

Breiten Widerhall fand nach dieser Aktion immerhin noch die Meldung über einen Versuch des sächsischen DC-Landesbischofs Friedrich Coch, die 18 Freigelassenen an der Ausübung ihrer Amtstätigkeit zu hindern. Dies habe in den »betroffenen Gemeinden große Empörung« hervorgerufen. Über derartige »Predigtverbote« berichteten die Blätter ebenso weiter wie über die unverändert schwierige Lage der BK im Reich.[96] Dass speziell diese »religiösen Themen« bzw. die Gruppe der christlichen Gegner des Nationalsozialismus nunmehr in der Auslandspresse zum Thema geworden waren, dies zeigt einerseits der Bericht »Popular Catholic Priest Arrested« im »Guardian« Anfang August 1935, in dem über die Verhaftung des Kaplans der Dresdner Hofkirche, Ernst Pfeiffer, berichtet wurde: »Another Dresden priest, Father Schwarz, has been removed from prison to Sachsenburg concentration camp.«[97] Andererseits verbreitete sich noch im Spätherbst 1937 etwa in Österreich oder in der Schweiz die offensichtliche Falschmeldung, die Zahl der Inhaftierten in Sachsenburg sei von 400 auf 2 000 angestiegen, als

»Grund für dieses plötzliche Anschwellen wird die Verbreitung illegaler Flugzettel von katholischer und protestantischer Seite angegeben«.[98] Zu diesem Zeitpunkt hatte das Konzentrationslager aber gar nicht mehr bestanden.

Im Gegensatz zu diesen unabhängigen bzw. Nicht-Exil-Zeitungen variierten die »Deutschland-Berichte« der Sopade in der Interpretation der Pfarrer-Verhaftungsaktion doch erheblich, was die immense kulturelle Distanz zwischen einer eher links und freidenkerisch geprägten sächsischen SPD vor 1933 und einer eher konservativ-bürgerlich geprägten evangelischen Landeskirche deutlich macht: Einerseits berichteten mehrere sächsische Informanten und Kuriere mit großer Empathie von den verhafteten Pfarrern der BK, die sich in Sachsenburg »sehr anständig« verhalten hätten. Als »besonders hervorragend« wurde der Tannenberger Pfarrer Johannes Ackermann hervorgehoben, der sogar zweimal in dasselbe Lager eingeliefert worden sei. Ackermann habe sich geweigert, während der »sogenannten Schulungsstunden« anderen Häftlingen aus der aggressiv-antisemitischen Wochenzeitung »Der Stürmer« vorzulesen.[99] Von einem weiteren sächsischen Informanten wurde berichtet, wie zu Pfingsten 1935 ein Posaunenchor zum Lager »hinaufgezogen« sei, um den eingesperrten Pfarren ein »Ständchen« zu bringen, was aber sofort unterbunden wurde.[100] Andererseits betonte ein weiterer Bericht, dass ein »großer Teil der arbeitenden Bevölkerung« über die Verfolgungen und Enttäuschungen, die das Regime den »Pfarrern bereite«, vielfach nur »Gleichgültigkeit oder gar Schadenfreude« empfinde. Denn dieser Teil der Bevölkerung wüsste nur zu gut, dass die »Kirche für die sozialen und gesellschaftlichen Forderungen der Arbeiterschichten nichts übrig« habe und materiell nur auf den eigenen Vorteil bedacht sei. Dieser Berichterstatter war offensichtlich vollkommen vom Klassenkampfgedanken eingenommen, da er überdies behauptete, dass sich für die »revolutionäre Arbeiterschaft in Sachsen« das »Kirchenproblem« bereits entschieden habe – man kenne die »Einstellung der deutschnationalen Stahlhelmpfarrer doch zu genau«.[101]

Morgan Action is Dismissed. In: Arizona Republic vom 16.7.1935. **90** Pfarrer im Sträflingsanzug. In: DdW, Nr. 17 vom 28.4.1935.

FAZIT

Diese im Ausland veröffentlichten Aussagen sächsischer Informanten verweisen auf die Darstellung und Wahrnehmung des Konzentrationslagers Sachsenburg in Sachsen selbst, die ebenso ein noch zu bearbeitendes Forschungsfeld darstellt,[102] wie die Frage der Rückwirkung dieser ausländischen Berichterstattung etwa auf die Entlassung der Pfarrer der Bekennenden Kirche im Jahr 1935. Denn die Verbreitung entsprechender Informationen und Publikationen vor allem der Exilkreise in der Tschechoslowakei wurde im Deutschen Reich nicht nur überwacht oder – wenn möglich – gezielt gestört.[103] Vielmehr war das Erscheinen der in diesem Beitrag angeführten Zeitungen und Zeitschriften teilweise auch Gegenstand außenpolitischer Forderungen, die deren Wirkung zumindest andeutet: Im November 1937 hatte Joseph Goebbels beispielsweise durch den deutschen Gesandten in Prag »eine Liste mit den Titeln der Emigrantenblätter und -korrespondenzen« an Staatspräsident Edvard Beneš übergeben lassen, »deren Verbot das Deutsche Reich vordringlich wünschte«. Und darunter fanden sich »Die neue Weltbühne«, ebenso aber auch der NV oder die »Deutschlandberichte« der Sopade.[104] Wie die Beispiele Gräf und Sachs, so dokumentiert gerade die internationale Rezeption der Inhaftierung der Pfarrer, welchen Stellenwert und welche – bisweilen heute durchaus überraschende – Bekanntheit das Konzentrationslager Sachsenburg während der Zeit seines Bestehens im Ausland hatte. Dem in diesem Artikel herausgearbeiteten Aspekt der Dokumentation und Zeugenschaft wie auch dem Wechselverhältnis zwischen Informanten bzw. Augenzeugen, Autoren und Rezipienten insbesondere in der Grenz-Situation des Auslands-Widerstandes mit dem hier zentralen Schmuggel von Drucksachen in das Deutsche Reich gilt es jedenfalls, in Zukunft größere Aufmerksamkeit zu widmen.[105] Die Wahrnehmung und Darstellung der Vorgänge im Konzentrationslager Sachsenburg im Ausland legt jedenfalls nahe, dass diese Orte frühzeitig – und nicht erst im Kontext der letzten Kriegsjahre mit der Befreiung der Lager oder der Aufarbeitung nationalsozialistischer Verbrechen nach 1945 – international als Orte des Unrechts bekannt waren und entsprechend in der Öffentlichkeit dokumentiert wurden.[106] Wie dieses Wissen aber entstand, wer es wie aufnahm, verarbeitete und schließlich rezipierte – und mit welchem Effekt –, darüber wissen wir noch wenig. Auch zum Verständnis dieser Rezeptionsprozesse im Ausland kann die Auseinandersetzung mit dem Konzentrationslager Sachsenburg in Zukunft beitragen.

91 Der Kampf gegen das Christentum in Deutschland. In: VuK, 4. Folge vom April 1935; Sorgen der Kirchen/Der Kirchenkampf im Dritten Reich. In: ebd., 1. Folge vom Mai 1935. **92** Vgl. Gebete für Insassen der Konzentrationslager. Die Welle der Pastorenverhaftungen steigt ständig. In: PTB, Nr. 531 vom 27. 5. 1935. **93** Sigrid Schultz, Hitler's Police Gag Leader of Rebel Pastors. In: Chicago Tribune vom 4. 6. 1935. Der im Zitat erwähnte Besuch einer Gruppe von Quäkern in Sachsenburg lässt sich aktuell nicht durch andere Quellen bestätigen. **94** Vgl. den Artikel Reich Liberates Eighteen Pastors. In: The New York Times vom 5. 6. 1935. **95** Die Eröffnung der Kirchensynode der pro-

Swen Steinberg

MORD IM LAGER SACHSENBURG

Strafverfolgung und Erinnerungskultur im Fall Max Sachs

Am 28. Juli 1982 erschien vor dem Dresdner Kreisgericht der 72-jährige Maschinenschlosser Fritz Weichold aus Dresden und wurde zu seiner Haftzeit im Konzentrationslager Sachsenburg befragt.[1] Ausgangspunkt dieser Befragung bildete das Bekanntwerden der Biografie des einstigen SS-Manns und Angehörigen der Sachsenburg-Wachmannschaft Konrad Schellong: Schellong war 1957, nach seiner »SS-Karriere«, unter Angabe falscher Personendaten in die USA gelangt. Dem 1979 ins Leben gerufenen Office of Special Investigations des US-Justizministeriums war er aber erst im Frühjahr 1981 ins Netz gegangen und im September 1988 schließlich des Landes verwiesen worden.[2] Die Anhörung in Dresden im Sommer 1982 Schellong und Sachsenburg betreffend war dabei vom Generalstaatsanwalt der DDR angeordnet worden. Kern der Aussage von Fritz Weichold – wie auch der sieben mit ihm verhörten einstigen Sachsenburg-Häftlinge – war aber nicht die Tätigkeit Schellongs, derer sich weder er noch die anderen erinnern konnte. Im Mittelpunkt stand vielmehr die Ermordung des sozialdemokratischen Redakteurs, Politikers und Juden Max Sachs aus Dresden im Oktober 1935, die nicht das erste Mal detailreich vor einer ostdeutschen Behörde geschildert wurde.[3] In dieser Befragung im Juli 1982 zeigten sich bereits die beiden Begriffe des Untertitels dieses Beitrags, nämlich die Strafverfolgung eines Mordes sowie die vergleichsweise intensive Erinnerung an einen Mord im Lager Sachsenburg.[4] Beidem wird im vorliegenden Aufsatz nachgegangen. Denn die ungewöhnliche Qualität der Erinnerung wie auch die damit korrespondierende juristische Verfolgung hatten ihren Ursprung bzw. ihre Ursache in der bis heute unfassbar brutalen Ermordung vor einer vergleichsweise gro-

1 Vgl. Aussage von Fritz Weichold am 28.7.1982 (BArch, DP 3, 1817, Einlage, unpag.). 2 Vgl. Wirklich erstaunt. In: Der Spiegel 48 (1982), S. 169–173; Nazi deported. In: Decatur (Illinois) vom 24.9.1988. 3 Vgl. Unterlagen zu Vernehmungen Mai 1981 bis Juni 1982 (BArch, DP 3, Einlage, unpag.). 4 Zu beiden Forschungsfeldern ist die Fachliteratur Legion; exemplarisch für den erinnerungskulturellen Umgang mit entsprechenden Orten zwischen Erinnern und Vergessen sowie die juristische Aufarbeitung in Sachsen sei genannt Carina Baganz, Erziehung zur »Volksgemeinschaft«? Die frühen Konzentrationslager in Sachsen 1933–34/37, Berlin 2005, S. 285–324.

ßen Teilöffentlichkeit des Konzentrationslagers Sachsenburg wie auch des Umfelds des Lagers. Diese Faktoren trugen maßgeblich dazu bei, dass der »Fall Max Sachs« noch in den 1980er-Jahren die Gerichte beschäftigte und bis heute erinnert wird.

Im ersten Teil dieses Beitrags wird kurz biografisch auf die Persönlichkeit Max Sachs eingegangen. Denn es dürfte vor allem seine politisch-publizistische Arbeit gewesen sein, weswegen er im Herbst 1935 als ein »prominenter Häftling« in das Konzentrationslager Sachsenburg kam und vermutlich genau deswegen sofort und massiv im Fokus der SS-Wachmannschaften und des Lager-Terrors stand. Letzteres ist im zweiten Teil – Verfolgung und Ermordung – Thema, wobei hier bereits auch eine erste und überaus ungewöhnliche juristische Aufarbeitung in den Jahren 1935/36 thematisiert wird. Anschließend werden die unterschiedlichen Untersuchungs- und Strafverfahren in der Zeit nach dem Zweiten Weltkrieg und damit die Verfolgung der Verfolger vorgestellt, die sich in die Jahre 1946, 1951 und 1952, 1964 bis 1972 und eben 1982 datieren lassen. Diese bieten bereits einen ersten Eindruck vom Erinnern und dem regelrecht ausgebliebenen Vergessen dieses Sachsenburg-Schicksals. Die Erinnerungskultur zum »Fall Max Sachs« ist Gegenstand des letzten Teils dieses Artikels, in dem die Orte vorgestellt werden, an denen die Erinnerung an Max Sachs bis in die Gegenwart wachgehalten wird.

SOZIALDEMOKRATISCHER REDAKTEUR, POLITIKER, JUDE

Max Sachs wurde am 23. September 1883 als Sohn eines jüdischen Bankiers in Breslau geboren und schien zumindest anfangs der Prägung im Elternhaus zu entsprechen: Der höheren Schulbildung folgte eine kaufmännische Ausbildung zum Handlungsgehilfen, dann ein Studium der Handelswirtschaft in Leipzig und schließlich ein solches der Staatswissenschaften in Tübingen, wo er 1907 mit einer Arbeit über »Das Krankenkassenwesen in Stuttgart bis 1904« promoviert wurde.[5] Geprägt von seinem Wissen über ökonomische und soziale Zusammenhänge trat Sachs 1906 in die SPD ein und war fortan vorrangig journalistisch als Redakteur von Parteizeitungen tätig, zuerst bei der »Mainzer Volkszeitung« und beim »Offenbacher Abendblatt«. Von April 1907 bis Dezember 1910 arbeitete er als Redakteur der »Volkswacht« in Bielefeld, wo er auch seine Frau Maria kennenlernte und heiratete. Aus der Ehe gingen die beiden Töchter Edith und Klara hervor, die 1911 und 1916 geboren wurden und die im Milieu der Sozialdemokratie sozialisiert wurden. Sachs arbeitete in den drei genannten Städten und später in Dresden als Redakteur sozialdemokratischer Regionalzeitungen, publizierte aber bis 1933 zugleich auch überregional – etwa in der Zeitschrift der Sozialistischen Arbeiter-Jugend (SAJ), in Theorieorganen wie »Die Neue Zeit«, »Der Kampf«, »Die Glocke«, »Das freie Wort« oder »Marxistische Tribüne«, in praktisch orientierten politischen Zeitschriften wie »Kommunale Praxis« und in gewerkschaftlichen Zeitungen wie »Der Zeitgeist« oder »Die Arbeit«.[6] Hinzu kamen Kleinschriften und Broschüren.[7] Diese Publizistik führte zu einer gewissen Bekanntheit, Sachs wurde beispielsweise bereits im Ersten Weltkrieg gelegentlich »in einem Atemzug« mit Rudolf Hilferding und Karl Kautsky genannt.[8]

Im Januar 1911 übernahm Sachs dann die Wirtschaftsredaktion der am Wettiner Platz ansässigen »Dresdner Volkszeitung« (DVZ). Später war er bis zum Verbot der Zeitung durch die Nationalsozialisten im Frühjahr 1933 wechselnd auch für die Ressorts Innenpolitik, Außenpolitik, sächsische Politik und Handel zuständig. Die Anstellung bei der DVZ deutet dabei auch auf die politische Verortung innerhalb der Flügel der SPD, war die Zeitung doch ein Sprachrohr der rechten Sozialdemokraten, die der Reform eher das Wort redeten, als der Revolution. Dies war in Sachsen im Besonderen 1923 von Bedeutung, als aus der Dresdner Redaktion und prominent von Max Sachs Kritik an der Zusammenarbeit von KPD und SPD geäußert wurde.[9] Letzteres deutet zugleich auf das politische Engagement des Journalisten hin, der als Gemeindeverordneter in seinem Wohnviertel in Dresden-Briesnitz und als Dresdner Stadtverordneter wirkte, von 1922 bis 1926 gehörte er auch dem Sächsischen Landtag an. In erster Linie bearbeitete Sachs wirtschaftspolitische Themen, zudem meldete er sich im Landesparlament zur Miet- und Wohnungspolitik, zur Versorgungssituation der Bevölkerung und zu Fragen der Gewerbesteuer zu Wort. Ein besonderes Augenmerk galt dem Siedlungsgedanken: Sachs war Mitglied im Aufsichtsrat der Landessiedlungsgesellschaft Sächsisches Heim GmbH und gehörte zu den Initiatoren der Eigenheim-Siedlung Dresden-Briesnitz eGmbH. In der 1911 geplanten Siedlung bezog er 1923 mit seiner Familie eine eigene Haushälfte.[10] Die internen Flügelkämpfe der sächsischen SPD beendeten dann 1926 seine parteipolitische Karriere, da die jetzt dominierende SPD-Linke ihn nicht wieder an aussichtsreicher Stelle listete. Sachs trat fortan nur noch journalistisch oder in den sozialdemokratischen Vorfeldorganisationen in Erscheinung, etwa im Dresdner Reichsbanner Schwarz-Rot-Gold oder im sächsischen Bund der Freunde sozialistischer Akademiker. Hinzu kamen regelmäßige Vorträge etwa im Programm der Mitteldeutschen Rundfunk AG – 1928 sprach Sachs beispielsweise in der »Arbei-

5 Vgl. zur folgenden Biografie und zur Einordnung Swen Steinberg, Sachs, Max. In: Sächsische Biografie. Hg. vom Institut für Sächsische Geschichte und Volkskunde e. V., bearb. von Martina Schattkowsky, Online-Ausgabe: www.isgv.de/saebi; 31. 1. 2017; ders., »Karl Herschowitz kehrt heim.« Der Schriftsteller-Journalist Edgar Hahnewald zwischen sächsischer Identität und der Heimat im Exil. Mit einer kritischen Edition, Berlin 2016, S. 13–52, 86–101.
6 Vgl. exemplarisch für die genannten Zeitungen Max Sachs, Das internationale Zahlungswesen. In: Der Zeitgeist. Monatliches Bildungsorgan des Deutschen Metallarbeiter-Verbandes (1914) 2, S. 65–69; ders., Der gemeinnützige Wohnungsbau in Sachsen. In: Kommunale Praxis (1914) 16, Sp. 486–487; ders., Der Kampf gegen den Imperialismus. In: Der Kampf. Sozialdemokratische Monatsschrift (1915) 7/8, S. 292–295; ders., »Kriegssozialismus«. In: Die Arbeiter-Jugend 10 (1918) 12, S. 89 f.; ders., Planwirtschaft und Sozialisierung. In: Die neue Zeit. Wochenschrift der deutschen Sozialdemokratie (1921) 19, S. 448–453; ders., Steuerabbau und Kapitalbildung. In: Das freie Wort. Sozialdemokratisches Diskussionsorgan 1 (1929) 8, S. 3–8; ders., Planwirtschaft und Aufbau. In: Die Glocke. Sozialistische Wochenschrift (1922) 44, S. 1215–1218; ders., Abkehr von der Verständigungspolitik. In: Marxistische Tribüne 2 (1932) 3, S. 69–72; ders., Arbeitsbeschaffung durch Konsumgüterproduktion. In: Die Arbeit 10 (1933) 2, S. 95–97. **7** Vgl. ders., Teuerung und Geldentwertung, Dresden 1919; ders., Arbeiter und Akademiker vereinigt Euch!, Berlin 1919. **8** Vgl. Gustav Mayer, Der deutsche Marxismus und der Krieg. In: Archiv für Sozialwissenschaft und Sozialpolitik (1916/17) 43, S. 108–170, hier S. 126 f. **9** Vgl. Steinberg, Herschowitz, S. 39–43. Vgl. zudem zum sogenannten linksrepublikanischen Projekt in Sachsen und zur Reichsexekution im Oktober 1923 Karsten Rudolph, Die sächsische Sozialdemokratie vom Kaiserreich zur Republik (1871–1923), Köln/Weimar/Wien 1995, S. 344–414.
10 Vgl. Adressbuch der Stadt Dresden, Dresden 1923, Teil III, S. 263. Vgl. zudem zur Geschichte der Siedlung Uwe Kind, Siedlung Briesnitz. In: ders./Helmut Kolitsch/Rainer Weißenborn/Thomas Weißenborn (Hg.), Briesnitz. Eine genossenschaftliche Siedlung in Dresden von 1911, Dortmund 1993, S. 46–61.

terstunde«, in zwei Vorträgen präsentierte er gemäß seinem DVZ-Ressort eine »Wirtschaftsrundschau«.[11] Bereits im August 1914 war Sachs auf den Antikriegskundgebungen der Dresdner SPD öffentlich aufgetreten.[12] Über die DVZ verbreitete er aber in der zweiten Hälfte der 1920er-Jahre weiter seinen rechtssozialdemokratischen Standpunkt. Sachs wie auch die Zeitung blieben deswegen bis 1933 der Kritik von links ausgesetzt: 1932 wurde er beispielsweise von dem kommunistischen Landtagsabgeordneten Kurt Sindermann »vor dem Landtagsgebäude verprügelt«, Grund war ein gegen die KPD gerichteter DVZ-Artikel gewesen.[13]

Als Sozialist und Jude stand Max Sachs wie sein Redaktionskollege Kurt Heilbut auch im Besonderen im Fokus der Dresdner Nationalsozialisten,[14] die ihn schon vor 1933 drastisch in ihrer Zeitung »Der Freiheitskampf« angriffen und dabei auch seine private Wohnanschrift nannten.[15] Die jüngere Tochter von Max Sachs erinnerte sich 2006, dass ihr Vater deswegen von Mitgliedern des Reichsbanners geschützt werden musste und dass sie mit ihrer Schwester von dieser Bedrohung ebenfalls betroffen war: »When my father gave a lecture at night, some men from our protective force would have to meet him at the streetcar and escort him home. By 1932, the Nazis had become so agressive that my sister Edith and I had to be escorted home in the evening as well. The SA troopers (Sturmabteilung Kampfgruppe, the brown-shirted storm troopers) were constantly demonstrating in front of our house, and rumors abounded that they were going to get my father.«[16]

Diese Situation spitzte sich im Kontext des Reichstagswahlkampfes im Frühjahr 1933 noch einmal deutlich zu, hatte doch die DVZ einen Fememord an einem Dresdner SA-Mann aufgedeckt – und damit nicht nur für erhebliche Aggression, sondern auch für eine Privatklage Adolf Hitlers gegen eine entsprechende Broschüre aus dem Hausverlag der DVZ, Kaden & Comp., gesorgt.[17] Die am Tag vor dem Reichstagsbrand ausgesprochene Drohung des nationalsozialistischen »Freiheitskampfes« sollte sich dabei nur kurz darauf bewahrheiten: An die Adresse der DVZ hieß es am 27. Februar 1933, man werde »dafür sorgen, daß das ganze deutsche Volk seine Betrüger und Zerstörer in ihrer nackten Gemeinheit erkennt! Umso gründlicher und vernichtender wird die Abrechnung sein!«[18] Die darin aufscheinende Verachtung gegen die DVZ wurde von deren Redakteuren zwar deutlich beantwortet – die »Heuchler im Naziblatt«[19] wurden nicht minder drastisch angegriffen, am 25. Februar 1933 erschien etwa der DVZ-Artikel »Dem Mutschmann-Blatt aufs Maul«.[20] Dass diese Drohung des »Freiheitskampfes« in Form auch physisch ausgeübter Gewalt elf Tage später Realität werden sollte, lag für demokratisch und pazifistisch orientierte Personen wie Max Sachs aber sicher nicht im Bereich des Vorstellbaren.

REPRESSION UND ERMORDUNG, EINE ERSTE STRAFVERFOLGUNG

Die DVZ erschien am 3. März 1933 als Einblattdruck mit der Schlagzeile »Verboten!« und dem Hinweis, dass dieses Verbot auf der Basis der »Verordnung des Reichspräsidenten zum Schutz von Volk und Staat« (Reichstagsbrandverordnung)[21] und auf Verlangen des Reichsinnenministers erlassen worden sei. Das Verbot galt zugleich für die DVZ-Lokalausgaben (Freital, Freiberg, Pirna) und bis zum 9. März 1933. Für diese Ausgabe zeichnete nicht der »Hauptschriftleiter« Robert Grötzsch verantwortlich, sondern Max Sachs.[22] Hintergrund des Verbotes bildete dabei vermutlich die DVZ-Ausgabe vom 2. März 1933, in der im Leitartikel »Wo bleiben die Beweise?« die Grundlagen der genannten Verordnung angezweifelt wurden.[23] Die Sozialdemokratie in Dresden war damit wenige Tage vor der deswegen nicht mehr als frei und demokratisch zu bezeichnenden Reichstagswahl am 5. März 1933 ihres zentralen Organs beraubt, auch hatten weite Teile des Einzugsbereichs Ostsachsen von heute auf morgen ihr sozialdemokratisches Kopfblatt und ihre Lokalausgaben verloren.

Der Wahl, die den Nationalsozialisten nicht die erhoffte absolute Mehrheit brachte, folgte die »Machtergreifung von unten«: Überall im Reich, vor allem aber im einstigen »roten Königreich« mit seiner starken Arbeiterbewegung und ihrer Infrastruktur, wurden gezielt öffentliche Gebäude (Rathäuser, Postämter, Krankenkassen) und Immobilien der politischen Gegner besetzt (Parteibüros, Verlage, Druckereien, Arbeitersportlerheime, Gewerkschaftshäuser, Konsumvereine), in denen nicht selten die ersten »wilden Konzentrationslager« für auf der Basis der »Reichstagsbrandverordnung« in »Schutzhaft«

11 Vgl. die Einträge in der Datenbank des Deutsches Rundfunkarchivs, Schriftsteller im Rundfunk, Autorenauftritte im Rundfunk der Weimarer Republik 1924–1932, unter www.dra.de/rundfunkgeschichte/schriftsteller/autoren; 30. 1. 2017. **12** Vgl. hierzu jüngst Swen Steinberg, Sachsen taumelt? Kriegsbegeisterung und Antikriegskundgebungen im Sommer 1914. In: Dresdner Hefte. Beiträge zur Kulturgeschichte, (2014) 119, S. 12–22. **13** Horst Sindermann, Vor Tageslicht. Autobiographie, Berlin 2015, S. 206 f. Vgl. zur parteipolitischen Situation in Dresden am Ende der Weimarer Republik vor allem Mike Schmeitzner, Dresden in der Weltwirtschaftskrise 1929–1933. In: Holger Starke (Hg.), Geschichte der Stadt Dresden, Bd. 3: Von der Reichsgründung bis zur Gegenwart, Stuttgart 2006, S. 407–413. **14** Vgl. jüngst zu Heilbut Swen Steinberg/Mike Schmeitzner, Kulturpolitik und Gewalterfahrung. Der Sozialdemokrat und Journalist Kurt Heilbut in Freital. In: Dresdner Hefte. Beiträge zur Kulturgeschichte, (2016) 125, S. 36–44. **15** Vgl. exemplarisch Warum so schüchtern, Herr Heilbut? In: Der Freiheitskampf, Nr. 193 vom 20. 8. 1931; Aufs Lügenmaul [persönlicher Angriff auf Max Sachs]. In: ebd., Nr. 9 vom 10. 1. 1933. **16** Autobiography of Claire Ursula Sachs Ehrmann, born January 13, 1916 in Dresden, Germany. Edited from the Original Manuscript by Claire Ehrmann, Boulder/USA, October 2006 [Kopie im Besitz des Autors], S. 5. **17** Vgl. hierzu Wolfgang Hesse, »Dolchstoß von rechts«. Visuelle Deutungen des Dresdner SA-Fememords von 1932. In: Volkskunde in Sachsen (2010), S. 87–159, hier S. 91–94; Steinberg, Herschowitz, S. 89 f. **18** Jammernde Terroristen. Die »Dresdner Volkszeitung« verleumdet und hetzt gegen Pg. Mutschmann. In: Der Freiheitskampf, Nr. 52 vom 27. 2. 1933. Gemeint war der NSDAP-Gauleiter von Sachsen, Martin Mutschmann. **19** Heuchler im Naziblatt. In: DVZ, Nr. 6 vom 7. 1. 1933. **20** Dem Mutschmann-Blatt aufs Maul. In: ebd., Nr. 51 vom 25. 2. 1933. **21** Vgl. zur Verordnung vor allem Thomas Raithel/Irene Strenge, Die Reichstagsbrandverordnung. Grundlegung der Diktatur mit den Instrumenten des Weimarer Ausnahmezustandes. In: VfZ 48 (2000) 3, S. 413–460. **22** Vgl. Verboten!, DVZ, Nr. 53 vom 3. 3. 1933. Allerdings wurde Grötzsch die gesamte Weimarer Republik hindurch nur sehr selten im Impressum der Zeitung genannt, es zeichneten stets nur die ressortverantwortlichen Redakteure – und in diesem Fall der Redakteur Sachs, der zumeist Wirtschaft, aber auch Politik und Sachsen übernommen hatte. **23** Vgl. Wo bleiben die Beweise? In: ebd., Nr. 52 vom 2. 3. 1933. **24** Vgl. Andreas Wagner, »Machtergreifung in Sachsen«. NSDAP und staatliche Verwaltung 1930–1935, Köln/Weimar/Wien 2004, S. 127–130, 137–148; Mike Schmeitzner, Ausschaltung – Verfolgung – Widerstand. Die politischen Gegner des NS-Systems in Sachsen 1933–1945. In: Clemens Vollnhals (Hg.), Sachsen in der NS-Zeit, Leipzig 2002, S. 183–199, hier S. 183 f.; Swen Steinberg/Willy Buschak, Die frühe Besetzung der sächsischen Gewerkschaftshäuser im März 1933 am Beispiel Dresden. In: Konstantin Hermann (Hg.), Führerschule, Thingplatz, »Judenhaus«. Orte und Gebäude der nationalsozialistischen Diktatur in Sachsen, Dresden 2014, S. 54–57. Diese Besetzungen verliefen lokal teils sehr unterschiedlich, an einzelnen Orten hatten sie bereits am 7. 3. 1933 begonnen. Vgl. zudem zu den frühen Konzentrationslagern in Sachsen Baganz, Erziehung.

Bücherverbrennung vor der Volksbuchhandlung und dem Gebäude der »Dresdner Volkszeitung« am Wettiner Platz mit zeitgenössischem Aufdruck »Säuberung der Dresdner-›Volkszeitung‹ d. S. A. 1933«

Deutsche Fotothek, Objektnummer 80642171

genommene Personen eingerichtet wurden.[24] Gleiches geschah in Dresden. Dass die Nationalsozialisten am Nachmittag des 8. März 1933 auch die Redaktionsräume der DVZ gewaltsam besetzten und den Verlag Kaden & Comp. beschlagnahmten, ordnete sich allerdings nicht nur in diese im ganzen Reich stattfindenden Übergriffe vor allen gegen die parteipolitische Presse ein.[25] Vielmehr folgte dies offenbar auch der strategischen Überlegung, damit das neuerliche Erscheinen der bis zum 9. März 1933 verbotenen DVZ zu verhindern – zumal nach dem Verbot in der Druckerei von Kaden & Comp. weiterhin politisches Material (Flugblätter u. ä.) hergestellt worden war. Im Vergleich zu anderen sächsischen Städten war dabei ungewöhnlich, dass der stellvertretende Polizeipräsident von Dresden am Morgen des 8. März 1933 den Geschäftsführer des Verlages, Ernst Lorenz, anrief und die Besetzung durch die SA für den Nachmittag ankündigte, gleiches galt für das Dresdner Gewerkschaftshaus. Vermutlich sollten dadurch gewaltsame Zusammenstöße etwa mit dem Reichsbanner vermieden werden; vielleicht verbargen sich dahinter aber auch sozialdemokratische Loyalitäten oder grunddemokratische Positionen.[26] Gegen Mittag wurde der Wettiner Platz dann durch SA und Polizei abgesperrt und das gesamte Gebäude durchsucht. Aus der Volksbuchhandlung im Erdgeschoss wurden Bücher und Zeitschriften zu einem Scheiterhaufen angehäuft – der DVZ-Redakteur Edgar Hahnewald bezifferte deren Wert später auf ca. 70.000 Reichsmark,[27] – und unter Polizeiaufsicht verbrannt. Hinzu kamen mit großer Wahrscheinlichkeit auch Material bzw. Unterlagen und Inventar aus den zahlreichen sozialdemokratischen Büros des Hauses.[28] Dies war eine der ersten Bücherverbrennungen im Deutschen Reich überhaupt. Zudem wurde am 8. März 1933 auf die »Filiale der ›Dresdner Volkszeitung‹ in Dresden-Neustadt [...] ein Anschlag verübt«; die DVZ unterhielt 1933 in fünf Dresdner Stadtteilen solche Verkaufsstellen, die ebenfalls beschlagnahmt wurden.[29] Bemerkenswert bleibt dabei, dass die moderne Druckerei von Kaden & Comp. bei der Besetzung nicht beschädigt wurde, auch dies war offensichtlich ein strategisches Ziel der Dresdner Nationalsozialisten: Ab dem 16. Mai 1933 erschien am Wettiner Platz die nationalsozialistische Tageszeitung »Freiheitskampf«, gleiches geschah mit sozialdemokratischen Druckereien in Chemnitz und Zwickau.[30]

Infolge der telefonischen Ankündigung der Besetzung konnte die SA in den Räumen der DVZ niemanden festsetzen. Und dies ermöglichte letztlich einigen Redakteuren wie Robert Grötzsch, Edgar Hahnewald oder Hans Finsterbusch das rechtzeitige Verbergen in Dresden und dann in der zweiten Märzhälfte die Flucht in die grenznahe Tschechoslowakei mit ihrem liberalen Asylrecht, ihnen rettete die Warnung regelrecht das Leben.[31] Am Abend des 8. März 1933 wurden dagegen der Verlagsleiter Lorenz sowie Sachs, Heilbut und der DVZ-Redakteur Paul Mochmann in ihren Wohnungen bzw. in der unmittelbaren Nachbarschaft gewaltsam in »Schutzhaft« genommen, Kurt Heilbuts Frau Klara wurde dabei angeschossen. Vor allem das weitere Schicksal dieser Personen sollte den Flüchtenden Recht geben: Lorenz starb im Herbst 1933 an den Folgen seiner Inhaftierung, Sachs wurde wie weiter unten geschildert 1935 im Konzentrationslager Sachsenburg erschlagen, Heilbut 1943 in Auschwitz ermordet. Lediglich der im Konzentrationslager Hohnstein inhaftierte Mochmann überlebte in Dresden; da er sich

25 Vgl. Gunda Ulbricht, Errichtung der NS-Herrschaft. In: Holger Starke (Hg.), Geschichte der Stadt Dresden, Bd. 3: Von der Reichsgründung bis zur Gegenwart, Stuttgart 2006, S. 413–424, hier S. 416. Edgar Hahnewald erinnerte sich 1959, es sei vor allem der aufgedeckte Fememord an dem Dresdner SA-Mann gewesen, der auch seitens bei der Polizei beschäftigter Nationalsozialisten zu gezielter Verfolgung führte – die Polizeibeamten taten im März 1933 »nun das ihre [...], um die Redakteure der DrV [Dresdner Volkszeitung] in die Hände zu bekommen«. Schreiben Edgar Hahnewalds an Hildegard Berthold vom 10. 2. 1959 (Familienarchiv Günther Berthold, Dresden). **26** Exemplarisch angeführt sei hier Ludwig Hoch (1897–1957), der seit November 1926 Geschäftsführer des Verbandes Sächsischer Polizeibeamter war. Hoch war zugleich Mitglied der SPD und gehörte 1932 auch der Leitung der Eisernen Front in Dresden an. Dies wirkte allerdings kaum dem Umstand entgegen, dass die NSDAP auch innerhalb der Polizei »ihre Basis verbreitern« konnte. Der Einfluss von Einzelpersonen wie Hoch war im März 1933 deswegen dementsprechend gering: Bereits am 14. 3. 1933 enthob man ihn seines Amtes, Mitte April 1933 führte ihn die SA mit einem Schild, »Einer von der Eisernen Front«, durch die Straßen von Dresden. Mike Schmeitzner, Als Spion und Saboteur im GULag. Die Karrieremuster des Polizeichefs Ludwig Hoch. In: Andreas Hilger/ders./Ute Schmidt (Hg.), Sowjetische Militärtribunale, Bd. 2, Köln/Weimar/Wien 2003, S. 439–483, hier S. 441 f. **27** Vgl. Manfred (Edgar Hahnewald), Früher Dresdner Volkszeitung. In: NV, Nr. 67 vom 23. 9. 1934. **28** Vgl. Steinberg/Buschak, Besetzung, S. 55 f. Dies würde auch erklären, weshalb weder vom Verlag noch von den sozialdemokratischen Organisationen Unterlagen erhalten geblieben sind. Hahnewald selbst schrieb im September 1934, auf den »Scheiterhaufen« sei »auch alles geschleppt« worden, »was in den Redaktionszimmern der Volkszeitung und in den Lagerbeständen des Verlags Kaden und Comp. an Büchern und Schriften vorhanden war«. Manfred (Edgar Hahnewald), Früher Dresdner Volkszeitung (1934). **29** Sozialdemokratischer Pressedienst vom 8. 3. 1933. **30** Vgl. Markus Fischer, Neue Perspektiven auf die sächsische NS-Presse. Eine Aufarbeitung des NSDAP-Organs »Der Freiheitskampf«. In: Neues Archiv für Sächsische Geschichte 84 (2013), S. 275–293, hier S. 287. **31** Bei der Besetzung des Verlages, bei dem die Chemnitzer »Volksstimme« erschien, wurde am 9. 3. 1933 der Geschäftsführer Georg Landgraf erschossen. Jenseits der Verhaftungen und den später ermordeten Redakteuren anderer sozialdemokratischer Zeitungen in Sachsen war dies der einzige unmittelbare Todesfall der gewaltsamen Machtübernahme in den Medienbetrieben der sächsischen SPD. Vgl. hierzu ebd., S. 287.

»1933 Dresden – Laubegast Troppauer Str. / Nach der Machtübernahme« (Originalbeschriftung), 8. 3. 1933, Schutzhäftlinge beim Abwaschen von Wahlparolen

Foto: Willy Pritsche, Deutsche Fotothek, Objektnummer 80859491

sofort im Mai 1945 journalistisch zu Wort meldete, sind bei ihm Systemferne und die Nähe zu Widerstandskreisen anzunehmen.[32] Dieses Vorgehen betraf in Dresden und ganz Sachsen weitere Redakteure sozialdemokratischer,[33] kommunistischer[34] wie liberaler Zeitungen;[35] die Schicksale zwischen Repression, Flucht und Ermordung sind hier nahezu identisch.

Max Sachs wurde in der Nacht vom 8. auf den 9. März 1933 versteckt bei Freunden in Dresden-Briesnitz verhaftet. Denn in den Nächten zuvor waren offenbar durch die mobilisierte Nachbarschaft und Mitglieder des Reichsbanners erste Übergriffe erfolgreich verhindert worden.[36] Für die Zeit nach der Verhaftung berichtet seine Tochter: »We, my mother, my sister, and I, were constantly harassed by the SA and now also the SS [...]. Searches of the house early in the morning and removal of books from my father's huge library were constant occurrences. Troopers, with German thoroughness, would look at every book title and confiscate any book that seemed suspicious or that they did not like for any reason. These books were all brought to an central square and burned.«[37]

Sachs kam als »Schutzhäftling« zuerst in das Dresdner Polizeigefängnis, später in die Haftanstalt Mathildenstraße. Hier wurde er verhört und misshandelt, im Stadtgebiet wurde Sachs mit anderen Häftlingen zum Abwaschen von Wahlparolen und -plakaten gezwungen: »The SA had taken selected prisoners out of their cells, dragged them through the streets, and made them wash the election slogans from the Social Democratic and the Communist parties off the sidewalks. They put placards on them, describing their crimes.«[38]

Nach Interventionen von Familie und Freunden kam Max Sachs schließlich Ende Juli 1933 frei, musste sich allerdings täglich bei der Polizei melden. Der Erinnerung der Tochter nach war eine Flucht für ihn jedoch keine Option: »His theory was that someone had to stay with the workers.«[39] Dabei mochte auch eine Rolle gespielt haben, dass beide Töchter noch zur Schule gingen bzw. sich in der Ausbildung befanden. Ein Ende der Drangsalierungen bedeutete die Freilassung allerdings nicht: »The Nazis came often and searched the house or marched by it to frighten us.«[40]

Das Verbot der DVZ und die Verhaftung von Max Sachs nahm seiner Familie vor allem die Existenzgrundlage; diese suchte wie viele andere Funktionärsfamilien den Ausweg in der Selbstständigkeit:[41] »We had almost no income. My father did not have a job, and most of the insurance he had taken out was cancelled. So we started to sell coffee, bringing it to friends who would buy it. That brought in a little money. Later on, when I was out of school, we bought a little shop. It was a chocolate and coffee shop. However, we never

32 Vgl. Steinberg, Sachs; Sozialistische Mitteilungen (1943), Nr. 57, S. 15; Mike Schmeitzner, Justizieller Antifaschismus? Der Moskauer Geheimprozess gegen den sächsischen Gauleiter Martin Mutschmann. In: Günther Heydemann/Jan Erik Schulte/Francesca Weil (Hg.), Sachsen und der Nationalsozialismus, Göttingen 2014, S. 381–397, hier S. 389. **33** Vgl. exemplarisch Die braune Mordbestie rast weiter. In: NV, Nr. 16 vom 1. 10. 1933 (Zitate); Alexander O. Müller, Fritsch, Franz Eugen. In: Sächsische Biografie. Hg. vom Institut für Sächsische Geschichte und Volkskunde e. V., bearb. von Martina Schattkowsky, Online-Ausgabe: www.isgv.de/saebi; 31. 1. 2017. **34** Vgl. exemplarisch Hermann Weber/Andreas Herbst, Deutsche Kommunisten. Biographisches Handbuch 1918 bis 1945, Bonn 2008, S. 394. **35** Vgl. exemplarisch Bruno Jahn (Hg.), Die deutschsprachige Presse. Ein biographisch-bibliographisches Handbuch, München 2005, S. 135, 378, 469; Norbert Frei/Johannes Schmitz, Journalismus im Dritten Reich, München 2011, S. 58 f. Vgl. hierzu auch Fischer, Perspektiven, S. 288. **36** Vgl. Autobiography of Claire Ursula Sachs Ehrmann (2006), S. 3. In einer 1993 dokumentierten Erinnerung heißt es, es sei ein überzeugter Nationalsozialist aus der Siedlung selbst gewesen, der die Verhaftung von Sachs initiierte: »Das haben wir beobachtet, wie die den geholt haben. Da haben wir durch die Scheiben, durch die Gardinen geguckt. Da ging es rund hier. Mit dem Auto rein, fort. Und weil wir da drüben verkehrten, haben sie uns das Haus umstellt.« Die Siedlung selbst wurde als sozialdemokratisch charakterisiert, die DVZ »lasen früher alle hier«. Zeitzeugen über das Leben in Briesnitz. In: Kind/Kolitsch/Weißenborn/Weißenborn, Briesnitz, S. 62–83, hier 71 f. **37** Autobiography of Claire Ursula Sachs Ehrmann (2006), S. 5. **38** Ebd., S. 4. Dem vergleichbar ist die Chemnitzer »Osterwäsche« Ende März 1933, als Sozialdemokraten, Kommunisten und Juden unter der Aufsicht der SA zum »Abwaschen« von Plakaten und Parolen aus dem Reichstagswahlkampf gezwungen wurden. Über diese Aktion hatte auch die Presse der Sozialdemokratie in der Tschechoslowakei – teils mit Abbildungen – berichtet. Vgl. hierzu den Beitrag von Mike Schmeitzner in diesem Band. **39** Autobiography of Claire Ursula Sachs Ehrmann (2006), S. 4. **40** Ebd., S. 6. **41** Diese Erwerbsform war für viele durch ihre politische Arbeit Stigmatisierte (Parlamentarier, Journalisten, Parteiangestellte, Mitarbeiter von Konsumvereinen, Arbeitersportfunktionäre etc.) die einzige Möglichkeit auf Einkommen bzw. Erwerb, insbesondere bei politischen Funktionären standen einer Anstellung in den einst erlernten Berufen zusätzlich fehlende Arbeitszeugnisse und die fehlende Arbeitszeit entgegen. Deshalb finden sich auch in Sachsen nicht wenige Beispiele, bei denen vor allem die Frauen der zumeist männlichen Verfolgten Geschäfte gründeten, die dem schlichten Überleben der Familie dienten, zugleich aber auch Anlaufstellen für alte Netzwerke und teils für illegale Arbeit waren. So betrieb der ehemalige sächsische Wirtschaftsminister Georg Graupe in Zwickau ein auf seine Frau angemeldetes Zigarrengeschäft, der ehemalige parlamentarische Geschäftsführer der SPD im Sächsischen Landtag, Otto Nebrig, eröffnete Ende 1933 in Schkeuditz bei Leipzig ein Lebensmittelgeschäft, ähnlich verhielt sich der spätere sächsische Ministerpräsident Rudolf Friedrichs in Dresden – auch in seinem Fall wurde auf den Namen seiner Frau eine Lebensmittelhandlung betrieben. Vgl. Mike Schmeitzner/Michael Rudloff, Geschichte der Sozialdemokratie im Sächsischen Landtag. Darstellung und Dokumentation 1877–1997, Dresden 1997, S. 124 f., 189, 192, 209.

really made any money. I passed my examination as a kindergarten teacher; I also received a certificate to teach handicapped and difficult children, but there was no question of me getting a position. And so we struggled on.«[42]

Das Dresdner Adressbuch von 1935 verzeichnet Maria Sachs als »Schokol.-Gesch.-Inh.«.[43] Max Sachs' ehemaliger Redaktionskollege Edgar Hahnewald, der sich zu dem Zeitpunkt in der Tschechoslowakei aufhielt, schrieb später über dessen Tätigkeit und die Handlung seiner Frau: »Max Sachs ging zu Bekannten mit Kaffee hausieren. Das kleine Geschäft hielt sich aber nicht lange.«[44]

Sachs hielt weiter Verbindung vor allem zu alten politischen Freunden, deren Besuch bis zu einem gewissen Grad wohl auch durch den Hausierhandel camoufliert wurde.[45] Eine konkrete Einbindung in die Dresdner Widerstandsstrukturen ist aber bislang nur für seine Frau nachweisbar, die laut der 1949 niedergeschriebenen Aussage des einstigen SAJ-Funktionärs und Leiters der Jugendburg Hohnstein, Konrad Hahnewald, zur bislang kaum erforschten Gruppe Langhorst gehörte: Der einstige SPD-Landtagsabgeordnete Friedrich Langhorst hatte mit seinen beiden Söhnen in Dresden eine lose Gruppenstruktur aufgebaut, deren Mitglieder nur sie kannten; untereinander bestanden keine Verbindungen. Sie kooperierten dabei mit dem Grenzsekretariat Bodenbach, das die in Prag ansässige Exilleitung der SPD (Sopade) dort 1933 aufgebaut hatte. Geleitet wurde dieses in den Raum Dresden ausstrahlende Sekretariat[46] von dem ehemaligen Dresdner Reichsbannerfunktionär Otto Thiele. Es war allerdings von Gestapo-Spitzeln unterwandert, auf Thiele selbst wurden erfolglos mehrere Anschläge verübt.[47] In den Aktivitäten der Gruppe Langhorst bildete sich also mit hoher Wahrscheinlichkeit ein grenzübergreifendes Netzwerk ab, das auf Bekanntschaften aus der Zeit vor der Machtübernahme beruhte. Auf diese Weise wurden, »von bestimmten Genossen aus der Tschechoslowakei geholt«, Emigrationszeitungen wie der »Neue Vorwärts« der Sopade oder das »Braunbuch über Reichstagsbrand und Hitlerterror« durch die Gruppe in Dresden verteilt. Hinzu kamen »Klebeaktionen« – »Parolen gegen Faschismus in Form von Streuzetteln« sowie »Kurierdienste nach der Tschechoslowakei«. Im Herbst 1934 deckte die Dresdner Gestapo Teile der Gruppe Langhorst auf und verhaftete die beiden Söhne, der Vater Friedrich Langhorst kam im Februar 1935 unter bisher ungeklärten Umständen im Dresdner Polizeipräsidium ums Leben; die offizielle Version lautete Selbstmord.[48] Der Name von Maria Sachs wurde im Zusammenhang mit den Untersuchungen 1934 nicht genannt, sie wurde nicht behelligt. Allerdings waren aber mit hoher Wahrscheinlichkeit auch die beiden Töchter von Sachs in diese Arbeit involviert: Klara Sachs erinnerte sich später an die Arbeit in dieser Gruppe sowie in einer Widerstandgruppe der SAJ und in einer Gruppe, die sich aus ihrer Mitgliedschaft im Sozialistischen Schülerbund ergeben habe.[49] Diese Verhaftungen waren dann der Grund, weswegen Klara Sachs am 3. Januar 1935 über Berlin nach Den Haag flüchtete, ihre Schwester folgte ihr kurz darauf.[50] Nach der Aufdeckung der Gruppe Langhorst, so erinnerte sich 1951 Konrad Hahnewald, habe er selbst die Tätigkeit aber fortgesetzt: Er »arbeitete [...] in loser Verbindung [...] illegal«, und zwar mit den einstigen DVZ-Redakteuren Kurt Heilbut und Max Sachs sowie mit dem ehemaligen Lehrer und Verfechter der Einheitsschule Wilhelm Franke.[51] Franke hatte in Dresden als Stadtverordneter und im Vorstand der Volkshochschule gewirkt, zudem war er der Leiter der Dresdner Ortsgruppe des Reichsbanners Schwarz-Rot-Gold gewesen und hatte ebenfalls in der DVZ und ihren Beilagen publiziert.[52]

Der genaue Grund der neuerlichen Verhaftung von Max Sachs am 21. September 1935 lässt sich nicht nachvollziehen, möglicherweise stand er mit den kurz zuvor erlassenen »Nürnberger Gesetzen« in Zusammenhang:[53] Mitte Juli 1935 war es überall im Deutschen Reich und auch in Dresden zu massiven antisemitischen Ausschreitungen gekommen, die nationalsozialistische Presse drohte »Rassenschändern« – und unter diese Kategorie fiel auch Sachs, war er doch mit einer nichtjüdischen Frau verheiratet – unverhohlen mit dem Konzentrationslager Sachsenburg.[54] Möglich ist aber auch, dass sich die Verhaftung »wegen des dringenden Verdachts staatsfeindlicher Betätigung« aus seinen offenbar weiterhin bestehenden Kontakten in Dresden ergab.[55] Sachs wurde am 23. September 1935 von Dresden in das Konzentrationslager Sachsenburg gebracht. Bereits die Ankunft des überaus prominenten Sozialdemokraten und Juden rief offenbar die niedersten Instinkte der SS-Wachmannschaften auf den Plan, die Sachs nicht mehr aus den Augen ließen: Er wurde zu allen möglichen schweren körperlichen Arbeiten herangezogen, zu denen er schlicht nicht in der Lage war, wurde öffentlich gedemütigt und beschimpft, in die Zschopau geworfen und fast ertränkt, mehrfach wegen »Arbeitsunwilligkeit« in Einzelhaft gesteckt, erneut zur Arbeit angetrieben und schließlich – völlig entkräftet – nur noch in einer Schubkarre zum Appell gefahren. Mit hoher Wahrscheinlichkeit nicht mehr bei vollem Bewusstsein wurde er in eine Latrine geworfen und später in einem der oberen Stockwerke des Spinnereigebäudes in einem Waschraum ausgezogen und »geschrubbt«. In weiten

42 Autobiography of Claire Ursula Sachs Ehrmann (2006), S. 6 f. **43** Adreßbuch für Dresden (1935), Teil II, S. 691. **44** Vgl. Schreiben Edgar Hahnewalds an Otto Koenig vom 1. 8. 1946 (Österreichische Nationalbibliothek, H 83/1982). **45** So ordnete später beispielsweise auch Konrad Hahnewald diese Tätigkeit ein. Vgl. Lebenslauf vom 16. 1. 1951 (Familienarchiv Michael Hahnewald, Dresden [im Folgenden FAMHD], Sammlung Konrad Hahnewald). Ich danke Gabriele Hahn (Radebeul) für den Zugang zu diesem Material. **46** Aufgabenfelder waren der Schmuggel von in der Tschechoslowakei hergestellten Drucksachen, der Austausch von Informationen und die Fluchthilfe für bedrohte Personen. **47** Vgl. Schmeitzner, Ausschaltung, S. 190–192. **48** Vgl. für die genannten Angaben und Zitate Bericht über die Widerstandsgruppe Gebr. Langhorst vom 22. 7. 1949 (FAMHD, Sammlung Konrad Hahnewald); Lebenslauf vom 16. 1. 1951 (ebd.). **49** Vgl. Liz Wieskerstrauch, Interview mit Claire und Henry Ehrmann, Südwestrundfunk 1992. **50** Vgl. Autobiography of Claire Ursula Sachs Ehrmann (2006), S. 7 f. **51** Lebenslauf vom 16. 1. 1951 (FAMHD, Sammlung Konrad Hahnewald S. 3). **52** Vgl. Wilhelm Franke, Für die Kulturschule. In: Der Sonntag (Beilage der DVZ), Nr. 24 vom 23. 10. 1932. Franke wurde 1944 von der Gestapo in Dresden verhaftet, er und seine Familie kamen bei den Angriffen auf Dresden im Februar 1945 ums Leben. Vgl. Herbert Goldhammer/Karin Jeschke, Dresdner Gedenkorte für die Opfer des NS-Regimes, Dresden 2002, S. 120. **53** Eine Verbindung zur jüngeren Tochter Klara, die sich bereits im Januar 1935 nach Holland abgesetzt hatte, ließ sich nicht verifizieren; gelegentlich wurde behauptet, Sachs sei als Faustpfand für die Tochter verhaftet worden. Dagegen spricht aber deutlich die brutale Behandlung, die er vom ersten Tag an in Sachsenburg erdulden musste, sowie der Zeitraum von mehr als einem halben Jahr, das seit der Flucht vergangen war. Vgl. BArch, DY 55, V 278/6/1566, S. 3. **54** Vgl. Rasseschänder am Pranger. In: Der Freiheitskampf, Nr. 198 vom 18. 7. 1935. **55** Vgl. BArch, NY 4090, 280, S. 125. Der angeführte Grund der Verhaftung stammt aus dem Abschlussbericht des Inspekteurs der Konzentrationslager vom 7. 1. 1936 und kann deswegen auch nachträglich-legitimierender Natur gewesen sein.

Max Sachs, mutmaßlich gezeichnet von einem Mithäftling, 1935

Franz Osterroth, Biografisches Lexikon des Sozialismus, Band I: Verstorbene Persönlichkeiten, Hannover 1960, Tafel 35

Teilen hing ihm die Haut nur noch in Fetzen vom Körper, auch drückte man Zigaretten auf ihm aus. Endgültig zu Tode kam er wohl, als man ihn an den Füßen die Treppe herunterschleifte.[56]

Am 4. Oktober 1935 hatte diese Tortur ein Ende. Nachdem man die Leiche noch in einem Verschlag eines Pferdestalls hatte liegen lassen, kam sie in die Sachsenburger Leichenhalle. Der ungewöhnlich brutalen und tagelang vor den Augen Vieler im Lager stattgehabten Ermordung folgte nun aber ein nicht minder ungewöhnlicher Fall einer frühen juristischen Bearbeitung. Den Anstoß dazu gab die Sachsenburger Heimbürgin Anna Vetterlein: Sie nahm die Waschung der Leiche vor und stellte dabei fest, dass diese massive Misshandlungen aufwies. Davon machte sie sich privat Notizen. Noch bedeutender war aber, dass wohl der Sachsenburger Bürgermeister Otto Starke, der Vetterlein auf den Anblick vorbereitet hatte und offenbar zudem wusste, wer Max Sachs war, bei der Chemnitzer Staatsanwaltschaft Anzeige erstattete.[57] Am 7. Oktober 1935 sprachen dann zwei Kriminalbeamte aus Chemnitz in Sachsenburg vor und ordneten die Obduktion der Leiche an. Zur selben Zeit informierte das Konzentrationslager und hier der stellvertretende Lagerleiter Max Simon zuerst die Gestapo in Dresden und dann den Inspekteur für die Konzentrationslager in Berlin über den Tod von Sachs – »Herzschlag infolge Herzversagen«, bzw. später und deutlich zynischer »Herzverfettung«, seien der Grund gewesen. Zwar hatte die Obduktion keinen Hinweis auf die konkrete Todesursache ergeben. Bereits der Umstand, dass der Sachsenburger Lagerarzt zuvor die nun attestierten »schweren Misshandlungen« mit keinem Wort erwähnt hatte, deutete aber auf den Versuch der Vertuschung der wahren Todesumstände hin.[58]

Die Geschichte war nun »in der Welt«, Reichsjustizminister Franz Gürtner ließ sich am 11. Oktober 1935 den Sachstand der Chemnitzer Untersuchung vom 8. Oktober zum Vortrag bringen;[59] im Mai 1935 waren vor dem Landgericht Dresden bereits in einem maßgeblich von Gürtner betriebenen Prozess die SA-Wachmannschaften des Konzentrationslagers Hohnstein zu teils mehrjährigen Haftstrafen verurteilt worden.[60] Am 10. Oktober 1935 wies der sächsische Innenminister die Leitung des Konzentrationslagers Sachsenburg an, alle Häftlinge, die potenzielle Zeugen sein könnten, zur Staatsanwaltschaft nach Chemnitz zu bringen. Und mehr noch: auch alle beteiligten Wachmannschaften seien unverzüglich zur Befragung nach Chemnitz zu schicken.[61] Nach einer in den überlieferten Akten erkennbaren Irritation, wer jetzt hier eigentlich das Sagen habe, erfolgte am 15. Oktober 1935 die Anweisung des Inspekteurs der Konzentrationslager, Häftlinge und Wachmannschaften zur Befragung freizugeben. Diese fand dann aber im Lager selbst statt, ein Chemnitzer Kriminalkommissar und ein Oberregierungsrat aus Berlin waren nebst Sekretärin angereist und befragten die betreffenden Personen einzeln. Einer der Zeugen erinnerte sich später der sichtlichen Nervosität der SS-Wachmannschaften bzw. der Beteiligten, auch suchten Personen wie Simon wohl durch direktes Eingreifen in die Vernehmungen Druck auszuüben, wurden aber des Raumes verwiesen.[62] Wie diese Befragungen von insgesamt 22 Häftlingen atmosphärisch abliefen, muss dennoch offenbleiben. Franz Josef Merkl hat aber bereits herausgearbeitet, dass Zeugen zuvor gezielt »mundtot« gemacht werden sollten – indem sie etwa im sogenannten Bunker eingesperrt und mit Prügelstrafen belegt wurden. Noch deutlicher wurde bereits einige Tage nach dem Tod von Sachs der Sachsenburger Lagerkommandant Bernhard Schmidt, der bei einem Morgenapell erklärte: »Jude Sachs ist verstorben. Wer das Gegenteil behauptet, wird gehängt.«[63]

56 Vgl. den rekonstruierten Tathergang in Buchenwaldarchiv, 44-4-9, S. 1–8. Im Bundesarchiv Berlin ist ein Bericht erhalten, der im Februar 1936 offenbar von einem Häftling im Konzentrationslager Sachsenburg vor seiner Entlassung aufgenommen worden war – abschließend gab er die übliche Erklärung ab, über das Erlebte zu schweigen. Der genaue Hintergrund der Entstehung dieses Dokuments ist unklar, da dieses in aller Offenheit und auch wertend die Schikanen der SS-Wachmannschaften festhielt (»Teufeleien« u. ä.). Es dürfte sich dabei aber aufgrund seiner Entstehung um eines der authentischsten Dokumente zum Haftalltag in Sachsenburg handeln, in dem auch die Behandlung von Max Sachs geschildert wurde. Vgl. Bericht über das Kz Sachsenburg, 8. 2. 1936 (BArch, DP 3, 1816, unpag.). **57** Vgl. ebd., 1817, S. 36–38. **58** Vgl. hierzu und zum gesamten Vorgang Franz Josef Merkl, General Simon. Lebensgeschichten eines SS-Führers. Erkundungen zu Gewalt und Karriere, Kriminalität und Justiz, Legenden und öffentlichen Auseinandersetzungen, Augsburg 2010, S. 81–95. Vgl. zudem den rekonstruierten Tathergang in Buchenwaldarchiv, 44-4-9, S. 7–9. **59** Vgl. Merkl, Simon, S. 84. **60** Vgl. ebd., S. 83. Die SA-Männer wurden allerdings anschließend von Adolf Hitler begnadigt, nach 1945 fanden vor dem Landgericht Dresden drei weitere Prozesse gegen die Beteiligten der SA-Wachmannschaften statt. Das Agieren von Gürtner, das auch im Fall von Max Sachs zu einer mehr als ungewöhnlichen juristischen Befassung führte, muss allerdings mit Blick auf seine Rolle im nationalsozialistischen Staat bis 1941 differenziert betrachtet werden: Dem »regellosen Terror« der Lager und ihre »an orientalischen Sadismus erinnernde Grausamkeiten« – so drückte sich Gürtner im Januar 1935 in einem Brief an Gauleiter Martin Mutschmann aus – stellte er die Regelhaftigkeit des Justizsystems entgegen, dessen Maßnahmen aber gleichermaßen in Unterdrückung, Erniedrigung und Ausschluss mündeten. Vgl. für das Zitat und den Hohnstein-Prozess Carina Baganz, Hohnstein. In: Wolfgang Benz/Barbara Distel (Hg.), Der Ort des Terrors. Geschichte der nationalsozialistischen Konzentrationslager, Bd. 2, München 2005, S. 129–134, hier S. 132, sowie Annette Weinke, Dem »Klassengegner« hingegeben? Die Dresdner Prozesse gegen das SA-Wachpersonal des »Schutzhaft«-Lagers Hohnstein. In: Norbert Haase/Birgit Sack (Hg.), Münchner Platz, Dresden. Die Strafjustiz der Diktaturen und der historische Ort. Unter Mitarbeit von Gerald Hacke, Leipzig 2001, S. 153–170. **61** Vgl. BArch, DP 3, 1817, S. 8 f. **62** Vgl. den Erinnerungsbericht Mord im Lager Sachsenburg. In: NV, Nr. 208 vom 6. 6. 1937. **63** Merkl, Simon, S. 85 f. Vgl. zudem Joseph Robert White, Sachsenburg (and Subcamps). In: Geoffrey P. Megargee (Hg.), The United States Holocaust Memorial Encyclopedia of Camps and Ghettos, 1933–1945, Bd. 1, Washington/DC 2009, S. 157–161, hier S. 160.

Die Inspektion der Konzentrationslager betonte in einem internen Abschlussbericht im Januar 1936 natürlich, dass die Zeugen frei von Drohungen hätten aussagen können. Auffällig ist aber, dass alle hierin dokumentierten Aussagen der Häftlinge Sachs selbst und seinem Unwillen zur Arbeit die Schuld zuwiesen – am Ende des Berichtes hieß es, es seien die Häftlinge gewesen, die Sachs durch körperliche Züchtigung zur Arbeit anhalten wollten. Bei der Lagerleitung und den Wachmannschaften sei folglich keine Schuld zu suchen.[64] Nur wenige Häftlinge trauten sich, mehr auszusagen. Zu ihnen gehörte mutmaßlich der Dresdner Sozialdemokrat Erich Kurt Jacoby, der mehrfach verhört wurde und Namen nannte: die Namen von vier als Kriminelle Inhaftierten sowie den »Befehlshaber« der Gruppe, SS-Scharführer Hanns Haubold von Einsiedel, und den SS-Rottenführer Gersch als Mittäter. Bei den vier Häftlingen handelte es sich dabei um aus der SA und der NSDAP ausgeschlossene Nationalsozialisten, die wegen unterschiedlicher Vergehen in Sachsenburg waren und sich vermutlich an Max Sachs »besonders bewähren« wollten.[65] Und eben das Verhalten dieser vier angeklagten Häftlinge war es, das die Strafverfolgungsbehörden zum Handeln brachte: Im April 1936 fand vor dem Landgericht Chemnitz ein Prozess gegen diese Häftlinge statt, bei dem die genannten SS-Angehörigen von Einsiedel und Gersch allerdings nur als Zeugen auftraten. Da von dem Prozess lediglich eine zeitgenössische Erinnerung eines aussagenden Häftlings erhalten ist, die dieser im Sommer 1937 in der Emigration der Tschechoslowakei unter dem Titel »Mord im Lager Sachsenburg« veröffentlichte,[66] lassen sich Verlauf und Ergebnisse der nicht-öffentlichen Verhandlung nur schematisch nachvollziehen: Die Häftlinge wurden wegen »Körperverletzung« zu mehrmonatigen Freiheits- bzw. mehrjährigen Zuchthausstrafen verurteilt. Zugleich machte der Richter aber offenbar auch unmissverständlich klar, dass er den Aussagen von Einsiedel und Gersch keinen Glauben schenke und von deren Beteiligung überzeugt sei. Dennoch wurden beide nicht verurteilt.[67] Dies verweist auf das Verhältnis zwischen SS und Justiz, das sich im Herbst 1935 noch einmal grundlegend geändert hatte, da Heinrich Himmler mit einem »Führererlass« etwa die Hinzuziehung von Rechtsanwälten bei möglichen Strafverfahren im Zusammenhang mit Vorfällen in Konzentrationslagern vereitelt hatte. Die Verfolgung der Mörder von Sachs steht damit im Kontext des zunehmenden Einflusses der SS gegenüber der Justiz.[68]

Der Leichnam von Sachs wurde aufgrund der genannten Untersuchung erst mehrere Tage nach seinem Tod freigegeben und am 11. Oktober 1935 im Krematorium Dresden-Tolkewitz eingeäschert.[69] Die Beerdigung fand am Tag darauf in Bielefeld statt, wohin seine Frau und die ältere Tochter mittlerweile gezogen waren. Denn im Zuge der zweiten Verhaftung hatte die Eigenheim-Siedlung Dresden-Briesnitz eGmbH, deren Teilhaber Sachs gewesen war, dessen Mitgliedschaft am 4. Oktober 1935 gekündigt und das von der Familie gebaute Haus enteignet. Zwar klagte Maria Sachs gegen diese Maßnahme. In dem entsprechenden Prozess in Dresden wurde diese Maßnahme aber bestätigt bzw. zynisch begründet: Sie habe sich natürlich selbst »nichts zuschulden kommen lassen«, sei aber mit Max Sachs verheiratet gewesen – nun »muss sie auch alle Konsequenzen mit tragen«.[70] Die Tochter Klara war bereits im Frühjahr 1935 zu Verwandten nach Holland geflüchtet, ihre ältere Schwester Edith folgte ihr später aus Bielefeld. Jenseits ihrer politischen Aktivitäten gerieten die beiden – trotz freireligiöser Taufe und Konfirmation – als »Halbjüdinnen« im Deutschen Reich immer mehr unter Druck.[71] Im Juni 1937 gelangte Klara nach Paris, wo sie

Edith und Klara Sachs, vermutlich um 1938 an der holländischen oder französischen Küste

Privatbesitz Joan Bloom

1939 den aus Berlin geflüchteten jüdischen Juristen und später renommierten Politikwissenschaftler Heinrich (Henry) Ehrmann heiratete; beide waren politisch in der linkssozialistischen Emigration und hier vor allem in der Sopade-kritischen Gruppe »Neu Beginnen« aktiv, Heinrich Ehrmann war deren »Pariser Stützpunktleiter«.[72] Nach dem deutschen Angriff auf Frankreich flüchteten sie über Toulouse nach Marseille, dann gelangten beide via Spanien nach Lissabon. Hier konnte Heinrich Ehrmann Kontakt zum Emergency Rescue Committee in New York herstellen, das Engagement von Varian Fry brachte ihn und Klara Ehrmann schon im September 1940 in die USA. Den gleichen Weg fand auch die Schwester Edith Sachs.[73] Aus dem Haus und dem Umfeld gedrängt blieb Max Sachs' Ehefrau Maria in ihrer Heimatsstadt Bielefeld, wo sie bis zum Kriegsende lebte bzw. nach den Schilderungen der Enkel vor allem 1944/45 aufgrund der Hilfe anderer überlebte. Zwar war sie nicht jüdischer Herkunft. Die familiären und politischen Zusammenhänge waren den dortigen Behörden aber offenbar nicht verborgen geblieben.[74]

64 Vgl. BArch, NY 4090, 280, S. 125–138. **65** Vgl. ebd., DP 3, 1817, S. 204; Mord im Lager Sachsenburg (1937). Dieser Bericht in der Sopade-Zeitung »Neuer Vorwärts« aus dem Jahr 1937 stammte mutmaßlich von Erich Kurt Jacoby, der später nach Kanada entkam. Die Wahrnehmung und Dokumentation des Konzentrationslagers Sachsenburg in der Publizistik der politischen Emigration ist Gegenstand meines Beitrags mit Mike Schmeitzner in diesem Band, dort wird auch die internationale Resonanz auf den Fall Max Sachs behandelt. **66** Vgl. ebd. **67** Ebd. **68** Vgl. Merkl, Simon, S. 85, 87. **69** Vgl. Einäscherungsbuch des Krematoriums Dresden-Tolkewitz, Eintrag 51467/1935 (Stadtarchiv Dresden). **70** Schreiben der Eigenheim-Siedlung Dresden-Briesnitz eGmbH an die Landesregierung Sachsen, Justizministerium, vom 24. 8. 1948 (SächsStA-D, Ministerium der Justiz, Nr. 434). **71** Autobiography of Claire Ursula Sachs Ehrmann (2006), S. 2. **72** Vgl. Ursula Langkau-Alex, Deutsche Volksfront 1932–1939, Bd. 2, Berlin 2004, S. 32, 78. **73** Vgl. die Schilderung der Flucht in Autobiography of Claire Ursula Sachs Ehrmann (2006), S. 8–19. Vgl. zudem zu Ehrmann Werner Röder/Herbert A. Strauss, Biographisches Handbuch der deutschsprachigen Emigration nach 1933, München 1980, S. 147. **74** Interview mit Paul Ehrmann in Los Angeles am 14. 1. 2015.

DIE VERFOLGUNG DER VERFOLGER

Die im abschließenden Teil dieses Beitrags thematisierte Erinnerung an den Tod von Max Sachs korrespondierte mit der im folgenden Abschnitt geschilderten Strafverfolgung, in Dresden war der Mord bereits im September 1945 auch in der Presse dokumentiert worden.[75] 1946 fanden dann zwei sowie 1951 und 1952 je ein weiterer Prozess statt, in denen Bezug genommen wurde auf den Mordfall Max Sachs. In den beiden Prozessen 1946 wurde eine direkte Tatbeteiligung angenommen, beide Verurteilten stammten aus der bereits 1936 verurteilten Häftlingsgruppe und erhielten mehrjährige Zuchthausstrafen.[76] Bei den Prozessen 1951 und 1952 wurde dagegen nach heutiger Rechtslage geurteilt: Einer der angeklagten SS-Männer befand sich im Lager Sachsenburg, als Max Sachs ermordet wurde; der Tod von Sachs war hier auch ohne nachgewiesene direkte Tatbeteiligung Teil der Urteilsbegründung. Der Verurteilte von 1952 hatte sich dagegen bereits vor 1933 aktiv an der Drangsalierung des Dresdner Journalisten beteiligt und so zu seiner Stigmatisierung beigetragen. Dies waren nicht die einzigen Strafverfahren mit Bezug zu Sachsenburg: 1948 fand beispielsweise vor dem Landgericht Chemnitz ein Prozess gegen eine ganze Gruppe SS-Männer aus dem Raum Oederan statt, unter denen auch vier Angehörige der Sachsenburger SS-Wachmannschaft waren.[77] Da die meisten dieser Prozesse noch vor Gründung der DDR und in der SBZ stattfanden, gingen sie aber offenbar nicht in das »institutionelle Gedächtnis« ein: Auf Nachfrage des Präsidiums des Verbands der Verfolgten des Naziregimes in Frankfurt am Main teilte beispielsweise ein Vertreter des Komitees der Antifaschistischen Widerstandskämpfer in der DDR im Oktober 1966 mit, es habe »bei uns hier bisher keinen Prozeß gegen SS-Angehörige des ehemaligen Konzentrationslagers Sachsenburg gegeben« und begründete dies mit dem Umstand, dass die Wachmannschaften ab 1937 nach Buchenwald oder Sachsenhausen versetzt worden seien – »und dort Straftaten begangen haben, d. h. Verbrechen, die viel schwerer waren als die in Sachsenburg begangenen«.[78]

Die angeführte Befassung von Reichsjustizminister Gürtner mit dem Fall Sachs im Jahr 1935 entwickelte 1964 in der BRD aber eine Eigendynamik der Strafverfolgung, war doch der zuständige Staatsanwalt am Landgericht Hannover in der Dokumentation der Nürnberger Prozesse auf die Sachs-Eintragungen aus Gürtners Tagebuch und auf diese Weise auch auf die Namen Hanns von Einsiedel und Max Simon aufmerksam geworden.[79] Dies stand freilich im Kontext eines gewandelten Rechts- und Unrechtsempfindens in der bundesrepublikanischen Öffentlichkeit, das wesentliche Impulse aus dem Prozess gegen Adolf Eichmann 1961 und mehr noch aus den Auschwitz-Prozessen in Frankfurt am Main (1963–1965, 1965/66, 1967/68) erhielt, in denen SS-Wachmannschaften wegen Mordes vor Gericht standen.[80] Nach eingehender Recherche wurde in Kanada der ehemalige Sachsenburg-Häftling Erich Kurt Jacoby ausfindig gemacht, der sich mutmaßlich bereits 1935 eine die SS belastende Aussage getraut hatte und nun auf dem Deutschen Generalkonsulat in Montreal erneut zum Tod von Max Sachs vernommen wurde. Nachdem Jacoby von Einsiedel und den bereits verstorbenen Simon mit dem Tod des Dresdner Journalisten in Verbindung gebrachte und zudem einen weiteren Mord an einem Zeugen Jehovas benannt hatte,[81] leitete der Staatsanwalt in Hannover ein Ermittlungsverfahren ein und stellte im Dezember 1964 beim Generalstaatsanwalt der DDR ein Rechtshilfeersuchen. In der ersten Anfrage ging es dabei zum einen um Informationen über den Verbleib von Angehörigen der SS-Wachmannschaft, zum anderen um die Benennung möglicher Zeugen. Zudem bat man aber auch um die nochmalige Vernehmung der Sachsenburger Heimbürgin, die die Misshandlungen an Sachs zuerst dokumentiert hatte.[82] Aufgrund einer Namensverwechslung – Hanns von Einsiedel wurde im Vornamen mit zwei »n« geschrieben – wurde der Fall im September 1965 an die Oberstaatsanwaltschaft Wuppertal übergeben, in deren Einzugsbereich von Einsiedel tatsächlich wohnte. In der DDR liefen nun parallel ebenfalls die Untersuchungen an, die Vernehmung der Heimbürgin fand im Oktober 1965 statt. Und diese bestätigte nicht nur ihre dreißig Jahre zuvor gemachte Aussage, sondern gab auch Hinweise auf weitere drei gewaltsame Todesfälle, die sie in einem privaten Arbeitsbuch vermerkt hatte. Bei einem dieser Todesfälle handelte es sich um den 1936 erschossenen Walter Goldbach aus Meißen, dessen Tod in einem Prozess in Dresden 1946 Gegenstand gewesen war.[83]

Im Verlauf der Ermittlungen gegen von Einsiedel wurde allerdings immer deutlicher, dass man es keineswegs mit einer »normalen Strafverfolgung« zu tun hatte, sondern möglicherweise mit einem regelrechten Großverfahren: In einer Anfrage vom März 1967 an die DDR-Behörden waren bereits 22 ehemalige Angehörige der Sachsenburger SS-Wachmannschaften gelistet; eine im Herbst desselben Jahres an den DDR-Generalstaatsanwalt übergebene Häftlingsliste enthielt 737 Namen, die als potenzielle Zeugen zu überprüfen waren.[84] Um eine Identifikation zu erleichtern, wurde eine »Lichtbildmappe« mit vorhandenen Fotografien der verdächtigten Angehörigen der Sachsenburg-Wachmannschaften mitgeschickt, die bereits 1965 angelegt worden war; es handelte sich dabei um »zeitgenössische« Aufnahmen der betreffenden Personen aus den SS-Personal- bzw. -Stammakten.[85] Aufgrund dieser Dimensionen war das »Ermittlungsverfahren gegen von Einsiedel wegen Verdachts des Mordes« Ende 1966 an die Zentralstelle des Landes Nordrhein-Westfalen für die Bearbeitung von nationalsozialistischen Massenverbrechen in Konzentrationslagern beim Leitenden Oberstaatsanwalt in Köln übergeben worden – hier saßen gewissermaßen die Spezialisten mit entsprechenden Kontakten, eine enge Kooperation bestand beispielsweise mit dem International Tracing Service.[86]

75 Vgl. BArch, DY 55, Nr. V 278/6/1566, S. 2. **76** Vgl. die Urteile von 1946 und 1951 in DDR-Justiz und NS-Verbrechen. Sammlung Ostdeutscher Gerichtsurteile wegen Nationalsozialistischer Tötungsverbrechen, Bd. XIII, Amsterdam/München 2009, S. 281–285; ebd., Bd. V, S. 565–570, sowie die entsprechenden Unterlagen zu allen genannten Prozessen und Urteilen in BArch, DP 3, 1817, S. 61 f., 148 f., 168, 184, 213, 228 f., 231. **77** Vgl. ebd., S. 172 f. **78** Schreiben Rudolf Wunderlichs an das Präsidium des VVN, Referat NS-Verbrechen, Frankfurt/M. vom 3. 10. 1966 (Buchenwaldarchiv, 44-4-9). **79** Vgl. BArch, DP 3, 1817, S. 16 f. **80** Vgl. exemplarisch Devin O. Pendas, Der Auschwitz-Prozess. Völkermord vor Gericht, München 2013; Peter Krause, Der Eichmann-Prozess in der deutschen Presse, Frankfurt/M. 2002. **81** Vgl. Buchenwaldarchiv, 44-4-9, S. 17 f. Der genaue Lebensweg Jacobys ließ sich nicht nachvollziehen. Möglich ist aber die Emigration in die Tschechoslowakei, von wo aus (bzw. von London) 1939 eine größere Gruppe deutschböhmischer Sozialdemokraten nach Kanada gelangte; unter ihnen befanden sich vereinzelt auch deutsche sozialdemokratische Emigranten. Im März 1938 war Jacoby noch vom sächsischen Ehren- und Disziplinargericht der Deutschen Arbeitsfront »mit dauerndem Ausschluß aus der Deutschen Arbeitsfront bestraft« worden. Amtliches Nachrichtenblatt der Deutschen Arbeitsfront 4 (1938), Nr. 3, Oeffentliche Zustellungen. Vgl. zudem Patrick Farges, Bindestrich-Kanadier? Sudetendeutsche Sozialdemokraten und deutsche Juden als Exilanten in Kanada: Studie zu Akkulturationsprozessen nach 1933 auf der Grundlage ihrer Selbstzeugnisse und Presse, Bremen 2015. **82** Vgl. BArch, DP 3, 1817, S. 20. **83** Vgl. ebd., S. 28, 36–38. Vgl. zum Verfahren im Fall Goldbach ebd., 1816, S. 3–14. **84** Vgl. ebd., 1817, S. 58–59, S. 147. **85** Vgl. ebd., 1816, Lichtbildmappe; ebd., 1817, S. 178. **86** Vgl. ebd., S. 9.

Hanns Haubold von Einsiedel, der seinen Vornamen nach 1945 offenbar leicht änderte und nun mit zwei »n« geschrieben wurde, in der »Lichtbildmappe« der Zentralstelle des Landes Nordrhein-Westfalen für die Bearbeitung von nationalsozialistischen Massenverbrechen in Konzentrationslagern

BArch, DP 3, 1816, Lichtbildmappe, S. 5

Fortan korrespondierte also diese Behörde, die im Januar 1967 ein eigenes Rechtshilfeersuchen stellte,[87] mit der Generalstaatsanwaltschaft in Berlin-Ost, die ihrerseits die Recherchen nach Tätern und Opfern bzw. möglichen Zeugen aufnahm: Gezielt wurden die Namen an die Bezirke und hier vor allem an die Organisationen der Verfolgten des Naziregimes (VdN) weitergegeben. Im Rahmen dieser zeitintensiven Nachforschungen stellte sich dann heraus, dass von den 737 ehemaligen Häftlingen nur noch ein Teil jener lebte, die im September/Oktober 1935 im Lager Sachsenburg gewesen waren; ein weiterer Teil war – teils aufgrund der Haft auch in Sachsenburg – nicht vernehmungsfähig. Hinzu kamen ehemalige Häftlinge, die so invalid waren, dass die Betreffenden zwar vernommen werden konnten, keinesfalls aber als Zeugen in einem Prozess in Westdeutschland in Frage gekommen wären.[88] Von 1968 bis 1970 wurden dann 31 ehemalige Sachsenburg-Häftlinge vernommen, wobei alle vier genannten Morde wie auch die Zustände im Lager Gegenstand waren. Die Aussagen zum Fall Max Sachs waren aber der umfangreichste Teil aller protokollierten Erinnerungen, hier erhoffte man sich vermutlich auch die weitgehendsten Belastungen. Doch so detailreich diese Aussagen auch waren: Kaum ein Zeuge vermochte eine konkrete Tatbeteiligung von Einzelpersonen der SS-Wachmannschaften auszusagen, auch waren einige der Beschuldigten bereits tot. Insofern erkannten die Befragten zwar Personen in der »Lichtbildmappe« wieder – konnten ihnen aber oft nur vage Charaktereigenschaften wie »besonders brutal« zuordnen. Einzig zur Beteiligung von Einsiedels und des Untersturmführers Gerhard Weigel am Tod von Max Sachs wurden konkretere Aussagen gemacht, die einige Jahre zuvor zumindest in der SBZ/DDR für eine Verurteilung ausgereicht hätten.[89]

In Westdeutschland existierte aber ein anderer Rechtsrahmen und eine Rechtspraxis, die tendenziell die Täter schützte. Der Vollständigkeit halber sei jedoch hinzugefügt, dass die DDR-Behörden keineswegs alle Informationen weitergaben und die erwähnte Fähigkeit, an einem Prozess in Westdeutschland teilzunehmen, zugleich auch unter dem Gesichtspunkt der »Republikflucht« bewertet wurde. Jedenfalls informierte die Kölner Zentralstelle im Dezember 1972 die Generalstaatsanwaltschaft der DDR über die Einstellung des Verfahrens, da eben »nicht eindeutig geklärt werden« könne, wessen und welche Misshandlung genau zum Tod von Max Sachs geführt habe.[90] Die justizielle Aufarbeitung und eine Bestrafung scheiterte folglich nicht nur an fehlenden Zeugenaussagen im Sinne des geltenden Rechtsverständnisses in der BRD – obwohl Vieles auf eine direkte Beteiligung etwa Hanns von Einsiedels hindeutete. Sie scheiterte perfiderweise auch an dem Umstand, dass man Max Sachs über mehrere Tage regelrecht zu Tode gequält hatte: »Da es sich nicht mehr feststellen ließ, ob Dr. Sachs am 4.10.1935 exzessiv getötet worden ist«, stelle man das »Ermittlungsverfahren gegen Hans von Einsiedel u.A.« ein – eben »mangels konkreter Anhaltspunkte«.[91] In der DDR reagierte man reichlich verschnupft auf den ausgebliebenen Erfolg der eigenen, durchaus erkennbaren

87 Vgl. ebd., S. 63. **88** Vgl. exemplarisch ebd., S. 194–195, 201. **89** Vgl. die Aussagen in ebd. **90** Ebd., S. 333. **91** Ebd., S. 332 f.

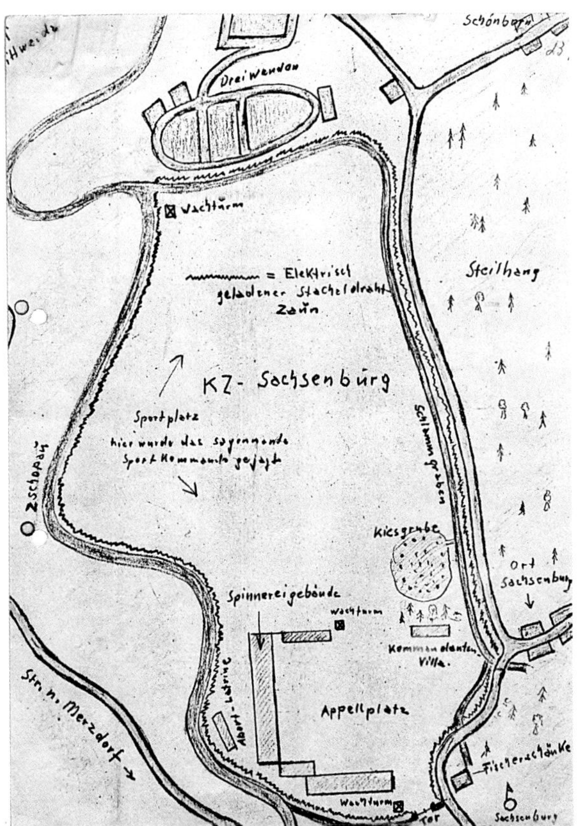

Lageplan KZ Sachsenburg, gezeichnet 1968 von einem befragten ehemaligen Häftling

BArch, DP 3, 1817, S. 237

Bemühungen. Anfang Januar 1973 hieß es in einem internen Memo der Generalstaatsanwaltschaft deswegen: »Es wird geprüft, welche Möglichkeiten bestehen, bei bevorstehenden Analysen der BRD-Praxis bei der Verfolgung bzw. Nicht-Verfolgung von VgM [Verbrechen gegen die Menschlichkeit, Anm. d. Verf.] diese Angelegenheit öffentlichkeitswirksam zu verarbeiten.«[92] Wohl aufgrund des anhaltenden deutsch-deutschen Tauwetters blieb dies aber aus.

Ein Ermittlungsverfahren, das sich konkret mit dem Tod von Max Sachs befasste, sollte nicht wieder in Gang kommen. Dennoch dokumentierte man in der DDR aufkommende Hinweise durchaus: 1974 etwa machte man mit dem Stadtobersekretär und NPD-Kreisvorsitzenden von Lörrach in Baden einen ehemaligen SS-Unterscharführer aus dem Lager Sachsenburg aus.[93] Auch wurden weitere mögliche Zeugen zumindest in den Akten vermerkt, nicht aber vernommen.[94] Erst im Sommer 1982 wurden im Zusammenhang mit der eingangs erwähnten Strafverfolgung des Sachsenburger SS-Wachmanns Konrad Schellong in den USA nochmals sieben Sachsenburg-Häftlinge vernommen – und erneut dominierte der Tod von Max Sachs diese Aussagen.[95]

ERINNERUNGSKULTUR, ERINNERUNGSORTE

Der Hammerberg in Dresden-Briesnitz, wo die Familie Sachs bis 1935 wohnte, wurde bereits 1945 in Max-Sachs-Straße umbenannt, auch trug die örtliche VdN-Organisation den Namen »Max Sachs«. Am ehemaligen Wohnhaus befinden sich bis heute Gedenktafeln aus unterschiedlichen Zeiten,[96] die davon zeugen, dass Max Sachs früh und dann auch langfristig in den örtlichen Erinnerungskanon eingetragen war – mutmaßlich, weil in Dresden Sozialdemokraten wie Arno Wend schon im September 1945 an den Sozialdemokraten erinnerten.[97] Eine Homogenisierung der Erinnerungskultur auf kommunistische Schicksale hin fand hier also nicht statt, Max Sachs wurde auch später in der DDR nicht mehr aus diesem Erinnerungskanon »entfernt«.[98] Einen eigenen Beitrag leisteten hierbei die erwähnten Gerichtsverfahren, die immer wieder die Erinnerung zumindest in der Gemeinschaft ehemaliger Häftlinge erneuerten: Im Frühjahr 1951 etwa verfassten drei ehemalige Häftlinge des Konzentrationslagers Sachsenburg für die Leitung der VdN in Berlin-Ost einen Erinnerungsbericht über den Tod von Max Sachs – zu ihnen gehörte auch der eingangs erwähnte Fritz Weichold, der immer wieder als Zeuge befragt wurde.[99] Am »Tag der Opfer des Faschismus« wurde dann im September 1951 am Haus von Max Sachs eine Gedenktafel eingeweiht. Die Rede hielt dabei Oskar Edel, der als einstiger Dresdner SPD-Parteisekretär vor 1933 gewissermaßen mit Sachs am Wettiner Platz »Büro an Büro« gearbeitet hatte.[100] Einen weiteren Impuls erhielt diese »Öffentlichkeit« des Schicksals von Max Sachs durch publizierte Erlebnisberichte ehemaliger Mithäftlinge: Kurt Kohlsches 1948 veröffentlichte Broschüre »Mein Leben im Konzentrationslager Sachsenburg« enthielt beispielsweise ebenfalls eine längere Passage über Max Sachs und seinen gewaltsamen Tod.[101]

Zu einem Ort der Familie freilich wurde das Haus in Dresden-Briesnitz nicht mehr: Zwar erhielt Maria Sachs 1948 in einem Gerichtsverfahren das 1935 enteignete Haus zurück und zog wieder nach Dresden.[102] Aber nur kurzzeitig: Alte Netzwerke und Freundschaften

92 Ebd., S. 335. **93** Vgl. Vermerk vom 27. 8. 1974 (ebd., Einlage unpag.). **94** Vgl. Vermerk vom 28. 11. 1977 (ebd.). **95** Vgl. Unterlagen zu Vernehmungen Mai 1981 bis Juni 1982 (ebd.). **96** Vgl. hierzu die Fotografien in Herbert Goldhammer/Karin Jeschke, Dresdner Gedenkorte für die Opfer des NS-Regimes, Dresden 2006, S. 92 f. **97** Vgl. BArch, DY 55, 278/6/1566, S. 1–3. Vgl. zu Wend vor allem Mike Schmeitzner, Doppelt verfolgt. Das widerständige Leben des Arno Wend, Berlin 2009. **98** Vgl. Neue Dresdner Straßennamen, Dresden 1965, S. 96 f.; Namen im Blickpunkt: Dr. Max Sachs. In: Sächsische Zeitung (Ausgabe Dresden) vom 20. 8. 1968, sowie die Kurzbiografie in Alfred Werner, Sie kämpften und starben für kommendes Recht. Kurze Beschreibungen Dresdner Arbeiterfunktionäre und Widerstandskämpfer, Bd. II, Dresden 1963, S. 70–73. Allerdings enthielt der Beitrag eine Fundamentalkritik an Sachs' rechtssozialdemokratischen Einstellungen: Im Ersten Weltkrieg »dienten« sie »der Burgfriedenspolitik des Parteivorstandes«. 1923 habe er »falsch verstandene Treue zu seiner Partei« mit seiner »Unterwerfung unter den Befehl der Parteiführung« an den Tag gelegt, als er das Zusammengehen mit den Kommunisten kritisierte. Ebd., S. 70 f. **99** Vgl. BArch, DY 55, V 278/6/1566, S. 5: Der Mord an Max Sachs im KZ Sachsenburg Herbst 1935. **100** Vgl. Sein Tod verpflichtet uns. Gedenktafel am Hause des Genossen Max Sachs. In: Sächsische Zeitung vom 8. 9. 1951; Der 9. September in Dresden: Bekenntnis zum Friedenskampf. In: ebd. vom 10. 9. 1951. **101** Vgl. Kurt Kohlsche, »So war es! Das haben Sie nicht gewußt.« Konzentrationslager Sachsenburg 1935/36 und Wehrmachtgefängnis Torgau-Fort Zinna 1944/45 – ein Häftlingsschicksal, Dresden 2001, S. 44 f. **102** Vgl. Schreiben von Maria Sachs, Flushing, an Herrn Deutschmann, Dresden, vom 14. 7. 1947 (SächsStA-D, Ministerium der Justiz, Nr. 434); Schreiben des Landgerichtsrats Heinrich Kirsten, Dresden, an den Präsidenten des Landgerichts Dresden vom 30. 9. 1948 (ebd.).

lagen in den Trümmern der Stadt verschüttet, zu stark wirkte wohl auch der mit dem Ort verbundene Schmerz nach – etwa, dass Nachbarn und Freunde sich nicht vor den gerade in seinem Stadtviertel angesehenen Journalisten gestellt hatten, als man ihn demütigte und entrechtete. Maria Sachs lebte kurzzeitig bei der älteren Tochter in New York, dann bis zu ihrem Lebensende 1963 in Bielefeld.

Der Fall findet sich natürlich immer wieder in den Veröffentlichungen zum Konzentrationslager, auch in Sachsenburg selbst wurde das Schicksal von Max Sachs tradiert bzw. in den entsprechenden Publikationen bis in die Gegenwart erinnert.[103] Interessant ist dabei zweifelsohne, dass die erste entsprechende Veröffentlichung ins Jahr 1962 datiert und damit zeitlich die beginnende juristische Auseinandersetzung in Westdeutschland spiegelte.[104] Jenseits des einstigen Wohnhauses kam allerdings durch die Beisetzung in Bielefeld ein weiterer Ort der Erinnerung hinzu. Schließlich wurden auf dem Bielefelder Sennefriedhof im Dezember 1944 in einem unkenntlich gemachten Grab 13 Bielefelder Arbeiter begraben, die zuvor in Dortmund hingerichtet worden waren. Im September 1946 hielt dann der Freie Deutsche Gewerkschaftsbund auf diesem Friedhof eine Gedenkveranstaltung für die Bielefelder Opfer des Nationalsozialismus ab. Und in diese Bielefelder Opfergruppe wurde der 1935 ebenfalls auf dem Sennefriedhof beerdigte Max Sachs bereits 1946 integriert,[105] biografisch wurde er auch überregional in der westdeutschen Sozialdemokratie erinnert.[106] Im Folgenden fanden jährlich Veranstaltungen an dem 1948 mit einem Gedenkstein versehenen und 1953 schließlich zur Gedenkanlage ausgebauten Gräberfeld für die 13 Arbeiter statt, das später erweitert wurde: Neben dem Bielefelder Gewerkschaftssekretär Oskar Grube, der im KZ Sachsenhausen ermordet worden war und ebenfalls in einem Einzelgrab auf dem Sennefriedhof lag, wurde 1963 auch Max Sachs in die bis heute bestehende Anlage umgebettet und damit endgültig in die Gruppe der Bielefelder Opfer des Nationalsozialismus aufgenommen. Für diese Umbettung hatten sich die beiden Töchter wie auch die Frau von Max Sachs offenbar über mehrere Jahre eingesetzt, unterstützt wurden sie darin von dem nordrhein-westfälischen SPD-Landtagsabgeordneten Emil Groß; ab 1957 führten SPD, DGB und Arbeiterwohlfahrt dann jährlich Gedenkfeiern an dieser Grabanlage durch.[107] Die Aufnahme von Sachs in den Ehrenhain hing dabei aber offenbar auch mit dem Tod seiner Frau zusammen, die 1963 ohne namentliche Nennung mit Max Sachs im Ehrenhain auf dem Bielefelder Sennefriedhof bestattet wurde.[108]

Als vierter Ort der Erinnerung ist im Fall von Max Sachs die Familie in den USA zu nennen, wo sich die beiden Töchter ein neues Leben aufbauen konnten. Aus den Gesprächen des Autors mit den Enkeln von Max Sachs wurde dabei ersichtlich, dass es sich bei dieser durch Gewalterfahrung geprägten Familie als eine Erinnerungsgemeinschaft um einen durchaus typischen Fall handelt:[109] Vor allem Klara, die als Claire Ehrmann in Colorado lebte, hatte lange über das Schicksal des Vaters geschwiegen und sich bis kurz vor ihren Tod Vorwürfe gemacht, selbst überlebt zu haben.[110] 1989 berichtete sie dann erstmals in Richard Kaplans Dokumentarfilm »The Exiles« über das Schicksal ihrer Familie,[111] 1997 erzählte sie ihre Geschichte auch in dem Dokumentarfilm »Assignment, Rescue: The Story of Varian Fry and the Emergency Rescue Committee«.[112] Im Jahr zuvor, 1996, war sie gemeinsam mit ihrer Schwester nach Dresden gereist und hatte das Elternhaus besucht.

Gedenktafel am ehemaligen Wohnhaus von Max Sachs, 1991

Deutsche Fotothek, Objektnummer 32018810

103 Vgl. Kreisleitung der SED Hainichen (Hg.), Das Lied von Sachsenburg … Tausend Kameraden Mann an Mann. Beiträge zur Geschichte des antifaschistischen Widerstandskampfes im Konzentrationslager Sachsenburg, Hainichen 1978, S. 21. Der Broschüre waren persönliche Erinnerungen von Mithäftlingen beigefügt, auch hier spielte Max Sachs in vier Berichten eine Rolle. Vgl. ebd., S. 42 f., 46 f. Vgl. zur Erinnerung in den vergangenen Jahren vor allem Jürgen Nitsche, Jüdische Häftlinge in Sachsenburg. In: Enrico Hilbert/Thiemo Kirmse (Hg.), Sachsenburg. Dokumente und Erinnerungen, Chemnitz 2008, S. 58–66, hier S. 63. **104** Vgl. Kreisleitung der SED Hainichen, Das Lied von Sachsenburg. **105** Vgl. Unsterbliche Opfer – ihr sanket dahin. In: Volks-Echo für Westfalen und Lippe vom 20. 9. 1946. In einer Aufstellung der Opfer, die in »Zuchthäusern, Gefängnissen und KZ-Lagern des Nazi-Regimes« umgebracht worden waren, wurde Sachs als »Max Sachs, Bielefeld« geführt. Ebd. **106** Vgl. Franz Osterroth, Biografisches Lexikon des Sozialismus, Bd. I: Verstorbene Persönlichkeiten, Hannover 1960, S. 258 f. Dies bedingte mutmaßlich auch die überregionale Erinnerung, vgl. Deutsche Biographische Enzyklopädie, Bd. 8, München 2007, S. 662. **107** Vgl. hierzu die Dokumentation von Dagmar Giesecke, 12. September 1948: Enthüllung des Gedenksteines für politisch Verfolgte auf dem Sennefriedhof, Online unter www.bielefeld.de/de/biju/stadtar/rc/rar/01092013.html; 31. 1. 2017. **108** Vgl. Schreiben an Wilhelm Heuermann, 30. 7. 1963 (Stadtarchiv Bielefeld, 108/14, 302); Schreiben des Oberstadtdirektors an den Regierungspräsidenten in Detmold, 30. 8. 1963 (ebd.). **109** Vgl. hierzu exemplarisch Peter Reichel/Harald Schmid/Peter Steinbach (Hg.), Der Nationalsozialismus – Die zweite Geschichte. Überwindung – Deutung – Erinnerung, Bonn 2009; Sabine Moller, Öffentliche Erinnerungskulturen und Familienerinnerungen an die NS-Zeit in Ostdeutschland, Tübingen 2003. **110** Interview mit Paul Ehrmann in Los Angeles am 14. 1. 2015. Vgl. hierzu auch die Hinweise in Jim Sheeler, From Nazi Terror to a Place of Hope. In: Rocky Mountain News vom 26. 1. 2008. **111** Vgl. Richard Kaplan, The Exiles, 1989, VHS, 116 Minuten. Vgl. hierzu die zeitgenössische Besprechung von Richard Bernstein, European Minds who Fled Fascism. In: New York Times vom 23. 9. 1989. **112** Vgl. Richard Kaplan/Christina Lazardi, Assignment, Rescue: The Story of Varian Fry and the Emergency Rescue Committee, 1997, VHS, 26 Minuten.

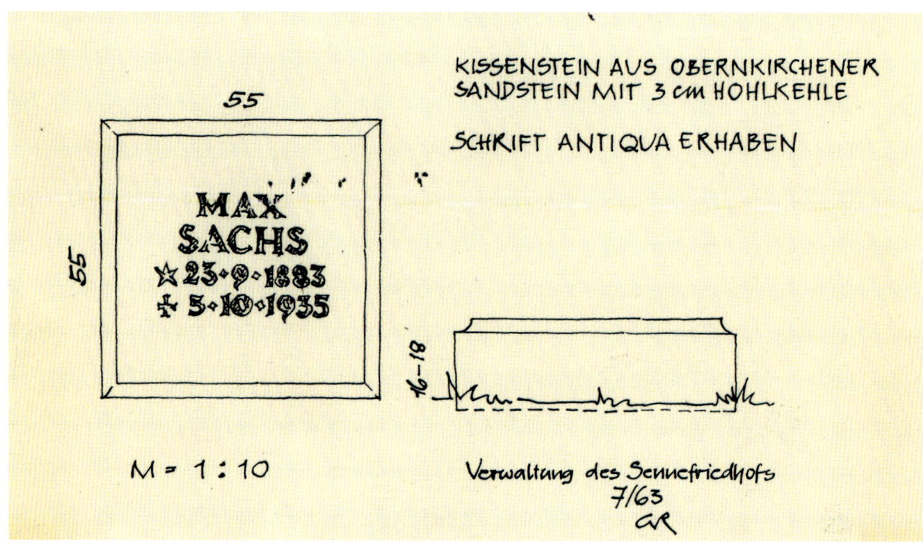

Entwurf für den Kissenstein von Max Sachs im Ehrenhain des Bielefelder Sennefriedhofs, 1963
Stadtarchiv Bielefeld, 108,14/Garten-, Forst- und Friedhofsamt, Nr. 302

Erst 2006 fand sie jedoch die Kraft, die Geschichte ihrer Familie autobiografisch niederzuschreiben. Der Pulitzerpreisträger Jim Sheeler veröffentlichte darüber 2008 und kurz vor ihrem Tod noch ein Interview.[113] Und in allen genannten Veröffentlichungen spielte Max Sachs und sein Tod in Sachsenburg eine wesentliche Rolle, der für die Verortung ihrer Person von Bedeutung war. Die erst am Lebensabend eingestandene Dankbarkeit für das Überleben entwickelte sich in ihrem Fall aber zu einer eigenen Größe und fand so auch den Weg auf ihren Grabstein, der sie als »Grateful Exile« ausweist.[114]

Durch die Verlegung von Stolpersteinen für Max Sachs 2011 sowie für seine Frau und die Töchter im Jahr darauf in Dresden-Briesnitz und jeweils in Anwesenheit der Enkelsöhne kamen weitere Erinnerungszeichen hinzu.[115] Jährlich findet am Abend des 9. November vor dem Haus der Familie eine Mahnwache statt.[116] Zudem fand das Portrait von Sachs Aufnahme in die von Wolfgang Marcus initiierte »Galerie der Aufrechten« des Denkstättenkuratoriums NS-Dokumentation Oberschwaben, die 2017 im Sächsischen Landtag gezeigt wurde.[117] Gleichzeitig verstetigte sich auch das Gedenken in Bielefeld, wo ebenfalls jährlich und bis in die Gegenwart im Oktober der Bielefelder Opfer des Nationalsozialismus und hier explizit auch Max Sachs gedacht wird.[118] Jenseits der Erinnerung in Sachsenburg selbst ist folglich im Fall des Dresdner Journalisten, Sozialdemokraten und Juden von einer langfristigen und bis in die Gegenwart wirkenden Erinnerungskultur auszugehen, die mit Blick auf den für das Schicksal von Max Sachs zentralen Ort Sachsenburg zugleich als dezentral zu charakterisieren ist.

Der Stolperstein von Max Sachs nach der Verlegung 2011

Foto: Ronny Geißler

FAZIT

Der Tod von Max Sachs war in seiner Brutalität zweifelsfrei ungewöhnlich. Vergleicht man ihn aber mit anderen Fällen im Lager Sachsenburg, so ordnet er sich auch in den »allgemeinen« Lager-Terror ein, dem insbesondere jüdische Häftlinge ausgesetzt waren[119] – darauf deutet beispielsweise das zeitlich nahezu identische Schicksal des jüdischen Kaufmanns Willy Wertheim aus Meerane hin, der nach seiner Einlieferung am 28. August 1935 eine ähnliche Behandlung wie Sachs erdulden musste, am 6. September 1935 war er tot.[120] Max Sachs steht folglich exemplarisch für das Schicksal einer rassistisch stigmatisierten Gruppe im Konzentrationslager Sachsenburg, das sich in seinem Falle allerdings durch seine politische Betätigung als Landtagsabgeordneter und Journalist noch dramatisch verschlimmerte. Anders verhielt es sich dagegen mit der Strafverfolgung und

113 Vgl. Sheeler, Nazi Terror. **114** Das Grab befindet sich in Boulder/Colorado. **115** Die Landtagsabgeordnete Sabine Friedel (SPD) und der Autor dieses Beitrags übernahmen 2011 die Patenschaft für den Stein für Max Sachs. Die Stolpersteine für Maria Sachs, Edith Kaufmann und Claire Ehrmann wurden 2012 verlegt, die Patenschaft übernahmen die derzeitige Sächsische Staatsministerin für Wissenschaft und Kunst Dr. Eva-Maria Stange (SPD) und der SPD-Ortsverein Dresden-West. **116** Vgl. »Mahnwache für die Familie Sachs – 9. November 2016« unter www.spd-dresden-west.de/index.php?nr=9766&menu=1; 31. 1. 2017. **117** Vgl. www.dsk-nsdoku-oberschwaben.de/fileadmin/benutzerdaten/dsk-nsdoku-oberschwaben-de/Ausstellungen/Leporello_Dresden.pdf; 9. 10. 2017. **118** Vgl. für 2015 »Gedenken an politisch Verfolgte in der Nazizeit« unter https://dju-nrw.verdi.de/dju-vor-ort/djuowl/2014–3/++co++30e42462-48d6-11e4-9af7-525400a933ef; 31. 1. 2017. **119** Vgl. hierzu vor allem Kim Wünschmann, Before Auschwitz. Jewish Prisoners in the Prewar Concentration Camps, Cambridge/London 2015, zu Sachsenburg im Besonderen S. 146, 155, 160. **120** Vgl. Nitsche, Häftlinge, S. 61 f., sowie seinen Beitrag über die jüdischen Häftlinge im KZ Sachsenburg in diesem Band; White, Sachsenburg, S. 160.

dem Prozess in Chemnitz bereits 1935/36. Denn diese juristische Ahndung von Verbrechen, die in den Konzentrationslagern an Häftlingen verübt wurden, stellt für ihre Zeit einen herausragenden Einzelfall dar, für den sich jenseits des Hohnstein-Prozesses 1935 bislang sachsen- wie deutschlandweit kaum vergleichbare Fälle finden.[121] Hier deutet der Fall Max Sachs auf Spielräume und Konkurrenzen innerhalb der nationalsozialistischen Polykratie zu einer Zeit, in der die SS gerade ihren innenpolitischen Einfluss ausbaute. Nach 1945 war der Fall Max Sachs nicht in Vergessenheit geraten, in der SBZ/DDR fanden bis 1952 mehrere Prozesse gegen Tatbeteiligte sowie Angehörige der Sachsenburger SS-Wachmannschaften statt. Der höheren Dienstgrade wurde man hier aber nicht habhaft. Diese gerieten erst in den 1960er-Jahren in der BRD in den Fokus einer Justiz, die unter dem Einfluss breit wahrgenommener Prozesse gegen KZ-Wachmannschaften ihren Blickwinkel justierte – nicht aber ihr grundsätzliches Rechtsverständnis. So blieben 1972 Urteile gegen die mutmaßlichen Haupttäter von Sachsenburg aus. Die frühen Sachsenburg-Prozesse in der SBZ/DDR entwickelten zwar keine langfristige Wirkung, Mitte der 1960er-Jahre waren sie offenbar selbst ostdeutschen Funktionären aus Opferorganisationen unbekannt. Diese Prozesse sowie das westdeutsche Strafverfahren hatten aber eine »interne« Wirkung und deuten auf die Gruppe der ehemaligen Häftlinge, die beginnend 1945 und bis in die 1980er-Jahre Leben und Überleben in Sachsenburg dokumentierten: Diese hoben stets und zentral auf den Fall Max Sachs ab. Diese »Erinnerungsgemeinschaft«, die immer wieder – durch Gedenkveranstaltungen oder Befragungen – »erneuert« wurde, trug mutmaßlich maßgeblich dazu bei, dass der Fall Max Sachs durch eine bis heute lebendige Erinnerungskultur gekennzeichnet ist. Diese blieb dabei weder auf das Konzentrationslager als Tatort noch auf das Wohnhaus in Dresden beschränkt. Vielmehr findet sie sich teils bis in die Gegenwart auch am Begräbnisort Bielefeld, an der einstigen Wirkungsstätte von Sachs im Sächsischen Landtag oder im für die Töchter rettenden Emigrationsland USA. Wie die frühe juristische Verfolgung hebt auch diese langfristige Qualität einer dezentralen, bis in die Gegenwart lebendigen Erinnerung Max Sachs aus der Gruppe der Opfer des Konzentrationslagers Sachsenburg heraus, in der es keinen vergleichbaren Fall gibt.

121 Vgl. Merkl, Simon, S. 85, sowie jüngst Sebastian Weitkamp, Ein Rückzugsgefecht des Rechtsstaats 1934. Der Prozess gegen SS-Sturmbannführer Heinrich Remmert wegen Häftlingsmisshandlungen im KZ Esterwegen. In: VfZ 66 (2018) 1, S. 43–86.

Eva Werner

ENTSTEHUNG UND FUNKTION DER KZ-GEDENKSTÄTTE SACHSENBURG IN DER DDR

In der DDR existierte eine Gedenkstättenlandschaft an Orten nationalsozialistischer Verbrechen, deren bekannteste die Gedenkstätten Buchenwald, Sachsenhausen und Ravensbrück waren. Darüber hinaus gab es viele regional bedeutende Gedenkstätten, zu denen auch die KZ-Gedenkstätte Sachsenburg gehörte. Ihre Bezeichnung als »Nationale Mahn- und Gedenkstätten« (NMG) verweist bereits auf ihre Intention: Sie waren Gesamtdeutschland als Nationalstaat verpflichtet.[1]

Von zentraler Bedeutung für die Erinnerungskultur bezüglich nationalsozialistischer Verbrechen in der DDR war die enge Verknüpfung und Instrumentalisierung historischer Ereignisse mit dem Antifaschismus. Für die SED waren Antifaschismus und Sozialismus eine untrennbare Einheit, die als Staatskult und Legitimationsideologie fungierten.[2] Obwohl der deutsche Nationalsozialismus sich deutlich vom italienischen Faschismus unterschied, entwickelte sich der Antifaschismus zum Kampfbegriff der Kommunisten mit inflationärer Anwendung.[3] Nach Kriegsende vollzog sich in der Sowjetischen Besatzungszone (SBZ) die »antifaschistisch-demokratische Umwälzung« – so der Mythos –, obwohl eine Diktatur nach sowjetischem Vorbild errichtet wurde. Demgegenüber wurde die Bundesrepublik als »faschistischer« Staat bezeichnet, während die DDR für sich Werte wie Freiheit, Demokratie und Humanität beanspruchte und sich damit im antifaschistischen Antlitz zeigte.[4]

1 VEB Enzyklopädie Leipzig, Deutsche Demokratische Republik, Handbuch, Leipzig 1979, S. 683. **2** Vgl. Manfred Agethen, Gedenkstätten und antifaschistische Erinnerungskultur in der DDR. In: Ders./Eckhard Jesse/Ehrhart Neubert (Hg.), Der missbrauchte Antifaschismus. DDR-Staatsdoktrin und Lebenslüge der deutschen Linken, Freiburg im Breisgau 2002, S. 128–145, hier S. 128. **3** Vgl. Uwe Backes, Antifaschismus – Anmerkungen zu Begriff und Geschichte. In: Manfred Agethen/Eckhard Jesse/Ehrhart Neubert (Hg.), Der missbrauchte Antifaschismus. DDR-Staatsdoktrin und Lebenslüge der deutschen Linken, Freiburg im Breisgau 2002, S. 31–39, hier S. 38. **4** Agethen, Gedenkstätten, S. 142.

Kranzdelegation der Kampfgruppen marschiert zum Ehrenmal, 8.9.1957

BArch, Bild 183-46761-0003/Schlegel

Die Erziehung nachfolgender Generationen erfolgte im Sinne dieses Antifaschismus. Inbegriffen war die Verpflichtung, das Erbe der kommunistischen Widerstandskämpfer in der DDR-Gegenwart einzulösen. In der Praxis bedeutete dies eine Stärkung und Legitimation des kommunistischen Führungsanspruchs im SED-Staat. Die politische Sprache war von antifaschistischer Semantik geprägt, wozu die Stilisierung der »Opfer des Faschismus« gehörte. Seit 1947 wurde jährlich der »Tag der Opfer des Faschismus« begangen – jeweils der zweite Sonntag im September.[5] Für den Gedenkstättenbetrieb Sachsenburg spielte dieser Gedenktag eine wichtige Rolle, fand doch ein Großteil von Einweihungsritualen und Gedenkveranstaltungen genau an diesem Tag statt.

Der kommunistische Antifaschismus bildete den Kontext für Entstehung und Betrieb des Gedenkortes am Ufer der Zschopau. Bereits 1945 wurde die erste Gedenktafel in Sachsenburg eingeweiht. 1957 erfolgte die Einweihung eines ersten Denkmals, elf Jahre später die Einweihung eines zweiten, das das erste Denkmal ersetzte. Von zentraler Bedeutung für die Gedenkstätte Sachsenburg war die Errichtung des Gedenkraumes 1974 im nahe gelegenen Fabrikgebäude. Einer Vielzahl von Besuchern wurde die folgenden 25 Jahre mittels einer Dauerausstellung und der Präsentation eines Dia-Ton-Vortrages[6] die Geschichte des frühen Konzentrationslagers aus der Perspektive des

SED-Regimes vermittelt. 1990 erfolgte aufgrund des stark verringerten Besucherinteresses sowie wegen Rückforderungsansprüchen des Eigentümers der Fabrik die Schließung des Gedenkraumes.[7]

ENTSTEHUNG UND MEMORIALE GESTALTUNG DER KZ-GEDENKSTÄTTE SACHSENBURG

Ein reichliches halbes Jahr nach Ende des Zweiten Weltkrieges – noch 1945 – wurde eine erste Gedenktafel am Ort des ehemaligen Konzentrationslagers Sachsenburg aufgestellt.[8] Sie trug die Aufschrift: »Hier starben die aufrechten Kämpfer Joseph Nowacki/Karl Walter Goldbach/Ihr Tod ist unsere Verpflichtung«.[9] Über die Initiatoren und den Rahmen dieser Aktion ist nichts bekannt. Der Aussage des späteren Gedenkstättenleiters von Sachsenburg, Gottfried Weber, diese Tafel sei von der SED-Kreisleitung Flöha eingeweiht worden, muss jedoch widersprochen werden, da die SED erst 1946 gegründet wurde. Schon bald danach nahm sie die Zügel der Gedenkstättenpolitik in die Hand. Die größte Vereinigung der Opfer des Nationalsozialismus in der frühen DDR, die »Vereinigung der Verfolgten des Naziregimes« (VVN) war schon bald nach ihrer Gründung 1946/47 von SED-Kadern dominiert. Das SED-Regime ersetzte 1953 die VVN im Osten Deutschlands durch das »Komitee der Antifaschistischen Widerstandskämpfer«, da nach dem Scheitern der Stalin-Note die gesamtdeutsche Option der VVN weggefallen war.[10]

Über eventuelle Gedenkveranstaltungen an diesem ersten Gedenkstein ist nichts bekannt. Im Sommer 1957 fanden sich freiwillige Helfer, Betriebsangehörige der Zwirnerei sowie Insassen des Jugendwerkhofes im Schloss Sachsenburg[11] zusammen, um ein kleines Areal als Erinnerungsort auf dem Wehrgelände des ehemaligen KZ Sachsenburg einzurichten. Ungepflegtes Gelände wurde kultiviert und ein Denkmal aufgestellt. Es stellte einen Mann dar, der seine Ketten abwirft.[12] Entworfen wurde es von Paul Friede, SED-Mitglied und maßgeblicher Unterstützer dieses Gedenkortes.

Zum »Tag der Opfer des Faschismus« am 8. September 1957 fand die Einweihung dieses »Ehrenmals für die Opfer des Faschismus« in Sachsenburg statt.[13] Zuständig für die Zeremonie war die SED-Kreisleitung Hainichen. Deren Vorsitzender enthüllte das Denkmal,

5 Ebd., S. 129. **6** Vgl. Kreisarchiv Hainichen, Bestand KZ Sachsenburg. **7** Vgl. Monika Zorn (Hg.), Hitlers zweimal getötete Opfer. Westdeutsche Lösung des Antifaschismus auf dem Gebiet der DDR, Freiburg im Breisgau 1994, S. 132. **8** Vgl. Stadtarchiv Frankenberg, Bestand KZ Sachsenburg. Grundlegend für diesen Text sind die Bestände des KZ Sachsenburg im Kreisarchiv Hainichen und im Stadtarchiv Frankenberg. **9** Susan Franke, Das Konzentrationslager Sachsenburg 1933 bis 1937, unv. Facharbeit, Hochschule Mittweida, 19. 9. 2001, S. 33. **10** Vgl. Agethen, Gedenkstätten, S. 136 f. **11** Vgl. Franke, Konzentrationslager, S. 18. **12** Vgl. SED-Kreisleitung Hainichen (Hg.), Tausend Kameraden Mann an Mann. Beiträge zur Geschichte des antifaschistischen Widerstandskampfes im Konzentrationslager Sachsenburg, 1. Aufl., Hainichen 1962, Buchinnenseite. Franke schreibt in Konzentrationslager, S. 33, dieses Denkmal sei bereits 1948 auf dem Gelände des ehemaligen KZ Sachsenburg errichtet worden, liefert dafür allerdings keinen Beleg. **13** Vgl. hierzu und zum Folgenden, Gedenkstätte in Sachsenburg eingeweiht. In: Volksstimme vom 11. 9. 1957 sowie Maßnahmen zur Einweihung des OdF-Denkmals in Sachsenburg am 8. 9. 1957.

Erich Mückenberger spricht zur Einweihung
des zweiten Denkmals in Sachsenburg, 7. 9. 1968

Freie Presse vom 11. 9. 1968

während zugleich ein Orchester der Nationalen Volksarmee (NVA) die Nationalhymne der DDR »Auferstanden aus Ruinen« spielte. Rezitationen von Bertolt Brechts »Auf den Tod des Kämpfers« und »Die Unbeirrten« folgten, Kränze wurden niedergelegt. Anschließend begaben sich die Anwesenden – DDR-Funktionäre, eine westdeutsche Delegation sowie ehemalige KZ-Häftlinge – in den Kulturraum des nunmehr wieder genutzten Fabrikgebäudes, um die Einweihungsveranstaltung fortzusetzen. Die auszugsweise veröffentlichte Rede eines SED-Funktionärs beinhaltete den Dank an die ehemaligen KZ-Häftlinge für deren »Treue zum Staat und Sozialismus«. Darüber hinaus beschwor er die Bundesrepublik als Inkarnation des Faschismus, deren »Adenauer-Regierung« es zu stürzen gelte, um die »Wahlen in Westdeutschland ein[en] Erfolg der Arbeiterklasse« werden zu lassen.[14]

Dieser illusorischen Vorstellung folgten Zeitzeugenberichte ehemaliger KZ-Häftlinge von Sachsenburg – allesamt SED-Mitglieder – sowie deren Aufruf »Erfüllt das Vermächtnis der antifaschistischen Helden!«. Hetze gegen Westdeutschland sowie Selbstbestätigung der DDR und der Sowjetunion sind Kerninhalte dieses Pamphlets: »Schafft mit an dieser Heimstatt des Friedens! Sorgt mit aller Kraft dafür, daß der Adenauer-Partei zu den Bundestagswahlen eine Niederlage bereitet wird. Erfüllt das Vermächtnis der antifaschistischen Helden, die gleich den tapferen Sowjetsoldaten die Voraussetzungen für den ersten deutschen Arbeiter-und-Bauern-Staat schufen.«[15] Markant ist bei diesem Häftlingsaufruf der eidesmäßig verbindende Charakter, mit dem die Treue zur DDR beschworen wird. Wo wäre der Schwur am geeignetsten einzulösen, wenn nicht am Erinnerungsort selbst? Bis 1989 war es üblich, den Besuchern der Gedenkstätte Sachsenburg solch ein verpflichtendes Loyalitätsbekenntnis zum DDR-Staat abzunötigen.

Wenige Jahre nach der Einweihung des ersten Denkmals 1957 schien der Erinnerungsort in Sachsenburg in eine Art Dornröschenschlaf verfallen zu sein, da sich das Areal um das Denkmal herum in einem ungepflegten Zustand zeigte. So forderte der Vorsitzende des Rates des Kreises Hainichen, Eberle, im Sommer 1961 den Sachsenburger Bürgermeister auf, diesen Zustand zu beheben. Das Stadtoberhaupt könne die FDJ-Gruppe des Jugendwerkhofes Sachsenburg für die laufende Pflege des Areals um das Denkmal herum interessieren. Ob diese Jugendlichen tatsächlich die Gedenkstätte pflegten, ist nicht bekannt. Der Jugendwerkhof »Ernst Schneller« in Sachsenburg existierte von 1947 bis 1967[16] und war im ehemaligen Schloss untergebracht.[17] Das Erziehungsprogramm der Jugendwerkhöfe bestand darin, die Jugendlichen zum Lernen und Arbeiten zu motivieren und eine positive politisch-ideologische Einstellung herauszubilden.[18] Die Sachsenburger Einrichtung der staatlichen Jugendhilfe verfügte über ungefähr 80 Plätze, die vorwiegend von männlichen Jugendlichen, zeitweise sowohl männlichen als auch weiblichen Jugendlichen belegt waren. Die Insassen wurden beispielsweise 1956 zu Tätigkeiten in der Landwirtschaft und Tischlerei sowie für Bauarbeiten herangezogen.[19] An pädagogisch kompetentem Personal mangelte es häufig. 1955 wurde sogar der örtliche Totengräber vorübergehend als Erzieher eingestellt. Die Einschätzung der Umerziehungserfolge – dazu zählten die als »gebessert« eingeschätzte Heiminsassen, die entlassen werden konnten – lag im Jugendwerkhof Sachsenburg zeitweise nur bei 15 bis 20 Prozent.[20]

Für den »Internationalen Tag der Opfer des Faschismus«, am 9. September 1962, war der Entwurf einer Broschüre über das KZ Sachsenburg geplant. Der ehemalige Sachsenburger KZ-Häftling und in Karl-Marx-Stadt wohnhafte Schriftsteller Karl Otto wurde mit diesem Bändchen beauftragt, wobei die Herausgeberschaft bei der SED-Kreisleitung Hainichen lag. Die Broschüre erschien in drei Auflagen[21] und erhielt den Titel des Sachsenburg-Liedes, wobei der Verfasser dieses Liedes zum Zeitpunkt der Erstveröffentlichung noch unbekannt war. Das mit einleitenden und abschließenden Worten der SED-Kreisleitung versehene Heftchen ist nicht nur eine Informationsbroschüre, sondern zugleich ein Dokument der SED-Geschichtsschreibung, bei dem relativ viele SED-Kader, die Sachsenburg-Häftlinge waren, zu Wort kommen und Zitate vom ZK der SED, Gedichte sowie Liedtexte verknüpft werden. Über die abgebildeten Denkmäler erhält man leider keine Informationen.

14 Ebd. **15** Ebd. **16** Vgl. Franke, Konzentrationslager, S. 18. **17** Vgl. Christian Sachse, Ziel Umerziehung. Spezialheime der DDR-Jugendhilfe 1945–1989 in Sachsen, Leipzig 2013, S. 231. **18** Vgl. Verena Zimmermann, »Den neuen Menschen schaffen«. Die Umerziehung von schwererziehbaren und straffälligen Jugendlichen in der DDR (1945–1990), Köln 2004, S. 365. **19** Vgl. Sachse, Ziel Umerziehung, S. 231 f. **20** Vgl. Zimmermann, Menschen, S. 210, 365. Ich danke Gabriele Beyler von der Gedenkstätte Geschlossener Jugendwerkhof Torgau für den Hinweis auf die Quellen. **21** Kreisleitung der SED Hainichen (Hg.), Tausend Kameraden, 1. Aufl., Hainichen 1962; 2. Aufl., Hainichen 1978; 3., überarb. Aufl., Hainichen 1987.

Das 1968 eingeweihte Denkmal an der KZ-Gedenkstätte Sachsenburg

Stadt Frankenberg/Sa., Historisches Archiv

Elf Jahre nach der Einweihung des ersten Denkmals in Sachsenburg erfolgte am 7. September 1968 die Einweihung eines weiteren Denkmals an diesem Ort. Ob das erste Denkmal durch das zweite ersetzt wurde oder die beiden Denkmäler an unterschiedlichen Stellen parallel existierten, ist nicht bekannt. Bei der Eröffnungsfeier von 1968 waren im Unterschied zur ersten Einweihung Mitglieder des Politbüros des Zentralkomitees der SED zugegen und spielten eine zentrale Rolle. Während das Politbüromitglied Erich Mückenberger, vom 9. November 1935 bis 30. August 1936 wegen illegaler Arbeit für die SPD Häftling im KZ Sachsenburg, 1957 lediglich eine Grußbotschaft nach Sachsenburg gesandt hatte,[22] führte er nunmehr die Regie bei der Einweihungsveranstaltung.

An einem mit DDR-Emblem versehenen Rednerpult hielt Erich Mückenberger vor dem Denkmal für die »Helden des Widerstandskampfes gegen Faschismus und Krieg«[23] die Einweihungsrede, während zu seiner Linken und Rechten jeweils ein Mitglied der Kampfgruppen mit der Waffe in der Hand standen. Dabei sagte er unter anderem: »Unser Kampf, der Kampf aller deutscher Antifaschisten, war nicht umsonst. In unserer Republik haben die Ideen des Marxismus-Leninismus eine wahre Heimstatt gefunden. Wir haben die Macht, und wir wissen sie wohl zu gebrauchen. Unsere Ideale, die wir unerschrocken in der Nacht des Faschismus festgehalten haben, sind in unserer Republik Gemeingut geworden.«[24] Diese Worte verdeutlichen den aus dem Kampf gegen den Nationalsozialismus abgeleiteten Machtanspruch der SED-Elite. Der Einweihungsakt wurde durch wehende rote Fahnen sowie viele Jungpioniere abgerundet, von denen einige den Kampfgruppenmitgliedern Blumensträuße überreichten. Dies sollte Vertrauen in die Kampfgruppen zum Ausdruck bringen.

Das vom Karl-Marx-Städter Bildhauer Hannes Dietrich geschaffene Denkmal stellt vier erschöpfte KZ-Häftlinge dar und ist mit der Inschrift versehen: »Und setzet ihr nicht das Leben ein · nie wird euch das Leben gewonnen sein«.[25] In einer Sammlung von »Ehrenmalen« der SED-Kreisleitung Hainichen, in der auch dieses Sachsenburger Denkmal aufgeführt ist, finden sich keinerlei Hinweise auf die Intention des Künstlers und keine Interpretation des Denkmals. Erwähnt werden hingegen die durchschnittliche Inhaftierung von 2000 Antifaschisten im KZ Sachsenburg von 1933 bis 1937 sowie die Mahnung zum stetigen Gedenken. Zwei Dinge werden hier deutlich: Sämtliche Häftlinge werden als Antifaschisten bezeichnet. Und nicht die inhaltliche Auseinandersetzung mit der nationalsozialistischen Vergangenheit und deren Erforschung besaß oberste Priorität, sondern die Instrumentalisierung der Erinnerungskultur.

MUSEALISIERUNG DER GEDENKSTÄTTE

In unmittelbarer Nähe zum Denkmal und als dessen Ergänzung wurde 1974 ein Gedenkzimmer in den Räumen der ehemaligen Zwirnerei eingerichtet.[26] Damit erfuhr die Gedenkstätte eine bedeutende Aufwertung.[27] Initiatoren dieser musealen Aufbereitung waren das Ministerium für Kultur in Ost-Berlin, die Kreis- und Bezirksleitung der SED sowie die Kommission zur Erforschung der Arbeiterbewegung. Die SED-Kreisleitung schreibt zur Intention: »Mit der Schaffung dieses Gedenkraumes erfüllen wir eine Forderung unserer Partei, das humanistische Erbe, den opferreichen Kampf der Arbeiterklasse und ihrer marxistisch-leninistischen Partei, tief in die Herzen und Hirne unserer Bürger, vor allem der Jugend zu verankern.«[28]

Die Leitung der Gedenkstätte übernahm Gottfried Weber. Mit 17 Jahren gegen Ende des Zweiten Weltkrieges in die Wehrmacht eingezogen und verwundet aus dem Krieg zurückgekehrt, wurde er Neulehrer für Geschichte, Kunstgeschichte und Physik. Er trat der SED bei und war später Mitglied der Kreisgeschichtskommission sowie Vorsitzender des Ortsausschusses der Nationalen Front der DDR. Weber engagierte sich bis 1989 in der Sachsenburger Gedenkstättenarbeit durch Vortragstätigkeiten, Dokumentensammlung und durch Förderung geschichtsinteressierter Schüler.[29]

Die Einweihung des »Gedenkzimmers für die antifaschistischen Widerstandskämpfer des ehemaligen KZ Sachsenburg«[30] sowie dessen Übergabe an die Öffentlichkeit erfolgte durch einige Mitglieder der SED-Kreisleitung Hainichen am 2. November 1974. Zum Gedenkraum gehörten eine Dauerausstellung sowie ein Dia-Ton-Vortrag, der von der Kreisgeschichtskommission erstellt worden war. Die Rede zur Einweihung hielt der Erste Sekretär der SED-Kreisleitung Hainichen, Helmut Wohlthat. Darin würdigte er einen Teil der ehemaligen KZ-Häftlinge – die Widerstandskämpfer – und kam zu der Feststellung, dass sich »in unserem Staat unter der Führung der SED in engem Bündnis mit der Sowjet-

22 Vgl. Gedenkstätte in Sachsenburg eingeweiht. In: Volksstimme, 11. 9. 1957. **23** Vermächtnis erfüllt. In: Freie Presse vom 10. 9. 1968. **24** Zit. nach Kreisleitung der SED Hainichen (Hg.), Tausend Kameraden, 2. Aufl., S. 5. **25** Stadtarchiv Frankenberg, KZ Sachsenburg. **26** Vgl. Franke, Konzentrationslager, S. 33. **27** Vgl. Edith Mehnert, Gedenkstätte über ehemaliges KZ eingeweiht. In: Freie Presse vom 4. 11. 1974. **28** Kreisarchiv Hainichen, KZ Sachsenburg. **29** Vgl. Zorn, Opfer, S. 131 f. In dem Beitrag wird fälschlicherweise der Vorname »Gerhard« verwendet. **30** Dem Kampf aufrechter Antifaschisten geweiht. In: Freie Presse vom 5. 11. 1974.

Einweihung der Gedenkstätte Sachsenburg, 7.9.1968
Angehörige der sogenannten Kampfgruppen der Arbeiterklasse, Vertreter der SED und der Blockparteien sowie Schulklassen säumen das Bild

SächsStA-C

union das [vollzogen habe], wofür aufrechte deutsche Antifaschisten kämpften und starben«.[31] Auch dies verdeutlicht die Funktion der Gedenkstättenkultur in der Zeit der DDR – die Selbstlegitimation der herrschenden SED.

Die Gedenkstätte KZ Sachsenburg war fortan für Besucher zugänglich, jedoch erst nach Voranmeldung bei der SED-Kreisleitung Hainichen. Geringfügige Unterstützung erhielt der Gedenkstättenleiter durch Peter Kluska, Mitglied der SED-Kreisleitung Hainichen. Kluskas Hilfestellung erstreckte sich dabei vornehmlich auf die Betreuung von Jugendweihlingen und Aufnahmen von Jugendlichen in die Jugendorganisation FDJ (Freie Deutsche Jugend), aber auch auf die Gedenkstättenarbeit mit Nachwuchskadern und Funktionären.

Die Besucher konnten sich die im Gedenkraum befindliche Dauerausstellung, die aus Schrifttafeln und in Vitrinen veranschaulichten Materialien bestand, ansehen. Häftlingskleidung, die Insassen in Sachsenburg ab 1934 tragen mussten, war in der Ausstellung ebenfalls zu besichtigen.[32] Ab 1983 wurde eine neu gestaltete Dauerausstellung gezeigt. Über die Inhalte der beiden Dauerausstellungen ist der Verfasserin nichts bekannt.

Über diese Ausstellung hinaus wurde seit Eröffnung des Raumes ein Dia-Ton-Vortrag präsentiert,[33] der regulär eine Dauer von circa 22 Minuten umfasste, abgesehen von einer gekürzten Version für Unterstufenschüler. Die Präsentation dieses Vortrags erfolgte je nach Besuchergruppe in deutscher, russischer, polnischer oder tschechischer Sprache. Der Vortrag war mit Kampfliedern, Zeitzeugenberichten, Kommentaren und Bildmaterial, zu denen auch Fotomontagen gehörten, verknüpft.[34] Beim Anhören der Audiokassetten gewann die Verfasserin den Eindruck, dass der Vortrag durchaus emotionale Wirkung unter den Besuchern erzielt haben könnte.

Wie ein roter Faden durchzog das Sachsenburg-Lied den Vortrag. Die erste Strophe mit Refrain markierte den Beginn des Vortrages, weitere Liedelemente folgten an anderen Stellen der Präsentation. Die Kommentatorin interpretiert das Lagerlied mit »Sehnsucht nach Freiheit« und »Überwindung des Faschismus«. Die Sowjetunion soll der Wegbereiter zur Freiheit gewesen sein, da »mit dem Sieg der Sowjetarmee über den Faschismus [...] der Weg zu einem glücklichen und friedlichen Leben freigekämpft« worden sei.[35] Das Sachsenburg-Lied, das im Lager entstand, habe den Inhaftierten in ihrer von Folter, Zwangsarbeit und Schikanen geprägten schweren Lebenssituation Durchhaltevermögen gegeben, heißt es im Vortrag. Mehrere Zeitzeugen – fast ausnahmslos als »Genossen« bezeichnet – berichteten im Vortrag von den inhumanen Zuständen im Lager.

Einige Kommentatoren verlasen die Namen in Sachsenburg umgekommener Häftlinge, die für die »Sache der Arbeiterklasse von den Faschisten ermordet waren«. Dazu gehörte Dr. Max Sachs, dessen brutale Ermordung als einzige detailliert geschildert wird. Bei einem Ausmarsch aus dem Lager in die Stadt Frankenberg am 1. Mai 1934 hätten die Häftlinge die Kampflieder »Wann wir schreiten Seit an Seit« sowie »Brüder zur Sonne zur Freiheit« gesungen. Diese »großartige Demonstration« hätte den Einwohnern Frankenbergs gezeigt: »[H]ier marschiert die Arbeiterklasse«.[36] Schließlich wird von der Überführung Sachsenburger Häftlinge nach Buchenwald berichtet, die dort das KZ aufbauen sollten. Unter ihnen befanden sich Persönlichkeiten, die in der DDR wichtige Funktionen einnahmen bzw. Berühmtheit erlangten, wie zum Beispiel der Kommandeur des Wachregiments des Ministeriums für Staatssicherheit (MfS), Generalmajor Heinz Gronau oder der Schriftsteller Bruno Apitz. Letzterer erreichte mit seinem zur Pflichtlektüre erhobenen Buch »Nackt unter Wölfen« hohen Bekanntheitsgrad in der DDR.[37]

Ehemalige Häftlinge des KZ Sachsenburg hätten sich – so der Vortrag – aufgrund ihres antifaschistischen Handelns zu Führungskadern qualifiziert. Zu diesem Personenkreis gehörten der Erste Kreisschulrat von Flöha, der Erste Bürgermeister von Mittweida, der Erste Sekretär der SED-Kreisleitung Döbeln sowie die beiden Ersten Bürgermeister der Kreisstadt Hainichen und Sachsenburgs. Nicht zu vergessen sei das Politbüromitglied Erich Mückenberger. Den Abschluss des Dia-Ton-Vortrages bildet die antifaschistische Selbstlegitimation der politischen Führungselite der DDR – untermauert mit Hintergrund-

31 Ebd. **32** Vgl. Franke, Konzentrationslager, S. 26. **33** Vgl. ebd., S. 33. **34** Die dazugehörigen Dias sind im Stadtarchiv Frankenberg und im Kreisarchiv Hainichen nicht aufgefunden worden. **35** Kreisarchiv Hainichen, KZ Sachsenburg. **36** Ebd. **37** Vgl. Agethen, Gedenkstätten, S. 136, sowie den Beitrag von Lars Förster über Bruno Apitz in diesem Band.

musik des Kampfliedes »Brüder zur Sonne zur Freiheit«: »Ihr Vermächtnis [der Sachsenburger KZ-Häftlinge] wird von uns, den Erben von Karl Marx der Deutschen Demokratischen Republik, erfüllt. Unter der Führung der Sozialistischen Einheitspartei Deutschlands werden die Ideale der besten Söhne der deutschen Arbeiterklasse stolze Wirklichkeit.«[38]

DIE GEDENKSTÄTTE ALS ORT KOMMUNISTISCHER ERZIEHUNG

Die Gedenkstätte besaß einen eindeutigen Erziehungsauftrag: Zum einen war nicht nur der Opfer zu gedenken, sondern der Widerstandskampf der kommunistischen KZ-Häftlinge besonders zu würdigen. Zum anderen sollte der daraus abgeleitete Führungsanspruch der SED, die sich als legitime Erbin des kommunistischen Widerstands gegen die NS-Diktatur sah, gerechtfertigt werden. Adressaten dieses Auftrages waren vor allem Schüler, die im Rahmen des Geschichtsunterrichts, von Jugendweihestunden sowie feierlichen und ritualisierten Veranstaltungen zur Aufnahme in die Reihen der FDJ und in wenigen Fällen sogar zur Aufnahme in die Thälmann-Pioniere die Gedenkstätte besuchten. Schon Erstklässler und Grundschüler besuchten im geschlossenen Klassenverband die Gedenkstätte und waren damit frühzeitig der politischen Indoktrination ausgesetzt.

Im Rahmen von Jugendstunden in der Gedenkstätte wurden die 14-Jährigen auf die Jugendweihe vorbereitet. Ihnen wurde der Dia-Ton-Vortrag gezeigt sowie die Ausstellung erläutert. Die Jugendweihlinge hatten entsprechend eines Themenkatalogs zehn Jugendstunden zu absolvieren, wobei die erste Jugendstunde mit einem Gedenkstättenbesuch verbunden war. Er stand unter dem Motto »Wir erfüllen das revolutionäre Vermächtnis«.[39] Das SED-Regime verfolgte mit dieser Verbindung von Jugendweihe und Gedenkstättenbesuch das Ziel, die Heranwachsenden erlebnisorientiert, emotional und identitätsstiftend mit dem regionalen Erbe des antifaschistischen Widerstandes vertraut zu machen, um auf das Gelöbnis der Jugendweihe vorzubereiten. Die Jugendlichen, die in der Jugendweihezeremonie ein Gelöbnis für Staat und Sozialismus abzulegen hatten, sollten wissen, auf wessen Vermächtnis sich die Herrschenden beriefen. So verwundert auch nicht der enge Erfahrungsaustausch zwischen Verantwortlichen der Gedenkstätte Sachsenburg und dem Ausschuss für Jugendweihe des Bezirks Karl-Marx-Stadt.

Auch die Aufnahme Jugendlicher in die Reihen der FDJ war ein wichtiger Bestandteil der Gedenkstättenarbeit. Die 14-Jährigen erlebten den Dia-Ton-Vortrag und Ausführungen zur regionalen Geschichte anhand der Ausstellung. Für die Aufnahme in die FDJ, die sehr häufig durch SED-Kreisratsmitglied Kluska vorgenommen wurde, begaben sich die Jugendlichen vor das Mahnmal, um dort nach einleitenden Worten ihre Mitgliedsbücher in Empfang zu nehmen. Anschließend legten sie in Form eines Gästebucheintrages schriftlich Bekenntnisse ab, zum Beispiel: »Wir sind uns der Ehre und Verpflichtung bewusst, heute und hier in dieser Stätte Mitglieder der FDJ zu werden.« Oder: »Wir geloben mit unsere ganzen Kraft alles zu tun, daß so etwas nie wieder geschieht.« Oder: »Wir werden das Erbe weiterführen.« Oder gar: »Wir versprechen, im Sinne der Antifaschisten jederzeit zu wirken.«[40] Diese Rituale der heranwachsenden Jugend verdeutlichen den quasi politisch-religiösen Charakter der antifaschistischen Erziehungspraxis.

Verpflichtungsbekundungen gegenüber dem antifaschistischen Erbe Sachsenburgs und dem DDR-Staat waren freilich kein Alleinstellungsmerkmal von Jugendlichen, sondern galten für sämtliche organisierte Besuchergruppen. Einige Beispiele sollen erwähnt werden: So »geloben« Parteiveteranen aus Zwickau ihre »Kinder und Enkel stets im Frieden zu erziehen«. Kampfgruppenangehörige bekennen sich dazu, ihre »Kräfte zur Stärkung der DDR einzusetzen«. Unrealistisch und zusammenhangslos klingt die Versicherung eines Seminars der Bezirksparteischule: »Wir versprechen, all unsere Kraft einzusetzen, unsere Republik zu stärken, daß Frieden und Menschlichkeit sich auf unserem Erdball durchsetzen.« Auffällig ist bei so manchen Gästebucheinträgen die Formulierung in der dritten Person, was erkennen lässt, dass die jeweiligen Verantwortlichen der Besuchergruppen für ihre Gruppe diesen Gästebucheintrag schrieben. So steht beispielsweise im Gästebuch: »Die Genossen der Volkspolizei besuchten die Gedenkstätte und geloben, daß sie ihre ganze Kraft zum Wohle und zum Schutze der DDR einsetzen werden.« Ein anderer Eintrag lautet: »In Vorbereitung der Wehrspartakiade in Halle trug diese Führung dazu bei, den Kampfgeist unserer zukünftigen Matrosen zu festigen und ausgezeichnete Leistungen ihrer vormilitärischen Ausbildung zu bringen.« Bereits diese wenigen Gästebucheinträge zeigen die Art und Weise, wie die Bekenntnisse in Abhängigkeit vom beruflichen oder gesellschaftlichen Bereich formuliert waren.

Die Gästebücher belegen auch die strukturierte Organisation der Besuche durch Schulen, Betriebe, militärische und politische Institutionen. Die überwiegend tabellenmäßig ausgerichteten Unterschriften der Gästebucheinträge erwecken den Eindruck, hier handelte es sich um einen Nachweis für gesellschaftliche Tätigkeit oder gar Anwesenheitslisten anstelle einer persönlich motivierten Würdigung der Opfer bzw. der Gedenkstättenarbeit. Ehrenamtliche Helfer der Gedenkstätte bemerken beispielsweise im Gästebuch: »Wir betreuten am 24.9.1986 die Klasse 8 a der Otto-Grotewohl-Oberschule.« Einzelgäste oder Familien sind in den Gästebüchern kaum zu finden. Einige Gästebucheinträge enthalten keinerlei dankende oder gedenkende Worte, sondern beinhalten wie eine Art Anwesenheitsliste lediglich Datum und Besuchergruppe wie beispielsweise: »6.10.87 – W.-Pieck-OS, 8. Kl.« oder »7.10.87 – Sicherheitsgruppe »Dr. R. Sorge«.[41]

Neben regulären Führungen fanden in der KZ-Gedenkstätte Sachsenburg auch besondere Gedenkveranstaltungen sowie Pionier- und FDJ-Treffen statt. Der 50. Jahrestag der Errichtung des Konzentrationslagers Sachsenburg wurde 1983 mit der Einweihung des neugestalteten Gedenkraumes begangen, die mit einer Kranzniederlegung zur Würdigung der Opfer verbunden war. Allerdings wurde die Einweihung des Gedenkraumes auch dafür benutzt, das Selbstverständnis einiger ehemaliger KZ-Häftlinge als Kaderelite der DDR zum Ausdruck zu bringen: »Es wird dokumentiert, wie ehemalige Sachsenburger Häftlinge am antifaschistischen Widerstandskampf teilnahmen und […] zu leitenden Funktionären unserer Arbeiter- und Bauernmacht gehörten.«[42]

38 Kreisarchiv Hainichen, KZ Sachsenburg. **39** Stadtarchiv Frankenberg, KZ Sachsenburg. **40** Kreisarchiv Hainichen, KZ Sachsenburg. **41** Ebd. **42** Ebd.

Darüber hinaus besuchten Heranwachsende die Gedenkstätte, wie zum Pfingsttreffen der FDJ. 1988 wurde das DDR-weite VIII. Pioniertreffen in Karl-Marx-Stadt mit einem Gedenkstättenbesuch am Ufer der Zschopau verknüpft. Eigens dafür wurde ein Quiz erstellt. Die Fragen zielten größtenteils auf namhafte DDR-Funktionäre mit KZ-Vergangenheit, auf Arbeiterlieder, auf die SED, auf die Pionierorganisation »Ernst Thälmann« sowie auf den »Tag der Befreiung« am 8. Mai 1945. Beispiele dafür sind: »Der langjährige Kommandeur des Wachregiments ›Feliks Dzierzynski‹, General der NVA, war ein antifaschistischer Widerstandskämpfer und ehemaliger KZ-Häftling in Sachsenburg und Buchenwald. Nenne seinen Namen! (Heinz Gronau)«. Oder: »Anlässlich des 1. Mai marschierten 500 KZ-Häftlinge aus Sachsenburg durch Frankenberg, sie sangen zwei bekannte Arbeiter-Lieder, nenne sie! (›Brüder zur Sonne zur Freiheit‹; ›Wann wir schreiten Seit an Seit‹)«. Oder ohne Bezug zum Lager Sachsenburg: »Unter der Leitung welcher Partei schufen wir den ersten sozialistischen Staat auf deutschen Boden? (SED)«. Aber auch Namen ermordeter, Sachsenburger Häftlinge wie zum Beispiel Dr. Max Sachs, und KZ-Aufseher sowie Kenntnisse über die brutalen Behandlungsmethoden Letzterer wurden abgefragt. Die Frage zu Dr. Max Sachs lautete: »Der ehemalige Chef-Redakteur der Volkszeitung Dresden wurde im KZ grausam ermordet. Er hieß?«[43]

Teil der Gedenkstättenarbeit war nicht nur die Vermittlung von Wissen, sondern auch die Vergabe von Themen für Forschungsarbeiten von Studenten und Schülern. Eine Studentin der TU Dresden verfasste im Auftrag der Verfolgten des Naziregimes (VdN) eine Belegarbeit zu Kartenmaterial, das sich auf das ehemalige Konzentrationslager Sachsenburg bezog. Eine andere Studentin besuchte die Gedenkstätte, da sie ihre Diplomarbeit »auf dem Gebiet der sporthistorischen Traditionspflege« schrieb und sich dabei »Kurt Löser« widmete, »einem Antifaschisten aus Annaberg, [...] der in diesem KZ inhaftiert war«.[44] Schüler der Arbeitsgemeinschaft (AG) Junge Historiker erarbeiteten Kurzbiografien zu verstorbenen Häftlingen von Sachsenburg wie zu Max Lange, Andreas Markert, Wilhelm Karasch und Josef Schwarz. Darüber hinaus wurden Kurzbiografien ehemaliger Insassen von Sachsenburg erstellt, die während der DDR in leitenden Positionen in staatlichen Organisationen oder in Partei und Massenorganisationen tätig waren. Zu diesem Personenkreis gehörten der ehemalige Bürgermeister von Hainichen und spätere Minister der DDR-Regierung, Curt Wach, der Volkspolizei-Offizier Martin Decker, der Karl-Marx-Städter Schriftsteller Karl Otto, der Generalmajor Heinz Gronau sowie der Brandenburger Funktionär Herbert Thiele. Aber auch dem Pfarrer der Bekennenden Kirche, Georg Krause, wurde eine Kurzbiografie gewidmet.

Die »Jungen Historiker« unterstützten den Gedenkstättenleiter auch bei Führungen. Trotz der Versuche, Schüler und Jugendliche für die Gedenkstättenarbeit zu interessieren, scheint sich deren Zahl auf zwei bis drei Personen beschränkt zu haben, wie die Gästebücher nahelegen. Gottfried Weber beklagte Mitte der 1980er-Jahre, dass es »an jungen Genossen fehlte, die die Führungen unterstütz[t]en und diese in Jahren übernehmen« würden.[45]

Die Gedenkstätte Sachsenburg zählte bis 1989 etwa 135 000 Besucher.[46] Für einige Jahre lassen sich die Besucherzahlen konkretisieren: Von den circa 5 000 Besuchern 1982 waren knapp die Hälfte Jugendliche, davon wiederum zwei Drittel Jugendweihlinge. Zwei Jahre

Blick in den Gedenkraum
Im Hintergrund sind ein Teil der Ausstellung sowie der Dia-Projektor zu sehen.
Privatarchiv Enrico Hilbert, übergeben von Gottfried Weber

später war das ähnlich – ebenfalls die Hälfte der Besucher waren Jugendliche, wozu Schulklassen und in der Ferienzeit Pionier- und FDJ-Gruppen gehörten. 1985 zählte die Gedenkstätte 15 000 Gäste, worunter sich 3 000 Jugendweiheteilnehmer befanden sowie 380 Gäste von ausländischen Delegationen aus der Sowjetunion, ČSSR, Polen, Ungarn, Bulgarien und auch aus der Bundesrepublik. In den Jahren 1987 und 1988 waren die Hälfte aller Gedenkstättenbesucher Jugendliche. Die Gesamtbesucherzahl stieg bis 1987 auf 93 000 und 1988 auf 108 000 Personen.[47]

Mit dem Zerfall der SED-Diktatur in der DDR ging auch eine Schwächung und Krise der KZ-Gedenkstätte Sachsenburg einher. Nach dem Mauerfall gab es einen rapiden Besucherrückgang. Von Anfang 1990 bis zur deutschen Wiedervereinigung lassen sich die Gästebucheinträge an einer Hand abzählen, wobei die Eintragenden zumeist der SED-Nachfolgepartei PDS angehörten.[48]

43 Stadtarchiv Frankenberg, KZ Sachsenburg. **44** Kreisarchiv Hainichen, KZ Sachsenburg. **45** Stadtarchiv Frankenberg, KZ Sachsenburg. **46** Vgl. Zorn, Opfer, S. 132. **47** Vgl. Stadtarchiv Frankenberg. **48** Vgl. Kreisarchiv Hainichen, KZ Sachsenburg.

FAZIT

Die Nationale Mahn- und Gedenkstätte KZ Sachsenburg diente der Legitimation des kommunistischen Führungsanspruchs in der DDR. Mit Gedenkveranstaltungen an den jeweiligen Denkmälern sowie ab 1974 im Gedenkraum ehrten SED-Funktionäre die Opfer des Faschismus, zu denen sie selbst oft gehört hatten. Die Historisierung des Konzentrationslagers Sachsenburg ging mit einer Instrumentalisierung und Vereinnahmung sämtlicher Häftlinge als kommunistische Widerstandskämpfer einher. In organisierten Pflichtveranstaltungen durch Schule, Betriebe und den staatlich gelenkten Freizeitbereich wurde den Besuchern im Gedenkraum antifaschistische Widerstandsgeschichte mit Regionalbezug vermittelt.

Frühere KZ-Insassen und viele andere bemühten sich aus ehrlicher Überzeugung und mit großem Engagement, die Erinnerung an die NS-Verbrechen in Sachsenburg und an ihre Opfer wachzuhalten und an die Jugend weiterzugeben. Mit der Gedenkstättenarbeit in Sachsenburg versuchte die SED jedoch zugleich, die mangelnde demokratische Legitimation ihrer Herrschaft und des von ihr geleiteten Staates zu kompensieren. So diskreditierte die politische Praxis den Antifaschismus, gerade weil er zur Staatsdoktrin gemacht worden war.

Bert Pampel

VOM »VERGESSENEN KZ« ZU EINER NEUEN GEDENKSTÄTTE

Die öffentliche Erinnerung an das KZ Sachsenburg seit 1990

Fast 30 Jahre sind seit der Schließung der Gedenkstätte Sachsenburg 1990 vergangen. Wie hat sich die öffentliche Erinnerung an die Geschichte des Konzentrationslagers in diesem Zeitraum entwickelt? Wer waren dabei die wichtigsten Akteure? Welche Konflikte zeichnen diesen Teil der Erinnerungsgeschichte aus?[1]

KAMPF UM »DIE WAHRHEIT« ÜBER DAS KZ SACHSENBURG

Im Verlauf des Jahres 1990 kamen immer weniger Besucher in die Gedenkstätte. Die volkseigene Zwirnerei Sachsenburg wurde zunächst in eine GmbH umgewandelt, stellte bald nach dem Ende der DDR ihre Produktion ein und schloss die Tore, auch für den Gedenkraum. Die Treuhandanstalt übernahm die Liegenschaft; Hinweisschilder und Gedenktafeln wurden entfernt, das Ehrenmal verwahrloste. Einige Reste der Ausstellung im früheren Gedenkzimmer gelangten glücklicherweise ins Kreisarchiv Hainichen.

Am 4. April 1992 erschien im »Gemeinde-Anzeiger Sachsenburg & Irbersdorf« ein Artikel, der bezweifelte, dass es ein Konzentrationslager Sachsenburg, wie es in der von der Kreisleitung der SED Hainichen herausgegebenen Broschüre »Tausend Kameraden« beschrieben worden war,[2] überhaupt gegeben habe. In dem Beitrag hieß es unter Verweis auf »Häftlinge ohne Sträflingskleidung«, »sonntägliche Besuche der Angehörigen« und

1 Ich danke Anna Schüller und Enrico Hilbert für ergänzende und hilfreiche inhaltliche Hinweise sowie Julia Spohr für die kritische Durchsicht einer früheren Version des Textes. 2 Tausend Kameraden Mann an Mann. Beiträge zur Geschichte des antifaschistischen Widerstandskampfes im Konzentrationslager Sachsenburg. Hg. von der Kreisleitung Hainichen der SED, 3., überarb. Aufl. Hainichen 1987.

Arbeitsplätze statt Gedenkstätten

Zur Gedenkfeier für die Insassen des KZ Sachsenburg, die am vergangenen Samstag in der Gedenkstätte an der Zwirnerei stattfand, und zum ankündigenden Artikel „Erinnerung an Widerstand gegen die Nazi-Herrschaft" am 28. Mai.

Ganz ohne Zweifel gibt es heute viel Wichtigeres, als Mahnmale der Vergangenheit kostenaufwendig zu erneuern und zu erhalten, zumal uns diese Vergangenheit nicht wahrheitsgetreu interpretiert wurde und die Jugend gezwungen wurde, derartige antifaschistische Veranstaltungen mitzumachen. Der Generation um die 40 ist dieses Thema zuwider und die noch Jüngeren wollen von dieser Vergangenheit gar nichts hören. Interessiert an dieser Vergangenheit sind eigentlich nur die Genossen der „alten Garde" (...)

Fest steht, daß aufrichtige und mutige Menschen für ihre konsequente Weltanschauung bewußt ihr Leben auf's Spiel setzten und diese Haltung bis zum Tod nicht änderten. Sie kämpften für eine bessere Welt und um dieses Ziel zu erreichen, muß man für die Zukunft denken und nicht ständig die Vergangenheit aufwühlen. Jeder, der sich für diese Vergangenheit interessiert, kann sich informieren, aber staatlicherseits dürfte der übertriebene Totenkult nicht noch unterstützt werden, weil die kommunistischen Drahtzieher derartiger Veranstaltungen ganz andere ideologische Ziele verfolgen.

Das Strafgefangenenlager in der ehemaligen Zwirnerei Sachsenburg war ein Vorläufer der Konzentrationslager und hält keinem Vergleich mit den KZ von Buchenwald, Auschwitz oder Dachau stand. Hochspielen als KZ wollten es ausschließlich die SED-Funktionäre des Kreises Hainichen, um hier in dieser Region eine antifaschistische-Widerstands-Gedenkstätte zu schaffen, der Jugend als ideologisches Vorbild.

Es ist einfach lächerlich, daß 1968, 31 Jahre nach dem Ende des Sachsenburger Lagers, an diesem Ort eine Gedenkstätte errichtet wurde! Unter anderem der Ausspruch vom damaligen Politbüromitglied Erich Mückenberger zur Einweihung, „Wir haben die Macht, und wir wissen sie zu gebrauchen", sagt wohl genug über den Sinn der Errichtung dieser Kultstätte.

Abgesehen davon, daß der SED-Staat Unmengen von Geld für antifaschistische Denkmale ausgegeben hat, dürfen wir heute diese alte Ideologie nicht mehr mittragen.

Die dritte Auflage der 1987 erschienenen Broschüre „... Tausend Kameraden Mann an Mann ..." über das „KZ Sachsenburg" setzt dieses Strafgefangenenlager tatsächlich den berüchtigten Konzentrationslagern gleich. Das Vorwort vom damaligen 1. Sekretär der SED des Kreises Hainichen, Helmut Wohlthat, ist in der Tat keine Wohltat. Nach diesem Vorwort kommunistischer Manier und Ideologie möchte man unwillkürlich diese Broschüre schließen beziehungsweise dem Kamin übergeben.

Wo sollte dieser Trend hinführen, wenn jedes Gefängnis, ob einst unter faschistischer oder kommunistischer Herrschaft, als KZ-Mahnmal und Gedenkstätte erhalten bliebe. Dann müßten Bautzen, Waldheim und noch viele andere Gefängnisse der kommunistischen Diktatur als Konzentrationslager deklariert werden. Die Menschen, welche dort eingesperrt waren, litten nicht weniger als die in den KZ der Faschisten, und die Zahl der Toten verdeutlicht eine ebensolche Schreckensbilanz.

Die Erhaltung der Gedenkstätte Sachsenburg wäre sinnentfremdet und würde kaum auf die Zustimmung der Bürger stoßen, die dafür mit ihren Steuergeldern bezahlen müßten. Ein ehemaliges Strafgefangenenlager als KZ und, wie in dem Beitrag „Erinnerung an Widerstand gegen die Nazi-Herrschaft" angesprochen, touristischen Anziehungspunkt auszuschreiben, hieße, die Zeit der SED-Herrschaft zu verherrlichen. Man sollte diese Vergangenheit bewältigen, indem man sie Vergangenheit sein läßt. Was wir heute benötigen, sind Arbeits- und Ausbildungsplätze, neue Sport und Freizeitanlagen und so weiter, aber keine teuren Mahn-, Gedenk- oder Kultstätten.

Uta Hoffmann
Dittersbacher Weg 26
O-9251 Sachsenburg

Die Redaktion behält sich vor, Leserbriefe sinnwahrend zu bearbeiten. Die Lesermeinungen müssen nicht mit denen der Redaktion übereinstimmen. Anonyme Zuschriften werden grundsätzlich nicht veröffentlicht.

Freie Presse, 9.6.1993

»Schachspielen, Lesen, Briefeschreiben«: »Mit Sicherheit war in Sachsenburg ein Arbeitslager Strafgefangener, doch der Name KZ scheint etwas überzogen.«[3] Die Forderung nach »Wahrheit über die Vergangenheit« unterstellte, das KZ Sachsenburg könnte eine Erfindung der SED-Geschichtsschreibung gewesen sein.

Aus Anlass des Beitrages wandten sich die im Interessenverband ehemaliger Teilnehmer am antifaschistischen Widerstandskampf, Verfolgter des Naziregimes und Hinterbliebener e.V. Sachsen (IVVdN) aktiven Erich Knorr und Siegfried Streubel – beide waren keine Häftlinge dieses KZ gewesen – an Sachsenburgs Bürgermeister. Sie schlugen eine gemeinsame Besichtigung der Gedenkstätte vor und bekundeten ihre Bereitschaft, an der Aufarbeitung der Geschichte des KZ Sachsenburg mitzuarbeiten.[4] Kurz darauf, im Juni 1992, wurde das Ehrenmal in Sachsenburg mit der Aufschrift »Verbrecher sind Helden« beschmiert. Und am 25. September 1992 forderte ein Flugblatt der »Nationalistischen Front Bielefeld«, das auf dem Gelände gefunden wurde, »Schluß mit den Holocaust-

Vorwürfen!« und fragte: »Deutscher, willst du ewig zahlen?« Monate vergingen ohne Beseitigung der Schmierereien und ohne eine öffentliche Distanzierung der Kommune von der Schändung des Ehrenmals.

Daraufhin suchte der IVVdN den Kontakt zum Landrat, und am 3. Dezember 1992 kam es im Saal des Schlosses Sachsenburg zu einer Beratung unter Leitung des stellvertretenden Landrats von Hainichen. An ihr nahmen neben den Initiatoren und ehemaligen Häftlingen, dem Begründer und früheren Leiter der KZ-Gedenkstätte Sachsenburg Gottfried Weber und anderen auch der Bürgermeister von Sachsenburg und seine Ehefrau teil.[5] Den ehemaligen Häftlingen ging es zunächst um eine durch Dokumente und durch die Schilderung eigener Erfahrungen gestützte Widerrede zu dem im Artikel vom 4. April 1992 verbreiteten Eindruck, es sei im Lager Sachsenburg möglicherweise alles nicht so schlimm gewesen. Zugleich distanzierten sie sich vorsichtig von der SED-Geschichtsschreibung zum KZ Sachsenburg und bekannten sich dazu, »weiße Flecken in der Geschichte« aufarbeiten zu wollen. Konkret regten die Vertreter der IVVdN die Sammlung sowie Veröffentlichung von Dokumenten und Zeugenberichten zum KZ Sachsenburg, die Sicherung der Räume des Museums und die Wiederherrichtung der Gedenkstätte an. Demgegenüber beharrten insbesondere der Bürgermeister und seine Ehefrau auf ihrer Kritik an der Einseitigkeit der Darstellung in der Broschüre »Tausend Kameraden«. Zwar endete die Beratung ausweislich des Protokolls im Konsens über die Erstellung einer neuen Dokumentation zur Geschichte des KZ sowie über Erhalt und Neugestaltung des Museums, doch zeigte sich bereits kurze Zeit später, dass es bis dorthin noch ein weiter Weg sein würde.

Am 5. Juni 1993 versammelten sich auf Einladung des IVVdN anlässlich des 60. Jahrestages der Errichtung des KZ Sachsenburg zahlreiche Menschen zu einer Gedenkstunde, darunter ehemalige Häftlinge und Hinterbliebene. Nach dem Willen der Initiatoren sollte die Feier den »Auftakt zur Erneuerung der Gedenkstätten in und neben der Sachsenburger Zwirnerei bilden«, um diesem schmerzlichen Teil der Geschichte Sachsenburgs die ihr gebührende Aufmerksamkeit zuteilwerden zu lassen.[6] Doch dem widersprach die Ehefrau des Sachsenburger Bürgermeisters, Uta Hoffmann, am 6. Juni 1993 in einem Leserbrief in der »Freien Presse«, Lokalausgabe Hainichen. Darin erneuerte sie ihre Kritik an der Darstellung des KZ in der Broschüre »Tausend Kameraden« sowie an der ideologischen Erinnerungskultur während der DDR und warnte vor einer unreflektierten Fortsetzung derselben. Wichtiger als der Erhalt bzw. gar eine Fortführung der bisherigen Gedenkstätte seien

3 KZ Sachsenburg? In: Gemeinde-Anzeiger Sachsenburg & Irbersdorf 3 (1992) Nr. 4 vom 4. 4. 1992. **4** Das Schreiben ist abgedruckt in: Interessenverband der Teilnehmer am antifaschistischen Widerstand, Verfolgter des Naziregimes und Hinterbliebener e. V., Stadtvorstand Chemnitz (Hg.), Sachsenburg. Dokumente und Erinnerungen, Chemnitz 1994, S. 8–10. **5** Das Protokoll der Beratung ist abgedruckt ebd., S. 13–24. Eine polemische Beschreibung des Gesprächsverlaufs findet sich in: Monika Zorn (Hg.), Hitlers zweimal getötete Opfer. Westdeutsche Endlösung des Antifaschismus auf dem Gebiet der DDR, Freiburg 1994, S. 134 f., wobei die »Berichterstatter« im Protokoll nicht als Anwesende bei dem Gespräch genannt sind. **6** Vgl. den die Veranstaltung ankündigenden Artikel »Erinnerung an Widerstand gegen die Naziherrschaft. Antifa-Organisationen gedenken am 5. Juni der Insassen des KZ von Sachsenburg«. In: Freie Presse Hainichen vom 28. 5. 1993.

»Arbeits- und Ausbildungsplätze, neue Sport- und Freizeitanlagen und so weiter, aber keine teuren Mahn-, Gedenk- oder Kultstätten«. Im Weiteren druckte die »Freie Presse« einige kritische Leserreaktionen auf diese Zuschrift.[7]

Die Debatte verdeutlichte die weit auseinanderliegenden Positionen zum Umgang mit der Geschichte des Konzentrationslagers und mit dem Erbe des DDR-Antifaschismus. Einerseits schien die Gelegenheit günstig, mit der Kritik an der ideologischen Einseitigkeit der DDR-Geschichtsschreibung und an der Instrumentalisierung des KZ Sachsenburg für die Rechtfertigung der SED-Herrschaft die unliebsame öffentliche Beschäftigung mit den konkreten Spuren des Nationalsozialismus vor Ort insgesamt zu »entsorgen«. Andererseits waren diese Kritik und die Warnung vor einem »Weiter so« nicht gänzlich unberechtigt, denn die Vorkämpfer für die erneuerte Gedenkstätte waren den Traditionen des kommunistischen DDR-Antifaschismus trotz allen Bekundungen für einen Neuanfang nach wie vor eng und zu unkritisch verhaftet, was dessen Legitimationsfunktion für die SED-Diktatur betraf. Die Distanzierung von der kommunistischen Diktatur und ihren weltanschaulichen Grundlagen blieb halbherzig. Stattdessen beharrte selbst der Mitinitiator Erich Knorr, der selbst kein ergebener SED-»Parteisoldat« gewesen war, auf der Charakterisierung der DDR als »antifaschistischer Staat, der sich bis in die achtziger-Jahre als Faktor der Erhaltung des Friedens und der Politik der Entspannung erwies«. Jeglichen Antikommunismus lehnte Erich Knorr undifferenziert als »Predigt(en) des Hasses« und »Denken in Feindbildern« ab.[8]

Auch als Ergebnis der kontroversen Diskussion erschien im Oktober 1994 eine vom IVVdN e.V. Stadtvorstand Chemnitz erarbeitete und herausgegebene 100-seitige Broschüre.[9] Sie dokumentiert die Kontroversen um die Bedeutung des KZ und den Umgang mit dessen Geschichte in der DDR. Außerdem enthält sie Auszüge aus zeitgenössischen Dokumenten, zum Beispiel Tageszeitungen, Erinnerungsberichte ehemaliger Insassen wie Walter Janka und Otto Meinel, sowie einige Häftlingsporträts, absichtlich nicht nur von kommunistischen Häftlingen. Die Redakteure beanspruchten nicht mehr, »die Wahrheit« über das KZ Sachsenburg zu verkünden, aber doch »ein Stück der Wahrheit. Noch lange nicht die ganze.«[10] Da die Veröffentlichung allerdings kaum neue Erkenntnisse oder Informationen über das Lager enthielt, sondern viele Inhalte aus der Broschüre »Tausend Kameraden« übernahm, besteht ihr heutiger Wert vor allem darin, den schwierigen Neuanfang und die erinnerungskulturellen Konflikte am Beginn der 1990er-Jahre zu bezeugen.

Fünf Jahre später erarbeiteten das Mitglied im sächsischen Landesvorstand des Bundes der Antifaschisten Klaus Bellmann, der Vorsitzende des Frankenberger Heimatvereins Rainer Sobotka, Margot Friedemann und Enrico Hilbert aus dem Nachlass des früheren Gedenkzimmers eine kleine Ausstellung zur Geschichte des KZ, die am 5. Juni 1999 im Schloss Sachsenburg eröffnet wurde. Die vier Bearbeiter hatten im Vorfeld Organisationen, Parteien und Verbände, deren Altvordere Häftlinge in Sachsenburg gewesen waren, um Unterstützung für die Ausstellung gebeten, doch nur die Zeugen Jehovas stellten Material in nennenswertem Umfang zur Verfügung.[11] Nach einer baupolizeilichen Sperrung des Schlosses 2008 standen die dortigen Räume für die Ausstellung zum KZ Sachsenburg nicht mehr zur Verfügung, und sie kam in eine Abstellkammer des Büros der

VVN-BdA Chemnitz. Später war sie als Wanderausstellung an verschiedenen Orten, insbesondere in Chemnitz, zu sehen, seit 2010 wird sie dauerhaft im Garagenbau auf dem früheren KZ-Gelände in Sachsenburg gezeigt.

Anlässlich des Jahrestages des ersten Lagerappells organisierte der Stadtvorstand der VVN-BdA Chemnitz jeweils Anfang Juni eine Gedenkveranstaltung, auf der in jedem Jahr einer anderen Häftlingsgruppe besonders gedacht wurde. An der Gedenkfeier nahmen nicht nur ehemalige Häftlinge, sondern auch deren Angehörige sowie Repräsentanten linker Parteien, der Bürgermeister von Frankenberg und der Ortsvorsteher von Sachsenburg teil.[12]

KOMMUNALE ABSICHTSERKLÄRUNGEN UND BÜRGERSCHAFTLICHE INITIATIVEN

Am 15. Dezember 2005 beschloss der Stadtrat Frankenberg/Sachsen, an der Uferbefestigung in unmittelbarer Nähe des Ehrenmals eine Messingtafel mit Informationen zum KZ Sachsenburg anzubringen. Des Weiteren entschied er, im Schloss Sachsenburg einen Ausstellungsraum zum KZ und zum geheimen »Institut für Mikrobiologie« der Wehrmacht, das von 1943 bis Kriegsende 1945 im Schloss untergebracht war, einzurichten. Das Stadtarchiv Frankenberg sollte als Informationsstelle für das ehemalige KZ Sachsenburg ausgewiesen werden. Außerdem beschloss der Stadtrat, an der B 169, an der S 202 und an der anliegenden Gaststätte »Fischerschänke« Hinweisschilder mit der Aufschrift »Gedenkstätte KZ Sachsenburg« aufzustellen.[13]

Im Frühjahr 2009 befasste sich der Stadtrat erneut mit der Thematik, indem er den Entwurf eines Gedenkstättenkonzepts, der von dem Historiker Geralf Gemser erarbeitet worden war, beriet.[14] Der Entwurf sah einen Ausstellungs- und Vortragsraum in der an das Gelände angrenzenden Gaststätte »Fischerschänke«, ein Büro im ehemaligen Zellenhaus sowie Baumaßnahmen im Außengelände vor und schätzte die Kosten für die Erneuerung der Gedenkstätte auf ca. 200.000 Euro.[15] Die Beratung des Konzeptentwurfs im Stadtrat führte

7 Der Leserbrief von Uta Hoffmann und die Reaktionen sind abgedruckt in: Vereinigung der Verfolgten des Naziregimes/Bund der Antifaschisten/VVN-BdA Stadtverband Chemnitz/Rosa-Luxemburg-Stiftung Chemnitz (Hg.), Sachsenburg. Dokumente und Erinnerungen, Neuauflage, Chemnitz 2008, S. 22–24. **8** Vgl. Interview mit Erich Knorr, ebd., S. 95–99, hier S. 98. **9** Sachsenburg. Dokumente und Erinnerungen. **10** So einer der Redakteure, Erich Knorr. In: Sachsenburg. Dokumente und Erinnerungen, Neuauflage, S. 95. **11** Enrico Hilbert, BdA Chemnitz und Heimatverein Frankenberg gestalten sehenswerte Ausstellung im ehemaligen KZ Sachsenburg. In: Antifa-Rundbrief Sachsen (1999) H. 3, S. 11; Informationen von Enrico Hilbert und Anna Schüller. **12** Vgl. z. B. Bewegende Matinee zum 65. Jahrestag des ersten Lagerappells im KZ Sachsenburg. In: Antifa-Rundbrief Sachsen (1998) H. 3, S. 12; Gedenkfeier für die Opfer des KZ Sachsenburg mit aktueller Botschaft. In: Antifa-Rundbrief Sachsen (2002) H. 3, S. 17; Die Morde im idyllischen Tal der Zschopau sind nicht vergessen. In: Antifa-Rundbrief Sachsen (2003) H. 3, S. 8. **13** Der Beschluss des Stadtrates Nr. 190/2005 ist abgedruckt in: Vereinigung der Verfolgten des Naziregimes u. a. (Hg.), Sachsenburg, S. 159. **14** Beschluss des Stadtrates vom 18. 3. 2009, Sitzungsvorlage Nr. 089/2009/1. **15** Geralf Gemser, 1. Konzept für eine Gedenkstätte »Frühe Konzentrationslager 1933–1937« Sachsenburg.

Ausstellung zur Geschichte des KZ Sachsenburg im Schloss Sachsenburg, 1998

Stiftung Sächsische Gedenkstätten

zu dem Ergebnis, dass der Schwerpunkt auf eine würdevolle Gestaltung des Außengeländes gelegt werden sollte, das heißt auf die Sanierung des Ehrenmals, die Anlage von Grünflächen und Fußwegen, die Instandsetzung der Brücke über den Mühlgraben und die Schaffung eines Besucherparkplatzes. Auch das Aufstellen einer Gedenktafel wurde wieder vermerkt. Doch wie die Beschlüsse im Jahre 2005 blieben auch diese Entscheidungen des Stadtrates zunächst folgenlos. Die Stadt verwies auf die Kosten für den Erwerb von Immobilien und für den Betrieb einer Gedenkstätte sowie auf geringes Interesse der Anwohner.[16]

Während die kommunalen Entscheidungsprozesse weiterhin schleppend verliefen, wollten sich einige Bürger, vornehmlich aus dem linken Spektrum, trotz vieler kritischer Stimmen gegen das Gedenkstättenprojekt, vor allem von Sachsenburger Einwohnern, nicht mehr mit der Hängepartie um die Gedenkstätte zufriedengeben. Der 75. Jahrestag der Einrichtung des KZ Sachsenburg im Jahre 2008 war schließlich nicht nur Anlass für eine überregional wahrgenommene Gedenkveranstaltung, sondern auch für eine erweiterte Neuauflage der 1994 erstmals erschienenen Broschüre »Sachsenburg. Dokumente und Erinnerungen«. Als Herausgeber fungierten die VVN-BdA, Stadtverband Chemnitz, und die Rosa-Luxemburg-Stiftung Chemnitz. Ein Jahr später, am 12. Juni 2009, gründeten Gleichgesinnte, vor allem aus Frankenberg, Chemnitz und Umgebung, die »Lagerarbeitsgemeinschaft KZ Sachsenburg« (LAG) mit dem Ziel, die Erinnerung an die Gefangenen zu bewahren, einen dauerhaften Ort der Erinnerung zu schaffen und in der Öffentlichkeit und durch Bildungsarbeit die

Geschichte des Ortes zu vermitteln. In ihrer Gründungserklärung rechtfertigten die beiden ehemaligen Sachsenburghäftlinge Karl Stenzel (1915–2012) und Otto Schubring (1907–2011) die Initiative mit der Feststellung, dass nur wenig aus der Geschichte gelernt worden sei. Daher sei es notwendig, den »Antifaschismus, den Humanismus in Aktion« gerade am historischen Ort weiterzutragen.[17] Dass es freilich teilweise auch bei der LAG Schwierigkeiten gab, Lehren der Geschichte zur Kenntnis zu nehmen, verdeutlicht die als Sonderheft der Vereinszeitschrift »Sachsenburger Mahn Ruf« 2013 erschienene Broschüre »Das frühe Konzentrationslager Sachsenburg. Ein Ort des faschistischen Terrors in Sachsen«. Zwar handelt es sich zum einen um eine anerkennenswerte Zusammenstellung bislang unveröffentlichter Dokumente zu diesem KZ, zum anderen kommen jedoch in der einleitenden Kontextualisierung nahezu ungebrochen Sprache und Interpretation des SED-Antifaschismus zum Ausdruck. So heißt es dort: »Fast acht Jahrzehnte sind seit dem Beginn der grauenvollen Herrschaft des deutschen Faschismus vergangen. Die Sachsenburger erlebten die zwölfjährige Herrschaft des Faschismus, ab 1945 die Zeiten der sowjetischen Besatzungszone und der DDR mit dem Aufbau einer demokratischen, antifaschistischen und sozialistischen Ordnung, sowie ab 1989/90 die Rückkehr in den Schoß des Kapitalismus.«[18]

Seit ihrer Gründung organisiert die LAG alljährlich Anfang Juni die Gedenkveranstaltung »Sachsenburger Dialog« sowie Lesungen und Vorträge, bietet Führungen über das Gelände an und setzt sich sowohl öffentlich als auch auf anderen »Kanälen« für die Wiedereinrichtung einer Gedenkstätte am historischen Ort ein. Die von der LAG in den Jahren 2010 bis 2013 herausgegebene Jahresschrift »Mahn Ruf« dokumentierte diese Bemühungen und publizierte Beiträge zur Geschichte des Lagers und seiner Gefangenen. Bis zu ihrem Tode standen ehemalige Häftlinge für Zeitzeugengespräche mit Schulklassen zur Verfügung.[19]

Die Gründung der LAG markierte den Übergang der Erinnerungsarbeit von den Zeitzeugen zu den nachfolgenden Generationen. Mehr noch gilt dies für die neben der LAG 2010 gegründete und inhaltlich maßgeblich von Anna Schüller aus Chemnitz getragene Initiative »Klick« aus Chemnitz, die vor Ort praktisch wirksam wurde. Sie will vor allem jüngeren Menschen Zugänge zur Geschichte des KZ ermöglichen und dabei neue Methoden der Vermittlung ausprobieren und anwenden. Dazu veranstaltet sie unter anderem Workshops auf dem Gelände, in dessen Rahmen zwei Gedenksteine, ein Audioguide, zwei Filme und ein Radio-Feature entstanden sind.[20] 2014 gab sie gemeinsam mit der Volkshochschule und der Stadtbibliothek Chemnitz eine »Medienbox zur Geschichte des KZ Sachsenburg« inklusive einer Broschüre heraus, die sich als pädagogisches Vermittlungsangebot versteht. Die Broschüre enthält nicht nur eine lesenswerte Kurzdarstellung der Geschichte

16 Vgl. verschiedene Pressebeiträge, u. a. Andy Scharf, Zweifel am KZ-Museum in Frankenberg kommen auf. In: Freie Presse vom 4. 6. 2012. **17** Die Gründungserklärung ist auf S. 7 der im März 2010 erstmals erschienenen Jahresschrift »Mahn Ruf« der LAG abgedruckt. 2011 erschien die Jahresschrift Nr. 2. **18** Dietmar Wendler, Das frühe Konzentrationslager Sachsenburg. Ein Ort des faschistischen Terrors in Sachsen, Sonderheft Sachsenburger Mahn Ruf 2013. **19** Vgl. Auf jede Frage eine Antwort. LAG-Gründungsmitglied Karl Stenzel bei Schülern. In: Mahn Ruf 2010, S. 30–32. **20** Siehe die Websites www.selbstausloeser.eu und https://gedenkstaette-sachsenburg.de; 14. 5. 2018.

Von der Initiative »Klick« organisiertes Zeitzeugengespräch
mit dem ehemaligen Sachsenburg-Häftling Karl Stenzel, 13. 8. 2011

Anna Schüller

des KZ auf der Grundlage des aktuellen Forschungsstandes, sondern darüber hinaus ein detailliertes und durchdachtes pädagogisches Konzept für die Vermittlungsarbeit vor Ort, einschließlich praktischer Hinweise zu Methoden und Inhalten möglicher Projekte. Letztere basieren auf den Erfahrungen aus Projekttagen mit Auszubildenden der VW-Motorenwerke, mit Gruppen im »Freiwilligen Sozialen Jahr« und mit Schulklassen.[21] 2017 kamen eine Website mit Informationen zur Geschichte des Ortes und zur Gedenkstätte sowie eine Schaufenster-Ausstellung in einem ehemaligen Imbiss-Kiosk auf dem Gelände dazu.

FORTSCHRITTE AUF DEM WEG ZU EINER GEDENKSTÄTTE

Die vom Sächsischen Landtag beschlossene Novellierung des Sächsischen Gedenkstättenstiftungsgesetzes, die eine institutionelle Förderung der künftigen KZ-Gedenkstätte Sachsenburg unter der Voraussetzung eines tragfähigen Konzepts sowie einer »angemessenen Beteiligung der Sitzgemeinde« in Aussicht stellt, gab beginnend ab Herbst 2012 weitere Impulse für eine Wiedervorlage des Themas im Stadtrat.[22] Die Beratungen der Stadt mit der LAG und dem Eigentümer Marcel Hett über den Erwerb von Teilen der Liegenschaft führten ab 2013 zu konkreten Ergebnissen. Das stadtnahe Gemeinschaftswerk Frankenberg e. V. und die LAG schlossen einen Kooperationsvertrag. Hett, dem die Aufklärung über die Geschichte des Ortes von Anbeginn ein wichtiges Anliegen war,[23] schenkte der Gemeinde das ehemalige Zellenhaus, nachdem der Hauptausschuss der Stadt am 30. Januar 2013 einen entsprechenden Beschluss gefasst hatte.[24] Weitere Flurstücke und

Ehemalige Kommandantenvilla, 24.4.2006
Stiftung Sächsische Gedenkstätten

Gebäude, darunter die ehemalige Kommandantenvilla, wurden bis September 2014 käuflich erworben.[25] Im Schenkungsvertrag verpflichtete sich die Stadt Frankenberg, »in dem auf dem geschenkten Grundbesitz vorhandenen Gebäude durch Errichtung einer Gedenkstätte einen würdigen Ort zum Gedenken an die Opfer des Konzentrationslagers Sachsenburg zu schaffen. Durch die Gedenkstätte soll ein Mahnmal gegen Gleichgültigkeit und Vergessen geschaffen werden, das jeden an seine gesellschaftliche Verpflichtung erinnern soll.«[26] Im selben Jahr legte das Planungsbüro »fagus« eine städtebaulich-freiraumplanerische Studie zur Entwicklung des weiteren Umfeldes der Gedenkstätte vor. Der Fortschritt wurde am 30. Juni 2015 durch den Beschluss des Eigenbetriebs Immobilien

21 Initiative Klick/Volkshochschule Chemnitz/Stadtbibliothek Chemnitz (Hg.), Medienbox zur Geschichte des Konzentrationslagers Sachsenburg. Ein Angebot zur selbstständigen Auseinandersetzung mit der Geschichte des KZ Sachsenburg, Chemnitz 2014. **22** Vgl. Stadtverwaltung Frankenberg, Beratungsvorlage Nr. 032/2012 »Beratung zur weiteren Vorgehensweise hinsichtlich der Errichtung einer Gedenkstätte ›ehem. KZ Sachsenburg‹« vom 14.9.2012; Sächsisches Gedenkstättenstiftungsgesetz (SächsGedenkStG) vom 22.4.2004, rechtsbereinigt mit Stand vom 16.12.2012, https://revosax.sachsen.de/vorschrift/4049; 27.2.2018, insbes. § 2 Abs. 3 u. 4. **23** So hatte er schon frühzeitig die Website www.schutzhaftlager.de eingerichtet. **24** Auszug aus der Niederschrift der öffentlichen Sitzung des Hauptausschusses der Stadt Frankenberg/Sa., Beschluss zur Schenkung des Zellenhauses durch Herrn Hett – Errichtung der Gedenkstätte, Vorlage: 3.0-208/2012/1. Vgl. hierzu wie auch zum Folgenden Sandra Saborowski, Timeline Entwicklung einer Gedenkstätte in der Stadt Frankenberg/Sa. als Anlage zum von Anna Schüller erarbeiteten »Gedenkstättenkonzept für die zukünftige Gedenkstätte frühes Konzentrationslager Sachsenburg«, Oktober 2017. **25** Veröffentlichung der Beschlüsse des Hauptausschusses vom 22.9.2014 – Öffentlicher Teil. In: Frankenberger Amtsblatt Nr. 22/19 vom 10.10.2015, S. 4. **26** Vgl. Schenkungsvertrag vom 12.7.2013, § 3 Abs. 1.

Der damalige Geschäftsführer der Stiftung Sächsische Gedenkstätten, Dr. Norbert Haase (Mitte), und Bürgermeister Thomas Firmenich (links) bei der Erstpräsentation der Wanderausstellung »›Was dann losging, war ungeheuerlich …‹ Frühe Konzentrationslager in Sachsen 1933–1937« in Frankenberg, 9.11.2006

Stiftung Sächsische Gedenkstätten

getrübt, die ehemalige Kommandantenvilla und ein weiteres Gebäude abzureißen. Zur Begründung hieß es, dass ein Nutzungskonzept für die Gebäude fehle und die Sanierung mit enormem Aufwand verbunden wäre. Zugleich wurde beschlossen, das Ehrenmal zur Bewirtschaftung an den Eigenbetrieb Immobilien zu übertragen und für den ersten Bauabschnitt der Sanierung 2015 3.700 Euro aus dem städtischen Haushalt bereitzustellen.[27]

Neben den bürgerschaftlichen Initiativen und der Stadt Frankenberg war die Stiftung Sächsische Gedenkstätten eine treibende Kraft bei den Bemühungen um eine neue Gedenkstätte. Bei ihrer Errichtung per Kabinettsbeschluss im Februar 1994 wurde Sachsenburg zunächst nicht berücksichtigt.[28] Die Stiftung hat die Entstehung der Gedenkstätte Sachsenburg jedoch von Anbeginn auf verschiedene Weise befördert. So versprach der erste Geschäftsführer der Stiftung, Norbert Haase, im Zusammenhang mit der Eröffnung der Ausstellung im Schloss Sachsenburg am 5. Juni 1999 Unterstützung und erklärte, den Vorschlag einbringen zu wollen, die Gedenkstätten Hohnstein und Sachsenburg in die direkte Trägerschaft der Stiftung zu übernehmen.[29] Frühzeitig machte die Stiftung Denkmalschutzbehörden auf den schlechten baulichen Zustand und auf die Bedeutung des Ortes aufmerksam. Immer wieder suchte sie auch den Kontakt zur Stadt Frankenberg.

Die Erstpräsentation ihrer Ausstellung »›Was dann losging, war ungeheuerlich …‹ Frühe Konzentrationslager in Sachsen 1933–1937« vom 9. November 2006 bis 14. Januar 2007 im Haus »Stadtpark« in Frankenberg und ein damit verbundenes fachwissenschaftliches Colloquium waren ein nicht zu unterschätzender Anstoß für die weitere Entwicklung vor Ort.[30] Schon 2001 war in der gemeinsam mit dem Hannah-Arendt-Institut für Totalitarismusforschung an der TU Dresden herausgegebenen Heftreihe »Lebenszeugnisse – Leidenswege« der Stiftung ein wissenschaftlich eingeleiteter Reprint des 1948 erstmals veröffentlichten Erlebnisberichtes von Kurt Kohlsche mit dem Titel »Mein Leben im Konzentrationslager Sachsenburg« erschienen.[31] Nachdem der Sächsische Landtag am 16. Dezember 2012 das Sächsische Gedenkstättenstiftungsgesetz novelliert und darin die institutionelle Förderung einer künftigen KZ-Gedenkstätte Sachsenburg in Aussicht gestellt hatte, beschäftigten sich die Geschäftsführung und die Stiftungsgremien verstärkt mit den vorgelegten Planungen und Konzepten, die teilweise, wie etwa die Erarbeitung des Gesamtkonzepts, auf dem Wege der Projektförderung durch die Stiftung Sächsische Gedenkstätten finanziert worden waren. Daneben wurden auch verschiedene Projekte der Initiative »Klick«, darunter eine fotografische Dokumentation des Geländes, der Zellen, der Fabriketagen und der Kommandantenvilla, sowie wissenschaftliche Forschungen finanziell gefördert.[32] Auch die Recherche und die Erfassung der Namen ehemaliger Häftlinge in einer Datenbank wurden durch die Stiftung finanziell und ideell unterstützt. Ende 2015 konnten die Notsicherung des Daches des Zellenhauses und dessen vertikale Trockenlegung aus Mitteln des Freistaates Sachsen realisiert werden. Am 9. Juni 2017 vermeldete selbst die gegenüber der Stiftung Sächsische Gedenkstätten häufig kritische linke Tageszeitung »Neues Deutschland« Fortschritte auf dem Weg zu einer Gedenkstätte.[33]

Inzwischen wurde die von Anna Schüller im Rahmen eines Berufseinstiegspraktikums beim Gemeinschaftswerk Frankenberg/Sa. e.V. erarbeitete, auf eigenen studentischen Vorarbeiten und auf Erfahrungen aus der Arbeit der Jugendinitiative Klick basierende und von der Stadt Frankenberg vorgelegte Gedenkstättenkonzeption von den Stiftungsgremien

27 Beschlüsse des Betriebsausschusses Eigenbetrieb Immobilien vom 30. 6. 2015, TOP 7 und TOP 6. **28** Der Abgeordnete Klaus Bartl von der Fraktion Linke Liste/PDS wies bereits im Gründungsprozess der Stiftung auf das Fehlen Sachsenburgs und Hohnsteins im Katalog der zu fördernden Einrichtungen hin. Vgl. die 2. und 3. Lesung des Entwurfs der SPD-Landtagsfraktion für ein Gesetz über die Errichtung einer Stiftung Sächsische Gedenkstätten für die Opfer von Gewaltherrschaft am 27. 4. 1994, Sächsischer Landtag, Plenarprotokoll 1/94, S. 6 541–6 549, hier S. 6 547. **29** Enrico Hilbert, BdA Chemnitz und Heimatverein Frankenberg gestalten sehenswerte Ausstellung im ehemaligen KZ Sachsenburg. In: Antifa-Rundbrief Sachsen (1999) H. 3, S. 11. **30** Der in der Ausstellung anonym abgedruckte Beitrag von Uta Hoffmann (vgl. Anm. 7) war auch einer der Katalysatoren für die Gründung der Lagerarbeitsgemeinschaft. Vgl. Für eine lebendige Erinnerungskultur. In: Mahn Ruf 2010, S. 40. **31** Kurt Kohlsche, »So war es! Das haben Sie nicht gewuß t.« Konzentrationslager Sachsenburg 1935/36 und Wehrmachtgefängnis Torgau-Fort Zinna 1944/45 – ein Häftlingsschicksal, Dresden 2001, S. 36–53. Als Download verfügbar unter www.stsg.de/cms/sites/default/files/upload/dokumente/pdf/ll_heft_7.pdf; 1. 3. 2018. **32** Vgl. die Übersicht über Förderungen 2014–2017 unter www.stsg.de/cms/stsg/foerderung/bewilligte-foerderungen; 16. 2. 2018. **33** Hendrik Lasch, Die Vorhölle von Buchenwald. Auf dem Weg zu einer Gedenkstätte für das KZ Sachsenburg gibt es Fortschritte. In: Neues Deutschland vom 9. 6. 2017.

beraten und zur Umsetzung empfohlen.[34] Sie sieht in einem Zeitraum bis zum Jahr 2021 die Errichtung einer Gedenkstätte auf dem Gelände vor, die im Wesentlichen aus einer Innenausstellung und einer Außenraumausstellung bestehen soll. Eine Dauerausstellung im ehemaligen Zellengebäude soll exemplarisch am Beispiel des KZ Sachsenburg die Geschichte der frühen Konzentrationslager in Sachsen vermitteln. Im Außenraum soll anhand von Informationsstelen unter Einbindung bereits vorhandener Erinnerungszeichen und -räume an ausgewählten Orten, zum Beispiel bei der ehemaligen Kommandantenvilla, am früheren Appellplatz oder im früheren Steinbruch, in dem Häftlinge zur Zwangsarbeit eingesetzt waren, ein »Pfad der Erinnerung« errichtet werden. Für dieses Vorhaben hat die Stiftung Sächsische Gedenkstätten 2018 bis zu 85.000 Euro Projektmittel zur Verfügung gestellt. Die Trägerschaft der Gedenkstätte soll gemäß Konzept beim kommunalen »Gemeinschaftswerk Frankenberg e.V.« in Kooperation mit der LAG liegen. Das Gebäude der Spinnerei und die Kommandantenvilla werden nach heutigem Stand, unter anderem aufgrund der hohen Investitions- und Instandhaltungskosten, nicht zur Gedenkstätte gehören.

FAZIT

Die Gedenkstätte Sachsenburg war keineswegs die einzige KZ-Gedenkstätte in den neuen Bundesländern, die sich mit dem Vorwurf der Geschichtspropaganda zugunsten des SED-Staates auseinandersetzen musste und wegen fehlender Finanzierung gefährdet war. Anders aber als die ehemaligen Nationalen Mahn- und Gedenkstätten Buchenwald, Sachsenhausen und Ravensbrück war Sachsenburg weitgehend unbekannt, sowohl DDR-weit als auch darüber hinaus. Ein internationales Lagerkomitee, das hunderte noch lebende ehemalige Häftlinge vertrat, wie etwa in Buchenwald, gab es hier nicht. Die Gedenkstätte Sachsenburg konnte dem gesellschaftlichen Desinteresse bzw. der stillschweigenden Abwicklung nichts Vergleichbares entgegensetzen.

Es waren wenige »Einzelkämpfer«, die vor Ort die Erinnerung an das Geschehen wachhielten und sich für eine Neueröffnung der Gedenkstätte einsetzten, vor allem ehemalige Häftlinge oder deren Angehörige, seit Ende der 2000er-Jahre aber auch Jüngere. Seit Aufnahme einer künftigen Gedenkstätte Sachsenburg in das Sächsische Gedenkstättenstiftungsgesetz am 16. Dezember 2012 und der Vorlage einer fundierten Gedenkstättenkonzeption im Herbst 2017 gibt es die begründete Hoffnung, dass in nicht allzu ferner Zukunft am historisch authentischen Ort wissenschaftlich solide über das Lager informiert wird und sich Besucher selbstständig oder unter pädagogischer Anleitung mit seiner Geschichte auseinandersetzen können. Auch wenn längst nicht alle Finanzierungsfragen geklärt und sämtliche Vorbehalte beseitigt sind: Der Weg zu einer neuen Gedenkstätte Sachsenburg ist dank bürgerschaftlichen Engagements und Übernahme von Verantwortung durch die Stadt Frankenberg mit finanzieller Unterstützung des Freistaates Sachsen geebnet.

34 Anna Schüller, Gedenkstättenkonzept für die künftige Gedenkstätte frühes Konzentrationslager Sachsenburg, überarb. Fassung Oktober 2017.

ANHANG

ABKÜRZUNGEN

ADG	Auslandsvertretung der deutschen Gewerkschaften
ADGB	Allgemeiner Deutscher Gewerkschaftsbund
AdK	Akademie der Künste
AdsD	Archiv der sozialen Demokratie
AfA-Bund	Allgemeiner freier Angestelltenbund
AGMPD	Archiv Gedenkstätte Münchner Platz Dresden
AGPS	Archiv Gedenkstätte Pirna-Sonnenstein
AH	Amtshauptmannschaft
AIZ	Arbeiter Illustrierte Zeitung
AMSt	Archiwum Muzeum Stutthof/Archiv des Museums Stutthof
APuZ	Aus Politik und Zeitgeschichte
ASt	Außenstelle
BArch	Bundesarchiv
BayHStA	Bayerisches Hauptstaatsarchiv München
BdA	Bund der Antifaschisten
BDC	Berlin Document Center
BL	Bezirksleitung
BPP	Bayerische Politische Polizei
BPRS	Bund proletarisch-revolutionärer Schriftsteller
BStU	Der Bundesbeauftragte für die Unterlagen des Staatssicherheitsdienstes der ehemaligen Deutschen Demokratischen Republik
BV	Bezirksverwaltung
ČSR	Československá republika, Tschechoslowakische Republik
DaA	Archiv der KZ-Gedenkstätte Dachau
DADM	Diöszesanarchiv Dresden-Meißen
DAF	Deutsche Arbeitsfront
DDR	Deutsche Demokratische Republik
DdW	Der deutsche Weg
DGA	Der Gegen-Angriff
DHM	Deutsches Historisches Museum
DMV	Deutscher Metallarbeiterverband
DNHV	Deutschnationaler Handlungsgehilfenverband
DTV	Deutscher Textilarbeiterverband
DVZ	Dresdner Volkszeitung
EA	Erstausgabe
FAMHD	Familienarchiv Michael Hahnewald Dresden
FAUD	Freie Arbeiterunion Deutschlands
FSB	Föderaler Sicherheitsdienst der Russischen Föderation
GDA	Gewerkschaftsring der Angestellten
Gestapa	Geheimes Staatspolizeiamt
GStA	Generalstaatsanwaltschaft

HA Hauptabteilung
HSSPF Höherer SS- und Polizeiführer
IAH Internationale Arbeiterhilfe
IKD Internationale Kommunisten Deutschlands
IKL Inspektion der Konzentrationslager
ITS International Tracing Service, Bad Arolsen
IVVdN Interessenverband ehemaliger Teilnehmer am antifaschistischen Widerstandskampf, Verfolgter des Naziregimes und deren Hinterbliebenen
KH Kreishauptmannschaft
KJVD Kommunistischer Jugendverband Deutschlands
KL Konzentrationslager
KPD Kommunistische Partei Deutschlands
KPD-O Kommunistische Partei-Opposition
KZ Konzentrationslager
LA Landesarchiv
LAB Landesarchiv Berlin
LAG Lagerarbeitsgemeinschaft
LASA Landesarchiv Sachsen-Anhalt
LG Landgericht
LKA Landeskriminalamt
MfS Ministerium für Staatssicherheit der DDR
NARA National Archives and Records Administration
NL Nachlass
NLA Niedersächsisches Landesarchiv
NRW Nordrhein-Westfalen
NSBO Nationalsozialistische Betriebszellenorganisation
NSDAP Nationalsozialistische Deutsche Arbeiterpartei
NSV Nationalsozialistische Volkswohlfahrt
NV Neuer Vorwärts
OdF Opfer des Faschismus
OStA Oberstaatsanwalt
PDS Partei des Demokratischen Sozialismus
PTB Pariser Tageblatt
RB Reichsbanner Schwarz-Rot-Gold
RFB Roter Frontkämpferbund
RF SS Reichsführer SS
RGO Revolutionäre Gewerkschafts-Opposition
RGVA Staatliches Russisches Militärarchiv
RHD Rote Hilfe Deutschlands
RHE Rechtshilfeersuchen
RM Reichsmark
RSHA Reichssicherheitshauptamt
RuS Akten des Rasse- und Siedlungshauptamtes der SS
SA Sturmabteilung
SächsStA-D/-C/-L Sächsisches Staatsarchiv, Staatsarchiv Dresden/Chemnitz/Leipzig
SAJ Sozialistische Arbeiter-Jugend
SAP Sozialistische Arbeiterpartei Deutschlands
SBZ Sowjetische Besatzungszone Deutschlands
SED Sozialistische Einheitspartei Deutschlands
SG Sondergericht
SMAD Sowjetische Militäradministration in Deutschland
SMdI Sächsisches Ministerium des Innern
SMF Sächsisches Staatsministerium der Finanzen
SPD Sozialdemokratische Partei Deutschlands
SOPADE Eigenbezeichnung des Vorstandes der SPD im Exil während der Zeit des Nationalsozialismus
SS Schutzstaffel
SSO SS-Offiziersakten
SS-WVHA SS-Wirtschafts- und Verwaltungshauptamt
StA Staatsarchiv/Staatsanwalt/Stadtarchiv
StAL Stadtarchiv Leipzig
ThHStAW Thüringisches Hauptstaatsarchiv Weimar
UaP Unterlagen aus Privatbesitz
UdSSR Union der Sozialistischen Sowjetrepubliken
USPD Unabhängige Sozialdemokratische Partei Deutschlands
VdN Verfolgter des Naziregimes
VEB Volkseigener Betrieb
VfZ Vierteljahreshefte für Zeitgeschichte
VuK Volk und Kirche
VVN Vereinigung der Verfolgten des Naziregimes
WTA Watchtower Archives
ZA Zentralarchiv
ZH Zwischenarchiv Hoppegarten
ZK Zentralkomitee

AUTOREN

Carina Baganz

geb. 1970, Dr. phil., Historikerin, Berlin, Veröffentlichungen zur Geschichte der Konzentrationslager, Zwangsarbeitslager, Täterforschung sowie zur Universitäts- und Hochschulgeschichte im Nationalsozialismus und in Nachkriegsdeutschland, Referenzpublikation: Erziehung zur »Volksgemeinschaft«? Die frühen Konzentrationslager in Sachsen 1933–34/37, Berlin 2005.

Boris Böhm

geb. 1960, Dr. phil., Dipl.-Historiker, Leiter der Gedenkstätte Pirna-Sonnenstein, Veröffentlichungen zur sächsischen Geschichte, zur Geschichte des Gesundheitswesens und psychiatrisierten Künstlern sowie zu den NS-Zwangssterilisationen und NS-»Euthanasie«-Verbrechen, Beiträge in: Sächsische Landeszentrale für politische Bildung (Hg.), Nationalsozialistische Zwangssterilisationen in Sachsen 1933–1945, Struktur und Praxis – Täter und Opfer, Dresden 2016.

Willy Buschak

geb. 1951, Dr. phil., Historiker, Bochum, lange Jahre Sekretär des Europäischen Gewerkschaftsbundes in Brüssel, dann des DGB-Bezirks Sachsen, zahlreiche Veröffentlichungen zum Widerstand von Gewerkschaften, u. a.: Arbeit im kleinsten Zirkel. Gewerkschaften im Widerstand gegen die nationalsozialistische Diktatur, Essen 2015.

Lars Förster

geb. 1986, Dr. phil., Wissenschaftlicher Mitarbeiter am Institut für Erziehungswissenschaft der Technischen Universität Dresden, Veröffentlichungen und Vorträge zum Leben und Werk von Bruno Apitz, Buchveröffentlichung: Bruno Apitz. Eine politische Biographie, Berlin 2015.

Udo Grashoff

geb. 1966, Dr. phil., Historiker, DAAD-Lecturer in Modern German History am University College London, zuvor wissenschaftlicher Mitarbeiter am Lehrstuhl für Neuere und Zeitgeschichte der Universität Leipzig, Veröffentlichungen zu verschiedenen Themen der DDR-Geschichte (Suizid, Schwarzwohnen, 17. Juni 1953), habilitiert derzeit zum Thema »Verrat im kommunistischen Widerstand gegen den Nationalsozialismus«, zu diesem Thema: Widerstand als Farce? V-Männer in der illegalen KPD in Breslau 1935–1939. In: Jahrbuch für Historische Kommunismusforschung 14 (2016), S. 19–38.

Gerald Hacke

geb. 1966, Dr. phil., Historiker, Wissenschaftlicher Mitarbeiter in der Gedenkstätte Münchner Platz Dresden, Veröffentlichungen u. a.: Die Zeugen Jehovas im Dritten Reich und in der DDR. Feindbild und Verfolgungspraxis, Göttingen 2011; Radikalisierung und Eskalation. Zur Tätigkeit der Justiz in Sachsen im Zweiten Weltkrieg. In: Mike Schmeitzner u. a. (Hg.), Von Stalingrad zur SBZ. Sachsen 1943 bis 1949, Göttingen 2016.

Stefan Hördler

geb. 1977, Dr. phil., Historiker, Leiter der KZ-Gedenkstätte Mittelbau-Dora, zuvor wissenschaftlicher Mitarbeiter am Deutschen Historischen Institut Washington und am Institut für Zeitgeschichte der Universität Wien, Fellow am Center for Advanced Holocaust Studies des U. S. Holocaust Memorial Museum in Washington, Forschungsschwerpunkte: transnationale Zeitgeschichte, Holocaust Studies, Public History, Wirtschafts- und Sozialgeschichte, Veröffentlichungen: zuletzt u. a. als Herausgeber mit Christophe Busch u. Robert Jan van Pelt, Das Höcker-Album. Auschwitz durch die Linse der SS, Darmstadt 2016; mit Kobi Kabalek, The Final Stage of the Holocaust, Special Issue, Dapim 29, 2015.

Franz Josef Merkl

geb. 1956, Dipl.-Verwaltungswirt (FH), Dr. phil., freiberuflicher Historiker, Veröffentlichungen zur Militärgeschichte des 20. Jahrhunderts und zur Zweiten Geschichte des Nationalsozialismus, zu diesem Thema: General Simon, Lebensgeschichten eines SS-Führers. Erkundungen zu Gewalt und Karriere, Kriminalität und Justiz, Legenden und öffentlichen Auseinandersetzungen, Augsburg 2010.

Birgit Mitzscherlich

geb. 1968, Dr. phil., Studium der Politikwissenschaft, Neueren/Neuesten Geschichte und Soziologie, Leiterin der Diözesanarchivs des Bistums Dresden-Meißen, Forschungen zur Landes- und regionalen Kirchengeschichte, Diktatur und Diaspora, wichtigste Veröffentlichung: Das Bistum Meißen 1932–1951, (= Veröffentlichungen der Kommission für Zeitgeschichte, Reihe B, Bd. 101), Paderborn u. a. 2005; jüngste Veröffentlichung zum Thema: »Tage schwerster Heimsuchung« – Petrus Legge 1882–1951. Bischof von Meißen 1932–1951. In: Maria Anna Zumholz/Michael Hirschfeld (Hg.), Zwischen Seelsorge und Politik. Katholische Bischöfe in der NS-Zeit, Münster 2018, S. 491–511.

Jürgen Nitsche

geb. 1958, Dr. phil., freier Historiker, Autor und Kurator, Mittweida, Projekte u. a. für Jüdische Gemeinde Chemnitz, Gedenkstätte Pirna-Sonnenstein, Institut für Geschichte der Medizin an der TU Dresden, Kunstsammlungen Chemnitz und Sächsisches Landesamt für Archäologie, Veröffentlichungen, Ausstellungen und wissenschaftliche Vorträge zur Geschichte der Juden und deren Verfolgung in der NS-Zeit, zu jüdischen Warenhäusern, über verfolgte Mediziner in der NS-Zeit und über den nationalsozialistischen Krankenmord, biografische Forschungen zu Familien von Stefan Heym, Stephan Hermlin und Dieter Noll, Mitglied der Koordinierungsstelle »Stolpersteine für Chemnitz«, Beirat des Vereins »Tage der jüdischen Kultur in Chemnitz« und Gründungsmitglied der Internationalen Stefan-Heym-Gesellschaft.

Bert Pampel

geb. 1967, Dr. phil., Dipl.-Politologe, Leiter der Dokumentationsstelle Dresden der Stiftung Sächsische Gedenkstätten, Veröffentlichungen zu zeitgeschichtlichen Themen sowie zur Erinnerungskultur und ihrer Rezeption, u. a. »Mit eigenen Augen sehen, wozu der Mensch fähig ist«. Zur Wirkung von Gedenkstätten auf ihre Besucher, Frankfurt am Main 2007, sowie Gedenkstätten zur Erinnerung an die Opfer politischer Gewaltherrschaft und die Erweiterung des Gedenkstättenbegriffs in der Gegenwart. In: Häuser der Erinnerung. Zur Geschichte der Personengedenkstätte in Deutschland. Hg. von Anne Bohnenkamp, Constanze Breuer, Paul Kahl und Stefan Rhein, Leipzig 2015, S. 305–331.

Jan-Henrik Peters

geb. 1965, Dr. phil., Historiker, Tätigkeit für die historische Sammlung der Deutschen Bahn AG, zuvor Projektmitarbeiter für die Ausstellung »Bautzen I und II im Nationalsozialismus. 1933 – 1945« in der Gedenkstätte Bautzen, Veröffentlichungen zur Eisenbahngeschichte, zur Verfolgung Homosexueller in Mecklenburg und Vorpommern während des Nationalsozialismus, zur Arbeit von Juden aus den Ghettos für die Ostbahn im Generalgouvernement sowie zur Zwangsarbeit von Häftlingen für die Reichsbahn der DDR und zum Gefangenentransport.

Mike Schmeitzner

geb. 1968, Dr. phil. habil., Historiker am Hannah-Arendt-Institut für Totalitarismusforschung an der TU Dresden und außerplanmäßiger Professor auf dem Lehrgebiet der Neueren und Neuesten Geschichte an der TU Dresden, Mitglied des Wissenschaftlichen Beirates der Stiftung Sächsische Gedenkstätten, Veröffentlichungen zur Geschichte der Weimarer Republik, zum Nationalsozialismus und zur SBZ/frühen DDR, letzte Veröffentlichungen zur NS-Geschichte: Der Fall Mutschmann. Sachsens Gauleiter vor Stalins Tribunal, Beucha 2012 (3. Auflage); Sachsen 1933–1945. Der historische Reiseführer, Berlin 2014 (zusammen mit Francesca Weil); Von Stalingrad zur SBZ. Sachsen 1943–1949, Göttingen 2016 (hg. zusammen mit Clemens Vollnhals und Francesca Weil).

Anna Schüller

geb. 1991, M. Ed., Staatsexamen, Historikerin und Lehrerin am Karl-Schmidt-Rottluff-Gymnasium Chemnitz, promoviert derzeit am Lehrstuhl für Geschichtsdidaktik der Universität Leipzig zum Thema »Sachsenburg als Ort sozialer und ideologischer Disziplinierung. Geschichte – Akteure – Erinnerung 1850 bis heute«, Gründungsmitglied der Initiative »Klick« zum Gedenkort Sachsenburg, Redakteurin der Gedenkstätten-Website, Veröffentlichungen zum KZ Sachsenburg, u. a.: Medienbox zur Geschichte des Konzentrationslagers Sachsenburg. Hg. von Volkshochschule Chemnitz/Stadtbibliothek Chemnitz/Initiative Klick, Chemnitz 2014.

Konstantin Seifert

geb. 1968, Dr. re. nat., Lehrer, verschiedene Veröffentlichungen zu Hans Serelman, u. a. in: Hermann Weber/Andreas Herbst, Deutsche Kommunisten, Supplement zum Biographischen Handbuch 1918 bis 1945, Berlin 2013 und Werner Abel/Enrico Hilbert, »Sie werden nicht durchkommen«. Deutsche an der Seite der Spanischen Republik und der sozialen Revolution, Lich/Hessen 2015. Zuletzt: Mediziner, »Rassenschänder«, Interbrigadist…? Hans Serelman – Der deutsche Arzt des Maquis, Berlin 2018.

Swen Steinberg

geb. 1980, Dr. phil., Historiker, wissenschaftlicher Mitarbeiter am Lehrstuhl für Sächsische Landesgeschichte an der TU Dresden, Veröffentlichungen zu Themen der Unternehmenskultur und wirtschaftlichen Transformation, der Wissenschafts- und Wissensgeschichte sowie zur deutschsprachigen Emigration ab 1933, letzte Monographie: »Karl Herschowitz kehrt heim«. Der Schriftsteller-Journalist Edgar Hahnewald zwischen sächsischer Identität und der Heimat im Exil. Mit einer kritischen Edition, Berlin 2016.

Volker Strähle

geb. 1981, Dipl.-Politologe, Wissenschaftlicher Mitarbeiter am Deutschen Hygiene-Museum Dresden, zuvor Mitarbeiter in Ausstellungsprojekten in den Gedenkstätten Sachsenhausen (»Die Konzentrationslager-SS«) und Bautzen (»Bautzen I und II im Nationalsozialismus«), Veröffentlichungen zu KZ-Tätern, Beiträge in: Günter Morsch (Hg.), Die Konzentrationslager-SS 1936–1945: Exzess- und Direkttäter im KZ Sachsenhausen, Berlin 2016.

Dietmar Wendler

geb. 1943, Ingenieur und Diplom-Gesellschaftswissenschaftler, Rentner, Mitglied der bürgerschaftlichen Forschungsgruppe »Die terroristische Herrschaft der Nationalsozialisten in Sachsen« unter Leitung von Hans Brenner, Mitautor und Herausgeber von NS-Terror und Verfolgung in Sachsen. Von den Frühen Konzentrationslagern bis zu den Todesmärschen, Dresden 2018, sowie Das frühe Konzentrationslager Sachsenburg. Ein Ort des faschistischen Terrors in Sachsen, Sachsenburger Mahn Ruf, Sonderheft 2013. Hg. von Enrico Hilbert in Zusammenarbeit mit der Lagerarbeitsgemeinschaft Sachsenburg, Chemnitz 2013.

Eva Werner

geb. 1969, Politologin M. A., Mitarbeiterin der Gedenkstätte Hoheneck, Veröffentlichungen zur DDR-Geschichte, u. a.: Held der »Arbeiterklasse« und Geist der Friedlichen Revolution? Die Rezeption von Martin Luther King in der DDR. In: Eckhard Jesse/Roland Sturm (Hg.) Demokratie in Deutschland und Europa. Geschichte, Herausforderungen, Perspektiven, Berlin 2015.

IMPRESSUM

Herausgeber
Bert Pampel
im Auftrag der Stiftung Sächsische Gedenkstätten zur Erinnerung an die Opfer politischer Gewaltherrschaft

Mike Schmeitzner
im Auftrag des Hannah-Arendt-Instituts für Totalitarismusforschung e. V. an der Technischen Universität Dresden

Gestaltung
Simone Antonia Deutsch und Annett Stoy, Sandstein Verlag

Satz und Reprografie
Katharina Stark, Sandstein Verlag

Gesamtherstellung
Sandstein Verlag

Die Deutsche Nationalbibliothek verzeichnet diese Publikation in der Deutschen Nationalbibliografie; detaillierte bibliografische Daten sind im Internet unter http://dnb.dnb.de abrufbar.

www.sandstein-verlag.de
ISBN 978-3-95498-382-7

Kontakt
Dokumentationsstelle Dresden
Stiftung Sächsische Gedenkstätten
Dülferstraße 1
01069 Dresden
auskunft.dokstelle@stsg.de
www.dokst.de

Finanziert durch den Freistaat Sachsen aus Steuermitteln auf der Grundlage des von den Abgeordneten des Sächsischen Landtags beschlossenen Haushaltes

Titelabbildung
Wachablösung im Konzentrationslager
Sachsenburg, vermutlich Herbst 1934

Frontispizabbildung
Innenhof des Konzentrationslagers
Sachsenburg, vermutlich Herbst 1934

Beide Abbildungen stammen aus
dem Fotoalbum des KZ-Kommandanten
Karl Otto Koch.
ZA FSB der Russischen Föderation